德国强制执行法
（下册）

【当代德国法学名著】

当代德国法学名著

Repräsentative Deutsche Rechtsliteratur der Gegenwart

德国强制执行法

（下册）

Zwangsvollstreckungsrecht

II

[德] 弗里茨·鲍尔　霍尔夫·施蒂尔纳　亚历山大·布伦斯/著

F. Baur /R.Stürner /A. Bruns

王洪亮　郝丽燕　李云琦/译

法律出版社

Zwangsvollstreckungsrecht, 13. Auflage
By Baur/Stürner/Bruns

This simplified Chinese translation is published by Law Press China in 2020
through arrangement with C.F. Müller GmbH.

著作权合同登记号
图字：01–2019–4520

本书翻译得到德意志学术交流中心
和德国科学基金协会的支持

**Die Übersetzung erfolgte mit
Unterstützung des DAAD und des
Stifterverbandes für die Deutsche Wissenschaft**

当代德国法学名著总序

当代德国法学名著译事之缘起,在乎"取法人际,天道归一"之理念。

天地渺渺,众生芸芸;然天地何以长存不灭,众生何以繁衍不息?此中必有亘古于今之一般法则。天地者,自然之谓;众生者,乃自然所赋生灵之长,人也。而人所以居万物之首而为生灵之长,概因其不仅是生于自然,而且还能领悟于自然,进而以理性和智慧的劳动创造受益于自然。由此而论,天地间至真至善至美,莫过于人与自然之和谐融合。正如庄子所说:"知天之所为,知人之所为者,至也。"而中国哲人所言"天人合一",实际表明着人类的最高智慧和境界。但是,最高的智慧未必是功利的智慧,最高的境界往往不是现实的境界,此乃人类虽为万物灵长,但又归于万物的本性使然。尽管不无缺憾,但却理所当然。纵观古往今来,可知人类始终是在理想与现实、理性与物性的矛盾状态中存在发展。不过,人出于其自然本性但又以其理性确认的社会秩序,又使之在这种永远不会解消的矛盾状态中生存发展成为可能。

自古以来,食色之性、交往之需、名利之求、功德之义,无论国人洋人、权贵庶民,众生莫不有之;唯每人认取之价值,或此或彼因人因地因时而异。但基于人之本性所产生的社会,无论东方西方,必然有其共性。于是有老子古训:“人法地,地法天,天法道,道法自然。”而古希腊斯多噶哲人亦云:“按照自然而生活。”由此可知,同属自然之人类,本有其共同的理念与法则。以法律而言,中国、西方法律虽文化传统各异,然毕竟都是人类社会的法律;必然有其共同的人性内涵。所以,考察法律,应着眼超越地域、国度和民族,甚至超越时空的人际层面,努力发现本来属于整个人类的理念和规范,并在此基础上寻求并促进人与人、民族与民族、国家与国家之间越来越普遍深入的交往。吾人之规可为他人所取,他人之法可为吾人所用,概其皆出乎人之本性。所以“取法人际,天道归一”,当为人类社会法律进步之最高思想境界。以迄今历史度之,人类生存发展的必然趋势是越来越普遍深入地相互结合和依赖,经济的全球化和文化的世界化正在相辅相成地迅速演进。在人类发展进程中,产生于人类本性的共性愈多愈充分地为人所认识,则人与人之间、国家与国家之间的交往就愈可能有效和平地进行。作为人类社会的行为规范,任何国家的法律都是人与人之间实现交往、确定关系及秩序的最重要途径。就此而论,可断言未来人类的发展与和平,很大程度上将取决于全人类在法律法则上的沟通与趋同。

本着取法人际或取法自然的理念,当代德国法学名著译事拟系统全面地翻译当代德国法学具有代表性的学术成果。因为德国法不仅为可取之一方法律,而且还与当代中国法制有着特殊的关联。事实上,当代中国大陆与台湾地区的法制是基于清末民初之际的法律改制发展而来。当时采纳了欧洲大陆法系法制模式,而其中又以汲取德国法律,特别是民法、刑法居多。不仅如此,20世纪以来中国法制和法学的发展还颇受德国法制和法学的影响,现今中国法制和法学的不少思路实际都与后者有关联。因而,中国法制建设和法学进步自然更容易从德国法制与法学中获得启发。

此外,由于近代德国历史法学派和学说汇纂学派对罗马法和罗马普通法的系统研究与整理,近现代德国法学形成并获得了其本身独有的特色,其丰富成熟的法律理论与教条,恰恰是目前乃至21世纪我国法学与法制建设所迫切需要的。

当代德国法学名著的选题范围包括法哲学和法的基本理论、国家法、法律史、民法和商法、经济法、刑法、国际私法等内容。选题标准是:德国乃至欧洲法律界已经普遍公认为经典的名著,或在德国普遍使用的有代表性的教科书。与此同时,亦根据我国的实际需要翻译介绍一些有关法律文化背景方面的工具书和著名法学家的传记。初步选题首先由德国学者提出,然后由编委会综合各方面意见,最后根据我国实际需要确定翻译选题。为保证翻译质量,翻译工作严格采取译、校和三审程序。每部译著由一责任编委审阅或校对。译稿一审通过后,编委会和编辑部就一审提出的问题召开由德国教授和有关译者参加的翻译工作会议;在此基础上,译者还专程前往德国与作者或有关学者探讨翻译的疑难和细节问题。在此方面,德意志学术交流中心(DAAD)提供了有力的支持。在赴德改稿基础上提出的第二稿通过二审后,由译者进一步修改、润色定稿,复经审阅后交付出版社出版。

系统翻译德国法学名著的想法由来已久,但正式酝酿于1997年秋,经过近一年的准备筹划,于1998年秋开始实施,拟于2005年完成全部选定书目的翻译。应该说,德国文化交流中心的霍恩贝格尔先生(U. Hornberger)和法律出版社社长贾京平先生对促成此项翻译计划起了重要作用,黄闽总编亦助之鼎力。而此项翻译计划能够顺利实施,亦诚有赖编委会和编辑部各位同仁的共同志趣和辛勤工作。六位德国著名学者:考夫曼(A. Kaufmann)、克茨(H. Kötz)、克努特尔(R. Knütel)、何意志(R. Heuser)、孟文理(U. Manthe)和胜雅律(H. von Senger)教授在计划拟定、选题推荐和具体翻译工作中均给予我们宝贵帮助。德国大使馆柯灵博士(T. Klinner)和李雅思先生(M. Licharz)以多种方式推动此项翻译计划。德意志学术交流中心驻京办事处主任史翰功先生(H. Schmidt.)和施密特-多尔博士(T. Schmidt-Dörr)和他的同事们亦为此计划付出了劳动。德国跨国基金会(Inter Nationes)对部分书目的出版提供了支持。特别要提及的是,江平、谢怀栻、潘汉典等法学界前辈对于此项工作始终给予着关注和支持,中国政法大学有关部门亦对我们的工作提供了帮助。法律出版社张波、卞学琪先生对出版工作兢兢业业、认真负责。在此,谨对上述所有法律界同仁和有关机构表示由衷的谢意。我之所愿,所有参与此项计划和给予该计划关注和支持的人,都能从此处呈献的工作成果中得到虽非物质的,但却真实诚恳并有长久价值的酬劳。因为,倘若这些成果能够在21世纪和中华崛起之际被赋予些微历史和现实意义的话,那么它将胜于所有致谢和嘉言。

米　健

2002年于京城蓟门

前　言

强制执行法教科书第 12 版出版于 1995 年,本次新版不仅在包装上进行了改善,而且进行了许多新的革新。

阿多夫·舍恩(Adolf Schöne)是强制执行法教科书的奠基人。弗里茨·鲍尔(Fritz Baur)增加了破产与和解法部分并首先将二者合为一体。在霍尔夫·施蒂尔纳(Rolf Stürner)承担部分修订工作时,出版的教科书作者冠名为鲍尔/施蒂尔纳(Baur/Stürner),书名为《强制执行、破产与和解法》(第 11 版)。接下来,随着支付不能法在诸多改革尝试框架内产生重大发展,只能将该书分为两册,才能符合原有出版系列"大教科书"之名。所以,第 1 册(第 12 版)于 1995 年出版,命名为《强制执行、破产与和解法》;第 2 册(第 12 版)于 1990 年出版,命名为《支付不能法》。两册教科书均致力于正确对待该法律领域及其法教义学的传统体系思想,还原其法律文化上的沉淀。在基础部分,首先完整地展示了历史、一般学说、社会意义以及宪法上的归属,而对于欧洲化问题、比较法及其历史关联则有专章处理。纳入这些内容,不仅有助于科学研究,而且大大地支持了司法实践。

新版教科书将统一名称一分为二,不仅仅是为了减轻引注工作,也是因为考虑到了,这两个法律领域不管是在实践中还是在构造上都逐渐各成体系。至于其共同的科学基础,将来两册教科书都会特别予以关注。本版次的强制执行法教科书修订工作完全由亚历山大·布伦斯(Alexander Bruns)承担,在前一版的修订工作中,他作为弗莱堡研究所的研究助理已经参与了。所以,应当在首页冠名鲍尔(Fritz Baur)、施蒂尔纳(Rolf Stürner)、布伦斯(Alexander Bruns)。有理由寄予希望,《支付不能法》教科书的新版也有新的合作作者,并会在不久后问世。

“强制执行法”新版的各章中均考虑了大量最新的高等法院判例以及法律变更,尤其是第二次强制执行法修正案。欧洲的法律发展也特别引人注目,自上一版起,欧洲法律产生了翻天覆地的变化(尤其是《欧洲审判籍与执行法》《欧洲执行名义条例》《欧洲婚姻条例》),因此部分章节需要重写。外国仲裁裁决执行的情况也是类似。作者们希望,亚历山大·布伦斯修订的作品能与上一版一样,受到理论界与实践界的欢迎。

新版教科书的完成,如果没有哥廷根研究助理的协助,是不可能的。在这里,感谢候补文官黑斯(Michael Heese)先生,他承担了修订的主要准备工作,尤其是不动产执行、法律救济、暂时权利保护以及欧洲强制执行部分;感谢施拉姆(Annina Schramm)女士,她参与了国际与外国强制执行法的修订工作,并参与了准备阶段的组织协调工作。对于资料收集与整理方面的支持,还要感谢普法夫(Sebastian Pfaff)先生、贝拉胡赛(Claudia Belaroussi)女士、盖斯特(Andreas Geist)先生、霍尔特曼(Sebastian Holtmann)先生以及赖希(Christoph Reich)先生。黑得里希(Katharina Hedderich)、舍尔普(Julia Caroline Scherpe)彻底地修订了条文对照表。也要感谢基希霍夫(Susanne Kirchhoff)女士,她校对了文本。

新版参考了 2005 年 12 月之前的判例与文献,也尽可能地参考了之后的文献。

弗莱堡、哥廷根,2006 年 5 月

霍尔夫·施蒂尔纳、亚历山大·布伦斯

中文版前言

德国强制执行法教科书的作者们非常高兴,该作品能以中文形式出版并先出版上册。德国强制执行法与德国物权法关系紧密。物权法规定的主要是通过法律行为的出让以及取得过程、通过法律行为设定担保等,而强制执行法以国家公权形成的处分与取得行为取代通过法律行为的处分,并产生与相应的通过法律行为的处分相同的效果。因此,将部分作者相同的物权法与强制执行法同时列入“当代德国法学名著”系列,好处多多。两部作品之所以诞生,要归功于图宾根的弗里茨·鲍尔,他是物权法教科书的奠基人,在强制执行法教科书奠基人阿多夫·舍恩去世后连续修改了多个版次。霍尔夫·施蒂尔纳自其老师弗里茨·鲍尔处承接了物权法以及强制执行法教科书,并修订增补了数章,自 2006 年第 13 版起,亚历山大·布伦斯,也就是弗里茨·鲍尔的“徒孙”照管该书。中文版翻译的就是这一版,但有所增补。

作者们非常感谢来自澳门的、曾经在中国政法大学执教的米健教授,并感谢“当代德国法学名著”的编者将本书选入该系列。也特别感谢清华大学的王洪亮教授以及其合作译者辛勤的劳动。了解比较法的人一定知道,这样的工作不仅仅是简单的翻译,常常需要将在中国法律文化中比较陌生的法律观念在语言上恰当地进行转化。在许多情况下是极富挑战的独立科学研究工作。尽管中国法已经开始探索未来的独立之路,但是将德国强制执行法翻译成中文作为参考,对于中国学者以及实践者也不无裨益,尤其是在对困难的法律问题或者是否有改革必要产生疑问时,会更有意义。基于中国物权法与德国法的“亲属关系”,对于强制执行法而言,在许多问题上也会产生比较紧密的关联。在此方面,本教科书也对比较法层面比较感兴趣,在基础部分,专章论述强制执行法历史、单个执行的基本原则及其宪法问题。在本书下册也有专章论述西方重要国家的强制执行法,这些国家的强制执行法对中国法也产生过影响。

本书作者们希望中文版本能广为接受,并希望中国法律文化能在此较为疑难的法律领域开辟良好而独立的道路。

弗莱堡,2016 年 5 月

霍尔夫·施蒂尔纳、亚历山大·布伦斯

译者前言

强制执行法是诉讼法制度最为重要的组成部分,服务于诉讼权利人权利的最终实现。可以说,实体权利制度构建得再好,要实现权利,还需要有效的强制执行制度予以保障。由此,也可足见强制执行法在民事法律体系中的重要地位。在这一领域,德国法较早地完成了法教义学化,构建了体系完整、概念精准、行之有效的强制执行法制度。对于我国的立法以及理论研究,有很大的借鉴意义。

本书是一本对强制执行法进行深入研究的教科书,共分十个部分:第一部分解决强制执行法的基本问题,涉及强制执行法的目的、功能、基本原则、历史发展等;第二部分着重对执行机构和执行过程两方面进行探讨;第三部分解决强制执行的前提要件的问题,详细讨论各种执行名义、执行判决、执行条款之类型与本质;第四部分讨论强制执行之客体,同样采取总分的结构,在一般理论的基础上分别讨论了不可抵押财产的强制执行问题以及债权人抵销的情况;第五部分详细研究了强制执行的不同类型,如金钱债权与非金钱债权、动产与不动产债权的强制执行问题;第六部分从被执行人和第三人的角度出发,讨论在强制执行过程出现瑕疵或涉及第三人利益时两者分别享有何种救济权利的问题;第七部分涉及的是强制执行中的事实查明制度;第八、九部分集中关注强制执行措施,包括假扣押及其他临时性措施;第十部分则对比较法上的强制执行制度进行考察和研究。

第48章、第55章以及第59章,现行法上变化很大,在未来的14版中会有较大修改,所以,在翻译时,译者等待最新修订稿,并以之为准,进行了翻译。

整体来看,本书有体系、有理论、有实践、有历史、有比较,而且论述深入。不仅全面、体系化地论述了强制执行法理论,而且原汁原味地呈现了德国强制执行法适用状况,引用并更新了大量德国法院的判决,与德国立法和司法实践、诉讼发展紧密结合。本书既适合初学者掌握强制执行法体系,也适合研究者对强制执行法进一步深入研究。

最高人民法院执行局独具慧眼,发动了本书的翻译工作,立项予以支持。可以说,没有最高人民法院执行局的动议,本书的翻译不可能开始。在此,对于最高人民法院执行局及赵晋山法官表示诚挚的敬意与谢意。

本书的正式翻译开始于2015年年底,由王洪亮教授、郝丽燕博士与李云琦博士共同翻译完成。其中,王洪亮教授负责翻译第1章至第3章、第26章至第38章、第59章、法律条文索引表、术语索引表;郝丽燕博士负责翻译第8章至第18章、第49章至第58章;李云琦博士负责翻译第4章至第7章,第19章至第25章、第39章至第48章以及缩略语表。各位译者翻译完毕后,由王洪亮教授统一进行校对。

本书的翻译,历经3年,郝丽燕博士与李云琦博士付出了辛勤的劳动,译者之间对术语、译文反复讨论和交换意见,并多次向施蒂尔纳教授当面请教,对于术语与译文,常有“一名之立,旬月踟蹰”之时。各位译者通力合作的精神、认真负责的态度,让我体会到译事之难,体会到两位合作者的真情实意,留下了美好的学术回忆。在此,向郝丽燕博士与李云琦博士表示诚挚的谢意与敬意。

由于原著内容较多,所以计划分成上下两册出版。2018 年 4 月,本书上册初稿交给出版社。王洪亮教授及其博士生柯勇敏、黄赤橙对本书进行了二次校对。在正式出版前,王洪亮教授通读了文本,请博士生谢德良帮助校对了缩略语表、法律条文索引表以及术语索引表。另外德国康茨坦茨大学博士生郑灿帮助了校对。在此,对四位博士生表示诚挚的谢意。

本书体量大、内容生僻、审校工作量大,出版社编校人员以极大的毅力与韧劲最终完成本书的校对,对本书的校对倾注了大量心血,本书因此而减少了错误并有所增色。在此,对出版社编校人员表示诚挚的谢意。

最后需要承认的是,我们的水平有限,加之本书的内容较多,因而错误在所难免,期盼读者诸君予以批评指正。

王洪亮

2019 年 8 月 31 日于法图楼

目录

第二小分编　因金钱债权对不动产强制执行

第三十四章　不动产执行一般原则

文献指引：

强制拍卖与强制管理法评注类：耶克尔/居特(Jäckel/Güthe),1937年第7版,由福尔克马尔/阿姆斯特罗夫(Volkmar/Armstroff)编写;克林滕贝格/文茨(Korintenberg/Wenz),1935年第6版;达斯勒(Dassler)/席夫豪尔/盖哈特/穆特,1991年第12版;施泰纳/艾克曼/哈格曼/施托尔茨/托伊费尔(Steiner/Eickmann/Hagemann/Storz/Teufel),第9版,第1册,第1~104条,1984年;第2册,第105~185条,1986年;施特贝尔,2002年第17版;伯切尔(Böttcher),2000年第3版。*

体系化与专著类论述：姆斯鲍姆(Nussbaum):《强制拍卖与枪支管理》,1916年;施托尔茨(Stolz):《强制拍卖程序实践》,1991年第6版;辛曾:《不动产强制执行法》,1991年第1版;施塔德霍费尔－韦辛尔:《强制拍卖的要求——不可撤销的诉讼行为》,波恩博士论文,1993年;克里斯蒂安·莫尔布特:《强制执行时所有权人的权利以及地上权内容》,拜罗伊特(Bayreuth)博士论文,1995年;盖(Gay):《依据〈强制拍卖与强制

* 本书文献指引和注释中出现的并列人名,用"/"隔开,以免混淆;书名后的人名,意为本部分内容为此人所著,亦用"/"隔开。——编者注

管理法〉第59条确定不同的拍卖条件》,科隆博士论文,2002年;艾克曼:《强制拍卖与强制管理》,2004年第2版。

其他辅助工具书:辛曾:《不动产执行手册》,1999年;莫尔布特:《执行法与支付不能法完全手册》,1974年第2版;莫尔布特/德里施勒/拉特克(Radtke)/蒂德曼(Tiedemann):《强制拍卖与强制管理实践》,第7版,第1册,1986年;第2册,1990年;穆特:《强制拍卖实践》,1989年;施特贝尔:《不动产的强制执行》,1999年第7版;弗格尔/科恩(Vogel/Korn):《不动产强制执行》,1959年第2版。

重要文献(经挑选):J. 布罗迈耶:《强制拍卖中的预登记》,载《德国公证人杂志》,1979年,第515页;多恩(Dorn):《强制拍卖中的成分与从物》,载《德国司法辅助员》,1987年,第143年;德里施勒:《强制拍卖与强制管理法的新案例》,载《支付不能法杂志》,1975年,第283页;1976年,第42页;1978年,第147页;1981年,第389页;1982年,第377页;1983年,第535页;1984年,第579页;德里施勒:《1979年7月1日生效的〈强制拍卖与强制管理法〉的变化》,载《支付不能法杂志》,1979年,第146页;艾克曼:《强制拍卖与强制执行法的现实问题》,载《支付不能法杂志》,1987年,第617页;恩格尔(Engel):《对"惹事精"的强制拍卖——一项没有尽头的程序?》,载《德国司法辅助员》,1981年,第81页;高尔:《强制执行中的"程序路径"与程序行为》,载《阿伦斯纪念文集》,1993年,第89页;尤其是第107页以下;盖哈特:《强制拍卖的基础与问题》,载《法学工作报》,1981年,第12页;辛曾:《强制拍卖法的变化》,载《德国司法辅助员》,1998年,第148页;霍农:《强制执行修订法案》,1979年,载《德国司法辅助员》,1979年,第321页、第365页;凯勒(Keller):《强制执行法中前德意志民主共和国土地权利》,载《德国司法辅助员》,1992年,第501页;凯勒(Keller):《建筑物所有权与土地拍卖》,载《德国司法辅助员》,1994年,第194页;迈尔(Meier):《对不动产的强制执行》,载《法学教育》,1992年,第650页;穆特:《拍卖多宗土地——因请求内容已被覆盖而停止程序》,载《德国司法辅助员》,1993年,第268页;穆特:《因支付不能管理人申请而强制执行》,载《经济法杂志》,1999年,第945页;翁努斯赛特(Onusseit):《营业税——一项与强制执行法的相关数据?》,载《德国司法辅助员》,1995年,第1页;帕佩(Pape):《〈民事诉讼法〉改革对强制管理与强制拍卖程序中的抗告的影响》,载《支付不能法杂志》,2001年,第891页;皮特斯:《不动产执行——强制执行教义学的宝库》,载《亨克尔祝寿文集》,1995 年,第 655 页;雷弗勒(Räfle):《联邦最高法院对不动产执行的新裁判》,载《经济法杂志》,1981 年,第 821 页;席夫豪尔:《强制拍卖程序的社会层面》,载《德国司法辅助员》,1978 年,第 397 页;施特贝尔:《涂销预登记与法律上预登记的涂销请求权》,载《德国司法辅助员》,1977 年,第 399 页、第 425 页;施托尔茨:《强制拍卖对于作为债权人顾问的律师的特殊危险》,载《经济法杂志》,1980 年,第 1049 页;1981 年,第 16 页;福尔克默:《执行攫取的合宪性》,载《德国司法辅助员》,1982 年,第 1 页;瓦克:《不动产执行中强制土地登记的弊端》,载《民事诉讼法杂志》,第 82 卷,1969 年,第 377 页。

参见概览表十四。

一、不动产强制执行的概念与体系地位

(一)概念

34.1 因金钱债权的强制执行也可以指向由债务人之土地以及类似土地权利所组成的财产。动产的拍卖与土地的强制拍卖是类似的(被变价的是实体!),但对于债权人而言,也可能对攫取土地用益感兴趣;这一攫取(Zugriff)* 通过强制管理实现(边码 37 以下)。强制拍卖与强制管理可以分别或共同予以申请与设置,参见第 866 条第 2 款。第三种对土地的强制执行是登记所谓的强制抵押权(边码 35.4);强制抵押权使此前尚无物上担保的(所谓对人的)债权人(边码 34.39)获得一个担保其债权的担保性抵押权。**

34.2 在这里就经常会遇到如下的误解,即好像只有对物债权人*** 可以申请强制拍卖与强制管理;实际上,任何债权人都可以申请。即便是对人债权人,也无须事先获得一个强制抵押权,然后才能进行强制拍卖(强制管理)。强

* "Zugriff"一词在强制执行法语境中是指债权人强行以执行客体之价值清偿债务,译为攫取。本书上册译为"干涉"。——译者注

** 担保性抵押权(Sicherungshypothek)是德国法上的一种与流通式抵押权(Verkehrshypothek)相对的抵押权。参见《德国民法典》第 1184 条以下。——译者注

*** dinglicher Gläubiger,即享有物上担保的债权人。——译者注

制抵押权只是提供在嗣后强制拍卖或强制管理中享有优先顺位的好处！享有强制抵押权的对人债权人也可以从迟一点的强制拍卖中获得较多的拍卖所得,从而促使他眼下暂时先放弃强制拍卖。

强制管理与强制拍卖的合用往往是有意义的,通过强制管理,拍卖拍定前的土地之收益(如租金)也被一并获取。在土地(如住宅街区)带来大量收益,或者在资本市场虚弱时强制拍卖不能期待充分报价的情况下,仅进行强制管理更符合目的。

(二)不动产执行法的体系地位

1. 不动产执行的法定规则

34.3 关于土地上强制执行的规则规定在《德国民事诉讼法》(第864条至第871条)以及1897年3月24日的《强制拍卖与强制管理法》中。[①]《强制拍卖与强制管理法》补充了《德国民事诉讼法》关于强制执行的规则,并进行调整以适应土地上强制执行的特别要求。也就是说,它并非排除一般法适用的特别法。据此,人们必须一直清醒地认识到,在适用法律时,《强制拍卖与强制管理法》应被作为《德国民事诉讼法》的一部分(边码2.25)。这意味着,比如,《德国民事诉讼法》关于强制执行前提的一般规则(执行名义等)以及关于法律救济的一般规则(异议、第三人异议之诉、执行对抗之诉等)[②]都可以被适用。《强制拍卖与强制管理法》与《德国民事诉讼法》相互关系概览如下:

34.4 例子:债权人Gl.对债务人以及登记所有权人S进行强制拍卖。主张是

①《帝国法律公报》,1897年,第97页,1898年5月20日颁布的版本(《帝国法律公报》,第713页),有修改。

②无意义的动产扣押之禁止(第803条第2款)不准用于强制拍卖程序,也不能通过第765a条适用,参见联邦最高法院裁判,载《新租赁法与住宅法杂志》,2004年,第347页;相同的,参见《联邦最高法院民事裁判集》,第151卷,第384页、第386页(对于强制管理);另参见边码6.67、边码7.15、边码27.5、边码34.44、边码37.2。

5

土地真正所有权人的第三人 D 必须提起第三人异议之诉(《德国民事诉讼法》第 771 条)。当然《强制拍卖与强制管理法》第 37 条第 5 项规定有特别规则,D 必须通过执行法院的裁定才能停止或废止强制拍卖程序,仅仅提起第三人异议之诉并不足够。执行法院裁定的基础是诉讼法院根据《德国民事诉讼法》第 771 条的判决或者执行法院根据第 771 条第 3 款、第 769 条对强制执行的暂时停止。也就是说,要同时注意《德国民事诉讼法》(第 771 条)与《强制拍卖与强制管理法》(第 37 条第 5 项)。

概览表十四　因金钱债权而在不动产上强制执行

类型	规则位置	客体	效力
一、强制拍卖	第 864 条至第 866 条:《强制拍卖与强制管理法》第 1 条至第 145a 条	1. 土地,第 864 条第 1 款 2. 类似土地的权利,第 864 条第 1 款 3. 土地上的所有权份额,第 864 条第 2 款 4. 住宅所有权等,《住宅所有权以及持续居住权法》第 1 条第 2 款 5. 为抵押权所及的客体(《德国民法典》第 865 条、第 1120 条以下),但不包括用益	土地的强制出让: 1. 通过扣押裁定扣押,《强制拍卖与强制管理法》第 20 条至第 23 条 2. 拍卖期日,《强制拍卖与强制管理法》第 36 条、第 37 条 3. 报价: (1) 承受原则:《强制拍卖与强制管理法》第 52 条第 1 款第 1 句 (2) 覆盖原则:《强制拍卖与强制管理法》第 44 条 4. 拍定: 《强制拍卖与强制管理法》第 81 条、第 82 条、第 87 条、第 89 条 5. 拍卖所得的分配,《强制拍卖与强制管理法》第 105 条以下

续表

类型	规则位置	客体	效力
二、强制管理	《德国民事诉讼法》第 864 条至第 866 条	也包括用益！(《强制拍卖与强制管理法》第 148 条)	管理与用益权移转给强制管理人,《强制拍卖与强制管理法》第 150 条、第 152 条
三、强制抵押权	第 866 条至第 868 条	同上述"一、强制拍卖"	就顺位效力方面与约定确立的担保性抵押权相同(《德国民法典》第 1184 条以下),但使债权人有权在没有容忍之名义(Duldungstitel,执行名义的一种)的情况下进行强制拍卖(第 867 条第 3 款)

2.《强制拍卖与强制管理法》的体系

34.5 《强制拍卖与强制管理法》可以划分为三部分(另参见边码 2.25):(1)通过强制执行方式强制拍卖与强制管理(《强制拍卖与强制管理法》第 1 条至第 161 条);(2)通过强制执行方式强制拍卖船舶、船舶建造物以及飞机(《强制拍卖与强制管理法》第 162 条至第 171n 条);(3)在特殊情况下的强制拍卖与强制管理(《强制拍卖与强制管理法》第 172 条至第 185 条)。在不动产上的强制执行规则对于后续两部分具有示范作用,只要其他两部分没有规定修改的特别规则,就要适用不动产上的强制执行规则(比较《强制拍卖与强制管理法》第 162 条、第 172 条、第 176 条、第 180 条)。

为了清偿债权人而变价土地、登记的船舶甚或飞机无疑是要归类入强制执行法的;教科书上的论述主要限于不动产强制执行,在教学与实践中最为重要。相反,强制拍卖或者强制管理特别情况的法律属性(《强制拍卖与强制管理法》第 172 条至第 185 条)则是有疑问并有争议的。根据合理的通说,在此方面。总的来讲,涉及的不是强制执行程序。③ 该争议的意义也不能被高估。

3. 特别情况下的强制管理与强制拍卖

强制管理与强制拍卖的特别情况,根据通说,并非基于金钱债权的强制执行(边码 34.5),对此最好以几个例子阐明。 34.6

(1)分割拍卖

最重要的特别情形是所谓的分割拍卖(Auseinandersetzungsversteigerung),④根据《强制拍卖与强制管理法》第 180 条至第 185 条。⑤ 在多人按份或共同共有对土地享有权利,且该权利共同体应被废止时,即可以适用。 34.7

例子一:A 与 B 是 E 的共同继承人,遗产中有一块土地。二者对于遗产的分割不能达成一致,尤其对是否出让该土地不能达成一致。在此,A 或 B 可以进行强制拍卖,⑥而无须提交可执行的名义(《强制拍卖与强制管理法》第 181 条第 1 款)。强制拍卖所得代替土地。⑦ 现在,可以——必要情况下

---

③仅参见德里施勒(Drischler),载《德国司法辅助员》,1989 年,第 85 页;不同观点,参见施特贝尔,第 172 条,边码 1.3;伯切尔,载《德国司法辅助员》,1993 年,第 389 页有证明;有道理的区分,艾克曼,第 1 节Ⅱ又进一步证明。

④对此详见施夫豪尔,载《经济法杂志》,1982 年,第 526 页、第 660 页;施耐德,载《德国法院执行员报》,1985 年,第 51 页;另外埃贝林(Ebeling),载《德国司法辅助员》,1991 年,第 349 页。

⑤法律听审之保障——与在执行拍卖情况下不同——在该程序被开启(anordnen)之前,根据恰当的通说,并非无关紧要;对此参见伯切尔,载《德国司法辅助员》,1993 年,第 389 页、第 391 页有证明;另参见边码 34.43。

⑥其他遗产的事先分割并非前提,参见德里施勒,载《法律办公室》,1963 年,第 241 页;施特贝尔,第 180 条,边码 2.7 以及边码 3.6;尧厄尼希/施蒂尔纳,第 2042 条,边码 10 以下在遗嘱执行情况下,分割权能移转给遗嘱执行人(施特贝尔,第 180 条,边码 3.16 有证明),遗嘱执行人必要时必须根据第 766 条甚或第 771 条实现其权能[黑格勒/温克(Winker),《遗嘱执行人》,边码 512 脚注 3;另参见边码 43.19、边码 46.15];遗嘱执行人在此当然不得贱卖土地,参见联邦最高法院裁判,载《新法学周刊裁判报告》,2001 年,第 1369 页。在扣押共同继承份额后由扣押债权人进行的分割拍卖,参见联邦最高法院裁判,载《德国司法辅助员》,1999 年,第 140 页。

⑦物上代位! 对此,艾克曼,第 7 节Ⅲ;施特贝尔,第 191 条,边码 2.5;另参见边码 36.25。

在遗产法院调解下(《德国非诉事件法》第 86 条至第 98 条)或者通过分割之诉——进行分割,即分割拍卖为 A 与 B 之间的分割做准备。[⑧]

如果 B 自己作为“竞买人”出现,并获得拍定,那么该拍卖所得要支付给遗产(A 与 B),而且 B 不可以留置其一半份额,因为还没有确定,如何进行分割(有些情况下,强制拍卖所得被用来清偿遗产之债务)。[⑨] 如果 B 不支付,那么 A 独自可以提起请求再次拍卖。[⑩] 在分割拍卖情况下,也存在浪费财产的危险(如由申请人“便宜地”拍得)。在一定范围内,共同共有人可以通过如下方式获得保护,即不得以贱卖价格拍定(《强制拍卖与强制管理法》第 180 条第 1 款、第 74a 条、第 85a 条、[⑪]第 100 条),而且暂时停止程序也是可能的(《强制拍卖与强制管理法》第 180 条第 2 款)。[⑫] 德国联邦宪法法院认为拍卖法院负有义务向当事人指明,为了避免严重的不利益,有提出相应申

---

⑧在此方面相同的,参见《联邦最高法院民事裁判集》,第 4 卷,第 84 页;有指导意义的,参见石勒苏益格法院裁判,载《德国司法辅助员》,1979 年,第 471 页:在实体法上分割之排除(如被继承人之安排、合伙人之约定),如果没有被登记入登记簿,拍卖法院即无须顾及之(《德国民法典》第 2044 条第 1 款、第 1010 条);共有人根据第 771 条,而非第 766 条进行防御。另参见施特贝尔,第 180 条,边码 9.3、边码 9.8。

⑨在拍卖所得余额上共同体的继续存在;对此参见吕讷堡州法院裁判,载《经济法杂志》,1981 年,第 914 页以及德里施勒,载《经济法杂志》,1982 年,第 921 页(具有各份额不同负担之特点的按份共有人共同体——根据《强制拍卖与强制管理法》第 182 条的补偿金额);另参见前两个脚注的证明。

⑩美因河畔法兰克福法院裁判,载《新法学周刊》,1953 年,第 1877 页;施特贝尔,第 133 条,边码 2.18 附证明;有争议!

⑪对此参见德里施勒,载《法律办公室》,1982 年,第 1121 页。

⑫比如如下例子:《联邦最高法院民事裁判集》,第 79 卷,第 249 页;对此参见雷费勒(Raefle),载《经济法杂志》,1981 年,第 824 页;有争议,是否除此之外还适用第 765a 条:肯定的,参见不来梅法院裁判,载《德国司法辅助员》,1979 年,第 72 页;卡尔斯鲁厄法院裁判,载《德国司法辅助员》,1991 年,第 197 页;斯图加特州法院裁判,载《德国司法辅助员》,1992 年,第 491 页(裁判主旨);伯切尔,载《德国司法辅助员》,1993 年,第 190 页、第 389 页;不同观点,参见柏林州法院裁判,载《德国司法辅助员》,1993 年,第 297 页;未决定的,参见联邦最高法院裁判,载《新法学周刊》,2004 年,第 3635 ~ 3636 页右栏,有证明;另参见埃贝林,载《德国司法辅助员》,1991 年,第 349 页、第 352 页以及边码 34.41。

请的可能性；对公平程序权的侵害会导致宪法抗告（《德国基本法》第14条）。⑬

例子二：丈夫M与妻子F生活在净益共同体的法定财产制下。⑭ 在M陷入经济困难时，他申请分割拍卖M与F共有的住宅土地，该土地是二人唯一值得一提的财产标的。在分割拍卖配偶财产情况下，只有另一方配偶同意，才可以提出申请要求《德国民法典》第1365条框架内的分割之拍卖；⑮根据通说，甚至在配偶二人为民事合伙的情况下，也是如此。⑯ 在（配偶另一方）主张其没有同意时的法律救济：如果对于法院而言瑕疵很是明显的情况 34.8

⑬比较《联邦宪法法院判例集》第42卷，第64页；第51卷，第150页。因《强制拍卖与强制管理法》修改使这一问题部分地变得尖锐；对于宪法一面，参见边码7.1、边码7.40以下、边码34.41以下。

⑭关于为了废止婚姻所有权与财产共同体的部分拍卖是否根据德意志民主共和国家庭法进行，参见雷勒迈尔（Rellermeyer），载《德国司法辅助员》，1993年，第469页；另参见边码4.42、边码19.15。

⑮通说：例如，美因河畔法兰克福法院裁判，载《新法学周刊裁判报告》，1999年，第731～732页左栏；1997年，第1274页（在拍定时同意即为已足）；巴伐利亚州最高法院裁判，载《新法学周刊裁判报告》，1996年，第962页；杜塞尔多夫法院裁判，载《泛亲属法杂志》，1995年，第309页；不来梅法院裁判载《泛亲属法杂志》，1984年，第272页；斯图加特法院裁判，载《新法学周刊》，1983年，第634页；哈姆法院裁判，载《州高等法院民事裁判集》，1979年，第81页；施特贝尔，第180条，边码3.13；艾克曼，第29节Ⅴ1，4；伯切尔，载《德国司法辅助员》，1986年，第271～272页；不同观点，部分旧文献以及科赫：《慕尼黑〈德国民法典〉评注》，第1365条，边码59，有进一步证明。该同意之要件是否也适用于配偶的扣押担保物权人的申请，非常有争议；肯定的，如艾克曼，第29节Ⅴ4 b；伯切尔，载《德国司法辅助员》，1993年，第389页、第392页；否定的，参见柏林高等法院裁判，载《德国司法辅助员》，1992年，第211页；杜塞尔多夫法院裁判，载《德国司法辅助员》，1991年，第215页；科隆法院裁判，载《新法学周刊裁判报告》，1989年，第325页；另参见边码19.10以下，离婚生效之后即无同意之要求，科隆法院裁判，载《德国司法辅助员》，1998年，第168页、第169页左栏。

⑯艾克曼，第29节Ⅴ4a；有疑义！不同观点，参见汉堡法院裁判，载《德国法月刊》，1965年，第748页；另参见伯切尔，载《德国司法辅助员》，1993年，第389页、第392页，有证明。

下,(可以)抗议(第766条)甚或在听审后立即抗告(第793条),[17]否则适用第771条。[18] 同意是可以被替代的(《德国民法典》第1365条第2款)。[19] 如果一个享有高负担份额的共有权人同意拍卖甚或程序的申请(《强制拍卖与强制管理法》第180条第1款、第27条),那么有时最低报价(《强制拍卖与强制管理法》第182条第1款)的额度会危及程序。[20]

34.9 例子三:债务人S是建筑用地共有权人。他的债权人G拟攫取该财产价值,但G没有兴趣强制拍卖共有份额(边码32.2;边码34.14),而想要分割拍卖并解散共同体。通说允许G通过扣押S的废止请求权(《德国民法典》第749条、第751条第2句)以进行分割拍卖(《强制拍卖与强制管理法》第181条第2款);[21]尽管目前对此有不同的构造观点,但意见一致的是允许债权人进行分割拍卖。

---

⑰比较施特贝尔,第180条,边码3.13(i),有证明(选择权);不同观点(一直是第771条),科隆法院裁判,载《泛亲属法杂志》,2000年,第1167页右栏;还有,艾克曼,第29节Ⅴ2;另参见边码8.31、边码43.4以下。

⑱详见哈姆法院裁判,载《州高等法院民事裁判集》,1979年,第81页、第87页及以下;科布伦茨法院裁判,载《德国司法辅助员》,1979年,第202~203页;不来梅法院裁判,载《泛亲属法杂志》,1984年,第272~273页;杜塞尔多夫法院裁判,载《泛亲属法杂志》,1995年,第309页;伯切尔,载《德国司法辅助员》,1986年,第271页、第272页及以下;祖德霍夫(Sudhoff),载《泛亲属法杂志》,1994年,第1152~1153页以下;完整论述,另参见边码46.14。

⑲并非家事案件:联邦最高法院裁判,载《新法学周刊》,1982年,第2556页;施特贝尔,第180条,边码3.13(k);通说。

⑳对此参见奥托/赛福特(Seyffert),载《德国司法辅助员》,1979年,第1页及以下。

㉑《联邦最高法院民事裁判集》,第90卷,第207页、第215页;科隆法院裁判,载《州高等法院民事裁判集》,1969年,第338页;施特贝尔,第180条,边码11.3;不同观点(拍卖所得返还请求权的扣押),参见卡斯滕·施密特:《慕尼黑〈德国民法典〉评注》,第749条,边码24;卡斯滕·施密特,载《法学评论》,1979年,第317页、第320页;同样的,参见艾克曼,第29节Ⅲ;福特纳,载《新法学周刊》,1969年,第871~872页(根据第857条第1款针对土地上共有份额的权利扣押);霍夫曼,载《法学教育》,1971年,第20~21页(在登记强制抵押权后分割权利)。根据图林根法院裁判,载《德国司法辅助员》,2001年,第445页,尽管扣押了废止请求权,但没有扣押债权人的同意,共有权人也享有申请的权利(有疑问)。

(2)基于支付不能管理人(Insolvenzverwalter)之申请的强制拍卖与强制管理

另外一种特别情形是基于支付不能管理人之申请的强制拍卖(强制管理)(《强制拍卖与强制管理法》第172条至第174条)。在支付不能法改革前,破产管理人(Konkursverwalter)启动的不动产执行在实践中意义有限,[22]新规则特意加强了支付不能管理人的地位。[23] 对此举例如下: 34.10

例子:共同债务人(Gemeinschuldner,支付不能债务人或破产债务人)S是一块几乎全额负担有不动产担保物权的土地的所有权人(交易价值300000欧元,物上负担:280000欧元)。支付不能管理人I想将剩余的价值纳入破产财产(Teilungsmasse)。为此,I可以申请变卖土地、[24]自愿拍卖土地[25]或强制拍卖(《支付不能法》第165条、《强制拍卖与强制管理法》第172条)。[26] 在此依照程序,原则上,管理人被视同为进行执行的对人债权人,[27]如此一来,最低报价[28]还应包括程序费用(《强制拍卖与强制管理法》第109条)、基于第一至第三顺位的请求权,也即自支付不能法改革以来还有为拍

---

[22]就理由,参见艾克曼,第26节I。

[23]对此参见穆特(Muth),载《经济法杂志》,1999年,第945页。

[24]强制拍卖程序中拍定之前,变卖都是可能的(论点,《强制拍卖与强制管理法》第173条第1句);艾克曼,第26节II 2b;乌伦布鲁克,第165条,边码4.8。

[25]耶格尔/韦伯,第126条,边码1;赫斯/克罗普斯霍费尔(Kropshofer):《破产法》,1998年第6版,第126条,边码1。

[26]具体决定取决于管理人以符合其义务的方式所作的自由衡量,管理人可以选择强制拍卖以避免变价不利的指责,参见施特贝尔,第172条,边码3.1.(d)之证明;但部分学者认为变卖是通常比较有利的变价方式,参见乌伦布鲁克,第165条,边码8,有进一步证明。

[27]在这里也不需要执行名义,另参见边码35.2。

[28]对于按照《强制拍卖与强制管理法》第174条的复杂程序,参见施特贝尔,第174条,边码1及以下;艾克曼,第26节II 4c;所谓双重出售。对于最低报价(保留价),边码36.5。

卖所及之动产的确定费用[29](《强制拍卖与强制管理法》第10条第1款第1a项),以及所有的物上权利。[30](因此)很难实现有利于破产财产的结果。

同样随着支付不能法改革引入的《强制拍卖与强制管理法》第174a条,使支付不能管理人有可能申请设定不同的最低报价/保留价(das geringste Gebot):在这种情况下,需考虑的只是优先于《强制拍卖与强制管理法》第10条第1款第1a项之确定费用(Feststellungskosten)的权利(《强制拍卖与强制管理法》第174a条前半句);然后,可以选择将土地也以(管理人)所要求之不同的最低报价提交拍卖(ausbieten)(《强制拍卖与强制管理法》第174a条后半句——双重出售 doppelausgebot)。[31] 故此,虽然支付不能管理人不能基于1a顺位进行程序(违反体系),但其法律地位已经很接近有特权的债权人了,有特权债权人也优先于第一顺位的担保物权人。新规则想使支付不能的管理人也可能让高负担的不动产被拍卖。这一对承受原则的突破(边码36.3),其对破产债权人的好处并不确定,但其最终意味着不无疑虑地对不动产担保物权人和其他物上权利人地位的削弱。[32]

(3)基于继承人申请对遗产土地的强制拍卖

34.11 最后是根据《强制拍卖与强制管理法》第175条至第179条基于继承人申请对遗产土地的强制拍卖,不是强制管理。

例子:A、B与C是E的共同继承人,每人1/3。遗产包含一块土地,其上

---

[29]对此参见施特贝尔,第10条,边码3.1及以下,边码3.9。

[30]在拍卖期日前已登记的(权利),依职权予以考虑,其他(权利)依申报(Anmeldung);就全部,参见艾克曼,第26节Ⅱ 4b;施特贝尔,第174条,边码2;另参见边码34.37以下。

[31]在支付不能管理人的申请与依据《强制拍卖与强制管理法》第174条的债权人申请并存时,会有三重报价;恰当的(观点),参见穆特,载《经济法杂志》,1999年,第945页;艾克曼,第26节Ⅱ 4a.E.;不同观点,参见施特贝尔,第174a条,边码2.5(优先于第174a条)。

[32]比较施特贝尔,载《新法学周刊》,2000年,第3600页(所有权让与之预告登记与地上权使用金—土地负担)。对于支付不能程序中不动产担保物权的其他风险,参见布伦斯,载《支付不能法杂志》,2004年,第1页及以下。

为了 Gl. 的利益而设定有 150000 欧元的抵押权。A 想知道，他是否以及在多大程度上以自己个人的财产（persönlichem Vermögen）对 Gl. 承担责任。A 只能通过与 B、C 共同的申请才能实现基于遗产管理或遗产支付不能程序的责任限制（《德国民法典》第 1975 条、第 1980 条第 1 款、第 1981 条第 1 款），但是要以丧失继承共同体管理职权为代价（《德国民法典》第 1984 条第 1 款、《德国支付不能法》第 80 条第 1 款）。只要物上责任（dingliche Haftung）已经使 Gl. 获得清偿（《德国民法典》第 1971 条第 1 句），遗产债权人征求权益的公告（Aufgebot der Nachlassgläubiger）（《德国民法典》第 1970 条、第 1973 条）就不会以无物上担保的债权（mit persönlicher Forderung）涉及 Gl.。因此，如果 A 想要预见其个人责任范围（Umfang seiner persönlichen Haftung），那么他只能根据《强制拍卖与强制管理法》第 175 条第 1 款请求强制拍卖。根据通说，他可以——相应于申请目的——不需要 B 与 C 的协助，自己提出申请；[33] 最低报价遵循的——《强制拍卖与强制管理法》第 174a 条有例外——是支付不能管理人拍卖的规则（《强制拍卖与强制管理法》第 176 条、第 174 条：双重出售的可能）。[34]

二、不动产上强制执行的客体

（一）土地

根据第 864 条第 1 款，属于不动产强制执行客体的首先是法律意义上的土地（比较《德国土地登记法》第 3 条、第 4 条连同《德国民法典》第 890 条），[35] 包括所有重要与非重要成分（论据，《德国民法典》第 865 条第 1 款第 1120 条）以及与所有权关联的权利（《德国民法典》第 96 条）。对于成分——孳息是例外（第 810 34.12

---

[33] 施特贝尔，第 175 条，边码 2.2；艾克曼，第 27 节 Ⅱ 1；莫尔布特尔（Mohrbutter）/德里施勒/拉特克（Radtke）/蒂德曼（Tiedemann），Ⅱ 边码 178，1。

[34] 对此参见施特贝尔，第 176 条，边码 3.9；另参见边码 34.10。

[35] 对此参见鲍尔/施蒂尔纳，《物权法》，第 15 节 Ⅲ 1；施特贝尔，引言，边码 11。

条)[36]——不得通过动产执行进行攫取。相反,对于所谓表象成分(《德国民法典》第 95 条)如同动产一样,是可扣押的(pfändbar),*比如,由承租人在租赁期间建造的车库(参见边码 28.1 以下)。

(二)类似土地的权利

34.13 对类似土地的权利,即像土地一样被对待的权利(第 864 条第 1 款),债权人进行攫取,也要遵循不动产强制执行规则。比如地上权(《德国地上权法》第 1 条以下)、矿山所有权(联邦矿山法第 9 条第 1 款[37])、渔业权(比较《德国民法典实施法》第 69 条[38])以及其他主要源自州法的特别用益权利。[39]

(三)在不动产上的共有份额

34.14 第 864 条第 2 款把对土地共有份额的强制执行也归类为不动产执行。按份共有人份额的强制拍卖不同于扣押废止(共有关系?)请求权以及随后的分割拍卖(边码 32.2、边码 34.9)。共同拍卖多个份额,在《强制拍卖与强制管理法》第 18 条的前提下是可行的,尤其是在共有权人承担连带责任(gesamtschuldnerischer Haftung)的情况下。[40]

34.15 例子:A、B 与 C 是被翻修的老房子的共有人。他们作为连带债务人因

---

[36]参见边码 28.2、边码 34.29。对于在重要成分上的动产执行,参见《联邦最高法院民事裁判集》,第 104 卷,第 298 页(无效),高尔,载《新法学周刊》,1989 年,第 2509 页;另参见边码 27.11。

* 扣押“pfänden”一词仅在动产执行中使用。——译者注

[37]1980 年 8 月 13 日《联邦矿山法》(《德国联邦法律公报》,1980 年第 1 卷,第 1310 页)。

[38]比如巴符州:1979 年 11 月 14 日《渔业法》。

[39]综述,参见施特贝尔,引言,边码 13.2 及以下。

[40]执行法院以符合其义务的方式裁量作出决定:联邦最高法院裁判,载《新法学周刊裁判报告》,1986 年,第 1383 页;通说,就整体参见艾克曼,第 23 节;施特贝尔,第 18 条,边码 1 及以下,另外还有米勒,载《新法学周刊》,1979 年,第 905 页、第 907 页。

翻修工作而对承揽人 Gl. 负有承揽报酬的债务。共有份额的强制拍卖或者可以在三个分别程序中进行,或者可以在两个(A 与 B、C;A 与 C、B;B 与 C、A)或一个共同程序中进行(《强制拍卖与强制管理法》第 181 条第 3 种情况)。在合并程序中,原则上也是单独出售每一个共有份额(《强制拍卖与强制管理法》第 63 条第 4 款),㊶除非 A、B、C 与 Gl. 一致同意放弃单个出售(《强制拍卖与强制管理法》第 63 条第 4 款)。㊷ 如果份额由 A、B 以及 C 共同拍卖,那么可以考虑共同出售(所有份额)或者分组出售(两部分一组)。㊸全部的程序合并(A、B 与 C)再加上共同出售,在实际上就使得对分割请求权的扣押显得多余了(边码 32.2、边码 34.9)。

(四)住宅所有权与船舶所有权

1. 住宅所有权

为了变价住宅所有权(《住宅所有权与持续居住权法》第 1 条第 1 款)、部分所有权(《住宅所有权与持续居住权法》第 1 条第 3 款)甚或居住权、部分地上权(《住宅所有权与持续居住权法》第 30 条)。 34.16

根据尚有争议但通行之学说,住宅所有权的性质是经特别法修正的真正(共同)所有权,㊹相应地,住宅地上权是经修正的类似土地的权利(参见边

㊶萨尔布吕肯法院裁判,载《德国司法辅助员》,1992 年,第 123 页,附有辛曾的评注;艾克曼,第 23 节Ⅱ 1;施特贝尔,第 63 条,边码 2.1。

㊷根据卡尔斯鲁厄法院裁判,载《德国司法辅助员》,1994 年,第 376 页的例外;权力滥用地拒绝放弃;有疑问!

㊸艾克曼,第 23 节Ⅱ 2;施特贝尔,第 63 条,边码 3;在共同出售(Gesamtausgebot)情况下的拍定之裁决,参见巴赫曼(Bachmann),载《德国司法辅助员》,1992 年,第 3 页(多块土地);海德里希(Heidrich)以及巴赫曼,载《德国司法辅助员》,1993 年,第 11 页(有计算的例子);另参见穆特,载《德国司法辅助员》,1993 年,第 268 页(拍卖多块土地)。

㊹泽格尔/施蒂尔纳,《住宅所有权与持续居住权法》第 1 条,边码 2a 和 b,对争议状况有证明;鲍尔/施蒂尔纳,《物权法》,第 29 节 B Ⅱ 1 a,b;施特贝尔,引言,边码 12.8;不同观点,如鲍曼/布莱姆,第 23 节Ⅰ 2;莫尔布特尔,第 26 节Ⅰ。

码 34.13)。但这里及其他文献中的关于教义学定性(dogmatische Einordnung)的讨论[45]在实践中意义不大,因为无论如何第 864 条第 1 款导致适用不动产执行法。

相反,持续居住权(《住宅所有权与持续居住权法》第 31 条)根据第 857 条是可扣押的,即通过扣押裁定;变价根据第 857 条第 5 款、第 844 条。[46]

2. 船舶所有权

34.17 在船舶登记簿上登记的船舶与在船舶建筑登记簿已经登记的或可以在该登记簿上登记的船舶建造物,也适用在不动产上的强制执行规则(第 864 条第 1 款;《强制拍卖与强制管理法》第 162 条至第 171 条)。相反,未登记的船舶适用动产执行规则;对于没有登记在船舶建筑登记簿以及不能被登记在登记簿中的船舶建造物,也是如此。船舶按份共有份额(Schiffsparten)适用权利扣押(Rechtspfändung)规则(第 858 条,参见边码 32.1)。

(五)在新联邦州的不动产法

34.18 仅在新联邦州[47]适用的建立在用益权利基础上的独立建筑物所有权(《德意志民主共和国》第 288 条第 4 款、第 292 条第 3 款)[48]

---

[45]参见泽格尔/施蒂尔纳,《住宅所有权与持续居住权法》,第 33 条,边码 3。

[46]鲍尔/施蒂尔纳,《住宅所有权与持续居住权法》,第 33 条,边码 3。

[47]详细的加入区域:勃兰登堡、梅克伦堡—前波美拉尼亚(Mecklenburg - Vorpommern)、萨克森(Sachsen)、萨克森—安哈尔特(Sachsen - Anhalt)、图林根以及柏林一部分,1990 年 10 月 3 日加入后基本法才生效(统一条约第 1 条第 1 款)。另参见边码 4.35、边码 4.37。

[48]对于详细的产生原因,参见伯林格(Böhringer),《新联邦州的不动产法》,1993 年,边码 480 及以下、边码 495 及以下;黑格勒/舍纳(Schöner)/施特贝尔,《土地登记簿法》,1993 年第 10 版,边码 699 a 及以下;另参见鲍尔/施蒂尔纳,《物权法》,第 63 节 Ⅱ。在原德意志民主共和国的法律现实常常要比法律规则更复杂多样,对此参见施蒂尔纳,载《法学家杂志》,1993 年,第 1074 页、第 1076 页;立法者补救了法律与现实的冲突,在新州加入后立法者创造了建筑物所有权(《德国民法典实施法》第 223 节第 2a 条、第 2a 条)。

同样通过强制拍卖与强制管理[49]供债权人攫取(Gläubigerzugriff)。被强制拍卖的——与《德国民法典》第94条不同(《德国民法典实施法》第231节第5条第3款)——通常是单独的土地或单独的建筑物。[50]

需要注意的是,自2001年1月1日起,如果独立的建筑所有权没有按照《德国民法典实施法》第233节第2b条第2款第3句登记入土地登记簿,那么拍卖土地将导致建筑物所有权的消灭(《德国民法典实施法》第231节第5条第3款第1句)。[51] 在2000年12月31日之前开启的(angeorndet)强制拍卖中,即使作为建筑物所有权基础的用益权不在最低报价/保留价考虑范围内,该用益权也继续存在(《德国民法典实施法》第233节第4条第4款)。相反,对建筑物所有权的强制变价无条件地(onhe weiteres)及于作为基础的用益权(《德国民法典实施法》第231节第5条第2款第1句连同《德国民法典》第93条)。

三、不动产执行的范围

不动产执行不仅仅限于上述物权的变价(边码34.12以下), 34.19

[49]施特贝尔,引言,边码14.1。虽然《德国民法典实施法》第223节第4条第1款第1句在此方面仅宣告《德国民法典》关于土地的条文是可适用的,但该转引依照其理由仅涉及《强制拍卖与强制管理法》(论据,《德国民法典实施法》第223节第4条第4款)。相反,基于合同的用益权的、在周末度假房上的建筑物所有权,作为动产所有权根据《德国民事诉讼法》第808条进行扣押! 参见施特贝尔,引言,边码14.6;凯勒,载《德国司法辅助员》,1992年,第501~502页,有证明。

[50]典型案例:图林根法院裁判,载《德国司法辅助员》,2000年,第509页。就整体而言,详见凯勒(Keller),载《德国司法辅助员》,1992年,第501页;作者同上,载《德国司法辅助员》,1994年,第194页(通过物权整理法以及登记程序加速法的变化)。处理不动产执行与整体执行程序关系的论文,参见F.文策尔(Wenzel),载《两德法律杂志》,1995年,第112页。

[51]《德国民法典实施法》第231节第5条第3款第1句,在文意上以及在意义与目的上都没有限于法律行为的移转;有理由认为,这里也不以此为限,另参见边码36.24。

而且包含那些在土地或类似土地权利情况下为抵押权所及的客体(《德国民法典》第1120条:从物、孳息、租金、用益租金以及保险债权)以及在船舶或船舶建造物情况下为船舶抵押权所及的客体(《德国民事诉讼法》第865条第1款)——经济一体性思想!这些客体——除了从物以外——只要不是已经基于对物或对人执行名义通过不动产执行路径被扣押(Beschlagnahme)*(《德国民事诉讼法》第865条第2款第2句),就可以通过动产执行方式被扣押(gepfändet)。相反,即使在土地没有设定负担的情况下,对土地(船舶与船舶建造物)之从物进行动产扣押也是不允许的(《德国民事诉讼法》第865条第2款第1句)。[52]

(一)在强制拍卖与强制管理情况下不同的范围

34.20 为不动产强制执行所涉及的共同承担责任的(mithaftende)客体的范围在强制拍卖与强制管理情况下各有不同。

1.在强制拍卖情况下的责任范围

34.21 在强制拍卖程序中情况如下:虽然扣押包括——除了土地与成分——土地的从物(只要它属于所有权人)(《强制拍卖与强制管理法》第20条第2款、《德国民法典》第1120条),还包括从物上的期待权,[53]但拍卖也会及于不属于土地所有权人的从物(《强制拍卖与强制管理法》第55条第2款),只要

---

* 不同于仅适用于动产执行场合的扣押(pfänden),这里的扣押(Beschlagenahme)是指不动产执行一并及于某些动产。——译者注

[52] 参见边码28.3附有例子,但也参见边码34.22;另外还有施图登特(Student),《〈民事诉讼法〉第865条第2款第1句的扣押禁止》,图宾根博士论文,1969年。

[53] 指导性裁决,《联邦最高法院民事裁判集》,第35卷,第85页;确认的,参见联邦最高法院裁判,载《新法学周刊》,1970年,第2212页、第2215页;另外还有班贝格法院裁判,载《法学家杂志》,1964年,第518页,附有古伦斯基的评注;详见鲍尔/施蒂尔纳,《物权法》,第39节Ⅳ 1,有进一步证明与例子;格拉巴/托伊费尔(Graba/Teufel),载《德国司法辅助员》,1979年,第401页。

(从物之)所有权人没有在拍定前取回该物。未及时取回的情况下,从物之所有权人只能指望相应份额的拍卖所得之返还(《强制拍卖与强制管理法》第 37 条第 5 项)或者在程序终结后的不当得利返还请求权。[54]

对此举一例:农场主 S 在生产现代化过程中在所有权保留条件下从 E 处取得一台新式、高效拖拉机,新机器价格与价值为 50000 欧元。首期支付了 25000 欧元。主要运营土地(价值 250000 欧元)上负担有为 H 设定的第一顺位抵押权(50000 欧元)以及 G 的第二顺位的土地债务,价值 200000 欧元。由于 S 因现代化(措施)而资不抵债,所以 G 对土地进行强制执行,H 加入(《强制拍卖与强制管理法》第 27 条)。[55] 34.22

根据通说,(基于不动产执行的)扣押也一并及于 S 在拖拉机上的期待权(《强制拍卖与强制管理法》第 20 条第 2 款,《德国民法典》第 1120 条、第 97 条第 1 款第 98 条第 2 项)。[56] 这样一来,拍卖取得人 X 至少会通过拍定取得期待权(《强制拍卖与强制管理法》第 90 条第 2 款、第 55 条第 1 款)。另外还要区分的是:E 可以向 G 与 H 要求交出拖拉机(准确地讲:所有权与占有)。如果 G 与 H——根据被扣押的期待权当然不是无偿的——通过部分撤回拍卖申请(《强制拍卖与强制管理法》第 29 条、第 30 条第 1 款)[57]自愿交出,那么拍卖法院就会在此范围内通过裁定废止该程序。[58] 否则 E 必须根据《德国民事诉讼法》第 771 条提起诉讼,并有可能根据《德国民法诉讼法》第 771 条第 3 款、第 769 条第 1 款通过诉讼法院(Prozessgericht)甚或在紧急情况下通过执行法院(第 769 条第 2 款)停止程序。相反,如果 E 在拍定给 X

---

[54]联邦最高法院裁判,载《新法学周刊》,1986 年,第 59 ~ 60 页,另参见边码 37.2。就整体,参见多恩(Dorn),载《德国司法辅助员》,1987 年,第 143 页。实体法上共担责任(《德国民法典》第 1120 条)与非重要成分的拍卖(《强制拍卖与强制管理法》第 55 条第 2 款)以属于土地所有权人的动产为限! 参见鲍尔/施蒂尔纳,《物权法》,第 39 节Ⅲ 1。

[55]有利于加入执行的债权人的扣押随着加入裁定之送达而发生效力:联邦最高法院裁判,载《新法学周刊裁判报告》,1988 年,第 1274 页;另参见边码 35.7。

[56]《联邦最高法院民事裁判集》,第 35 卷,第 85 页;联邦最高法院裁判,载《新法学周刊》,1970 年,第 2212 页、第 2215 页。

[57]详见艾克曼,第 9 节Ⅲ 3 b,bb;施特贝尔,第 29 条,边码 4.2。

[58]有意思的观点,参见哈姆法院裁判,载《德国司法辅助员》,1994 年,第 176 页:在土地拍定生效之后,只能对被释放的从物进行动产执行。

之前没有及时申报权利,[59]那么E就会丧失其所有权(《强制拍卖与强制管理法》第90条第2款、第55条第2款);替代所有权的原则上是价值相当的拍卖所得之份额(《强制拍卖与强制管理法》第37条第5项甚或《强制拍卖与强制管理法》第92条第1款)。[60]

又例如,假定在最低报价不考虑H(比较《强制拍卖与强制管理法》第44条第2款第52条第1款第1句)的情况下拍卖所得为150000欧元(包含费用),那么E因其(剩余)所有权先行从拍卖所得中获得大约13500欧元(类推《德国民法典》第326条第1款第1句后半句、第441条第3款);[61]50000欧元归H(优先性!《强制拍卖与强制管理法》第10条第1款第4项、第11条第1款;参见边码6.38以下),大约86500欧元归G,G剩余的债权即无法从土地中取偿。如果E在拍卖所得分配时也来晚了,[62]那么他只能通过不当得利法的路径(《德国民法典》第812条第1款第1句第2种情况)[63]得到救济。在此,有疑问的是,E仅可以向G请求[64]还是将H与G作为连带债务人(《德国民法典》第421条第1句)一并请求。因为H相对于E也没有变价的权利,所以存在连带责任;[65]在H与G内部关系上,与《德国民法典》第426条不同,适用优先原则(边码6.38以下):有利于H得到完全补偿!

34.23 相反,强制拍卖不攫取租金债权与用益租金债权(具体参见《强制拍卖

---

[59]对于拍卖结束前后释放(Freigabe)的不同法律效果,参见艾克曼,第9节Ⅲ 3 b bb,有证明。

[60]类推《德国民法典》第326条第1款第1句后半句、第441条第3款进行计算;在债法改革前,通说类推旧《德国民法典》第471条对之进行论证(参见《帝国法院民事裁判集》,第76卷,第212页;第88卷,第351页);艾克曼,第9节Ⅲ 2 b cc;施特贝尔,第92条,边码8.2;不同的,参见施托尔茨,《强制拍卖程序实践》,B 2.5.2。

[61]E也部分分担了损失!计算公式,参见艾克曼,第9节Ⅲ 3 b cc。

[62]关于分配方案异议之后的诉讼(《强制拍卖与强制管理法》第115条第2款第2句、《民事诉讼法》第876条以下),参见典型例子,策勒法院裁判,载《德国司法辅助员》,1993年,第363页与边码36.40。

[63]对于个别执行的类似制度,参见边码27.13、边码29.18、边码46.26。

[64]如施特贝尔,第92条,边码8.5。

[65]不同的是——只有G的责任——在H没有加入程序,而其抵押权继续存在的情况(《强制拍卖与强制管理法》第44条第1款、第52条第1款第1句)。就整体,参见艾克曼,第9节Ⅲ 3 b,cc。

与强制管理法》第20条第2款、第21条）以及用益承租人对果实的权利（《强制拍卖与强制管理法》第21条第3款）。简短公式：只有土地本体（甚或作为代位物的保险金[66]）包括从物被变价。

2. 强制管理的范围

与上述相对，强制管理则涉及租金与用益租金债权、已经分离且不是从物的农业出产物（《强制拍卖与强制管理法》第148条第1款、第21条第1款、第2款）。但因为《强制拍卖与强制管理法》第21条第3款，在这里，用益承租人对果实的权利仍保留不变（对此，债权人已获得了用益租金）。简言之，强制管理包含了土地之全部用益（边码37.1以下）。 34.24

（二）共同承担责任的（mithaftender）客体之免责

强制管理与强制拍卖时的扣押效力仅能涉及那些还没有免除抵押权责任的“共同承担责任”的客体，这取决于《德国民法典》第1121条、第1122条、第1123条第2款、第1124条的规定。[67] 比如，强制拍卖的命令不涉及已经被出让并脱离土地的从物。[68] 34.25

在扣押前免责（Freiwerden）与在扣押后免责有所不同，比如所有权人在

---

[66]比较《德国民法典》第1127条以下；联邦最高法院裁判，载《新法学周刊》，1981年，第1671～1672页（对此参见雷费勒，载《经济法杂志》，1981年，第821页、第823页）。注意《联邦最高法院民事裁判集》第107卷，第255页：没有以损害赔偿请求权代位，另参见边码35.11。

[67]对此详见鲍尔/施蒂尔纳，《物权法》，第39节Ⅲ 3和Ⅳ 3 b，有证明。

[68]富有教学意义的例子：联邦最高法院裁判，载《新法学周刊》，1986年，第59页及以下；另外参见联邦最高法院裁判，载《新法学周刊》，1979年，第2514页（根据《德国民法典》第930条的所有权让与情况下不免责）。在企业停业后支付不能管理人的出让与剥离，若违反通常经营之规则，虽然根据《德国民法典》第1121条第1款导致从物的免除责任，但拍卖所得为了不动产担保物权人的利益而继续承担责任（《联邦最高法院民事裁判集》，第60卷，第267页、第272页及以下）。即便唯一不动产担保物权人已经同意了该违反通常经营规则的出让，支付不能管理人在扣押前进行的该交易，也不会根据《德国民法典》第1122条第2款发生免除责任的效果（联邦最高法院裁判，载《新法学周刊》，1996年，第835页、第936页）。

命令强制拍卖后、但在拍卖标注(Versteigerungsvermerk)登入登记簿前向"善意第三人"出让从物的情况下(《强制拍卖与强制管理法》第23条第2款)。[69]

(三)在对人债权人*情况下共同承担责任(Mithaftung)的决定时点——顺位规则

1. 在对人债权人情况下共同承担责任的决定时点

34.26 强制拍卖甚或强制管理包括——在上述范围内——共同承担责任的客体,不仅是在担保物权人进行执行时,而且在对人债权人进行执行时,也是如此。但需要注意的是,在扣押前,相对于这类债权人,土地所有权人的处分权能并不受限。

例子:S在工厂土地上用电子控制全自动车床生产机器零件。该工厂土地上为银行G1的利益设定了额度为100000欧元的土地债务。在对人债权人G2申请强制拍卖之前,为了担保,S将车床的所有权让与给了E;G1加入该程序(《强制拍卖与强制管理法》第27条)。就车床,扣押效力和质权仅为了G1的利益而产生(《强制拍卖与强制管理法》第20条第2款、《德国民法典》第1120条、第97条、第98条第1项),因为车床未脱离于土地(《德国民法典》第930条)而不能"免责"(比较《德国民法典》第1121条)。为了G2利益的拍卖命令虽然具有扣押的效力(《强制拍卖与强制管理法》第27条第1款第1句、第2款),但《强制拍卖与强制管理法》第20条第2款、《德国民法典》第1120条在此方面将车床排除在责任之外,因为S不再是所有权人了。[70] E虽然可以要求G2交出,但却不可以向G1要求交出,[71]所以,他只能在G2分享拍卖所得的范围内基于其担保性所有权而有所收获(《强制拍卖与强制

---

[69] 鲍尔/施蒂尔纳,《物权法》,第39节Ⅳ 3 b;另参见边码35.12。

* persönlicher Gläubiger,即无物上担保的债权人。——译者注

[70] 有指导意义的,茨韦布吕肯法院裁判,载《州高等法院民事裁判集》,1977年,第212页,第217页及以下。

[71] 参见上文边码34.22类似问题。但第三人异议之诉(《德国民事诉讼法》第771条)在这里,似乎只有在拍卖条件将从物排除在拍卖之外时,才有意义。

管理法》第37条第5项、第92条第1款)。[72]

2. 顺位

另外,还要注意的是,对人债权人劣后于对物债权人(比较,一方面《强制拍卖与强制管理法》第10条第1款第5项,另一方面《强制拍卖与强制管理法》第10条第1款第4项),而在多个对物债权人进行强制执行的情况下,根据《德国民法典》第879条确定其权利顺位。这也适用在两个对物债权人基于其对物执行名义(dinglichen Titel)扣押同一租金债权的情况下;也就是说,此时决定性的不是扣押的先后,而是物权顺位规则。[73] 34.27

(四)与在先进行的动产执行之关系

如果对人债权人在对与土地共担责任的客体(例如根据第810条的田地果实)进行不动产扣押之前进行了动产扣押,而在此之后又基于抵押权人的申请进行强制拍卖与强制管理,那么,物权人(抵押权人)优先于扣押质权人,因为被动产扣押的客体对他(抵押权人)而言还没有根据《德国民法典》第1121条免责,而且即使在该被动产扣押的客体基于扣押而脱离于土地的情况下,也是如此(因为还不存在"出让",但可能的是根据《德国民法典》第1122条出现免责!)。而在另一对人债权人事后进行强制拍卖与强制管理的情况下,法律状况有所不同。在该情况下,《德国民法典》第1121条、第1122条不适用,因为对对人债权人的保护以在先的不动产扣押为前提(《强制拍卖与强制管理法》第20条第2款);[74]竞存的对人债权人的扣押质权仍然有效并根据《强制拍卖与强制管理法》第37条第4项予以考虑(边码36.27)。 34.28

---

[72]E还要部分分担损失(类推《德国民法典》第326条第1款第1句后半句、第441条第3款),另参见边码34.22。对于通过申请人的交还是否对加入执行的新债权人也发生效力的问题,参见托伊费尔,载《德国司法辅助员》,1979年,第186页。

[73]《帝国法院民事裁判集》,第103卷,第137页、第140页。另参见边码34.37及以下。

[74]比较边码34.26,有证明。

(五)在不动产扣押后不允许进行动产执行

34.29 在已经命令强制拍卖(或强制管理)的情况下,即不得基于对人或对物执行名义动产扣押共担责任的客体(有扣押状态,但没有扣押质权,边码11.2以下、边码28.3)(比较第810条第1款第2句、第865条第2款第2句:“只要没有”!)。但前提是被动产扣押的客体为被不动产扣押所及。[75] 在物权人如抵押权人进行动产扣押的情况下,也适用不动产扣押之后不得进行动产扣押的规则。[76]

例子:农场主S在其土地上为H设定了第一顺位的抵押权(50000欧元),为G设定了第二顺位的土地债务(100000欧元)。在G的申请下开启了强制拍卖与强制管理。如果H基于对人的执行名义,让法院执行员动产扣押了备用发电机[77]以及部分尚未收割的粮食,不会产生扣押质权(第810条第1款第1句、第865条第2款第2句)。如果G想实现受偿权,那么他必须根据《德国民事诉讼法》第771条、第772条提出异议;他还可以选择根据第766条提出抗议。[78] 在H于不动产扣押之后基于对物执行名义进行动产扣押的情况下,结果也是一样的(《德国民法典》第1147条)。如果相反,H在不动产扣押前基于对物执行名义进行了动产扣押,那么G的第三人异议之诉会因为H享有优先性权利而败诉,就像《德国民事诉讼法》第810条就(土地上的)粮食所明确规定的那样。

(六)法律救济

34.30 针对《德国民事诉讼法》第865条第2款所禁止之动产扣押的法律救济

---

[75]《帝国法院民事裁判集》,第135卷,第197页、第204页。另参见边码28.2、边码34.12。

[76]比较《帝国法院民事裁判集》,第59卷,第87页、第91页。

[77]作为成分,但不是重要成分(《德国民法典》第94条)。

[78]另参见边码43.1以下、边码43.9,连同边码43.19。

是根据《德国民事诉讼法》第766条的抗议。对于受妨害的对物债权人，实践中有争议的做法是，也使其可以提起第三人异议之诉（《德国民事诉讼法》第771条），[79]对人债权人，在不动产扣押后，根据《德国民事诉讼法》第772条同样可以提起第三人异议之诉。

四、执行机关、程序与当事人

（一）执行机关

34.31 强制拍卖与强制管理的执行机关是作为执行法院的初级法院，属地上是物所在地的初级法院（《强制拍卖与强制管理法》第1条、第163条第1款）。对于强制抵押权的登记，登记处是执行机关（第867条；边码8.35）。主管是司法辅助员（《司法辅助员法》第3条第1i项）。[80]

（二）申请程序

34.32 在不动产上的执行仅能基于——对物或对人债权人——的申请而进行（《强制拍卖与强制管理法》第15条、第16条、第146条），依职权进行送达（《强制拍卖与强制管理法》第3条）。[81]

（三）参加人

34.33 强制拍卖与强制管理不仅会触及债权人、债务人的法律地位，而且也会触及许多人的利益，在个案中这些人的范围会有所不同（如后继的物上债权人、对人债权人、承租人、家庭经营企业的雇员等）。在这些“可能的”参加人中，法

---

[79]批评的观点，比如鲍姆巴赫/哈特曼，第865条，边码14；但在这里没有注意第772条，同样也没有注意第810条第2款（参见边码28.2、边码46.10）。

[80]对于该概括移转的合宪性，参见策勒法院裁判，载《德国司法辅助员》，1979年，第390页；另参见旧法《联邦最高法院民事裁判集》，第50卷，第258页。

[81]在程序过程方面，参见艾克曼，《强制拍卖与强制管理法》，2004年第2版；另参见边码35.1以下（程序过程），边码35.2至边码35.4（申请）、边码36.1以下。对于程序原则，参见边码6.1以下。

律必须标明那些法律地位被严重影响,从而必须赋予其当事人权利的人。[82]

“参加人”——其享有提出申请、被通知等权利——有以下几个(《强制拍卖与强制管理法》第 9 条):[83]

1. 当事人

34.34 首先属于参加人的有当事人,即“进行强制执行”的债权人(同样对待的还有嗣后被允许加入程序的债权人,《强制拍卖与强制管理法》第 27 条)以及债务人。债务人是针对其开启(强制执行)程序的人;在支付不能情况下,如果是不动产担保物权人进行强制拍卖(《德国支付不能法》第 49 条、第 165 条;第 2 卷边码 15.3),那么支付不能管理人就是依职权的参加人。[84]

只能对在土地簿上登记的土地所有权人或其继承人进行强制拍卖(《强制拍卖与强制管理法》第 17 条),强制管理还可以针对自主占有人(《强制拍卖与强制管理法》第 147 条;另参见边码 37.1)。

2. 物上权利人

34.35 物上权利人即在执行标记被登记入登记簿之时被登记在登记簿或者通过登记被担保的人(《强制拍卖与强制管理法》第 9 条第

---

[82] 对于非诉事件情况下相同问题,参见鲍尔/沃尔夫,《非诉管辖的基本概念》,1980 年第 2 版,第 42 页及以下。

[83] 拍卖法院的职责义务(《德国民法典》第 839 条、《德国基本法》第 34 条)之对象包括正式的参与人,如执行债务人(联邦最高法院裁判,载《新法学周刊》2000 年,第 3358 页、第 3359 页右栏),也包括报价人(联邦最高法院裁判,载《新法学周刊》,1991 年,第 2759 ~ 2760 页;载《德国司法辅助员》,2001 年,第 609 页,有进一步证明),但不包括对于为了担保而转让担保物权的让与人(联邦最高法院裁判,载《德国司法辅助员》,2001 年,第 609 页、第 610 页左栏)。

[84] 详见 E. 沃尔夫,载《经济法杂志》。1970 年,第 417 页及以下;另参见第 2 卷,边码 10.7 以下。

1 项)。所谓的物上权利人(Realberechtigte),同样具有参加人地位。

3. 其他被申报之权利的拥有人

另外,在执行法院处申报一项由法律所列举之权利的人也是参加人,比如一项对抗强制执行的权利的拥有人,如承租人或用益 34.36
承租人(《强制拍卖与强制管理法》第 9 条第 2 项)。[85]

五、受偿权及其顺位

从土地中受偿的权利之顺位主要是在分配拍卖所得时有其实 34.37
际意义(边码 36.36 及下一码)。然而,按顺位受偿原则在法律上的表达就是优先原则(Prioritätsprinzip),[86]因此有必要将其与一般基本原则一并论述;个别(包括不动产)执行的程序基本原则在其他地方已经论述过了(边码 6.1 以下)。

就清偿而言,参与人或者说其权利原则上按照顺位进行分组(《强制拍卖与强制管理法》第 10 条)。对于强制管理,《强制拍卖与强制管理法》第 155 条对顺位规则作了一定的变更。顺位适用如下基本原则。

(一)优先权与对物债权人(Realgläubiger)

第一顺位的是——在通常的费用优先权、[87]管理优先权、工资优先权[88] 34.38

---

[85]对于申报的形式,参见《联邦最高法院民事裁判集》,第 21 卷,第 30 页;对于申报程序,参见艾克曼,第 4 节Ⅳ。

[86]对此参见边码 6.38 以下。

[87]《强制拍卖与强制管理法》第 10 条第 1 款第 1a 项的特别处,参见边码 34.10。

[88]例子:联邦最高法院裁判,载《支付不能法杂志》,1973 年,第 254 页。

以及税收优先权[89]之后——对物债权人(《强制拍卖与强制管理法》第10条第1款第4项)。

属于对物债权人的,除了此前已经知道的土地上物权人以外,在两德统一后,还有原德意志民主共和国的民法典中的物权人。具体有如下权利:使用权(《德意志民主共和国民法典》第288条第4款、第292条第3款)、[90]共同使用权(《德意志民主共和国民法典》第286条第3款连同第231条、第322条)、根据《德意志民主共和国民法典》第306条的先买权、根据《德意志民主共和国民法典》第452条和第454a条的抵押权与最高额抵押权、根据《德意志民主共和国民法典》第456条的建筑性抵押权、根据《土地执行法》第4条和第5条的强制抵押权。[91]

对物债权人之间的顺位根据实体(民)法确定(《强制拍卖与强制管理法》第11条第1款)。

(二)对人债权人

34.39 在不动产债权人之后的是进行执行的(对人)债权人,但前提是他未已经——如作为抵押权人——属于对物债权人的顺位(《强制拍卖与强制管理法》第10条第1款第5项)。在多个进行执行的对人债权人之间,根据扣押命令的先后确定顺位(《强制拍卖与强制管理法》第11条第2款)。

例子:S的土地(交易价值为200000欧元)上负担有G1第一顺位、75000欧元的土地债务以及G2的第二顺位、50000欧元的土地债务。在被担保的

---

[89]只有当公法上的捐税依法明确被规定为土地负担时,该捐税才能根据《强制拍卖与强制管理法》第10条第3项具有优先地位:联邦最高法院裁判,载《新法学周刊》,1989年,第107页。其他例子:奥尔登堡法院裁判,载《德国司法辅助员》,1982年,第350页(土地税);联邦最高法院裁判,载《新法学周刊》,1981年,第2127页(地区税;对此参见雷费勒,载《经济法杂志》,1981年,第821~822页);还有,德里舍(Drischer),载《德国司法辅助员》,1984年,第340页(土地税)。

[90]对于新州的不动产法,另参见边码34.18。

[91]就整体而言,参见伯林格,《新联邦州的不动产法》,1993年;另外参见凯勒,载《德国司法辅助员》,1992年,第501页、第503页;凯勒,载《德国司法辅助员》,1994年,第194页、第199页。

信贷有无法偿付之虞时，G1 基于一个同样为了担保而作出的，150000 欧元的，附有执行之服从（Vollstreckungsunterwerfung）的抽象债务承认（abstrakten Schuldanerkenntnis）而采取措施（《强制拍卖与强制管理法》第 794 条第 1 款第 5 项）并申请了强制拍卖；后来 G2 也加入。在这里，拍卖所得首先偿付 G2，即使是首先基于 G1 的申请而命令进行强制拍卖的，也是如此（《强制拍卖与强制管理法》第 10 条第 1 款第 4 项、第 5 项）；G1 仍然为优先顺位的土地债务所担保（《强制拍卖与强制管理法》第 52 条第 1 款、第 44 条第 1 款）。但只要拍卖所得超过物上负担与程序费用之和，G2 采取的措施就是有意义的；基于该拍卖申请而进行的不动产扣押在此方面保障优先于竞存的（konkurrierende）对人债权人（《强制拍卖与强制管理法》第 11 条第 2 款）；[92]相反，在尽管较早申请但拍卖命令或加入之裁定（Beitrittsbeschluss）同时作出的情况下，顺位相同（《强制拍卖与强制管理法》第 22 条第 1 款）。根据不无疑问的通说，在多个拍卖或加入申请在时间上紧挨着被提出的情况下，也是如此。[93]

六、宪法与强制拍卖

房地产的强制执行是对基本法保护的自由范围的严重干预（《德国基本法》第 14 条）。[94] 在一个基于宪法基本原则的诉求日益增多的时代，联邦宪法法院当然会处理很多针对拍卖措施的宪法抗告。在此区分宪法判例的四个方面。 34.40

（一）公平的、法治国的拍卖程序

若拍卖法院没有用尽所有程序法上的可能性来抵制财产之贱卖，德国联 34.41

---

[92]对于优先原则，参见边码 6.28 以下；批评的，参见边码 6.42；另参见边码 7.34 以下（宪法）。

[93]对此参见施泰纳/哈格曼，第 11 条，边码 6.39。

[94]对于执行法的宪法视角，参见边码 7.1 以下、边码 7.40 以下；另外参见艾克曼，第 3 节。

邦宪法法院即会认定违反了公平、法治国程序的保障(《德国基本法》第14条连同法治国原则)。[95] 属于程序上保障手段的主要有:在分割拍卖情况下,面对贱卖之命令,释明存在撤回申请或者(取得)停止之同意(《强制拍卖与强制管理法》第30条)的可能性(第139条);[96]债务人患病时拍卖之改期,以使之有可能根据《强制拍卖与强制管理法》第67条(提供担保)提出申请;[97]在较低报价情况下延期拍定(《强制拍卖与强制管理法》第87条第1款),以给予根据《强制拍卖与强制管理法》第180条第2款(分割拍卖的停止)提出申请、[98]根据第765a条(执行保护)提出申请、[99]根据《强制拍卖与强制管理法》第30a条以下(停止)提出申请、[100]根据《强制拍卖与强制管理法》第74a条(拍定取消 Zuschlagsversagung)提出申请[101]的机会。这些判例的问题在于,在没有重大不公正损害之虞的情况下,法官的照管义务有过度扩张之危险,正如经常发生的那样(边码7.40以下)。联邦宪法法院实际上已经批评了在《强制拍卖与强制管理法》中为了避免贱卖财产而作出的、有瑕疵的一般法律的(einfachrechtlich)保护。对此,立法者已经通过1979年修正案予以有力的补正(《强制拍卖与强制管理法》第30a条第1款、第30d条第1款、第85a条、第100条第1款)。可以说,这样一来,联邦宪法法院的判例在此方

---

[95]另参见边码7.19及下一码。联邦宪法法院从公平程序中而非《德国基本法》第103条第1款推导出在司法辅助员程序中也禁止侵害听审权,参见联邦宪法法院裁判,载《新法学周刊》,2000年,第1709页;另参见边码7.41及下一码。

[96],载《联邦宪法法院判例集》,第42卷,第64页、第76页;对此参见夸克(Quack),载《德国司法辅助员》,1978年,第197页;另参见边码7.41及下一码。

[97]比较联邦宪法法院裁判,载《德国司法辅助员》,1988年,第156页(不是违反基本法)。

[98]《联邦宪法法院判例集》,第51卷,第150页、第156页。

[99],载《联邦宪法法院判例集》,第46卷,第325页、第335页;第49卷,第220页、第225页及以下;第51卷,第150页、第156页;另参见边码47.3。

[100]《联邦宪法法院判例集》,第49卷,第220页、第225页及以下;边码35.21。

[101]联邦宪法法院裁判,载《新法学周刊》,1993年,第1699页;对此予以批评的,辛曾,载《德国司法辅助员》,1993年,第33页(评注);边码36.20。

面已无的放矢，[102]尽管如此联邦宪法法院还是一再插手干预。[103]

(二)生命与身体不可侵犯的权利

与其他执行一样，不动产执行也要遵守宪法上保障的债务人之生命与身体不可侵犯的权利之边界(《德国基本法》第2条第2款第1句)。[104] 强制拍卖本身以及基于拍定裁定的强制腾房都存在对上述权利的干涉。[105] 34.42

在联邦宪法法院处理了首先特别是在租赁法上腾房情况下，没有救助的、老年的、患病或有自杀倾向的承租人的基本权利问题[106]之后，在此期间，

---

[102]比较如下“结果为导向的裁定”：茨韦布吕肯法院裁判，载《德国司法辅助员》，1978年，第107页，附有福尔克默评注；策勒法院裁判，载《德国司法辅助员》，1979年，第116页、第390页；杜塞尔多夫法院裁判，载《德国司法辅助员》，1989年，第36页，附有评判的评注，迈尔－斯托特(Meyer－Stolte)；哈姆法院裁判，载《德国司法辅助员》，1990年，第218页，附有辛曾评注；哈姆法院裁判，载《德国司法辅助员》，1992年，第211页(在理由上否定了财产贱卖)；卡尔斯鲁厄法院裁判，载《德国司法辅助员》，1994年，第429页(短期内作出拍卖裁定)；慕尼黑法院裁判，载《德国司法辅助员》，1993年，第121页(根据《强制拍卖与强制管理法》第76条停止之申请)；科隆法院裁判，载《法律办公室》，1996年，第159页(基于单纯之猜测的贱卖之危险不能废止或暂时停止)；哈姆法院裁判，载《德国司法辅助员》，2002年，第39～40页(在没有确定最高报价未超过交易价值的情况下，不能在《强制拍卖与强制管理法》第85a条之外适用第765a条)。

[103]联邦宪法法院裁判，载《新法学周刊》，1993年，第1699页，附有基于《德国基本法》第3条第1款令人怀疑的理由；在此方面有道理的批评，参见辛曾，载《德国司法辅助员》，1993年，第33页。结果为导向的裁决：联邦最高法院裁判，载《德国司法辅助员》，2005年，第151页(对于交易价值的12%，不能立即拍定)。

[104]另参见边码7.3、边码7.44及以下。

[105]对于拍定之裁定是否允许在没有法院搜查裁定的情况下暴力腾房的问题，参见不来梅法院裁判，载《德国司法辅助员》，1994年，第77页；另外还有边码8.21；另参见边码36.30。

[106]例子：《联邦宪法法院判例集》，第84卷，第345页——暂时的法律保护——以及联邦宪法法院裁判，载《新法学周刊》，1992年，第1155页(年老、无救助以及患病)。

在宪法法院关于不动产执行法案件的司法中又遇到了类似的问题。[107] 如果在这一语境中认为在这些情况下的执行无论如何不能进行,[108]难免偏于极端,比如,始终都要考虑对于债务人的心里治疗帮助以及暂时停止程序的可能性[109](另参见边码7.3、边码7.40以下、边码7.44及7.45)。专门法院也在努力对第765a条作合宪的适用。[110]

(三)在拍定前违反法律上听审的听审异议(Gehörsrüge)

34.43 一般地,在违反《德国基本法》第103条第1款[111]的情况下,联邦宪法法院坚决要求专门法院通过扩张运用普通法院的(ordentliche)法律救济措施予以救济,以此限制宪法抗告。[112] 在此,在司法辅助员处进行的程序中,联邦宪法法院从公正程序的法治国原则中而不是《德国基本法》第103条第1款中

---

[107]联邦宪法法院裁判,载《新法学周刊》,1994年,第1272页(自杀危险)、第1719页;《新租赁法与住宅法杂志》,1998年,第431页(暂时法律保护);《新法学周刊》,2004年,第49页(在强制拍卖时基于严重心脏病的具体生命危险——放弃其他检验);联邦最高法院裁判,载《德国法院执行员报》,2005年,第105页(近亲属自杀危险)。

[108]比如格哈特,载《民事诉讼法杂志》,第95卷,1982年,第467页、第488页;艾克曼,第3节Ⅱ 3;批评的,边码7.44及下一码。

[109]因此正确的联邦宪法法院裁判,载《新法学周刊》,1994年,第1272页、第1719页;2004年,第49页;正确的基本趋势,参见汉诺威地方法院裁判,载《德国司法辅助员》,1990年,第174页、第176页。

[110]典型例子:勃兰登堡法院裁判,载《德国司法辅助员》,2000年,第406页(特别谨慎审查所主张的自杀危险之必要性);图林根法院裁判,载《德国司法辅助员》,2000年,第463页(因支付费用有自杀危险而停止);勃兰登堡法院裁判,载《德国司法辅助员》,2001年,第91页(自杀危险的鉴定之阐明);奥尔登堡法院裁判,载《州高等法院报告》,2002年,第46页(不充分的对自杀危险的鉴定);哈姆法院裁判,载《德国司法辅助员》,2001年,第508页(债务人的年迈母亲生命与健康有危险即为已足);萨尔兰德(Saarland),载《德国司法辅助员》,2003年,第37页(母亲有死亡危险即为已足)。因此第765a条也被类推适用于分割之拍卖,柏林高等法院裁判,载《德国司法辅助员》,1998年,第298页(生命危险)。

[111]对此参见边码7.29及以下。

[112]比较联邦宪法法院裁判,载《新法学周刊》,1982年,第1454页;2003年,第1924页。

推导出法律上听审保障之义务。[113] 德国民事诉讼法改革前，在强制拍卖情况下，这种趋势导致了，在抗告裁决存在侵害听审权时，就会允许在拍定抗告被驳回时（《强制拍卖与强制管理法》第96条以下；边码36.23）对之作进一步抗告（旧法第568条第2款）。[114] 在德国民事诉讼法改革生效后，根据联邦最高法院的判例，因侵害听审权的非普通法院（außerordentliche）法律抗告已经没有存在之余地，取而代之的，联邦最高法院通过类推第321a条采取附期限的相反观点（Gegenvorstellung）。[115] 各最高法院及州最高法院追随这一基本立场。[116] 在侵害听审权情况下，联邦宪法法院要求立法者在2004年12月31日之前规定广泛的专门法院救济之规则。[117] 立法者于2004年12月9日回应了这一要求，颁布了听审异议法（Anhoerungsruegengesetz）。现在，第321a条包含广泛的对侵害听审权的救济（边码14.24、边码44.4）。

（四）因小额债权而强制执行违反比例原则？

伯默尔（Boehmer）在其特别鉴定中论述了很成问题的宪法法院法官之思想。他认为——简言之——在涉及小额债权情况下，通过国家拍卖行为对 34.44

---

[113] 联邦宪法法院裁判，载《新法学周刊》，2000年，第1709页；对此予以批评的，参见艾克曼，载《德国司法辅助员》，2000年，第205页；戈特瓦尔德，载《泛亲属法杂志》，2000年，第1477页；赫斯/福尔克默，载《法学家杂志》，2000年，第785页；帕夫洛夫斯基，载《法学家杂志》，2000年，第913页；哈布沙伊德，载《德国司法辅助员》，2001年，第1页及以下、第209页及以下。

[114] 《联邦宪法法院判例集》，第49卷，第252页、第256页及以下；第51卷，第150页、第155～156页；另参见联邦宪法法院裁判，载《新法学周刊》，1992年，第224页（替代送达拍卖期日之确定没有违反听审权）。典型例子：卡尔斯鲁厄法院裁判，载《德国司法辅助员》，1994年，第311页；科隆法院裁判，载《德国司法辅助员》，1990年，第434页。

[115] 联邦最高法院裁判，载《新法学周刊》，2002年，第1577页。

[116] 参见边码9.6、边码14.24、边码18.11。

[117] 联邦宪法法院裁判，载《新法学周刊》，2003年，第1924页、第1925页左栏（全体大会裁决）。对于立法不作为情况，联邦宪法法院曾自行规定准许附期限的听审责问，类推第321a条。针对这一——因及时进行了立法委托之转化而没有最终贯彻的——法律发展，在结果上无可指摘，虽然为了个案正义而更多牺牲了法的安定性，但应看到，联邦宪法法院通过作出与立法一样的法律救济命令而在权利分立原则的边界地带活动。

《德国基本法》第 13 条、第 14 条进行干涉是不合比例的。[118] 其对比例原则的理解会导致,不动产执行只有作为最终手段(扣押尝试、财产明示保证等)才是被允许的。但是,国家对执行债权人如同对执行债务人一样负有提供等同的基本权利保护或权利保护的义务。[119] 命令进行支付的、有既判力或者可执行的名义(已经)有约束力地含有利益之衡量。债务人是自己承担责任,融资并自愿支付,还是使自己及其所有物成为执行之对象,这掌握在他自己手中。像伯默尔(Boehmer)所做的那样,通过利益衡量对实体法律争议重新讨论,是错误的、灾难性的。执行债务人可以——如果强制拍卖实际在经济上并非最终手段——随时避开执行干预。使拍卖法院在小额债权情况下负有义务释明(《强制拍卖与强制管理法》第 139 条)停止或取消可能性,以赋予债务人在面临危险时最后避免危险的机会,这已经是很大程度上的妥协了。[120] 这一路径看起来还刚刚算是可行的。相反,通过类推第 803 条第 2 款自始就阻止“没有希望”的强制拍卖,这一偶尔可以看到的做法则应被明确否定。[121]

---

[118] 载《联邦宪法法院判例集》,第 49 卷,第 220 页、第 228 页及以下;参见边码7.45。

[119] 比较边码 7.2 以下(宪法与执行干涉关系);边码 4.8 及下一码、边码 4.31(改革计划);边码 7.45(小额债权的执行)。因此反对的,参见弗兰肯塔尔州法院裁判,载《德国司法辅助员》,1979 年,第 433 页;美因茨(Mainz)地方法院裁判,载《德国司法辅助员》,1981 年,第 26 页;奥尔登堡州法院裁判,载《支付不能法杂志》,1982 年,第 146 页;恰当予以反对的,参见奥尔登堡州法院裁判,载《经济法杂志》,1982 年,第 627 页。

[120] 比如明确的,参见席夫豪尔,载《经济法杂志》,1981 年,第 832 及以下、第 837 页;趋势上类似的,参见福尔克默,载《德国司法辅助员》,1982 年,第 1 页及以下,8/9;石勒苏益格法院裁判,载《德国司法辅助员》,1979 年,第 470 页以下;更严格的,参见尧厄尼希,第 1 节 X;参见边码 35.21。

[121] 恰当的例子,参见联邦最高法院裁判,载《新租赁法与住宅法杂志》,2004 年,第 347 页;《联邦最高法院民事裁判集》,第 151 卷,第 384 页、第 386 页(强制管理);哈姆法院裁判,载《德国司法辅助员》,1989 年,第 34 页。

第三十五章　强制拍卖程序中拍卖的准备过程

文献指引：

参见第 34 章前的文献。

参见概览表十四。

一、程序流程概述

35.1 强制拍卖的流程通常如下：基于对人债权人或对物债权人（见以下第二节）的申请，法院通过裁定命令（anordnen）——在一般或特别执行前提满足的情况下——强制拍卖（见以下第三节）。该拍卖裁定发生相对让与禁止（relativen Veräußerungsverbot）意义上的土地扣押（Beschlagnahme des Grundstücks）效力（见以下第四节）。只要程序没有被暂时停止或者——例如因为第三人享有所有权并根据《德国民事诉讼法》第 771 条争取"解救"该权利——被废止，执行法院即实施该拍卖（《强制拍卖与强制管理法》第 35 条），首先确定拍卖期日（参见下文边码 36.1）。对于拍卖，拍卖条件是最关键的，拍卖条件规定在《强制拍卖与强制管理法》第 44 条至第 58 条、第 63 条、第 64 条（下文边码 36.2 以下、边码 36.9 以下）。拍卖时（下文边码 36.15 及下一码），只有达到保留价/最低报价(其实质是优先于进行执行的债权人的权利,这些权利原则上继续存在,还包含程序费用,《强制拍卖与强制管理法》第44条第1款)的报价才是被允许的。在出价结束后即予以拍定。如果出价人获得拍定,那么土地所有权以及为拍定所涵盖的客体均移转给拍得人(下文边码36.24)。在拍定后,将在分配期日(Verteilungstermin)把拍卖所得分配给权利人(下文边码36.32以下)。

二、申请及其前提

35.2 强制拍卖系依申请由执行法院作出命令(《强制拍卖与强制管理法》第15条)。申请权人是对被登记之土地所有权人或对其继承人具有执行名义的对物或对人债权人(《强制拍卖与强制管理法》第17条)。

35.3 申请必须以书面形式提起;申请书中必须标明土地、所有权人、请求权以及可执行名义(《强制拍卖与强制管理法》第16条第1款)。[①] 如果债权人强制执行需要继承证书或其他的行政机关、公务员或公证员依债务人申请授予债务人的证书,他可以代位债务人要求授予(第792条)。债权人以其申请确定强制拍卖之范围,比如他可以仅将其被授予执行名义的(titulierte)债权的一部分作为拍卖程序的基础,并可以将个别成分或从物从拍卖中排除,通过将拍卖申请在客体方面予以限制[②](处分原则,见边码6.5以下)。

35.4 在第二次强制执行修正案之前,有争议的是,取得强制抵押权登记的债权人是否还需要对物执行名义(dinglichen Vollstreckungstitel)才能以强制抵

①基于对物名义(dinglicher Titel)的强制拍卖的申请模版,参见莫尔布特尔/德里施勒/拉特克/蒂德曼,第25页(模版1)。

②对与动产担保的债权人之间的关系有重要意义,参见边码34.22、边码36.24(例子)。

押权之顺位进行强制拍卖。[3] 根据此前的规定，肯定说值得赞同，因为债权人通过强制抵押权这一执行行为不应获得多于通过法律行为设定之抵押权的权利。因此在改革前，为了在强制拍卖中以其顺位主张该强制抵押权，必须要有容忍之名义。[4] 现在改革修正案废除了这一要求（第867条第3款；另见边码38.1）。[5] 在登记强制抵押权之后土地又被转让的情况下，根据第727条将执行条款改写为针对取得人，大部分人认为这是不允许的，故这种情况下又必须有容忍名义了。[6]（改革）所实现的有利于债权人的有限的简化效果虽然是以牺牲合体系性为代价的，但还是值得赞同的。相反，所谓的假扣押抵押权（Arresthypothek）决不会赋予受偿权，而只是——在改革后也是（比较第932条第2款）——担保而已；如果债权人被担保的请求权被赋予了执行名义，那么假扣押抵押权可以被改写为强制抵押权。[7]

三、拍卖之命令及其实行

（一）拍卖裁定之作出

法院必须考察，强制执行的一般前提是否满足（“执行名义、执行条款、送达”）；还要另行考察，是否存在特别情况以至于个别情况下即使满足一般前提也不得强制拍卖土地（比如在债务人没有被登记为土地所有权人时）。如果所有这些前提都具备了，那 35.5

---

③比较杜塞尔多夫法院裁判，载《州高等法院民事裁判集》，1966年，第49页，与《德国司法辅助员》，1975年，第355页，有进一步证明；汉堡法院裁判，载《德国法月刊》，1969年，第769页；芬格，载《德国法月刊》，1969年，第617页；哈格曼，载《德国司法辅助员》，1982年，第165页；另参见联邦最高法院裁判，载《新法学周刊》，1966年，第2009页。

④参见鲍尔/施蒂尔纳，《物权法》，第40节Ⅳ3；另参见前版与以前通说。批评的，参见霍尔希，载《德国司法辅助员》，1993年，第140页。

⑤联邦议会印刊，编码13/341，第6页、第36页及以下。对于以前的改革的讨论，参见席尔肯，载《德国司法辅助员》，1994年，第138页、第149页；霍尔希，载《德国司法辅助员》，1993年，第140页、第142页。

⑥艾克曼，第8节Ⅰ5；施特贝尔，引言，边码69.1（对于概括权利继受人有所不同）；另参见边码35.12。

⑦对于整体，详见边码52.18以下。

么法院通过拍卖裁定命令拍卖土地(《强制拍卖与强制管理法》第15条)。扣押效力(Beschlagnahmewirksamkeit)最迟随着命令之裁定送达债务人而发生(《强制拍卖与强制管理法》第22条第1款第1句),[8]在此之前,则已随着拍卖标记(Versteigerungsvermerk)之登记申请到达登记处而发生(《强制拍卖与强制管理法》第22条第1款第2节);裁定也要送达给债权人。[9]

与根据《强制拍卖与强制管理法》第22条的拍卖裁定之生效(Wirksamwerden)时点不同的是《强制拍卖与强制管理法》第20条、第21条、第23条至第26条所规定的该裁定之(具体)效果(Wirkungen)。在生效之前,拍卖裁定不产生(具体)效果!(边码35.9)。

(二)拍卖标记的登记

35.6 执行法院还需请求(Ersuchen)登记处(船舶登记机关)将拍卖标记登入登记簿(船舶登记簿)(《强制拍卖与强制管理法》第19条、第162条)。土地登记法官必须允许该请求而不必考察强制拍卖命令之前提是否满足(《德国土地登记法》第38条),[10]并将登记簿之节录(Auszug)递送执行法院,作为继续进行程序的基础(《强制拍卖与强制管理法》第19条第2款)。

---

⑧有意思的例子:科隆法院裁判,载《州高等法院民事裁判集》,1977年,第240页(向已注销的有限责任公司的原经理送达命令之裁定;但是拍卖标记之登记申请的到达);另比较联邦最高法院裁判,载《新法学周刊裁判报告》1988年,第1274页(加入:另参见边码35.7)。

⑨向承租人或用益承租人的送达(《强制拍卖与强制管理法》第57b条第1款第2句,《德国民法典》第566b条第1款、第566c条、第566d条、第578条)因程序冗长以及常见的执行保护之申请而在实践中意义比较小;恰当的,参见施特贝尔,载《德国司法辅助员》,1979年,第237页。

⑩帝国法院裁判,载《各最高法院裁判集》,1940年,编号516;达斯勒(Dassler)/施夫豪尔/格哈特/穆特,第19条,边码7:即使执行债务人未记载在登记簿上,(土地登记法官)也要登记该标注!(《强制拍卖与强制管理法》第17条第1款。)

有疑义和争议的是《强制拍卖与强制管理法》第 19 条与《德国土地登记法》第 17 条之间的关系：[11]是根据现在的通说，登记处须按照尚未处理的申请（schwebende Anträge）的到达顺序，优先于（嗣后的）执行法院拍卖标记之登记申请处理（在先的）申请，[12]就像《德国土地登记法》第 17 条的基本思想一样，还是优先进行拍卖标记的登记？[13]

例子：债务人 S 与 E 合意设定土地债务（《德国民法典》第 873 条第 1 款、第 1191 条）。经过公证的登记同意（Eintragungsbewilligung）还须待制作完成（《德国土地登记法》第 19 条、第 29 条）。E 递交了登记申请。接着，执行法院依对人债权人 G 的申请命令强制拍卖土地，并请求法院登记拍卖标记。因为《德国民法典》第 873 条第 2 款、第 878 条的前提未满足，则 E 优先顺位取得的问题（《强制拍卖与强制管理法》第 23 条第 1 款第 1 句，《德国民法典》第 135 条、第 136 条、第 892 条，《强制拍卖与强制管理法》第 23 条第 2 款第 2 句）取决于登记的时间顺序。严格来讲，《德国土地登记法》第 17 条对此并没有规定，因为执行法院的申请并非《德国土地登记法》第 17 条意义上的登记（比较《德国土地登记法》第 38 条）。尽管如此，我们还是主要倾向于——类推《德国土地登记法》第 17 条——认为，在此期间公证过的、经同意的土地债务要在拍卖标记之前登记。这似乎不是没有疑问的，因为尚未处理之申请的申请人由此在没有实体法基础的情况下获得了一定程度的期待保护（Anwartschaftsschutz），这是与《强制拍卖与强制管理法》第 23 条第 2 款

---

[11]对于争论状况的概述，参见鲍姆（Baum），载《德国司法辅助员》，1990 年，第 141 页（也针对细节）。

[12]例如施特贝尔，第 19 条，边码 4. 1（不同观点，第 11 版之前）；达斯勒/施夫豪尔/格哈特/穆特，第 19 条，边码 10（不同观点，前版，评注 2c）；哈格曼，载《德国司法辅助员》，1984 年，第 397 页、第 399 页左栏；区分情况的，参见特勒斯特，载《德国司法辅助员》，1985 年，第 337 页、第 339 页以下（根据《德国土地登记法》第 18 条第 2 款的保护性预告登记以及随后的标记之登记），对此参见哈格曼，载《德国司法辅助员》，1985 年，第 341 页，反对意见。

[13]例如德里施勒，第 19 条，评论 2；容（Jung），载《莱茵河公证人协会通讯》，1966 年，第 262 页（B I 之后）；莫尔布特尔，载《支付不能法杂志》，1975 年，第 135 页（评论）。

第2句的立法理由(ratio)相矛盾的。

拍卖法官可以信赖登记处送交给他的副本的正确性与完整性。只有当副本内容不自洽(Unstimmigkeit)或明显不正确时,法官才不得不查阅登记簿与登记簿文件。[14]

(三)加入与权利继受

35.7 可以基于申请通过加入之裁定(Beitrittsbeschluss)允许其他债权人的加入(《强制拍卖与强制管理法》第27条)。随着加入裁定送达给债务人,不动产扣押的利益及于加入的债权人[15][在对人债权人加入的情况下,对于(在扣押之后加入之前)登记的物权而言,(加入之生效时点)很重要!]。[16] 与加入不同的是债权人一方拍卖期间发生的权利继受。在这里,权利继受人在执行名义改写后(边码17.16以下、边码17.8)可以不用加入就继续进行拍卖;典型情况有:债权让与(Zession)[17]或者涤除(Ablösung)后的法定债权移转(cessio legis)(《德国民法典》第268条、第1142条、第1150条)。[18]

35.8 例子:抵押权人H以第一顺位对属于S的住宅土地进行强制拍卖,在为了同样加入执行的对人债权人A的利益的扣押完成前,土地债务权利人G以第二顺位加入。如果A清偿了H(比较《德国民法典》第1150条、第268

---

[14]比较《帝国法院民事裁判集》,第157卷,第89页、第92页。

[15]联邦最高法院裁判,载《新法学周刊裁判报告》,1988年,第1274页。

[16]例子,边码34.22;另比较达斯勒/施夫豪尔/格哈特/穆特,第27条,边码7与第22条,边码5。

[17]例如,奥尔登堡州法院裁判,载《经济法杂志》,1982年,第1249页。

[18]典型案例:联邦最高法院裁判,载《新法学周刊》,1994年,第1475页(所有权让与的预告登记可以赋予涤除权);《德国司法辅助员》,1990年,第378页,附有穆特的评注(涤除部分金额);另参见施托尔茨,载《经济法杂志》,1980年,第159页及以下。

条第1款、第3款,《强制拍卖与强制管理法》第52条第1款、第44条第1款),⑲那么H虽然依法(ipso iure)丧失了实体法上的受偿权,但没有丧失其当事人地位。针对H继续程序的行为,S可以以执行对抗之诉*(第767条)进行防御。如果A将H的执行名义根据第727条改写给自己,他在程序法上也晋升到H的地位,而且不需要拍卖法院作出设权裁定(konstitutiven Beschluss)。⑳

如果A继承了H的优先顺位,那么H当然会随着被清偿而自动丧失当事人地位。在这种情况下,有疑问的是,在这里名义改写是否也是A成为当事人的前提,因为若然则会暂时地存在一个没有进行执行的债权人的(个别)程序。在这里——与通说相反㉑——主张类推第239条第1款中断相关的个别程序,这是比较合理的解决方案,为了防止侵害法律上的听审权。

四、不动产扣押及其效果

命令强制拍卖的裁定,为了债权人之利益,视为对土地以及共担责任的客体的扣押(《强制拍卖与强制管理法》第20条)。扣押具有如下两种效果。 35.9

(一)为进行执行的债权人之利益的让与禁止

一方面,为进行执行的债权人之利益,不动产扣押产生让与禁止的效果(《强制拍卖与强制管理法》第23条第1款,《德国民法典》第135条、第136条)。 35.10

---

⑲通说恰当地还赋予了对人债权人以涤除权,对此参见施特贝尔,第15条,边码20.9有证明,也有对立观点。

* Vollstreckungsgegenklage,债务人基于债权人已丧失实体权利而提起的防御诉讼,本书中也翻译为可执行性异议之诉。——译者注

⑳通说,施特贝尔第15条,边码29.6;达斯勒/施夫豪尔/格哈特/穆特,第27条,边码6;施泰纳/托伊费尔,第27条,边码36。

㉑例如施特贝尔第15条,边码29.6;原则上赞同在执行程序中适用第239条以下,索约卡(Sojka),载《德国法月刊》,1982年,第13页、第14页有证明。

1. 扣押的范围

35.11 只有在农业与林业出产物尚未与土地分离或者是土地之从物的情况下，不动产扣押效力才会及于农业与林业出产物(《强制拍卖与强制管理法》第21条第1款)，不动产扣押不涉及租金债权与用益租金债权(《强制拍卖与强制管理法》第21条第2款)；该例外的原因：强制拍卖(与强制管理相反)仅干涉土地实体(甚或作为代位物的保险金)。另外，不动产扣押不会妨碍用益租赁人对果实的权利(《强制拍卖与强制管理法》第148条)；因为对此——在强制管理程序中——所有权人对用益承租人的用益租金债权已经承担责任了(参见边码34.19以下)。

2. 相对让与禁止

35.12 不动产扣押具有相对让与禁止的效力(《强制拍卖与强制管理法》第23条第1款)，但本身可能发生的第三人善意取得实际上为《强制拍卖与强制管理法》第23条第2款所大大限制。(很有意义，因为最迟在拍卖标记登入登记簿之后，在共担责任的客体上的善意取得也不再可能了！)

例子：(1)2005年2月1日，抵押权人H申请了强制拍卖。2005年2月11日命令强制拍卖，2005年2月12日，拍卖标记登入登记簿。2005年2月15日，S将属于土地的机器出让给D。尽管D对于强制拍卖命令之事一无所知，根据《强制拍卖与强制管理法》第23条第2款第2句，他相对于H而言不能成为机器的所有权人；也就是说，H可以要求将机器重新返还到土地(《德国民法典》第1135条)一并拍卖。

(2)在上述例子中，拍卖命令以及拍卖标记之登记不会妨碍S出让其土地。但该出让相对于H而言不生效力(《强制拍卖与强制管理法》第23条第2款)。因为H系基于已登记的权利而进行强制执行，所以出让也不会妨碍程序的进行(《强制拍卖与强制管理法》第26条)，也即不需要改写名义(第727条、第325条)。如果H只是对人债权人，则不能考虑适用《强制拍卖与强制管理法》第26条，尽管如此，根据《强制拍卖与强制管理法》第28条，D的所有权也不会导致强制拍卖的废止，因为所有权取得相对于H而言，根据《强制拍卖与强制管理法》第 26 条第 2 款,不发生效力。[22]

如果 S 在进行不动产扣押前已经将土地出让给了 D,那么 H 可以在第 727 条、第 325 条第 3 款规定的前提下将执行条款改写为针对 D。

(二)从土地中获得清偿的权利

35.13 不动产扣押还使债权人获得了从土地中获得清偿的权利(《强制拍卖与强制管理法》第 10 条第 1 款第 5 项、第 11 条第 2 款),[23]该权利使得债权人在支付不能程序中享有别除权(Recht auf abgesonderte Befriedigung)(《德国支付不能法》第 49 条以下)。[24]

五、程序的废止与暂时停止

35.14 这里首先要注意的是,诉讼法院停止或废止强制执行的裁定并不直接触及强制拍卖,只有在执行法院方面停止或废止(对此该执行法院根据第 775 条、第 776 条负有义务)的情况下,才会触及强制拍卖。

(一)废止之事由

1. 对立的物权

35.15 如果从登记簿中发现存有与强制拍卖对立的权利(《强制拍卖与强制管理法》第 28 条第 1 款),比如后位继承人的权利(《德国民法典》第 773 条、第 2115 条),拍卖程序即应依职权被废止,但前提是被执行的不是遗产债务或有效的物权。[25] 相反,所有权让与之预告登记并不是阻碍拍卖的权利。例

㉒其他典型案例:哈姆法院裁判,载《德国司法辅助员》,2001 年,第 254 页(相对不生效力的终老财产之设定)。

㉓对此参见边码 34.37 以下。

㉔别除权当然只在 1 个月的回溯屏蔽(Rückschlagsperre)之界限内才发生效力(《支付不能法》第 88 条);比较乌伦布鲁克,第 49 条,边码 9。

㉕卡尔斯鲁厄法院裁判,载《德国司法辅助员》,2000 年,第 405 页,有证明;比较达斯勒/施夫豪尔/格哈特/穆特,第 28 条,边码 15。

如,倘若预告登记是在为了对人债权而进行的不动产扣押之前完成的,那么只有在预告登记权利人在拍定前取得所有权时才会导致废止。㉖

例子:债务人 S 的土地(交易价值 500000 欧元)负担有 H 的额度为 100000 欧元、第一顺位的抵押权。因为 S 急需钱,所以他符合形式要件地将土地以 400000 欧元的价格出卖给 A。为了 A 的利益,S 同意了在登记簿中进行预告登记。在 A 已经支付了 200000 欧元价金之后,债权人 G 取得了 100000 欧元的强制抵押权,并随之进行了强制拍卖(边码 35.4)。H 的抵押权(《强制拍卖与强制管理法》第 44 条第 1 款)与所有权让与之预告登记(《强制拍卖与强制管理法》第 44 条第 1 款、第 48 条连同《德国民法典》第 883 条第 3 款)㉗都在保留价之内,㉘因此不会受到威胁(《强制拍卖与强制管理法》第 52 条第 1 款第 1 句);拍得人基于拍定的(kraft Zuschlages)取得(《强制拍卖与强制管理法》第 90 条)相对于 A 而言不生效力(《德国民法典》第 883 条第 2 款、第 888 条第 1 款)。㉙

相反,如果 H 以最优顺位加入执行,那么所有权让与之预告登记与强制抵押权都不会在保留价之内(《强制拍卖与强制管理法》第 44 条第 1 款),㉚二者均随着拍定而消灭(《强制拍卖与强制管理法》第 91 条第 1 款、第 52 条第 1 款第 2 句),但拍卖所得——对于预告登记而言依据在于《强制拍卖与

㉖正确的是,参见达斯勒/施夫豪尔/格哈特/穆特,第 28 条,边码 8;类似的根据《德国地上权法》第 33 条第 1 款在恢复让与请求权(Heimfallanspruch)情况下:阿恩斯贝格(Arnsberg)地方法院裁判,载《德国司法辅助员》,1979 年,第 274 页。只有在针对债务人的处分限制对抗强制拍卖的情况下,这一处分限制才会导致依职权的废止或者暂时停止(根据《强制拍卖与强制管理法》第 28 条第 2 款);卡尔斯鲁厄法院裁判,载《德国司法辅助员》,2000 年,第 405 页、第 406 页左栏。

㉗典型案例:《联邦最高法院民事裁判集》,第 46 卷,第 124 页。

㉘联邦最高法院裁判,载《新法学周刊》,1996 年,第 3147 页、第 3148 页左栏。

㉙具体详见施特贝尔第 48 条,边码 3.2 与第 52 条,边码 2.6。但若先顺位登记的预告登记是建立在无效的虚伪行为(《德国民法典》第 117 条第 1 款)基础上的,强制抵押权人可类推《德国民法典》第 894 条申请涂销先顺位登记的预告登记;联邦最高法院裁判,载《新法学周刊》,1996 年,第 3147 页、第 3150 页左栏。

㉚H 的抵押权是否要在最低报价中予以考虑,根据《强制拍卖与强制管理法》第 44 条第 2 款;对此参见施特贝尔,第 44 条,边码 7.3。

强制管理法》第 92 条第 1 款㉛——作为代位物替代土地。比如,如果拍卖所得超出了费用,且为 350000 欧元,那么就会有疑问,在多少数额上,A 可参与拍卖所得的分配:在清偿 H 后,——要被提存的(《强制拍卖与强制管理法》第 120 条第 1 款、第 128 条第 1 款)㉜——剩余的拍卖所得(250000 欧元)是全用于 A 的清偿,还是仅按照价值比例考虑所有权让与预告登记,这样可能的情况下 G 也能参与分配?根据很有疑问的联邦最高法院的判例,作为标准的是法官评估的所有权让与预告登记的经济价值,㉝而该价值还会取决于尚未支付的、被担保请求权(所有权让与请求权)的对待给付。在实践中,这通常会导致差额之考虑:预告登记的价值(400000 欧元)减去剩余价款债权(200000 欧元),这样 G 还可以在 50000 欧元的额度内参与拍卖所得之分配。㉞ 但是其基于代位思想(Surrogationsgedanke),而非基于差额之考虑(Differenzbetrachtung)计算价值赔偿,而是单单考虑 A(边码 36.25)。

2. 申请之撤回、没有继续进行之申请与无结果的期日

如果进行执行的债权人全部或部分地撤回其申请,那么拍卖程序在此范围内同样被废止(《强制拍卖与强制管理法》第 29 条);㉟直到拍定之前,这 35.16

㉛联邦最高法院裁判,载《新法学周刊》,1994 年,第 3299 页右栏(乡镇的回购权);《联邦最高法院民事裁判集》,第 57 卷,第 356 ~ 357 页;第 59 卷,第 94 ~ 95 页(帝国开垦移民法上的回购权)。

㉜联邦最高法院裁判,载《新法学周刊》,1996 年,第 3147 页、第 3148 页左栏。

㉝《联邦最高法院民事裁判集》,第 59 卷,第 94 页、第 97 页;另参见联邦最高法院裁判,载《新法学周刊裁判报告》,1987 年,第 890 ~ 891 页;对于争论状况(区分理论/代位理论),参见施特贝尔,第 92 条,边码 7.3,有证明。

㉞在结果上与所谓差额理论的支持者相同,比如施特贝尔第 92 条,边码 7.3,有证明;对此悬而未决的,参见联邦最高法院裁判,载《新法学周刊》,1994 年,第 3299 页、第 3301 页,载《德国公证人杂志》,1995 年,第 204 页,附有西格曼评注;杜塞尔多夫法院裁判,载《州高等法院报告》,2001 年,第 107 ~ 108 页;不同观点,参见《帝国法院民事裁判集》,第 144 卷,第 281 页;达斯勒/施夫豪尔,第 92 条,边码 27;参见边码 36.25。

㉟对于部分撤回,参见施特贝尔,第 29 条,边码 4;另参见边码 34.22(例子)。

都是可能的。[36] 根据通说,撤回表示到达法院时即终止相关的个别程序以及扣押之效力。[37] 据此,废止裁定仅具有宣示之意义(deklaratorische Bedeutung)。该观点与作为国家高权行为(staatlicher Hoheitsakt)的拍卖命令的特性是不相符合的。[38] 撤回表示因此最多会触及债权人的受偿权。

如果在程序暂时停止的情况下没有在6个月内提出继续进行的申请,即为存在依职权废止程序之事由(《强制拍卖与强制管理法》第31条第1款第2句);在根据《强制拍卖与强制管理法》第28条第1款第1句、第769条第2款、第771条第2款、第766条第1款第2句、第732条第2款以及根据第570条(比较《强制拍卖与强制管理法》第31条第1款第1句)而暂时停止的情况下,不需要继续进行之申请。最后,如果拍卖两次都无果而终,那么就要废止程序(《强制拍卖与强制管理法》第77条第2款第1句)。[39] 但在强制拍卖预计无望的情况下,不能废止程序。[40]

3. 第776条以及第766条的情况

35.17 在第776条情况下,即比如在宣判基于名义的强制执行(第767条)或者在土地上或共担责任的客体上的强制执行(第771条)为不适法(边码9.14以下)的判决被提交的情况下,程序通常也与在缺少执行前提时一样是可以被废止的,只要根据第766条提出的抗议获得成功。

---

[36]对于释明(第139条)在分割拍卖中的撤回可能性(边码34.7),参见《联邦宪法法院判例集》,第42卷,第64页、第76页,与边码34.40及以下。《强制拍卖与强制管理法》第30条第1款第3句撤回之拟制,参见杜塞尔多夫法院裁判,载《德国司法辅助员》,1991年,第28页,附有辛曾上述评注,第70页。

[37]施特贝尔,第29条,边码2.5,有证明;不同观点,参见艾克曼,第6节Ⅳ 2 a。

[38]恰当的例子,参见艾克曼,第6节Ⅳ 2 a;在动产扣押情况下的类似问题,参见边码9.16,有证明。

[39]典型案例:美因茨地方法院与州法院裁判,载《德国司法辅助员》,1988年,第376页;其他例子,参见施特贝尔,第77条,边码2.4。

[40]正确的例子,参见哈姆法院裁判,载《德国司法辅助员》,1989年,第34页,以及施塔德、亚琛与哥廷根州法院裁判,载《德国司法辅助员》,1988年,第420页;弗莱堡州法院裁判,载《德国司法辅助员》,1989年,第469页;克雷菲尔德州法院裁判,载《德国司法辅助员》,1994年,第34页;对此悬而未决的例子,参见杜塞尔多夫法院裁判,载《德国司法辅助员》,1989年,第470页。

（二）暂时停止

1. 债权人申请

在且仅在债权人同意停止的范围内，强制拍卖程序才能被暂时停止（《强制拍卖与强制管理法》第 30 条第 1 款第 1 句）；[41]在这里也会考虑——有时是客体上的——有限制的停止。[42] 重复的同意会导致程序之废止（《强制拍卖与强制管理法》第 30 条第 1 款第 3 句、第 29 条）。 35.18

2. 法院命令

在诉讼法院命令暂时停止程序的时候，拍卖法院也会裁定暂时停止程序（比较，比如第 707 条、第 719 条、第 769 条连同第 775 条）。[43] 35.19

3. 根据《强制拍卖与强制管理法》第 75 条、第 77 条的停止

其他的停止事由规定在《强制拍卖与强制管理法》第 75 条、第 77 条[44]中。向法院支付（《强制拍卖与强制管理法》第 75 条）仅具有停止的效果，如果债权人不撤回，债务人必须根据第 767 条起诉要求废止（《强制拍卖与强制管理法》第 29 条）。[45] 35.20

4. 债务人保护

最后，出于保护债务人的原因、基于债务人的申请，在《强制拍卖与强制管理法》第 30a 条至第 30c 条的情况下，停止程序。比如在债务人无过错的、非暂时的经济窘迫的情况下，《强制拍卖与强制管理法》第 30a 条——通过 35.21

---

[41]对此参见班贝格地方法院裁判，载《德国司法辅助员》，1969 年，第 99 页。

[42]施特贝尔，第 30 条，边码 5.1 及以下；另参见边码 35.16（部分废止）。

[43]参见边码 9.3 以下、边码 14.12 以下、边码 15.26 以下。

[44]有趣的，参见联邦最高法院裁判，载《支付不能法杂志》，1982 年，第 137 页及以下：进行执行的不动产担保物权人就债务数额的告知义务，以便承担责任的所有权人根据《强制拍卖与强制管理法》第 75 条采取措施。作为后顺位涤除权人的债权人，要依据《强制拍卖与强制管理法》第 75 条实现停止，无论土地债务所担保的贷款是否放出（Valutierung）都必须全额支付先顺位的土地债务，而且没有对先顺位不动产担保物权人的不当得利法上的补偿请求权：联邦最高法院裁判，载《德国司法辅助员》，2005 年，第 555 页。

[45]施泰纳/里德尔，第 75 条，评论 6（5）；另参见边码 35.16。

1979 年的修正案要比以前规定的宽泛得多——可以导致停止。[46]

除了《强制拍卖与强制管理法》第 30a 条至第 30c 条以外,第 765a 条也是肯定可以适用的(论据:《强制拍卖与强制管理法》第 30c 条)。[47] 联邦宪法法院在其关于因强制拍卖而发生的财产贱卖的裁决中认为这是当然的,并且认为,根据《强制拍卖与强制管理法》第 30a 条以下的申请总是包含着以第 765a 条为根据的备位申请(Hilfsantrag)。在新的法律规定(《强制拍卖与强制管理法》第 85a 条、第 100 条、第 114a 条)阻止了财产贱卖之后,联邦宪法法院考虑到了前述问题并在此范围内限制了第 765a 条的适用范围。[48] 只有在《强制拍卖与强制管理法》第 30a 条以下的特别规则失灵(边码 47.1 以下),但尽管如此,非常严格的标准又使执行宽恕(Vollstreckungsverschonung)有必要的情况下,才会动用第 765a 条。令人疑虑的是,通过第 765a 条阻止因数额微小债权进行的强制拍卖,就像判例有时根据合比例原则尝试的那样(边码 34.44)。始终要看到的是,停止申请以及对爱抱怨的人的法律救济可能被滥用从而导致没完没了的程序,[49]这与执行法的服务功能是不相符的。

支付不能程序中,既保护债务人又可能服务于债权人之利益保护[50]的暂

---

[46]例子:科隆州法院裁判,载《支付不能法杂志》,1980 年,第 418 页,附有德里施勒评注。

[47]比较《联邦最高法院民事裁判集》,第 44 卷,第 138 页、第 141 页;科隆法院裁判,载《新法学周刊》,1979 年,第 1723 页;详见施特贝尔,引言,边码 61。根据通说,申请原则上必须在拍定之前提出:《联邦最高法院民事裁判集》,第 44 卷,第 138 页;美因河畔法兰克福法院裁判,载《德国司法辅助员》,1979 年,第 391 页;有疑问的是,抗告审(Beschwerdeinstanz)是否可以考虑新事实。

[48]不同观点,参见霍农,载《德国司法辅助员》,1979 年,第 321 页、第 323 ~ 324 页;另参见边码 34.41;另外,边码 47.2、边码 47.3、边码 47.7。

[49]比较恩格尔,载《德国司法辅助员》,1981 年,第 81 页及以下。令人印象深刻的例子:联邦最高法院裁判,载《新法学周刊裁判报告》,2005 年,第 1226 页(被滥用的针对司法辅助员的回避申请)。

[50]比较施特贝尔第 30d 条,边码 1.1;不同观点,参见边码 3。

时停止,支付不能法改革对此作了新的规制。[51] 在报告期日即将来临,土地必须用于企业继续运营或者准备企业出让,[52]被提交的支付不能计划之实施受到威胁,[53]或者合理的财产集合变价可能显著变得困难的情况下(《强制拍卖与强制管理法》第30d条第1项至第4项),基于支付不能管理人的申请应暂时停止强制拍卖。为了防止债务人财产状况的不利变化,临时的支付不能管理人也可以申请暂停程序(《强制拍卖与强制管理法》第30d条第4款)。对于进行执行的债权人,要支付持续产生的利息(《强制拍卖与强制管理法》第30e条)。债务人有申请权,以便保障由其提交的支付不能计划的实施(《强制拍卖与强制管理法》第30d条第2款)。

(三)法律救济

在对抗告人进行听审之后作出停止以及废止裁定的,还可以立即抗告(《强制拍卖与强制管理法》第95条连同第793条,另外还有《司法辅助员法》第11条第1款),针对驳回之裁定亦然;否则根据第766条(有争议,参见边码8.31、边码43.4)。[54] 35.22

对于停止与废止的例子:S为了担保,而将属于其土地的机器的所有权让与给D。G进行强制拍卖。在这里,D必须根据《强制拍卖与强制管理法》第37条第5项申报其权利。如果G交出机器,那么关于该机器的程序即被废止(《强制拍卖与强制管理法》第29条)。如果G不交出机器,那么D必须根据《德国民事诉讼法》第771条提起诉讼并根据第771条第3款连同第769条暂时终止强制执行;然后在此基础上,执行法院停止该程序。如果D

---

[51]对此参见瓦伦德(Vallender),载《德国司法辅助员》,1997年,第353页;施特贝尔,载《新支付不能法与重整法杂志》,1998年,第105页;文策尔,载《新支付不能法与重整法杂志》,1999年,第101页;辛曾,载《德国司法辅助员》,1999年,第256页;艾克曼,载《不动产法杂志》,1999年,第81页。

[52]对于享有别除权的不动产担保物权人过急的"肢解"整体企业的行为,根据旧法,破产管理人也可以阻止;比较沃尔夫,载《经济法杂志》,1980年,第417页、第421页;施蒂尔纳,载《民事诉讼法杂志》,第94卷,1981年,第263页、第372页。就整体而言,参见第2卷,边码4.9以下有证明;另参见边码34.10。

[53]对于支付不能计划程序中不动产担保物权人的地位,比较布伦斯,载《支付不能法杂志》,2004年,第1页及以下。

[54]比较达斯勒/施夫豪尔/格哈特/穆特,第95条,前言,边码14及以下。

错过了提出这一法律救济的机会,那么拍卖与拍定的效力及于机器(《强制拍卖与强制管理法》第 55 条第 2 款、第 90 条第 2 款);然后,D 只能就拍卖所得的一部分受偿。[55]

---

[55]其他例子:哈姆法院裁判,载《州高等法院民事裁判集,》1967 年,第 445 页;边码 34.22、边码 34.26。

第三十六章　拍卖期日、拍定与拍卖所得的分配

文献指引：

参见第三十四章前面的文献。

参见概览表十四。

第一部分　拍卖期日

一、拍卖期日的确定

36.1 在土地扣押后，以及登记处的通知到达后，拍卖期日将被确定（《强制拍卖与强制管理法》第36条第1款）。对于确定期日之裁定的内容，在《强制拍卖与强制管理法》第37条中列有各种强制性的要求；[①]应有内容（Sollinhalt）由《强制拍卖与强制管理法》第38条规定。这里要强调的，一方面是遵循确定性原则的、对土地的标识（《强制拍卖与强制管理法》第37条第1项），其次尤其是《强制拍卖与强制管理

①通说，仅参见施特贝尔，第37条，边码1.2；不同观点，参见霍农，1979年，第321页、第323页、第324页。

法》第37条第4项、第5项的要求!②

《强制拍卖与强制管理法》第37条的强制性要求旨在告知潜在竞拍人以及程序参与人,并促使其保障自己的利益。③ 相应地,通说也主张严格要求土地标识的确定性与正确性;④必须避免混淆的危险,所以通常根据边界、地块号、经济类型与位置进行表示是必要且充分的。⑤ 违反之结果:期日的废止(《强制拍卖与强制管理法》第43条),有时可能是取消拍定(《强制拍卖与强制管理法》第83条第7项)。法律救济:在拍定前抗议(第766条,《强制拍卖与强制管理法》第95条),之后是立即之拍定抗告(《强制拍卖与强制管理法》第97条连同第793条,《司法辅助员法》第11条第1款)。⑥

---

②对此参见《联邦最高法院民事裁判集》,第20卷,第30页(申报);另外详见施特贝尔,第37条,边码5(申报)与边码6(相对立的权利)有证明;参见边码34.4、边码34.29(例子)。

③比较哈恩/穆格丹,载《强制拍卖与强制管理法纪念文集》,第5册,1987年,第43页。

④《帝国法院民事裁判集》,第57卷,第200页;另参见施特贝尔,第37条,边码2.1有证明。

⑤细节上有争议,尤其是,额外描述实际用益类型是否必要;对此肯定的,参见卡尔斯鲁厄法院裁判,载《州高等法院民事裁判集》,1990年,第346页(如果土地描述与实际用益不一致);哈姆法院裁判,载《州高等法院民事裁判集》,1991年,第193页(在旅店建筑物情况下);哈姆法院裁判,载《德国司法辅助员》,1992年,第122页(B)(在营利/非营利混合使用的情况下);哈姆法院裁判,载《德国司法辅助员》,1997年,第226页,有德姆哈特尔(Demharter)的评注(营利性使用);哈姆法院裁判,载《德国司法辅助员》,2000年,第172页(描述最初用益类型并补充援引交易价值鉴定即为已足);哈姆法院裁判,载《德国司法辅助员》,2000年,第172~173页(有泉水的庄园与附属建筑);科布伦茨法院裁判,载《德国司法辅助员》,2000年,第342页,附有施托尔茨评注(加油站附近住宅、工场用房与其他附属空间——违反对于最高报价人也负有的职务义务)。否定的,参见哈姆法院裁判,载《德国司法辅助员》,1922年,第122页(A)(纯粹住宅);杜塞尔多夫法院裁判,载《德国司法辅助员》,1997年,第225~226页(多户住宅)。

⑥对此参见施特贝尔,第36条,边码2.7;详见边码36.23,缺少应有内容是无所谓的;如果进行了应当进行的描述,就必须正确描述;卡尔斯鲁厄法院裁判,载《德国司法辅助员》,1993年,第256页,有迈耶(Meyer)-斯托特评注。

期日之确定原则上(比较《强制拍卖与强制管理法》第39条第2款)必须一次性地在专用于法院公告的报刊上进行刊登(《强制拍卖与强制管理法》第39条第1款),[7]并且要送达给参与人(《强制拍卖与强制管理法》第41条第1款);[8]期日确定也要贴在法院公告栏上(《强制拍卖与强制管理法》第40条第1款)。

二、拍卖之确定及其基础

在实施强制拍卖时,如下概念最为重要:保留价/最低报价、现金报价、最高报价。只有明白了法定规则的基础,才能理解这些概念。 36.2

(一)承受原则

承受原则的含义如下:优先于进行执行或参加执行的债权人的权利并不(因拍卖)消灭(《强制拍卖与强制管理法》第52条第1款第1句),而是为取得人所承受(优点:拍得人省钱了!)。[9] 除此之外,《强制拍卖与强制管理法》第53条还规定了在特定前提下由拍得人承受对人责任。[10] 36.3

例子:债务人S担保C银行的贷款,设定额度为100000欧元的第一顺位抵押权,并担保D银行同样额度的贷款,设定100000欧元的第二顺位土地债务,该土地债务所担保的贷款还只放出了一半。由于第三顺位的G进行执行,S的土地被拍卖,由E拍得。抵押权与土地债务继续存在(《强制拍卖与 36.4

---

⑦对于公开描述,参见厄斯特赖希(Oestreich),载《德国司法辅助员》,1988年,第302页。

⑧对此参见策勒法院裁判,载《德国司法辅助员》,1991年,第166页。

⑨例子,见边码34.39(土地债务)、边码35.15(不动产所有权让与之预告登记)。

⑩如果拍得人同时也是继续存在的抵押权人及被担保债权的权利人,那么债权因混同类推《强制拍卖与强制管理法》第53条第1款在抵押权的额度内消灭;《联邦最高法院民事裁判集》,第133卷,第51页、第54页。就整体,参见艾克曼,第18节Ⅳ;另外参见施特贝尔,第37条,边码1及以下。

强制管理法》第52条第1款第1句),因为要在保留价中予以考虑(《强制拍卖与强制管理法》第44条第1款)。随着拍定,在与S的内部关系中,E依法也承受S欠C银行的贷款债务(《强制拍卖与强制管理法》第53条第1款前半句连同《德国民法典》第415条第3款、第329条);⑪在相对于C银行的对外关系上,S的债务免除以C银行的追认(Genehmigung)为前提(《强制拍卖与强制管理法》第53条第1款后半句,《德国民法典》第416条第1款第2句)。⑫ 除此之外,尽管《强制拍卖与强制管理法》第53条第1款后半句在立法技术上转引(Verweisung)得不太成功,主流学说还是认为可以适用《德国民法典》第414条、第415条。⑬ 也就是说,非要式的三方合同(S、C银行、E)或C银行——与《德国民法典》第416条第2款第2句相反——在收到非要式的通知后作出追认使有利于S的免责债务承担(privative Schuldübernahme)成为可能。⑭ 与通说不同,似乎值得考虑的是,在准用《德国民法典》第414条以下条文时(《强制拍卖与强制管理法》第53条第1款后半句)完全放弃通知之要件(Mitteilungserfordernis),⑮因为(这里)债务承担是依法发生的,而且C银行作为程序参与人已经知晓拍定(《强制拍卖与强制管理法》第88条第1句、第9条第1项)。如果C银行已经在拍定前就其针对S的对人债权获得了执行名义,那么根据通说,既判力不会及于取得人E。⑯

相反,D银行的对人债权,只有在《强制拍卖与强制管理法》第53条第2款更严格的前提下才能移转给E:按时申报以及有些情况下须通过债务人S

---

⑪通说,参见达斯勒/施夫豪尔/格哈特,第53条,边码9;施特贝尔,第53条,边码2.2结尾;艾克曼,第18节Ⅳ 2 c。

⑫在拍得人同时是抵押权人或者说被担保债权人的情况下不需要特别的追认;《联邦最高法院民事裁判集》,第133卷,第51页、第55页。

⑬恰当的例子,《帝国法院民事裁判集》,第125卷,第100页、第103页;达斯勒/施夫豪尔/格哈特,第53条,边码5;施特贝尔,第53条,边码2.2;艾克曼,第18节Ⅳ 2 d. aa和bb。

⑭就整体,参见施蒂尔纳/尧厄尼希,第414条,第415条边码1及以下,有证据证明。

⑮比如艾克曼,第18节Ⅳ 2 b,bb;不同观点,参见施特贝尔,第53边码2.3;达斯勒/施夫豪尔/格哈特,第53条,边码8。

⑯联邦最高法院裁判,载《新法学周刊》,1960年,第1348页;施特贝尔第53条,边码2.6;不同观点,参见达斯勒/施夫豪尔/格哈特,第53条,边码11;另参见艾克曼,第18节Ⅳ 1 b,bb。

疏明(Glaubhaftmachung)。因为土地债务所担保的贷款不会再被完全放出，所以会出现与通过法律行为取得负担有土地债务的土地时一样的问题。⑰为了可以基于担保约定(Sicherungsabrede)对抗 D 银行，E 必须另外再受让 S 的权利⑱——有问题的是，就像经常出现的那样，债权让与已经(依据格式条款)被排除了⑲或者债权已经为了担保而被让与。承受原则使 E 负担该风险。相反，如果因为没有及时申报或疏明(《强制拍卖与强制管理法》第 53 条第 2 款)而使 E 不必承受对人债务，而且 S 清偿了 D 银行被担保的债权，那么，根据新近的联邦最高法院判例，他(S)原则上不能根据《德国民法典》第 812 条第 1 款第 1 句对 E 作不当得利法上的追偿(bereicherungsrechtlichen Rückgriff)。⑳ 到目前为止，在 E 完全涤除土地债务的情况下，联邦最高法院对此还没有作出裁判。在此方面，从承受原则中可以推知不存在任何追偿可能。

(二)补偿原则

1. 最低报价/保留价(geringstes Gebot)与现金报价

补偿原则具有保护优先顺位债权人的效力：优先于进行执行 36.5
债权人的权利㉑不应因强制拍卖而受到妨碍。也就是说，报价人的报价至少要能填补优先于进行执行债权人之请求权的权利以及

---

⑰对此参见鲍尔/施蒂尔纳，第 45 节Ⅳ 1 b，bb。

⑱比较联邦最高法院裁判，载《德国司法辅助员》，1988 年，第 495 页、第 496 页；2003 年，第 522 页。

⑲对此参见鲍尔/施蒂尔纳，第 45 节Ⅴ 1 e，有进一步证明。

⑳联邦最高法院裁判，载《德国司法辅助员》，2003 年，第 522 页、第 523 页左栏。相反的，《联邦最高法院民事裁判集》，第 56 卷，第 22 页、第 24 ~ 25 页；第 64 卷，第 170 页、第 172 页；第 133 卷，第 51 页、第 55 页；不同观点，艾克曼，第 18 节 Ⅳ 3 b，bb；施特贝尔第 53 条，边码 31。

㉑优先的不动产所有权让与之预告登记：《联邦最高法院民事裁判集》，第 46 卷，第 124 页、第 127 页；联邦最高法院裁判，载《新法学周刊》，1996 年，第 3147 页、第 3148 页左栏；详见 J. 布罗迈耶，载《德国公证人杂志》，1979 年，第 515 页及以下；参见边码 35.15(例子)。相反，即便后位继承人的期待权被登记扣押，后位继承标记也不被涵盖在最低报价之中；联邦最高法院裁判，载《德国司法辅助员》，2000 年，第 203 页。

强制执行费用(《强制拍卖与强制管理法》第 44 条第 1 款:最低报价)。[22] 但由于承受原则(边码 36.3 及下一码),(拍得人)只需现金支付费用(更准确的说法参见《强制拍卖与强制管理法》第 49 条第 1 款)以及最高报价超出最低报价/保留价的部分(《强制拍卖与强制管理法》第 49 条第 1 款:现金报价)。强制拍卖中报价的时候仅指明现金报价。

需要注意的是,最低报价总是以享有最优权利的参加执行的债权人为准(边码 35.7)。

36.6 例子:在土地上负担有:H 的第一顺位抵押权,20000 欧元,G 的第二顺位抵押权,15000 欧元,X 的第三顺位抵押权,10000 欧元,程序费用 2000 欧元。《强制拍卖与强制管理法》第 10 条第 1 款第 1 项至第 3 项规定的顺位(Rangklassen),1500 欧元。X 进行了强制拍卖。

最低报价:38500 欧元。

最低现金报价:2000 欧元 + 1500 欧元 = 3500 欧元。

D 报价 5000 欧元,那么他必须清楚,他须承受 35000 欧元。也就是说,实际上"价款"是 40000 欧元。

如果 G 进行强制拍卖,那么只有 H 的抵押权计入最低报价。因为随后 G 与 X 的权利消灭,所以这二者都对高额的最高报价有利益。必要情况下,X 自己拍得土地,为了至少获得增值的机会。

2. 最少报价(Mindestgebot)

36.7 与最低现金报价不同的是最少报价:《强制拍卖与强制管理法》第 74a 条、第 74b 条旨在避免贱卖土地,因此规定,包含继续存在的权利的最高报价必须达到土地价值的 7/10,[23]否则,任何享有从土地中受偿之请求权(《强制拍卖与强制管理法》第 10 条)的人都可以基于其请求权受威胁而申请暂时

---

[22]确定最低报价时执行法院的职务义务也在于保护执行债务人;联邦最高法院裁判,载《德国司法辅助员》,2000 年,第 403 页。

[23]典型案例:《联邦最高法院民事裁判集》,第 46 卷,第 107 页;另参见边码 36.21(例子)。

取消拍定。㉔ 现在,债务人还受到《强制拍卖与强制管理法》第 85a 条的额外保护。该条规定,在包含继续存在的权利的最高报价没有达到土地价值的一半㉕的情况下,就会命令暂时取消拍定;这一规定考虑了联邦宪法法院判例,即在有贱卖之虞的情况下,拍卖法院有义务协助(当事人提出)强制执行保护申请(《强制拍卖与强制管理法》第 30a 条、第 765a 条)(第 139 条;对此参见边码 34.40 及下一码、边码 35.21 具有进一步证明)。对于有瑕疵的价值确定(fehlerhafte Festsetzung)的法律救济是立即抗告(第 74a 条第 5 款第 3 句、《司法辅助员法》第 11 条第 1 款);有些情况下,基于价值确定上的瑕疵,会产生国家赔偿责任请求权㉖或者鉴定人责任。㉗

3. 充分报价保证与亏损保证

经常地,有人会通过合同使自己负有以特定数额进行报价的义务,以防止某个债权人无法获得清偿(所谓的充分报价保证,Ausbietungsgarantie)。该保证在拍卖法上并无意义;比如,拍卖法院不得因为未达到保证的数额而驳回保证人的报价,但保证人若未充分报价,则须承担损害赔偿责任。因为系负担土地取得义务——作出报价的义务,报价保证要具备形式要件(《德国 36.8

㉔比较达斯勒/施夫豪尔/格哈特,第 74a 条,边码 12;另参见边码 36.19 以下。

㉕就价值确定,参见杜塞尔多夫法院裁判,载《新法学周刊》,1981 年,第 235 页;哈姆法院裁判,载《德国司法辅助员》,1991 年,第 73 页(价值确定裁决之义务性送达);科隆法院裁判,载《德国司法辅助员》,1993 年,第 258 页,与杜塞尔多夫法院裁判,载《德国司法辅助员》,2000 年,第 559 页(都是依职权的变更);详见布德(Budde),载《德国司法辅助员》,1991 年,第 189 页(可撤销性)。对于鉴定性价值调查,联邦最高法院裁判,载《新法学周刊》,1994 年,第 2899 页;载《新法学周刊裁判报告》,2001 年,第 732 页(1988 年价值确定法令的可适用性)。

㉖例子:联邦最高法院裁判,载《德国司法辅助员》,1991 年,第 119 页;未进行防御将阻止国家赔偿责任请求权的产生(《德国民法典》第 839 条第 3 款),联邦最高法院裁判,载《德国司法辅助员》,1991 年,第 12 页。

㉗由法庭指定的鉴定人的责任,根据《德国民法典》第 839a 条第 1 款,限于故意与重大过失;比较旧法,联邦最高法院裁判,载《德国司法辅助员》,2003 年,第 310 页(在过失情况下鉴定人委员会的职务责任)与联邦最高法院裁判,载《德国司法辅助员》,2003 年,第 520 页(未宣誓鉴定人责任仅根据《德国民法典》第 826 条)。

民法典》第311b条第1款第1句)。[28] 与报价保证不同的是亏损保证(Ausfallgarantie):保证人仅承担补偿亏损的义务,而无须自己报价。[29] 如果出价更高的报价人应被排除,有偿负担不参与报价(nicht mitzubieten)的义务("pactum de non licitando")就与《强制拍卖与强制管理法》的规范目的通常不相符而无效(《德国民法典》第138条第1款)。[30]

三、拍卖条件

36.9 所谓拍卖条件是指作为具体强制拍卖实施之基础的条件。在这里区分法定(《强制拍卖与强制管理法》第49条至第58条)以及特别的不同于法定规则的拍卖条件(《强制拍卖与强制管理法》第59条)。

1. 法定拍卖条件

36.10 没有争议的是,体系上属于法定拍卖条件的包括所有在《强制拍卖与强制管理法》第49条至第58条中含有的规则。但目前的通说对于拍卖条件的理解则更加宽泛:[31]据此,比如法律状况方面的模糊、在分割拍卖中的报价人

㉘通过拍定与土地登记簿登记可以治愈形式瑕疵;《联邦最高法院民事裁判集》,第85卷,第245页、第251页;联邦最高法院裁判,载《新法学周刊》,1996年,第1960页右栏;更进一步的,参见科布伦茨法院裁判,载《州高等法院报告》,2000年,第79～80页(拍定就足够了)。

㉙参见达斯勒/施夫豪尔/格哈特,第66条,边码18;卡尔特(Kalter),载《支付不能法杂志》,1964年,第193页;策勒法院裁判,载《新法学周刊》,1977年,第52页。

㉚比较联邦最高法院裁判,载《新法学周刊》,1961年,第1012页;科隆法院裁判,载《新法学周刊》,1978年,第47页;科布伦茨法院裁判,载《德国司法辅助员》,2002年,第637～638页;就全部,参见艾克曼,第15节Ⅳ2,3。

㉛施泰纳/施托尔茨,第59条,边码9;施特贝尔,第59条,边码2.2及以下;莫尔布特尔/德里施勒/拉特克/蒂德曼,范例77,评论2;穆特,载《德国司法辅助员》,1987年,第397页、第398页左栏;不同观点,参见施夫豪尔,载《德国司法辅助员》,1986年,第326页、第334页;克林滕贝格/文茨(Korintenberg/Wenz),第59条,脚注2;达斯勒/施夫豪尔,第59条,边码21;艾克曼,第13节Ⅰ。

范围以及"非根本的"程序规则都属于拍卖条件。[32] 通说的主要论点是宽泛解释可以增加报价竞争，从而提高拍卖所得，但该论点并未被有说服力地证明。因此，基于法律安定性与法律清晰性的考量，应支持有影响力的相反观点。

2. 特别拍卖条件

根据《强制拍卖与强制管理法》第 59 条第 1 款（比较《强制拍卖与强制管理法》第 9 条），任何参加人都可以要求确定与法定规则不同的保留价以及拍卖条件，但须提出相应的申请。[33] 36.11

例子：没有在分配前支付现金报价时，要支付 10% 的利息（《强制拍卖与强制管理法》第 49 条第 2 款、《德国民法典》第 246 条、《强制拍卖与强制管理法》第 118 条）。

拍卖条件并非合同上的约定。相反，拍卖条件代替了——因为所有权通过拍定而基于法律移转——（物权）让与合意（Veräußerungsvertrag）。确定不同拍卖条件的申请最迟要在报价开始前（边码 36.15）提出（《强制拍卖与强制管理法》第 59 条第 1 款第 1 句）。[34]

对于何时被申请的不同拍卖条件妨害其他参与人的权利从而需要其同意（《强制拍卖与强制管理法》第 59 条第 1 款第 3 句；注意《强制拍卖与强制管理法》第 59 条第 3 款[35]），观点也是莫衷一是。[36] 通说认为，任何实体与程序地位的不利变化都足以使同意成为必要，比如不同的清偿方式、缩小或重

---

[32]比较穆特，载《德国司法辅助员》，1987 年，第 397 页、第 398 页左栏；批评的，比如艾克曼，第 13 节 Ⅰ. 有证明；区分的，参见施特贝尔，第 59 条，边码 2.2 及以下（程序规则并非拍卖条件）。

[33]详见艾克曼，第 13 节 Ⅱ 1。

[34]不同的是，根据 1998 年强制执行法改革前的通说，在报价时刻也允许变更；比较穆特，载《德国司法辅助员》，1987 年，第 397 页、第 400 页；就全部，参见施特贝尔，第 13 条，边码 3.3。

[35]批评的，参见穆特，载《法律办公室》，1985 年，第 13 页，有进一步证明；对此参见艾克曼，第 13 节 Ⅱ 2 d.

[36]有指导意义的，参见艾克曼，第 13 节 Ⅱ b，d 有例子。

构参与人权利㊲——这与根据通说非常宽泛的变更可能性(边码36.10)在逻辑上是一致的。在尚未确定妨害的情况下就要双重报价(双重出售),除非可能的受妨害人已同意变更。

36.12 例子:S 的土地(交易价值 300000 欧元)负担如下:G1 的第一顺位土地债务(200000 欧元),G2 的第二顺位土地债务,额度为 50000 欧元,G3 的第三顺位土地债务,额度为 20000 欧元。在 G1 进行的强制拍卖程序中,G2 申请其权利继续存在,也即不同于《强制拍卖与强制管理法》第 44 条第 1 款、第 52 条第 1 款第 2 句的规定。根据通说,G2 的权利因为不同的补偿形式就已经受妨害了,㊳但其额外的同意是不必要的,因为是他自己提出的变更申请。㊴《强制拍卖与强制管理法》第 59 条第 3 款规定 G3 的同意通常是无关紧要的。㊵ G1 的权利是否受到妨害,取决于最高报价的数额:竞拍人可能主观上认为继续存在 G2 的土地债务是很消极的,以至于拍卖价款少于 200000 欧元——G1 于是无法获得完全清偿。因此《强制拍卖与强制管理法》第 59 条第 2 款规定了双重报价(出售)——一次是附带所要求的不同拍卖条件,一次是没有附带所要求的不同拍卖条件。如果 G1 以公证形式对此表示同意(比较《强制拍卖与强制管理法》第 84 条第 2 款),㊶就不进行双重出售了,因为根据通说,《强制拍卖与强制管理法》第 59 条第 3 款使得可能受侵害的债务人 S 的同意也变得可有可无了。㊷

四、拍卖期日的三阶段

36.13 拍卖期日分为三阶段:(1)宣告进行程序;(2)拍卖本身;(3)关

㊲参见施夫豪尔,载《德国司法辅助员》,1986 年,第 326 页、第 335 页;施特贝尔,第 59 条,边码 4.2;不同观点,参见穆特,载《德国司法辅助员》,1987 年,第 397 页、第 399 页,有证明(只有在偏离强制拍卖法重大原则的情况下);批评的,参见艾克曼,第 13 节 II 2 b。

㊳比较施特贝尔,第 59 条,边码 2.4、边码 7.1;不同观点,参见艾克曼,第 13 节 I。

㊴施特贝尔,第 59 条,边码 4.5。

㊵有疑问! 关于批评,尤其是穆特,载《法律办公室》,1985 年,第 13 页;另外,参见艾克曼,第 13 节 II 2 d;盖伊(Gay),《不同的拍卖条件的确定》,第 138 页及以下。

㊶通说要求该形式——非常有问题! 不同观点,参见艾克曼,第 13 节 II b 有证明。

㊷有争议的情况,参见施特贝尔,第 59 条,边码 7.1 有证明;不同观点,参见艾克曼,第 13 节 II 2 d;达斯勒/施夫豪尔,第 59 条,边码 48,有证明。

于拍定的听证。

(一)宣告进行程序

在期日开始时,要宣告对土地的说明(Nachweisungen)、进行执行的债权人及其请求权、扣押时间以及已完成的申报,另外还有最低报价(保留价)以及拍卖条件、由法院确认的土地价值(很重要,因为《强制拍卖与强制管理法》第74a条、第74b条、第85a条、第66条第1款)。㊸ 36.14

(二)拍卖本身

第二阶段是拍卖本身。该阶段从要求报价开始(《强制拍卖与强制管理法》第66条第2款)。拍卖必须至少持续30分钟(《强制拍卖与强制管理法》第73条第1款第1句)——报价时间段。㊹ 36.15

根据重要的观点,报价具有公法属性,并且——与在拍卖动产情况下一样(边码29.6)——与拍定一起构成与买卖类似的合同,该合同是拍得人取

㊸就整体而言,参见艾克曼,第15节I 1。针对价值确定,允许提起立即抗告(《强制拍卖与强制管理法》第74a条第5款、第85a条第2款;《司法辅助员法》第11条第1款——例子,哈姆法院裁判,载《德国司法辅助员》,2000年,第120页);针对抗告裁决只有在受理时才得进行法律抗告(第574条第1款第2项);在关于价值确定之抗告的裁定作出之前,暂停进行拍定(杜塞尔多夫法院裁判,载《新法学周刊》,1981年,第235页)。法院指定的专家所作的不正确的价值确定会导致根据《德国民法典》第839a条的责任请求权,但限于故意或重大过失;关于旧法,比较联邦最高法院裁判,载《德国司法辅助员》,2003年,第310页,根据《联邦最高法院民事裁判集》,第146卷,第365页(监督委员会过失情况下的职务责任);联邦最高法院裁判,载《德国司法辅助员》,2003年,第520页(法院指定的"一般"鉴定人的责任仅根据《德国民法典》第826条)。

㊹关于因编辑失败的以及实质上也有问题的将报价时间缩短为半小时,比较穆特,载《支付不能法杂志》,1998年,第529页、第546页;施特贝尔,第73条,边码1.3、边码2.1、边码2.13.关于特别的拍卖类型与变价类型,参见《强制拍卖与强制管理法》第65条。典型例子:哈姆法院裁判,载《德国司法辅助员》,1994年,第176页;柏林州法院裁判,载《德国司法辅助员》,1978年,第268页(从物的分别拍卖)。关于拍卖多块土地,穆特,载《德国司法辅助员》,1993年,第268页。

得所有权的正当性基础。[45] 关于意思表示的撤销规则,只能以下述方式准用于报价,即必须在拍定发生法律效力之前主张意思瑕疵(有时通过抗告,《强制拍卖与强制管理法》第100条);嗣后不能再撤销。[46] 拍卖法院(司法辅助员)须对每个作出的报价进行裁决,是否允许或者是否驳回。在不存在《强制拍卖与强制管理法》第70条第1款第2句、第71条所称的事由(比如报价人无行为能力)的情况下,报价即被允许。[47] 针对允许或驳回报价之裁决,可以提起异议,对该异议,强制拍卖法院在拍定裁定框架内(《强制拍卖与强制管理法》第87条第1款)予以裁定(进一步的法律救济:对拍定的立即抗告)。在无异议的允许更高报价时(《强制拍卖与强制管理法》第72条第1款)、在无异议的驳回报价时(《强制拍卖与强制管理法》第72条第2款)以及在暂时停止程序或废止期日时(《强制拍卖与强制管理法》第72条第3款),报价即为消灭。关于单个报价(Einzelausgebot)与共同报价(Gesamtaus-

---

[45]非常有争议的情况,如这里的格哈特,《执行法》,第11节Ⅲ5(脚注26);格哈特,载《民事诉讼法杂志》第93卷,1980年,第109~110页;罗森贝格/高尔/席尔肯,第65节Ⅱ1(不同观点,第9版);布伦斯/皮特斯,第34节Ⅱ2 a;艾克曼,第15节1。不同观点,目前通说:比如哈姆法院裁判,载《州高等法院民事裁判集》,1972年,第250页;美因河畔法兰克福法院裁判,载《德国司法辅助员》,1980年,第441页;鲍曼/布莱姆,第24节Ii 2 c(脚注28);布罗迈耶,第79节Ⅱ 2 a。这里,第10版,第34节Ⅲ 2. 近来有些人将报价归类为"程序上的取得之行为",如高尔,《阿伦斯纪念文集》,1993年,第89页、第119页有证明;还有尧厄尼希,第24节Ⅳ。

[46]通说,比较联邦最高法院裁判,载《新法学周刊》,1984年,第1950页;哈姆法院裁判,载《德国司法辅助员》,1998年,第438页;施特贝尔,第71条,边码3;另外达斯勒/施夫豪尔/格哈特,第73条,边码4,有进一步证明;不同观点(肯定不能撤销)参见罗森贝格/高尔/席尔肯,第65节Ⅱ 1;高尔,《阿伦斯纪念文集》,1993年,第89页、第23页及以下;艾克曼,第15节Ⅱ 2 c;施塔特霍费尔—维辛格(Stadthofer - Wissinger),《强制拍卖中的出价》,第149页及以下;对于问题,参见卡尔斯鲁厄法院裁判,载《德国法月刊》,1954年,第112页;哈姆法院裁判,载《德国司法辅助员》,1972年,第378页;美因河畔法兰克福法院裁判,载《德国法月刊》,1980年,第940页。

[47]更进一步的,参见埃森州法院裁判;哈姆法院裁判,载《德国司法辅助员》,1995年,第34页;纽伦堡法院裁判,载《德国司法辅助员》,1999年,第87页;瑙姆堡法院裁判,载《德国司法辅助员》,2002年,第324页(构成权力滥用的报价);另参见,边码36.20。

gebot)，参见《强制拍卖与强制管理法》第 63 条、第 64 条(边码 34.14 及下一条)。

需要注意的是，报价之允许(Zulassung eines Gebots)的效果并非合同的成立，而是仅限于在拍定之前报价人受其报价的约束。报价的消灭意味着该约束的消失。在可能因为不履行报价而受到侵害的参与人要求时，报价人必须提供所谓的报价人押金(《强制拍卖与强制管理法》第 67 条以下)，总额须为交易价值的十分之一(《强制拍卖与强制管理法》第 68 条第 1 款)，[48]并可以通过确认的联邦银行支票、结算支票、银行担保或者提存现金等方式予以提供(《强制拍卖与强制管理法》第 69 条)。[49] 行政机关的准许或者授权须以《强制拍卖与强制管理法》第 71 条第 2 款的形式予以证明。[50] 36.16

在报价过低时要求拍卖法院释明执行保护之机会的(《强制拍卖与强制管理法》第 30a 条，第 765a 条)联邦宪法法院判例，因为《强制拍卖与强制管理法》第 85a 条而在很大程度上变得无的放矢(边码 34.40 及下一码；边码 35.21、边码 36.7、边码 36.21)。

(三)关于拍定的听证

第三阶段——在拍卖结束后——是就拍定听取出席的参加人的意见(《强制拍卖与强制管理法》第 74 条)。尽管最高报价人不属于《强制拍卖与强制管理法》第 9 条意义上的参加人，但是通说还是赋予他以听证权。[51] 现在，过多报价(Übergebote)不再可能了(比较《强制拍卖与强制管理法》第 73 条第 2 款第 1 句)，但是例 36.17

[48]典型案例：勃兰登堡法院裁判，载《德国司法辅助员》，2001 年，第 610 页(如果一开始就明确要求提供担保，就没有义务根据第 139 条释明期日中断的可能)。

[49]就全部，参见艾克曼，第 15 节Ⅲ。

[50]拍卖申请可能根据《德国民法典》第 311b 条第 1 款第 1 句需要满足形式要件；有些情况下根据《德国民法典》第 311b 条第 1 款第 2 句治愈(《联邦最高法院民事裁判集》，第 85 卷，第 245 页、第 251 页；联邦最高法院裁判，载《新法学周刊》，1996 年，第 1960 页右栏；科布伦茨法院裁判，载《州高等法院报告》，2000 年，第 79～80 页)。

[51]达斯勒/施夫豪尔/格哈特，第 74 条，边码 1；施特贝尔，第 74 条，边码 2.2；艾克曼，第 15 节 I 3 有进一步证明。

如根据《强制拍卖与强制管理法》第74a条、第85条以及《德国民事诉讼法》第765a条的申请还是可能的。[52]

第二部分　拍定裁定及其法律效果

36.18　在当事人听证后,法院须对拍定进行裁决:裁决以裁定形式作出,并在大多数情况下在特别的宣布期日予以宣布(《强制拍卖与强制管理法》第87条第1款)。

一、拍定之拒绝

36.19　在最高报价不生效力的情况下,以及在存在《强制拍卖与强制管理法》第83条、第85条列举的事由的情况下,拍定应被拒绝。比如违反《强制拍卖与强制管理法》第43条第2款的规定[53]或者违反拍卖条件(《强制拍卖与强制管理法》第85条第1项),[54]在拍卖多块土地时没有进行单个出售以及共同出售(《强制拍卖与强制管理法》第83条第5项),[55]被申报的(《强制拍卖与强制管理

---

[52]具体参见施特贝尔第74条,边码2.4有证明;艾克曼,第15节I 3;对于指明义务(第139条),参见边码34.40以下。

[53]典型例子:斯图加特法院裁判,载《德国司法辅助员》,1996年,第36页(向可能无诉讼能力的债务人送达期日之确定)。有时,最高报价人也可以主张职务责任请求权,但不能主张所失利润;联邦最高法院裁判,载《新法学周刊裁判报告》,2002年,第307页、第308页左栏(没有传唤参与人)。

[54]例子:哈姆法院裁判,载《州高等法院民事裁判集》,1978年,第230页、第233页(大量出现的伪造先前的价值确定,《强制拍卖与强制管理法》第74a条第5款);斯图加特法院裁判,载《德国司法辅助员》,1997年,第397~398页(在拍卖期日与拍定裁定期日之间最优顺位的、进行执行的债权人的债权被偿还时,不发生拍定之拒绝);哈姆法院裁判,载《德国司法辅助员》,2000年,第120页以下(价值确定裁决没有形式既判力)。

[55]例子:斯图加特法院裁判,载《德国司法辅助员》,2002年,第165页(在债权人就其他土地同意暂时停止,即不能就单个出售授予拍定)。

法》第 37 条第 5 项）对抗的权利（《强制拍卖与强制管理法》第 83 条第 2 项）；基于其他原因不允许强制拍卖或继续进行程序（《强制拍卖与强制管理法》第 83 条第 6 项），[56]违反《强制拍卖与强制管理法》第 43 条第 1 款或者《强制拍卖与强制管理法》第 73 条第 1 款（《强制拍卖与强制管理法》第 83 条第 7 项），[57]有受损害之虞的参与人申请新的期日（《强制拍卖与强制管理法》第 85 条），等等。[58] 有既判力的拒绝（rechtskräftige Versagung）产生暂时停止[59]或者废止程序的效力（《强制拍卖与强制管理法》第 86 条）。

36.20 在包含继续存在之权利的最高报价低于土地价值 7/10（所谓的最少报价（Mindestgebot））的情况下，拍定也会被拒绝：拒绝必须基于权利人的申请，该权利人的请求权没有为最高报价所覆盖或者没有被全部覆盖，但如果最高报价达到最少报价边界的情况下，即预期能够被覆盖（gedeckt）（具体参见《强制拍卖与强制管理法》第 74a 条、第 74b 条）。为了保护债务人，《强制拍卖与强制管理

---

[56]典型案例：联邦最高法院裁判，载《经济法、银行法与证券通讯杂志》，2004 年，第 838～839 页（仅在拍卖期日缺乏可执行的名义文本——尽管如此还是授予拍定的情况下，可以通过在拍定抗告程序中出示整个拍卖程序中一直存在的名义而治愈拒绝拍定事由）；斯图加特法院裁判，载《德国司法辅助员》，2000 年，第 36 页（债务人无诉讼能力）；哈姆法院裁判，载《德国司法辅助员》，2000 年，第 171 页（没有送达授予权利继受人的可执行名义文本——不能通过在拍定抗告程序中补作而溯及既往地治愈）。

[57]例子：联邦最高法院裁判，载《德国司法辅助员》，2003 年，第 452 页（分别按照整体出售、分组出售以及单个出售结束拍卖违反《强制拍卖与强制管理法》第 73 条第 1 款第 2 句）；卡尔斯鲁厄法院裁判，载《德国司法辅助员》，1998 年，第 79 页（在拍卖结束前没有再次要求给出报价）。

[58]就整体而言，参见艾克曼，第 16 节Ⅲ 2.

[59]例子：哈姆法院裁判，载《新法学周刊》，1965 年，第 2410 页（在债务人支付时拒绝拍定，《强制拍卖与强制管理法》第 75 条、第 33 条、第 86 条）。

法》第85a条规定的最少报价(土地价值的5/10)须依职权予以注意。[60] 这是立法者对联邦宪法法院关于财产贱卖违反基本法的判例的反应(边码34.41、边码35.21、边码36.7、边码36.16)。与限制拍定的规则《强制拍卖与强制管理法》第74a条、第74b条、第85a条相应的是《强制拍卖与强制管理法》第114a条,该条在拍定给受偿权利人的情况下,为其受偿拟制了7/10的报价。[61]

36.21 例子:S为了担保贷款债权在其土地上(交易价值:500000欧元)为G1设定了第一顺位的土地债务,额度为300000欧元;G2以100000欧元的土地债务紧随其后。G1进行了强制拍卖,并作为唯一的竞拍人报价220000欧元。该拍定之授予例外地并不违反《强制拍卖与强制管理法》第85a条第1款,因为G1的报价与损失合在一起超过了土地价值的1/2(《强制拍卖与强制管理法》第85a条第3款)。[62] 即使如此,G2也可以根据《强制拍卖与强制管理法》第74a条第3款第1句请求获得拍定之拒绝,因为他的权利——至

---

[60]但在再次拍卖期日时,既不可以基于《强制拍卖与强制管理法》第74a条第1款,也不得基于《强制拍卖与强制管理法》第85a条第1款拒绝拍定。而且即使后来的拍得人自己或通过其操纵的人之前低于7/10界限报过价并根据《强制拍卖与强制管理法》第74a条第1款申请过拒绝拍定,也不可以,参见科布伦茨法院裁判,载《德国司法辅助员》,1999年,第407~408页(不是滥用权利!)有时在起初无支付能力或至少不愿意支付的报价人被推到前面的情况下,有所不同,参见瑙姆堡法院裁判,载《德国司法辅助员》,2002年,第324~325页;另参见边码36.15。但在有贱卖风险之时,联邦最高法院最近要求另行确定拍定期日:联邦最高法院裁判,载《德国司法辅助员》,2005年,第15页(交易价值12%的最高报价)。

[61]对此参见《联邦最高法院民事裁判集》,第117卷,第8页;第108卷,第248页;另见《支付不能法杂志》,1980年,第50页;雷费勒,载《经济法杂志》,1981年,第823页。

[62]受偿权人的亏损根据权利的名义数额计算。对此参见联邦最高法院裁判,载《经济法杂志》,2004年,第874~875页,有证明;艾克曼,第17节I 2;达斯勒/施夫豪尔,第85a条,边码25;通说。不同观点,参见科布伦茨法院裁判,载《德国司法辅助员》,1991年,第468页(对人的被担保的债权)附有辛曾否定的评注。

少部分——在报价达到土地价值 7/10 的情况下会被覆盖。[63] 在依职权确定的(《强制拍卖与强制管理法》第 74a 条第 3 款第 1 句)第二次拍卖期日,G2 不能再阻止 G1 以 220000 欧元的最高报价拍得土地。G1 与 G2 的土地债务根据《强制拍卖与强制管理法》第 91 条第 1 款、第 52 条第 1 款第 2 句的法定规则消灭。但是,在 G1 在拍卖所得分配时受有损失(也即超出最高报价的 80000 欧元)的范围内,对于 G1 而言,前述法定规则为《强制拍卖与强制管理法》第 114a 条所覆盖:在不足土地价值 7/10 的范围内,清偿被拟制(《强制拍卖与强制管理法》第 114a 条)。在结果上,S 可以拒绝偿还土地价值 7/10 额度内的对人债权,这可以——有时通过补充解释——从与 G1 的担保约定(《德国民法典》第 133 条、第 157 条、第 242 条)中解释出来;类推《强制拍卖与强制管理法》第 114a 条的情况下,即使在 G1 于拍定前就将基于最高报价的权利让与给 Z(《强制拍卖与强制管理法》第 81 条)而 Z 随后获得了拍定的情况下,也要适用清偿拟制规则。[64] 同样地,如果 G1 找出面人(Strohmann)或非自益信托人报价,并受让基于最高报价的权利,G1 的清偿也会被拟制。[65]

二、向最高报价者拍定与拍定抗告

(一)对拍定的权利(Das Recht auf den Zuschlag)

如果不存在拒绝事由,即应授予最高报价者(亦其受让人——《强制拍卖与强制管理法》第 81 条第 2 款——或者现在才 36.22

---

[63]即使土地债务所担保的贷款不再被发放,并且被担保债权的数额没有争议,土地债务也以其名义金额包括利息与从给付,被置于根据《强制拍卖与强制管理法》第 74 条第 1 款第 1 句应制成的拟制的分配计划之中;联邦最高法院裁判,载《经济法杂志》,2004 年,第 874 页、第 875 页左栏、第 876 页有证明。

[64]《联邦最高法院民事裁判集》,第 108 卷,第 248 页;通说;参见施特贝尔第 114a 条,边码 2.7 有证明。

[65]《联邦最高法院民事裁判集》,第 117 卷,第 8 页、第 12 页(值得一读!);联邦最高法院裁判,载《德国司法辅助员》,2005 年,第 554 页、第 555 页右栏(拍定裁定仍然有效)。

被披露的被代理人,《强制拍卖与强制管理法》第 81 条第 3 款)[66]以拍定(《强制拍卖与强制管理法》第 81 条、第 82 条)。[67] 针对拍定的法律救济:《强制拍卖与强制管理法》第 96 条至第 104 条、《司法辅助员法》第 11 条第 1 款(立即抗告)。[68]

对拍定之权利的法律性质有争议。通说认为它是可扣押的、可出质的公法上的请求权。[69]

(二)拍定之抗告(Die Zuschlagsbeschwerde)

36.23 拍定的抗告(《强制拍卖与强制管理法》第 100 条)只能基于对《强制拍卖与强制管理法》第 81 条、第 83 条至第 85a 条的违反。[70] 根据普通法院(ordentliche Gerichte)的判例,(抗告程序中)不能考虑新的、拍卖法院所不知

---

[66]比较联邦最高法院裁判,载《企业顾问》,1954 年,第 977 页。在行使乡镇的先买权(《建筑法》第 24 条)时,授予先买权人以拍定,参见科布伦茨法院裁判,载《德国司法辅助员》,1982 年,第 155 页,附有迈耶 - 斯托特的评注。

[67]在整体出售情况下的拍定裁决,参见巴赫曼,载《德国司法辅助员》,1992 年,第 3 页;海德里希和巴赫曼,载《德国司法辅助员》,1993 年,第 11 页。

[68]债务人对拍定之拒绝没有抗告权;科隆法院裁判,载《德国司法辅助员》,1997 年,第 176 页。

[69]《联邦最高法院民事裁判集》,第 111 卷,第 14 页、第 16 页;施特贝尔,第 81 条,边码 3.3、边码 3.7,有证明;部分不同观点,参见艾克曼,第 16 节 Ⅱ,有进一步证明。关于就拍定的权利之扣押,参见边码 32.1。最高报价者用受让人的资金进行报价且后者接着立即获得拍定的情况下,拍定授予请求权的让与并不符合财产承担的构成要件(旧《德国民法典》第 419 条);《联邦最高法院民事裁判集》,第 111 卷,第 14 页、第 19 页以下。

[70]关于相对于无诉讼能力者的期间经过,参见哈姆法院裁判,载《德国司法辅助员》,1991 年,第 262 页,有迈耶 - 斯托特的评注。导致拍定被废止的程序瑕疵可以产生职务责任请求权;联邦最高法院裁判,载《新法学周刊裁判报告》,2002 年,第 307 ~ 308 页(违反《强制拍卖与强制管理法》第 43 条第 2 款传唤规定——不赔偿所失利润)。

道的事实，尤其不能以抗告主张新的停止事由（第765a条）。[71] 但只要强制拍卖程序的继续进行基于宪法原因而显得不适法，且因此拍卖法院必须延期宣布（vertagen）并鼓励提出执行保护申请（第139条、第765a条），那么违反《强制拍卖与强制管理法》第83条第6项可以作为抗告事由；这是联邦宪法法院判例的结果，但该判例在引入《强制拍卖与强制管理法》第85a条之后已丧失了现实性。[72] 针对驳回性的（zurückweisende）抗告裁决的法律抗告（Rechtsbeschwerde），只有在被准许（Zulassung）时才是允许的（第574条第1款第2项、《强制拍卖与强制管理法》第96条）。在侵害听审权（Gehörsverletzung）情况下，可以考虑提出听证之责问（第321a条），在抗告法院其他宪法性的程序瑕疵的情况下，类推第321a条，进行责问。[73] 最近，联邦最高法院肯定了在债务人无诉讼行为能力时针对拍定裁定提出无时间限制的无效抗告（Nichtigkeitsbeschwerde）的可能性（《强制拍卖与强制管理法》第83条第6项，第579条第1款第4项），由此以有问题的方式增加了法律之不确定性。[74] 如果有偏见的司法辅助员参与了拍定之裁定（Zuschlagsbeschluss），那么只有重大的违反才会使人有权提起基于《德国基本法》第101条第1款的

---

[71]比较《联邦最高法院民事裁判集》，第44卷，第138页、第143页；哈姆法院裁判，载《新法学周刊》，1976年，第1754页；科隆法院裁判，载《德国司法辅助员》，1992年，第491页；另参见艾克曼，第16节Ⅳ5，有进一步证明。

[72]比较《联邦宪法法院判例集》，第46卷，第325页、第335～336页；第49卷，第220页、第227～228页；参见边码34.40以下、边码35.21、边码36.16、边码36.20；如这里的，参见科布伦茨法院裁判，载《支付不能法杂志》，1982年，第690页、第692页。

[73]对于旧法，比较策勒法院裁判，载《经济法杂志》，1982年，第1007页；被抗告法院拒绝的拍卖记录之查阅；科布伦茨法院裁判，载《支付不能法杂志》，1982年，第690页：宪法层次的程序违反（在具体情况下被否定）。

[74]联邦最高法院裁判，载《新法学网上杂志》，2005年，第77页、第79页及以下；奥尔登堡法院裁判，载《新法学周刊裁判报告》，1991年，第61页、第62页左栏；不同观点，哈姆法院裁判，载《州高等法院民事裁判集》，1978年，第236页、第241页附有评注；吉尔贝格尔（Kirberger），载《德国司法辅助员》，1978年，第424页，以及莫尔布特尔，载《支付不能法杂志》，1978年，第116页；未决定的，参见联邦最高法院裁判，载《经济法杂志》，1981年，第209页。关于在《强制拍卖与强制管理法》第83条第6项框架内的利益衡量之必要性，参见联邦最高法院裁判，载《德国司法辅助员》，2004年，第368页。

宪法抗告。[75] 基于抗告的废止拍定会溯及既往地排除拍得人的所有权(边码 36.24),抗告不具有延缓的效果(keine aufschiebende Wirkung)。

三、拍定的效果

(一)拍得人取得所有权

36.24 拍定随着宣布(Verkündung)而发生效力(《强制拍卖与强制管理法》第 89 条)。[76] 它首先使拍得人成为土地以及拍卖所及的客体的所有权人(《强制拍卖与强制管理法》第 90 条第 2 款、第 55 条第 1 款、第 20 条第 2 款、第 21 条连同《德国民法典》第 1120 条以下),[77]而且不论债务人是否为所有权人,以及拍得人是否善意。[78]

根据通说,拍得人基于公法上的移转行为(Übertragungsakt)而取得所有权,[79]在土地登记簿上设权的(konstitutiv)登记不是必要的;拍得人原始取得。[80]

所有权取得也及于所谓“事实上的从物”(《强制拍卖与强制管理法》第

---

[75]巴伐利亚宪法法院裁判,载《新法学周刊》,1982 年,第 1746 页。

[76]有启发性的,科隆法院裁判,载《德国司法辅助员》,1982 年,第 113 页;向参与人送达以替代宣布,并无损害。

[77]详见边码 34.19 以下、边码 34.22(例子)、边码 34.26 以下。联邦财政法院裁判,载《新法学周刊》,1994 年,第 1176 页,处理强制拍卖中取得时的预先扣税。

[78]通说,施特贝尔,第 90 条,边码 2.1;另比较施泰纳/里德尔,第 90 条,评论 1;达斯勒/施夫豪尔,第 90 条,边码 1;为拍定而扣押的动产,边码 29.7 有例子。在内容上不允许的部分所有权(比如《住宅所有权与长期居住权法》第 5 条、第 7 条、第 8 条)也不能通过拍定而获得(哈姆法院裁判,载《州高等法院民事裁判集》,1977 年,第 264 页、第 278 页);比较同样的问题,参见边码 29.13(按照第 825 条强制转付)。

[79]《联邦最高法院民事裁判集》,第 112 卷,第 59 页、第 61 页,有很多证明;不同的,参见高尔,《阿伦斯纪念文集》,1993 年,第 89 页、第 119 页(私法上形成性的司法行为)。

[80]参见鲍尔/施蒂尔纳,《物权法》,第 19 节 A I 2(土地簿册系统),第 53 节(原始所有权取得形式)。

90 条第 2 款连同第 55 条第 2 款）以及从物上的所有权期待权（在从物是土地所有权人在所有权保留条件下购买的情况下，参见边码 34.21 及下一码）。火灾保险债权作为灭失的土地所有权之代位物，原则上移转给拍得人。[81]

（二）权利的消灭与拍卖所得上的代位物

拍定之后，根据拍定条件不应继续存在的权利，也即没有被纳入最低报价（保留价）之内并且不能由拍得人“承受”的权利，就消灭了（《强制拍卖与强制管理法》第 91 条第 1 款连同第 52 条）。[82] 对于因拍定而消灭的权利而言，替代被拍卖之客体的是拍卖所得（《强制拍卖与强制管理法》第 37 条第 5 项、第 92 条第 1 款：代位原则）。自拍定之后，拍得人享有用益并承担负担（《强制拍卖与强制管理法》第 56 条第 2 句）。[83] 36.25

《强制拍卖与强制管理法》第 92 条的含义是，不继续存在的权利在拍卖所得上继续存在。

例子：所有权让与之预告登记（在满足优先顺位的权利后拍卖所得有剩

---

[81] 比较联邦最高法院裁判，载《新法学周刊》，1971 年，第 1751 页；《联邦最高法院民事裁判集》，第 46 卷，第 221 页及以下；美因河畔法兰克福法院裁判，载《州高等法院民事裁判集》，1978 年，第 283 页（在拍卖期间提存保险金）；联邦最高法院裁判，载《支付不能法杂志》，1981 年，第 577 页（对此参见雷费勒，载《经济法杂志》，1981 年，第 823 页）；载《新法学周刊裁判报告》，1997 年，第 406 页（在被妨害的保险关系情况下，基于《强制拍卖与强制管理法》第 102 条第 1 款第 1 句的不动产担保物权人的请求权没有移转给拍得人，而是不受影响地继续存在）。另参见边码 34.21 及下一条。

[82] 有趣的是，联邦最高法院裁判，载《德国司法辅助员》，1991 年，第 329 页（未指明终老金权利继续存在时的职务责任）。公法上建筑负担继续存在，拍卖法院必须在拍卖条件中对此予以指明；萨克斯，载《新法学周刊》，1979 年，第 195 页、第 198 页（有争议）。

[83] 例子：联邦行政法院判例，载《德国司法辅助员》，1992 年，第 443 页（土地税）；联邦最高法院裁判，载《德国司法辅助员》，2000 年，第 78 页（不能适用于《住宅所有权与长期居住权法》中支付尚欠之费的义务）。

余;不能扣除执行债务人享有的、权利人应提供的对待给付!);[84]根据《德国民法典》第1179a条的涂销请求权(《强制拍卖与强制管理法》第91条第4款、第130a条);[85]作为消灭的所有权人土地债务的代位物的拍卖所得份额上的质权(根据第857条、第829条予以扣押);[86]在拍定住宅所有权人份额时分割到住宅所有权中的土地上的地役权(土地上的负担全部消灭?);[87]物权性居住权(连同"债法上"约定一起估价?);[88]在基于优先顺位的土地债务而拍卖地上权的情况下,担保地上权使用金的土地负担(Reallast)的消灭;[89]所有权人或者后顺位债权人的返还请求权以及在不再放贷的(nicht mehr valutierte)土地债务情况下的放弃请求权——在作为土地债务之代位物的拍卖所得上,请求权继续存在并在分配时予以考虑。[90]

36.26 在物权(土地债务、抵押权)继续存在的情况下,《强制拍卖与强制管理

---

[84]非常有争议!如这里《帝国法院民事裁判集》,第144卷,第281;达斯勒/施夫豪尔,第92条,边码27;不同观点,参见施特贝尔,第92条,边码7.3(差额理论);未决定的情况,参见杜塞尔多夫法院裁判,载《州高等法院报告》,2001年,第107页;另参见边码35.15(例子),有证明。

[85]对此参见莫尔布特尔,载《支付不能法杂志》,1978年,第17页;关于请求权人的拍卖所得份额,《联邦最高法院民事裁判集》,第25卷,第382页(旧法)。

[86]《联邦最高法院民事裁判集》,第58卷,第298页、第302页;另参见边码32.1以下。

[87]美因河畔法兰克福法院裁判,载《德国司法辅助员》,1979年,第149页;舒伯特/楚博(Schubert/Czub),载《经济法杂志》,1982年,第266页及以下。

[88]巴伐利亚州最高法院裁判,载《德国司法辅助员》,1983年,第81页。

[89]《联邦最高法院民事裁判集》,第81卷,第358页(没有类推《强制拍卖与强制管理法》第52条第2款);对此参见鲁兰(Ruhland)地方法院裁判,载《新法学周刊》,1983年,第96页;但参见旧地上权法第9条第3款以及旧《强制拍卖与强制管理法》第52条第2款第2句(约定的继续存在作为土地负担的内容);对此参见莫尔布特尔/莫尔布特尔,载《经济法杂志》,1995年,第806页及以下;克拉伊科斯基(Klawikowski),载《德国司法辅助员》,1995年,第145页;施特贝尔,第52条,边码6。

[90]联邦最高法院裁判,载《德国司法辅助员》,1978年,第363页;类似的,参见联邦最高法院裁判,载《经济法、银行法与证券通讯杂志》,1981年,第693页;对此参见雷费尔(Reafel),载《经济法杂志》,1981年,第824页;另参见施托尔茨,载《经济法杂志》,1980年,第506页、第508~509页;施特贝尔载《经济法杂志》,1980年,第833~834页;边码36.37以下、边码36.39。

法》第53条第1款规定了对人债务的命运。其目的：债务人应当在将来免于因对人债权而被请求（Inanspruchnahme）。拍得人“应当支付”，因为他由于物权的继续存在已经少支付了。如果债务人还必须清偿对人债权而使不动产担保物权消灭，拍得人就不当得利了（承受原则）。[91]

（三）不当得利法上之补偿（Bereicherungsausgleich）

根据《强制拍卖与强制管理法》第37条第4项、第110条，土地登记簿中看不到的也没有被申报的权利消灭时，不发生不当得利法上的补偿。[92] 相反，如果涉及的是根据《强制拍卖与强制管理法》第37条第5项的对抗（entgegenstehendes）程序的权利，而权利人错过了申报（在分配程序中也错过了！），那么权利人对使其受损（auf seine Kosten）受偿的参加人享有不当得利返还请求权（Bereicherungsanspruch）。[93] 虽然他丧失了权利（比如在属于他的从物上的所有权），但作为补偿，他享有不当得利返还请求权！ 36.27

例子：G1委派法院执行员GV通过动产强制执行方式扣押了农场主S的成熟的庄稼（第810条）。接着，G2强制拍卖了土地：G1必须根据《强制拍卖与强制管理法》第37条第4项申报其在土地登记簿中未体现的扣押质权（边码34.28），否则他就不可恢复地丧失了（《强制拍卖与强制管理法》第110条）其优先于G2的顺位（比较《强制拍卖与强制管理法》第10条第1款第4项、第5项）！

---

[91] 参见边码36.4的例子。其他例子：《联邦最高法院民事裁判集》，第71卷，第206页（在强制拍卖情况下债权人的终止权——相对于拍得人没有行使）；有趣的，参见联邦最高法院裁判，载《德国司法辅助员》，1996年，第520页（抵押权人取得土地，在继续存在的抵押权数额范围内基于混同而使被抵押权担保的债权消灭）；联邦最高法院裁判，载《德国司法辅助员》，2003年，第522页、第523页左栏，相反观点《联邦最高法院民事裁判集》，第56卷，第22页、第24～25页；第64卷，第170页、第172页（在对人债权被清偿时，债务人不享有针对拍得人的不当得利返还请求权）。

[92] 联邦最高法院裁判，载《德国法月刊》，1971年，第831页；《联邦最高法院民事裁判集》，第21卷，第30页、第34页；边码34.28、边码36.43。

[93] 《帝国法院民事裁判集》，第76卷，第212页；第88卷，第351页、第355页；参见边码29.18（动产执行）、边码34.22（例子）、边码46.26（与第三人异议之诉的关系）。

(四)依约定的权利之续存

36.28 权利人与拍得人之间可以约定原本依据法律应消灭的权利继续存在(《强制拍卖与强制管理法》第91条第2款、第3款);与此严格区分的是,本来要消灭的权利(《强制拍卖与强制管理法》第52条第1款)根据变更的拍卖条件(边码36.11及以下)继续存在的情况。如果权利人与拍得人是同一个人,那么拍得人的单方表示即为已足。[94] 该继续存在改变了现金报价,并如同权利人受偿一样,发生有利于债务人的效力(《强制拍卖与强制管理法》第91条第3款)。拍得人在不动产担保物权情况下是否一并承担对人债务,是一个事实问题,《强制拍卖与强制管理法》第53条(边码36.3及以下)并不适用。在权利人与拍得人是同一个人的情况下,拍得人对于对人债务人享有不当得利返还请求权。[95] 相反,在没有发放之贷款的土地债务本来要消灭(《强制拍卖与强制管理法》第91条第1款)并完全无法受偿,但基于拍得人与土地债务权利人的约定而继续存在的情况下,原所有权人对土地债务权利人不享有不当得利返还请求权。[96]

36.29 例子:E为了担保S所欠200000欧元贷款债权,在其土地上为G设定了一个土地债务。在S已经偿还一半债务之时,他陷入了财政困难;G对E进行了强制拍卖。G可以从拍卖中获得150000欧元的补偿,但他与拍得人约定土地债务完全地继续存在,这样拍得人仅现金支付法院费用即可(《强制拍卖与强制管理法》第91条第3款第1句)。但根据通说,G被视为在200000欧元的数额上获得清偿(《强制拍卖与强制管理法》第91条第3款第

---

[94]联邦最高法院裁判,载《新法学周刊》,1976年,第805~806页;联邦最高法院裁判,载《支付不能法杂志》,1981年,第413页、第414页以下,载《经济法杂志》,1981年,第161页。

[95]联邦最高法院裁判,载《新法学周刊》,1981年,第1601页。对此参见雷费勒,载《经济法杂志》,1981年,第823页。

[96]杜塞尔多夫法院裁判,载《州高等法院民事裁判集》,1978年,第325页。

2 句)。[97] 也就是说,G 总共要比其在与 S 的关系上所应得的多获得 100000 欧元。有疑问的是,E 是否可以要求让与继续存在的、对 S 的 100000 欧元的对人债权?[98] 以及 E 基于担保约定可以向 G 要求返还或偿还 50000 欧元(实际的补偿),还是 100000 欧元(继续存在的价值)? 笔者认为后者不恰当。[99]

(五)基于拍定裁定的腾房执行与原物返还执行

基于拍定之裁定,可以对土地占有人或共同被拍卖之物的占有人进行腾房与返还原物[100]的执行(《强制拍卖与强制管理法》第 93 条第 1 款)。[101] 36.30

原所有权人不可以根据第 721 条主张腾房之保护,但可以基于第 765a 条主张腾房之保护。[102] 拍定之裁定是针对任何占有人的执行名义,[103]但执行文句(Vollstreckungsklausel)必须改写为针对占有人。现在,联邦宪法法院将其在租赁房腾房情况下保护无救助的、患病的或有自杀危险的人的判例扩张到了不动产强制执行(Immobiliarvollstreckung)上;[104]在适用第 765a 条时要考虑该判例。在这里以及其他地方,宪法法院所作的修正隐藏着一个危险,即

---

[97]《帝国法院民事裁判集》,第 156 卷,第 271 页、第 276 页;联邦最高法院裁判,载《支付不能法杂志》,1981 年,第 413 页,载《经济法杂志》,1981 年,第 161 页;穆特,载《德国司法辅助员》,1990 年,第 2 ~ 3 页,有进一步证明。

[98]比较鲍尔/施蒂尔纳,《物权法》,第 45 节 IV 3 有证明;E 的自愿给付应与这里的事实等量齐观。

[99]对于全部问题的讨论,穆特,载《德国司法辅助员》,1990 年,第 2 页及以下,有证明与计算例子。

[100]比较边码 39.9 以下。

[101]也针对配偶的债务人;通说;奥尔登堡州法院裁判,载《德国司法辅助员》,1991 年,第 29 页。

[102]慕尼黑法院裁判,载《州高等法院民事裁判集》,1969 年,第 43 页。

[103]比较《帝国法院民事裁判集》,第 116 卷,第 363 ~ 364 页。关于执行就共有份额作出的拍定裁定,艾克曼,载《德国法院执行员报》,1979 年,第 177 页。

[104]联邦宪法法院裁判,载《新法学周刊》,1994 年,第 1272 页、第 1719 页(自杀风险);边码 34.42。

各审级法院(Instanzgerichte)会作出过分的“结果为导向的裁决”(Folgeentscheidungen)。[105]

(六)承租人的法律地位

36.31 在拍定后承租人甚或用益承租人的法律地位仍然要适用出租人出让情况下的第566条以下的规则(《强制拍卖与强制管理法》第57条);但《强制拍卖与强制管理法》第57a条以下含有几处特别规则。

对法定终止条文(Kündigungsvorschriften)的援引(《强制拍卖与强制管理法》第57条第1句)也适用于《德国民法典》第549条第2款、第3款,第573条以下,第574条以下和第577a条,[106]这明显限制了拍得人的终止可能性;[107]终止必须在第一个可能的期日进行(《强制拍卖与强制管理法》第57a条第2句)。[108] 拍卖程序中债务人与拍得人串通,且该拍卖程序只应给予一个终止机会的情况下,终止是违反《德国民法典》第242条的。[109] 在租金预先支付的情况下,适用根据《德国民法典》第547条的偿还义务(《强制拍卖与强制管理法》第57条,《德国民法典》第566条、第578条)。[110] 在建筑费用补贴(Baukostenzuschüsse)意义上的租金预先支付情况下,《强制拍卖与强制管理

[105]对于法院命令强制迁出的问题,参见不来梅法院裁判,载《德国司法辅助员》,1994年,第77页以及边码8.21。

[106]比较旧法,参见巴伐利亚州最高法院裁判,载《德国司法辅助员》,1992年,第531页。

[107]《联邦最高法院民事裁判集》,第84卷,第90页、第100页以下;对此参见《法学教育》,1982年,第777页。

[108]对此参见联邦最高法院裁判,载《新法学周刊裁判报告》,1996年,第144页(具体最终期日的描述是不必要的);《德国司法辅助员》,2002年,第133页、第134页右栏(只有在拍得人知道用益租合同的情况下才罹于时效)。

[109]联邦最高法院裁判,载《德国司法辅助员》,1978年,第304页。

[110]例子:联邦最高法院裁判,载《新法学周刊》,1970年,第93页。有疑问的,参见联邦最高法院裁判,载《新法学周刊》,1982年,第221页;旧《德国民法典》第557a条(现在是第547条)不适用于养老院合同框架内的预先支付。

法》第 57c 条限制了拍得人的终止权,使得创造物之价值的人可以通过居住而享受这部分价值。[111]

有关取得(Erwerb)的更为详细的条件规定在《强制拍卖与强制管理法》第 56 条:没有瑕疵担保,随着拍定移转风险;用益与负担同样随着拍定移转。[112]

第三部分　拍卖所得的分配

在授予拍定后,即应确定分配拍卖所得的期日(《强制拍卖与强制管理法》第 105 条)。在该分配期日,首先确定"分配财产集合"*(Teilungsmasse)(《强制拍卖与强制管理法》第 107 条第 1 款)。 36.32

一、分配财产集合的确定

分配财产集合包括现金报价加上自拍定时起的利息,[113]另外还有根据《强制拍卖与强制管理法》第 65 条特别地拍卖或变价客体所得之收益。与分配财产集合不同的是债务集合(Schulden- 36.33

---

[111]仍然通过《德国民法典》第 547 条终止租赁合同时的清算,以及根据 1961 年 7 月 21 日法律(《联邦法律公报》,第 1 卷,第 1041 页)第 4 条丧失补助金时的清算。

[112]例子:科隆法院裁判,载《德国司法辅助员》,1979 年,第 32 页(自拍定时起的租金);吕讷堡行政法院裁判,载《支付不能法杂志》,1982 年,第 147 页(自拍定起的公法负担,对于尚欠款项没有责任);联邦宪法法院裁判,载《德国司法辅助员》,1992 年,第 443 页(土地税)。

* 所谓"分配财产集合"即用于分配的财产集合。——译者注

[113]有意思的情况,参见柏林州法院裁判,载《德国司法辅助员》,1978 年,第 33 页;在分配期日前,债权人法庭外清偿情况下,拍得人的利息义务不消灭(《强制拍卖与强制管理法》第 49 条第 2 款);参见边码36.11。

masse);后者是指那些附有从土地中受偿之权利的请求权。[114]

实践中,法院通常在特别的分配计划阶段确定分配财产集合;只要参与人的权利得到保障,对此即不能提出异议。[115] 不属于分配财产集合的是从并行的强制管理中收益以及继续存在的权利的资本金额(Kapitalbeträge)和利息(边码 36.28 及下一码)。[116] 如果分配财产集合的确定不正确,那么可以提起立即抗告进行撤销(第 793 条;《司法辅助员法》第 11 条第 1 款)。

二、分配计划

36.34 在确定分配财产集合以及出席的当事人听证之后,执行法院制定分配计划(《强制拍卖与强制管理法》第 113 条第 1 款)。[117]

(一)法律性质

36.35 分配计划是拍卖所得分配的程序基础。错误地(不)顾及个别参与人时,不会改变实体法状况[118]——例外:《强制拍卖与强制管理法》第 110 条;[119]在参与人对拍卖所得之分配另有约定时,分配计划就不必要了(《强制拍卖与强制管理法》第 143 条)。该分配计划赋予有权被考虑的人以支付请求权,该权利原则上不会被

---

[114]在土地债务利息没有与之对应的债权人的对人债权的情况下,土地债务利息也属于这类;在分配时,要考虑继续存在于拍卖所得上的所有权人的债法上返还请求权(参见联邦最高法院裁判,载《德国司法辅助员》,1981 年,第 292 页;雷费勒,载《经济法杂志》,1981 年,第 822 页;另参见 36.25 末尾)。只有后顺位债权人们扣押或受让了返还请求权,他们才肯定可以攫取清偿土地债务后剩余的"拍卖所得"。

[115]参见艾克曼,第 20 节Ⅲ 1。

[116]施特贝尔,第 107 条,边码 2.3 以下;艾克曼,第 20 节Ⅲ 2 e。

[117]有争议的是,分配计划是否必须送达给参与人。对此恰当的观点,参见哈姆法院裁判,载《德国司法辅助员》,1985 年,第 453 页;另外参见艾克曼,第 20 节Ⅱ 2;斯图加特法院裁判,载《德国司法辅助员》,2000 年,第 226 页;施特贝尔,第 113 条,边码 3.1。

[118]联邦最高法院裁判,载《新法学周刊裁判报告》,1987 年,第 890 页、第 891 页有证明;艾克曼,第 20 节Ⅱ 1。

[119]施特贝尔,第 107 条,边码 2.6;艾克曼,第 20 节Ⅳ 1 b;参见边码 36.27(例子)。

嗣后发生的事件所影响。[120] 所以,分配计划是一项组织分配拍卖所得的程序法制度,根据通说,在因程序违反而可撤销这一方面,等同于法庭的裁决,可以通过立即抗告进行对抗(angreifbar),[121]但(分配计划)本身并不授予执行名义(与《支付不能法》第201条、第257条不同)。分配计划是具体化了权利人根据《强制拍卖与强制管理法》第132条、第118条基于拍定裁定而获得的针对拍得人的执行名义——也就是说,在此方面发挥从属性的辅助功能(untergeordnete dienende Funktion)。

(二)分配计划的内容

分配计划中(《强制拍卖与强制管理法》第113条第1款)要包含的是:分配财产集合(《强制拍卖与强制管理法》第107条)、继续存在之权利的确定(《强制拍卖与强制管理法》第113条第2款)、债务集合、将分配财产集合分配到债务集合上。 36.36

1. 应被考虑的权利

对于程序费用(《强制拍卖与强制管理法》第109条第1款),要依职权先行支付,之后是在土地簿中可见的所有资本请求权(《强制拍卖与强制管理法》第114条第1款)以及持续反复产生(laufenden wiederkehrenden)的给付(《强制拍卖与强制管理法》第114条第2款、第13条第1款)。基于申报而考虑的:第一至第三顺位的请求权,根据《强制拍卖与强制管理法》第10条第2款因法律追索而产生的费用、赊欠的反复产生的给付(比较《强制拍卖与强制管理法》第45条第2款)以及基于已消灭的非资本权利的价值赔偿请求权(《强制拍卖与强制管理法》第92条),另外还有所有在拍卖标记登记时土地簿中看不到的权利(《强制拍卖与强制管理法》第37条第4项、第110条、第114条第1款第1句)以及第五顺位的请求权(但参见《强制拍卖与强 36.37

[120]《联邦最高法院民事裁判集》,第113卷,第169页。

[121]仅参见施特贝尔,第113条,边码6.3有证明;艾克曼,第20节Ⅱ 3;参见边码36.40。

制管理法》第114条第1款第2句);为最低报价(保留价)而申报也是应被考虑的。申报人有权通过所谓的“少报”(Minderanmeldung)对——即便在土地簿中可见的——反复产生的给付是否被考虑作出处分,[122]但不能处分资本金额(论据,《强制拍卖与强制管理法》第45条第1款)。各个权利被满足的顺序根据《强制拍卖与强制管理法》第10条至第12条确定。也就是说,原则上根据实体法顺位(边码34.37以下)。

2. 对担保性土地债务的考虑

36.38 在担保性土地债务(Sicherungsgrundschuld)所担保的贷款没有完全放出的情况下,将其纳入分配计划中会产生实践上的重要问题。土地债务权利人首先可以不受限制地收取绝对地(dinglich)属于他的利息[123]以及担保资本的表面价值(Nennbtrag des Pfandkapitals),而不会受到债法上担保约定[124]或者后顺位债权人涂销请求权(《德国民法典》第1179a条)[125]的对抗;但在与债务人甚或所有权人的关系上,只要拍卖所得份额超出被担保的对人债权,通常就会存在基于担保约定的补偿义务。因为在不动产担保人(Grundpfandschuldner)与债务人(persönlich Verpflichtetem)不是一个人的情况下,或者在返还请求权被让与的情况下,确定请求权人常常是很困难的,故此有疑问的是,不动产担保物权人是否必须用尽全部物权责任范围,[126]即他可以有限制地主张利息与本金吗?

36.39 例子:S通过第一顺位土地债务以相应的数额担保欠G1的贷款债

---

[122]通说:施特贝尔,第114条,边码2.7以及第45条,边码7.1;达斯勒/施夫豪尔,第45条,边码7;艾克曼,第20节Ⅳ 2 b。

[123]联邦最高法院裁判,载《新法学周刊》,1981年,第1505页;施特贝尔,第114条,边码7.6(e)有证明;艾克曼,第20节Ⅴ 2 b;通说;不同观点,参见慕尼黑法院裁判,载《经济法杂志》,1980年,第974页;福尔克默,载《新法学周刊》,1980年,第1053页。

[124]仅参见施特贝尔,第114条,边码7.6。

[125]联邦最高法院裁判,载《德国司法辅助员》,1991年,第381页,转引自《联邦最高法院民事裁判集》,第108卷,第237页、第244页以下。

[126]对此参见艾克曼,第20节Ⅴ 2 c。

务(200000 欧元);G2 在其后享有 50000 欧元的土地债务。对 G1 的返还请求权(Rückgewähranspruch),S 预先为了担保而让与给了 Z。在偿还了 G1 一半贷款时,S 陷入了财政危机;G1 进行强制拍卖。如果 G1 不知道返还请求权被让与,或者在让与的效力方面存有怀疑,他可能有意于不完全用尽自己的物权地位,以使错误给付的风险降到最低。根据通说,G1 通过减少申报只能限制所主张的利息(边码 36.37),[127]相反,对于本金数额(Kapitalbetrag),他必须在实体法上进行限制,合目的性地通过部分放弃(Teilverzicht)。如此一来,S——没有利息地(《德国民法典》第 1178 条第 1 款、第 1192 条第 2 款)——取得所有权人土地债务(《德国民法典》第 1168 条第 1 款),该所有权人土地债务受制于 G2 的法定涂销权(《德国民法典》第 1179a 条;但参见《强制拍卖与强制管理法》第 130 条)。[128] 如果相反,G1 没有部分放弃而是没有限制地将土地债务作为强制拍卖的基础,那么 Z 就有返还超额的拍卖所得的请求权,[129]只要他也受让了该请求权,——G2 在此范围内不受担保。[130] 既不能基于 G1 与 S 之间的担保约定,也不能基于《德国民法典》第 826 条的规定得出,G1 负有义务,通过无限制主张土地债务去保护 Z 的利益。[131] 如果在分配时,返还请求权为其享有人所主张,那么就要考虑该享有人(另参见边码 36.40)。

(三)针对分配计划的法律救济

在违反程序规定时,针对分配计划的法律救济是立即抗告[132] 36.40
(第 793 条;《司法辅助员法》第 11 条第 1 款)。在实体法上违反

[127]对此参见艾克曼,第 20 节 V 2 c,有证明。

[128]参见鲍尔/施蒂尔纳,《物权法》,第 46 节Ⅳ 2,有证明。

[129]典型案例:联邦最高法院裁判,载《德国司法辅助员》,1991 年,第 3821 页左栏;2002 年,第 273 页、第 274 页右栏。

[130]对此参见鲍尔/施蒂尔纳,《物权法》,第 46 节Ⅳ 4a,有例子与证明。

[131]不同观点参见艾克曼,第 20 节 V 2 c,有证明,对于争议状况;另参见联邦最高法院裁判,载《德国司法辅助员》,1993 年,第 415 页(在返还请求权受阻后没有不当得利法上之补偿)。

[132]杜塞尔多夫法院裁判,载《德国司法辅助员》,1995 年,第 265 页;科布伦茨法院裁判,载《州高等法院报告》,1997 年,第 278 页;斯图加特法院裁判,载《德国司法辅助员》,2000 年,第 226 页。

责问情况下,是异议(《强制拍卖与强制管理法》第115条第1款连同第876条至第882条;边码33.5及下一条)。[133] 只要最初正当地分配给债权人,基于嗣后事件的异议就不会成功。[134] 但如果债务人反对债权人可执行的请求权,那么对该债权人提起执行对抗之诉(Vollstreckungsgegenklage)才是正确的法律救济措施(《强制拍卖与强制管理法》第115条第3款、第767条)。[135]

(四)计划的实施

36.41 只要拍卖所得以金钱形式存在,那么,一旦分配计划发生法律效力,即通过向权利人支付而实施该分配计划(《强制拍卖与强制管理法》第117条第1款)。[136]

决定性的不是《强制拍卖与强制管理法》第9条的参与人的地位,而是拍定时点的实体法权利;[137]适用《德国民法典》第891条的推定规则。根据通

---

[133] 例子:联邦最高法院裁判,载《德国司法辅助员》,1978年,第363页;载《经济法、银行法与证券通讯杂志》,1981年,第693页(对此参见雷费勒,载《经济法杂志》,1981年,第824页);《德国司法辅助员》,1991年,第382页,以及2002年,第273页(因在支付不能撤销之后未考虑价值补偿请求权而提起的异议之诉)。对于法律救济问题,参见西弗斯(Sievers),载《德国司法辅助员》,1989年,第53页以下,有证明(旧法)。

[134] 《联邦最高法院民事裁判集》,第113卷,第169页、第176~177页;参见边码36.35有证明。

[135] 就整体而言,参见艾克曼,第20节Ⅱ 3,4。比较特别情况,参见《联邦最高法院民事裁判集》,第77卷,第107页:如果拍得人在法庭外偿付了有争议的、可执行的请求权,那么执行对抗之诉可针对应少支付的拍得人提起;如果拍得人败诉,那么他必须从债权人处根据《德国民法典》第812条以下获得补偿;对此参见雷费勒,载《经济法杂志》,1981年,第824~825页。

[136] 非常有争议!如这里,参见艾克曼,第20节Ⅶ 1 a;西弗斯,载《德国司法辅助员》,1989年,第53页;不同观点,参见德里施勒,载《德国司法辅助员》,1989年,第359页;佩尔格(Perger),载《德国司法辅助员》,1991年,第45页。

[137] 通说:《帝国法院民事裁判集》,第73卷,第298页、第300页;施特贝尔,第117条,边码2.3;达斯勒/施夫豪尔,第117条,边码3;艾克曼,第20节Ⅰ2 b。不同观点,参见施夫豪尔,载《德国司法辅助员》,1975年,第187页、第93页,对于主观物权:分配期日时点。

说，自己享有收取权的拍得人可以在其拍卖所得请求权（Erlösanspruch）的数额上表示受到清偿（所谓的受偿之表示）。[138] 若有对分配计划的异议悬而未决（《强制拍卖与强制管理法》第124条第2款、第120条第1款第1句），或者请求权附停止条件（《强制拍卖与强制管理法》第120条第1款第1句），或者无法支付（《强制拍卖与强制管理法》第117条第2款第3句），或者不知道权利人是谁（《强制拍卖与强制管理法》第126条第2款第1句），就要全部或部分地提存拍卖所得。另外，在停止强制执行，或者在担保性执行（Sicherungsvollstreckung）的情况下，以及在《德国民法典》第372条的前提下（受领迟延或不知道实体权利人），也要提存以补偿《强制拍卖与强制管理法》第92条第2款的定期金（《强制拍卖与强制管理法》第121条第2款、第120条第1款第1句）。[139]

需要指明的还有《强制拍卖与强制管理法》第118条，据此——在现金报价没有被支付的情况下——通过将对拍得人的债权移转给权利人的方式，实施分配计划；通过登记土地上的担保性抵押权（Sicherungshypothek）进行担保（《强制拍卖与强制管理法》第128条）。[140] 36.42

例子：[141]为了担保贷款债务，S在其土地上为G设定了一个第一顺位的土地债务，该土地债务所担保的贷款已完全发放。G进行强制拍卖。如果最高报价的拍得人X违反拍卖条件没有支付现金报价，G受让针对X的债权（《强制拍卖与强制管理法》第118条第1款第1句）并通过登记第一顺位的担保性抵押权被担保（《强制拍卖与强制管理法》第128条第1款）。G基于对人执行名义扣押了债务人S对第三债务人DS的债权；S提起执行对抗之

[138]具体有很多争议；比较艾克曼，第20节Ⅲ 2 b；施特贝尔，第117条，边码5都有证明。

[139]就整体而言，参见艾克曼，第20节Ⅶ 2。

[140]例子：联邦最高法院裁判，载《新法学周刊》，1976年，第805页（相对于根据《强制拍卖与强制管理法》第91条第2款的权利的担保性抵押权的顺位）；联邦最高法院裁判，载《经济法杂志》，1983年，第280页（不利于其他连带债务人的根据《强制拍卖与强制管理法》第118条第2款第2句的债权人的抛弃）。对于所谓的基于拍定裁定再次拍卖，参见霍农，载《德国司法辅助员》，1994年，第9页；施夫豪尔、霍农，载《德国司法辅助员》，1994年，第402页。

[141]根据的是《联邦最高法院民事裁判集》，第99卷，第292页。

诉(《德国民事诉讼法》第767条),理由是G依据《强制拍卖与强制管理法》第118条第2款第1句已经受偿。根据通说,S的执行对抗之诉不会成功,因为对于从土地中受偿的物上请求权而言,(对拍得人之债权)的移转仅具有为了清偿而让与(Abtretung erfüllungshalber)的效果,因此无论如何直到G实际从土地中受偿前,被担保的债权都会继续存在。[142]

权利人可以基于拍定裁定,以一个与分配计划相应的条款(dem Teilungsplan entsprechenden Klausel)对拍得人进行执行(《强制拍卖与强制管理法》第132条);拍得人可以提起执行对抗之诉,[143]如他主张相关债权人不当得利。[144]

(五)计划实施之后不当得利法上之补偿

36.43 在分配计划不符合实体法上顺位的情况下,即便受损害的债权人(之前)没有对分配提出异议,他也可以要求不当得利法上之补偿(《强制拍卖与强制管理法》第115条第1款、第878条第2款;边码33.8、边码36.35以下);[145]与根据《强制拍卖与强制管理法》第37条第4项、第110条的顺位丧失的情况不同(边码36.27),但是在拍得人因为错误计算现金报价而多支付的情况下,不能赋予拍得人以针对最后顺位受偿债权人的不当得利返还请求权。[146]

---

[142]《联邦最高法院民事裁判集》,第99卷,第292页、第295页以下。

[143]有趣的,参见联邦最高法院裁判,载《新法学周刊》,1961年,第1116页;根据《强制拍卖与强制管理法》第132条,因存在潜在的防御之诉,故尽管有执行名义,仍得提起给付之诉。

[144]例子:石勒苏益格法院裁判,载《经济法杂志》,1982年,第160页及以下;参见边码36.43。

[145]例子:《联邦最高法院民事裁判集》,第4卷,第84页、第87页;第35卷,第267页、第272页;另参见联邦最高法院裁判,载《新法学周刊》2001年,第2477页。

[146]《联邦最高法院民事裁判集》,第68卷,第276页。

第三十七章　强制管理

文献指引：德里施勒：《强制执行中的顺位问题》，载《德国司法辅助员》，1957年，第212页；班克（Bank）：《强制管理与到期的租赁合同》，载《法学工作报》，1982年，第1128页；莫尔布特：《破产与强制管理》，载《支付不能法杂志》，第56卷，第107页；莫尔布特：《强制管理人的责任：嬗变中的法律》，载《卡尔·海曼（Carl Heymanns）出版社150年纪念文集》《柏林高等法院》，1966年，第159页；莫尔布特：《强制管理人的责任》，载《经济法杂志》，1980年，第169页；莫尔布特：《调整强制管理人责任法以适应破产法的发展》，载《支付不能法杂志》，第88卷，第465页；弗罗贝尔（Wrobel）：《〈强制管理人条例〉以及〈强制拍卖与强制管理法〉第152a条的宪法问题》；德里舍：《〈强制拍卖法〉新判例》，载《支付不能法杂志》，第84卷，第579页；韦滕布鲁赫：《执行法院在确定管理人报酬时受〈强制管理人条例〉的约束》，载《支付不能法杂志》，第93卷，第611页；韦伯/劳舍尔（Weber/Rauscher）：《强制管理人在所有权人破产时转让从物的权利》，载《法学家杂志》，1989年，第228页；泽尔纳（Söllner）：《介于承揽人与执行机构之间的依据〈强制拍卖与强制管理法〉的强制管理人》，埃朗根/纽伦堡博士论文，1990年；勒德（Rödder）：《营业税与强制管理》，载《德国司法辅助员》，1990年，第6页；西弗斯（Sievers）：《共有权人是否能成为〈强制拍卖与强制管理法〉程序的参与人?》，载《司法辅助员》，1990年，第335页；弗罗贝尔：《强制管理人的诉讼实施职能》,1993 年(评论参见瓦尔克,载《民事诉讼法杂志》,第 108 卷,1995 年,第 141 页);迈尔:《在拍定与废止期间的强制管理》,载《德国司法辅助员》,1994 年,第 101 页;弗罗贝尔:《通过强制管理人实施诉讼的范围与界限》,载《支付不能法杂志》,1995 年,第 19 页;也可参见《土地的强制管理,联邦财政局 1992.6.8 文件 – IV A 3 – S.7340 – 63/92》,(《支付不能法杂志》,1992 年,第 379 页);哈尔迈尔/伍茨克/弗尔斯特/辛曾(Haarmeyer/Wutzke/Förster/Hintzen):《强制管理》,2004 年第 3 版。

参见概览表十四。

一、目的

37.1 强制管理的目的是用土地的、土地共有份额的或者类似土地的权利的收益满足债权人。

为了保障债权人获得土地的收益,强制管理常常会与强制拍卖一起被申请;单独强制管理主要发生在农业企业与租赁房屋群(Miethauskomplex)的情况下。强制管理人是依职权的当事人(Partei kraft Amts),类似于支付不能管理人(不同观点认为他是财产照管人;另参见边码 37.4)。

对于强制管理,适用强制拍卖法,但也具有若干基于强制管理目的而产生的特点(《强制拍卖与强制管理法》第 146 条)。在此,《强制拍卖与强制管理法》——一如既往地——被看作《德国民事诉讼法》的一部分。①

二、准许之前提(Zulässigkeitsvoraussetzungen)

对于强制管理,适用跟强制拍卖一样的准许前提(参见边码

①《联邦最高法院民事裁判集》,第 151 卷,第 384 页、第 386 页,有证明;美因河畔法兰克福法院裁判,载《德国司法辅助员》,1977 年,第 60 页;1983 年,第 36 页;科布伦茨法院裁判,载《德国司法辅助员》,1992 年,第 169 页;另参见边码 2.25、边码 34.3。

35.5 以下)。强制管理以债务人对土地直接(《强制拍卖与强制管理法》第 147 条第 1 款)或间接(《强制拍卖与强制管理法》第 152 条第 2 款)自主占有为前提。如果强制管理干涉不愿返还的第三人的占有,则是不准许的。②

无意义的动产扣押之禁止(《德国民事诉讼法》第 830 条第 2 款)不准用于强制管理。③ 如果对债务人财产开启了支付不能程序,即不允许依对人债权人的申请而命令强制管理(《支付不能法》第 89 条第 1 款);但是相反,不动产担保物权人作为别除权人——有时在针对支付不能管理人改写名义之后(《德国民事诉讼法》第 727 条第 1 款)——仍可以申请强制管理(《支付不能法》第 49 条)。④ 在命令强制管理之后支付不能程序开启的,原则上不会影响强制管理程序(《支付不能法》第 80 条第 2 款第 2 句),⑤但在依对人债权人申请的强制管理的情况下,只在根据《支付不能法》第 88 条回溯屏蔽(Rückschlagsperre)的界限内不受影响。在且仅在通过强制管理可以保障债务人财产具有经济上有意义的用益时,才能基于支付不能管理人的申请全部或部分地暂时停止强制管理,同时对因此造成的不利益进行补偿(《强制拍卖与强制管理法》第 153b 条、第 153c 条)。⑥

---

②联邦最高法院裁判,载《新法学周刊》,1986 年,第 2438 页。不受限制之强制管理命令要以一个针对后顺位用益物权人的容忍之名义为前提。参见联邦最高法院裁判,载《德国司法辅助员》,2003 年,第 378 ~ 379 页,有证明。

③《联邦最高法院民事裁判集》,第 151 卷,第 384 页、第 386 页,有进一步证明;另参见边码 6.67、边码 7.15、边码 27.5、边码 34.3、边码 34.44。

④具体参见乌伦布鲁克,第 49 条,边码 25 及以下。

⑤例子:布伦瑞克法院裁判,载《德国司法辅助员》,2001 年,第 254 页(因有瑕疵地送达命令之裁定导致强制管理没有优先顺位)。

⑥参见瓦伦德(Valender),载《德国司法辅助员》,1997 年,第 353 页;容曼(Jungmann),载《新支付不能法与重整法杂志》,1999 年,第 352 页;哈尔迈尔/伍茨克/弗尔斯特/辛曾(Haarmeyer/Wutzke/Förster/Hintzen),《强制拍卖与强制执行法》第 153b 条,边码 3 及以下。

三、不动产扣押的申请、命令与范围

37.2 强制管理也是仅依申请进行。应通过执行法院的裁定命令强制管理(《强制拍卖与强制管理法》第 15 条、第 146 条)。[⑦]

强制管理的命令具有不动产扣押的效果。[⑧] 比强制拍卖包含更广,这里的不动产扣押也包括已分离的农地或林地出产物及其保险债权、租金与用益租金[⑨]以及基于一个与土地所有权关联的权利的反复给付(wiederkehrende Leistungen)请求权(《强制拍卖与强制管理法》第 148 条第 1 款,边码 34.21、边码 34.24)。债务人将丧失对土地的管理与使用(《强制拍卖与强制管理法》第 148 条第 2 款)。

与强制拍卖一样,强制管理也及于不属于债务人但根据《强制拍卖与强制管理法》第 146 条第 1 款、第 20 条第 2 款,《德国民法典》第 1120 条、第 1121 条第 1 款被扣押的从物。[⑩] 债务人事先

---

⑦随着命令裁定之生效,替代自己资本的交付使用(Gebrauchsüberlassung)的效果即为结束,这样一来,强制管理人根据《德国民法典》第 1124 条第 2 款享有租金债权或用益租金债权:参见《联邦最高法院民事裁判集》,第 140 卷,第 147 页、第 155 页;联邦最高法院裁判,载《新法学周刊裁判报告》,2002 年,第 925 页、第 926 页左栏。

⑧命令之裁定同时也是针对债务人的腾房执行的执行名义(例子:科布伦茨法院裁判,载《支付不能法杂志》,2002 年,第 947 页)以及就共担责任之物的返还原物执行的执行名义(论据:《强制拍卖与强制管理法》第 150 条第 2 款;比较边码 8.21、边码 36.30、边码 39.9)。相反,取走证书与材料需要辅助扣押(边码 30.24),根据的是作为强制管理之基础的名义;很有争议。不同观点,参见慕尼黑法院裁判,载《德国司法辅助员》,2002 年,第 373 页(扣押之命令足够了);还有不同的,参见施特贝尔,第 150 条,边码 3.9(根据《德国民事诉讼法》第 833 条返还原物之诉与原物返还执行)。

⑨包括不超过 1 年的到期之未付款(《德国民法典》第 1123 条第 2 款第 1 句,《强制拍卖与强制管理法》第 148 条第 1 款、第 20 条第 2 款);比较联邦最高法院裁判,载《新法学周刊》,2003 年,第 2320 页、第 2321 页右栏(租赁从属费用)。在主租赁合同无效情况下,基于转租的债权也被包含在内:参见联邦最高法院裁判,载《德国司法辅助员》,2005 年,第 323 ~ 324 页。

⑩联邦最高法院裁判,载《新法学周刊》,1986 年,第 59 页;另参见 34.21。

处分的效力完全根据《德国民法典》第 1124 条、第 1125 条确定。⑪

例子:被扣押土地被出租了;承租人以租赁押金返还请求权与强制管理人主张的租金债权进行抵销。管理人不可以主张出租人没有将押金交给他,因为《强制拍卖与强制管理法》第 152 条第 2 款也包括押金约定。⑫ 但是对于以返还请求权抵销,强制管理人可以根据《德国民法典》第 1125 条、第 1124 条第 2 款连同《强制拍卖与强制管理法》第 148 条第 1 款、第 20 条第 2 款以及《德国民法典》第 392 条,《强制拍卖与强制管理法》第 148 条第 1 款、第 20 条第 2 款,《德国民法典》第 1123 条受到保护。一方面,抵销所涉及的租金债权是出租人不能再为处分的,因为是扣押当月之后的租金债权;另一方面,返还请求权在扣押后且迟于租金债权到期。⑬

被扣押土地的用益租赁人陷入支付不能,支付不能管理人终止用益租赁合同,这样一来,用益出租人的损害赔偿债权即产生了(《支付不能法》第 109 条第 1 款第 3 句;第 2 卷,边码 9.62)。只要损害赔偿请求权是扣押时已经产生的用益租金债权的替代物,扣押的效力就及于损害赔偿债权(《强制拍卖与强制管理法》第 148 条第 1 款、第 20 条、第 21 条,《德国民法典》第 1123 条以下);假如在扣押时只存在损害赔偿债权——而没有用益租金债权,则不同(非常值得质疑!)。⑭

---

⑪联邦最高法院裁判,载《德国司法辅助员》,2003 年,第 600 页、第 601 页右栏(将责任限制在民事合伙财产上的约定不是对用益租金的预先处分)。具有教学意义的例子:联邦最高法院裁判,载《德国司法辅助员》2005 年,第 684 页及以下。

⑫联邦最高法院裁判,载《新法学周刊》,2003 年,第 3342 ~ 3343 页(不同的还有联邦最高法院裁判,载《法学家杂志》,1978 年,第 799 页)。在此方面,在租赁法改革后,与在强制拍卖情况下相同(《强制拍卖与强制管理法》第 57 条、《德国民法典》第 566a 条、旧《德国民法典》第 572 条第 2 句)。

⑬联邦最高法院裁判,载《德国司法辅助员》,1979 年,第 53 页以下。其他根据《德国民法典》第 1125 条排除抵销的情况:参见美因河畔法兰克福法院裁判,载《经济法杂志》,1983 年,第 496 页。

⑭美因河畔法兰克福法院裁判,载《新法学周刊》,1981 年,第 235 页;美因河畔法兰克福州法院裁判,载《新法学周刊》,1979 年,第 934 页;对此,参见松嫩沙因(Sonnenschein),载《法学教育》,1980 年,第 559 页。

四、强制管理人的设定与功能

(一)强制管理人的设定

37.3 执行法院须设定强制管理人(《强制拍卖与强制管理法》第150条第1款)。[15]

1. 机构管理人

如果在强制管理土地时,公法团体、受国家监管的机构、抵押银行或者帝国开垦移民法(Reichssiedlungsgesetze)意义上的开垦企业,那么参与人可以在法院为其确定的期限内建议一个服务于他的人作为管理人(《强制拍卖与强制管理法》第150a条,所谓的机构管理人)。

2. 农业土地

在强制管理农业、林业或园艺用地时,通常指定债务人为管理人(《强制拍卖与强制管理法》第150b条)。[16] 在这种情况下,除此之外还要任命一个监管人(《强制拍卖与强制管理法》第150c条)。

(二)强制管理人的功能

1. 管理与土地利用

37.4 管理人为了强制管理财产集合(Zwangsverwaltungsmasse)的利益行使债务人被剥夺的管理权[17]和用益权。他有权利和义务为所

---

[15]例子:《联邦最高法院民事裁判集》,第30卷,第173页(尽管没有执行名义,管理人之指定仍有效);联邦最高法院裁判,载《经济法杂志》,2005年,第1382页(机构管理人必须与机构之间存在劳动或公务员关系);2005年,第1659页(法律系属之前废止管理时强制管理人诉讼实施职能的消灭)。

[16]哈姆法院裁判,载《新法学周刊裁判报告》,1988年,第60页。

[17]对此参见2003年12月19日强制管理人法(《联邦法律公报》,第1卷,第2804页)。

有对于维持土地之经济存续以及正常使用土地必要的行为(《强制拍卖与强制管理法》第152条第1款)。⑱

2. 诉讼实施

在法庭程序中,根据通说,强制管理人是执行债务人的法定诉讼代位人。⑲

一方面,他的诉讼实施职能(Prozessführungsbefugnis)涉及被扣押的请求权,另一方面也涉及所有在其管理权范围内的请求权,比如基于所管理的土地而对第三人的损害赔偿或用益请求权或者在土地管理框架内的新合同产生的请求权等。⑳ 在请求权针对执行债务人自己的情况下(比如基于无权使用被强制管理的土地),法律保护利益(Rechtsschutzinteresse)是有疑问的,㉑因为债权人基于执行名义可以直接对债务人执行,而且,如果将强制管理人理解为债务人的诉讼代位人,权利之拥有地位(Rechtsinhaberschaft)也有

---

⑱例子:联邦最高法院裁判,载《支付不能法杂志》,2002年,第1182页(向建筑物保险人告知危险增加的情况);《新法学周刊》,2003年,第2320页(经营费用计算义务以及预付款余额的支付义务);《德国司法辅助员》,2005年,第210~211页(没有改造之权利)、第459~460页(返还租赁押金的义务)、第463页(对债务人的押金返还请求权)、第557页(企业继续经营);巴伐利亚州最高法院裁判,载《德国司法辅助员》,1999年,第189~190页(在住宅所有权人大会中表决权的行使);科隆法院裁判,载《德国司法辅助员》,1999年,第502页(在长期租赁情况下,债务人利益要优先于债权人利益)。

⑲对此参见《联邦最高法院民事裁判集》,第39卷,第235页;第71卷,第216页;第109卷,第171页、第173页;联邦最高法院裁判,载《新法学周刊裁判报告》,1990年,第1234页;载《新法学周刊》,1992年,第2487页;载《新法学周刊裁判报告》,1993年,第442页;载《德国司法辅助员》,2003年,第600~601页;2005年,第271~272页以下;详见弗罗贝尔(Wrobel),载《支付不能法杂志》,1995年,第19页及以下,有证明;另参见鲍尔/施蒂尔纳,《案例》,案例16。

⑳联邦最高法院裁判,载《德国司法辅助员》,2003年,第600~601页(对于没有法律原因用益的赔偿);有意思的,参见联邦最高法院裁判,载《德国司法辅助员》,2005年,第271页(在继续进行的用益租赁合同的情况下,诉讼实施职能限于与债务人土地相关联的请求权)。

㉑肯定的,参见联邦最高法院裁判,载《新法学周刊》,1992年,第2487页;有道理的批评,参见弗罗贝尔,载《支付不能法杂志》,1995年,第19页、第27页及以下。

问题。

诉讼实施职能随着强制管理之命令而产生,对于正在进行的程序,准用第240条。在强制管理终止时是否应认为清算职能与诉讼实施职能继续存在,仍有疑问,但通说持肯定的态度(边码37.9)。支付不能管理人可以继续进行已经开始的诉讼,即使在支付不能程序期间命令强制管理(比较第265条第2款)。[22]

3. 工商企业

土地上的工商企业(比如旅店)不是无条件地为强制管理所包含,尤其是强制管理人不会根据法律(比如类推《强制拍卖与强制管理法》第152条第2款)进入现存的劳动合同中。但是,强制管理人——假若债务人作为企业主准许了——有权在相应经济前提下相对于程序参与人有义务,继续经营工商企业。[23] 对于这一企业主转换,适用一般规则,尤其是《德国商法典》第22条以下以及《德国民法典》第613a条。[24] 相反的观点太不顾及实践的需要。

4. 法院的监督——责任

管理人受法院监督;法院可以对他[25]作出关于管理的指示(《强制拍卖与强制管理法》第153条第1款;不同于支付不能管

㉒对此参见联邦最高法院裁判,载《新法学周刊》,1986年,第3206~3207页。

㉓例子:哈姆法院裁判,载《德国司法辅助员》,1994年,第515页(企业继续经营或者用益出租原则上不准许);德累斯顿法院裁判,载《德国法月刊》,1999年,第889页(企业主要由共担责任之标的物组成的情况下的用益出租之权能)。

㉔比较联邦劳动法院裁判,载《新法学周刊》,1980年,第2148页;策勒法院裁判,载《新法学周刊裁判报告》,1989年,第1200页。不同观点,参见达斯勒/施夫豪尔/格哈特/穆特,第152条,边码17及以下;施泰纳/哈格曼,第152条,边码81及以下。

㉕联邦最高法院裁判,载《新法学周刊》,1990年,第454页(主张对前手的补偿请求权)。

理人的情况！㉖）。他——像支付不能管理人一样——对所有参与人承担责任（《强制拍卖与强制管理法》第 154 条）；但在此——与在《支付不能法》第 60 条情况下不同（第 2 卷，边码 10.19）——按照通说，适用根据《强制拍卖与强制管理法》第 9 条的形式上的参与人概念。㉗

例子：在错过提高租金情况下㉘或者在因未告知风险提高而丧失保险保护情况下㉙对债权人承担责任；在过高采暖费情况下对拍得人承担责任；㉚对于违反《强制拍卖与强制管理法》第 9 条第 2 项的规定没有申报其租赁权的承租人，不承担责任。㉛ 基于《强制拍卖与强制管理法》第 154 条第 1 款的损害赔偿请求权根据《德国民法典》第 195 条通常的时效是 3 年。

㉖茨韦布吕肯法院裁判，载《企业》，1967 年，第 1129 页。法院确定报酬（《强制拍卖与强制管理法》第 153 条第 1 款），因为第 574 条第 1 款第 2 项只允许权利之抗告。根据《强制管理人法》第 20 条第 1 款 600 欧元的最低报酬，是否与《德国基本法》第 12 条第 1 款符合，存有疑问；比较联邦最高法院裁判，载《新法学周刊》，2004 年，第 941 页（支付不能管理人最低报酬的违宪性）；《新法学周刊》，2004 年，第 946 页（信托人最低报酬的违宪性）。

㉗科隆法院裁判，载《经济法杂志》，1980 年，第 102 页；《帝国法院民事裁判集》，第 97 卷，第 11 页；达斯勒/施夫豪尔/格哈特/穆特，第 152 条，边码 4；不同观点，参见莫尔布特尔，载《经济法杂志》，1980 年，第 169 页；未决定的，参见《联邦最高法院民事裁判集》，第 39 卷，第 235 页、第 241 页；第 109 卷，第 171 页、第 173 页；对此还有汉堡法院裁判，载《新法学周刊裁判报告》，1986 年，第 1186 页；石勒苏益格法院裁判，载《新法学周刊裁判报告》，1986 年，第 1498 页。

㉘柏林高等法院裁判，载《州高等法院民事裁判集》，1978 年，第 125 页；纽伦堡法院裁判，载《州高等法院民事裁判集》，1966 年，第 317 页。其他例子：联邦最高法院裁判，载《德国司法辅助员》，2005 年，第 616 页（相对于债务人的责任）。

㉙联邦最高法院裁判，载《支付不能法杂志》，2002 年，第 1182 页。

㉚《联邦最高法院民事裁判集》，第 39 卷，第 235 页、第 241 页（例外的，广义的参与人概念）。

㉛科隆法院裁判，载《经济法杂志》，1980 年，第 102 页（有争议）。

(三)强制管理人依据职权的行为

强制管理人既不是债权人的代理人,也不是债务人代理人,他——就像按照通说认为支付不能管理人一样——依职权作出行为。他在通常管理框架内承担义务的情况下,以所管理之财产集合(Verwaltungsmasse)承担责任;管理结束后由执行债务人承担责任,随后拍卖的情况下,由拍得人承担责任。[32] 新的强制管理人有权要求先前的管理人因为其过错地减少财产集合而赔偿应由其负责的共同体损害(Gemeinschaftsschaden)。[33]

五、用益的分配

37.5 从土地用益中,先行支付管理的持续支出以及程序费用,但因程序之命令或债权人加入而产生的费用除外(具体参见《强制拍卖与强制管理法》第155条第1款)。

只要强制管理费用在个案中具有客体维持或改善效果,在强制拍卖程序中,根据《强制拍卖与强制管理法》第10条第1款第1项,该强制管理费用就享有优先顺位。[34] 在反复产生债务关系(Wiederkehrschuldverhältnisse)情况下(如供应水、电),欠账不能通过与强制管理人约定而成为管理费用。[35] 在强制管理同一债务人的、仅部分出租的多个所有权住宅的情况下,对没有出租的住宅的房租补贴(Wohngeld)不得从出租房屋的租金收入中扣除(单个物权的强制管理之特定性原则)。[36]

---

[32] 有教学意义的例子,参见《联邦最高法院民事裁判集》,第39卷,第235页、第241页;鲍尔/施蒂尔纳,《案例》,案例16;另参见边码37.9。

[33] 《联邦最高法院民事裁判集》,第109卷,第171页、第173页及以下。

[34] 《联邦最高法院民事裁判集》,第154卷,第387页、第391页。

[35] 《帝国法院民事裁判集》,第142卷,第85页、第88页。

[36] 斯图加特法院裁判,载《州高等法院民事裁判集》,1977年,第125页。

(扣除费用后的)余额在债权人之间分配(《强制拍卖与强制管理法》第155条第2款);为此目的,法院通常为整个程序持续期间制定分配计划(《强制拍卖与强制管理法》第156条第2款)。管理人基于法院的一般命令按照分配计划进行支付(《强制拍卖与强制管理法》第157条)。 37.6

债权人的顺位(Rangordnung)根据《强制拍卖与强制管理法》第155条第2款确定,在此要注意的是,《强制拍卖与强制管理法》第10条第1款第2项至第4项的顺位(Klassen)只考虑反复产生的给付(利息与分期偿还)。原因:"正常"管理时也只"经营产出"该金额。[37]

债务人一般无权请求从强制管理财产集合中支出抚养费。相反,在强制管理农业等土地情况下,管理人须从土地收益中提出资金供债务人使用,这些资金是用于满足债务人自己及其家庭的必要需求(《强制拍卖与强制管理法》第149条第3款)。 37.7

六、强制管理的废止

在以下情况时,强制管理须通过法院裁定被废止:在进行执行的债权人被清偿时(《强制拍卖与强制管理法》第161条第2款)或者在债权人不能支付程序继续进行所必需的预付款时(《强制拍卖与强制管理法》第161条第3款);在土地通过强制拍卖被拍定时;[38]在法院知道土地簿中明显可见的、与强制管理或者程序的继续进行相对立的权利时(《强制拍卖与强制管理法》第28条、第161条第4款);最后在债权人撤回他的申请时(《强制拍卖与强制管理法》第29条、第161条第4款)。 37.8

强制管理人的职权行为不一定因废止裁定而完全终止。他还 37.9

㊲德里施勒,载《德国司法辅助员》,1957年,第212页。

㊳对此参见柏林州法院裁判,载《新法学周刊》,1958年,第1544页。

必须按照义务完成尚未完成的交易,[39]有时甚至要完成正在进行的程序。[40] 在废止强制管理后,执行债务人可以通过意定的当事人变更(Parteiwechsel)承受正在进行的程序,[41]债务人可以将强制管理人的名义改写到自己名下。[42] 强制管理人须将余额返还给债务人。[43]

---

[39]比较柏林州法院裁判,载《法学周报》,1934 年,第 854 页;《联邦最高法院民事裁判集》,第 39 卷,第 235 页,以及鲍尔/施蒂尔纳,《案例》,案例 16。

[40]《联邦最高法院民事裁判集》,第 71 卷,第 216 页、第 220 页;哈姆法院裁判,载《新法学周刊裁判报告》,1989 年,第 1467 页;联邦最高法院裁判,载《新法学周刊裁判报告》,1990 年,第 1213 页;1993 年,第 442 页(在拍定前关于用益的诉讼);杜塞尔多夫法院裁判,载《德国司法辅助员》,1990 年,第 381 页(在强制管理废止之后没有对于继续有效的不作为请求权的诉讼实施职能)。在因撤回申请而废止的情况下,强制管理人因欠缺法定诉讼代位而仅能基于废止裁定中特别的授权继续进行尚未完结的诉讼程序,参见《联邦最高法院民事裁判集》,第 155 卷,第 38 页、第 40 页及以下。

[41]《联邦最高法院民事裁判集》,第 71 卷,第 216 页及以下,尚未有定论的是,在强制管理人之后,债务人是否为依据法律的诉讼上权利继受人;对此参见破产结束情况下的类似情况,参见施蒂尔纳,载《民事诉讼法杂志》,第 94 卷,1981 年,第 263 页、第 289 ~ 290 页有进一步证明;另参见边码 37.4 末尾。

[42]杜塞尔多夫法院裁判,载《州高等法院民事裁判集》,1977 年,第 250 页;对此参见边码 17.17。

[43]科隆法院裁判,载《保险法》,1994 年,第 113 ~ 114 页。

第三十八章　强制抵押权

文献指引：尚茨(Schanz)：《强制抵押权》，1910年、1933年；韦内堡(Werneburg)，载《民事诉讼法杂志》，第53卷，1928年，第178页；吕克，载《新法学周刊》，1954年，第1669页；扬森，载《民法实务档案》，第152卷，1952～1953年，第508页；霍赫，载《德国执行员杂志》，1957年，第3页；福特纳：《违反执行法规定情况下强制载入土地登记簿的法律意义》，载《德国执行员杂志》，1959年，第304页；瓦克：载《民事诉讼法杂志》，第82卷，1969年，第377页；芬格(Finger)，载《德国法月刊》，1969年，第617页；哈格曼：《强制拍卖程序中的强制担保抵押权》，载《德国司法辅助员》，1982年，第165页及以下；勒舍尔(Löscher)：《将强制抵押权载入土地登记簿》，载《法学办公室》，1982年，第1618页、第1791页；1983年，第42页；施耐德：《胜诉共同诉讼人的强制抵押权》，载《德国法月刊》，1986年，第817页；哈伯迈尔(Habermeier)：《〈民事诉讼法〉的强制抵押权》，1988年；罗伊特(Reuter)：《〈民事诉讼法〉第886条第3款、第867条第2款被忽略的问题》，载《德国司法辅助员》，1986年，第285页；辛曾：《强制抵押权的申请问题》，载《德国司法辅助员》，1991年，第286页；霍尔希：《强制抵押的执行》，载《德国司法辅助员》，1993年，第140页；辛曾：《土地登记簿上的扣押与执行》，2000年。

参见概览表十四。

一、功能

38.1 通过强制抵押权(《德国民事诉讼法》第 866 条至第 868 条)对人债权人确保自己在不动产强制执行中获得一个物权性顺位。该抵押权起先还不能导致债权人受偿,但在强制拍卖与强制管理情况下,该抵押权赋予债权人按照《强制拍卖与强制管理法》第 10 条第 1 款第 4 项以不动产物权人的优先顺位从土地中受偿的权利。另外,强制抵押权还是基于假扣押进行不动产强制执行的唯一路径(第 932 条)。在 1999 年第二次强制执行法修正案之前,基于强制抵押权变价不动产需要对物执行名义(dinglicher Titel),这意味着,执行债权人必须起诉所有权人容忍强制执行(《德国民法典》第 1147 条),即在获得金钱给付名义后还必须诉讼获得第二个对物执行名义①(边码 35.4)。这一麻烦又古怪的程序在改革中被简化了:在强制抵押权的登记被标识的情况下,新的第 867 条第 3 款允许基于金钱名义(Geldtitel)的变价执行(verwertende Vollstreckung)——整体上值得赞同的解决方案(边码 35.4)。

二、登记与登记之前提

(一)名义与担保之需要

38.2 强制抵押权基于一个可执行的债务名义(Schuldtitel)被登记;所有因金钱债权的执行名义都可以作为登记的基础,比如法院的

---

①通说,布罗克斯/瓦尔克,边码 1036;尧厄尼希,第 22 节Ⅲ,第 23 节Ⅳ;鲍姆巴赫/哈特曼,第 866 条,边码 2;托马斯/普曾/普曾,第 867 条,边码 18;罗森贝格/高尔/席尔肯,第 69 节Ⅲ 2;不同观点,参见霍尔希,《德国司法辅助员》,1993 年,第 140 页及以下,有证明。

和解[2]或可执行文书。在此,名义替代了物上权利人的意思。[3]

如果债权人已经因为同一债权在债务人同一块土地上、通过法律行为设定了抵押权或土地债务,那么就不允许再登记一个强制抵押权,因为再登记也不能达到更好的担保效果,而且缺少担保之目的。[4] 但是如果是在另一块土地上通过法律行为设定了不动产担保物权,就有所不同了[5](另参见边码38.5)。

(二)管辖与登记处的程序

基于债权人非要式的申请,由登记处完成登记(第867条第1款)。[6] 这里的登记,涉及的是一种强制执行行为,并且是非诉事件。[7] 因此登记处须独立地检验强制执行的前提[8]以及登记符合登记簿要求(grundbuchmäßigen) 38.3

---

②杜塞尔多夫法院裁判,载《新法学周刊》,1958年,第227页。为一个依照金额确定的免责请求权而设立强制抵押权是允许的:参见卡尔斯鲁厄法院裁判,载《德国司法辅助员》,1998年,第158页以下。

③比较美因河畔法兰克福法院裁判,载《德国法月刊》,1989年,第365页。

④有意思的典型案例:科隆法院裁判,载《德国司法辅助员》,1996年,第153页(为了担保对土地债务支付的对人责任承担而设立的强制抵押权之不准许性)。

⑤比较《柏林高等法院关于非诉裁判权案件裁决年鉴》,第44卷,第285页;《帝国法院民事裁判集》,第98卷,第107页;柏林高等法院裁判,载《法学周报》,1938年,第2847页;巴伐利亚州最高法院裁判,载《德国司法辅助员》,1991年,第53页。

⑥即使存在可能的意定诉讼代位,也要登记作为权利人的名义债权人;《联邦最高法院民事裁判集》,第148卷,第392页、第398页,载《法学家杂志》,2002年,第357页,附有明茨贝格评注(住宅所有权管理人)。

⑦《联邦最高法院民事裁判集》,第148卷,第392页、第394页。

⑧柏林高等法院裁判,载《各最高法院裁判集》,1931年,编号463;联邦最高法院裁判,载《德国司法辅助员》,1958年,第216页;巴伐利亚州最高法院裁判,载《德国司法辅助员》,1982年,第466页;哈姆法院裁判,载《德国司法辅助员》,1985年,第231页;巴伐利亚州最高法院裁判,载《德国司法辅助员》,1991年,第53页。

的前提。[9] 当然不会检验请求权在实体法上是否正确(形式化基本原则,边码6.53以下)。[10] 强制抵押权不能登记在为对人债权人保留的顺位位置上。[11] 在有执行法意义上瑕疵的情况下(比如部分缺少执行之前提),不能依据《德国土地登记法》第18条作出中间处分[12](Zwischenverfuegung)(另参见边码8.35),但有时会存在法官的释明义务(第139条)。[13] 登记申请的撤回需要公证(《德国土地登记法》第31条第1款、第29条第1款)。[14]

(三)价值界限与共同抵押权的禁止、欠缺执行前提

38.4 只有在金额超过750欧元的情况下才能登记强制抵押权(参见第866条第3款第1句)。基于同一债权人享有的多个债务名义可以登记一个统一的担保性抵押权(第866条第3款第2句)。[15] 相反,即使债务人在同一名义中被判决,也不允许将多个债权人的请求权合并计算。该价值界限(750欧)也

---

[9]对此参见杜塞尔多夫法院裁判,载《新法学周刊》,1958年,第227页;巴伐利亚州最高法院裁判,载《德国公证人杂志》,1956年,第596页。

[10]《联邦最高法院民事裁判集》,第148卷,第392页、第396页有证明;科隆法院裁判,载《德国司法辅助员》,1991年,第149页。

[11]《联邦最高法院民事裁判集》,第12卷,第238页。根据通说,与旧《德国破产法》第106条处分禁止不同(对此参见斯图加特法院裁判,载《支付不能法杂志》,1985年,第349页),依据《德国支付不能法》第21条第2款第2项一般处分禁止之颁布并非《德国民法典》第135条、第136条意义上的相对处分之禁止,而是绝对的处分之禁止,在实际上具有冻结登记簿之效力(《德国支付不能法》第23条第3款、第32条)。

[12]《联邦最高法院民事裁判集》,第27卷,第310页;巴伐利亚州最高法院裁判,载《德国公证人杂志》,1956年,第596页;杜塞尔多夫法院裁判,载《德国司法辅助员》,1978年,第216页;载《德国法月刊》,1990年,第62页。

[13]图林根法院裁判,载《德国司法辅助员》,2002年,第355页,有证明。

[14]杜塞尔多夫法院裁判,载《德国司法辅助员》,2000年,第62页。

[15]有意思的例子,参见石勒苏益格法院裁判,载《德国司法辅助员》,1982年,第301页附有黑尔维希(Hellwig)赞同的评注:在对于主债权已经登记了强制抵押权(没有利息)的情况下,即无须为本金化的利息另行登记强制抵押权(非常有争议)。相反,对于以前执行尝试产生的费用,可以登记强制抵押权;对此以及对于费用证明,参见雷根斯堡州法院裁判,载《德国司法辅助员》,1979年,第147页。

适用于分摊到多块土地的情况(第867条第2款第2句),但不能适用于根据《德国民法典》第648条的建筑工匠(Bauhandwerker)抵押权上,也不能适用于基于第848条的担保性抵押权上。[16]

38.5 如果要在债务人的多块土地上负担抵押权,那么债权的金额应分摊到每块土地上;每部分分摊多少由债权人确定(第867条第2款第1句);各分摊部分的清偿顺位,在此不必给出。[17] 也就是说,在同一债务人的多块土地上,强制抵押权不得登记为共同抵押权(Gesamthypothek);[18]即使在多块土地先后设定负担的情况下,也一样。[19]

38.6 如果没有名义,或者没有送达名义或者没有执行条款就登记了强制抵押权,那么强制抵押权不是"可被撤销"(另参见边码38.7),而是"暂时"不发生效力;根据通说,可以通过补救履行溯及地发生治愈的效果;[20]否则,参见《德国民法典》第894条。

(四)法律救济

38.7 登记处作出的所有裁定,都不是强制执行程序中的法院裁定。因此,鉴于其土地登记簿法上的特殊性,不能通过依据第766条的抗议或者以根据第793条的立即抗告撤销这些裁定,而只能根据《土地登记法》第71条以下(《司法辅助员法》第11条第1款)的简单抗告(einfache Beschwerde)撤销这

[16]鲍姆巴赫/哈特曼,第866条,边码6。

[17]联邦最高法院裁判,载《新法学周刊》,1991年,第2022页。

[18]《联邦最高法院民事裁判集》,第27卷,第310页;载《新法学周刊》,1991年,第2022页;斯图加特法院裁判,载《新法学周刊》,1971年,第898页(不允许"亏损之强制抵押权")。对于与基于法律行为的不动产担保物权的并存,参见边码38.2。

[19]杜塞尔多夫法院裁判,载《德国法月刊》,1990年,第62页;巴伐利亚州最高法院裁判,载《德国司法辅助员》,1986年,第372页;黑兴根(Hechingen)州法院裁判,载《德国司法辅助员》,1993年,第169页。

[20]对此比较联邦最高法院裁判,载《新法学周刊》,1995年,第1162页,《德国司法辅助员》,1995年,第366页,附有明茨贝格评注(非常有争议!);哈姆法院裁判,载《德国司法辅助员》,1997年,第393页。

些裁定,可能的情况下通过《土地登记法》第78条。[21] 针对已经完成的强制抵押权登记,《土地登记法》第71条第2款、第53条第1款仅规定了有限制的法律救济(依职权之异议或者在有不准许的登记内容的情况下的涂销)。[22] 对执行名义的实体法抗辩适用第767条,并可能导致名义丧失(Titelfortfall)并对强制抵押权发生物权法上的效果(边码38.8)。

三、对强制抵押权的物权法上的处理

38.8 在法律上,强制抵押权基本上与通过合同设定的担保性抵押权一样(《德国民法典》第1184条以下)。[23] 但对于强制拍卖与强制管理,并不需要对物执行名义(第867条第3款,参见边码35.4、边码38.1)。一旦债务名义或其暂时可执行性被废止,[24]强制执行被宣告为不允许或者被停止,或者为了避免执行而提供担保(第732条、第767条、第771条、第868条),[25]另外还有在《德国民法

---

[21]《帝国法院民事裁判集》,第106卷,第74页;巴伐利亚州最高法院裁判,载《德国司法辅助员》,1976年,第66页;载《德国司法辅助员》,1982年,第98页;科隆法院裁判,载《州高等法院民事裁判集》,1967年,第499页;哈姆法院裁判,载《德国司法辅助员》,1973年,第440页;柏林高等法院裁判,载《新法学周刊裁判报告》,1987年,第592页;科隆法院裁判,载《德国司法辅助员》,1996年,第190页;瑙姆堡法院裁判,载《州高等法院报告》,1998年,第107页、第108页左栏;美因河畔法兰克福法院裁判,载《州高等法院报告》,1998年,第237页;尧厄尼希,第23节III;格哈特,《执行法》,第11节II 1;不同观点,鲍姆巴赫/哈特曼,第867条,边码24;哈伯迈尔(Habermeier),第105页及以下。

[22]详见《联邦最高法院民事裁判集》,第64卷,第194页;巴伐利亚州最高法院裁判,载《德国司法辅助员》,1986年,第372~373页;美因河畔法兰克福法院裁判,载《州高等法院报告》,1998年,第237页以下;舒施克,第867条,边码24;另参见边码38.4。

[23]《帝国法院民事裁判集》,第78卷,第398页、第407页;第105卷,第72页、第77页。有意义的案例,参见奥尔登堡法院裁判,载《经济法杂志》,1996年,第175页(在所有份额合在一人之手时,原共有份额上的强制抵押权不能及于全部土地)。

[24]勃兰登堡法院裁判,载《支付不能和执行》,2002年,第76页。

[25]其他例子:巴伐利亚州最高法院裁判,载《新法学周刊裁判报告》,2001年,第47页(在支付不能程序开始时发生回溯屏蔽)。

典》第 1163 条、第 1177 条的情况下，强制抵押权都转化为所有权人土地债务。

执行名义消灭后取得所有权人土地债务的人享有更正登记簿之请求权(《德国民法典》第 894 条)；如果根据《德国土地登记簿》第 29 条第 1 款登记簿的不正确是可证明的(比如出示法院裁决等)，那么所有权人土地债务权利人也可以以《德国土地登记法》第 22 条为依据。但在土地再次出让的情况下，该所有权人土地债务转化为非所有权人土地债务，这样一来，只有原所有权人而不是新所有权人可以要求更正登记簿。[26] 如果债务名义被不正当地废止了，那么债权人不得根据《德国民法典》第 812 条、基于不当得利要求作为已经产生的所有权人土地债务权利人的所有权人重新恢复其法律地位。[27] 有特定数额但没有个体化债权的执行名义不能创设非所有权人强制抵押权(Fremdzwangshypothek)，而只能创设所有权人土地债务(边码 13.3、边码 27.14)，[28]因此所有权人可以类推第 767 条第 1 款进行防御。如果强制抵押权人起诉要求对执行予以容忍，那么所有权人可以以所有在执行对抗之诉框架内得主张的抗辩对抗该诉讼。[29] 38.9

四、船舶强制抵押权

关于船舶强制抵押权，比较第 870a 条。[30] 38.10

---

[26]联邦最高法院裁判，载《经济法、银行法与证券通讯杂志》，1978 年，第 1130 页；对此参见《法学教育》，1979 年，第 66 页。

[27]联邦最高法院裁判，载《新法学周刊》，1977 年，第 48 页。

[28]联邦最高法院裁判，载《新法学周刊》，1994 年，第 460 页；另参见边码 45.13，对于执行对抗之诉。

[29]联邦最高法院裁判，载《新法学周刊》，1988 年，第 828 页。

[30]对此参见尚茨(Schanz)，载《德国法协会杂志》，1941 年，第 240 页；另参见巴伐利亚州最高法院裁判，载《支付不能法杂志》，1991 年，第 624 页。

第二分编　因非金钱债权请求权的强制执行

第三十九章　基本思想——为实现返还原物的强制执行

文献指引:诺亚克:《〈民事诉讼法〉第 883 条的返还执行与其在实践中的最新问题》,载《法学评论》,1966 年,第 215 页;迪特里希:《个别执行》,1976 年(评论参见埃·皮特斯,载《民事诉讼法杂志》,第 91 卷,1978 年,第 338 页);扬克(Jahnke):《种类债务的实现》,载《民事诉讼法杂志》,第 93 卷,1980 年,第 43 页及以下;席尔肯:《返还执行的问题》,载《法院执行员杂志》,1988 年,第 49 页;克里斯特慢:《迁出执行场合对不可扣押物的处理》,载《法院执行员杂志》,1988 年,第 177 页;厄钦格(Erchinger):《对类似婚姻共同体一方和居住共同体单个成员进行强制执行的问题》,1987 年博士论文;洪泽尔(Honsel):《针对多人进行的迁出执行》,1992 年博士论文;明茨贝格:《在无相应执行名义的情况下针对家庭成员实施迁出?》,载《格恩胡贝尔祝寿文集》,1993 年,第 781 页及以下;贝克尔 - 埃伯哈特(Becker - Eberhard):《对配偶和其他住宅成员实施迁出执行》,载《家庭法杂志》,1994 年,第 1296 页;盖斯勒:《在迁出执行中对无人照料的家庭宠物进行安置》,载《法院执行员杂志》,1995 年,第 145 页;瓦尔克/格鲁斯(Walker/Gruß):《有自杀危险和因年龄而脆弱时的迁出保护》,载《新法学周刊》,1996 年,第 352

页；克诺尔(Knoll)：《配偶、类似婚姻的生活共同体各方以及居住共同体成员处对动产的返还执行》，1999年；舒尔特斯(Schultes)：《〈强制执行法第二修正案〉之后迁出执行的实施》(《民事诉讼法》新法第765a条、第885条第3款和第4款)，载《法院执行员杂志》，1999年，第1页；明茨贝格：《休息时间的搜查和执行》(《民事诉讼法》第758a条)，载《法院执行员杂志》，1999年，第177页；尼斯：《新执行法角度下的强制迁出》，载《德国法月刊》，1999年，第1113页；里戈尔：《迁出执行中成为执行障碍的动物饲养》，载《德国法月刊》，1999年，第1363页；科尔巴赫－马塔尔(Kollbach－Mathar)：《〈强制执行法第二修正案〉新规对迁出执行条件和实施的影响》，载《租赁法与空间法杂志》，2000年，第1页；保利：《针对非租赁合同当事人进行迁出执行》，载《法院执行员杂志》，2000年，第17页；哈纳克(Harnacke)：《法院执行员的新任务——暴力保护法》，载《法院执行员杂志》，2002年，第65页。其他文献资料参见文中。

参见概览表十五。

一、概述

实践中，因金钱债权强制执行的情况占了绝大多数，但也必定会有其他内容的给付性判决需要执行(参见上文边码2.9、边码2.11)。这里涉及为实现返还原物(Herausgabe)或动产、不动产之给付而进行的强制执行(第883条以下，下文第三点)、对作为或不作为的强制(第887条以下；下文第40节)以及对作出意思表示的强制执行(第894条以下；下文第41节)。 39.1

二、与损害赔偿请求权的关系

程序上执行给付名义的可能性，并不会排除主张实体法上的(如依据《德国民法典》第280条、第281条、第283条、第286条)损害赔偿请求权(第893条第1款)。损赔偿请求权也不是次位的，即并不需要在此之前已经对原物返还名义尝试过强制执行。 39.2

如果请求替代给付的损害赔偿,那么该请求权必须在一审法院诉讼时被主张(第893条第2款),也就是在之前返还原物之诉发生诉讼系属的一审法院提出。[①] 不考虑当前案件的争议金额,该法院在地域上和职能上排他地进行管辖。如果在可被执行的给付以外一并要求损害赔偿(如基于迟延给付),则不适用第892条第2款,而适用一般的管辖规则(也可参见边码3.27、边码6.44)。

三、原物返还

在为实现原物返还(Herausgabe von Sachen)而强制执行时,
39.3 需要区分动产和不动产两种情况。

(一)动产

1.特定动产

39.4 如果债务人需要返还特定动产,则法院执行员须从债务人处——尽可能以经济节约的方式[②]——取走并交与债权人(第883条第1款)。返还原物或给付义务是基于何种法律基础并不重要。这既与义务是物权还是债权性质无关,也与涉及的是赴偿债务、往取债务还是寄送债务没有关系。[③] 如果需要返还的物事先无法找到,则债务人有义务依债权人之申请为第883条第2款中规定的代宣誓保证(eidsstattliche Versicherung);该程序依第899条以下规定进行(对此参见下文第48节)。如果未经债务人同意,对债务人住宅进行搜查,则只能依据特别的法官命令进行(第758条、第758a条),该命令并未包含在返还原物执行名义之中

---

①《帝国法院民事裁判集》,第66卷,第17页、第19页(旧债法);在家庭法院发出的家庭财产执行名义场合:参见慕尼黑州法院裁判,载《泛亲属法杂志》,1992年,第335页。

②参见汉诺威州法院裁判,载《新法学周刊》,1966年,第2318页。

③美因河畔法兰克福法院裁判,载《州高等法院民事裁判集》,1983年,第123页;不同观点,参见施耐德,载《德国法月刊》,1983年,第287页。

(论据,第758条第2款;有争议,参见边码8.20)。

例子:保单的返还;④已完成的工作图纸的返还。⑤

(1)特定动产的数量

如果债务人有义务从某特定存货中返还一定数量的特定动产(如所有20台放在货架上的某一型号的无线电收音机)或返还特定数量的动产(如20台无线电收音机中的5台),那么同样依据第883条的程序进行。第811条以下的扣押限制规定在此不适用,因为这里涉及的是返还原物的强制执行,而非基于金钱债权的强制执行。 39.5

(2)出示以供查阅

如果某物应当被出示以供检验或查阅,则也适用第883条;⑥是向债权人⑦还是向机关例如土地登记机关⑧出示,并没有分别。如果证书的出示只是账目公告(Rechnungslegung)的一部分,则依据第888条的规定执行(参见边码40.13)。 39.6

---

④美因河畔法兰克福法院裁判,载《德国司法辅助员》,1977年,第221页。

⑤美因河畔法兰克福州劳动法院裁判,载《企业》,1981年,第534页;如果应先完成工作图纸,则适用第888条;也可参见边码39.6。

⑥此为通说,参见哈姆法院裁判,载《新法学周刊》,1974年,第653页;科隆法院裁判,载《州高等法院民事裁判集》,1988年,第382页;美因河畔法兰克福法院裁判,载《新法学周刊裁判报告》,1992年,第171页处有进一步证明;2002年,第823~824页;席尔肯:《慕尼黑〈民事诉讼法〉评注》,第883条,边码7处有进一步证明;鲍姆巴赫/哈特曼,第883条,边码16;比特纳,载《泛亲属法杂志》,1992年,第629~632页。因此,必须已在执行名义中对应返还的文书进行精确描述:参见科隆法院裁判,载《德国法月刊》,1993年,第83页。但也可参见边码40.14。

⑦班贝格法院裁判,载《法学周报》,1930年,第3330页;美因河畔法兰克福法院裁判,载《新法学周刊裁判报告》,1992年,第171页处有进一步证明。

⑧帝国法院裁判,载《法学周报》,1905年,第439页。

(3)前置的行为义务

如果不可替代物的返还之前有行为义务,如置备或生产义务,部分学说认为,应当依据第 887 条、第 888 条特别规定执行该行为义务。⑨ 这与第 887 条第 3 款的规定——可以这样说理——并不矛盾,因为这里只涉及原物返还请求权,而不涉及其他请求权。但行为的执行须以相应的执行名义为前提。只要该行为涉及可诉的义务或从义务,⑩就可以考虑这种执行名义,行为的执行可以与原物返还的强制执行并存。⑪ 如果债权人只享有原物返还或所有权让与的执行名义(如《德国民法典》第 433 条第 1 款第 1 句),则在原物返还执行失败的情况下只能依第 893 条规定(请求利益之给付)。⑫

(4)孩子的返还

39.7 依据《德国民法典》第 1632 条第 3 款的规定,在父母向第三人提出的返还孩子的诉讼程序中,总是由家庭法院进行裁决(《法院组织法》第 23b 条第 1 款第 2 句第 4 项、《德国民事诉讼法典》第 621 条第 1 款第 4 项)。从非诉事件的一般归属(第 621a 条第 1 款)可以得出,《非诉事件法》第 33 条第 2 款

---

⑨此观点参见哈姆州劳动法院裁判,载《企业》,1981 年,第 535 页;鲍姆巴赫/哈特曼,第 883 条,边码 4;斯坦/约纳斯:《德国民事诉讼法》评注,布莱姆,第 883 条,边码 9;策勒/施特贝尔,第 883 条,边码 9(在有独立意义的情况下);也可参见边码 40.4。

⑩参见施蒂尔纳,载《法学家杂志》,1976 年,第 384 页及以下。

⑪不同观点,明显的,参见布罗克斯/瓦尔克,边码 1068。

⑫结果相同的,参见科隆法院裁判,载《法学家杂志》,1959 年,第 63 页,附有伦特赞同的评论;罗森贝格/高尔/席尔肯,第 70 节 I 1 a;关于返还执行与作为执行(Handlungsvollstreckung)之间的区别,还可参见科隆法院裁判,载《德国法月刊》,1975 年,第 586 页;E. 施耐德,载《德国法月刊》,1975 年,第 289 页。

中的执行是基于特殊的法官处分进行的。⑬ 但从第 794 条第 1 款第 3a 项、第 620 条第 3 项中绝不能得出如下结论：对返还孩子的执行适用民事诉讼法一般规则，即适用《德国民事诉讼法》第 883 条；即使是暂时命令（einstweilige Anordnung）的情况也应当适用《非诉事件法》第 33 条就可以了。⑭ 如果法院执行员基于带走孩子的目的进入债务人的住所，则这里涉及一项搜查行动，该搜查需要法官特别搜查令作为其合法性依据。⑮ 目前通说认为，执行之力不再仅仅针对有返还义务的父母一方或第三人，存在特殊授权的情况下也针对孩子本身。⑯ 认为应当允许执行员对儿童运用执行之力的观点依据的是经由《父母子女关系改革法》新添加的《非诉事件法》第 33 条第 2 款第 2 句。而认为不能允许执行员对儿童施加执行之力的观点的依据是《德国民法典》

---

⑬参见联邦最高法院裁判，载《泛亲属法杂志》，1983 年，第 1008 页；柏林高等法院裁判，载《德国法院执行员报》，1992 年，第 89 页；勃兰登堡法院裁判，载《新法学周刊裁判报告》，2001 年，第 1089 页；布罗克斯/瓦尔克，边码 1049；罗森贝格/高尔/席尔肯，第 70 节 Ⅰ 1 a；尧厄尼希，第 26 节 Ⅱ 1；完整概述参见许勒，载《德国法院执行员报》，1980 年，第 97 页及以下；彼特曼，载《德国法院执行员报》，1987 年，第 134 页及以下；盖斯勒，载《德国法院执行员报》，1997 年，第 145 页及以下；对 1990 年 4 月 5 日版《非诉事务法》第 33 条第 2 款批判的观点参见迪克迈斯（Dickmeis），载《新法学周刊》，1992 年，第 537 页。

⑭现在的通说：帕兰特/迪德里希森，第 1632 条，边码 8；罗森贝格/高尔/席尔肯，第 70 节 Ⅰ 1 a 处有进一步证明；布罗克斯/瓦尔克，边码 1049；尧厄尼希，第 26 节 Ⅱ 结尾；策勒/施特贝尔，第 883 条，边码 7；不同观点，参见哈姆法院裁判，载《新法学周刊》，1979 年，第 988 页；正确的批判性观点，参见克鲁普（Kropp），载《新法学周刊》，1979 年，第 2253 页处有进一步证明。

⑮联邦宪法法院裁判，载《新法学周刊》，2000 年，第 943 页、第 944 页；边码 8.12。

⑯策勒法院裁判，载《泛亲属法杂志》，1994 年，第 1129 页（基于《德国民法典》第 1631 条第 3 款进行分类）；杜塞尔多夫法院裁判，载《新法学周刊裁判报告》，1994 年，第 1288 页（只有在基于《非诉事件法》第 33 条第 2 款规定的极端的紧急情况下）；茨韦布吕肯法院裁判，载《泛亲属法杂志》，2001 年，第 1536 页（除了在存在严重人身或精神损害之虞时）；帕兰特/迪德里希森，第 1632 条，边码 8；胡贝尔：《慕尼黑〈德国民法典〉评注》，第 1632 条，边码 20 及以下；凯德尔/孔策/温克勒（Keidel/Kunze/Winkler），《非诉裁判权事件法》第 33 条，边码 37、边码 42。不同观点，参见布罗克斯/瓦尔克，边码 1049；施陶丁格/扎尔果（Salgo），第 1632 条，边码 38；迪克斯（Diercks），载《泛亲属法杂志》，1994 年，第 1226 页、第 1230 页。

第1631条第2款第1句的禁止使用武力原则(Gewaltverbot),《德国基本法》第1条第1款、第2条第1款以及合比例原则。针对孩子实施执行必须是最后手段(ultima ratio)。更优的方案是能最终放弃任何(对儿童)使用执行之力的行为,并由具有抚养权的父母一方亲自来安抚子女——视情况而定还可以与青少年机构合作,这尤其是因为不存在针对孩子的容忍执行名义(Dul-dungstitel)。法院可以在返还孩子的命令上附加返还孩子物品的命令(《非诉事件法》第50d条),这也应依据《非诉事件法》第33条的规定执行。对于单独签发的原物返还的命令(第620条第8项),则依据第794条第1款第3a项、第883条执行(有争议)。

2. 可替代物

39.8 如果债务人需要给付一定数量的可替代物或有价证券,则法院执行员须从债务人处取走物并交与债权人(《德国民事诉讼法》第884条)。[17] 这里不能要求依照《德国民事诉讼法》第883条第2款规定进行代宣誓保证,因为该请求权并不是针对特定物的。被取走的那一刻种类之债才特定化在被取走的物之上(类推适用《德国民法典》第243条第2款)。

《德国民事诉讼法》第883条第1款、第2款中规定的情况涉及从某特定存货中返还特定动产之请求权的执行,如某批特定存货中的10公担(100磅,50千克)土豆,相反,《德国民事诉讼法》第884条则涉及给付一定数量可替代物之请求权的执行,如给付10公担土豆。

(二)不动产和迁出(腾退)执行

39.9 如果债务人须返还、让与或迁出不动产(或登记的船舶或船舶构造物),则法院执行员应剥夺债务人的占有并使债权人取得

[17] 具体参见扬克(Jahnke),载《民事诉讼法杂志》,第93卷,1980年,第43页及以下;关于选择之债参见边码27.04。

占有(《德国民事诉讼法》第 885 条第 1 款)。迁出住宅(腾房)尤其是通过这种方式实现的。这里必须要有一项针对持有人(Gewahrsamsinhaber)签发的执行名义。新法第 758a 条第 2 款允许在没有特别法官命令的情况下强制迁出住宅;⑱但依联邦宪法法院判决的观点,这一规定也存有疑问(边码 8.21)。

1. 夫妻住宅、居住共同体、占用房屋

实践中的重要问题:对于如何强制迁出夫妻住宅,长期以来有很大争议。 39.10
实践中,至少在夫妻双方都是租赁合同当事人时,到目前为止要求有针对夫妻双方的执行名义。相反,如果只有夫妻一方是租赁合同当事人或房屋的实际持有人,则根据第 885 条第 2 款不需要针对(另一)配偶的特别执行名义,该规定将所有家庭成员纳入迁出执行。⑲ 然而在新近的判决中,联邦最高法院在这种情况下也要求有一项针对共同占有住宅的配偶的执行名义;⑳该要求也同样适用于共同占有住宅的生活伴侣。基于《暴力保护法》第 2 条的房

---

⑱杜塞尔多夫法院裁判,载《新法学周刊》,1980 年,第 458 页;科隆法院裁判,载《新法学周刊》,1980 年,第 1531 页、第 1532 页右栏;科隆法院裁判,载《州高等法院民事裁判集》,1988 年,第 338 页;杜塞尔多夫州法院裁判,载《新法学周刊》,1979 年,第 1990 页;蒂尔加滕(Tiergarten)地方法院裁判,载《新法学周刊》,1979 年,第 1552 页;施耐德,载《新法学周刊》,1980 年,第 2377 页、第 2379 页;贝尔,载《新法学周刊》,1992 年,第 2125 ~ 2127 页;也可参见明希,载《新法学周刊》,1993 年,第 1181 页。

⑲很有争议!有代表性的参见席尔肯:《慕尼黑〈民事诉讼法〉评注》,第 885 条,边码 9.10;鲍尔/施蒂尔纳,《案例》,案例 11,旧版中有进一步的证明。

⑳联邦最高法院裁判,载《新法学周刊》,2004 年,第 3041 页以下处有进一步证明(对此参见弗而茨曼—施蒂克尔布洛克(Völzmann - Stickelbrock),载《民事诉讼法杂志》,第 118 卷,2005 年,第 106 页及以下;相同的参见,柏林高等法院裁判,载《新法学周刊裁判报告》,1994 年,第 713 页;奥尔登堡法院裁判,载《新法学周刊裁判报告》,1994 年,第 715 页;科隆法院裁判,载《德国法院执行员报》,1997 年,第 119 页、第 121 页;杜塞尔多夫法院裁判,载《德国法院执行员报》,1998 年,第 140 ~ 141 页;耶拿法院裁判,载《新法学周刊》,2002 年,第 214 页;美因河畔法兰克福法院裁判,载《住宅经济与租赁法》,2003 年,第 640 ~ 641 页;斯坦/约纳斯:《德国民事诉讼法》评注,布莱姆,第 885 条,边码 15;策勒/施特贝尔,第 885 条,边码 6。

屋交付的执行同样依据第885条实行,而非依据《非诉事件法》第33条(《非诉事件法》第64b条第4款)。㉑ 实质上更难解决的是针对居住共同体(Wohngemeinschaft)或房屋占有人(Hausbesetzer)的迁出执行(Räumungsvollstreckung)这一现实问题。原则上说,针对每个个人都需要一项执行名义,因为不能类推适用第885条第2款,同样也不能适用第739条(边码7.38、边码19.9)。如果居住共同体成员或者房屋占有人总是不变或可识别,则可以针对每个人做出一个执行名义㉒。只要有人员变动,则必须在执行名义的种类上另想办法。只要根据在执行那一刻的居留情况可以对【执行】债务人身份进行改写,即允许针对房屋占有人作出所谓的针对"不可识别之人"的暂时迁出名义(Räumungstitel)。㉓ 否认这一可能的法律路径,就意味着拒绝给予法律保护(Rechtsverweigerung),会导致与《德国基本法》第14条以及法治国原则不相符的结果。在没有禁止之私力而由变化的成员居住的居住共同体情况下,签发暂时迁出名义则不合法(第940a条);原告必须通过代宣誓保证为起诉做好准备,从而达到确认债务人身份、禁止接收新成员等效果(边码53.28)。

㉑对此参见哈纳克,载《德国法院执行员报》,2002年,第65页、第67页及以下。

㉒不同观点,参见弗莱堡州法院裁判,载《住宅经济与租赁法》,1989年,第571页;柏林州法院裁判,《土地所有权》,1990年,第1043页;诺伊斯(Neuss)地方法院裁判,载《新法学周刊》,1985年,第2427页:如果不存在单独的占有权,则可能进行腾房执行。与此节相同之观点,参见策勒/施特贝尔,第885条,边码10以下;鲍姆巴赫/哈特曼,第885条,边码15处有进一步证明;柏林高等法院裁判,载《新法学周刊裁判报告》,1994年,第713~714页;科隆法院裁判,载《德国法月刊》,1997年,第782~783页;杜塞尔多夫法院裁判,载《德国法院执行员报》,1998年,第140~141页;在隐匿的特殊情况下进行执行:汉堡法院裁判,载《新法学周刊》,1992年,第3308页。

㉓否定的观点,参见汉诺威州法院裁判,载《新法学周刊》,1981年,第1455页;克雷菲尔德州法院裁判,载《新法学周刊》,1982年,第289页;科隆法院裁判,载《新法学周刊》,1982年,第1888页;罗森贝格/高尔/席尔肯,第70节Ⅱ 2 b;也可参见卡塞尔州法院裁判,载《德国法院执行员报》,1990年,第141页;利斯肯(Liesken),载《新法学周刊》,1982年,第1136页,以及拉施克/凯斯勒(Raeschke/Kessler),载《新法学周刊》,1981年,第663页;盖斯勒,载《德国法院执行员报》,1987年,第65页、第68页。与此节相同之观点还有舍雷尔,载《德国法院执行员报》,1993年,第132页;也可参见格兰(Gerland),载《德国法院执行员报》1991年,第182页。还可参见边码53.28。

与执行名义问题相区别的是：如果法院执行员被拒绝进入住宅，在何种情况下有必要针对特定人签发一项法官之准许（richterliche Erlaubnis）（边码8.18）。

2. 转租

针对承租人签发的迁出名义在任何情况下都不对次承租人发生效力。对次承租人需要单独提起诉讼并强制执行。㉔ 39.11

3. 执行保护

迁出房屋情况下的执行保护由诉讼法院或地方法院（Amtgericht）根据第721条、第794a条进行。㉕ 另外，债务人还可以依据第765a条规定向执行法 39.12

㉔联邦最高法院裁判，载《新法学周刊裁判报告》，2003年，第1450页、第1451页处有进一步证明；策勒法院裁判，载《新法学周刊裁判报告》，1988年，第913页；策勒/施特贝尔，第885条，边码12；鲍姆巴赫/哈特曼，第885条，边码17；部分不同观点参见席尔肯：《慕尼黑〈民事诉讼法〉评注》，第885条，边码7（依据第727条改写执行名义的可能性）。

㉕对此参见米勒，载《德国法月刊》，1971年，第253页；布希（Buche），载《德国法月刊》，1972年，第189页；埃森州法院裁判，载《德国司法辅助员》，1971年，第323页；图宾根州法院裁判，载《法学教育》，1971年，第45页。对于第721条，关键的是（建筑）实际作为住宅空间在使用：参见吕贝克州法院裁判，载《租赁法与空间法杂志》，1993年，第223页；但在第940a条的情况下不适用第721条：汉堡州法院裁判，载《新法学周刊裁判报告》，1993年，第1233页。关于——相对于第765a条——第794a条变更了的前提条件：参见海尔布隆州法院裁判，载《德国司法辅助员》，1992年，第528页；在原本的腾房期限期间出现新情况对于第794a条（的适用）是必要的：参见萨尔布吕肯州法院裁判，载《住宅经济与租赁法》，1992年，第698页；基尔州法院裁判，载《住宅经济与租赁法》，1992年，第492页。

院申请延期执行。[26] 强制执行法上的延期可能性可以与实体法上的保护规定并存(《德国民法典》第564b条以下、第556a条以下)。[27] 第二次强制执行修正案新条文第765a条第3款试图利用除斥期间(Ausschlussfrist)(腾房期限前两周)来防止滥用保护之申请[28]——这完全是不适当的!

如果执行债务人有无家可归的风险,则他可以通过秩序部门(Ordnungsbehörde)重新被安置进房屋。[29] 这种安置行为会引起强制执行的

㉖参见《联邦宪法法院判例集》,第52卷,第214页及以下(批判性观点参见边码7.44);美因河畔法兰克福法院裁判,载《德国司法辅助员》,1981年,第24页;柏林高等法院裁判,载《德国法月刊》,1986年,第1033页(在成功腾房之后)。在严重干涉生存权与身体完整权的情况下,第765a条在仔细调查之后也例外地允许进行持续性的腾房保护:参见联邦宪法法院裁判,载《新法学周刊》,1991年,第3207页;1992年,第1155页、第1378页;1994年,第1272页、第1719页;1998年,第295页、第296页左栏;《新法学周刊判例报告》,2001年,第1523页;载《德国司法辅助员》,2005年,第614页;也可参见联邦宪法法院裁判,载《新法学周刊》,2003年,第882页。对此参见宾多卡特(Bindokat),载《新法学周刊》,1992年,第2872页;松嫩沙因,载《新法学周刊》,1993年,第161页、第172页;施耐德,《法学办公室》,1994年,第321页;瓦尔克/格鲁斯(Gruß),载《新法学周刊》,1996年,第352页;科隆法院裁判,载《新法学周刊》,1993年,第2248页;载《新法学周刊》,1994年,第1743页;美因河畔法兰克福法院裁判,载《新法学周刊裁判报告》,1994年,第81页;施塔德州法院裁判,载《租赁法与空间法杂志》,1993年,第339页;海尔布隆州法院裁判,载《德国司法辅助员》,1993年,第501页。关于第765a条的改变,参见马克瓦特,载《德国法院执行员报》,1993年,第17页;席尔肯,载《德国司法辅助员》,1994年,第138页、第142页;批判观点参见耶瑟(Jesse),载《德国法院执行员报》,1993年,第85页。也可参见边码7.3以及边码47.2、边码47.3。

㉗参见斯图加特法院裁判,载《州高等法院民事裁判集》,1969年,第14页;瓦尔克/格鲁斯,载《新法学周刊》,1996年,第352页;关于《德国民法典》第574条的社会条款参见弗兰克(Franke),载《租赁法与空间法杂志》,1993年,第93页(旧法)。

㉘对此参见科尔巴赫-马塔尔(Kollbach-Mathar),载《租赁法与空间法杂志》,2000年,第1页、第6页;舒尔特斯,载《德国法院执行员报》,1999年,第1页、第2页;韦尔格赫(Welghe),载《新租赁法与住宅法杂志》,2000年,第1147页、第1150页及以下。

㉙参见伍珀塔尔州法院裁判,载《德国法院执行员报》,1991年,第26页;吉森州法院裁判,载《德国法院执行员报》,1990年,第73页。

暂时中止。随着安置时间的过去,债权人可以重新依据旧的执行名义执行。[30] 同样,象征性的迁出房屋并不能使执行名义效力消耗殆尽。[31] 总之,房屋的迁出执行困难重重,正如人们从法政策角度可能作出的评判一样。债权人可以使迁出执行名义丧失效力。[32]

4. 动产的预先处理

迁出执行过程中必须要对那些在土地上的、不是执行标的物的动产进行
预先处理,即那些既不是从物,也不是因同时应收取的债权或因产生的费用 39.13
而应当被扣押的动产。法院执行员需要将这些物单独分开并交与债务人,[33] 这也同样适用于第三人(如所有权保留的卖方)对房屋内物品享有所有权的

[30]达姆施塔特州法院裁判,载《德国法院执行员报》,1989 年,第 24 页;弗莱堡州法院裁判,载《德国法院执行员报》,1989 年,第 155 页;达姆施塔特州法院裁判,载《德国法院执行员报》,1993 年,第 154 页;埃尔旺根(Ellwangen)州法院裁判,载《德国法院执行员报》,1993 年,第 11 页;海尔布隆州法院裁判,载《德国法院执行员报》,1993 年,第 43 页;策勒/施特贝尔,第 885 条,边码 36;布罗克斯/瓦尔克,边码 1061。

[31]伍珀塔尔州法院裁判,载《德国法院执行员报》,1991 年,第 26 页;弗莱堡州法院裁判,载《德国法院执行员报》,1989 年,第 155 页;也可参见席尔肯:《慕尼黑〈民事诉讼法〉评注》,第 885 条,边码 20;策勒/施特贝尔,第 885 条,边码 36 处有进一步证明;布罗克斯/瓦尔克,边码 1061;帕夫洛夫斯基,关于迁出、腾房名义的使用,载《德国法院执行员报》,1992 年,第 97 页。

[32]哈姆法院裁判,载《新法学周刊》,1982 年,第 341 页;也可参见明斯特州法院裁判,载《德国法院执行员报》,1989 年,第 156 页;美因河畔法兰克福地方法院裁判,载《新法学周刊裁判报告》,1988 年,第 204 页;达姆施塔特州法院裁判,载《德国法院执行员报》,1993 年,第 154 页:通过执行对抗之诉使权利失效。

[33]例外情况下可以让物留在债权人处;乌尔姆州法院裁判,载《德国法院执行员报》,1990 年,第 123 页;伍珀塔尔州法院裁判,载《德国法院执行员报》,1987 年,第 12 页;阿恩斯贝格州法院裁判,载《德国法院执行员报》,1984 年,第 30 页。

情况(有争议)。具体参见第885条第2款至第4款。[34] 1999年第二次强制执行法修正案在第885条第3款第2句以及第4款中规定,如果债务人不在两个月内支付费用取回物品或者要求返还不可扣押物,则法院执行员可以直接将其变价;该规则也适用于销毁无价值物品的情况。总的来说,这是一条有利于简化法院执行员工作的可喜的新规则。依通说,第885条第2款至第4款的规则也同样适用于动物。[35] 实施强制执行的出租人可对承租人的动产

[34]参见诺亚克,载《德国司法辅助员》,1968年,第42页;关于运输与储存的费用:参见卡尔斯鲁厄法院裁判,载《德国司法辅助员》,1974年,第408页;柏林高等法院裁判,载《德国法月刊》,1975年,第235页;汉堡州法院裁判,载《德国法月刊》,1973年,第593页;埃森州法院裁判,载《德国法月刊》,1974年,第762页;纽伦堡—菲尔特州法院裁判,载《德国法院执行员报》,1988年,第175页;埃森州法院裁判,载《德国法院执行员报》,1989年,第153页;柏林州法院裁判,载《德国法院执行员报》,1990年,第71页;乌尔姆州法院裁判,载《德国法院执行员报》,1990年,第123页;杜伊斯堡州法院裁判,载《新租赁法与住宅法杂志》,1998年,第303页;阿利施,载《德国法院执行员报》,1979年,第5页及以下;E. 施耐德,载《德国法院执行员报》,1982年,第1页及以下。债权人原则上对于所有通过腾房委托产生的费用都应负责:参见科布伦茨州法院裁判,载《德国法院执行员报》,1992年,第30页;另参见美因河畔法兰克福州法院裁判,载《德国法院执行员报》,1994年,第43页。因此,债权人依照第788条享有费用偿还请求权(边码49.7)。关于徒然花费的腾房费用,参见盖斯勒,载《德国法院执行员报》,1992年,第83页;席尔肯,载《德国法院执行员报》,1993年,第1页。关于腾退财产变价的管辖权,参见纽伦堡州法院裁判,载《德国司法辅助员》,1992年,第307页。

[35]策勒/施特贝尔,第885条,边码19;托马斯/普曾/普曾,第885条,边码13;鲍姆巴赫/哈特曼,第885条,边码27;布罗克斯/瓦尔克,边码1057;洛里茨,载《德国法院执行员报》,1997年,第150页、第152页;布劳恩,载《法学家杂志》,1997年,第574页,第575页;里戈尔,载《德国法月刊》,1999年,第1363页、第1364页。不同观点,参见卡尔斯鲁厄法院裁判,载《新法学周刊》,1997年,第1789页;盖斯勒,载《德国法院执行员报》,1995年,第145页以下,实践中债权人要求的数额可能很高的动物安置费用的垫付(奥尔登堡州法院裁判,载《德国法院执行员报》1995年,第44页,110000马克;英戈尔施塔特(Ingolstadt)州法院裁判,载《德国法院执行员报》,1997年,第167页,100000马克)可能大大降低执行可能性——有疑问(参见盖斯勒,载《德国法院执行员报》,1995年,第145页、第146页左栏)。

享有出租人质权(边码 39.15);[36]债权人可以相应地限制执行之委托(Vollstreckungsauftrag)。[37]

与第 885 条第 2 款、第 4 款中涉及的情形需要区分的是,债务人被判令腾出土地并拆除其在土地上建造的建筑物(例如窝棚)。在这里,第一部分应当依照第 885 条第 1 款而第二部分应当依据第 887 条实施执行。[38] 不过,为了使债务人从越界建筑的土地上,也即从建筑物中迁出,有一项迁出执行名义就已足够[39](也可参见边码 39.6)。

(三)第三人持有

1. 返还请求权的扣押和转付

如果被告被判令返还的动产或不动产由不愿意返还原物的第三人持有,则实施强制执行便有困难。这种情况下,债权人可以扣 39.14
押债务人对第三人享有的返还请求权并将其转付到自己名下(第 886 条)。[40] 这也同样适用于债权人享有物的给付(购置)请求权并且该物在第三人处的情况。[41] 因此,该物应当返还于债权人,而非法院执行员或财产管理人(Sequester)。

这里不涉及如依据第 846 条以下规定那样进行的因金钱债权引起的对返还请求权的强制执行。依据第 886 条进行的强制执行是为债权人直接实

[36]对此参见柯尼希斯温特(Königs 温特)地方法院裁判,载《德国法院执行员报》,1982 年,第 174 页;柏林州法院裁判,载《德国法院执行员报》,1986 年,第 156 页;E. 施耐德,载《德国法院执行员报》,1982 年,第 73 页。

[37]联邦最高法院裁判,载《德国法院执行员报》,1993 年,第 88 页、第 89 页左栏。

[38]联邦最高法院裁判,载《新法学周刊裁判报告》,2005 年,第 212 页(法院执行员没有拆除的权限);策勒法院裁判,载《新法学周刊》,1962 年,第 525 页;哈姆法院裁判,载《新法学周刊》,1965 年,第 2207 页。

[39]不同观点,参见杜塞尔多夫法院裁判,载《法学家杂志》,1961 年,第 293 页,附有亨克尔评论。

[40]参见诺亚克,载《德国法院执行员报》,1978 年,第 97 页、第 101 页。

[41]柏林高等法院裁判,载《法学周报》,1927 年,第 1445 页。

现返还所欠之物;相反,依据第 846 条进行请求权扣押则只会引起以变价为目的将物品交给法院执行员的法律后果(比较上文边码 31.8)。[42]

2. 出租人质权

39.15 如果要交付的物上负担有出租人质权,则出租人可以对法院执行员取走物的行为提出异议[43](《德国民法典》第 562 条以下,第 562d 条,有争议;另一些观点认为应适用第三人异议之诉或准用第 815 条第 2 款)。这在原则上也适用于出租人自己基于迁出执行名义实施执行而法院执行员想依据第 885 条第 2 款至第 4 款程序处理的情况[44](边码第 39.13)。

(四)所有权让与执行名义(Titel auf Übereignung)情况下的返还

39.16 如果执行名义上载明的是动产所有权让与(《德国民法典》第 929 条),那么债务人在实体法上有义务作出所有权让与表示并交付动产;其中前者依据第 894 条(参见下文第 41 节),后者通过由法院执行员依第 883 条取走物来实现强制执行(也可参见第 897 条)。相反,土地的转让不需要改变占有,只要通过不动产所有权让与表示与登记入土地登记簿即可完成;只有当转让之外还涉及返还土地时(如依据《德国民法典》第 433 条),才需要依据第 885 条进行迁出执行。重要的是,原告在审判程序中需提出能够实现完全执行的正确的诉请,如不能忘了提出原物返还的诉请。(此时律师要承担责任!)

---

[42]有趣的观点,参见联邦最高法院裁判,载《新法学周刊》,1979 年,第 2045 页(参见边码 31.4);在土地抵押证书返还执行的框架下将辅助性扣押与第 846 条以下的扣押混淆。

[43]盖斯勒,载《德国法院执行员报》,1987 年,第 65 页、第 69 页以下处有进一步证明。

[44]联邦最高法院裁判,载《德国法院执行员报》,2003 年,第 88 页。

第四十章　为实现作为与不作为进行的强制执行

文献指引：迪特里希：《个别执行》，1976 年；盖哈特：《作为执行（Handlungsvollstreckung）——一项针对调查结果（Befund）与发展趋势的评述》，载《联邦最高法院纪念文集》，第 3 册，2000 年，第 463 页；布伦斯：《有利于债权人的强制金——欧洲未来的模式？》，载《民事诉讼法杂志》，第 118 卷，2005 年，第 3 页。**关于作为执行**：参见 M. 沃尔夫，载《法学家杂志》，1963 年，第 434 页（劳动给付请求权）；诺伊曼 – 杜依斯贝格（Neumann – Duesberg），载《新法学周刊》，1964 年，第 748 页；古伦斯基，载《法学教育》，1973 年，第 553 页；古伦斯基，载《民事诉讼法杂志》，第 95 卷，1982 年，第 264 页（通过债务人借贷实现金钱债权）；E. 施耐德，载《德国法月刊》，1975 年，第 279 页；F. 里特，载《民事诉讼法杂志》，第 84 卷，1971 年，第 163 及以下（事实主张（Tatsachenbehauptung）之撤回）；席尔肯，载《法学评论》，1976 年，第 320 页及以下（第三人协作）；W. G. 米勒：《返还执行与作为执行的关系》，1978 年；皮特斯，载《布伦斯纪念文集》，1980 年，第 285 页；吕克，载《恩斯特 · 沃尔夫祝寿文集》，1985 年，第 459 页；比朔夫（Bischoff），载《新法学周刊》，1988 年，第 1957 页（强制执行中的履行抗辩）；Geißler JuS 1988，452（保证豁免请求权）；ders.，载《法院执行员杂志》，1988，17（颁发劳动证书的请求权）；高尔，载《支付不能法杂志》，1989 年，第 3 页及以下（信贷额度的扣押）；比特纳，载《家庭法杂志》，1992 年，第 629 页（信息提供与账目公告名义的执行);胡贝尔,载《梅尔茨祝寿文集》,1992 年,第 229 页(履行抗辩);席尔肯,载《高尔祝寿文集》,1997 年,第 667 页(履行抗辩);舒施克,载《经济法杂志》,2001 年,第 1084 页(信贷额度的扣押);克洛泽(Klose),载《德国法月刊》,2002 年,第 186 页(信贷额度的扣押)。**关于不作为的执行**:a)概述:库恩特(Kuhnt),载《德国法》,1941 年,第 2369 页;冯·加姆(v. Gamm),载《新法学周刊》,1955 年,第 1346 页;格平格尔(Göppinger),载《新法学周刊》,1967 年,第 177 页;托伊尔考夫,载《泛亲属法杂志》,1964 年,第 487 页和载《民事诉讼法杂志》,第 78 卷,1965 年,第 215 页;伯姆:《〈民事诉讼法〉第 890 条的强制执行》,1971 年;耶利内克(Jelinek):《实施不作为的强制执行》,1974 年(对此参见盖哈特,载《民事诉讼法杂志》,第 90 卷,1977 年,第 431 页);布莱姆,载《民事诉讼法杂志》,第 89 卷,第 1976 年,第 178 页及以下(清理义务);帕斯托尔(Pastor):《〈民事诉讼法〉第 890 条的不作为执行》,1982 年,第 3 版;克拉默:《竞争法中的法官不作为执行名义》,1982 年;汉森斯(Hansens),载《法学办公室》,1985 年,第 653 页(一次的违反义务行为);高尔,载《法律与实务中的竞争》,1988 年,第 215 页(非专利技术);阿尔特梅彭(Altmeppen),载《经济法、银行法与证券通讯杂志》,1989 年,第 1157 页(依赖于提供担保);博尔克:《依据〈民事诉讼法〉第 890 条,针对不作为处分的违反行为何时开始可处罚?》,载《法律与实务中的竞争》,1989 年,第 360 页;曼科沃斯基(Mankowski),载《法律与实务中的竞争》,1996 年,第 1144 页[放弃继续之关联(Fortsetzungszusammenhang)];Borck WRO 2000 年,第 9 页(错误的执行名义);舒施克,载《法律与实务中的竞争》,2000 年,第 1008 页(继续之关联);舒马赫(Schumacher),载《泛亲属法杂志》,2002 年,第 645 页(暴力保护法);罗伊斯(Ruess),载《新法学周刊》,2004 年,第 485 页(执行名义之消灭)。b)与刑罚的关系:迈尔(Meyer),载《德国法月刊》,1956 年,第 577 页;舒尔茨,载《新法学周刊》,1963 年,第 1095 页;舍佩尔(Schoper),载《新法学周刊》,1963 年,第 1764 页;托伊尔考夫,载《民事诉讼法杂志》,第 77 卷,1964 年,第 298 页;阿多迈特(Adomeit),载《新法学周刊》,1967 年,第 1994 页及以下;林达赫尔,载《民事诉讼法杂志》,第 85 卷,1972 年,第 239 页;齐雷斯(Zieres),载《新法学周刊》,1972 年,第 751 页;布劳纳特(Braunert),载《支付不能法杂志》,1994 年,第 441 页。进一步文献参见正文。

参见概览表十五。

到目前为止,所涉及的强制执行的情形以实现金钱债权或原物返还请求权为对象;法律通过将债务人的财产变价(金钱执行)或委托法院执行员为 40.1
债权人利益取走物品(原物返还执行),来保障债权人权利。在下文涉及的对作为或不作为执行的情况下,需要区分可替代(第一部分)、不可替代(第二部分)的作为与不作为(容忍;第三部分)之债。

一、对作为的执行:可替代行为

如果债权人的债权指向可替代行为,①则通过以下方式实现 40.2
强制执行:债权人经一审诉讼法院授权可以找人实施行为,费用由债务人来承担(《德国民事诉讼法》第887条、第891条):代履行(Ersatzvornahme)。

(一)可替代行为

前提是所负担的是可替代行为之债。"可替代"行为指的是所有可由债务人以外的第三人实施而不改变其经济意义的行为。这里,以债权人的利益为标准;债务人可能遇到的比如成本提高的不利因素则不能作为对抗理由。②

1. 承揽给付、服务给付以及劳动给付

只要给付不依赖于债务人的个人能力,承揽给付、服务给付与劳动给付就可
以依照《德国民事诉讼法》第887条执行:如修理车辆、修理夜间照明设备,③运送 40.3

①关于"行为"(作为)的概念,参见E.施耐德,载《德国法月刊》1975年,第279页;美因河畔法兰克福法院裁判,载《德国司法辅助员》1975年,第445页;布莱姆,载《民事诉讼法杂志》第89卷,1976年,第178页。

②《帝国法院民事裁判集》第55卷,第57页、第59页。

③柏林高等法院裁判,载《法学周报》1924年,第2038页。

并安装窗户、④建筑工作的事后补救、⑤工资⑥和佣金的计算、⑦贸易决算，只要债务人的协作无关紧要即可。⑧ 否则适用《德国民事诉讼法》第888条(参见边码40.16)。

概览表十五　因非金钱债权的请求权而进行的强制执行

<table>
<tr><th>执行方式</th><th>机构</th><th>一般过程</th><th colspan="2">特点</th></tr>
<tr><td rowspan="2">返还</td><td rowspan="2">法院执行员</td><td>取走动产，《德国民事诉讼法》第883条、第884条</td><td>不适用《德国民事诉讼法》第811条以下</td><td rowspan="2">《德国基本法》第13条</td></tr>
<tr><td>腾房并且实现不动产占有，《德国民事诉讼法》第885条</td><td>针对家庭成员(《德国民事诉讼法》第885条第2款)还是第三人的执行名义</td></tr>
<tr><td>可替代行为(可交换性)</td><td>诉讼法院(一审)</td><td>执行授权以及预付：执行费用(《德国民事诉讼法》第788条)</td><td colspan="2">作为可替代行为的劳动给付(与通说不同)；《德国民事诉讼法》第893条</td></tr>
<tr><td>不可替代行为</td><td>诉讼法院(一审)</td><td>强制金，没有事先警告情况下的次位的强制拘留(《德国民事诉讼法》第888条第1款)</td><td colspan="2">例如：答询，撤回(有争议)；不可执行的是“高度人身性”的义务(《德国民事诉讼法》第888条第2款，《德国基本法》第1条、第2条)</td></tr>
</table>

④诺伊施塔特法院裁判，载《德国法月刊》，1960年，第932页。

⑤《联邦最高法院民事裁判集》，第90卷，第354页、第360页；联邦最高法院裁判，载《新法学周刊》，1993年，第1394页；斯图加特法院裁判，载《新法学周刊裁判报告》，1999年，第792页。

⑥哈姆州劳动法院裁判，载《企业》，1983年，第2257页。

⑦科隆法院裁判，载《新法学周刊裁判报告》，1996年，第100页。

⑧茨韦布吕肯法院裁判，载《德国法院执行员报》，1998年，第9页、第10页；科隆法院裁判，载《新法学周刊裁判报告》，1998年，第716页；2003年，第33页；美因河畔法兰克福法院裁判，载《州高等法院报告》，2003年，第190页；参见边码40.13。

续表

执行方式	机构	一般过程	特点
不作为或容忍	诉讼法院（一审）	治安罚款以及——次位的——给予警告后的治安拘留(《德国民事诉讼法》第890条)	“罪刑法定”(nulla poena sine culpa)——执行名义消灭(Titelfortfall)后的秩序措施(Ordnungsmittel)——“范围狭窄”的执行名义场合的“核心理论”
意思表示	自己执行	意思表示的拟制(《德国民事诉讼法》第894条)或程序行为的拟制(例如《土地登记法》第19条)	判决的既判力——同时履行执行名义情况下的条款签发(《德国民事诉讼法》第894条第1款第2句,第726条、第730条)——转让时的特别规则(《德国民事诉讼法》第897条、第898条)

2. 表示与意思表示

对于作出意思表示的义务原则上适用《德国民事诉讼法》第894条的规定(作出之拟制)。但对于意思表示和其他表示来说,有时也可能依据《德国民事诉讼法》第887条或第888条实施执行,⑨尤其是在不特定内容的表示、法律行为性质的行为或认知表示(Wissenserklärung)的情况下。 40.4

(1)特定意思表示的作出,《德国民事诉讼法》第894条

如果判决要求作出内容确定的意思表示,如不动产所有权让与表示的作出、同意涂销(Löschungsbewilligung)的作出等,只适用《德国民事诉讼法》第894条。

---

⑨对于很有争议的区分,参见斯坦/约纳斯:《德国民事诉讼法》评注,布莱姆,第887条,边码13及以下,进一步参见边码41.5。

(2)可替代行为,《德国民事诉讼法》第 887 条

相反,第 887 条适用于准法律行为(例如提供一份账簿节录),⑩或者在内容不确定的法律行为性质的表示(rechtsgeschäftliche Erklärung)只是在补充一个行为时(例如判决一名建筑师建造交付即可入住的房屋)、⑪在法律行为性质的行动之效果可以由任一第三人实现时(例如判决第三人通过付款消灭抵押)、⑫或在分割存款额度信息的提供以专家进行价值评估为前提时适用。⑬ 在通常只有获得债务人授权才能做出表示的情况下会产生特别的争议问题:法院授权是否能替代债务人授权?司法实践在比如签发票据或背书的情况下肯定了这一点。⑭ 在类推《德国民事诉讼法》第 836 条第 3 款第 2 句、第 3 句的辅助扣押框架内,对扣押未来税款归还请求权之后作出纳税申报(Steuererklärung)的义务的强制执行,联邦最高法院也考虑适用第 887 条。⑮

(3)不可替代行为,《德国民事诉讼法》第 888 条

第 888 条适用于只有债务人可以作出表示并且不适用——大多由于缺

---

⑩哈姆法院裁判,载《新法学周刊》,1965 年,第 1387 页;汉堡法院裁判,载《德国法月刊》,1968 年,第 932 页;卡尔斯鲁厄法院裁判,载《州高等法院民事裁判集》,1973 年,第 374 页;科布伦茨法院裁判,载《新法学周刊裁判报告》,1994 年,第 358 页处有进一步证明;施蒂尔纳,《民事诉讼当事人的说明义务》,1976 年,第 340 处有进一步证明;但也可参见边码 40.13。

⑪科隆法院裁判,载《企业顾问》,1972 年,第 1030 页;类似的,参见维尔茨堡州法院裁判,载《德国司法辅助员》,1980 年,第 160 页(手工业者的工作)。

⑫柏林高等法院裁判,载《法学评论》,1952 年,第 440 页;达姆施塔特州法院裁判,载《德国法月刊》,1958 年,第 110 页。

⑬科隆法院裁判,载《新法学周刊裁判报告》,2003 年,第 33 页;类似的,参见科隆法院裁判,载《法律办公室》,1995 年,第 550 页(通过专家鉴定获取信息)。

⑭《帝国法院民事裁判集》,第 156 卷,第 164 页、第 170 页;不同观点,例如斯坦/约纳斯:《德国民事诉讼法》评注,布莱姆,第 887 条,边码 13:第 888 条;还可参见边码 41.5。

⑮《联邦最高法院民事裁判集》,第 157 卷,第 195 页、第 205 页(有疑问);还可参见边码 30.4。

乏确定性——《德国民事诉讼法》第 894 条；例如提供信息（边码 40.13）；不可撤销地指定债权人作为人身保险受益人；⑯授予律师以诉讼代理权，但并未进一步指定哪位律师。⑰ 相反，在涉及撤回损害名誉言论时，第 894 条则是更好的执行方式（有争议，⑱参见边码 41.4）。

3. 原物返还执行与迁出执行，《德国民事诉讼法》第 883 条以下

在返还不可替代物有前置行为义务（如生产或购置）的场合，如果存在作为的执行名义，该行为义务可以独立于原物返还被执行（边码 39.6）。迁出不动产总是依据第 885 条执行，因此，不存在依据第 887 条进行的迁出不动产的执行。⑲ 可能的是，同时签发一项不作为的执行名义，以禁止再次踏入不动产，该执行名义应当依照第 890 条规定执行。⑳

---

⑯科隆法院裁判，载《德国法月刊》，1975 年，第 486 页。

⑰联邦最高法院裁判，载《新法学周刊》，1995 年，第 463 页。

⑱支持第 888 条的，参见萨尔布吕肯法院裁判，载《法律办公室》，1987 年，第 937 页；茨韦布吕肯法院裁判，载《新法学周刊》，1991 年，第 304 页；科隆法院裁判，载《德国法月刊》，1992 年，第 184 页；美因河畔法兰克福法院裁判，载《德国法月刊》，1998 年，第 986 页；纽伦堡法院裁判，载《州高等法院报告》，2001 年，第 329 页；席尔肯：《慕尼黑〈民事诉讼法〉评注》，第 888 条，边码 5；支持第 894 条的，例如美因河畔法兰克福法院裁判，载《法学家杂志》，1974 年，第 62 页；载《新法学周刊》，1982 年，第 113 页；卡尔斯鲁厄法院裁判，载《州高等法院民事裁判集》，1985 年，第 124 ~ 125 页；哈姆法院裁判，载《新法学周刊裁判报告》，1992 年，第 634 ~ 635 页；克勒（Köhler），载《新法学周刊》，1992 年，第 141 页；也可参见施蒂尔纳，《第 58 届德国法律工作者大会会议论文集》，1990 年，第 A 71 页；未有定论，慕尼黑法院裁判，载《州高等法院报告》，2002 年，第 407 页；策勒法院裁判，载《支付不能和执行》，2002 年，第 301 页。

⑲联邦最高法院裁判，载《经济法、银行法与证券通讯杂志》，2004 年，第 1197 页处有进一步证明。

⑳某种程度上失败的，参见格拉德贝克（Gladbeck）地方法院裁判，载《泛亲属法杂志》，1992 年，第 589 页处有进一步证明；也可参见伊策霍州法院裁判，载《泛亲属法杂志》，1987 年，第 176 页；柏林高等法院裁判，载《泛亲属法杂志》，1987 年，第 1290 页以下；进一步参见边码 40.13。

4. 债务豁免请求权

40.5 通说认为,也可以依据第 887 条的规定实现对债务豁免请求权的执行;[21]但如果负有豁免金钱债务的义务,依据第 803 条以下实施执行更优。[22]

5. 持续性义务

40.6 为可替代行为的持续性义务,例如定期清理地毯或运营集中供暖,应依照第 887 条的规定实施执行。[23] 这里为判例偶尔所采用的不作为执行[24]并没有包含在执行名义中,并且也不实用,因为在每次不实施某种行为的情况下都必须施加秩序措施。

---

[21]联邦最高法院裁判,载《新法学周刊》,1983 年,第 2438 页;哈姆法院裁判,载《企业》,1984 年,第 1824 页;萨尔布吕肯法院裁判,载《法律办公室》,1990 年,第 1681 页;柏林高等法院裁判,载《新法学周刊裁判报告》,1999 年,第 793 页。

[22]参见上文边码 27.03 处有进一步证明;进一步参见美因河畔法兰克福法院裁判,载《德国司法辅助员》,1975 年,第 329 页;联邦劳动法院裁判,载《支付不能法杂志》,1976 年,第 143 页;杜塞尔多夫法院裁判,载《德国法月刊》,1980 年,第 410 页;格哈特,《豁免请求权》,1966 年,第 13 页及以下;里梅尔施帕赫,载《法学评论》,1976 年,第 183 页;盖斯勒,载《法学教育》,1988 年,第 452 页;不同观点,参见慕尼黑法院裁判,载《州高等法院报告》,1996 年,第 94 页;载《新法学周刊裁判报告》,1998 年,第 1769 页;科隆法院裁判,载《州高等法院报告》,2002 年,第 20 页;瑙姆堡法院裁判,载《州高等法院报告》,2003 年,第 568 页。

[23]哈姆法院裁判,载《新法学周刊》,1973 年,第 1135 页;科隆法院裁判,载《租赁法与空间法杂志》,1994 年,第 324 页;载《德国法月刊》,1995 年,第 95 页;斯坦/约纳斯:《德国民事诉讼法》评注,布莱姆,第 887 条,边码 11;布罗克斯/瓦尔克,边码 1067。

[24]科布伦茨州法院裁判,载《新法学周刊裁判报告》,1986 年,第 506 页以下;不来梅州法院裁判,载《住宅经济与租赁法》,1989 年,第 446 页;柏林州法院裁判,载《住宅经济与租赁法》,1994 年,第 552 页;例外情况也可参见杜塞尔多夫法院裁判,载《新法学周刊裁判报告》,1997 年,第 648 页(在持续性义务即将消灭的场合——应被否定!);关于选择权,托马斯/普曾,第 887 条,边码 1c。

6.第三人协助

40.7 如果在实施可替代行为的情况下需要第三人的参与协作，而代履行（Ersatzvornamhe）无法替代应由债务人负责的协作行为，则应依照第888条执行（参见边码40.14），如在修补墙洞时，对于进入债务人的承租人的房间的同意。㉕ 但如果第三人自愿共同协作或者债权人可以针对第三人获得一项容忍的执行名义，则依照第887条实施执行也是有可能的。

7.在外国实施

40.8 关于在外国代履行的问题，参见边码55.38以下、边码57.17。

8.个别情形

提出结算，只要不是会计人员应作出有拘束力的表示；㉖通过银行保证进行的担保之提供；㉗家庭宠物的抛弃；㉘提供担保请求权；㉙工资结算。㉚

㉕《巴伐利亚州最高法院民事判例集》，1988年，第440页（有争议；也可以考虑产生于第888条、第887条的联合执行）；也可参见杜塞尔多夫法院裁判，载《德国法月刊》，1991年，第260～261页；慕尼黑法院裁判，载《新法学周刊裁判报告》，1992年，第768页；斯图加特法院裁判，载《新法学网上杂志》，2005年，第69页、第71页；边码40.12，边码40.14。

㉖巴特斯特海姆（Bad Dürkheim）地方法院裁判，载《租赁法与空间法杂志》，1986年，第447页（附加费用计算）；巴伐利亚州最高法院裁判，《住宅所有权》，1989年，第184页；科隆法院裁判，载《新法学周刊裁判报告》，1996年，第100页；也可参见边码40.13。

㉗茨韦布吕肯法院裁判，载《德国法月刊》，1986年，第1034页；科隆法院裁判，载《德国法月刊》，1989年，第169页。

㉘汉堡州法院裁判，载《新法学周刊裁判报告》，1986年，第158页。

㉙杜塞尔多夫法院裁判，载《泛亲属法杂志》，1984年，第707页；如果金钱提存的请求权具体化了，则依据第803条以下进行执行（有争议）。

㉚哈姆州劳动法院裁判，载《企业》，1983年，第2257页。

(二)由债务人承担费用而实施行为

40.9 可替代行为可通过如下方式实现:债权人由一审诉讼法院授权,以债务人承担费用的方式自己实施行为或找人实施(第887条第1款)。[31] 依申请可以判决债务人提前支付费用。[32] 依第887条第2款的规定,债权人还可以要求追加费用。追加的费用同样也是执行费用(第788条)。[33]【债务人】预支费用的裁决适用金钱债权执行(第794条第1款第3项、第803条以下);债权人可以直接一并执行追加费用(第788条第1款),或者在诉讼法院的费用确定程序中要求确定费用数额,以便执行费用确认裁定(第794条第1款第2项;也可参见边码49.7、边码49.8)。债权人只能要求必要费用[34](边码49.6)。

㉛当更高审级的法律诉讼现在或曾经悬而未决,则一审诉讼法院也具有管辖权;参见联邦最高法院裁判,载《新法学周刊》,2002年,第754页、第755页。在可执行文书场合,从合乎事理的角度出发更应当类推适用第797条第5款一般的债务人法院管辖权,不应当类推适用第797条第3款在公证地的初级法院的管辖权;不同观点,参见策勒/施特贝尔,第887条,边码6;穆谢拉克/拉克曼,第887条,边码18。如果在临时法律保护程序中由合议庭裁决,则即便主要事项已经移交独任法官,合议庭也仍对授权有管辖权;参见科布伦茨法院裁判,载《新法学周刊裁判报告》,2002年,第1724~1725页(关于第890条)。

㉜杜塞尔多夫法院裁判,载《公、私法中的建筑法杂志》,1986年,第217页:因不履行而进行损害赔偿与通过代履行执行第一性给付互相排斥——基于实体法的理由即已如此!(参见《德国民法典》第281条第4款)。依据策勒法院裁判,载《新法学周刊裁判报告》,2005年,第1013页,针对签发了执行名义的预付请求权原则上不能进行抵销。

㉝哈姆法院裁判,载《州高等法院民事裁判集》,1972年,第311页;也可参见边码49.5、边码49.7。

㉞关于在费用确定程序中进行调查,参见茨韦布吕肯法院裁判,载《德国法月刊》,1994年,第1044页,载《德国司法辅助员》,1995年,第172页。这里以理性权衡的债权人从经济角度出发觉得恰当为标准,柏林高等法院裁判,载《德国司法辅助员》,1994年,第31页(这里也有关于预付判决与费用确定之间关系的详细论述)。

授权(代履行)只有依债权人申请才能作出;对于该申请,在审判程序中适用强制律师代理(Anwaltszwang)。[35] 在申请中应当尽可能准确地描述行为[36]——有时甚至可能比执行名义更具体[37]——并表明债权人能够自己实施该行为或通过他人实施行为。[38] 债权人尽管原则上无须列出每一个详细操作步骤,[39]但如果对如瑕疵去除措施(Mängelbeseitigungsmaßnahme)的范围产生争议,则需要列明操作步骤。[40] 债权人的申请只能基于可执行文书(vollstreckbare Ausfertigung),并且在送达执行名义之后提出。法院在作出裁判之前需要对债务人进行听审;言辞辩论不是必需的(第 891 条、第 128 条第 4 款)。裁决以裁定(Beschluss)的形式作出,针对该裁定允许提出即时抗告(第 793 条)。可以找第三人实施相关行为的授权不能已经被包含在判决之中。自 1999 年第二次强制执行修正案以来,授权程序的费用不再属于执行费用(第 788 条),而是包含在对应第 91 条以下规定的特别的依职权进行的

---

[35]慕尼黑法院裁判,载《新法学周刊》,1977 年,第 909 页;纽伦堡法院裁判,载《新法学周刊》,1983 年,第 2950 页;美因河畔法兰克福法院裁判,载《泛亲属法杂志》,1987 年,第 1292 页;科布伦茨法院裁判,载《新法学周刊裁判报告》,1988 年,第 1279 页;科隆法院裁判,载《新法学周刊裁判报告》,1995 年,第 644 ~ 645 页;也可参见边码 40.17、边码 40.24。

[36]茨韦布吕肯法院裁判,载《德国法月刊》,1974 年,第 409 页;美因河畔法兰克福法院裁判,载《法律办公室》,1988 年,第 279 页;卡尔斯鲁厄法院裁判,载《司法》,1989 年,第 156 页;科隆法院裁判,载《新法学周刊裁判报告》,1990 年,第 1087 页。

[37]不同观点,杜塞尔多夫法院裁判,载《州高等法院民事裁判集》,1976 年,第 376 页;哈姆法院裁判,载《州高等法院民事裁判集》,1984 年,第 254 页;慕尼黑法院裁判,载《新法学周刊裁判报告》,1988 年,第 22 页;如这里的美因河畔法兰克福法院裁判,载《法律办公室》,1988 年,第 259 页;卡尔斯鲁厄法院裁判,载《司法》,1989 年,第 156 页;科隆法院裁判,载《新法学周刊裁判报告》,1990 年,第 1087 页;斯图加特法院裁判,载《新法学周刊裁判报告》,1999 年,第 792 页;舒施克/瓦尔克,第 887 条,边码 12 以及联邦最高法院裁判,载《新法学周刊》,1993 年,第 1395 页(执行法院对执行名义的解释)。

[38]哈姆法院裁判,载《新法学周刊》,1959 年,第 891 页。

[39]茨韦布吕肯法院裁判,载《德国法月刊》,1989 年,第 500 页。

[40]斯图加特法院裁判,载《公、私法中的建筑法杂志》,1986 年,第 490 页。

费用裁决(gesonderte amtswegige Kostenentscheidung)中(第891条第3句)。[41]相反,执行措施的费用依通说仍然属于第788条下的内容。[42]

如果债务人针对债权人的申请提出他已经实施了行为,但债权人却持有异议,则法院——只要债务人当前展示的证据材料不足以说服法院——仍应作出裁定;债务人一如既往地须——与联邦最高法院观点不同——以执行对抗之诉(Vollstreckungsgegenklage)(第767条)的方式提出抗辩。[43] 联邦最高法

㊶参见巴伐利亚州最高法院裁判,载《新租赁法与住宅法杂志》,2002年,第489页、第491页;关于旧法参见旧版。

㊷参见班贝格法院裁判,载《法律办公室》,1987年,第785页;柏林高等法院裁判,载《新法学周刊裁判报告》,1987年,第192页;科布伦茨州高等行政法院裁判,载《德国行政公报》,1986年,第288页;托马斯/普曾,第891条,边码16;席尔肯:《慕尼黑〈民事诉讼法〉评注》,第891条,边码5;策勒/施特贝尔,第891条,边码2;穆谢拉克/拉克曼,第891条,边码1。

㊸有争议的,与这里一样的,参见舒施克/瓦尔克,第887条,边码15;班贝格法院裁判,载《德国司法辅助员》,1983年,第79页处有进一步证明;科隆法院裁判,载《州高等法院民事裁判集》,1987年,第72页;1988年,第335页;慕尼黑法院裁判,载《新法学周刊裁判报告》,1988年,第22页;杜塞尔多夫法院裁判,载《德国法月刊》,1991年,第260页;科布伦茨法院裁判,载《德国法月刊》,1991年,第547页;科隆法院裁判,载《州高等法院报告》,1993年,第30页;杜塞尔多夫法院裁判,载《德国法月刊》,1996年,第309~310页;石勒苏益格法院裁判,载《石勒苏益格—荷尔斯泰因州通告》,1996年,第277页;哈姆法院裁判,载《公、私法中的建筑法杂志》,1996年,第900页、第902页;杜塞尔多夫法院裁判,载《支付不能和执行》,2002年,第32页;慕尼黑法院裁判,载《新法学周刊裁判报告》,2002年,第1034页;科隆法院裁判,载《支付不能和执行》,2002年,第379~380页;柏林高等法院裁判,载《新法学周刊裁判报告》,2003年,第214页;瑙姆堡法院裁判,载《支付不能和执行》,2003年,第204~205页;罗斯托克(Rostock)法院裁判,载《支付不能和执行》,2004年,第122~123页;不同观点(在依第891条进行的程序框架下对履行进行完全的证据调查),参见哈姆法院裁判,载《德国法月刊》,1977年,第411页;慕尼黑法院裁判,载《德国司法辅助员》,1978年,第388页处有进一步证明;纽伦堡法院裁判,载《新法学周刊裁判报告》,1995年,第63页;科隆法院裁判,载《新法学周刊裁判报告》,1996年,第100页;耶拿法院裁判,载《支付不能和执行》,2001年,第70页;卡尔斯鲁厄法院裁判,载《新法学周刊裁判报告》,2002年,第429页;茨韦布吕肯法院裁判,载《新法学周刊裁判报告》,2002年,第429页;比朔夫(Bischoff),载《新法学周刊》,1988年,第1957页;反对考虑任何履行抗辩,《帝国法院民事裁判集》,第21卷,第377页、第379页;哈姆法院裁判,载《德国法月刊》,1977年,

院最近试图将履行抗辩原则上纳入第887条规定的程序内考量，[44]这最终会导致不当且违反体系地削弱债权人的权利。目前为止统一的认识是，债务人在执行对抗之诉的框架下可以行使所有抗辩，而无须在第887条规定的程序中排除【债权人申请】；[45]联邦最高法院的新判决中提出的履行抗辩的可考量性的问题也没有改变上述认识。相反，不存在针对依第887条第2款的预付费用金额的执行对抗之诉，[46]因为此时只能采取即时抗告（sofortige Beschwerde）。

即使法院裁定已经作出，债务人同样可以像之前一样自己实施行为。[47]但如果他动摇了债权人对他的信任[48]或者债务人无法再违反债权人意思而实施行为，[49]债务人就丧失了履行的权利。

（三）债务人的抵抗

虽然债权人或者其受托人基于法院裁定的授权可以对债务人

第411页；杜塞尔多夫法院裁判，载《公、私法中的建筑法杂志》，1982年，第196页；科布伦茨法院裁判，载《德国法月刊》，1991年，第547页；策勒法院裁判，载《州高等法院报告》，1994年，第297页；慕尼黑法院裁判，载《支付不能和执行》，2001年，第33页；柏林高等法院裁判，载《支付不能和执行》，2002年，第435页。只在事实无争议的情况下支持对履行抗辩的考虑，参见哈姆法院裁判，载《州高等法院报告》，2001年，第55页；未有定论，参见联邦最高法院裁判，载《新法学周刊》，1993年，第1394～1396页；也可参见边码6.58（形式化原则）；进一步参见边码40.18、边码45.13（第767条的例子）。

[44]联邦最高法院裁判，载《新法学周刊》，2005年，第367页、第369页处有进一步证明；关于执行不可替代行为时的相同问题，参见边码40.18处有进一步证明；依据联邦最高法院的观点，基于不可能性或不可期待性的抗辩也可提起执行对抗之诉；联邦最高法院裁判，载《新法学周刊裁判报告》，2006年，第202～203页。

[45]联邦最高法院裁判，载《新法学周刊》，1995年，第3189页、第3190页左栏。

[46]联邦最高法院裁判，载《新法学周刊》，1993年，第3194页。

[47]《帝国法院民事裁判集》，第104卷，第15页；联邦最高法院裁判，载《新法学周刊》，1993年，第1394～1395页；1995年，第3189页、第3190页左栏处有进一步证明。

[48]杜塞尔多夫法院裁判，载《德国法月刊》，1982年，第61页。

[49]杜塞尔多夫法院裁判，载《州高等法院民事裁判集》，1989年，第104页。

40.10 的权利空间进行干涉,只要该干预是为实施代替行为所必需的。可以通过延请法院执行员的方式排除债务人对实施行为进行的抵抗(第892条)。但根据联邦宪法法院的判决有疑问的是:进入债务人的空间,尤其是在必须首先对行为实施的对象(如书籍)进行查找的情况下,是否无须特别法官命令(第758a条,边码8.12以下)。只有在无须进行《德国基本法》第13条意义上的搜查的情况下,才能放弃法官命令。[50]

二、对作为的执行:不可替代行为

40.11 完全取决于债务人之意愿的、不可替代的行为应当通过强制金(Zwangsgeld)或强制拘留(Zwangshaft)来敦促债务人实施[第888条第1款,所谓屈服之强制(Beugezwang)]。

如果根据民法规定(例如《德国民法典》第259条),债务人有义务在由其住所地、居留地或诉讼法院所在地区的执行法院确定的期日作出代宣誓保证,而债务人未到场或拒绝作出代宣誓保证(第889条),同样适用前述规则。

(一)不可替代行为的概念

屈服之强制只有在须实施的行为不能由第三人实施(不可替
40.12 代行为),且完全取决于债务人之意愿时才被允许。行为不可替代的是指,由第三人实施的行为不能带来与债务人实施该行为同样的法律或经济上的效果。完全取决于债务人之意愿是指,债务人可以以自己的能力——即便需要在第三人的参与辅助下——实施该行为,[51]而特别的艺术或科学方面的能力不是必需的(该能力

---

[50]海德堡地方法院裁判,载《德国法院执行员报》,1986年,第190页;斯坦/约纳斯:《德国民事诉讼法》评注,布莱姆,第892条,边码2。

[51]慕尼黑法院裁判,载《新法学周刊裁判报告》,1992年,第768页(密封作业中应采取之措施的复杂性);也可参见边码40.7。

不由“意愿”随意支配!)。

对于法律行为上的表示的执行与对其他表示的执行之间的区分已如前述(边码40.4)。

1. 实例

允许实施屈服之强制的行为实例:信息之提供,[52]账目公告,[53]通过企业 40.13

[52]慕尼黑法院裁判,载《新法学周刊》,1969年,第436页;柏林高等法院裁判,载《新法学周刊》,1972年,第2093页;哈姆法院裁判,载《州高等法院民事裁判集》,1974年,第251页;美因河畔法兰克福法院裁判,载《德国司法辅助员》,1977年,第184页;《巴伐利亚州最高法院民事判例集》,1988年,第413页及以下;科隆法院裁判,载《法律办公室》,1995年,第550页;巴伐利亚州最高法院裁判,载《新法学周刊裁判报告》,1997年,第489页;勃兰登堡法院裁判,载《泛亲属法杂志》,1998年,第178页;科隆法院裁判,载《州高等法院报告》,1999年,第97页;萨尔布吕肯法院裁判,载《州高等法院报告》,2001年,第498页;科隆法院裁判,载《德国法月刊》,2002年,第294页;策勒法院裁判,载《新法学周刊裁判报告》,2005年,第1374页;参见上文边码40.4;进一步参见施蒂尔纳,《民事诉讼当事人的说明义务》,1976年,第340页。如果信息提供是通过出示文书进行的,则依据第883条进行执行,参见科隆法院裁判,载《州高等法院民事裁判集》,1988年,第382页;美因河畔法兰克福法院裁判,载《新法学周刊裁判报告》,1992年,第171页。关于为承担沉默义务的第三人提供信息,参见美因河畔法兰克福法院裁判,载《新法学周刊裁判报告》,1992年,第171页;巴伐利亚州最高法院裁判,载《新法学周刊裁判报告》,1997年,第489页。通说肯定了对孩子要求母亲提供生父信息的请求权的执行;不来梅法院裁判载《法学家杂志》,2000年,第314页附有瓦尔克评论;哈姆法院裁判,载《新法学周刊》,2001年,第1870页以下;托马斯/普曾,第888条,边码4;策勒/施特贝尔,第888条,边码17;席尔肯:《慕尼黑〈民事诉讼法〉评注》,第888条,边码10;斯坦/约纳斯:《德国民事诉讼法》评注,布莱姆,第888条,边码38;不同观点,参见明斯特州法院裁判,载《新法学周刊》,1999年,第3788页;鲍姆巴赫/哈特曼,第888条,边码25。

[53]《帝国法院民事裁判集》,第53卷,第181页;柏林高等法院裁判,载《新法学周

主的结算公布,[54]证书之颁发,[55]由债务人于多种可能性之中选择的行为之效果的达成,[56]私人档案查阅之提供,[57]继承人评估义务的履行,[58]制作遗产目录,[59]雇员解约,[60]继续雇佣(Weiterbeschäftigung),[61]“目录之收回”,[62]将具有财产效果的给付转付到雇

刊》,1972 年,第 2093 页及以下;科隆法院裁判,载《新法学周刊裁判报告》,1992 年,第 633～634 页;载《住宅经济与租赁法》,1998 年,第 375 页、第 377 页;茨韦布吕肯法院裁判,载《新法学周刊裁判报告》,1998 年,第 715 页;杜塞尔多夫法院裁判,载《新租赁法与住宅法杂志》,1999 年,第 842 页;巴伐利亚州最高法院裁判,载《新法学周刊裁判报告》,2002 年,第 1381～1382 页;提供账单时情况不同(边码 40.4)。账户公告应当与纯粹的账目查询相区别(边码 39.6、边码 40.14)。

[54]美因河畔法兰克福法院裁判,载《州高等法院报告》,2003 年,第 190 页;参见边码 40.3。

[55]美因河畔法兰克福州劳动法院裁判,载《企业》,1981 年,第 534～535 页;石勒苏益格州劳动法院裁判,15.12.2003,1 Ta 232/03(法律);斯图加特地方法院裁判,载《德国法院执行员报》,1986 年,第 121 页;对此参见盖斯勒,载《德国法院执行员报》,1988 年,第 17 页及以下;里克(Rick),载《企业》,1958 年,第 1361 页;也可参见边码 39.4 结尾。

[56]杜塞尔多夫法院裁判,载《州高等法院民事裁判集》,1988 年,第 83 页;不同观点,参见哈姆法院裁判,载《州高等法院民事裁判集》,1984 年,第 184 页(第 887 条);也可参见边码 40.4。

[57]《联邦财政法院裁判与鉴定》,第 192 卷,第 8 页,载《企业顾问》,2001 年,第 83 页;科布伦茨州高等行政法院裁判,载《新法学周刊》,1987 年,第 1220 页;但依据第 883 条,主张资料不存在的情况下可以执行;也可参见边码 39.6、边码 40.14。

[58]美因河畔法兰克福法院裁判,载《州高等法院民事裁判集》,1987 年,第 480 页。

[59]柏林高等法院裁判,载《法学周报》,1926 年,第 723 页;勃兰登堡法院裁判,载《泛亲属法杂志》,1998 年,第 180 页。

[60]美因河畔法兰克福法院裁判,载《新法学周刊》,1953 年,第 1029 页,在法院和解中接受终止义务的情况。

[61]哈姆州劳动法院裁判,载《州劳动法院裁判集》,第 888 条,第 20 项;杜塞尔多夫州劳动法院裁判,载《企业顾问》,1989 年,第 504 页;柏林州劳动法院裁判,载《州劳动法院裁判集》,2002 年,《德国民法典》第 611 条,雇佣劳动者的义务(Beschäftigungspflicht),第 2 项;石勒苏益格州劳动法院裁判,载《新劳动法杂志裁判报告》,2004 年,第 408 页;也可参见边码 53.27。

[62]斯图加特法院裁判,载《民事诉讼法杂志》,第 68 卷,1955 年,第 399 页。

员的财产积累账户（Vermögensbildungskonto），[63]证券之提存，[64]完成书籍目录，租赁旅店的老板对降噪措施（关门）的监控义务，[65]或者对反驳性意见的报道义务，[66]诉讼代理之授权，[67]税务申报。[68] 相反，不能依据第 888 条来强制实现艺术方面或科学方面的给付，如出版一本已完成印刷的法典评注。[69] 同样不能强制执行的义务还有参与宗教活动[70]或签订继承合同[71]的义务。夫妻住房的分配则适用迁出执行的规定。[72]

2. 第三人协作

如果给付履行时必须有第三人参与协作，债务人必须采取所有可期待的 40.14

---

[63]哈姆州劳动法院裁判，载《州劳动法院裁判集》，第 888 条，第 21 项。

[64]策勒法院裁判，载《州高等法院报告》，2002 年，第 128 页。

[65]科隆法院裁判，载《德国法月刊》，1981 年，第 505 页。

[66]科隆法院裁判，载《新法学周刊》，1969 年，第 755 页；勃兰登堡法院裁判，载《州高等法院报告》，2000 年，第 80 ~ 81 页。

[67]联邦最高法院裁判，载《新法学周刊》，1995 年，第 463 页。

[68]《联邦最高法院民事裁判集》，第 157 卷，第 195 页、第 206 页（类推适用第 836 条第 3 款对所得税卡的辅助性扣押）。

[69]美因河畔法兰克福法院裁判，载《州高等法院民法领域裁判》，第 29 页、第 251 页。

[70]科隆法院裁判，载《德国法月刊》，1973 年，第 768 页。

[71]美因河畔法兰克福法院裁判，载《德国司法辅助员》，1980 年，第 117 页。基于实体法原因（《德国民法典》第 2302 条）无效的和解，在诉讼上确定其无效（边码 16.11）之前已经不能被执行！

[72]参见上文边码 40.4；不同观点，参见科隆法院裁判，载《泛亲属法杂志》，1983 年，第 1231 页；如这里的柏林高等法院裁判，载《泛亲属法杂志》，1987 年，第 1290 页以下；许斯特格（Hüßtege）：托马斯/普曾，第 620 条，边码 22；策勒/菲利皮（Philippi），第 620 条，边码 72；芬格（Finger）：《慕尼黑〈民事诉讼法〉评注》，第 620 条，边码 82。

措施以保障共同协作。[73] 债务人须用尽经济上和个人的影响可能性,[74]而且有时必须通过法院针对第三人采取措施。[75] 比如为了实现丈夫所负担的移转由其妻子控制的猎场用益租赁(Jagdpacht)的义务,[76]或者为了保证建造车库时建筑师的共同协作,[77]或者为了强制商店运营,[78]或者为了实现针对第三人而设置的租赁合同上的竞争保护(mietvertraglicher Konkurrenzschutz gegenüber einem Dritten),[79]这些情况下都允许使用强制屈服手段。而依据第888条实施的执行,只有在第三人的参与协作完全不可能的情况下才能进行;[80]在此,债务人对第三人不可能实施行为承担主张负担(Behaup-

---

[73]具体参见古伦斯基,载《法学教育》,1973年,第553页;巴伐利亚州最高法院裁判,载《新法学周刊》,1975年,第740页;对此参见席尔肯,载《法学评论》,1976年,第320页;进一步参见皮特斯,《布伦斯纪念文集》,1980年,第285页及以下;美因河畔法兰克福法院裁判,载《新法学周刊裁判报告》,1992年,第171页;卡尔斯鲁厄法院裁判,载《泛亲属法杂志》,1999年,第1436页、第1437页左栏;斯图加特法院裁判,载《新法学网上杂志》,2005年,第69页、第71页;也可参见边码40.7。

[74]联邦最高法院裁判,载《新法学周刊》,1982年,第2552页以下。

[75]《巴伐利亚州最高法院民事判例集》,1988年,第440页;科隆法院裁判,载《新法学周刊裁判报告》,1992年,第633~634页;策勒法院裁判,载《新法学周刊裁判报告》,1996年,第585~586页;美因河畔法兰克福法院裁判,载《新法学周刊裁判报告》,1997年,第567页;杜塞尔多夫法院裁判,载《新法学周刊裁判报告》,2002年,第1663~1664页。

[76]联邦最高法院裁判,载《新法学周刊》,1982年,第2552页。

[77]不同观点,哈姆法院裁判,载《州高等法院民事裁判集》,1966年,第443页[债权人可以提起利益之诉(Interessenklage)]。

[78]策勒法院裁判,载《新法学周刊裁判报告》,1996年,第585页;杜塞尔多夫法院裁判,载《新法学周刊裁判报告》,1997年,第648~649页[只在短期经营义务(Betriebspflicht)情况下例外适用第890条];不同观点,参见瑙姆堡法院裁判,载《新法学周刊裁判报告》,1998年,第873~874页。

[79]联邦最高法院裁判,载《新法学周刊裁判报告》,1996年,第460页。

[80]美因河畔法兰克福法院裁判,载《新法学周刊裁判报告》,1992年,第171页;1997年,第567页;卡尔斯鲁厄法院裁判,载《泛亲属法杂志》,1999年,第1437页;科隆法院裁判,载《德国法月刊》,2003年,第114页;石勒苏益格法院裁判,载《新法学网上杂志》,2005年,第4372页。

tungslast),[81]相反——与体系相违背——应由债权人承担证明责任(Beweislast)。[82] 但债务人无法通过屈服性强制促成共同共有方式(gesamthänderisch)负担之给付,例如要实现遗产土地所有权之让与而仅起诉单个继承人,[83]因为债权人无法干涉共同体的管理权力(Verwaltungshoheit)。[84]

3. 会计账簿的查阅

对查阅会计账簿的请求权的执行尽管原则上依照第 883 条的规定作为返还执行来进行(边码 39.6),但如果查阅或出示证书与信息提供以及账目公告不可分,则适用第 888 条(边码 40.13)。[85]

4. 借贷义务

在金钱债务场合,曾被考虑过的是,肯定债务人有资金筹集的义务——或者说借贷义务,该义务可依第 888 条规定进行执行,同时扣押贷款支付请

---

[81]斯图加特法院裁判,载《新法学网上杂志》,2005 年,第 69 页、第 71 页;斯坦/约纳斯:《德国民事诉讼法》评注,布莱姆,第 888 条,边码 9。

[82]柏林高等法院裁判,载《新法学周刊》,1972 年,第 2093 页、第 2094 页以下;哈姆法院裁判,载《新法学周刊裁判报告》,1988 年,第 1087 ~ 1088 页;科隆法院裁判,载《德国法月刊》,2003 年,第 114 页;斯坦/约纳斯:《德国民事诉讼法》评注,布莱姆,第 888 条,边码 9;席尔肯:《慕尼黑〈民事诉讼法〉评注》,第 888 条,边码 7;舒施克/瓦尔克,第 888 条,边码 19;策勒/施特贝尔,第 888 条,边码 11;不同观点,参见鲍姆巴赫/哈特曼,第 888 条,边码 5。

[83]但参见联邦最高法院裁判,载《法学家杂志》,1964 年,第 711 条,附有伯蒂歇尔评论。

[84]W. 里林,《共同债务》,1991 年,第 72 页。

[85]具体参见施蒂尔纳,《民事诉讼当事人的说明义务》,1976 年,第 346 ~ 347 页;美因河畔法兰克福法院裁判,载《新法学周刊裁判报告》,1992 年,第 171 页;勃兰登堡法院裁判,载《泛亲属法杂志》,1998 年,第 178 页;美因河畔法兰克福法院裁判,2002 年,第 823 ~ 824 页。

求权(边码 25.6、边码 30.7)。笔者认为应当反对该种观点:[86]债权人可以直接通过扣押来用尽物上的信用(dingliche Kreditwürdigkeit),而个人给付能力的信用化(Kreditierung)不受国家干预(论据,第 888 条第 2 款)。实践中,执行方式法定原则(边码 6.65)可能被打破。[87] 联邦最高法院允许扣押未来的、基于尚未使用的贷款额度(eine offene Kreditlinie)的请求权,但这里只包含那些由债务人本人取款(höchstpersönlicher Abruf)而产生的请求权。[88]

5. 在外国实施行为

关于外国执行的问题参见边码 55.42 以下。

(二)就不可替代行为签发的不具有可执行性的执行名义

40.15 第 888 条的强制措施不能适用于婚姻之缔结义务的情况(基于《德国民法典》第 1297 条的规定,在德国法中没有适用空间),

---

[86]同样反对"在尚未使用的贷款额度内扣押"的,参见石勒苏益格法院裁判,载《新法学周刊》,1992 年,第 579 页以及克雷斯(Kerres),载《德国法院执行员报》,1992 年,第 111 页;但也参见古伦斯基,载《民事诉讼法杂志》,第 95 卷,1982 年,第 264 页及以下处有进一步证明;高尔,载《支付不能法杂志》,1989 年,第 3 页及以下。

[87]也可参见批判性观点,奥尔岑(Olzen),载《民事诉讼法杂志》,第 97 卷,1984 年,第 1 页、第 14 页;罗森贝格/高尔/席尔肯,第 71 节 I 3 d bb;也可参见斯坦/约纳斯:《德国民事诉讼法》评注,明茨贝格,第 888 条,边码 9;瓦格纳,载《法学家杂志》,1985 年,第 722 页;布罗克斯/瓦尔克,边码 1078。

[88]《联邦最高法院民事裁判集》,第 147 卷,第 193 页、第 195 页及以下;第 157 卷,第 350 页、第 355 页以下;对此参见卡斯滕·施密特,载《法学教育》,2001 年,第 1029 页;舒施克,载《经济法杂志》,2001 年,第 1084 页;克洛泽,载《德国法月刊》,2002 年,第 186 页;弗里切(Fritzsche),载《德国税法》,2002 年,第 265 页;费尔克(Fehlke),载《经济法、银行法与证券通讯杂志》,2002 年,第 1632 页。

也不能适用于同居以及由此产生的一系列后果之上[89]（如从住宅内赶走妨碍婚姻的人），同样也不适用于根据服务合同判令给付不可替代劳务的情况（第888条第3款）。可替代劳务情况下，允许依据第887条代履行。具体来说，对于第888条第3款需要注意：

1.对不可替代劳务的执行名义

第888条第3款并没有排除起诉并判决作出约定的劳务给付的可能，也没排除以之为目标的假处分。[90] 与为了保障雇主的劳务给付请求权而进行的对劳务给付的假处分相区分的是为了提供劳务者的利益、保障其受雇请求权（Beschäftigungsanspruch）而进行的假处分（边码53.27），[91]后者依第888条第1款的规定执行。[92] 40.16

---

[89]对此参见《联邦最高法院民事裁判集》，第6卷，第360页、第366页、第368页；策勒法院裁判，载《泛亲属法杂志》，1964年，第300页；哈姆法院裁判，载《泛亲属法杂志》，1966年，第449～450页；汉堡法院裁判，载《德国法月刊》，1969年，第582页；策勒法院裁判，载《新法学周刊》，1980年，第713页；策特尔（Zettel），载《德国法月刊》，1981年，第212页。尽管执行名义不是针对配偶的，但完全可以针对此第三人执行！

[90]鲍姆巴赫/哈特曼，第888条，边码26；斯坦/约纳斯：《德国民事诉讼法》评注，明茨贝格，第888条，边码42；许克/尼佩代（Hueck/Nipperdey），《劳动法教科书》，第1册，1963年第7版，第292页，评论第61页；吕克，《E.沃尔夫祝寿文集》，1985年，第459页；措尔纳/洛里茨，《劳动法》，1998年第5版，第168页；美因河畔法兰克福州劳动法院裁判，载《企业顾问》，1956年，第853页；曼海姆州劳动法院裁判，载《企业》，1963年，第554页；其他支持假执行的观点，参见古伦斯基，《劳动法》，1995年第7版，第62条，边码20；厄尔曼（Oehmann），载《企业》，1963年，第1644页；还可参见边码53.27。

[91]古伦斯基，《劳动法》，1995年第7版，第62条，边码23a，24。

[92]柏林州劳动法院裁判，载《企业顾问》，1979年，第1404页；哈姆州劳动法院裁判，载《企业顾问》，1980年，第160页（附有弗罗纳（Frohner）赞同的评论）；明斯特劳动法院裁判，载《企业顾问》，1981年，第243页；柏林州劳动法院裁判，载《新劳动法杂志》，1986年，第36页；石勒苏益格—霍尔施泰因劳动法院裁判，载《新劳动法杂志》，1987年，第322页。

2. 作为可替代行为的劳动给付

第888条第3款仅适用于不可替代行为;劳动法中雇员依据劳动合同进行的给付依通说往往被认为是不可替代行为。[93] 但更为妥当的观点是,如果雇主从经济上看,谁来劳动无关紧要,则该给付可以被看作可依第887条实施执行的可替代行为。[94] 这时实践中绝不会考虑适用假处分。[95]

(三)强制金以及强制拘留——命令程序

40.17 可以通过强制金或者强制拘留的手段来督促债务人实施不可替代行为(第888条第1款)。仅依债权人申请来确定强制手段;一审地方法院(Landgericht)管辖的情况下,对于申请适用强制代理。[96] 一审诉讼法院对该种裁判有管辖权(但另需参见第510b条以及第888a条)。

40.18 法院在作出裁判前须对债务人进行听审;言辞辩论则不必要(第891条,

---

[93]参见措尔纳/洛里茨,《劳动法》,1998年第5版,第168页;许克/尼佩代,同上;文策尔,载《法学家杂志》,1962年,第590页、第592页;格伦佩特(Grumpert),载《企业顾问》,1955年,第964页。

[94]柏林州劳动法院裁判,载《劳动法实务》,编号6;斯坦/约纳斯:《德国民事诉讼法》评注,布莱姆,第888条,边码41;斯坦/约纳斯:《德国民事诉讼法》评注,古伦斯基,第935条前言,边码66;斯图加特法院裁判,载《新法学周刊裁判报告》,1986年,第1501页;尧厄尼希,第27节II 1;格哈特,《执行法》,第13节III 3 a;M.沃尔夫,载《法学家杂志》,1963年,第434页;不可替代的劳务给付的例子:有限责任公司的经营管理(《联邦最高法院民事裁判集》,第78卷,第82页、第86页)。

[95]美因河畔法兰克福法院裁判,载《新劳动法杂志》,1990年,第614页;汉堡州劳动法院裁判,载《企业》,2002年,第2003页;鲍尔,载《企业顾问》,1964年,第613页;尧厄尼希,载《民事诉讼法杂志》,第79卷,1966年,第345页;边码53.27。

[96]有争议,参见哈姆法院裁判,载《新法学周刊》,1970年,第903页;慕尼黑法院裁判,载《新法学周刊》,1977年,第909页处有进一步证明;科隆法院裁判,载《新法学周刊裁判报告》,1995年,第644页、第645页处有进一步证明;也可参见边码40.9、边码40.24。

第128条第4款)。如果债务人提出实体法上的抗辩,如其主张已经实施了该行为,那么在债务人只有通过费事的举证才能使法院确信时,他必须像在第887条的情况一样(边码40.10)通过执行对抗之诉主张该抗辩(第767条)。[97] 相反,联邦最高法院原则上允许在执行过程中依照第887条规定提出履行抗辩(边码40.9)。[98]

在行为之实施持续不可能的情况下,不能作出强制裁定,[99]但在只是暂时不可能实施行为的情况下则完全可以作出裁定。裁决以裁定的形式(Beschluss)作出,针对该裁定允许提出即时抗告(第793条)。1999年第二次强制执行修正案在第888条第2款中规定,不能进行威胁(Androhung),[100]但附期限地确定强制金作为更经济的选择,则仍是可能的。[101]

鉴于比例原则,只有在强制金自始就显得不够给力时,才允许将强制拘

---

[97]杜塞尔多夫法院裁判,载《州高等法院民事裁判集》,1988年,第83页;美因河畔法兰克福法院裁判,载《泛亲属法杂志》,1989年,第1320页;科隆法院裁判,载《新法学周刊裁判报告》,1989年,第188页;载《泛亲属法杂志》,1992年,第1328页;德累斯顿法院裁判,载《泛亲属法杂志》,2001年,第187页;哈姆法院裁判,载《州高等法院报告》,2001年,第55页;巴伐利亚州最高法院裁判,载《新法学周刊裁判报告》,2002年,第1381~1382页以下;科隆法院裁判,载《州高等法院报告》,2003年,第380页;2004年,第159页;不同观点,参见美因河畔法兰克福法院裁判,载《德国法月刊》,1984年,第239页;载《法律办公室》,1984年,第304页;罗森贝格/高尔/席尔肯,第71节I 3 c;班贝格法院裁判,载《泛亲属法杂志》,1993年,第581页;耶拿法院裁判,载《支付不能和执行》,2001年,第341页以下;卡尔斯鲁厄法院裁判,载《新法学周刊裁判报告》,2002年,第220页以下;也可参见策勒法院裁判,载《州高等法院报告》,2003年,第294页。也可参见边码6.58(形式化原则);可替代行为执行情况下的相同问题参见边码40.9处有进一步证明。

[98]联邦最高法院裁判,载《新法学周刊》,2005年,第367页、第369页(有疑问);对此参见贝克尔—埃伯哈特(Becker - Eberhard),《联邦法院裁判评论》,2005年,第30页。

[99]哈姆法院裁判,载《新法学周刊裁判报告》,1988年,第1087页处有进一步证明;哈姆法院裁判,载《州高等法院报告》,1997年,第236页;茨韦布吕肯法院裁判,载《州高等法院报告》,1998年,第351页;杜塞尔多夫法院裁判,载《州高等法院报告》,2000年,第112页;尧厄尼希,第27节Ⅲ 1。

[100]关于旧法参见旧版。

[101]政府的论证,联邦议会印刊,编码13/341,第41页左栏。

留作为初始强制手段。[102] 在已经确定了强制金的情况下进行强制拘留是不合法的;但一项强制措施可以在另一项之后被施加。[103] 强制金的最高额是25000欧元(第888条第1款第2句),这太少了;强制拘留的最长期限依照第913条确定。在强制金不能被收取的情况下,法院必须命令以强制拘留进行替代(第888条第1款第1句)。对于不可收取性的证明不应提出过于严格的要求。[104] 现在依据第891条第3句的规定,对于产生的费用准用《德国民事诉讼法》第91条以下条款。[105]

债务人无诉讼能力时,强制金不是针对法定代理人,而是针对被代理人确定的。[106] 相反,强制拘留只能针对法定代理人作出。法人的机关与法定代理人同等对待(有争议):强制金针对法人,而强制拘留则针对应承担责任的机关管理人(Organwalter)作出。[107]

40.19 依据第888条确定的措施涉及的是强制手段,而不涉及刑罚。由此产生的结果是,过错不是确定强制措施的前提条件,[108]强制措施也可以被重复实施,[109]但不能基于过去实施的违反义务的行为

---

[102]合理的观点,尧厄尼希,第27节Ⅲ 1;也可参见边码7.9、边码40.25。

[103]参见柏林高等法院裁判,载《新法学周刊》,1963年,第2081页。

[104]杜塞尔多夫法院裁判,载《法律办公室》,1989年,第277页。

[105]具体参见边码40.9。

[106]在应使代理人屈服的情况下的不同观点,参见舒施克/瓦尔克,第888条,边码33。

[107]如这里的尧厄尼希,第27节III结尾;还可参见边码40.26。

[108]美因河畔法兰克福法院裁判,载《新法学周刊》,1953年,第1029页;哈姆法院裁判,载《新法学周刊》,1973年,第1135~1136页;载《新法学周刊裁判报告》,1988年,第1087~1088页;科隆法院裁判,载《德国法月刊》,1982年,第589页;《保险法》,1997年,第723页;鲍姆巴赫/哈特曼,第888条,边码16;托马斯/普曾,第888条,边码7;席尔肯:《慕尼黑〈民事诉讼法〉评注》,第888条,边码12;但完全有实施的可能性(边码40.18)。

[109]哈姆法院裁判,载《德国法月刊》,1969年,第227页。但只有在刚开始确定的总额已经被支付或者被追索、因而之前的总额确定已不具有强制效力的情况下,才能再次确定强制金(卡尔斯鲁厄法院裁判,载《泛亲属法杂志》,1994年,第1274页)。

(Zuwiderhandlung)或不作为而进行惩罚。[110] 强制金在债权人申请的前提下依照金钱债权执行的一般规则进行执行;[111]强制金不是向债权人,而是向法院交纳。[112] 拘留令(Haftbefehl)是法院作出拘留命令的可执行文书(第888条第1款第3句、第901条)。[113]

宽宥性的豁免是不允许的。一旦债务人实施了行为,即应结束拘留并停止金钱执行。如果执行债权人嗣后放弃了执行名义上的权利,或者执行名义嗣后被废止了,则已经收取的强制金须由国家归还给债务人。[114]

三、不作为的执行

(一)不作为义务或容忍义务

如果债务人违反了不作为义务或容忍某种作为的义务,则其会因每一次违反而被判令支付秩序罚款或接受秩序拘留(第890条第1款)。如果债务人抵抗,则债权人也可以在法院执行员的协助 40.20

---

[110]卡尔斯鲁厄法院裁判,载《新法学周刊裁判报告》,1989年,第189页。

[111]联邦最高法院裁判,载《新法学周刊》,1983年,第1859~1860页;通说;不同观点,参见科布伦茨法院裁判,载《德国法月刊》,1983年,第851页;慕尼黑法院裁判,载《新法学周刊》,1975年,第249页(依据司法征收法依职权征收)。

[112]柏林高等法院裁判,载《新法学周刊》,1980年,第2363页;联邦最高法院裁判,载《新法学周刊》,1983年,第1859页;美因河畔法兰克福法院裁判,载《法律办公室》,1986年,第1259页;布莱姆,载《新法学周刊》,1975年,第249页;法律比较的观点,参见布伦斯,载《民事诉讼法杂志》,第118卷,2005年,第3页。

[113]参见柏林—夏洛滕贝格地方法院裁判,载《德国法院执行员报》,1979年,第28页(基于法官的拘留令裁定通过司法辅助员发出拘留令)。

[114]联邦劳动法院裁判,载《新法学周刊》,1990年,第2579页;进一步参见托马斯/普曾,第888条,边码15;科隆法院裁判,载《法学家杂志》,1967年,第762页附有鲍尔的评论;关于法律程序,参见曼海姆州高等行政法院裁判,载《司法》,1988年,第379页;部分不同观点,参见美因河畔法兰克福法院裁判,载《法律办公室》,1991年,第1554页(对第776条的类推适用)。

下直接强制(unmittelbarer Zwang)其履行容忍义务(第892条)。[115]

这类可执行义务,主要是相邻关系法中的容忍与不作为,不干预他人的权利领域,版权法与竞争法领域中的不作为义务。[116] 为了执行《暴力保护法》第1条规定的不作为义务,可以附加或者选择延请法院执行员参与,以破除债务人的抵抗(第892a条);与依据第890条、第892条的结果相比,受侵害的一方通过上述方式应当可以获得更有效的保护。[117]

1.确定性与核心理论

40.21 对于执行名义中禁令描述的确定性,有很严格的要求;不仅让债务人,而且让任何人都应该能清楚理解,[118]但在此可以借助裁判理由来确定禁令的内容。[119] 债务人不能以如下方式逃脱不作为判决的执行,即仅仅在表面上遵

---

[115]具体参见布拉克哈恩(Brackhahn),载《德国法院执行员报》,1992年,第145页;柏林州法院裁判,载《德国法院执行员报》,1992年,第91页(非常广泛);关于特别的法官搜查裁定的必要性,边码8.20处有进一步证明。

[116]有启发的案例:联邦宪法法院裁判,载《新法学周刊》,2002年,第3313页(基于《德国基本法》第5条第1款的不作为执行的暂时中止——律师排名)。

[117]对此,参见哈纳克,载《德国法院执行员报》,2002年,第65页;舒马赫(Schumacher),载《泛亲属法杂志》,2002年,第645页。

[118]联邦最高法院裁判,载《新法学周刊》,1980年,第700~701页[禁止"在标语中提供可能与商业习惯中的销售品(Verkaufseinheiten)混淆的身体护理用品作为赠品"的禁令具有不确定性];萨尔布吕肯法院裁判,载《州高等法院民事裁判集》,1967年,第34页(对执行名义中被禁止的广告的描述;不参阅其他文件);茨韦布吕肯法院裁判,载《新法学周刊裁判报告》,1987年,第1526页;柏林高等法院裁判,载《德国法月刊》,1997年,第195页;杜塞尔多夫法院裁判,载《新法学周刊裁判报告》,2001年,第1223页;也可参见边码13.3,边码14.4,边码16.6。

[119]《帝国法院民事裁判集》,第147卷,第27页、第29页;《联邦最高法院民事裁判集》,第124卷,第173页、第175页;科隆法院裁判,载《新法学周刊裁判报告》,1987年,第356页;杜塞尔多夫法院裁判,载《新法学周刊裁判报告》,2001年,第1223页;石勒苏益格法院裁判,载《州高等法院报告》,2003年,第279~280页;其他认为属于表达权领域的观点,参见慕尼黑法院裁判,载《州高等法院报告》,1995年,第165页(有疑问)。

守了不作为义务,但接着在“核心上”违反该义务(所谓核心理论 Kerntheorie)。[120] 例如:禁止开办“汽车保险工作室”的禁令中也包含禁止开办“特别的轿车保险工作室”;但改商号为“电子数据处理系统”,则已经满足了禁止“计算机有限公司”商号的要求,因为不存在直接的混淆风险。[121] 这里的问题在于,一方面禁令要满足宪法上的确定性标准(Bestimmtheitskriterien)(边码7.2以下),但另一方面又须涵摄等值的行为。立法者在《不作为诉讼法》第9条第3项规定了核心理论适用于《不作为诉讼法》第1条所涉及的不作

[120]《联邦最高法院民事裁判集》,第5卷,第193页;第126卷,第287页、第296页;不伦瑞克法院裁判,载《州高等法院民事裁判集》,1977年,第381页(禁止以比指导价低25%的价格销售的禁令也禁止以比指导价低30%价格销售);美因河畔法兰克福法院裁判,载《工业产权与著作权》,1987年,第751页(一项伪装成新闻报导的广告应当与附有编辑润饰过的文章的广告同样对待);汉堡法院裁判,载《新闻法档案》,1989年,第466页(禁止发表意见同样包括所谓反对意见的“编辑长队”Redaktionsschwanz);狭义上的解释,参见汉堡法院裁判,载《工业产权与著作权》,1990年,第637页(禁令只包括不影响其结构与文本的广告宣传品上的“装饰性”变化);斯图加特法院裁判,载《法律与实务中的竞争》,1989年,第276页(可以主张“几乎不含有害物质”,而不能说“完全不含”);哈姆法院裁判,载《法律与实务中的竞争》,1989年,第812页(继续使用个别广告语不违反禁止运用广告语的禁令);美因河畔法兰克福法院裁判,载《新法学周刊裁判报告》,2001年,第187~188页(平面媒体表示其已被禁止对某一事实继续报导的声明不被禁止);慕尼黑法院裁判,载《法律与实务中的竞争》,2002年,第266~267页[对寄送“选择账单”(Optionsrechnungen)的禁令及于类似的做法];石勒苏益格法院裁判,载《州高等法院报告》,2003年,第279页(禁止收取特定停用费的禁令同样适用于使用新的价格表的情形)。文献:舒伯特,载《民事诉讼法杂志》,第85卷,1972年,第29页及以下;W.克拉默,《竞争法中的法官不动产执行名义》,1982年,附有全面证据;鉴于《德国基本法》第103条第2款、第5款的限制,科隆法院裁判,载《法律与实务中的竞争》,1989年,第334页,附有泰普里茨基(Teplitzky)的评论;也可参见美因河畔法兰克福法院裁判,载《德国法月刊》,1972年,第58页;《工业产权与著作权》,1978年,第532页。

[121]策勒法院裁判,载《德国法月刊》,1972年,第521页以及美因河畔法兰克福法院裁判,载《新法学周刊裁判报告》,1992年,第751页;类似的,参见美因河畔法兰克福法院裁判,载《新法学周刊》,1995年,第892页(变化了的戏剧)。

为执行名义领域。[122]

2. 不作为命令引起作为义务(Handlungspflicht)

从不作为命令(Unterlassungsgebot)中也可以间接产生作为义务,比如,在禁止债务人将其营业命名为“蒙特卡洛”(Monte Carlo),但其仍将该标牌保留在房屋上的情况下;[123]再如,在禁止债务人破坏环境,但其没有将导致环境污染的设备清理掉的场合。[124] 在债务人维持既存的妨碍并继续利用这种状态时,即构成不作为义务的违反。[125] 不作为名义的执行始终依据第 890 条的规定,即使仅涉及妨碍状态的维持;债权人不能根据第 887 条、第 888 条

[122]不同观点,《联邦最高法院民事裁判集》,第 116 卷,第 1 页、第 5 页:继续使用相同的一般交易条款情况下,第 890 条框架下的使用者对于已作充分说明承担证明责任。

[123]汉堡法院裁判,载《德国法月刊》,1973 年,第 415 页;类似的,参见杜塞尔多夫法院裁判,载《新法学周刊》,1969 年,第 1817 页(名称为“仓库”的零售商店);巴伐利亚州最高法院裁判,载《新租赁法与住宅法杂志》,1999 年,第 769 页(停止通过针对第三人的措施进行干扰);《联邦最高法院民事裁判集》,第 120 卷,第 73 页、第 76 页(街道建筑工程的停工)。

[124]参见哈姆法院裁判,载《州高等法院民事裁判集》,1974 年,第 62 页及以下;进一步参见《联邦最高法院民事裁判集》,第 67 卷,第 252 页及以下。

[125]参见《联邦最高法院民事裁判集》,第 81 卷,第 222 页、第 225 页(依据旧《一般交易条款法》第 13 条的不作为请求权[《不作为诉讼法》第 1 条]:对无效的一般交易条款的控诉或者对无效一般交易条款的利用);美因河畔法兰克福法院裁判,载《州高等法院民事裁判集》,1978 年,第 121 页(禁止公司运营后在适当时间内不能进行公司注销);哈姆法院裁判,载《法律与实务中的竞争》,1989 年,第 743 页(在与债权人的书信往来中使用被禁止的商业名称的情况没有损害);汉堡法院裁判,载《工业产权与著作权》,1990 年,第 637 页(将被禁止的公司名称继续使用在私人账户上不损害债权人)。

执行;[126]但这不适用于下述情况:债权人通过努力获得了一项排除妨碍的执行名义(Beseitigungstitel)。但根据实体法,只有在不会因此过分限制债务人选择不作为手段的情况下(例如不进行排放就存在多种多样的技术手段),才能授予该执行名义。

3. 与违约金的竞合

违约金的约定原则上不排除依第 890 条进行强制执行的可能。[127] 但如果协议排除第 890 条规定的秩序惩戒(Ordnungssanktion),则排除强制执行(边码 10.7)。可能的是,债权人享有在违约金和秩序措施之间进行选择的权利。[128]

---

[126]如这里的尧厄尼希,第 27 节Ⅳ;尧厄尼希,载《新法学周刊》,1973 年,第 1671 ~ 1672 页以下;罗森贝格/高尔/席尔肯,第 73 节 I 结尾;布罗克斯/瓦尔克,边码 1093;帕斯托尔(Pastor),《不作为执行》,第 33 页;格哈特,《联邦最高法院纪念文集Ⅲ》,第 475 页及以下;斯图加特法院裁判,载《企业顾问》,1973 年,第 12 页;美因河畔法兰克福法院裁判,载《州高等法院民事裁判集》,1978 年,第 121 页以下;茨韦布吕肯法院裁判,载《法律与实务中的竞争》,1989 年,第 63 ~ 64 页;汉堡法院裁判,载《工业产权与著作权》,1990 年,第 637 页;杜塞尔多夫法院裁判,载《新法学周刊》,1969 年,第 1817 页(结论不清晰!);也完全可以参见《联邦最高法院民事裁判集》,第 120 卷,第 73 页、第 117 页;也可参见边码 6.63、边码 6.65(执行方式法定);鲍尔/施蒂尔纳,《案例》,案例 12。

[127]《联邦最高法院民事裁判集》,第 138 卷,第 67 页、第 70 页,载《民事诉讼法杂志》,第 111 卷,1998 年,第 213 页,附有布莱姆评论(赞同允许基于违约金约定提起诉讼——附带意见赞同对秩序措施确定的竞合性申请);科隆法院裁判,载《法律与实务中的竞争》,1987 年,第 265 页;载《新法学周刊裁判报告》,1986 年,第 1191 页;也可参见边码 40.25。

[128]科隆法院裁判,载《州高等法院民事裁判集》,1969 年,第 58 页;弗兰肯塔尔州法院裁判,载《德国法月刊》,1992 年,第 362 页;赞同累计的,参见萨尔布吕肯法院裁判,载《州高等法院民事裁判集》,1979 年,第 196 页;慕尼黑法院裁判,载《支付不能和执行》,1997 年,第 250 页(有疑问);有限制的,参见《联邦最高法院民事裁判集》,第 138 卷,第 67 页、第 70 页。柏林州法院裁判,载《德国司法辅助员》,1978 年,第 32 页中涉及类似的违约金约定的可执行性的问题。

(二)确定秩序措施的前提条件

秩序措施的确定只有在事先警告(Androhung)且债务人实施
40.22 了违反禁令的行为(Zuwiderhandlung)时才能进行。

1. 警告

警告可能已经——大多数情况下——包含在执行名义中;不要求有违反义务行为或存在违反义务之虞。[129] 如果警告没有包含在执行名义之中,一审诉讼法院应依债权人申请通过裁定的方式作出警告(第 890 条第 2 款)。[130] 作为强制执行措施的警告以执行名义之可执行文书的送达为前提。[131] 作出裁定之前需要对债务人进行听审(第 891 条第 2 句)。秩序措施的方式与强度则不需要在警告中就予以确定;[132]只需要指出秩序罚款与秩序拘留的最高限度,但只是作出“采取第 890 条的法定秩序措施”的警告是不够的。[133] 通常情况下必须对法定的秩序措施范围予以警示,“才可以使不作为执行名义不会成为钝器”。[134] 叠加地而非择一地警告使

---

[129]策勒法院裁判,载《法律办公室》,1989 年,第 1752 页;曼海姆州高等行政法院裁判,载《巴登—符腾堡州行政公报》,1990 年,第 335 页。

[130]这里的法律保护必要性在较长时间之后也通常是存在的,参见柏林高等法院裁判,载《新法学周刊裁判报告》,1987 年,第 507 页;茨韦布吕肯法院裁判,载《州高等法院民事裁判集》,1990 年,第 213 页;卡尔斯鲁厄法院裁判,载《德国法月刊》,1994 年,第 728 页。

[131]斯图加特法院裁判,载《法律与实务中的竞争》,1986 年,第 360 页;关于单独警告的送达,参见博尔克,载《法律与实务中的竞争》,1989 年,第 360 页。

[132]联邦最高法院裁判,载《新法学周刊》,1995 年,第 3177 页、第 3181 页右栏(因此这些在《联邦最高法院民事裁判集》,第 130 卷,第 205 没有印刷出来);杜塞尔多夫法院裁判,载《州高等法院民事裁判集》,1977 年,第 380 页(以“法律允许的额度”进行警告是不够的);相同的,参见哈姆法院裁判,载《新法学周刊》,1980 年,第 1289 页。

[133]联邦最高法院裁判,载《新法学周刊》,1995 年,第 3177 页、第 3181 页右栏(不在《联邦最高法院民事裁判集》,第 130 卷,第 205 页)。

[134]哈姆法院裁判,载《新法学周刊裁判报告》,1988 年,第 960 页。

用秩序罚款与秩序拘留，是不合法的，但这并不使作为确定秩序措施之基础的警告无效。[135]

只要作出了单独的裁定，强制执行随着警告的发出即已开始（边码9.2）。[136] 针对依债权人申请作出的裁定，允许提出即时抗告（第793条）。[137] 如果债权人认为警告债务人的秩序措施还不够，他也可以提出即时抗告。[138] 如果法院拒绝了警告申请，则债权人可以依据第567条第1款第2项提出即时抗告，因为这种情况下强制执行还没有开始。[139]

有争议的是，警告是否可以被纳入一个包含不作为义务的诉讼和解（Prozessvergleich）之中，[140]还是必须要有法院特别的惩罚警告裁定（Strafandrohungsbeschluss）。[141]

2. 债务人的违反义务行为

债务人还必须在被警告之后违反了禁令。因为这里涉及压制 40.23

---

[135]《联邦最高法院民事裁判集》，第155卷，第335页、第340页以下。

[136]联邦最高法院裁判，载《新法学周刊》，1979年，第217页右栏；卡尔斯鲁厄法院裁判，载《司法》，1986年，第407页；巴伐利亚州最高法院裁判，载《新法学周刊裁判报告》，1996年，第780页。

[137]《帝国法院民事裁判集》，第42卷，第419页、第425页。

[138]卡尔斯鲁厄法院裁判，载《新法学周刊》，1957年，第917页；哈姆法院裁判，载《新法学周刊裁判报告》，1988年，第960页；慕尼黑法院裁判，载《州高等法院报告》，2000年，第86页。

[139]不同观点，参见策勒/施特贝尔，第890条，边码28：依据第793条的即时抗告。

[140]参见鲍尔，《仲裁法官调解》，1971年，第39页；施洛塞尔，载《法学家杂志》，1972年，第639页；哈塞（Hasse），载《新法学周刊》，1969年，第23页。

[141]此为通说；施罗德（Schröder），载《新法学周刊》，1969年，第1285页处有进一步证明；罗森贝格/高尔/席尔肯，第13节Ⅱ 1 f bb；策勒/施特贝尔，第890条，边码12a；哈姆法院裁判，载《泛亲属法杂志》，1980年，第933页（家庭法院的诉讼）；柏林高等法院裁判，载《法律办公室》，1983年，第781页、第783页；载《德国法月刊》，1988年，第506页；慕尼黑法院裁判，载《支付不能和执行》，1997年，第250～251页。

措施(边码40.27),所以为违反义务行为时必须有过错:故意或过失。[142] 债务人也可能因为可归责于他的、其受托人或被照管人的违反义务行为而被起诉,[143]但他自己必须有过错。[144] 对债务人的要求是严格的。也有可能是组织过错(Organisationsverschulden),如负有不能违法出版的不作为义务的新闻出版社,[145]或者连锁店[146]的组织过错;未经检验的律师意见(anwaltlicher Rat)也不能免除责

[142]载《联邦宪法法院判例集》,第58卷,第159页、第162页;对此评论,参见韦伯,载《法学教育》,1982年,第377页;载《联邦宪法法院判例集》,第20卷,第323页、第332页;不来梅法院裁判载《企业顾问》,1970年,第1320页(禁令错误);策勒法院裁判,载《新法学周刊》,1973年,第1136页(因主张无责任能力而不进行强制搜查);科隆法院裁判,载《州高等法院民事裁判集》,1976年,第250页;布伦瑞克法院裁判,载《州高等法院民事裁判集》,1977年,第381页;不来梅法院裁判,载《州高等法院民事裁判集》,1979年,第368页;茨韦布吕肯法院裁判,载《州高等法院民事裁判集》,1978年,第372页;汉堡法院裁判,载《德国法月刊》,1976年,第498页;哈姆法院裁判,载《德国法月刊》,1978年,第585页;巴伐利亚州最高法院裁判,载《新法学周刊裁判报告》,1995年,第1040页;杜塞尔多夫法院裁判,载《经济法、银行法与证券通讯杂志》,2002年,第246~247页;不同观点,鲍姆巴赫/哈特曼,第890条,边码21。

[143]例如,美因河畔法兰克福法院裁判,载《德国法月刊》,1990年,第452页(违反禁止规定指示生产者向第三人运送汽车);载《州高等法院民事裁判集》,1985年,第380页(间接犯罪);科隆法院裁判,载《新闻法档案》,1987年,第523页(针对被委托的广告代理的挂号信);《工业产权与著作权》1984年,第909页(包含禁止性内容的记者招待会);茨韦布吕肯法院裁判,载《新法学周刊裁判报告》,1998年,第1341~1342页(通过有限责任公司违反禁止性规定,该公司的股东经理是债务人)。

[144]《联邦宪法法院判例集》,第58卷,第159页、第162页;第20卷,第323~334页及以下;慕尼黑法院裁判,载《新法学周刊裁判报告》,1986年,第638页;阿多迈特(Adomeit),载《新法学周刊》,1967年,第1994页。有意思的,参见美因河畔法兰克福法院裁判,载《德国司法辅助员》,1978年,第134页:在向旧社团董事会送达时社团董事会没有过错;《德国民法典》第68条不适用于过错问题。

[145]汉堡法院裁判,载《新法学周刊裁判报告》,1993年,第1392页。

[146]纽伦堡法院裁判,载《新法学周刊裁判报告》,1999年,第723页。

任。[147] 如果债务人使得第三人有可能违反禁止要求,则其必须积极作为以防止违反义务行为的发生。[148]

发生违反义务行为的事实,必须被陈述,必要时还必须被证明;[149]疏明(Glaubhaftmachung)是不够的。[150] 但如果客观上确有违反义务行为,则过错的证明(要求)就被减轻(表见证据,有时甚至是证明负担倒置)。[151] 如果债务人在(法院)签发不作为执行名义、作出秩序措施警告后,但在授予执行条款或送达执行名义前违反了禁令,那么也可以(先)采取秩序措施,只要事后补充授予执行条款以及送达执行名义。[152] 相反,如果裁判只在提供担保的情况下具有暂时可执行性(vorläufig vollstreckbar),那么(债权人)提供担保前

---

[147]哈姆法院裁判,载《州高等法院民事裁判集》,1989年,第470页;汉堡法院裁判,载《工业产权与著作权》,1989年,第458页;美因河畔法兰克福法院裁判,载《新法学周刊裁判报告》,1996年,第1071页。

[148]茨韦布吕肯法院裁判,载《法律与实务中的竞争》,1989年,第63页。

[149]柏林高等法院裁判,载《工业产权与著作权》,1991年,第707页以下;更慷慨的,参见美因河畔法兰克福法院裁判,载《工业产权与著作权》,1999年,第371~372页(涉及违反情况下举证责任倒置——有疑问)。

[150]《高等法院裁判集》(KG OLG)第39卷,第87页;《工业产权与著作权》,1991年,第707页;朗道(Landau)州法院裁判,载《新法学周刊裁判报告》,2002年,第214页;不同观点,参见不来梅法院裁判,载《德国法月刊》,2003年,第233页(紧急程序(Eilverfahren)。

[151]茨韦布吕肯法院裁判,载《州高等法院民事裁判集》,1978年,第372页;不来梅法院裁判,载《州高等法院民事裁判集》,1979年,第368页、第370页结尾;茨韦布吕肯法院裁判,载《工业产权与著作权》,1989年,第839页;柏林高等法院裁判,载《州高等法院民事裁判集》,1993年,第339页;科隆法院裁判,载《法律办公室》,2001年,第155页。过错的表见证据并不违反法治国原则,《联邦宪法法院判例集》,第84卷,第82页、第88页;边码7.11。关于举证责任倒置的例子,美因河畔法兰克福法院裁判,载《工业产权与著作权》,1999年,第372页。

[152]美因河畔法兰克福法院裁判,载《民事诉讼法杂志》,第67卷,1954年,第70页;汉堡法院裁判,载《德国法月刊》,1957年,第622页,以及1965年,第670页;斯图加特法院裁判,载《德国法月刊》,1962年,第995页;不来梅法院裁判,载《法学评论》,1965年,第24页;博尔克,载《法律与实务中的竞争》,1989年,第360页及以下;不同观点,参见慕尼黑法院裁判,载《州高等法院民法领域裁判》,第19卷,第32页。

(债务人)的违反义务行为则无关紧要;[153]与此又相反,如果在上诉程序中才命令需要提供担保,则债务人的违反义务行为就值得注意了,因为不是禁令本身,而是其执行附条件。[154]

(三)秩序罚款与秩序拘留的确定

40.24 如果满足上述条件,则依债权人申请可以确定秩序罚款或秩序拘留;[155]在合议庭(Kollegialgericht)场合,对于该申请需要强制委托律师。[156] 在裁判之前,法院对于该申请需要对债务人进行听审(第891条第2句);事先的言辞辩论不必要(第891条第1句,第128条第4款)。在秩序措施程序中原则上不允许以情况改变为由抗辩。[157] 裁决以——附理由的[158]——裁定的形式(Beschluss)作

---

[153]慕尼黑法院裁判,载《工业产权与著作权》,1990年,第638页;美因河畔法兰克福法院裁判,载《州高等法院民事裁判集》,1989年,第379页;哈姆法院裁判,载《新法学周刊》,1977年,第1205页,载《企业顾问》,1978年,第1238页,附有比洛(Bülow)的评论。在抗告程序中可以嗣后发生既判力之后针对违反行为施加秩序措施,斯图加特法院裁判,载《法律与实务中的竞争》,1990年,第134页。对提供担保的事实不知情不能减轻债务人的责任,哈姆法院裁判,载《法律与实务中的竞争》,1984年,第96页;还可参见边码40.25。

[154]哈姆法院裁判,载《新法学周刊裁判报告》,1986年,第679页。

[155]将确定强制手段(第888条)之申请解释成确定秩序措施(第890条)之申请是可能的;巴伐利亚州最高法院裁判,载《新租赁法与住宅法杂志》,1999年,第769页。

[156]科隆法院裁判,载《德国法月刊》,1973年,第58页;慕尼黑法院裁判,载《新法学周刊》,1977年,第909页;美因河畔法兰克福法院裁判,载《德国司法辅助员》,1979年,第148页;哈姆法院裁判,载《德国法月刊》,1985年,第242页;科隆法院裁判,载《法律与实务中的竞争》,1986年,第116页;杜塞尔多夫法院裁判,载《德国法月刊》,1987年,第506页;美因河畔法兰克福法院裁判,载《德国法月刊》,1989年,第459页;科隆法院裁判,载《新法学周刊裁判报告》,1995年,第645页;也可参见边码40.9、边码40.17。

[157]科隆法院裁判,载《新法学周刊裁判报告》,1987年,第1471页;美因河畔法兰克福法院裁判,载《工业产权与著作权》,1987年,第652页;柏林高等法院裁判,载《新法学周刊》,1995年,第1036页(第767条、第927条)。

[158]美因河畔法兰克福法院裁判,载《新法学周刊》,1969年,第58页;卡尔斯鲁厄法院裁判,载《司法》,1990年,第93页。

出；对此允许进行即时抗告（第793条）。

秩序措施也可能基于具有暂时可执行性的判决或还没有形成既判力的假处分而被确定。[159] 法院须首先实施秩序罚款（可替代：秩序拘留）；鉴于合比例原则的要求，只有在秩序罚款无法保证效果的情况下，才允许将秩序拘留作为初始措施。[160] 如果原告申请中不包含替代的秩序拘留（Ersatzordnungshaft），则该措施依职权进行。[161] 替代的秩序拘留的换算依自由裁量而定。[162] 单项（！）秩序罚款的最高额为250000欧元，单项秩序拘留最长6个月（替代的秩序拘留：6周，《〈德国刑法典〉施行法》第6条），总计（最长）2年（第890条第1款）；不同债权人的多个秩序措施程序与一事不再理原则（Grundsatz ne bis in idem）并不矛盾，但总的来讲，只须支付与过错相当的秩序罚款。[163] 法定的秩序措施最低额为5欧元（《〈德国刑法典〉施行法》第6条第1款），但行为本身不能带来（比罚款）更高的经济价值；[164]在确定较高的秩序措施时，应当考虑已经具有执行名义的违约金[165]（参见边码40.21结尾）。在衡量秩序措施时，也要一并考虑债权人替代债务人对第三人产生影响的可能性。[166] 公式化的数额确定方法，如根据诉讼标的额按比例确定，是不合法的。[167] 多个不作为债务人各自独立承受秩序措施，正如各自承担第一性债务 40.25

---

[159]有争议的情形，参见柏林高等法院裁判，载《法学周报》，1939年，第316页；科隆法院裁判，载《法学评论》，1962年，第384页；参见边码40.13结尾。

[160]尧厄尼希，第27节Ⅳ；还可参见边码7.9，边码40.18；有争议。

[161]联邦最高法院裁判，载《新法学周刊裁判报告》，1992年，第1453页。

[162]美因河畔法兰克福法院裁判，载《州高等法院民事裁判集》，1987年，第490页。

[163]美因河畔法兰克福法院裁判，载《新法学周刊》，1984年，第316页。关于在多次违反时的重复施加，科隆法院裁判，载《州高等法院报告》，2001年，第414页。

[164]科隆法院裁判，载《法律与实务中的竞争》，1987年，第569页。

[165]《联邦最高法院民事裁判集》，第138卷，第67页、第70～71页（附带意见）布莱姆的评论《经济法杂志》，第111卷，1998年，第215页；杜塞尔多夫法院裁判，载《新法学周刊裁判报告》，1988年，第1216页。

[166]斯图加特法院裁判，载《新法学周刊裁判报告》，1993年，第24页。

[167]联邦最高法院裁判，载《新法学周刊》，1994年，第45页。

那样。[168]

40.26 债务人无诉讼能力的场合,秩序罚款针对债务人实施,如果是法人则针对法人本身实施;[169]相反,秩序拘留则针对依法或依章程对违反义务行为负责的法定代表人实施。[170] 对于因进一步的违反义务行为(可能)造成的损失,法院可以依债权人申请判令债务人提供担保(第 890 条第 3 款);前提是要有事先的惩罚警告与先前的违反义务行为。[171]

(四)秩序措施的法律性质

40.27 在 1975 年新法第 890 条出台之前,下列问题存在争议:第 890 条秩序措施是具有"刑罚性质"(krimineller Charakter)还是"屈从惩罚性质"(Beugestrafencharakter),还是两者都具备;债务人受罚是因为其违反了法院命令("压制性的"),还是为了使其能在未来符合裁判要求地行为。新条文则明确,尽管秩序措施不涉及刑罚,

---

[168]不同观点,参见哈姆法院裁判,载《德国司法辅助员》,1986 年,第 488 页(连带责任)。

[169]一项针对设立中公司的执行名义允许针对有限责任公司进行执行,斯图加特法院裁判,载《新法学周刊裁判报告》,1989 年,第 637 页;基于一项针对有限责任公司与经理签发的不作为执行名义也可以确定一项针对两者的秩序罚款,参见汉堡法院裁判,载《工业产权与著作权》,1989 年,第 458 页。

[170]《帝国法院民事裁判集》,第 43 卷,第 405 页;布伦瑞克法院裁判,载《法学家杂志》,1959 年,第 94 页;哈姆法院裁判,载《州高等法院民事裁判集》,1966 年,第 52 页;有误解的,《联邦宪法法院判例集》,第 20 卷,第 323 页、第 335 页以下,针对多位有限责任公司经理中的一位作出替代秩序拘留的警告原则上是准许的,并且不是过分不确定,联邦最高法院裁判,载《新法学周刊》,1992 年,第 749 页。即使有限责任公司经理在拘留确定后退出公司,也可以对其执行拘留。参见纽伦堡法院裁判,载《德国法月刊》,2003 年,第 293 页。还可参见边码 40.18 结尾。

[171]美因河畔法兰克福法院裁判,载《德国司法辅助员》,1978 年,第 267 页。

但完全是对违反执行名义行为的压制性惩戒。[172] 源自措施“性质”的争议问题还是很少能被解决。

1. 债务人过错的必要性 40.28

因为“秩序措施像真正的刑罚一样会产生压制性后果”，[173]因此应当肯定该前提条件。

2. 执行名义消灭的后果

在执行名义消灭或者——因为期限——不再发生效力时，是否还可以采取秩序措施？这里争议非常大。[174] 对此必须区分情况：[175]

---

[172]明确的例子，参见《联邦宪法法院判例集》，第 58 卷，第 159 页、第 162 页以下；《联邦最高法院民事裁判集》，第 146 卷，第 318 页、第 323 页；第 156 卷，第 335 页、第 345 页处有进一步证明；美因河畔法兰克福法院裁判，载《新法学周刊》，1977 年，第 1204 页；载《德国法月刊》，1990 年，第 452 页；哈姆法院裁判，载《德国法月刊》，1986 年，第 418 页；格勒（Göhler），载《新法学周刊》，1974 年，第 825～826 页；参见上文边码 40.23。

[173]正确的例子，参见布莱姆，载《新法学周刊》，1976 年，第 1730 页；现在相同的例子，参见《联邦宪法法院判例集》，第 58 卷，第 159 页、第 162 页以下；又见边码 40.23、边码 7.11。

[174]相关文献：布莱姆，载《新法学周刊》，1976 年，第 1730 页以下；布罗克斯/瓦尔克，边码 1097；罗森贝格/高尔/席尔肯，第 73 节 Ⅱ 3；布罗迈耶，第 95 节 Ⅰ 3；布伦斯/皮特斯，第 44 节 Ⅲ；鲍曼/布莱姆，第 27 节 Ⅲ 1 a；迪特里希，第 51 页及以下；林达赫尔，载《民事诉讼法杂志》，第 85 卷，1972 年，第 239 页及以下；尧厄尼希，第 27 节 Ⅳ；格哈特，《执行法》，第 13 节 Ⅲ 4 b(2.)；鲍尔，载《法学家杂志》，1967 年，第 764 页；鲍尔/施蒂尔纳，《案例》，案例 12 处有进一步证明。

[175]对根据自始/向将来的效力进行区分的批判，参见斯坦/约纳斯：《德国民事诉讼法》评注，布莱姆，第 890 条，边码 27；科隆法院裁判，载《工业产权与著作权》，1986 年，第 335 页，认为该区分无关紧要。

(1)执行名义中规定的期限期满

如果名义中包含期限,那么在期限届满之后,可以针对期限届满之前的违反义务行为确定执行措施。[176]

(2)执行名义自始消灭

如果作为秩序措施基础的执行名义有溯及力地消灭,则违反义务行为不会再被惩罚;[177]已经支付的秩序罚款应当被返还。但只有在秩序措施裁定明示地被废止的情况下,才能返还;单纯地、有溯及力地废止不作为执行名义本身还不够。[178]

(3)执行名义向将来消灭

如果执行名义向将来消灭[如因情况变化依第927条,或者因主要事项

[176]因此不合理的观点,参见汉堡州劳动法院裁判,载《德国法月刊》,1990年,第365页;哈姆法院裁判,载《新法学周刊》,1980年,第1399页,附有林达赫尔的正确评论(在清算期间不允许股东进入——若违反——取消清算)。对此,又见卡斯滕·施密特,载《法学教育》,1980年,第834页。不合理的观点,参见班贝格法院裁判,载《德国法月刊》,1979年,第680页。不同观点,参见哈姆法院裁判,载《新法学周刊》,1980年,第1399页;纽伦堡法院裁判,载《工业产权与著作权》,1996年,第79页。

[177]美因河畔法兰克福法院裁判,载《新法学周刊》,1962年,第542页(基于第926条第2款、第929条第2款、第936条取消假处分);载《新法学周刊》,1982年,第1056页(基于异议取消假处分,有争议)。

[178]联邦最高法院裁判,载《新法学周刊裁判报告》,1988年,第1530页;哈姆法院裁判,载《法律与实务中的竞争》,2002年,第472页;策勒/施特贝尔,第890条,边码26。不同观点,参见美因河畔法兰克福法院裁判,载《德国司法辅助员》,1980年,第199页以下;依据哈姆法院裁判,载《德国法月刊》,1989年,第471页,在不作为执行名义自始被取消的情况下应当取消一项已经作出的秩序措施裁定,因为"禁令不再存在"了。

(Hauptsache)已终了],则仍允许对之前的违反义务行为采取秩序措施。[179]

这些案型都不问债权人的法律保护必要性。

3. 多项义务违反之间继续性之关联(Fortsetzungszusammenhang)

在故意或过失的违反义务行为的场合,继续性行为的原则是否适用呢?

---

[179]非常有争议。如这里的《联邦最高法院民事裁判集》,第156卷,第335页、第344页及以下(诉讼终了意思表示(Erledigungserklärung)情况下限制在将来);相同的,参见柏林高等法院裁判,载《新法学周刊裁判报告》,1999年,第790;杜塞尔多夫法院裁判,《工业产权与著作权裁判报告》,2002年,第151页;2003年,第127页;慕尼黑法院裁判,载《新法学周刊裁判报告》,2003年,第68页;斯图加特法院裁判,载《法律与实务中的竞争》,2003年,第590页;之前的慕尼黑法院裁判,载《新法学周刊》,1971年,第1756页(假处分——在主审程序中不同的判决);美因河畔法兰克福法院裁判,载《新法学周刊》,1977年,第1204页(在假处分时的一致同意的诉讼终了意思表示);杜塞尔多夫法院裁判,载《新闻法档案》,1985年,第56页;汉堡法院裁判,载《法律与实务中的竞争》,1987年,第260页;茨韦布吕肯法院裁判,载《新法学周刊裁判报告》,1988年,第1280页;哈姆法院裁判,载《法学评论》,1990年,第468页;不同观点,参见柏林高等法院裁判,载《法律与实务中的竞争》,1980年,第696页;哈姆法院裁判,载《德国法月刊》,1985年,第591页以及《州高等法院民事裁判集》,1989年,第471页,附有评论明茨贝格,载《法律与实务中的竞争》,1990年,第425页(一致同意的诉讼终了意思表示可使执行名义向将来丧失效力);纽伦堡法院裁判,载《工业产权与著作权》,1996年,第79页;班贝格法院裁判,载《州高等法院报告》,2000年,第131页;耶拿法院裁判,载《支付不能和执行》,2002年,第386页;石勒苏益格法院裁判,载《州高等法院报告》,2003年,第308页;但也参见斯图加特法院裁判,载《法律与实务中的竞争》,1984年,第714页(和解时没有秩序措施);杜塞尔多夫法院裁判,载《德国法月刊》,1987年,第855页以及《法律与实务中的竞争》,1988年,第677页;美因河畔法兰克福法院裁判,载《德国法月刊》,1989年,第460页;哈姆法院裁判,载《法学评论》,1990年,第468页(违反义务后请求权丧失情况下的秩序措施,但执行名义继续存在);斯坦/约纳斯:《德国民事诉讼法》评注,布莱姆,第890条,边码28以下,边码46[当废止性的裁决(aufhebende Entscheidung)明示地将可执行性一直维持到废止时,应批准]。

长期以来答案都是肯定的,[180]但自从联邦最高法院在刑法中放弃了继续性关联这一概念后,这就变得有疑问了。[181] 但由于判决上的改变是基于刑法上的特别原因,[182]所以并不必然导致在执行法中也放弃这一概念。鉴于其在个案实践中具有可操作性并且制裁考量也公平合理,尽管有利于违反义务行为人,还是应当在不作为执行场合保留继续之关联的概念。[183]

(五)确定程序——法律救济

40.29 秩序措施的确定尽管以债权人申请为前提;但执行却是通过诉讼法院院长依职权进行的(由国家承担费用进行拘留[184]——秩序罚款需依《司法征收法》(Justizbeitreibungsordnung)缴纳并汇入

[180]《联邦最高法院民事裁判集》,第33卷,第163页;美因河畔法兰克福法院裁判,载《州高等法院民事裁判集》,1969年,第468页;不来梅法院裁判载《新法学周刊》1971年,第148页;斯图加特法院裁判,载《法律与实务中的竞争》,1990年,第376页;茨韦布吕肯法院裁判,载《州高等法院民事裁判集》,1989年,第360页(过失行为)。

[181]联邦最高法院裁判,载《新法学周刊》,1994年,第1663页;对此参见R.哈姆法院裁判,载《新法学周刊》,1994年,第1636页。

[182]布劳纳特,载《支付不能法杂志》,1994年,第441页,第443页以下。

[183]通说:美因河畔法兰克福法院裁判,载《新法学周刊》,1995年,第2567页;策勒法院裁判,载《新法学周刊裁判报告》,1996年,第902页;哈姆法院裁判,载《新法学周刊,竞争法裁判选》,1997年,第148页;科布伦茨法院裁判,载《州高等法院报告》,1997年,第268页;柏林高等法院裁判,载《德国法月刊》,1998年,第676页;柏林市高等法院裁判,载《柏林市高等法院报告》,2000年,第124页;布劳纳特,载《支付不能法杂志》,1994年,第441页、第461页;格哈特,《联邦最高法院纪念文集Ⅲ》,第483页;托马斯/普曾,第890条,边码27;策勒/施特贝尔,第890条,边码20;维乔雷克/施托尔茨,第890条,边码38;舒施克/瓦尔克,第890条,边码26;不同观点,参见奥尔登堡法院裁判,载《法律与实务中的竞争》,1999年,第1320页;纽伦堡法院裁判,载《新法学周刊裁判报告》,1999年,第723页;德累斯顿法院裁判,载《州高等法院报告》,2003年,第452页、第455页以下;斯坦/约纳斯:《德国民事诉讼法》评注,布莱姆,第890条,边码40;席尔肯:《慕尼黑〈民事诉讼法〉评注》,第890条,边码11。

[184]通说:斯坦/约纳斯:《德国民事诉讼法》评注,布莱姆,第890条,边码44,脚注222。不同观点,参见罗森贝格/高尔/席尔肯,第73节Ⅱ 4;舒施克/瓦尔克,第890条,边码44。

国库)。[185] 法院可以规定支付期限或允许部分支付(《〈德国刑法典〉施行法》第7条)。依据通说,不允许赦免秩序拘留,[186]但在过于艰难的情况下,可以不执行替代的秩序拘留。[187] 只要确定【秩序措施的】裁定还没有产生既判力,债权人撤回申请就可以制止执行实施。[188] 这种情况下应当返还已经支付了的秩序罚款。[189] 不能针对继承人确定秩序措施。[190] 费用裁决(Kostenentscheidung)以前依据旧法第788条进行,但根据1999年第二次强制执行修正案,如今准用第91条以下规定(第891条第3句;边码40.9、边码40.17)。

法律救济:即时抗告(第793条);费用裁决依据第97条、第91条、第92条进行(第891条第3句)。在通过抗告审(Beschwerdeinstanz)减少秩序罚金的情况下,尽管(债务人)部分胜诉,费用也都由债务人承担,因为从债权人角度来看,事情只关乎惩罚与否而无关额度高低。[191] 在抗告审中,依据第571

---

[185]对此,联邦最高法院裁判,载《新法学周刊》,1983年,第1860页。

[186]巴登符腾堡司法部裁判,载《司法》,1979年,第227页,附有霍尔希评论;斯坦/约纳斯:《德国民事诉讼法》评注,布莱姆,第890条,边码48;策勒/施特贝尔,第890条,边码22;支持将《〈德国刑法典〉施行法》第8条第2款(替代拘留时的缓期拘留)类推适用到所有秩序拘留的情况,布莱姆,载《新法学周刊》,1975年,第249~250页;关于旧法,美因河畔法兰克福法院裁判,载《新法学周刊》,1958年,第2021页(类推适用《刑事诉讼法》第153条以下)。

[187]科隆法院裁判,载《州高等法院民事裁判集》,1989年,第475页。

[188]科布伦茨法院裁判,载《法律与实务中的竞争》,1983年,第575页;具体帕斯托尔,《不作为执行》,第8章Ⅲ;哈姆法院裁判,载《新法学周刊》,1977年,第1203~1204页。

[189]杜塞尔多夫法院裁判,载《法律与实务中的竞争》,1988年,第374页。

[190]哈姆法院裁判,载《德国法月刊》,1986年,第156页;不同观点,参见柏林高等法院裁判,载《企业》,1985年,第2245页。

[191]J. 布罗迈耶,载《德国公证人杂志》,1975年,第670页。

条第3款规定考虑权利排除(Präklusion)。[192] 2001年《民事诉讼法典修正案》重新确立了这种【权利排除】可能性并结束了以前的争论。法律抗告:第574条第1款第2项(在允许【法律抗告】的情况下)。

债务人也可以针对依第890条的执行申请执行保护(第765a条),[193]但这只能阻止裁定的签发,而不能制止已经产生既判力的确定【秩序措施】的裁定的执行。

[192]支持依据旧法第890条、第793条、第567条以下进行抗告的,《联邦宪法法院判例集》,第59卷,第330页的出发点是:权利排除(Präklusion)因缺乏明确的法律规则而不被准许。(《德国基本法》第103条第1款);否定的观点,参见舒曼(Schumann),载《新法学周刊》,1982年,第1609页。

[193]弗兰肯塔尔州法院裁判,载《德国司法辅助员》,1982年,第479页;慕尼黑州法院裁判,载《法律办公室》,2000年,第270页;还可参见边码47.3。

第四十一章　对作出意思表示判决的执行

文献指引:卡拉曼德雷(Calamandrei),载《审判》1929/1930年,第2册,第117页;基普(Kipp),载《R. v. 耶林祝寿文集》(1892年),第41页;科勒,载《民法实务档案》,第80卷,1893年,第267页;武策尔(Wurzer),载《民法实务档案》,第118卷,1920年,第248页;迪尔歇尔(Dilcher),载《民事诉讼法杂志》,第67卷,1954年,第210页;皮特斯,载《民法实务档案》,第156卷,1957年,第311页(约定的表决权约束);黑勒(Helle),载《新法学周刊》,1963年,第129页(有损名誉之言论的撤回);里特尔,载《民事诉讼法杂志》,第84卷,1971年,第163页(事实主张之撤回);察瓦尔(Zawar),载《法学家杂志》,1975年,第168页(关于第894条的担保提供);迪特里希:《个别执行》,1976年;潘塔里昂(Pantaleon):《强制执行中拟制意思表示应用时的问题》,1977年;维瑟:《判决作出意思表示——一项执行行为?》,载《泽尔纳纪念文集》,1990年,第629页;冯·霍尔茨(vom Holtz):《暂时法律保护中的意思表示之强制》,1995年;格劳(Grau):《〈民事诉讼法〉第894、895条对于意思表示执行的意义》,2001年(对此参见舒尔,载《民事诉讼法杂志》,第116卷,2003年,第245页。

参见概览表十五。

一、拟制原则

作出意思表示的判决不依照关于行为强 41.1

制的规则执行;随着判决之形式既判力的产生,意思表示被视为已经作出(第 894 条第 1 款)。因此,意思表示的作出不是被强制的,而是被拟制的。

第 894 条的效力是执行效力而非判决效力。① 因此,作出意思表示的诉讼依其法律性质属于给付之诉,而非形成之诉。② 如果适用第 894 条,则排除任何其他强制执行;尤其是对于一项判令作出意思表示的、暂时可执行的判决,不能通过实施第 888 条的强制手段执行。③

二、拟制的前提条件

41.2 第 894 条的前提条件是,债务人已经被判令作出意思表示。

(一)判令作出意思表示

原则上可以是任何类型的意思表示;其中包括民法上的意思表示、诉讼上的行为与表示,以及事实类型的承载意思的表示(willensgetragene Erklärungen tatsächlicher Art)。意思表示是应针对债权人还是第三人,尤其是针对机关(如土地登记部门)作出,在所不问,表示是否要式,亦然。但总要有一项作出一个内容确定、法律意义方面无疑问的意思表示的判决。④ 内容不确定的表示,如提供信息或签发证书,必须依据第 887 条、第 888 条进行强

---

①《帝国法院民事裁判集》,第 62 卷,第 152 页、第 157 页;第 88 卷,第 198 页、第 202 页;联邦最高法院裁判,载《林登迈尔—默林:联邦最高法院裁判评论》,旧《民事诉讼法》第 739 条第 3 项。

②《帝国法院民事裁判集》,第 89 卷,第 225 页、第 230 页。

③《帝国法院民事裁判集》,第 156 卷,第 164 页、第 169 页;关于不同的外国的解决方法,参见边码 55.50、边码 59.27、边码 59.52、边码 59.66、边码 59.97 等。

④关于确定性要求,联邦最高法院裁判,载《新法学周刊裁判报告》,1994 年,第 317 页;罗斯托克州法院裁判,载《德国司法辅助员》,2000 年,第 496 页;也可参见边码 14.3 以下。

制(边码 40.4、边码 40.13)。

这里首先涉及判令作出法律行为上的意思表示,该意思表示可以导致权利取得的完成或土地登记簿的登记,如判令让与不动产所有权、⑤债权让与、同意登记载入或消灭抵押权,诉请订立⑥与执行⑦主合同的预约合同之诉,诉请同意变更合伙协议(发起人协议)⑧或交易基础障碍时(《德国民法典》第 313 条)合同调整⑨以及诉请同意一项合伙(公司)决议⑩的诉讼,诉请同意转移房屋所有权(《住宅所有权与持续居住权法》第 12 条)⑪或同意依据 41.3

---

⑤参见联邦财政法院裁判,载《新法学周刊》,1982 年,第 441 页、第 443 页(在土地仍需要丈量的情况下判决转移不动产所有权或者登记许可的确定性);如果应转移的土地部分无疑是确定的并且存在一项由债务人同意的变更证明,参见《联邦最高法院民事裁判集》,第 90 卷,第 323 页、第 326 页,在这种情形下在土地分割之前就允许提起转移不动产所有权之诉。买卖合同中的草图并不足够【达到确定性要求】,参见联邦最高法院裁判,载《新法学周刊》,1986 年,第 1867 ~ 1868 页。

⑥联邦最高法院裁判,载《新法学周刊》,1962 年,第 1812 页;1984 年,第 479 页(要求接受在预约合同中表述的要约的诉讼);对此填补性的,参见《联邦最高法院民事裁判集》,第 98 卷,第 130 页、第 133 页以下以及联邦最高法院裁判,载《新法学周刊》,2001 年,第 1272 页、第 1273 页左栏(要求发出确定的、在预约合同中没有包含的要约的诉讼);联邦最高法院裁判,载《德国公证人杂志》,1990 年,第 728 页,附有评论,卡斯滕·施密特,载《德国公证人杂志》,1990 年,第 708 页(基于预约合同判决同意本约);关于在不够确定的判决情况下不适用第 894 条的观点,布伦瑞克法院裁判,载《新法学周刊》,1959 年,第 1929 页。

⑦联邦最高法院裁判,载《新法学周刊》,1986 年,第 2820 ~ 2821 页;《联邦最高法院民事裁判集》,第 97 卷,第 147 页。

⑧不来梅法院裁判载《新法学周刊》,1972 年,第 1953 页。

⑨对此,参见施密特—凯塞尔/巴尔杜斯(Schmidt - Kessel/Baldus),载《新法学周刊》,2002 年,第 2076 页;道纳—利布/德奇(Dauner - Lieb/Dötsch),载《新法学周刊》,2003 年,第 923 页;维瑟,载《法学家杂志》,2004 年,第 654 页。

⑩联邦最高法院裁判,载《新法学周刊裁判报告》,1987 年,第 285 ~ 286 页;《联邦最高法院民事裁判集》,第 98 卷,第 276 页、第 278 页;基于表决权拘束合同(Stimmbindungsvertrag)的判决,《联邦最高法院民事裁判集》,第 48 卷,第 163 页;联邦最高法院裁判,载《新法学周刊裁判报告》,1989 年,第 1056 页。

⑪《巴伐利亚州最高法院民事判例集》,1977 年,第 40 页、第 44 页。

《德国民法典》第558条的提高租金要求的诉讼。[12] 其他的例子还有商事登记簿的登记表示及涂销表示,一项向债权人作出的免责表示;[13]《德国民法典》第177条第1款的追认表示;[14]对税收总体估定(Steuerzusammenveranlagung)作出同意表示;[15]同意给付离婚或分居配偶赡养费(Realsplitting),[16]同意转让一半教育免税金(Ausbildungsfreibetrag),[17]同意任命有限责任公司经理;[18]还有雇主的给予假期义务,[19]同意兼职工作的义务[20]以及同意复职的义务,[21]或者撤回刑事起诉的义务。[22] 还有向机关提出申请的义务;[23]对于作出纳税申报(Steuererklaerung)的义务是否能例外地也依据第894条执行,仍存在争议;基于保证完整性与真实性义务的要求,应当予以否认[24](边码40.4、边码40.13)。

有疑问的是对撤回的判决(Widerrufsurteil)的执行(债务人被

---

⑫巴伐利亚州最高法院裁判,载《新法学周刊裁判报告》,1989年,第1172页(旧《租金法》第2条)。

⑬《帝国法院民事裁判集》,第89卷,第396页。

⑭科隆法院裁判,载《新法学周刊裁判报告》,2000年,第880页。

⑮美因河畔法兰克福法院裁判,载《泛亲属法杂志》,1989年,第1321页。

⑯《联邦财政法院裁判与鉴定》,第155卷,第99页,载《新法学周刊》,1989年,第1504页;柏林高等法院裁判,载《泛亲属法杂志》,1984年,第1122页。

⑰科布伦茨法院裁判,载《新法学周刊》,2004年,第1743页、第1744页。

⑱联邦最高法院裁判,载《新法学周刊裁判报告》,1989年,第1056页。

⑲联邦劳动法院裁判,载《新法学周刊》,1962年,第270页。

⑳暂时的法律保护,参见柏林州劳动法院裁判,载《新劳动法杂志》,2002年,第858~859页;维斯基兴(Wisskirchen),载《企业》,2003年,第277页、第280页以下;边码53.28。

㉑联邦劳动法院裁判,载《新法学周刊》,1998年,第2379页、第2380页右栏。

㉒慕尼黑法院裁判,载《德国法月刊》,1967年,第223页。

㉓《联邦最高法院民事裁判集》,第120卷,第239页、第248页(在自然保护部门的豁免申请)。

㉔未有定论,参见《新法学周刊》,2004年,第954页、第957页左栏(因此在《联邦最高法院民事裁判集》,第157卷,第195中没有印刷)。

判令撤回某一特定言论)。通说主张适用第 888 条,[25]而少数说[26]倾向于适用第 894 条;后者的观点可取,因为由此就可以省却有时对债务人而言不可期待(unzumutbar)的撤回,而债权人的利益在判决中通常已经考虑了。 41.4

(二)与作为执行(Handlungsvollstreckung)的区别

如上(边码 40.4)所述,某些可替代的法律上行为(Rechtshandlung)可以依据第 887 条实现。由此产生问题:何时适用第 894 条,何时又适用第 887 条、第 888 条: 41.5

㉕参见《高院民事裁判集》,第 1 卷,第 182 页、第 194 页;《联邦最高法院民事裁判集》,第 37 卷,第 187 页、第 190 页;联邦最高法院裁判,载《新法学周刊》,1961 年,第 1913 ~ 1914 页;载《联邦宪法法院判例集》,第 28 卷,第 1 页、第 9 页(对此,莱波尔德,载《民事诉讼法杂志》,第 84 卷,1971 年,第 150 页);未有定论,参见《联邦最高法院民事裁判集》,第 68 卷,第 331 页、第 336 页;哈姆法院裁判,载《德国法月刊》,1983 年,第 850 页;萨尔布吕肯法院裁判,载《法律办公室》,1987 年,第 937 页、第 938 页;第 88 卷,第 1251 页;茨韦布吕肯法院裁判,载《新法学周刊》,1991 年,第 304 页;科隆法院裁判,载《德国法月刊》,1992 年,第 184 页;美因河畔法兰克福法院裁判,载《德国法月刊》,1998 年,第 986 页;纽伦堡法院裁判,载《州高等法院报告》,2001 年,第 329 页;策勒法院裁判,载《支付不能和执行》,2002 年,第 301 页;慕尼黑法院裁判,载《州高等法院报告》,2002 年,第 407 页;里特尔(Ritter),载《民事诉讼法杂志》,第 84 卷,1971 年,第 163 页、第 173 以下;尧厄尼希,第 27 节Ⅲ 1;格哈特,《执行法》,第 13 节Ⅳ 1;布罗迈耶,第 93 Ⅰ 1;斯坦/约纳斯:《德国民事诉讼法》评注,布莱姆,第 894 条,边码 11;不同的,克勒,载《新法学周刊》,1992 年,第 141 页处有进一步证明

㉖美因河畔法兰克福法院裁判,载《法学家杂志》,1974 年,第 62 页,附有莱波尔德部分否定的评论;美因河畔法兰克福法院裁判,载《新法学周刊》,1982 年,第 113 页;卡尔斯鲁厄法院裁判,载《州高等法院民事裁判集》,第 85 卷,第 125 页;哈姆法院裁判,载《新法学周刊裁判报告》,1992 年,第 634 页;黑勒(Helle),载《新法学周刊》,1963 年,第 129 页、第 131 页;参见上文边码 40.4 处有进一步证明。

1. 第 894 条的适用范围

在有既判力地判令债务人作出意思表示已经使债权人实现其请求权的情况下,只适用第 894 条,如在作出让与不动产所有权的表示的场合,或在设立或消灭抵押权的情况下。还有所谓投票权约束(Stimmrechtbindung)的情况,也就是在股东会上在特定情况下投票的义务。[27]

2. 第 887 条、第 888 条的适用范围

"如果不是表示本身,而是包含表示的行为构成判决的客体,例如一项在签发票据或背书时手写的签名",[28]则在可替代的法律上行为(fungible Rechtshandlung)场合适用第 887 条,在不可替代行为场合适用第 888 条。可替代行为与不可替代行为之间的区分有时也会不确定,比如帝国法院在票据背书案[29]中,将可由代理人实施的表示或者行为归入第 887 条,并且类推适用第 848 条第 2 款规定,由法院授权实施。

(三)判决的必要性

41.6 作出意思表示的义务原则上必须为判决(Urteil)所宣告。该判决须是无保留的。[30]

---

[27]《联邦最高法院民事裁判集》,第 48 卷,第 163 页、第 173 页,相反的,《帝国法院民事裁判集》,第 160 卷,第 257 页、第 262 页;对此,勒文海姆(Loewenheim),载《法学教育》,1969 年,第 260 页;科隆法院裁判,载《新法学周刊裁判报告》,1989 年,第 352 页。

[28]《帝国法院民事裁判集》,第 156 卷,第 164 页、第 170 页。新近支持依照第 888 条进行执行的例子:卡尔斯鲁厄法院裁判,载《德国司法辅助员》,2005 年,第 95 页(在外国土地登记部门作出登记按份共有人地位"所必要的意思表示")——鉴于外国主权,有疑问(边码 57.14)。具体参见布伦斯/皮特斯,第 43 节 I 2;还可参见边码 40.4。

[29]《帝国法院民事裁判集》,第 156 卷,第 164 页、第 170 页。

[30]《帝国法院民事裁判集》,第 49 卷,第 415 页、第 417 页(继承人有限责任之保留,第 780 条;参见边码 20.10:依据第 888 条进行执行)。

本身不包含意思表示,而只包含作出意思表示义务的诉讼和解(Prozess-vergleich)(非常不实用!)依据第887条或第888条执行(边码16.10)。[31] 债权人可以选择通过给付之诉来实现作出特定的意思表示的义务,该义务依第894条执行。[32] 基于仲裁裁决(Schiedsspruch),只有在可执行宣示裁定(Vollstreckbarerklärungsbeschluss)发生既判力之后,才发生第894条的效果(第1060条第1款,第1064条第2款,第794条第1款第4a项)。[33] 在外国判决判令作出意思表示的情况下,需要考虑法院地法(lex fori)的特殊性。[34] 至于作出意思表示的义务是否可以通过假处分被宣示(ausgesprochen),则在边码53.28讨论。

三、拟制成就的时点

通常情况下,在判决获得形式上的既判力之时,意思表示才被视为已作出。[35] 在若干情况下,意思表示拟制更晚才发生效力;在其他情形下,一项还没有发生既判力的判决也已构成一种担保。 41.7

(一)形式既判力后拟制之成就

如果判决将对待给付作为意思表示的前提,那么会迟点发生拟制效力。[36] 这种情况下,意思表示只有在可执行的判决文书

---

[31]科布伦茨法院裁判,载《德国法院执行员报》,第86卷,第138页;《联邦最高法院民事裁判集》,第98卷,第127页、第129页。

[32]《联邦最高法院民事裁判集》,第98卷,第127页、第129页。

[33]联邦最高法院裁判,载《企业顾问》,1961年,第264页(旧法);明希:《慕尼黑〈民事诉讼法〉评注》,第1060条,边码3处有进一步证明;部分不同观点,参见斯坦/约纳斯:《德国民事诉讼法》评注,施洛塞尔,旧法第1042条,边码2附有符合逻辑的论述,但作了很复杂的区分!

[34]具体参见边码55.50(欧盟法);57.17[自治法(autonomes Recht)]。

[35]对此参见巴伐利亚州最高法院裁判,载《新法学周刊》,1952年,第28页;也可参见国外判决边码55.50、边码57.17(部分追溯效力)。

[36]例子:《帝国法院民事裁判集》,第74卷,第158页、第160页;巴伐利亚州最高法院裁判,载《德国公证人杂志》,1985年,第47页。

(vollstreckbare Ausfertigung des Urteils)——在债权人已经履行或债务人迟延受领被证明之后(边码 17.32)——被授予之后才被视为已作出(第 894 条第 1 款第 2 句)。

(二)形式既判力之前的担保效力

41.8 在某些情况下,具有暂时可执行性的判决已经起到担保作用:如果通过具有暂时可执行性判决债务人被判令作出意思表示,基于该意思应在土地登记簿(或船舶登记簿,或船舶建造登记簿)中进行登记,那么随着判决的宣告,[37]预告登记(Vormerkung)或异议登记(Widerspruch)的登入就视为被同意了(第 895 条)。[38]

登记依债权人申请而非依诉讼法院的委托进行。如果判决为可执行的裁决所废止,预告登记或异议登记即消灭;但强制执行的中止不影响预告登记或异议登记。在这里也是随着既判力的产生,意思表示本身才被视为已作出。

四、拟制效果的范围与界限

41.9 有既判力的判决替代债务人的意思表示,其效果如同债务人在既判力产生时[39]以发生法律效力所必需的形式作出意思表示那样。

(一)意思表示的形式与其他生效条件

如果意思表示是要式的,那么该表示随着判决既判力的发生被视为以规定的形式作出。[40]

---

[37]联邦最高法院裁判,载《德国司法辅助员》,1969 年,第 425 页。

[38]福特纳,载《法学家杂志》,1964 年,第 19 页。有趣的实例:柏林高等法院裁判,载《德国司法辅助员》,1979 年,第 198 页(依据《住宅财产法》第 18 条、第 19 条判决转让住宅所有权的场合的预告登记之同意)。

[39]对此,参见联邦劳动法院裁判,载《企业顾问》,1977 年,第 896 页。

[40]巴伐利亚州最高法院裁判,载《德国司法辅助员》,1983 年,第 390 ~ 391 页;科隆法院裁判,载《新法学周刊裁判报告》,2000 年,第 880 页;斯坦/约纳斯:《德国民事诉讼法》评注,布莱姆,第 894 条,边码 22。

如果被告被判令作出或接受让与不动产所有权的意思表示,那么随着判决既判力的产生,该意思表示就被视为在土地登记部门(公证人)处作出的。㊶ 表示被视为有效地作出;其被拟制为由一个完全行为能力人作出的意思表示。㊷ 由于拟制的效果须等到形成既判力发生之后才成就,因此在需要当事人同时到场的场合,执行名义不能溯及既往地治愈【未同时到场的】瑕疵(《德国民法典》第925条);债权人有时必须在出示执行名义时重新作出让与不动产所有权的表示㊸(参见边码41.11)。这里的判决也不能代替民法上"对没有代理权的代理人先前为债务人作出的让与不动产所有权的意思表示"的追认。㊹ 如果法人被判令作出意思表示,则会拟制该表示是由有权作出此类意思表示的法人机关作出的。㊺

如果法律行为需要行政机关的批准(behördlicher Genehmigung),则必须区分情况:如果批准要件只是影响被诉意思表示的有效性,那么作出判决前 41.10
需要检查是否存在该批准;判决一旦被有既判力地作出,则依第894条就可以替代所有意思表示的生效条件,例如也包括监护关系法院的(vormundschaftsgerichtliche)批准。㊻ 如果相反,批准义务涉及整个法律行为,也就是说批准的目的不仅在于保护债务人,则尽管有第894条的拟制,法律行为在批

㊶《帝国法院民事裁判集》,第76卷,第409页、第411页;迈耶－斯托特,载《德国司法辅助员》,1976年,第7页。

㊷帝国法院裁判,载《格鲁霍茨德国法律释评论文集》,第63卷,第506页;法院因此必须在程序中注意到欠缺父母的同意!

㊸《巴伐利亚州最高法院民事判例集》,1983年,第181页、第185页;鲍尔/施蒂尔纳,《物权法》,第22节Ⅱ2。

㊹《巴伐利亚州最高法院民事判例集》,1983年,第181页、第186页。

㊺《柏林高等法院关于非诉裁判权案件裁决年鉴》,第41卷,第100页、第102页。

㊻巴伐利亚州最高法院裁判,载《德国法月刊》,1953年,第561页;托马斯/普曾,第894条,边码8;布罗克斯/瓦尔克,边码1116;维乔雷克/施托尔茨,第894条,边码32;穆谢拉克/拉克曼,第894条,边码11;布吕格曼(Brüggemann),载《泛亲属法杂志》,1990年,第7页;不同观点,参见斯坦/约纳斯:《德国民事诉讼法》评注,布莱姆,第894条,边码24;尧厄尼希,第28节Ⅱ;席尔肯:《慕尼黑〈民事诉讼法〉评注》,第894条,边码13;策勒/施特贝尔,第894条,边码7。

准之前仍然处于效力待定(schwebend unwirksam)状态;法院不需要考虑比方说《1961 年土地交易法》第 2 条中规定的尚未作出的批准,[47]债权人必须在合同成立后自己获得批准。[48]

(二)法律行为成立的其他条件

41.11 能被替代的只是由债务人作出的意思表示;意思表示是否已经到达(zugegangen),则根据一般规则确定。[49] 不能被替代的还有其他为了完成法律行为所必要的条件,如债权人或第三人的表示。比如,如果债务人被判令让与土地所有权,则债权人必须在公证人面前作出达成物权合意所必要的表示(参见边码 41.9);配偶(《德国民法典》第 1365 条以下)或依职权的管理人也必须像让与禁止的受益人一样作出同意表示。[50]

为了进一步实现那些【法律行为生效】必要的条件,债权人被赋予某些权限:如果基于一项替代债务人意思表示的判决应当在土地登记簿、工商登记或其他公共簿册或登记处实施登记,则债权人可以替代债务人要求授予遗产继承证书或其他第 792 条中提到的证书,只要其是为了实现登记所必需的

---

[47]《联邦最高法院民事裁判集》,第 82 卷,第 292 页、第 296 ~ 298 页。

[48]舒施克/瓦尔克,第 894 条,边码 10。

[49]《帝国法院民事裁判集》,第 160 卷,第 321 页、第 324 页以下;如果宣判(Verkündi-gung)是在债权人不在场的情况下进行的,则针对债权人的表示通常通过判决的送达而到达(Zugang);《帝国法院民事裁判集》,第 160 卷,第 321 页、第 325 页;巴伐利亚州最高法院裁判,载《德国司法辅助员》,1983 年,第 480 页;罗森贝格/高尔/席尔肯,第 72 节Ⅱ 2;策勒/施特贝尔,第 894 条,边码 6;穆谢拉克/拉克曼,第 894 条,边码 12;不同观点,(随着宣判而到达)汉堡法院裁判,载《德国法月刊》,1998 年,第 1051 页;斯坦/约纳斯:《德国民事诉讼法》评注,布莱姆,第 894 条,边码 23;布罗克斯/瓦尔克,边码 1116;也可参见托马斯/普曾,第 894 条,边码 8;维乔雷克/施托尔茨,第 894 条,边码 34。

[50]部分有争议;如这里的斯坦/约纳斯:《德国民事诉讼法》评注,布莱姆,第 894 条,边码 24 处有进一步证明。

(第 896 条)。如果债务人被判令转移一项动产的所有权,则除了第 894 条中的合意还必须要有动产的交付。如果(债务人)不愿交付,则依第 883 条强制进行。但如果法院执行员为将动产交付债权人而已经取走该动产,即视为已交付(第 897 条第 1 款)。在这一刻,债务人就免责了;风险转移到债权人一方。这同样适用于判令设立抵押权场合交付抵押权证书的情况(第 897 条第 2 款)。

(三)善意取得的可能

如果有既判力的判决代替了意思表示,那么对于与之相关联 41.12
的权利取得适用与法律行为上的权利取得相同的原则;尤其是民法上有利于那些从无权利人处取得权利的主体的规则,也应当在此得到适用(第 898 条)。在第 895 条中的预告登记的情况下,准用第 898 条。[51]

善意的时点:《德国民法典》第 892 条第 2 款——动产情况下的交付或者取走(Wegnahme)。

在动产权利取得情况下,取决于债权人,而非法院执行员是否善意;在依第 897 条取走动产的情况下,法院执行员也不是债权人的代理人(《德国民法典》第 166 条)。[52]

---

[51]有争议:如这里的赖尼克,载《新法学周刊》,1964 年,第 2373 页、第 2379 页;斯坦/约纳斯,《德国民事诉讼法》评注,布莱姆,第 898 条,边码 1;罗森贝格/高尔/席尔肯,第 72 节 Ⅱ 4;穆谢拉克/拉克曼,第 898 条,边码 1;布罗克斯/瓦尔克,边码 1122;不同观点,参见鲍姆巴赫/哈特曼,第 898 条,边码 3;策勒/施特贝尔,第 898 条,边码 3。

[52]《帝国法院民事裁判集》,第 90 卷,第 193 页、第 198 页;参见边码 8.5;有争议!

第六编

强制执行的法律救济

第四十二章 总论

文献指引:高尔:《强制执行的救济体系——简化的可能性与界限》,载《民事诉讼法杂志》,第 85 卷,1972 年,第 251 页;利普罗斯:《强制执行的救济体系》,载《法学工作报》,1979 年,第 9 页;伦克尔:《强制执行中的法律救济与诉讼》,载《法学教育》,1981 年,第 541 页、第 588 页、第 666 页;阿伦斯/吕克:《强制执行程序中的法律救济》,载《法律学习》,1982 年,第 455 页;盖斯勒:《执行内的权利保护体系》,载《法学教育》,1986 年,第 281 页;韦策尔:《强制执行法中的诉讼与法律救济的基础案例》,载《法学教育》,1990 年,第 198 页、第 469 页;施赖伯(Schreiber):《强制执行中的法律救济》,载《法律学习》,1992 年,第 25 页;尼斯:《强制执行中的上诉、法律救济以及其他申请》,载《德国法月刊》,1999 年,第 1418 页;利普(V. Lipp):《2002 年〈民事诉讼法〉改革之后因“明显违法”进行抗告》,载《新法学周刊》,2002 年,第 1700 页;高尔:《强制执行中向联邦最高法院提起的新抗告——代价高昂的进步》,载《法院执行员杂志》,2005 年,第 113 页。

参见概览表十六。

一、概述

(一)形式瑕疵情况下的法律救济

作为对债务人个人领域的重大干涉,强制 42.1

执行必须坚守类型化、形式化的要件(所谓形式化原则,边码6.53)。基本思想是,在要件满足的情况下,对债务人通常"不会发生不公正",债权人实现权利的需求可以通过国家实现,并且——在禁止自力救济的背景下——也必须(通过国家)得到满足(边码1.1,边码7.1)。如果债务人声称强制执行没有遵循这种"形式",或者债权人声称,尽管要件满足,但执行机关不予执行,那么抗议(Erinnerung)是相应的法律救济:据此可以审查执行机关的程序瑕疵(第766条)。

强制执行程序同样要求执行法院作出裁决(如就债权人或债务人提出的抗议所作的裁决)。针对这些裁决(与执行措施相反)可以提出即时抗告(第793条)。针对执行条款的抗辩应当依据第732条主张,有时也可以通过第768条的诉讼主张(边码18.6以下)。

(二)实体瑕疵的法律救济

如果债务人针对应执行的请求权本身提出抗辩(例如他已经
42.2 支付了债务),则债务人必须提起执行对抗之诉(执行防御之诉)(第767条)。他试图以此达到的目的是,基于执行名义的强制执行被宣告为不合法的。

42.3 最后,强制执行也可能干涉第三人的权利领域;这里只需要记住一点,法院执行员只扣押由债务人占有的物,而不管该物的所有权关系(边码6.53、边码28.8)。第三人通过提起第三人异议之诉(异议之诉、干涉之诉)来对抗债权人对自己领域的不正当干涉(第771条),并由此(类似于根据《德国民法典》第1004条中的诉讼)来解救其权利。第三人试图以此达到的目的是,对他的物或权利的强制执行被宣告为不合法的。

42.4 如果可以获得上述某种法律救济,那么一般情况下就不允许基于实体法规定提起诉讼。如果排除强制执行的程序手段之外还允许提起实体法上的诉讼,则强制性的、公法性质的程序法规则就可能被架空。① 如果谁声称其对从债务人处扣押的物享有所有权,则其必须提起第三人异议之诉,而不允许基于侵害所有权或依照《德国民法典》第 985 条提起实体法上的诉讼。②但应当注意的是,在强制执行已经实施之后可以提起实体法上的诉讼。例如,其所有物已被拍卖的第三人可以依据《德国民法典》第 812 条针对债权人提起不当得利之诉(边码 27.13、边码 29.18、边码 33.8、边码 36.27、边码 36.43、边码 46.26)。

《德国民事诉讼法典》的法律救济同样适用于强制拍卖与强制管理程序(Zwangsverwaltungsverfahren)(边码 2.25、边码 34.3)。③

二、拖延执行的风险

恶意债务人可能通过利用各种强制执行的法律救济来故意拖延执行,这并不罕见。债务人采取法律救济手段总是附带申请中止强制执行,如果经过 42.5 仔细审查才允许该申请,则能在很大程度上压制上述滥用救济手段的动因(边码 14.16、边码 15.26、边码 15.27)。

三、裁决的实体既判力

是否允许重复进行强制执行的法律救济,是执行对抗之诉与第三人异议 42.6 之诉情况下的实体既判力问题。④ 裁决在抗议程序(Erinnerungsverfahren)与

①《帝国法院民事裁判集》,第 108 卷,第 260 页、第 262 页。强制执行违反善良风俗时依照《德国民法典》进行起诉,参见边码 5.18 及以下。

②《帝国法院民事裁判集》,第 67 卷,第 310 页、第 312 页;第 108 卷,第 260 页、第 262 页;杜塞尔多夫法院裁判,载《州高等法院报告》,1998 年,第 314 ~ 315 页;尧厄尼希,载《民事诉讼法杂志》,第 66 卷,1953 年,第 398 页、第 403 页。

③对此还可参见柏林高等法院裁判,载《民事诉讼法杂志》,第 61 卷,1939 年,第 229 页。

④例子:杜塞尔多夫法院裁判,载《新法学周刊裁判报告》,1992 年,第 1216 页;不允许仅仅基于新证据的二次执行对抗之诉。

抗告程序(Beschwerdevergfahren)中是否以及在何种条件下具有实体既判力,仍有疑问。如果上诉人(Rechtsmittelführer)提供的事实与证据和之前的相同,则不允许作出新裁决;如果他能提供新的、裁决发布后产生的事实(论据:第767条第2款),情况则不同。有争议的首先在于两类案件:其一,上诉人陈述那些在一审裁决发布前已产生的,但其不知道的事实;依通说这里应允许开启二审程序。其二,如果上诉人只是提供新证据,那么依据诉讼节约的观点应当排除进一步的程序。⑤

四、法律救济改革

42.7 法律救济的多样性经常受到批评,需要改革简化(边码4.9)。合理的是将其二分为针对形式违反与针对实质违反的法律救济,这是源于形式化原则的结果(边码6.53)。可以考虑且值得期待的是,简化与统一针对形式违反的法律救济。

---

⑤详细的,参见E.皮特斯,载《民事诉讼法杂志》,第90卷,1977年,第145页及以下;J.布罗迈耶,《第三人在动产强制执行中的抗议权》,1966年,第111页及以下;皮珀(Pieper),《强制执行程序中裁决的实质既判力》,美因茨博士论文,1953年;布伦斯/皮特斯,第14节Ⅶ。

第四十三章　执行抗议

文献指引:J. 布罗迈耶:《动产执行中第三人的抗议权》,1966 年,对此参见明茨贝格,载《民事诉讼法杂志》,第 80 卷,1967 年,第 493 页;J. 布罗迈耶:《强制执行中的公权力与法律途径》,载《法学评论》,1969 年,第 289 页;J. 布罗迈耶:《执行抗议的适用范围》,载《德国司法辅助员》,1969 年,第 279 页;J. 布罗迈耶:《工资扣押情况下雇员和雇主的权利》,载《劳动法》,1974 年,第 1 页;比尔克(Bürck):《执行机构忽略执行约定场合提起抗议还是诉讼?》,载《民事诉讼法杂志》,第 85 卷,1972 年,第 391 页;明茨贝格:《抗议程序中的实质抗辩?》,载《法院执行员杂志》,1971 年,第 167 页;明茨贝格:《分配程序与〈民事诉讼法〉第 766 条的抗告》,载《德国司法辅助员》,1986 年,第 252 页;诺亚克:《强制执行与抗告的瑕疵》,载《法院执行员杂志》,1971 年,第 49 页;扎克尔(Säcker):《执行抗议的争议标的》,载《新法学周刊》,1966 年,第 2345 页;施密特(H. Schmidt):《〈民事诉讼法〉审判程序和简易程序中的声明异议(Gegenvorstellung)》,波恩大学 1971 年博士论文;埃·皮特斯:《执行程序中裁决具有实质既判力?》,载《民事诉讼法杂志》,第 90 卷,1977 年,第 145 页;孔茨:《抗议与抗告》,1980 年(对此参见福尔克默,载《司法辅助员》,1981 年,第 374 页;莫尔布特,载《支付不能法杂志》,1981 年,第 276 页);诺伊米勒(Neumüller):《执行抗议、执行抗告与司法辅助员抗议》,1981 年;盖斯勒:《强制执行法中的法院执行员的抗告权》,载《法院执行员杂志》,1985 年,第 129 页;盖斯勒:《有关法院执行员抗告权的观点争议与费用问题》,载《法院执行员杂志》,1990 年,第 105 页;布罗克斯/瓦尔克:《执行抗议》,载《法学工作报》,1986 年,第 57 页;克里斯特慢:《〈民事诉讼法〉第 766 条第 2 款费用审核程序中法院执行员的抗告权》,载《法院执行员杂志》,1990 年,第 19 页;卡 · 施密特:《法律体系中的执行抗议——一项"独立"法律救济的教义学与实践》,载《法学教育》,1992 年,第 90 页;加尔利希斯:《遗嘱执行时的执行抗告权》,载《德国司法辅助员》,1999 年,第 60 页;维特希尔(Wittschier):《依据〈民事诉讼法〉第 766 条的执行抗议》,载《法学教育》,1999 年,第 585 页。

参见概览表十六。

43.1 为了获得对涉及强制执行的方式方法尤其涉及执行机关应遵守的程序而提出的申请、异议与抗议的裁决,可以向执行法院不要式地吁请(formlose Anrufung)[第 766 条,所谓执行抗议(Vollstreckungserinnerung)]。抗议不是技术意义上的上诉手段(Rechtsmittel),因为其没有移审效果(Devolutiveffekt);其属于一种功能类似于《行政法院法》第 42 条中规定的撤销之诉与负担之诉(Verpflichtungsklage)的独特的法律救济(Rechtsbehelf eigener Art)。①

和任何一项法律救济与上诉手段一样,在抗议时也要区分是否合法(zulässig)与是否成立(begründet):如果某人决意主张其因为执行机关在程序中的瑕疵(第一部分)而遭受不利(第二部分),则抗议合法。如果该瑕疵能被证明,则抗议成立。

---

①参见卡斯滕 · 施密特:《慕尼黑〈民事诉讼法〉评注》,第 766 条,边码 2 处有进一步证明;边码 5.7。

一、执行机关的程序瑕疵

抗议总是针对执行机关作出或拒绝执行行为的程序提出的。相反,“裁决”须通过即时抗告撤销(第793条)。[②] 这种基本区分前文已述(边码8.31、边码2.15)。 43.2

(一)法院执行员的瑕疵

如果法院执行员没有遵守对其有拘束力的法律规则(如在没有执行名义的情况下实施扣押,或者没有遵守第811条的执行保护规定,或者扣押一项不由债务人持有的物),则可以针对其执行行为提起抗议。如果法院执行员拒绝、[③]拖延[④]一项执行申请,或实施的执行不符合执行名义的要求(第766条第2款;与行政法院的负担之诉类似!),也可以进行抗议。 43.3

(二)执行法院或司法辅助员的瑕疵

如果执行机关为执行法院,那么同样也可以以抗议对抗执行行为的拒绝或实施。针对就抗议作出的裁决才可以进行即时抗告(第793条)。 43.4

---

②联邦最高法院裁判,载《经济法杂志》,2004年,第1379页右栏。

③例子:联邦最高法院裁判,载《德国法院执行员报》,2005年,第94页;柏林高等法院裁判,载《州高等法院民事裁判集》,1967年,第41页;明斯特地方法院裁判,载《新法学周刊裁判报告》,1992年,第1531页;伍珀塔尔地方法院裁判,载《德国法院执行员报》,1993年,第14页;希尔德斯海姆州法院裁判,载《德国法院执行员报》,2000年,第37页;亚琛州法院裁判,载《德国法院执行员报》,2003年,第23页;罗斯托克州法院裁判,载《法律办公室》,2003年,第107页。

④例子:德绍州法院裁判,载《法律办公室》,1997年,第46页(由于执行工作太多,尽管超过两年未执行完毕,也不属于拖延——有疑问)。

与本书的观点不同,依据通说,⑤在执行法院拒绝执行申请以及在对债务人进行听审以后才实施执行行为(例如依据第844条第2款)的情况下,正确的法律救济不应当是第766条的抗议,而应当是即时抗告(第793条)。⑥这对于第二类案件肯定不正确,因为在听审债务人之后实施的强制执行措施也仍然是执行行为,而不是第793条意义上的“裁决”。但即使在拒绝进行执行行为的情况下,也不是由法院“裁决”的,而是驳回了申请,即“不会行动”。在第793条的适用范围中,对于司法辅助员的裁决还要注意《司法辅助员法》第11条的规定:前置其他补救可能性的即时抗告(《司法辅助员法》第11条第1款),在抗告法院自己处理之前(边码8.31)。

如果执行法院的司法辅助员实施了执行行为,那么依据第766条,应向地方法官(Amtsrichter)提出抗议;只有在司法辅助员在执行行为之前已经对债务人听审的场合,才有所不同。⑦ 但依通说,在依第766条提出抗议的情况下,司法辅助员也可以进行补救(准用《司法辅助员法》第11条第2款第2句);⑧如果在对债务人听审后进行补救,则针对这项补救裁决(Abhilfeentscheidung)应当提起的便又是即时抗告了(《司法辅助员法》第11条)。

我们不太能说,通说已经设计了一个满足法的清晰性与确定性的法律救

---

⑤联邦最高法院裁判,载《经济法杂志》,2004年,第1379页右栏;J.布罗迈耶,载《德国司法辅助员》,1969年,第279页、第284页;尧厄尼希,第11节;布罗迈耶,第31节Ⅱ 2;托马斯/普曾,第766条,边码1;斯坦/约纳斯:《德国民事诉讼法》评注,明茨贝格,第766条,边码3及以下;罗森贝格/高尔/席尔肯,第37节Ⅳ,个别裁决在相关章节提及;但可参见边码8.31、边码30.14、边码43.7至边码43.11。部分如这里的格哈特,《执行法》,第14节Ⅰ 1 a(也可以在听审债务人之后、进行执行行为之前提出执行抗议)。

⑥不同观点,(总是第793条)参见维瑟,载《民事诉讼法杂志》,第115卷,2002年,第157页及以下。

⑦联邦最高法院裁判,载《经济法杂志》,2004年,第1379页右栏处有进一步证明;也可参见柏林高等法院裁判,载《德国司法辅助员》,1973年,第32页处有进一步证明;柏林高等法院裁判,载《州高等法院民事裁判集》,1978年,第491页、第493页;弗兰肯塔尔州法院裁判,载《德国司法辅助员》,1982年,第231页;科隆法院裁判,载《法律办公室》,2000年,第48页。

⑧参见旧法科布伦茨法院裁判,载《德国司法辅助员》,1978年,第226页;美因河畔法兰克福法院裁判,载《德国司法辅助员》,1979年,第111页;参见边码8.31。

济体系；相反，我们所面对的是一个“权利保护迷宫”（Rechtsschutzlabyrinth）。⑨ 简化和提高概览性的尝试可以是，要么赋予即时抗告——参见Kunz 观点⑩——要么是赋予执行抗议——本书观点——以优先性。依据其他观点，被允许的法律救济应当既可以取决于被攻击的裁决之方式，也可以取决于前一程序。裁决的方式应当取决于是执行申请被拒绝还是本应进行法律上的听审（却未进行）。⑪ 高等法院审判委员会的法官在解决这一管辖问题上花费了多少精力啊，真是令人沮丧。

（三）作为执行机关的诉讼法院的瑕疵

如果执行机关为诉讼法院，那么根据几乎一致的观点，应当排除抗议 43.5
（只能进行即时抗告！）。该观点唯一的理由是：让地方法院对有可能是由州法院作为诉讼法院实施的执行措施作出裁决，这是无意义的。更合理的应当是援用《行政法院法》第 167 条第 1 款第 2 句的法律思想。也就是说，尽管应允许进行抗议，但应当由诉讼法院对此进行裁决。

（四）土地登记部门的瑕疵

考虑到土地登记程序的特殊性，土地登记部门作为执行机关的裁决，依通说⑫只能通过依据《土地登记法》第 71 条以下规定的

---

⑨孔茨（Kunz），《抗议与抗告》，1980 年，第 4 页、第 6 页。

⑩同上，第 110 ~ 248 页；新近观点也可参见维瑟，载《民事诉讼法杂志》，第 115 卷，2002 年，第 157 页。

⑪参见卡斯滕 · 施密特，载《法学教育》，1992 年，第 90 页、第 93 页及以下；卡斯滕 · 施密特：《慕尼黑〈民事诉讼法〉评注》，第 766 条，边码 17（结果上是倾向于批判通说的“最惠国待遇理论”）。

⑫策勒/施特贝尔，第 766 条，边码 4；斯坦/约纳斯：《德国民事诉讼法》评注，明茨贝格，第 867 条，边码 28；罗森贝格/高尔/席尔肯，第 37 节 IV 4；其他观点，参见哈伯迈尔，《民事诉讼法中的强制抵押》，1989 年，第 105 页及以下。

抗告进行撤销(边码 38.7)。[13] 这同样适用于债务人没有被听审的情况。

概览表十六　强制执行法中的法律救济与上诉手段

	方式			
	抗议(第 766 条)(Erinnerung)	即时抗告(第 793 条)(sof. Beschwerde)	执行对抗之诉(第 767 条)(Vollstreckungsgegenklage)	第三人异议之诉(第 771 条)(Drittwiderspruchsklage)
特征	执行措施或拒绝采取执行措施时存在程序瑕疵(后者有部分争议)	针对强制执行程序中的法院裁决	针对已签发执行名义的请求权的抗辩,注意:第 767 条第 2 款	对第三人财产的干涉
权利人	债权人—债务人—第三人	债权人—债务人—第三人	债务人	第三人
目的	强制执行行为的作出—废止—变更	一审法院裁决的废止—变更	基于执行名义的强制执行不合法	对被扣押客体进行强制执行不合法
管辖	执行法院	州法院	一审诉讼法院	强制执行管辖区域的地方法院或州法院

⑬有争议的是在通过司法辅助员进行登记的时候,《土地登记法》第 71 条第 2 款与《司法辅助员法》第 11 条第 2 款、第 3 款第 1 句之间的关系;参见布罗克斯/瓦尔克,边码 1297 以下;魏斯(Weiß),载《德国公证人杂志》,1985 年,第 524 页及以下;柏林高等法院裁判,载《州高等法院民事裁判集》,1987 年,第 257 页、第 259 页以下,各有证明。

续表

	方式			
	抗议(第766条)(Erinnerung)	即时抗告(第793条)(sof. Beschwerde)	执行对抗之诉(第767条)(Vollstreckungsgegenklage)	第三人异议之诉(第771条)(Drittwiderspruchsklage)
裁决形式	裁定	裁定	判决	判决
上诉手段	即时抗告(参见第二列)	法律抗告(第574条第1款第1句第2项)	上诉(Berufung)—上告(Revision)	上诉—上告
特殊形式				优先受偿诉讼(第805条);优先的质权(vorgehendes Pfandrecht)

二、抗议权利人及其责问

如果抗议权利人能提起一项程序上合法的责问,则此抗议是合法的。 43.6

(一)抗议权利人

任何一个权利状态被——其主张的——程序瑕疵影响的人,都有权提起抗议;首先是债务人,但也可能是债权人与任何一个权利受到执行行为影响的第三人。[14]

(二)合法的责问

在执行措施不合法或有瑕疵,或被拒绝(Nichtvornahme)的情况下,可以提出抗议。[15]

43.7 债务人在以下情况下可以提出抗议:例如在因缺少执行名义(边码12.2)或没有送达执行名义(边码12.3)、缺少(有效的)执行条款的授予[16]或改写,[17]导致强制执行不合法时;扣押不可扣押物与不可扣押债权的情况(主要案例类型参见边码23.9、边码24.35);在对待给付有瑕疵或者有错误时(第756条;边码21.11);[18]尽管满足第775条中规定的条件(执行机关)也不中止执行时(边码9.6);执行机关功能上无管辖权时(边码8.8以下、边码8.32、边码11.3、边码27.11);违反各种不适于扣押的规定而实施执行时。[19]

43.8 债权人在以下情况下可以提出抗议:例如在法院执行员拒绝实施执行,或拒绝依照合法的债权人的指示实施执行行为时(边码43.3);相反,依据通说(参见边码43.4),在法官或司法辅助员拒绝申请以及在对债务人进行预先听审后才采取执行措施的情况下,不能进行抗议;在这里,依通说,在法官或司法辅助员拒绝的情况下只能进行即时抗告(第793条,《司

---

[14]对此J.布罗迈耶,同文献指引。

[15]参见科赫,载《法学评论》,1966年,第416页。

[16]哈姆法院裁判,载《德国司法辅助员》,1989年,第466页。

[17]联邦最高法院裁判,载《新法学周刊》,1992年,第2159页,载《法学家杂志》,1993年,第94页,附有明茨贝格评论。

[18]柏林高等法院裁判,载《新法学周刊裁判报告》,1989年,第638页处有进一步证明。

[19]有趣的实例:汉诺威州法院裁判,载《经济法杂志》,1982年,第1345页[债务人的破产管理人针对在回溯屏蔽(期限)之内作出的扣押裁定提出的抗议(旧法)];类似案例,参见联邦最高法院裁判,载《经济法杂志》,2004年,第1379页(支付不能管理人针对一项支付不能程序开启之后作出的扣押裁定提出的抗议)。

法辅助员法》第 11 条第 1 款；边码 8.31）。[20]

第三人在以下情况下可以提出抗议：例如违反第 808 条、第 809 条规定的情况：某物不是由债务人持有而是由第三人持有，但仍对其进行扣押（边码 28.11）；在违反第 811 条规定时债务人的家庭成员可以提出抗议（边码 23.9）；[21]违反第 865 条第 2 款第 1 句时土地担保物权人（边码 28.3、边码 34.30、边码 43.19）；违反《支付不能法》第 89 条第 1 款时的支付不能管理人（边码 46.15）；[22]法院执行员费用估价错误的情况下的国库；[23]对第一顺位扣押债权人的执行合法性提出异议的第二顺位扣押质权人（但参见边码 33.5 以下）；[24]在没有针对住宅所有人的执行名义或没有法院命令的情况下，法院执行员对他人住宅进行搜查（边码 8.12 以下、边码 28.6、边码 39.4）。[25] 但依据通说，如果债务人被听审，第三人也是提出即时抗告（第 793 条；《司法 43.9

---

[20]关于很难解决的边界性问题的实例：参见科布伦茨法院裁判，载《德国司法辅助员》，1978 年，第 226 页（债权人的执行抗议，当他想要对抗一项依据第 850d 条符合申请地作出的扣押裁定时，因为其试图嗣后对免扣押数额提出抗辩）；柏林州法院裁判，载《德国法院执行员报》，1979 年，第 166 页（通过法官拒绝住宅搜查：第 793 条；参见边码 8.12 及以下）。

[21]例如，哈姆法院裁判，载《德国法院执行员报》，1984 年，第 138 页；也可参见科隆法院裁判，载《州高等法院民事裁判集》，1993 年，第 113 页（在扣押墓碑时死者家属的抗议权利）。

[22]例如，联邦最高法院裁判，载《经济法杂志》，2004 年，第 1379 页（在任何情况下，都是第 793 条）。

[23]吉森州法院裁判，载《德国法院执行员报》，1989 年，第 184 页；美因河畔法兰克福州法院裁判，载《德国法院执行员报》，1993 年，第 74 页。

[24]《帝国法院民事裁判集》，第 121 卷，第 349 页、第 351 页；联邦最高法院裁判，载《德国司法辅助员》，1989 年，第 248 页。

[25]柏林高等法院裁判，载《德国法院执行员报》，1982 年，第 40 页：没有对实施执行措施时的违法性进行确定（很有问题）。

辅助员法》第 11 条第 1 款)。[26]

43.10 第三债务人可以通过抗议来提出违反扣押规定的抗辩,如错误计算了扣押范围,或者债权没有被充分确定(边码 24.35)。[27] 相反,在债权人针对第三债务人的诉讼中,只能允许实体法上成立的抗辩(如第 851 条、第 852 条),[28]这里根据有争议的观点也应当排除抗议。[29] 第三债务人在任何情况下都可以在进攻(抗议)以及防卫(抗辩)之间做出选择;我们应当避免一切对其来说可能成为陷阱的情况,以及一切使法院作不必要之思考的情况,因为不必要的思考有悖于高效法律保护原则(Grundsatz effektiven Rechtsschutzes)。

43.11 通常情况下,约定的执行限制也应通过抗议予以主张(边码 10.7)。[30]

---

[26]班贝格法院裁判,载《新法学周刊》,1978 年,第 1389 页;柏林高等法院裁判,载《州高等法院民事裁判集》,1986 年,第 356 页;波恩州法院裁判,载《企业》,1979 年,第 94 页;波鸿州法院裁判,载《德国司法辅助员》,1984 年,第 278 页;美因河畔法兰克福州法院裁判,载《德国司法辅助员》,1989 年,第 400 页;不同观点,参见布罗克斯/瓦尔克,边码 1182;斯坦/约纳斯:《德国民事诉讼法》评注,明茨贝格,第 766 条,边码 7;参见边码 30.14。

[27]参见《联邦最高法院民事裁判集》,第 69 卷,第 144 页、第 148 页;联邦劳动法院裁判,载《德国法月刊》,1961 年,第 799 页附有评论[地区范围内的推测扣押(Verdachtspfändung),如债权人申请对债务人某一银行账户进行扣押,但不明确知晓账户开户行的情况。——译者注]。

[28]参见联邦最高法院裁判,载《德国司法辅助员》,1978 年,第 248 ~ 249 页;联邦劳动法院裁判,载《新法学周刊》,1977 年,第 75 ~ 76 页。一方面,还有联邦劳动法院裁判,载《新法学周刊》,1962 年,第 510 页;《联邦最高法院民事裁判集》,第 66 卷,第 79 页;第 69 卷,第 144 页,另一方面;具体还可参见边码 24.36、边码 25.19、边码 30.14、边码 30.35。

[29]参见联邦最高法院裁判,载《德国司法辅助员》,1978 年,第 248 页、第 249 页结尾。反对意见,参见联邦劳动法院裁判,载《新法学周刊》,1977 年,第 75 ~ 76 页;边码 25.19。

[30]但要注意的情形,参见联邦最高法院裁判,载《经济法、银行法与证券通讯杂志》,1967 年,第 1199 页(退还之诉);联邦最高法院裁判,载《新法学周刊》,1968 年,第 700 页(不作为之诉以及特别之诉 Klage sui generis);联邦最高法院裁判,载《经济法杂志》,1991 年,第 611 页、第 613 页(执行对抗之诉)。区分地,参见卡斯滕·施密特:《慕尼黑〈民事诉讼法〉评注》,第 766 条,边码 34 以下;卡斯滕·施密特,载《法学教育》1992 年,第 95 页以下(“不仅……而且……”概念)。

三、管辖与程序[31]

(一)管辖

执行法院排他地对抗议的裁决具有管辖权(第764条),而且必须由法官裁决(第20节第17项,也可参见《司法辅助员法》)。[32]但在向法官呈交抗议之前,司法辅助员也可以类推适用《司法辅助员法》第11条第2款第2句(先)进行补救(边码8.31,43.4)。家庭法院对抗议的裁决没有管辖权(边码8.30、边码43.5)。 43.12

依据《支付不能法》第89条第3款的规定,对于因违反支付不能程序开启后禁止执行的规定(《支付不能法》第89条第1款)而提出的抗议,应由支付不能法院进行裁决。[33]

(二)诉之合法性——时间上的界限

通常情况下,只有在强制执行已经开始之后,抗议才是合法的。

---

[31]还可参见边码2.19。

[32]联邦最高法院裁判,载《新法学周刊裁判报告》,2005年,第1299页(司法辅助员裁决的无效)。如果当事人已经表示主要事项已经终了,则法官管辖权同样适用于类推适用第91a条的费用裁决,参见弗兰肯塔尔州法院裁判,载《德国司法辅助员》,1984年,第361页。

[33]例如,联邦最高法院裁判,载《新法学周刊裁判报告》,2005年,第1299页;参见联邦议会印刊,编码12/2443,第138页;阿普,载《新支付不能法与重整法杂志》,1999年,第138~139页。但依据联邦最高法院观点,如果依据一般规则可以进行即时抗告,则不允许进行抗议(边码43.4);联邦最高法院裁判,载《经济法杂志》,2004年,第1379~1380页;相同的,库恩(Kuhn)/乌伦布鲁克,第89条,边码25。在这种情况下反对支付不能法院具有管辖权的观点,参见耶拿法院裁判,载《新支付不能法与重整法杂志》,2002年,第156~157页;合理的不同观点,参见乌伦布鲁克,第89条,边码25处有进一步证明。

例外的情况:如果执行措施马上就要进行,并且执行开始后再作裁决对债务人无意义或者意义有限(例如对一项威胁到债务人健康的拘留命令的执行),那么此时(执行开始前)提出抗议也是合法的。[34]

如果强制执行已经终止,可能是直接基于执行名义,可能只是个别被撤销的执行措施(边码9.13),那么抗议就不会再被允许。[35] 例外地,如果执行措施具有持续效力(fortwirkt),则也可以在强制执行终止后提出抗议。[36]

(三)无形式要求

抗议可以不要式地提出,但必须有材料记录证明;抗议无期限限制。使用了错误的称谓(如将抗议误称为抗告)无关紧要。

(四)对抗议的裁决

43.13 对抗议的裁决总是以裁定的形式(Beschluss)作出,无需言辞辩论(第764条第3款、第128条第4款),但必须保证有法律上的听审。需要注意的是,仅对重要事实进行疏明(Glaubhaftmachung)并不够,必须要有完全的证明。原则上决定性的是作出裁定时的事实与法律状态。[37] 裁定应当说明理由。[38]

---

[34]哈姆法院裁判,载《德国法院执行员报》,1983年,第137页;有疑问的,参见柏林高等法院裁判,载《德国法院执行员报》,1994年,第113页(也可参见边码8.26)。

[35]联邦最高法院裁判,载《德国法院执行员报》,2005年,第25页;科隆法院裁判,载《法律办公室》,2001年,第213页;威斯巴登州法院裁判,载《德国法院执行员报》,2000年,第24页。关于在以转付替代支付时的抗议问题参见边码30.31。

[36]参见班贝格法院裁判,载《法律办公室》,1983年,第298页;柏林高等法院裁判,载《新法学周刊裁判报告》,1987年,第126页;哈姆法院裁判,载《州高等法院报告》,2001年,第91~92页(法院执行员的费用查定);杜塞尔多夫州法院裁判,载《德国法院执行员报》,1985年,第152页(无结果之证明作为公开宣示程序的基础);策勒/施特贝尔,第766条,边码13。

[37]特殊情况:不可扣押物的不可缺失(边码23.8)。也可参见布伦斯/皮特斯,第14节VI:抗议程序中"弥补"瑕疵时对参加人利益的考虑。

[38]汉诺威州法院裁判,载《法律办公室》,1986年,第299页;策勒/施特贝尔,第766条,边码28。

裁决的内容可能是,如裁决强制执行整体不合法或对特定客体的强制执行不合法,或者指示法院执行员实施某种执行行为。㊴ 如果抗议是针对执行法院的行为,那么该行为可以被废止或变更。如果执行法院拒绝了被申请的执行行为,那么现在它可能作出该行为。㊵

如果执行措施要被废止或被宣告为不合法,法院可以在裁定中将抗议裁决的执行推迟到抗告期间结束或延迟到抗告法院作出另一命令时(类推第 43.14
570 条第 2 款);㊶因为如果不这样,针对裁决提出的即时抗告就会常常因为丧失顺位(参见边码 43.17)而变得毫无价值!

法院经过言辞辩论作出的裁决应予宣布(第 329 条第 1 款第 1 句);无言辞辩论的,驳回抗议的裁决应当依职权送达申请人,批 43.15
准抗议的裁决应当依职权送达双方当事人(第 329 条第 2 款第 2 句)。如果裁决构成了一个执行名义(也包括对费用的执行名义),那么裁决都应当被送达(第 329 条第 3 款);暂时可执行性的情况下则适用第 794 条第 1 款第 3 项的规定。

法院可以在裁决之前以第 732 条第 2 款中规定的方式发出一项暂时命令(vorläufige Anordnung),尤其可以在提供担保或在没有担保的情况下命令 43.16
暂时中止强制执行,或者在提供担保情况下命令继续实施强制执行(第 766 条第 1 款第 2 句)。针对一项暂时中止强制执行的裁决,不允许提出抗告(准用第 707 条第 2 款第 2 句)。㊷ 但之前的通说认为,在法院逾越了其享有的自由裁量框架的场合下,可以进行抗告;联邦最高法院后来不再准许这种特

㊴关于执行法院指令权(Weisungsbefugnis)的边界,参见斯托特,载《德国法院执行员报》,1987 年,第 97 页、第 99 页及以下。

㊵自 2001 年民事诉讼法典改革后,基于第 572 条第 1 款第 1 句该可能性仍然存在,即便依据通说在这种情形下只能进行即时抗告;对此参见维瑟,载《民事诉讼法杂志》,第 115 卷,2002 年,第 157 页。

㊶参见《联邦最高法院民事裁判集》,第 66 卷,第 394 ~ 395 页。

㊷参见哈姆法院裁判,载《德国法月刊》,1979 年,第 852 页。

殊的法律抗告,因为第574条的规定是具有终局性的。[43] 在违反听审规则的情况下,正确的法律救济应当是依据第321a条进行听审责问(Anhörungsrüge),而在发生其他宪法上的程序瑕疵的情况下则考虑类推第321a条的责问。[44] 在补救检查(Abhilfeprüfung)(边码43.12)的场合,司法辅助员也可以依据第732条第2款的规定发出命令。针对司法辅助员作出的裁决,可以通过提出有期限限制的、针对司法辅助员的抗议(Rechtspflegererinnerung)(《司法辅助员法》第11条第2款)来撤销。[45]

抗议程序的费用不属于第788条意义上的强制执行的费用。[46] 因此,应当在对抗议作出的裁定中对费用作出独立裁决,并且应适用第91条以下条款的规定。只有在依据第766条第2款进行的程序中情况有所不同,该程序中没有抗议对象:[47]此时应当依据第788条第1款确定费用。[48]

(五)作为法律救济的即时抗告

针对基于抗议(Erinnerung)而作出的裁定,可以依照第793条
43.17 提出立即抗告(sofortige Beschwerde)。抗告权利人——总是以存

---

[43]联邦最高法院裁判,载《新法学周刊》,2002年,第1577页。相应地,高等法院不再承认特别抗告。参见柏林高等法院裁判,《新发学周刊》,2002年,第1086页;哈姆法院裁判,载《德国法月刊》,2003年,第296页;美因河畔法兰克福法院裁判,载《新法学周刊裁判报告》,2003年,第140~141页;策勒法院裁判,载《州高等法院报告》,2003年,第113页、第304页;卡尔斯鲁厄法院裁判,载《州高等法院报告》,2003年,第225页、第226页右栏。

[44]关于第707条、第769条情况下的相同问题,参见边码9.6、边码14.24、边码45.26。

[45]科隆法院裁判,载《法律办公室》,2000年,第48页;策勒/施特贝尔,第732条,边码17。

[46]通说:参见联邦最高法院裁判,载《新法学周刊裁判报告》,1989年,第125页;卡斯滕·施密特:《慕尼黑〈民事诉讼法〉评注》,第766条,边码49处有进一步证明。

[47]卡斯滕·施密特:《慕尼黑〈民事诉讼法〉评注》,第766条,边码60以下。

[48]卡斯滕·施密特:《慕尼黑〈民事诉讼法〉评注》,第788条,边码20;茨韦布吕肯法院裁判,载《法律办公室》,1990年,第534页;奥格斯堡州法院裁判,载《德国法院执行员报》,1998年,第122~123页以下;哈姆法院裁判,载《德国法院执行员报》,1994年,第27页未有定论。

在不利(Beschwer)为前提——首先是有抗议权的双方当事人及第三人(边码43.7至边码43.10)。有争议的是,法院执行员是否也享有抗告权。部分观点认为,应当完全否定法院执行员享有独立的抗告。[49] 不同观点认为,只要涉及费用计算,法院执行员就享有抗告权(第766条第2款结尾)。[50] 本书观点是,在法院执行员认为必须反抗违法的执行命令时,都应当承认法院执行员享有抗告权。[51] 债务人可以在执行开始前就对执行命令的裁定(第766条第2款;边码43.13)提出抗告,条件是:如果不这样,随着执行的进行就会形成终局状态。[52]

如果执行措施(如扣押裁定)基于一项因抗议作出的裁决而被废止,并

---

[49]布罗克斯/瓦尔克,边码1210;策勒/施特贝尔,第766条,边码37;克里斯特曼,载《德国法院执行员报》,1990年,第19页;罗特韦尔州法院裁判,载《德国法院执行员报》,1989年,第73页;奥斯纳布吕克州法院裁判,载《德国法院执行员报》,1980年,第124页;威斯巴登州法院裁判,载《德国法院执行员报》,1991年,第59页;美因河畔法兰克福州法院裁判,载《德国法院执行员报》,1993年,第74页。

[50]罗森贝格/高尔/席尔肯,第38节II 3 a;卡斯滕·施密特:《慕尼黑〈民事诉讼法〉评注》,第766条,边码53,第793条,边码7;盖斯勒,载《德国法院执行员报》,1985年,第129页及以下;1990年,第105页及以下;杜塞尔多夫法院裁判,载《新法学周刊》,1980年,第1111页;载《新法学周刊裁判报告》,1993年,第1280页;康斯坦茨州法院裁判,载《德国法院执行员报》,2002年,第139~140页;波尔茨乌斯/凯塞尔,载《德国法院执行员报》,2002年,第33页、第37页右栏。

[51]如这里的杜塞尔多夫法院裁判,载《新法学周刊》,1978年,第2205页;载《新法学周刊》,1980年,第548页;斯坦/约纳斯:《德国民事诉讼法》评注,明茨贝格,第793条,边码6(在裁决明显不当的情况下的抗告权);鲍姆巴赫/哈特曼,第766条,边码22。

[52]例如,柏林高等法院裁判,载《经济法杂志》,1983年,第497~498页:针对搜查执行命令的抗告。由无功能管辖权的司法辅助员作出的无效抗议裁决应当由抗告法院废止;联邦最高法院裁判,载《新法学周刊裁判报告》,2005年,第1299页。

且个别强制执行措施因而终止了,那么,虽然仍可即时抗告,[53]但此时抗告法院裁决有理也不能使已经被废止的执行措施溯及既往地恢复原状,而是必须重新实施扣押。[54] 因此,在此期间成立的第三人权利将处于优先地位。如果将废止执行措施的裁决(die Vollstreckungsmaßnahme aufhebende Entscheidung)的实行推迟到特定期限结束之后,就可以避免对债权人可能产生的不利(边码 43.14)。

(六)裁决的既判力

43.18 对抗议的裁决可以产生实体既判力。如果抗议只是重复同样的理由,则不合法(边码 42.6)。

如果一个第三人,其不是第一次抗告程序的当事人,并且在此期间也没有被听审,自己提起抗议,那么情况则会有所不同。第一次的裁决对该第三人不发生既判力。因此他可以提出那些在第一次程序中已经裁决过了的抗辩。[55]

四、与其他法律救济的关系

(一)执行防御之诉、对执行条款的抗议

43.19 抗议与执行对抗之诉原则上不能并存。但需要注意的是,在违反执行协

---

[53]纽伦堡法院裁判,载《德国司法辅助员》,1961 年,第 52 页;科隆法院裁判,载《新法学周刊裁判报告》,1987 年,第 380 页;斯坦/约纳斯:《德国民事诉讼法》评注,明茨贝格,第 766 条,边码 48;卡斯滕·施密特:《慕尼黑〈民事诉讼法〉评注》,第 793 条,边码 13。

[54]对此参见萨尔布吕肯法院裁判,载《州高等法院民事裁判集》,1971 年,第 425 页;斯坦/约纳斯:《德国民事诉讼法》评注,明茨贝格,第 766 条,边码 49;施耐德,载《德国法月刊》,1984 年,第 371 页;当只要求溯及地恢复扣押时,不应准许进行抗告,参见科布伦茨法院裁判,载《德国司法辅助员》,1986 年,第 229 页。

[55]有争议的,参见卡斯滕·施密特:《慕尼黑〈民事诉讼法〉评注》,第 766 条,边码 55;布罗克斯/瓦尔克,边码 1249;罗森贝格/高尔/席尔肯,第 37 节 IX 2;不同观点,参见 J. 布罗迈耶,同上,第 141 页及以下、第 173 页;鲍姆巴赫/哈特曼,第 766 条,边码 43。

议的情况下，部分判决与文献认为正确的法律救济措施是执行对抗之诉（边码10.7、边码10.9、边码43.11）。[56] 少数说[57]认为，第三债务人不仅可以依据第767条，还可以依据第766条，以具有执行名义的请求权已经被扣押与转付为由，对抗进行执行的债务人。在执行名义不生效力的情况下，第732条（边码18.10）之外是否还可适用第766条，这一问题尚悬而未决；[58]如果做肯定回答——正如很多观点认为的那样，那么，在联邦最高法院于执行名义因缺乏确定性而不生效力[59]的场合类推适用第767条而准许了程序上的形成之诉[60]之后，就可能出现第732条、第766条以及类推第767条的并列情况。此外，在与实体法上的抗辩并存的情况下，可能会发生与执行对抗之诉之间的竞合（边码45.4）。[61]

（二）第三人异议之诉

根据不同的案件类型，可以允许提出抗议或第三人异议之诉，如在违反第808条、第809条的规定将一件属于第三人并由第三人持有的物扣押的情况下（边码28.11），或者在抵押权人对违反第865条第2款第1句实施的土地从物扣押进行责问的情况下（边码34.30）。 43.20

---

[56]还可参见托马斯/普曾，第766条，边码24及以下。

[57]克里斯特曼，载《德国法院执行员报》，1985年，第81页；相反的适当的观点，参见明茨贝格，载《德国法院执行员报》，1985年，第145页。

[58]参见斯坦/约纳斯：《德国民事诉讼法》评注，明茨贝格，第766条，边码59；杜塞尔多夫法院裁判，载《州高等法院民事裁判集》，1988年，第106页、第110页。

[59]联邦最高法院裁判，载《新法学周刊》，2004年，第472页、第474页处有进一步证明；对此卡斯滕·施密特，载《法学教育》，2004年，第446页。

[60]参见边码16.27、边码17.27、边码18.10、边码45.4。

[61]也可参见杜塞尔多夫法院裁判，载《州高等法院民事裁判集》，1984年，第93～94页（如果文句中提到的执行债务人与执行名义中的债务人不一致，则可选择性地适用第732条、第766条或第767条）。

(三)职务监督之抗告

43.21 只要能够运用抗议这种司法上的法律救济手段,就排除职务监督(Dienstaufsichtbewerde)之抗告。该法律救济(职务监督之抗告)只能是“备用品”,如在法院执行员没有完成执行委托,或在其实施执行行为时违反了职务义务但没有影响到执行行为有效性的情况下,才可以适用。[62]

(四)《〈法院组织法〉施行法》第23条以下

43.22 依通说,第766条终局地规制针对有程序瑕疵的执行行为的法律救济。[63] 这意味着,即使有再次出现违法执行(如违法的房屋搜查)之虞也不准提出确认申请(Feststellungsantrag)。[64] 鉴于《德国基本法》第19条第4款的规定,这很有问题!

---

[62]对此参见高尔,载《民事诉讼法杂志》,第87卷,1974年,第241页、第275页;杜兹,载《德国法院执行员报》,1975年,第49页;斯托特,载《德国法院执行员报》,1987年,第97页、第104页;进一步,参见边码8.3。有趣的例子:海德堡州法院裁判,载《德国法院执行员报》,1982年,第119页以下(债权人针对法院执行员出示利息计算的要求而采取的法律救济是抗议)。

[63]强制执行之外法院执行员拒绝行为的场合不是适用第766条第2款,而是依据《法院执行员法施行法》第23条以下申请法院裁决;例如:美因河畔法兰克福法院裁判,载《德国法院执行员报》,1998年,第121页(基于出租人质权的拍卖)。

[64]参见柏林高等法院裁判,载《德国法院执行员报》,1982年,第40页;类似的,参见美因河畔法兰克福法院裁判,载《经济法杂志》,1983年,第499页。

第四十四章　执行程序中的即时抗告

文献指引：参见第四十二章、第十三章部分。

参见概览表十六。

对于在强制执行程序中不经言辞辩论即可作出的裁决，可以提起即时抗告（第 793 条）。 44.1

一、执行措施与裁决

这里只考虑法院的"裁决"；对于法院执行员或执行法院的执行措施只允许提起抗议（第 766 条）（边码 43.2 以下）。如果裁决不是由法官而是由司法辅助员作出的，那么即时抗告也是正确的法律救济方式（《司法辅助员法》第 11 条第 1 款）。[①]

与本书观点（边码 43.4）相反，如果执行法院（而不是法院执行员！）拒绝了一项执行申请，或者在对债务人听审之后才作出一项执行措施，通说也将其视作一份"裁决"（Entscheidung）。

---

①在利于公共组织（öffentliche Hand）的强制执行场合，针对法官裁决的法律救济还不清楚：依据第 793 条或依据《行政法院法》第 146 条第 1 款进行抗告。赞同《行政法院法》第 146 条第 1 款例如卡塞尔州高等行政法院裁判，载《新行政法杂志裁判报告》，1998 年，第 77 页（有疑问）。

据此,依通说可以得出如下让人不太理解的规则:

1. 如果司法辅助员(或者法官)在没有对债务人进行听审的情况下作出一项执行行为,则可以依据第 766 条提起抗议。

2. 如果司法辅助员(或者法官)拒绝执行、废止或者在对债务人听审后才作出一项执行行为,则可以提起即时抗告(第 793 条,《司法辅助员法》第 11 条第 1 款)。

二、执行程序中经选择性口头辩论(mit fakultativer mündlicher Verhandlung)作出的裁决

44.2 法院的裁决必须在强制执行程序中作出。这也适用于与执行有紧密联系的法官准许对住宅进行搜查的场合(第 758a 条)。② 对于仅仅为准备执行程序而作出的裁决(如可执行文书的授予),在申请被驳回的情况下,允许依据第 567 条第 1 款第 2 项提起即时抗告(边码 18.7)。进一步的前提是,该裁决可以在没有口头辩论的情况下作出。但如果裁决事实上针对具体细节进行了口头辩论,也无妨提起即时抗告。

三、抗告权能、抗告期限、审查范围

对于即时抗告是否具有合法性(Zulässigkeit),还可适用第
44.3 567 条、第 569 条与第 571 条。有权提出即时抗告的首先是债权人与债务人,但也可以是因裁决而利益受损的第三人。③ 在法院执行员想要对抗一项他认为可能是违法行为的法官执行命令时,应当赋予法院执行员抗告权(边码 43.17;有争议)。如通常那样,提起上诉总是要以存在不利(Beschwer)为前提。④ 即时抗告必须

②罗森贝格/高尔/席尔肯,第 38 节 Ⅱ 1 c 处有进一步证明;也可参见边码 8.28。

③例子:汉堡法院裁判,载《德国法月刊》,1954 年,第 685 页。

④例如,柏林高等法院裁判,载《法律办公室》,1986 年,第 1734 页(搜查令也可以在无结果的搜查以及执行期届满之后抗告);海尔布隆州法院裁判,载《德国司法辅助员》,2002 年,第 326 页(没有债务人负担,债权人费用预付的要求)。

在两周的不变期间(Notfrist)中提出(第569条第1款)。抗告法院需要审查全部争议事项,包括向其提交的新事实(第571条第2款),尤其还需要调查,某些瑕疵是否已经弥补。⑤ 自从2001年民事诉讼法改革之后,依据第571条第3款可以排除新的进攻与防卫手段。⑥

即使在期限届满并且不存在自身不利的情况下,抗告的对方当事人仍可以附带提出即时抗告(第567条第3款)。但如果附带抗告(Anschlussbeschwerde)是在期限届满或放弃抗告之后提出的(=不独立的),则在主抗告(Hauptbeschwerde)被撤回或因不合法而被驳回时,附带抗告即失去效力(第567条第3款第2句)。

四、法律抗告

关于即时抗告的裁决通过裁定的形式(Beschluss)作出。2001年《民事诉讼法典改革法案》⑦废除了其他抗告之后,在抗告法院允许(第574条第1款第1句第2项,第3款),且满足第574条以下条件的情况下,只可能向联 44.4

⑤参见柏林高等法院裁判,载《法学周报》,1938年,第896页。有争议的是,在外国人参与的情况下是否存在依据《法院执行员法》第119条第1款第1b项高等州法院的管辖权:否定的,参见奥尔登堡法院裁判,载《新法学周刊裁判报告》,2004年,第499页,第500页;肯定的,参见布伦瑞克法院裁判,载《德国司法辅助员》,2005年,第150页。

⑥在旧法中,依据联邦宪法法院的观点,类推适用旧法第296条、第528条的除斥,在缺少明确法律规则的情况下不符合《德国基本法》第103条第1款(《联邦宪法法院判例集》,第59卷,第330页);参见边码40.29。

⑦关于改革,参见高尔,载《德国法院执行员报》,2005年,第113页及以下;关于旧法,参见旧版。

邦最高法院(《法院组织法》第133条)提起法律抗告。[⑧] 依据之前的通说,在抗告法院严重违反程序,尤其在违反《德国基本法》第103条第1款的情况下,可以进行特殊的抗告(außerordentliche Bewerde),[⑨]但现在根据联邦最高法院与州高等法院的判例,这种特殊的抗告不再被允许。[⑩] 在联邦宪法法院作出全体裁决(Plenarentscheidung),要求针对违反听审规定的情形制定全面的法定救济规则[⑪]之后,立法者自2005年1月1日开始,将原本只以判决为对象的第321a条扩张至全部类型的裁决领域。[⑫] 对于其他宪法性的程序违反(Verfahrensverstöße),如损害法定法官权利(Recht auf den gesetzlichen Richter)(《德国基本法》第101条第1款第2句)或程序公正[⑬]的情况,依立法者的构想则不能提出类似的责问。在上诉审判决(Berufungsurteil)场合,鉴于依据第544条、第543条第2款第1句的规定存在不允许提出抗告

---

⑧违反第568条第2款第2项以及《德国基本法》第101条第1款第2句,通过独任法官而非合议庭进行的准许是有效的,并且基于因抗告法院组成上的瑕疵(fehlerhafte Besetzung)而提起的法律抗告,裁决应依职权被废止;联邦最高法院裁判,载《新法学周刊》,2003年,第1254~1255页、第3712页(在有意见分歧或法律续造的场合也一样)。如果法律上排除了可撤销性,那么与第574条第3款第2句规定不同,对于联邦最高法院来说,准许(Zulassung)不具有约束力;联邦最高法院裁判(载《新法学周刊》,2004年),第2224页、第2225页左栏处有进一步证明,一项不被准许的抗告,原则上不能被解释为一项法律抗告。参见联邦最高法院裁判,载《新法学周刊》,2002年,第1958页;《家庭与法》,2002年,第432页。

⑨参见《联邦宪法法院判例集》,第49卷,第252页、第256页及以下;第51卷,第150页、第155~156页。又见联邦宪法法院裁判,载《新法学周刊》,1988年,第1773页。对此,旧版处有进一步证明。

⑩《联邦最高法院民事裁判集》,第150卷,第133页;联邦最高法院裁判,载《新法学周刊》,2004年,第2224页、第2225页右栏;柏林高等法院裁判,载《德国法月刊》,2002年,第1086页;科隆法院裁判,载《州高等法院报告》,2003年,第35页;哈姆法院裁判,载《德国法月刊》,2003年,第296页;美因河畔法兰克福法院裁判,载《新法学周刊裁判报告》,2003年,第140~141页;策勒法院裁判,载《州高等法院报告》,第2003年,第113页、第304页;罗斯托克法院裁判,载《州高等法院报告》,2003年,第120~121页;卡尔斯鲁厄法院裁判,载《州高等法院报告》,2003年,第225~226页。

⑪联邦宪法法院裁判,载《新法学周刊》,2003年,第1924页、第1929页。

⑫2004年12月9日的《听审责问法典》(《联邦法律公报》,第1卷,第3220页)。

⑬对此,参见《联邦宪法法院判例集》,第93卷,第99页、第113页。

(Nichtzulassungsbeschwerde)的可能性,这(不允许法律抗告)尚可接受。⑭ 相反,在作出裁定的场合,如果法律抗告不被准许,就存在一个法律保护漏洞——鉴于联邦宪法法院的全体裁决,在宪法层面上这很有问题! 在这里可以通过类推适用第321a条的责问进行补救(边码9.6、边码14.24、边码18.11)。

⑭参见《联邦最高法院民事裁判集》,第154卷,第288页、第296页;联邦最高法院裁判(载《新法学周刊》,2004年),第2222页、第2223页右栏处有进一步证明(《联邦最高法院民事裁判集》第152卷,第182页、第189页及以下的任务);政府理由书,联邦议会印刊,编码15/3706,第15页以下。

第四十五章　执行对抗之诉*

文献指引:科勒:《民事诉讼中的不服从与执行》,载《民事实务档案》,第80卷,1893年,第141页;厄尔特曼,载《民事实务档案》,第107卷,1911年,第199页(法律性质);赖歇尔(Reichel):《对执行对抗之诉的反诉》,载《民法实务档案》,第133卷,1931年,第20页;吕克:《执行名义返还之诉》,载《法学家杂志》,1956年,第475页;卢克斯(Lukes):《悖俗隐匿和利用判决时的执行防御之诉》,载《民事诉讼法杂志》,第72卷,1959年,第99页;高尔:《实质既判力、执行防御与民法上的补偿请求权》,载《法学教育》,1962年,第1页;A. 布罗迈耶:《执行对抗之诉与第三人异议之诉程序中判决的既判力效果与形成效果》,载《民法实务档案》,第165卷,1965年,第481页;施洛塞尔:《形成之诉与形成判决》,1966年;哈泽(Haase):《执行程序中的特别诉讼》,载《法学教育》,1967年,第561页;屈内(Kühne):《对诉讼和解与执行对抗之诉的实体法上的抗辩》,载《新法学周刊》,1967年,第1115页;鲍姆加特尔/舍夫(Baumgärtel/Scherf):《〈民事诉讼法〉第767条第3款疑难问题》,载《法学评论》,1968年,第368页;吉勒斯(Gilles):《程序的和市民的诉讼观察复合视角下的执行对抗之诉、所谓可执行的请求权与对强制执行的抗辩》,载《民事诉讼法杂志》,第83卷,1970年,第61页及以下;伯姆:《不公正

---

* Vollstreckungsgegenklage,债务人基于债权人已丧失实体权利(不具有可执行性)而提起的防御诉讼,本书上册中翻译为可执行异议之诉,特此说明。——译者注

的强制执行与实体法上的补偿请求权》,1971 年;高尔:《强制执行的法律救济体系——简化的可能与界限》,载《民事诉讼法杂志》,第 85 卷,1972 年,第 251 页;扬克:《执行诉讼的标的》,1978 年;奥托:《执行对抗之诉的基本问题》,载《法学工作报》,1981 年,第 606 页、第 649 页;布莱姆:《强制执行结束后的执行对抗之诉》,载《经济法杂志》,1983 年,第 1420 页;明茨贝格:《债务人给付之后返还可执行判决文书的请求权》,载《支付不能法杂志》,1984 年,第 193 页;明茨贝格:《有既判力文书中的迟延利率下降后的法律救济——〈联邦最高法院民事裁判集〉第 100 卷,第 211 页》,载《法学教育》,1988 年,第 345 页;明茨贝格:《执行代位与收取授权》(Vollstreckungsstandschaft und Einziehungsermächtigung),载《新法学周刊》,1992 年,第 1867 页;凯因茨(Kainz):《民事诉讼法体系中执行对抗之诉的功能与教义学定位》,1984 年(慕尼黑裁判,载《民事诉讼法杂志》,第 98 卷,1985 年,第 470 页);盖斯勒:《执行程序中的执行之诉》,载《新法学周刊》,1986 年,第 401 页;蒂梅尔(Thümmel):《共同诉讼人提起的执行防御之诉的管辖权》,载《新法学周刊》,1986 年,第 556 页;施泰纳:《"被延长"的执行防御之诉与执行防御之诉之外提起的支付之诉的管辖》,载《支付不能法杂志》,1987 年,第 27 页;霍彭茨(Hoppenz):《变更之诉相对于执行防御之诉的优先性》,载《家庭法杂志》,1987 年,第 1097 页;格拉巴(Graba):《抚养费和解与抚养费判决时的执行对抗之诉》,载《新法学周刊》,1989 年,第 481 页;金克尔(Künkel):《〈民事诉讼法〉第 707 条、第 732 条第 2 款、第 769 条停止判决(Einstellungsentscheidung)的可撤销性》,载《德国法月刊》,1989 年,第 309 页;梅尔茨(Merz):《执行对抗之诉》,载《法律》,1989 年,第 449 页;布勒/鲁姆勒(Rieble/Rumler):《针对无效执行名义的执行防御之诉》,载《德国法月刊》,1989 年,第 499 页;温德尔(Windel):《债务人针对一项基于无效公证证书实施的执行的法律救济(〈民事诉讼法〉第 794 条第 1 款第 5 项)——亦即关于〈民事诉讼法〉第 8 编法律保护体系的论文》,载《民事诉讼法杂志》,第 102 卷,1989 年,第 175 页;雅各比(Jakoby):《〈民事诉讼法〉第 323 条规定的变更之诉与〈民事诉讼法〉第 767 条执行对抗之诉的关系》,1991 年(布劳恩评论,载《民事诉讼法杂志》,第 105 卷,1992 年,第 502 页;明希:《执行对抗之诉的证明负担分配》,载《新法学周刊》,1991 年,第 795 页;席尔肯:《实例——强制执行法:"被延长的执行对抗之诉"》,载《法学教育》,1991 年,第 50 页;卡·施密特:《重复的执行对抗之诉的除斥与既判力》,载《法学评论》,1992 年,第 89 页;伦克(Renck):《基于和解实施执行时的执行防御之诉》,载《新法学周刊》,

1992 年,第 2209 页;布加德(Burgard):《第二次执行对抗之诉的除斥》,载《民事诉讼法杂志》,第 106 卷(1993 年,第 23 页;奥尔岑(Olzen):《针对基于公证证书实施的强制执行的权利保护》,载《德国公证人杂志》,1993 年,第 211 页;R. 施耐德:《权利保护保险中的执行对抗之诉》,载《保险法》,1994 年,第 1158 页;帕夫洛夫斯基:《通过法律续造的新执行防御之诉》,载《德国支付不能法与经济法杂志》,1995 年,第 20 页;奥托:《执行对抗之诉中的程序内和程序外的除斥》,载《亨克尔祝寿文集》,1995 年,第 615 页;特兰(Thran):《依据〈民事诉讼法〉第 767 条的执行对抗之诉》,载《法学教育》,1995 年,第 111 页;魏因齐尔(Weinzierl):《通过〈民事诉讼法〉第 767 条实现形成权的除斥》,1997 年;维特希尔:《依据〈民事诉讼法〉第 767 条的执行对抗之诉》,载《法学教育》,1997 年,第 450 页;卡·施密特:《执行对抗之诉——缓期期间的程序法与实体法》,载《德国联邦最高法院 50 周年纪念文集》,第 2 册,2000 年,第 491 页;瓦尔克:《既判力的除去与突破》,载《德国联邦最高法院 50 周年纪念文集》,第 2 册,2000 年,第 367 页;乌尔里希(Ulrich):《"变得不适宜"的不作为执行名义场合的变更之诉(〈民事诉讼法〉第 767 条)或/和执行防御之诉(〈民事诉讼法〉第 767 条)》,载《审计师》,2000 年,第 1054 页。

参见概览表十六。

一、功能与法律性质

45.1 如果已经存在一项作为强制执行基础的执行名义,那么各个执行机关不必也不允许再自行审查执行名义中所载的请求权是否真的(还)存在(形式化原则;边码 6.53、边码 42.1)。如果债务人想要针对具有执行名义的请求权提出抗辩,则他必须在一审诉讼法院提起诉讼,旨在宣告基于执行名义进行的强制执行是不合法的,理由可以是他在判决公布后已经清偿了债务(第 767 条):这就是执行对抗之诉(Vollstreckungsgegenklage)[①]或执行防御之诉

①科勒:《民事诉讼中的不服从与执行》,载《民事实务档案》,第 80 卷,1893 年,第 141 页。

(Vollstreckungsabwehrklage)。[②]

只有在判决宣告基于执行名义进行的强制执行不合法时,才能中止强制执行(第776条第1项)并废止已实施的执行措施(第776条第1句)。只有在例外情况下,也就是涉及即刻可证明的债务清偿事实时(第775条第4项、第5项),执行机关才能在法院裁决之前处理实体法上的抗辩。[③] 当然,如果债权人对清偿事实提出抗辩(Einrede),并且要求继续强制执行,那么必须让债务人提起执行对抗之诉(第767条)。[④]

(一)功能

很显然,执行对抗之诉只是针对具有可执行内容的执行名义提出(下文第二部分,边码45.4)。同样显而易见的是,当判决作为执行名义时,必须对提出执行对抗之诉的理由有所限制;因为若不如此,就可能有使判决失去价值甚至是在判决已经产生既判力的情况下打破实体既判力的危险(下文第三部分,边码45.7)。执行对抗之诉的裁决被授权给一审诉讼法院,因为其中涉及实体法上的抗辩,[⑤]对于这些抗辩的"穿透效力"——经常在签发执行名义时已经处理过案件材料的——诉讼法院能够更好地裁判(下文 45.2

---

②赖歇尔(Reichel):《对执行对抗之诉的反诉》,载《民法实务档案》,第133卷,1931年,第20页。

③转账委托的副本上有日期并签署过的印文"已接受"只是借贷机构的收讫证明,而不是第775条第5项意义上的证明;联邦最高法院裁判,载《新法学周刊》,1998年,第1640页。

④哈姆法院裁判,载《新法学周刊》,1970年,第1556页;哈姆法院裁判,载《州高等法院民事裁判集》,1973年,第490页;美因河畔法兰克福法院裁判,载《德国法月刊》,1980年,第63页;美因河畔法兰克福州法院裁判,载《德国法院执行员报》,1989年,第42页;还可参见边码9.5至边码9.8。

⑤不同观点,参见吉勒斯:《程序的和市民的诉讼观察复合视角下的执行对抗之诉、所谓可执行的请求权与对强制执行的抗辩》,载《民事诉讼法杂志》,第83卷,1970年,第61页及以下。

第四部分,边码45.18)。

(二)法律性质

执行对抗之诉的目标不在于废止某个特定的个别执行措施
45.3 (比如像第三人异议之诉那样):它的目的在于完全排除债务执行名义的可执行性(Vollstreckbarkeit)。[⑥] 另一方面,执行对抗之诉的目的也不在于废止执行名义并推翻其所有效力,而只在于排除其可执行性。[⑦] 因此,依通说,该诉讼的法律性质为一种程序上的形成之诉。[⑧]

二、诉之合法性

45.4 执行对抗之诉的合法性界限取决于其任务,即阻止基于执行名义即将发生的强制执行的进行。

---

⑥《联邦最高法院民事裁判集》,第55卷,第255页、第259页;联邦最高法院裁判,载《新法学周刊》,1960年,第2286页;《联邦最高法院民事裁判集》,第118卷,第229页、第231页;第124卷,第164页、第169页;联邦最高法院裁判,载《新法学周刊》,1995年,第3318页、第3319页;1997年,第2320页、第2321页;载《新法学周刊裁判报告》,1999年,第1080页、第1081页左栏;载《新法学周刊》,2004年,第59页、第60页左栏;第844页右栏;载《德国司法辅助员》,2005年,第675~676页;联邦宪法法院裁判,载《新法学周刊》,2000年,第1936页、第1938页左栏。

⑦联邦最高法院裁判,载《新法学周刊》,1995年,第3318页、第3319页。

⑧通说:《帝国法院民事裁判集》,第165卷,第374页、第380页;《联邦最高法院民事裁判集》,第22卷,第54页、第56页;第55卷,第256页、第259页;第85卷,第367页、第371页;第100卷,第211~212页;亨克尔,载《民法实务档案》,第174卷,1974年,第97页、第108~109页;布劳恩,载《民事诉讼法杂志》,第89卷,1976年,第93~96页;罗森贝格/高尔/席尔肯,第40节Ⅱ 2;斯坦/约纳斯:《德国民事诉讼法》评注,明茨贝格,第767条,边码2.6;关于不同的观点,尤其参见扬克(Janke),同上,第58页、第60页以下、第64页以下、第127页及以下、第132页(确认之诉);布罗迈耶,载《民法实务档案》,第165卷,1965年,第481页、第486页及以下;凯因茨(Kainz),同上,第120~148页(排除妨害之诉以及不作为之诉);新近观点,明希,《可执行文书与程序请求权》,1989年,第316~344页("消极的给付或请求权对抗之诉":诉讼标的是——比通说更有说服力——在执行名义中体现的诉讼上请求权)。

（一）具有可执行内容的执行名义

执行对抗之诉只能针对具有可执行内容的执行名义进行，因此不允许对确认判决与形成判决提出执行对抗之诉。[9] 如果“名义”在形式上就不适于强制执行，通说原先仅允许债务人依第732条、第768条与第766条寻求救济；即便同时存在针对被执行请求权的实体法上的抗辩权[如基于可执行的、制成文书的庭外和解的债权失效的抗辩；[10]债权无效的抗辩，同时，针对此债权的服从（执行）之表示（Unterwerfungserklärung）或公证文书因不确定而无效]，通说也否定了执行对抗之诉。[11] 这一解决方案对债务人不利，因为该方案使债务人过度承担了风险；即使存在较易证明的很清晰的实体法上的抗辩，他都必须首先进行有时结果未卜的第732条中的程序。尽管依据目前通说，对于执行名义的形式瑕疵除了适用第732条、第768条与第766条的规定，还准许类推适用第767条提起程序上的形成之诉。[12] 至于在这种情况下基于并存的实体法上抗辩的“真正”的执行对抗之诉是否合法，联邦最高法

---

⑨《帝国法院民事裁判集》，第100卷，第98页、第100页。

⑩《联邦最高法院民事裁判集》，第15卷，第190页。

⑪《联邦最高法院民事裁判集》，第22卷，第54页；进一步，《联邦最高法院民事裁判集》，第55卷，第255～256页。

⑫《联邦最高法院民事裁判集》，第118卷，第229页、第236页（是确认之诉还是程序上的形成之诉，未有定论）；第124卷，第164页、第170页（针对不具有实质既判力的缺席判决提出的程序上的形成之诉）；联邦最高法院裁判，载《新法学周刊裁判报告》，1999年，第431～432页；2004年，第472页、第474页；载《德国司法辅助员》，2005年，第33页。因债权人不确定而导致服从（执行）表示具有不确定性，此时不能类推适用第767条提起诉讼：联邦最高法院裁判，载《新法学周刊裁判报告》，2004年，第1135页、第1136页左栏（只是执行文句抗议——有疑问）。

院在该问题上还未有定论。[13] 上述对债务人的不利只有通过准许提起执行对抗之诉才能避免。[14] 根据联邦最高法院新近的观点,因实体法原因而导致的执行名义无效并不排斥可以提起执行对抗之诉[如基于建筑开发协议尚未履行而提出的(同时履行)抗辩,同时该协议含有违反《德国民法典》第309条第12项的服从(执行)条款(Unterwerfungsklausel)]。[15] 依据联邦最高法院的判例,在这种情况下也允许类推适用第767条提起程序上的形成之诉。[16] 在执行对抗之诉中,只需要审查针对已签发执行名义的请求权提出的抗辩,而无需审查执行名义本身是否不生效力。[17]

---

⑬联邦最高法院裁判,载《新法学周刊》,1997年,第2887页、第2888页左栏,转引自《林登迈尔—默林:联邦最高法院裁判评论》,编号100,关于《德国民事诉讼法典》第767条附有沃尔夫施泰纳评论。肯定特别情况的,参见联邦最高法院裁判,载《新法学周刊裁判报告》,1999年,第1080~1081页;2004年,第472页、第474页。两种诉讼可以合在一起;联邦最高法院裁判,载《新法学周刊》,2005年,第1576页。

⑭在实体法上无效的情况下赞同的观点,参见杜塞尔多夫法院裁判,载《公、私法中的建筑法杂志》,2002年,第515页、第517页;在形式无效的情况下的不同观点,参见科布伦茨法院裁判,载《新法学周刊裁判报告》,2002年,第1509页、第1510页左栏。

⑮《联邦最高法院民事裁判集》,第118卷,第229页附有沃尔夫的评论《林登迈尔—默林:联邦最高法院裁判评论》,《德国民事诉讼法》第767条,编号87。不同情况还有联邦最高法院裁判,载《新法学周刊裁判报告》,1987年,第1149页[对此批判性的,参见里布勒/鲁姆勒(Rieble/Rumler),载《德国法月刊》,1989年,第499页]。也可参见鲍尔/施蒂尔纳,《案例》,案例25。

⑯联邦最高法院裁判,载《新法学周刊》,2002年,第138页、第139页左栏;2004年,第59页、第60页左栏(所有情况下都是否定的);2004年,第844页(实际上反对的观点);载《新法学周刊裁判报告》,2004年,第472页。

⑰《联邦最高法院民事裁判集》,第118卷,第229页、第235页以下处有进一步证明;联邦最高法院裁判,载《新法学周刊》,2002年,第138页、第139页左栏;2004年,第59页、第60页左栏;844页右栏;不同观点,参见温德尔(Windel),载《民事诉讼法杂志》,第102卷,1989年,第175页;科隆州法院裁判,载《德国公证人杂志》,1990年,第570页;沃尔夫施泰纳,《可执行文书》,边码59.8;《联邦最高法院民事裁判集》,第124卷,第164页、第169页未有定论(不可能基于执行名义债权的不确定性主张实体法上的抗辩)。

1. 给付判决与类似的执行名义

执行对抗之诉最重要的适用领域是法院的给付判决。除此之外还涉及其他具有可执行内容的法院裁决,如裁定、被宣告为可执行的仲裁裁决,[18]或者费用确定裁决。[19]

2. 其他执行名义

实践中下列执行名义很重要,同样可以利用执行对抗之诉来对抗它们： 45.5

(1)执行令:第 796 条第 3 款(参见边码 45.16)。

(2)可执行证书:第 797 条第 4 款(参见边码 16.23、边码 45.17)。

(3)诉讼和解:只要是所主张的抗辩是在订立和解后产生的(如清偿[20]),或者所主张的抗辩是基于和解协议的解释(Vergleichsauslegung)产生的,[21]就可以提起执行对抗之诉,这是没有争议的。[22] 然一旦涉及在原程序继续过程中可以提上法庭的针对和解有效性的抗辩,判例的态度就变得不明

---

[18]关于旧的仲裁法参见《帝国法院民事裁判集》,第 148 卷,第 270 页;《联邦最高法院民事裁判集》,第 6 卷,第 263 页、第 266 页;还可参见边码 16.5、边码 45.16(可执行宣告程序与执行对抗之诉之间的联合)。

[19]第 794 条第 1 款第 2 项,第 104 条;实例:汉堡法院裁判,载《法学家杂志》,1959 年,第 446 页;还可参见边码 45.16。

[20]《联邦最高法院民事裁判集》,第 70 卷,第 151 页、第 156 页(通过算入已领取的儿童金来履行抚养费和解协议)。

[21]联邦最高法院裁判,载《新法学周刊》,1977 年,第 583 页;曼海姆地方法院裁判,载《新法学周刊》,1978 年,第 2055 页;BVerwG,载《新法学周刊》,1992 年,第 191 页;批判性的,伦克(Renck),载《新法学周刊》,1992 年,第 2209 页。

[22]关于在未来反复发生的给付义务情况下变更之诉的可能性,参见边码 16.11 以及边码 45.32。

朗且存在自相矛盾:部分裁决肯定了额外提出防御之诉的可能性,其他裁决则因这里缺少法律保护的必要性而否认了防御之诉。㉓ 正确的做法应当是,把选择权交给债务人(边码 16.11、边码 45.17)。

(4)在假扣押命令或假处分的情况下不能进行执行对抗之诉,而是适用第 927 条的程序(因情况改变而废止);㉔只有在假处分赋予了一项暂时的给付裁判(例如金钱给付)的情况下(给付之处分 Leistungsverfügung),才有所不同。㉕ 针对第 620 条以下的暂时命令(einstweilige Anordnung)场合的执行对抗之诉作出的判例,应当也遵循这一区分。㉖

(5)进一步的还有支付不能目录(Insolvenztabelle)的确定(《支付不能法》第 201 条第 1 款、第 178 条以下;第 2 册,边码 23.2)。与支付不能目录的确定相联系的有既判力的、被确认的支付不能计划(《支付不能法》第 257

㉓肯定的,参见联邦最高法院裁判,载《新法学周刊》,1953 年,第 345 页;联邦最高法院裁判,载《新法学周刊》,1983 年,第 228 页、第 230 页。否定的,参见联邦最高法院裁判,载《新法学周刊》,1971 年,第 467 页;汉堡法院裁判,载《新法学周刊》,1975 年,第 225 页;1983 年,第 996 ~ 997 页;联邦最高法院裁判,载《新法学周刊》1981 年,第 346 页、第 347 页(未有定论)。在和解无效与和解债权的嗣后丧失同时发生的情况下,参见联邦最高法院裁判,载《新法学周刊》,1967 年,第 2014 页肯定了第 767 条的适用。

㉔柏林高等法院裁判,载《法学周报》,1933 年,第 1897 页;鲍姆巴赫/哈特曼,第 767 条,边码 15;斯坦/约纳斯:《德国民事诉讼法》评注,古伦斯基,第 938 条,边码 34;还可参见边码 52.1、边码 54.18。

㉕参见柏林高等法院裁判,载《法学周报》,1933 年,第 1766 页;鲍姆巴赫/哈特曼,第 936 条,边码 17;斯坦/约纳斯:《德国民事诉讼法》评注,古伦斯基,第 938 条,边码 41;还可参见边码 54.20。

㉖原则上如此的,参见联邦最高法院裁判,载《新法学周刊》,1983 年,第 1330 ~ 1331 页。因此予以否定的,参见汉堡法院裁判,载《新法学周刊》,1978 年,第 1272 页(在履行抚养费处分的情况下不适用第 767 条,而是第 620b 条)。还可参见慕尼黑法院裁判,载《德国法月刊》,1980 年,第 148 页;哈姆法院裁判,载《泛亲属法杂志》,1980 年,第 277 页;慕尼黑法院裁判,载《泛亲属法杂志》,1981 年,第 912 页;策勒法院裁判,载《泛亲属法杂志》,1980 年,第 610 页;萨尔布吕肯法院裁判,载《泛亲属法杂志》,1980 年,第 385 页;杜塞尔多夫法院裁判,载《泛亲属法杂志》,1991 年,第 721 页;柏林高等法院裁判,载《泛亲属法杂志》,1989 年,第 417 ~ 418 页;汉堡法院裁判,载《泛亲属法杂志》,1996 年,第 810 页;海因策(Heinze),载《德国法月刊》,1980 年,第 895 页;弗利格(Flieger),载《德国法月刊》,1980 年,第 803 页。

条，第178条以下）、债务清理计划（《支付不能法》第308条第1款），最后还有合作社的预付款与补款的计算，参见《合作社法》第109条、第114条、第115c条。

（6）在针对政府部门的判令（《行政法院法》第167条第1款、第170条、第172条）或在依据行政执行法或《捐税法》（《行政法院法》第169条）对市民进行执行的情况下，可以考虑针对行政法院执行名义提起执行对抗之诉；[27]典型的情形：市民通过抵销来对抗费用确定裁决（Kostenfestsetzungsbeschluss）的执行。[28] 在执行行政行为的情况下有争议的是：是否应当允许在行政法院提起执行对抗之诉，还是仅准许依据《行政法院法》第43条提起确认之诉。[29] 但无论如何都只能由行政法院管辖（Verwaltungsrechtsweg）。[30]

（二）迫近的执行——持续的执行

只要强制执行迫近，就允许提起执行对抗之诉，执行不必已经开始。[31] 通常情况下，只要存在执行名义，强制执行就已经迫近 45.6

---

[27]参见《联邦行政法院判例集》，第70卷，第227页；BVerwG，载《新法学周刊》，1989年，第118页；联邦财政法院裁判，载《新行政法杂志》，1984年，第471页；巴伐利亚行政法院裁判，载《巴伐利亚行政公报》，1985年，第213页以下。

[28]参见《联邦最高法院民事裁判集》，第21卷，第18页（旧法）。

[29]对第767条：明斯特州高等行政法院裁判，载《法学家杂志》，1965年，第366页、第719页附有鲁普（Rupp）与门格（Menger）的评论；伦克，载《新法学周刊》，1964年，第848页及以下；载《新法学周刊》，1966年，第1247页及以下；柏林州高等法院裁判，载《新行政法杂志裁判报告》，1989年，第510页；弗莱堡行政法院裁判，载《新行政法杂志裁判报告》，1989年，第514页；不同观点，参见《联邦行政法院判例集》，第27卷，第141页；明斯特州高等行政法院裁判，载《公共管理》，1976年，第673页；卡塞尔州高等行政法院裁判，载《新行政法杂志裁判报告》，1989年，第507页；申克（Schenke），载《行政档案》，第61卷，1970年，第260页、第342页；申克/鲍迈斯特（Baumeister），载《新行政法杂志》，1993年，第3页、第9页；还可参见边码2.32及以下、边码2.38以下。

[30]关于在针对可执行文书提起的执行对抗之诉场合的法律程序管辖权，参见边码45.20。

[31]《帝国法院民事裁判集》，第45卷，第343～344页。

了,而无需等到还授予了执行条款。[32] 基于执行名义进行的强制执行终止后,即不再准许提起执行对抗之诉;[33]之后最多可以提起不当得利返还之诉(《德国民法典》第812条)。[34]

特别的确认利益(Feststellungsinteresse)对于执行对抗之诉的合法性来说并不必要;因为该诉讼不涉及第256条意义上的确认之诉,而是涉及程序上的形成之诉(边码45.3)。因执行名义之存在而产生的法律保护必要性并不单纯因债权人表示放弃执行名义中的权利(边码10.8)而消灭,更不会因债权人放弃其获得的扣押质权而消失。在执行名义交付给债务人之前,都允许提起该诉讼。[35] 对于反复产生的抚养费给付来说情况有所不同,只要债权人在部分受偿之后对未来到期请求权仍需要执行名义。如果根据案件的实际情况,强制执行毫无疑问不再会迫近,那么对于已经给付的部分金额来说,执行对抗之诉所必需的法律保护必要性就不存在了。[36]

---

[32]《帝国法院民事裁判集》,第134卷,第156页、第162页;慕尼黑裁判,载《执行措施》(München VM),1998年,第572~573页(尽管有明显须修正的书写错误)。

[33]柏林高等法院裁判,载《民事诉讼法杂志》,第53卷,1928年,第39页;联邦劳动法院裁判,载《新法学周刊》,1980年,第141页;汉堡法院裁判,载《德国法月刊》,1998年,第1051页(依据第894条的拟制);还可参见边码9.13。

[34]依照第264条第3项的诉之变更是准许的,对此参见联邦劳动法院裁判,载《新法学周刊》,1980年,第141页、第142页;《联邦最高法院民事裁判集》,第99卷,第2292页、第294页;同上书,第113卷,第169页、第172页;柏林高等法院裁判,载《泛亲属法杂志》,1988年,第84~85页;石勒苏益格法院裁判,载《德国法月刊》,1991年,第669页。

[35]联邦最高法院裁判,载《新法学周刊》,1955年,第1556页;载《经济法、银行法与证券通讯杂志》,1974年,第59页;载《企业》,1976年,第482页;载《新法学周刊》,1992年,第2148页;巴伐利亚州最高法院裁判,载《住宅经济与租赁法》,1992年,第397页;科隆法院裁判,载《法律办公室》,1996年,第496页;同上书,1999年,第609页;吕克,载《法学家杂志》,1956年,第475页。以放弃取回的方式向公证人交付可执行文书等同于向债务人进行交付,参见联邦最高法院裁判,载《新法学周刊》,1994年,第1161页。

[36]参见联邦最高法院裁判,载《新法学周刊》,1984年,第2826页;柏林高等法院裁判,载《泛亲属法杂志》,1988年,第84~85页;也可参见美因河畔法兰克福法院裁判,载《德国法月刊》,1988年,第241页。

三、针对要执行的请求权成立的抗辩

通说认为，执行对抗之诉成立的条件是存在一项抗辩（Einwendung），而且是涉及要执行的实体法上的请求权本身的抗辩（第767条第1款；但参见边码45.4）。例如，价款债权，因该价款债权而基于一项判决应执行，绝不能仅仅是个别执行措施不合法。这类抗辩在何种范围内是可能的，则因执行名义的不同而不同。 45.7

（一）终局判决

如果执行名义是终局判决（Endurteil），则只有当抗辩的原因是在最后一次言辞辩论终结（这是本应主张抗辩的最晚时点）之后产生的，才能基于此抗辩提出执行对抗之诉（第767条第2款）。 45.8

抗辩是否在决定性的辩论结束之后产生，该问题涉及诉讼是否成立（Begründetheit），而不涉及其是否合法（可准许）。[37]

1. 决定性的最后一次事实辩论

抗辩必须在最后一次能提出主张的辩论终结之后产生。这要么是言辞辩论（第269a条）终结之后，或者如果例外地允许在上诉审（Berufungsinstanz）中提出新事实（第513条第1款第2个选择，第529条，第531条），则在上诉审言辞辩论终结之后。这里不涉及上告审（Revisionsinstanz），因为在上告审中不允许提出在实体法上有意义的新事实（第545条）。决定性的总是言辞辩论的终结，而判决公布的时间并不重要。 45.9

---

[37]《帝国法院民事裁判集》，第77卷，第352页、第354页。

如果在依据第 302 条、第 599 条的保留判决(Vorbehaltsurteil)的后续程
45.10 序(Nachverfahren)中还能提出抗辩,那么具有决定性意义的便是后续程序中的言辞辩论的终结。[38] 这同样适用于在对金额程序(Betragsverfahren)中请求权(第 304 条)的原因(Grund des Anspruchs)先行裁决(Vorabentscheidung)之后提出抗辩的情况。[39]

在依据第 128 条第 2 款、第 310 条第 2 款没有言辞辩论就进行裁决的情况下,法院依据第 128 条第 2 款第 2 句确定的时点是决定性的。在依文书笔录而作出裁决(第 251a 条)的情况下,则取决于期日(Termin),即错过该期日即可引发裁决的期日。

45.11 如果抗辩在一审言辞辩论终结之后、但在判决产生既判力之前产生,那么债务人可以依其选择提起上诉(Berufung)或执行对抗之诉。如果债务人提起上诉,那么对于执行对抗之诉来说,就没有法律保护必要性了。[40] 相反,如果债务人首先提起了执行对抗之诉,那么就不应准许上诉;因为在上诉程序中债务人不必受到"抗辩须事后产生"这一条件的限制;债务人在上诉中也可以废止判决,而依第 767 条只可能宣告强制执行不合法(不应被准许)。在这种情况下,之前提起的执行对抗之诉的法律保护必要性就丧失了。[41]

2. 抗辩种类与决定性的产生时间

45.12 必要的是,抗辩需在上述时间点之后产生。据此,针对终局判决提起的执行对抗之诉只会涉及权利障碍抗辩(rechtshemmende Einwendung)或权利消灭抗辩(rechtsvernichtende Einwendung),相

---

[38]《帝国法院民事裁判集》,第 45 卷,第 429 页、第 432 页;斯图加特法院裁判,载《各最高法院裁判集》,1930 年,编号 454。

[39]帝国法院裁判,载《法学周报》,1913 年,第 137 页。

[40]但也参见美因河畔法兰克福法院裁判,载《新法学周刊裁判报告》,1992 年,第 31 页。若以执行对抗之诉主张责任限制,就存在执行对抗之诉所必须的法律保护必要性(第 786 条、第 781 条、第 785 条、第 767 条)。

[41]参见联邦劳动法院裁判,载《新法学周刊》,1980 年,第 141 页(后来上诉不被准许的场合,执行对抗之诉并非不被准许);明茨贝格,载《民事诉讼法杂志》,第 87 卷,1974 年,第 449 页、第 451 页。

反不涉及权利阻却抗辩(rechtshindernde Einwendung),因为权利阻却抗辩在最终的事实辩论终结之前已经发生。

若在先前的程序中客观上可能提出抗辩,即排除了之后利用抗辩进行执行对抗之诉的可能。所以,这种情况不取决于债务人何时得知抗辩可能,或他是否忽略或可能忽略了这种权利状态。即使债务人没有过错而只是没有及时提出抗辩,也会使其不能再提出执行对抗之诉。[42]

(1)可能的抗辩的实例:[43]清偿,[44]接受代物清偿(Annahme einer anderen Leistung an Erfüllungs statt),依照《德国民法典》第 376 条、第 378 条的规定提存并放弃取回【提存物】,[45]债务免除;放弃;免责的债务承担(privative Schuldübernhame);[46]和解(还有破产中的强制和解);支付不能财产(Insolvenzmasse)不足以偿还破产债权(Masseforderung);[47]支付不能管理人拒绝履行(《支付不能法》第 103 条第 2 款第 1 句);[48]不能归责于债务人的给付不 45.13

---

[42]《联邦最高法院民事裁判集》,第 34 卷,第 274 页、第 279 页;第 61 卷,第 25 ~ 26 页;卡尔斯鲁厄法院裁判,载《泛亲属法杂志》,1982 年,第 400 页。

[43]还可参见执行限制协议的特别情况,边码 10.7,有进一步证明。

[44]《联邦最高法院民事裁判集》,第 70 卷,第 151 页、第 156 页(通过算入儿童金来履行抚养费和解协议);美因河畔法兰克福法院裁判,载《经济法杂志》,1982 年,第 880 页(通过连带债务人履行);联邦最高法院裁判,载《新法学周刊》,1993 年,第 1394 页、第 1396 页(补救履行请求权的部分履行)。

[45]帝国法院裁判,载《格鲁霍茨德国法律释评论文集》,第 58 卷,第 836 页;联邦最高法院裁判,载《新法学周刊裁判报告》,2005 年,第 712 页。

[46]哈姆州劳动法院裁判,载《经济法杂志》,1983 年,第 63 页、第 65 页。

[47]联邦劳动法院裁判,载《新法学周刊》,1980 年,第 141 页、第 143 页;奥尔登堡州法院裁判,载《德国法院执行员报》,1979 年,第 74 页。

[48]联邦最高法院裁判,载《经济法、银行法与证券通讯杂志》,1987 年,第 380 ~ 381 页。

能;[49]合同解除[50]与请求解除(Wandlung);[51]债权转移给另一个债权人;[52]对具有执行名义的债权的扣押与转付;[53]失去诉讼担当权(Prozessstandschaft)或收取授权;[54]留置权*(Zurückbehaltungsrecht)抗辩;[55]时效经过;[56]

㊾柏林高等法院裁判,载《德国法》,1940年,第2118页;哈姆法院裁判,载《新法学周刊裁判报告》,1988年,第1087~1088页;科隆法院裁判,载《新法学周刊裁判报告》,1991年,第1022页。

㊿《帝国法院民事裁判集》,第104卷,第15页、第17页。

51 联邦最高法院裁判,载《新法学周刊》,1983年,第390页(但执行对抗之诉不会中断瑕疵权利的诉讼时效)。

52 杜塞尔多夫法院裁判,载《德国司法辅助员》,1977年,第416页;联邦最高法院裁判,载《新法学周刊裁判报告》,1992年,第61页(对此,明茨贝格,载《新法学周刊》,1992年,第1867页);《联邦最高法院民事裁判集》,第92卷,第347页(原债权人单独的强制执行是不被容许的);但可参见《联邦最高法院民事裁判集》,第120卷,第387页、第395页[对原债权人实体法上的再授权(Rückermächtigung)];进一步,边码12.12。债权人嗣后才得知最后口头事实辩论结束前发生的让与,这不能成立站得住的抗辩;《联邦最高法院民事裁判集》,第145卷,第352页、第354页,载《林登迈尔—默林:联邦最高法院裁判评论》,第767页,编号105附有席尔肯评论;对此明茨贝格,载《民事诉讼法杂志》,第114卷,2001年,第229页;不同观点,参见弗尔斯特,载《法学家杂志》,2001年,第467页。

53 联邦劳动法院裁判,载《新法学周刊》,1997年,第1868~1869页。

54 科隆法院裁判,载《泛亲属法杂志》,1985年,第626页;慕尼黑法院裁判,载《泛亲属法杂志》,1990年,第653页;哈姆法院裁判,载《泛亲属法杂志》,1992年,第843页;奥尔登堡法院裁判,载《泛亲属法杂志》,1992年,第844页;关于再授权也可参见边码12.12。

* 此留置权不同于中国物权法上的留置权,参见《德国民法典》第273条。——译者注

55《帝国法院民事裁判集》,第158卷,第145页、第149页;卡塞尔法院裁判,载《民事诉讼法杂志》,第60卷,1936/37,第131页;联邦最高法院裁判,载《经济法、银行法与证券通讯杂志》,1981年,第200页;《联邦最高法院民事裁判集》,第118卷,第229页、第242页;联邦最高法院裁判,载《新法学周刊裁判报告》,1997年,第1272页:同时履行对待给付时才准许执行。

56《联邦最高法院民事裁判集》,第59卷,第73页(旧《德国民法典》第218条:不适用于不作为执行名义!);联邦最高法院裁判,载《新法学周刊》,1981年,第2579页(依据《德国商法典》第128条被判令担责的股东主张针对无限公司的债权在判决之后已罹于时效而提起的执行对抗之诉应当被驳回;参见边码20.32);《联邦最高法院民事裁判集》,第139卷,第214页、第216页及以下以及联邦最高法院裁判,载《新法学周刊》,1999年,第278~279页(保证责任具备名义之后主债权罹于时效的,保证人可以提起执行对抗之诉并胜诉)。

失权(Verwirkung)。[57]

如果判决不能具有实体既判力,因为判决中无法识别法院在部分诉讼(Teilklage)中到底是针对哪一项请求权作出裁决,那么可以考虑类推适用第767条第1款。[58] 由于判决缺乏既判力,在这类诉讼场合,不能准用第767条第2款。[59] 此外,依据通说,在执行名义形式上或实体上不生效力的情况下,可以准用第767条第1款(边码45.4)。

既判力发生后,司法实践(Rechtsprechung)或法律状况的改变原则上不能构成第767条意义上的抗辩。[60] 对此存在两种法定例外情形:如果判决依据的规范被宣布无效,那么依照《联邦宪法法院法》第79条第2款、第95条第3款的规定,债务人可以提起第767条中的诉讼;[61]将这一规则类推适用于通过欧洲人权法院对某一法律规则进行申诉(Beanstandung)的情形(《人权公约》第53条)的做法应当支持(也可参见边码9.15、边码14.26、边码15.48)。依据《违反消费者权益及其他违反义务行为之不作为诉讼法》第10

---

[57]哈姆法院裁判,载《新法学周刊》,1982年,第341页;沃尔夫斯堡(Wolfsburg)地方法院裁判,载《德国法院执行员报》,1979年,第26页(分别是腾房名义失效;鉴于第721条、第765a条,很有问题);联邦最高法院裁判,载《泛亲属法杂志》,1987年,第259页、第261页;载《泛亲属法杂志》,1991年,第1175页(抚养费请求权失效);不同观点,参见美因河畔法兰克福法院裁判,载《泛亲属法杂志》,1988年,第62~63页;柏林高等法院裁判,载《泛亲属法杂志》,1990年,第187页;卡尔斯鲁厄法院裁判,载《泛亲属法杂志》,1991年,第352页以下(第323条)。

[58]《联邦最高法院民事裁判集》,第124卷,第164页、第170页,附有批判性评论,弗尔斯特,载《民事诉讼法杂志》,第107卷,1994年,第370页及以下。

[59]《联邦最高法院民事裁判集》,第124卷,第164页、第172页;也可参见边码13.3、边码27.14、边码38.9。

[60]关于判例的变化,参见《联邦最高法院民事裁判集》,第151卷,第316页、第326页,关于立法的变化,参见柏林高等法院裁判,载《新法学周刊》,1995年,第1035页以及《柏林市高等法院报告》,1996年,第242页(《不正当竞争法》);对于公法较宽的观点,参见《联邦行政法院判例集》,第70卷,第227页、第231页。

[61]如果联邦宪法法院只是确定规则的违宪性,则可以相应适用《联邦宪法法院法》第79条第2款;《联邦最高法院民事裁判集》,第151卷,第316页、第322页以下相反,这里不包括联邦宪法法院作出的撤销违反宪法的判决、但不触动作为判决基础的法律条文的裁决;《联邦最高法院民事裁判集》,第151卷,第316页、第323页及以下。

条的规定,债务人可以以司法实践已经变更的事实来对抗禁止使用一般交易条款的不作为执行名义。我们应当将这一思想运用到有关继续性债务关系的执行名义之上,在这类关系中总是不断产生新的、需执行的请求权,[62]有时也可以适用于竞争性的不作为执行名义场合,比如当多年来法律状况或法律观念的变化肯定了作出相应行为的权利时。[63]

45.14 (2)当抗辩是通过债务人行使形成权而产生的,如在撤销,终止或抵销的情况下,此时法律状况如何,存有争议。

在这里,持续的司法实践认为撤销可能性的时点或抵销适状的时点是决定性的时点。[64] 相反,部分文献提出决定性的应是作出撤销或抵销表示的时点。[65] 而依据折中的观点,对于抵销应当适用第533条,对于其他形成权适

---

[62]参见《帝国法院民事裁判集》,第147卷,第385页、第390页:抚养费请求权;但与第323条的区分,参见边码45.32。

[63]很有争议!参见联邦最高法院裁判,载《工业产权与著作权》,1973年,第432页;科隆法院裁判,载《工业产权与著作权》,1987年,第652页;弗尔普(Völp),载《工业产权与著作权》,1984年,第486页;乌尔里希(Ulrich),《特劳布(Traub)祝寿文集》,1994年,第423页、第428页以下;也可参见古伦斯基,《勒迪希(Rödig)祝寿文集》,1978年,第325页及以下、第328页及以下;施陶丁格/施洛塞尔,《一般交易条件法》第19条,边码4。

[64]《帝国法院民事裁判集》,第64卷,第228页;《联邦最高法院民事裁判集》,第24卷,第97页;第34卷,第274页、第279页;第42卷,第37页;第59卷,第116页、第124页;第94卷,第29页、第34页;第123卷,第49页、第52页;联邦最高法院裁判,载《新法学周刊》,1980年,第2527页以下(对此《法学教育》,1981年,第380页,以及佩歇尔(Pecher),载《民事诉讼法杂志》,第94卷,1981年,第446页);载《经济法、银行法与证券通讯杂志》,1995年,第634页以下;联邦劳动法院裁判,载《新法学周刊》,1956年,第1007页;也可参见恩斯特(Ernst),载《新法学周刊》,1986年,第401页。

[65]伦特,载《德国法》,1942年,第869页;罗森贝格,第183节Ⅲ2a γ;布伦斯/皮特斯,第15节Ⅰ3;斯坦/约纳斯:《德国民事诉讼法》评注,明茨贝格,第767条,边码32.39;鲍曼/布莱姆,第13节Ⅲ2 c α;批判性恩斯特,载《新法学周刊》,1986年,第401页;卡斯滕·施密特:《慕尼黑〈民事诉讼法〉评注》,第767条,边码82。

用第282条第1款、第296条第2款、第531条。[66]

毫无疑问，通过程序上诉讼促进义务(Prozessfoerderungspflicht)来解决最合理，因为其一方面避免了不公平(如在实体法上的除斥期间届满以及知道可撤销事由之前无辜丧失撤销权)，另一方面又顾及了既判力的增进和平的功能(Befriedungsfunktion)(不允许故意将形成权"保留"到诉讼结束之后)。这一解决方法的缺点在于其不确定性与边界不明。在两种"清晰"的解决方案中，应当采纳文献中教义学上更利落的观点，即抗辩是在形成权行使之时才发生。[67] 司法实践高估了债务人的动机，即被判决后又重新(通过形成权)形成法律状况。而与此同时，在嗣后的抵销、撤销等场合，应当谨慎地运用第769条提供的执行保护！[68]

有争议的是，作为形成权的旨在保护消费者的撤回权(Widerrufsrecht)是否也适用相同的规则。[69] 鉴于债法改革之后撤回权的法律框架与解除权类似(《德国民法典》第355条第1款第1句、第357条第1款第1句)，因此，在民法典中规定的撤回权场合，无论如何都应肯定可以适用相同规则。[70] 按照

---

[66]首先，尧厄尼希，第12节II；罗森贝格/施瓦布，1986年第14版，第156节I(不同的，第15版)；里梅尔施帕赫，《担保法》，1987年第2版，边码36－39；关于抵销，同样的还有，罗森贝格/高尔/席尔肯，第40节V 2 b，aa。

[67]关于行使约定的选择权，同样的还有《联邦最高法院民事裁判集》，第94卷，第29页、第34页以下。

[68]如果尽管作出了抵销的表示，但基于程序上的原因——如依据第533条——未被考虑，那么依据判例，此时也可以适用第767条第2款，参见联邦最高法院裁判，载《新法学周刊》，1994年，第2769附有评论，古伦斯基，载《林登迈尔—默林：联邦最高法院裁判评论》，《民事诉讼法》第767条，编号92；载《经济法、银行法与证券通讯杂志》，1995年，第634～635页。不同观点，参见柏林高等法院裁判，载《民事诉讼法杂志》，第86卷，1973年，第441页，有古伦斯基评论；卡斯滕·施密特：《慕尼黑〈民事诉讼法〉评注》，第767条，边码77。

[69]在旧法中被否定，《联邦最高法院民事裁判集》，第131卷，第82页、第85页以下；批判的，戈特瓦尔德/霍诺尔德(Honold)，载《法学家杂志》，1996年，第577页；赞同的，参见洛伦茨，载《新法学周刊》，1995年，第2258页。

[70]合适的，参见贝格尔，载《法律教育》，2001年，第289页、第292页处有进一步证明；斯坦/约纳斯：《德国民事诉讼法》评注，明茨贝格，第767条，边码33；托马斯/普曾，第767条，边码22b。

正确的观点,该规则也应该适用于《保险合同法》第5条、第5a条中的撤回权。

3. 缺席判决(Versäumnisurteil)情况下的特殊性

45.15 如果执行名义是一份缺席判决书,那么执行对抗之诉还应当满足如下条件:在抗辩产生之时已不再允许对缺席判决提出异议(Einspruch),也就是说,异议期(第339条)已经届满。[71]

与本书不同的观点认为,只有在执行对抗之诉言辞辩论终结时还可以通过异议(Einspruch)来主张抗辩的情况下,针对缺席判决的执行对抗之诉才被认为不合法。据此观点,在异议期间届满后,即便债务人此前本可以通过异议来主张抗辩权,也应当准许提起执行对抗之诉。[72] 对于该观点,本书并不赞同,因为这样一来第767条中的限制对于缺席判决来说就没有实际意义了。

(二)其他的法院裁决

45.16 其他法院裁决作为执行名义时,准用第767条第2款中关于合法(可准许)抗辩的限制规定;这取决于债务人是否能在裁决公布前提起抗辩。[73]

1. 仲裁裁决

针对仲裁裁决的抗辩,可以在可执行宣告程序(Vollstreckbarerklä-rungsverfahren)中,依据第767条第2款提出(边码16.5);所以,依据通说,执行对

---

[71]《帝国法院民事裁判集》,第40卷,第353页;第55卷,第187页;第104卷,第228页;联邦最高法院裁判,载《新法学周刊》,1982年,第1812页。

[72]柏林高等法院裁判,载《法学周报》,1921年,第755页;哈姆法院裁判,载《新法学周刊裁判报告》,2000年,第659~660页(在异议期间届满前2天履行);布伦斯/皮特斯,第15节I 2;斯坦/约纳斯:《德国民事诉讼法》评注,明茨贝格,第767条,边码40;舒曼,载《新法学周刊》,1982年,第1862页。

[73]《帝国法院民事裁判集》,第71卷,第404页、第413页。

抗之诉只能针对嗣后产生的抗辩，但在这里，这种通说所主张的除斥因缺乏法定规则而缺乏稳定的基础。[74] 在可执行宣告程序中也不再能提出那些在仲裁庭本可以提起、但没有被提出的抗辩，就更不用说通过执行对抗之诉来主张了。[75]

2. 外国判决

依据通说，针对外国判决，执行对抗之诉不能基于那些本可以在可执行宣告程序中（第722条、第723条）主张的抗辩而提出；债务人不允许将那时准许提出的抗辩保留到提起执行对抗之诉时（边码55.14、边码57.3）。也只有在《执行协定实施法》（Ausführungsgesetze zu Vollstreckungsabkommen）中规定了这种除斥（Präklusion）规则的情况下，通说才能无疑问地成立，而缺少相应的法律规定时，通说几乎就站不住（边码57.3）。

3. 执行令

针对执行令只允许提出那些在执行令送达之后产生的、且无法通过异议（Einspruch）主张的抗辩（第796条第2款）。除斥的问题则与缺席判决情况相同（边码45.15）。[76]

---

[74]相同问题的详细论述参见边码57.3、边码58.10。

[75]联邦最高法院裁判，载《新法学周刊》，1965年，第1138页，附有评论施瓦布，载《民事诉讼法杂志》，第78卷，1965年，第386页；联邦最高法院裁判，载《经济法、银行法与证券通讯杂志》，1990年，第1766页。

[76]根据个别观点，自1977年简化法案规定了正当性审查（Schlüssigkeitsprüfung）之后，就不再适用第796条第2款，因为自那以后执行令就不再有实体既判力，第796条第2款由此丧失其正当性，参见科隆法院裁判，载《新法学周刊》，1986年，第1350页；载《新法学周刊裁判报告》，1986年，第1494页；拉佩/格吕纳特（Lappe/Grünert），载《德国司法辅助员》，1986年，第161页、第165页；该观点违反了法律规则（比较第584条第2款、第700条第1款、第796条第2款），并且既不能基于宪法原因，也不能基于目的性原因而被认为是必要的；参见《联邦最高法院民事裁判集》，第101卷，第380页、第382页；载《新法学周刊裁判报告》，1993年，第1013页；科布伦茨法院裁判，载

4. 费用确定之裁定

相反,对于确定费用的裁定不适用第 767 条第 2 款中的限制,在实践中,该项限制主要运用在提起执行对抗之诉以抵销的情况。主审程序(Hauptverfahren)法官无法考虑针对费用补偿请求权的抵销,因为他不了解补偿请求权的数额。对于抵销的裁判,司法辅助员则缺乏管辖权。[77]

5. 附带民事诉讼(Adhäsionsverfahren)

如果抗辩本可以在主审程序(有通过异议)提出,则针对依据《刑事诉讼法》第 406 条以下规定作出的裁决就不能提起执行对抗之诉。[78]

《德国法月刊》,2002 年,第 475 页;明茨贝格,载《法学家杂志》,1987 年,第 477 页、第 480 页及以下;普维庭/维特,《不当执行名义的既判力之突破》,1994 年第 2 版,边码 58 及以下处有进一步证明;也可参见边码 5.19。有争议的是,第 796 条第 2 款是否不允许撤回效力待定的借贷合同或门前交易:否定的观点,参见卡尔斯鲁厄法院裁判,载《新法学周刊》,1990 年,第 2474 页(关于早先的《分期付款交易法》——对立的观点,参见哈姆法院裁判,载《新法学周刊》,1993 年,第 140 页);斯图加特法院裁判,载《新法学周刊》,1994 年,第 1225 页(关于《撤回上门推销及类似交易的法律》)。

⑦《联邦最高法院民事裁判集》,第 3 卷,第 381 页;哈姆法院裁判,载《新法学周刊》,1956 年,第 1763 页;联邦最高法院裁判,载《新法学周刊》,1986 年,第 2243 ~ 2244 页;1994 年,第 3292 页、第 3293 页左栏;载《经济法杂志》,1995 年,第 290 ~ 291 页(利于支付不能管理人的报酬确定);科隆法院裁判,载《保险法》,1990 年,第 403 ~ 404 页;策勒/赫格特(Herget),第 767 条,边码 20;在依据《律师收费法》第 11 条作出费用确定裁定时情况不同:这里债务人可以对(费用的)确定提出异议,律师必须走允许提出一切抗辩的诉讼程序(旧《律师联邦收费法》第 19 条,联邦最高法院裁判,载《德国法月刊》,1976 年,第 914;载《新法学周刊》,1997 年,第 743 页左栏;哈姆法院裁判,载《新法学周刊》,1956 年,第 1763 页——吹毛求疵);也可参见美因河畔法兰克福法院裁判,载《法律办公室》,1987 年,第 779 页:第 767 条第 2 款适用于以补偿义务限制在和解补偿率为由而提出的抗辩。

⑱联邦最高法院裁判,载《新法学周刊》,1982 年,第 1047 页。

(三)未经审判程序的执行名义

第767条第2款规定,针对终局判决以及其他法院裁决提出合法(可准许的)抗辩需要受到一定的限制,其理由在于:若不加限制,则这些裁决就会失去意义,况且它们通常都已经产生既判力了。因此,这种对抗辩进行限制的必要性对于那些不是基于审判程序而成立的执行名义就不存在了。 45.17

1.法院的文书以及公证的文书

针对具备可执行性的法院文书或公证文书,不仅可以基于权利消灭或权利障碍抗辩提起执行对抗之诉,还可以基于权利阻却抗辩(第797条第4款)如文书中包含的法律行为无效(Nichtigkeit)、不生效(Unwirksamkeit)或可撤销来提起诉讼。但原告也可以直接对请求权成立的基础事实提出异议。对于证明负担适用一般性规则:无论作原告还是被告,债权人都应当主张并证明请求权成立的事实,而债务人则主张并证明抗辩事实(边码16.23)。[79] 第767条第2款的除斥效果适用于再次提起的执行对抗之诉(边码45.23)。[80]

2.法院和解

法院的和解也是不能具有既判力的执行名义。因此,针对法院和解可以提起任何形式的抗辩,而无需考虑其产生时间。司法实践有时认为执行对抗之诉不合法(不应准许),关键的理由就是(执行对抗之诉)与原程序继续进行的可能性相竞合,而非除斥(边码16.11、边码45.5)。

---

⑲现在也可参见《联邦最高法院民事裁判集》,第147卷,第203页、第208页处有进一步证明(联邦最高法院裁判,载《新法学周刊》,1981年,第2756页的任务);具体参见明希,载《新法学周刊》,1991年,第795页、第801页及以下;也可参见边码17.29。

⑳《联邦最高法院民事裁判集》,第61卷,第25页、第28页;联邦最高法院裁判,载《新法学周刊裁判报告》,1987年,第59页;茨韦布吕肯法院裁判,载《州高等法院报告》,1997年,第110~111页。

四、程序的特殊性

45.18 执行对抗之诉的程序依照《德国民事诉讼法典》的一般规则进行。但需要注意下列特殊性。

(一)管辖

如果执行对抗之诉系针对一项判决提起,则一审诉讼法院(第767条第1款)进行专属管辖(ausschließliche Zuständigkeit)(第802条),也就是说,这里不考虑具体程序中的诉讼标的额。如果执行名义是其他由法院作出的裁决,那么由作出裁决的法院管辖执行对抗之诉,也不用考虑诉讼标的额。[81]

45.19 这样做的目的是由熟悉争议案件的法官对债务人提出的新的抗辩作出裁决。[82] 但第767条意义上的诉讼法院仅指作出裁决的法院本身,而不是之前进行裁决的法庭(Kammer)或部门(Abteilung);后者涉及的不是管辖问题,而是(法院)内部职能分配问题;[83]对于家庭法院、[84]建筑用地事件法庭(Kammer fuer Baulandsachen)[85]以及商事法庭[86]则有所不同。这些法院部门具有法定的特定管辖权。对于家庭法院事务来说,对执行对抗之诉的一审管辖以及审级管辖依照《婚姻和家庭法第一次改革法》生效后的现行法确定,依据旧

---

[81]参见上文《帝国法院民事裁判集》,第165卷,第374页、第381页。执行令的场合,对假想的(unterstellte)争议程序有管辖权的法院,参见哈姆法院裁判,载《新法学周刊裁判报告》,2000年,第65页;策勒法院裁判,载《新法学周刊裁判报告》,2002年,第1079页、第1080页。

[82]联邦最高法院裁判,载《支付不能法杂志》,1975年,第298页;联邦最高法院裁判,载《新法学周刊》,1980年,第1393页。

[83]《帝国法院民事裁判集》,第45卷,第343页;反对《帝国法院民事裁判集》,第33卷,第356页。

[84]杜塞尔多夫法院裁判,载《泛亲属法杂志》,1977年,第725页以及1978年,第52页。

[85]联邦最高法院裁判,载《支付不能法杂志》,1975年,第298页。

[86]联邦最高法院裁判,载《新法学周刊》,1975年,第829页。

法一审程序适用其他管辖规则。在这里,鉴于1977年的修法,一审法院与执行对抗之诉法院统一的原则就被打破了。[87] 在1998年第642条施行之后,通说也坚持应打破这一同步规则(Gleichlaufregel)了。[88]

诉讼和解时,由和解所终结的纠纷的一审法院来管辖。[89] 涉及可执行文书、调解所达成的和解(第797a条第3款)以及第796a条、第796c条中经公证宣告可执行的律师和解时,地域管辖应当依照第797条第5款以及第800条第3款确定,而职能管辖(sachliche Zustaendigkeit)则依照应执行请求权的价值确定。[90] 如果多个具有不同审判籍(Gerichtsstände)的原告想要作为共同诉讼人(Streitgenossen)针对基于公证文书的执行提起执行对抗之诉,则可 45.20

[87]联邦最高法院裁判,载《新法学周刊》,1981年,第346~347页;载《新法学周刊》,1980年,第188~189页;载《新法学周刊》,1979年,第2046页;载《新法学周刊》,1978年,第1811页;科布伦茨法院裁判,载《泛亲属法杂志》,1986年,第366页。但须注意联邦最高法院裁判,载《新法学周刊》,1980年,第1393页:针对抚养费执行名义的执行对抗之诉在作为家庭法院的抚养费诉讼法院、而非于在此期间收到离婚纠纷的诉讼法院提起;但与第797条第5款相反,该法院将具有管辖权,如果执行系基于公证文书,参见巴伐利亚州最高法院裁判,载《新法学周刊裁判报告》,1992年,第263页;更进一步的,参见科隆法院裁判,载《泛亲属法杂志》,2000年,第364页(即使刚开始有意进行的离婚程序没有进行)。

[88]联邦最高法院裁判,载《新法学周刊》,2002年,第444页、第445页处有进一步证明;哈姆法院裁判,载《泛亲属法杂志》,2003年,第696页。

[89]不合理的不同观点,参见慕尼黑法院裁判,载《新法学周刊》,1961年,第2265页;柯尼希斯温特地方法院裁判,载《泛亲属法杂志》,1989年,第1201页(适用第797条第5款);这在家事场合、管辖权因权利转换而变化的情况下有疑问,参见联邦最高法院裁判,载《新法学周刊》,1981年,第346页及以下。

[90]柏林高等法院裁判,载《法学周报》,1936年,第2820页;达姆施塔特法院裁判,载《各最高法院裁判集》,1941年,编号393;也可参见美因河畔法兰克福法院裁判,载《经济法杂志》,1985年,第316页:在文书涉及劳动法请求权的情况下,劳动法院具有专属管辖权;巴伐利亚州最高法院裁判,载《新法学周刊裁判报告》,1992年,第263页:婚姻事务悬而未决的情况下,第621条第2款优先于第797条第5款适用。

以选择他们中任意一人的审判籍法院。[91] 在没有明确的法律规定的情况下,法律程序的管辖(Rechtswegzuständigkeit)* 应当根据作为经公证的服从(执行)声明(notarielle Unterwerfung)之基础的实体法上请求权的法律性质来确定。[92]

仲裁院没有管辖权,依据目前通说,只有对可执行宣告(Vollstreckbarerklärung)有管辖权的国家法院可管辖(第 1062 条第 1 款第 4 项、第 1060 条以下)。[93] 但联邦最高法院也准许面对执行对抗之诉时主张存在仲裁协议(第 1032 条),只要被主张的抗辩受仲裁协议辖制。[94]

(二)当事人

45.21 程序中适格的原告只能是在执行名义中被判令给付或容忍强制执行的债务人,或者是那些执行名义改写后所针对的人。适格的被告为执行债权人,或那些执行条款已经改写后[95]或可能被改写场合的债权人,只要执行是由其发起的。[96]

---

[91] 联邦最高法院裁判,载《新法学周刊》,1991 年,第 2910 页;巴伐利亚州最高法院裁判,载《新法学周刊裁判报告》,1993 年,第 511 页;不同观点,参见鲍姆巴赫/哈特曼,第 797 边码 13 处有进一步证明(类推适用第 36 条第 3 项);关于整体观点,参见蒂梅尔(Thümmel),载《新法学周刊》,1986 年,第 556 页。

* 即宪法法院、普通法院、劳动法院、行政法院、社会法院和财政法院的管辖划分。——译者注

[92] 联邦最高法院裁判,载《新法学周刊》,1994 年,第 2620 页;BVerwG,载《新法学周刊》,1995 年,第 1104 页。

[93] 施瓦布/沃尔特(Walter),《仲裁管辖权》,2005 年第 7 版,第 27 章,边码 13;不同观点,参见明希:《慕尼黑〈民事诉讼法〉评注》,第 1060 条,边码 15。

[94]《联邦最高法院民事裁判集》,第 99 卷,第 143 页及以下;联邦最高法院裁判,载《新法学周刊裁判报告》,1996 年,第 508 页;同样的,参见卡斯滕·施密特:《慕尼黑〈民事诉讼法〉评注》,第 767 条,边码 51、55;策勒/盖默(Geimer),第 1032 条,边码 8;慕尼黑法院裁判,载《企业顾问》,1977 年,第 674 页;更进一步的,参见斯坦/约纳斯:《德国民事诉讼法》评注,施洛塞尔,第 1029 条,边码 22,第 1032 条,边码 5。

[95]《联邦最高法院民事裁判集》,第 5 卷,第 251 页、第 253 页。

[96]《联邦最高法院民事裁判集》,第 120 卷,第 387 页。

（三）诉讼请求

诉讼请求指向的是宣告基于判决的强制执行全部或部分不合法（不被准许）。相反，诉讼请求不是要排除某项特定的执行措施。[97] 45.22

（四）集中原则与预备性原则

债务人应当在提起的诉讼中将其此时能主张的一切抗辩一并提出［第767条第3款，所谓集中原则（Konzentrationsgrundsatz），该原则导致预备性原则（Eventualmaxime）］。这一规则能防止债务人通过将抗辩分配到先后提起的执行对抗之诉中而拖延强制执行的实施。 45.23

但债务人没有必要将所有抗辩都在诉状中提出来；第767条第3款只是为了让债务人将起诉时可以主张的所有抗辩在同一个程序中、而不是在多个同时的或先后发生的程序中提出。因此，债务人可以嗣后提出那些还没有在诉状中提出的、之前已经产生或新发生的抗辩，如以已付款之抗辩代替和解之抗辩，但依通说，这只能在第263条、第267条规定的合法（准许）的诉之变更（zulässige Klagänderung）的条件下才能实现。[98] 依据联邦最高法院判例，新的（二次）执行对抗之诉只能基于在第一次执行对抗之诉程序最终的事实

[97] 联邦最高法院裁判，载《新法学周刊》，1960年，第2286页；载《新法学周刊裁判报告》，1987年，第59～60页；1991年，第759～760页（在诉讼请求范围太过的情况下，部分支持——而非驳回诉讼）；古伦斯基，边码244。

[98] 很有争议，参见《帝国法院民事裁判集》，第55卷，第101页、第104页；策勒法院裁判，载《德国法月刊》，1963年，第932页，附有伯蒂歇尔评论；《联邦最高法院民事裁判集》，第45卷，第231页；施莱希特里姆（Schlechtriem），载《新法学周刊》，1967年，第107页；不同观点，参见伯蒂歇尔，载《法学家杂志》，1966年，第415页；施瓦布，载《民事诉讼法杂志》，第79卷，1966年，第463页；斯坦/约纳斯：《德国民事诉讼法》评注，明茨贝格，第767条，边码54；罗森贝格/高尔/席尔肯，第40节IX 1；卡斯滕·施密特：《慕尼黑〈民事诉讼法〉评注》，第767条，边码42；奥托，《亨克尔祝寿文集》，第615页、第617页以下。

辩论结束之后发生的抗辩被提出。[99] 和第767条第2款(边码45.14)的情形一样,这里决定性的是抗辩理由的客观发生,而与债务人的认识与过错无关。[100] 如果第一次执行对抗之诉中后续提出的抗辩因不满足合法的诉之变更的条件而不成功,那么第二次执行对抗之诉中严格的除斥规则(Präklusion)可能会导致债务人完全丧失抗辩。这只有通过如下方式才能避免:要么在第一次程序中总是允许诉之变更,要么第767条第3款的规定不适用于第一次程序中诉之变更不合法的场合。[101]

(五)审查范围——费用

45.24 如果执行对抗之诉的程序在事实上也是先前程序的延续,[102] 那么法官在该程序中的任务便不是对执行名义进行全方位审查;其审查只限于债务人主张的抗辩。[103]

判决依据一般规则(第708条至第714条)应被宣告暂时可执行;鉴于第

---

[99]在撤回第一次执行对抗之诉或双方的诉讼终了表示(Erledigungserklärung)场合情况不同,参见联邦最高法院裁判,载《新法学周刊》,1991年,第2280~2281页。哈姆法院裁判,载《泛亲属法杂志》,1993年,第581页将依据第323条的诉讼与先前的执行对抗之诉等同,只要原本与该诉讼并行可以备位地(hilfsweise)提起执行对抗之诉。

[100]有争议的,参见《联邦最高法院民事裁判集》,第61卷,第25~26页;联邦最高法院裁判,载《经济法、银行法与证券通讯杂志》,1986年,第1032~1033页;茨韦布吕肯法院裁判,载《州高等法院报告》,1997年,第110~111页;关于考虑债务人过错的观点,例如布罗克斯/瓦尔克,边码1357;罗森贝格/高尔/席尔肯,第40节IX 2;斯坦/约纳斯:《德国民事诉讼法》评注,明茨贝格,第767条,边码52;奥托,《亨克尔祝寿文集》,第615页、第618页及以下;也可参见卡斯滕·施密特,载《法学评论》,1992年,第85页及以下:第767条第3款仅规制程序内的除斥,第二次执行对抗之诉的除斥类推适用第767条第2款。相反观点,参见布加德(Burgard),载《民事诉讼法杂志》,第106卷,1993年,第23页及以下。

[101]参见《联邦最高法院民事裁判集》,第45卷,第231页;第61卷,第25页;鲍尔/施蒂尔纳,《案例》,案例14处有进一步证明;尧厄尼希,第12节Ⅲ。

[102]《帝国法院民事裁判集》,第153卷,第216页、第218页。

[103]《帝国法院民事裁判集》,第109卷,第69页。

775 条第 1 项的规定，这一点很重要（边码 9.3 以下），但也要注意第 770 条的规定。

对于执行对抗之诉的费用应当独立裁决，之前判决中对费用的裁决不受影响。[104] 如果债务人在针对具有执行名义的请求权的其他抗辩以外，还基于抵销提出了执行对抗之诉，而该执行对抗之诉被驳回了，那么债务人就遭受了双重不利（doppelt beschwert），[105]这可能对上诉（Rechtsmittel）的合法性有异议。

（六）关于执行的暂时命令

执行对抗之诉的提起并不排除执行名义的可执行性，它也不会阻碍一项已经开始的强制执行。但为了保护债务人，可能会涉及运用第 769 条中规定的暂时命令的情况。[106] 45.25

1. 有管辖权的是诉讼法院，执行法院只在紧急情况下，临时地具有管辖权（第 769 条第 2 款）。

2. 只要强制执行迫近，而不必已经开始，就可以在诉讼法院提出申请，要求发布暂时命令。[107] 但必要的是至少已经递交了执行对抗之诉，[108]仅诉讼费

---

[104]例子：科隆法院裁判，载《新法学周刊裁判报告》，1996 年，第 381 页。

[105]《联邦最高法院民事裁判集》，第 48 卷，第 356 页。

[106]有启发性的实例：杜塞尔多夫州劳动法院裁判，载《德国司法辅助员》，2005 年，第 613 页。第 769 条在依据《德国民法典》第 826 条提起不作为强制执行诉讼的场合也可类推适用；参见卡尔斯鲁厄法院裁判，载《泛亲属法杂志》，1982 年，第 400 页；1986 年，第 1142 页；茨韦布吕肯法院裁判，载《新法学周刊》，1991 年，第 3041 页；相反观点，参见哈姆法院裁判，载《德国法月刊》，1987 年，第 505 页；美因河畔法兰克福法院裁判，载《新法学周刊裁判报告》，1992 年，第 511 页（关于假处分）；还可参见边码 14.26。

[107]帝国法院裁判，载《法学周报》，1910 年，第 829 页；边码 14.14。

[108]参见策勒法院裁判，载《新法学周刊》，1967 年，第 1282 页，不必送达；同样的，参见柏林高等法院裁判，载《泛亲属法杂志》，1987 年，第 313 页；同上书，1990 年，第 85 ~ 86 页。但要保障即刻送达；瑙姆堡法院裁判，载《泛亲属法杂志》，2001 年，第 839 ~ 840 页。不同观点，参见科隆法院裁判，载《泛亲属法杂志》，1987 年，第 963 ~ 964 页，原则上必须要送达。

用补助申请是不够的;[109]紧急情况下,债务人可以求助于执行法院(第769条第2款)。发出暂时命令最晚的时间是执行对抗之诉的判决公布之时,[110]之后就适用第770条的规定。

3.从内容上说,依照第769条允许的命令[111]与依据第707条、第719条(边码14.12以下)的暂时措施类似,但与之不同的是,中止未提供担保的强制执行不必疏明(Glaubhaftmachung)存在不可弥补的不利。

45.26 4.长期以来都很有争议的是,依据第769条发出的命令是否以及在什么范围内可以通过即时抗告予以撤销。这里通常会准用第707条第2款第2句(边码14.24)的撤销限制规定,并不允许任何上诉手段,[112]或者只有在"明显违法"的情况下,尤其在对自由裁量的条件作出误判的情况下才会允许这些上诉手段。[113] 不同观点认为,第707条第2款第2句涉及一项例外规则,如

---

[109]美因河畔法兰克福法院裁判,载《新法学周刊》,1967年,第576页;载《泛亲属法杂志》,1984年,第186页;汉堡法院裁判,载《泛亲属法杂志》,1990年,第431页;美因河畔法兰克福法院裁判,载《德国法月刊》,1999年,第828页;瑙姆堡法院裁判,载《泛亲属法杂志》,2001年,第839~840页;不同观点,参见罗森贝格/高尔/席尔肯,第40节XII 2;斯坦/约纳斯:《德国民事诉讼法》评注,明茨贝格,第769条,边码8及以下;石勒苏益格法院裁判,载《泛亲属法杂志》,1990年,第303页以下(紧急情况下)。

[110]慕尼黑法院裁判,载《州高等法院民法领域裁判》,第22卷,第361页。

[111]有趣的例子:联邦最高法院裁判,载《新法学周刊》,1982年,第1397页(担保提供的情况下通过上告法院(Revisionsgericht)中止强制执行;还可参见边码15.27)。

[112]哈姆法院裁判,载《新法学周刊》,1975年,第1932页;奥尔登堡法院裁判,载《新法学周刊》,1970年,第2219页;科布伦茨法院裁判,载《德国法月刊》,1966年,第336页;哈姆法院裁判,载《德国法月刊》,1979年,第852页;在2001年德国民事诉讼法典改革之后,也可参见美因河畔法兰克福法院裁判,载《新法学周刊裁判报告》,2003年,第140~141页。

[113]柏林高等法院裁判,载《新法学周刊》,1995年,第1035页;载《德国法月刊》,1982年,第329页;载《泛亲属法杂志》,1990年,第86页;卡尔斯鲁厄法院裁判,载《泛亲属法杂志》,1988年,第634页;杜塞尔多夫法院裁判,载《泛亲属法杂志》,1985年,第1159页;载《法律办公室》,1986年,第622页;慕尼黑法院裁判,载《泛亲属法杂志》,1988年,第1189页;1990年,第1267页;科布伦茨法院裁判,载《新法学周刊》,1960年,第827页;汉堡法院裁判,载《新法学周刊》,1975年,第225页;茨韦布吕肯法院裁判,载《经济法、银行法与证券通讯杂志》,1992年,第158页;哈姆法院裁判,载《泛亲属法杂志》,1986年,第1234页;罗斯托克法院裁判,载《泛亲属法杂志》,1996年,第115页;

果没有明确的法律规定就不可以转用至第 769 条的情况;所以,这里仍适用第 793 条的规则,据此可以对强制执行事务中的裁定提起即时抗告。[114]还有另一些观点既不支持第 793 条,也不支持第 707 条第 2 款第 2 句在此适用,认为应当允许依照第 567 条第 1 款第 2 项,针对驳回中止申请的情况进行即时抗告,相反,准许申请的裁决则不可撤销。[115]但鉴于相同的利益状况——正如联邦最高法院现在作出的裁决那样——有必要准用第 707 条第 2 款第 2 句,[116]但不包括那些目前为止践行的例外情形(边码 14.24)。[117]对于依第 769 条第 2 款作出的裁决可以提起司法辅助员抗议(Rechtspflegererinnerung)(《司法辅助员法》第 20 条第 17 项;第 11 条第 2 款),但不能提出即时抗告

德累斯顿法院裁判,载《泛亲属法杂志》,1997 年,第 509 页;班贝格法院裁判,载《新法学周刊裁判报告》,1998 年,第 363 页;哈姆法院裁判,载《泛亲属法杂志》,2000 年,第 365 页;科隆法院裁判,载《新法学周刊裁判报告》,2000 年,第 1235 页;2001 年,第 647 页;未有定论,参见哈姆法院裁判,载《泛亲属法杂志》,1987 年,第 499 ~ 500 页;施耐德,载《德国法月刊》,1980 年,第 529 页;1985 年,第 547 页处有进一步证明。

⑭美因河畔法兰克福法院裁判,载《新法学周刊》,1967 年,第 576 页;柏林高等法院裁判,载《新法学周刊》,1966 年,第 785 页;科隆法院裁判,载《新法学周刊》,1968 年,第 2342 页(对此梅塞尔(Messer),载《法学教育》,1969 年,第 116 页);但裁定应当只能在裁量错误方面被检验:美因河畔法兰克福法院裁判,载《泛亲属法杂志》,1987 年,第 393 页;柏林高等法院裁判,载《泛亲属法杂志》,1988 年,第 313 页;汉堡法院裁判,载《泛亲属法杂志》,1984 年,第 922 页;载《泛亲属法杂志》,1990 年,第 431 页;慕尼黑法院裁判,载《新法学周刊裁判报告》,1987 年,第 767 页;科隆法院裁判,载《新法学周刊裁判报告》,1992 年,第 632 页以下;策勒法院裁判,载《经济法、银行法与证券通讯杂志》,2002 年,第 2453 页;未有定论的,参见美因河畔法兰克福法院裁判,载《德国法月刊》,1997 年,第 194 ~ 195 页。

⑮金克尔(Künkel),载《德国法月刊》,1989 年,第 309 页;汉堡法院裁判,载《泛亲属法杂志》,1989 年,第 298 页;1990 年,第 1379 页;载《新法学周刊裁判报告》,1990 年,第 394 页。

⑯《联邦最高法院民事裁判集》,第 159 卷,第 14 页、第 15 页及以下处有进一步证明;确认的,参见联邦最高法院裁判,20. 12. 2005 – VII ZB 52/05;不同观点,参见哈姆法院裁判,载《新法学网上杂志》,2005 年,第 1557 页、第 1561 页;参见鲍尔/施蒂尔纳,《案例》,案例 13;整体性论述,托伊布纳,载《新法学周刊》,1974 年,第 301 页;关于第 732 条第 2 款情况下的相同问题,参见边码 43.16,进一步,参见边码 9.6。

⑰反对准许特殊抗告的合理观点,参见联邦最高法院裁判,载《新法学周刊》,2004 年,第 2224 ~ 2225 页。

(《司法辅助员法》第 11 条第 1 款)。[118]

五、与其他法律救济之间的关系

(一)抗议

45.27 抗议(第 732 条、第 766 条)与执行对抗之诉原则上不能同时并存,因为在违反执行法上的程序规定的情况下可以提出抗议(边码 43.1 以下),而执行对抗之诉是用来对抗被执行的请求权本身的(边码 45.7 以下)。[119] 但依照通说,在执行名义形式瑕疵与实体法上请求权的瑕疵并存的情况下,债务人不能提起执行对抗之诉。这种观点不应该被赞同,债务人应当可以在两种法律救济中作出选择。[120]

(二)类推适用第 767 条的确认之诉与程序上的形成之诉

45.28 在债务人主张一项令其可以提起执行对抗之诉的抗辩时,债权人首先会考虑对提交执行的请求权提起确认之诉;[121]确认之诉的法律保护利益不会因债务人之后会提起执行对抗之诉而丧失。[122] 在执行对抗之诉之外提起确认之诉,这对于债务人来说意义有限;但并不能完全排除其意义。[123] 只有对执行名义的解释存

---

[118]有争议,参见哈姆法院裁判,载《德国法月刊》,1977 年,第 322 页;弗兰肯塔尔州法院裁判,载《德国司法辅助员》,1981 年,第 314 页。

[119]关于区分的实例:联邦最高法院裁判,载《新法学周刊》,1992 年,第 2159 页,载《法学家杂志》,1993 年,第 94 页附有明茨贝格评论。

[120]比较边码 16.27、边码 17.27、边码 18.10、边码 18.23、边码 43.19、边码 45.4。

[121]联邦最高法院裁判,载《德国法月刊》,1966 年,第 841 页;联邦最高法院裁判,载《泛亲属法杂志》,1984 年,第 878 ~ 879 页。

[122]《帝国法院民事裁判集》,第 100 卷,第 123 页。

[123]《帝国法院民事裁判集》,第 134 卷,第 156 页、第 161 页;第 158 卷,第 145 页、第 149 页以下;联邦最高法院裁判,载《新法学周刊》,1997 年,第 2320 ~ 2321 页(消极确认之诉——该案中未说理);慕尼黑法院裁判,载《泛亲属法杂志》,1981 年,第 913 页;哈姆法院裁判,载《新法学周刊裁判报告》,1988 年,第 431 ~ 432 页。但应当注意给付判决的既判力(第 767 条第 2 款)。也可参见边码 14.26 结尾。

在争议时,才会考虑确认之诉。[124]

依通说,可由债务人在执行名义因形式或实体法原因而不生效的情况下,类推适用第767条提起程序上的形成之诉。该形成之诉与执行对抗之诉竞合(边码45.4)。

(三)带有相同先决问题的并行纠纷(Paralellstreitigkeiten)

45.29 债务人可以将第767条中提到的抗辩在另一个诉讼中用来对抗其他实体请求权。债务人也可以基于一项能够成立依第767条的抗辩(如留置抗辩权)的请求权而提起独立的给付之诉或确认之诉。只有在为避免强制执行而应主张实体法上抗辩的场合,执行对抗之诉才是唯一的法律救济。[125]

(四)损害赔偿与不当得利补偿

45.30 如果债权人在不享有债权的情况下就执行,那么债务人不妨根据《德国民法典》第812条或第823条对付他。[126] 如果债权人基于一份有既判力的判决而执行,那么不得以这些诉讼架空判决的既判力以及第767条第2款的除斥效力(参见上文边码5.18、边码27.9)。相应地,一份驳回执行对抗之诉的判决的既判力也排斥主张因名义执行而产生的损害赔偿之诉,前提是该损害赔偿之诉所依据的事实在执行对抗之诉最终口头事实辩论时已经发生。[127] 与此无关的是,对抗辩是否存在(das Bestehen der Einwend-

---

[124]联邦最高法院裁判,载《新法学周刊》,1973年,第803页,更具体的参见边码13.3;但对于和解也可参见联邦最高法院裁判,载《新法学周刊》,1977年,第583页以及边码16.11、边码45.5、边码45.17。

[125]《帝国法院民事裁判集》,第158卷,第145、150页。

[126]对此高尔,载《法学教育》,1962年,第1页;《联邦最高法院民事裁判集》,第74卷,第9页及以下(对此边码5.18及以下:损害赔偿);联邦劳动法院裁判,载《新法学周刊》,1980年,第141~142页以及《联邦最高法院民事裁判集》,第83卷,第278页、第280页(不当得利);也可参见边码45.6。

[127]联邦最高法院裁判,载《新法学周刊》,1960年,第1460页(参见第767条第3款);罗森贝格/高尔/席尔肯,第40节XI 3处有进一步证明。

ung)作出的裁决(除非提起中间确认之诉)不会随着针对执行对抗之诉作出的判决而发生既判力。[128]

(五)债务执行名义返还之诉

45.31 有疑问的是,债务人是否可以不提起执行对抗之诉而要求返还债务执行名义(类推适用《德国民法典》第371条)。很多学者认为,应让债务人首先通过第767条、第775条第1项与第4项,[129]并且只有在确定执行不合法以及清偿时,才能让其提起实体法上的诉讼。因悖俗利用实体上错误的执行名义(《德国民法典》第826条)而产生的损害赔偿请求权,指向的是停止执行(Unterlassung der Vollstreckung)以及返还执行名义,而非旨在像第767条一样宣告强制执行不合法,[130]所以,依据第769条发出的命令是不合法的。[131]

(六)变更之诉

45.32 执行对抗之诉和——尽管其在教义学上有不同的地位——与其近似的第323条中的变更之诉之间的关系问题,是有争议的。[132]

---

[128]联邦最高法院裁判,载《泛亲属法杂志》,1984年,第878页及以下;不同观点,参见卡斯滕·施密特:《慕尼黑〈民事诉讼法〉评注》,第767条,边码96。

[129]《联邦最高法院民事裁判集》,第127卷,第146页;联邦最高法院裁判,载《新法学周刊》,1994年,第1161~1162页;也可参见边码17.3;进一步,参见杜塞尔多夫法院裁判,载《德国法月刊》,1953年,第557;吕克,载《法学家杂志》,1956年,第475页;绍姆(Saum),载《法学家杂志》,1981年,第695页;明茨贝格,载《支付不能法杂志》,1984年,第193~194页;卡斯滕·施密特:《慕尼黑〈民事诉讼法〉评注》,第767条,边码20。

[130]参见《联邦最高法院民事裁判集》,第26卷,第391页、第394页;边码5.18以下。另一个问题是,骗取执行名义场合,相应抗辩是否也能通过执行对抗之诉主张。肯定的观点,参见杜塞尔多夫法院裁判,载《泛亲属法杂志》,1997年,第827~828页(有疑问);不同观点,参见卡尔斯鲁厄法院裁判,载《州高等法院民事裁判集》,1976年,第333页。

[131]斯图加特法院裁判,载《新法学周刊裁判报告》,1998年,第70页。

[132]对此参见鲍尔,载《法学评论》,1949年,第256页;也可参见迈斯特尔(Meister)以及克勒,载《泛亲属法杂志》,1980年,第864年,第1088页;海因策,载《德国法月刊》,1980年,第895页;霍彭茨(Hoppenz),载《泛亲属法杂志》,1987年,第1097页;格拉巴,载《新法学周刊》,1989年,第481页、第483页及以下;具体,雅各比(Jacoby),同上。

借助第 323 条的诉讼，可以通过废止原执行名义、发布新的执行名义的方式来体现作为请求权成立基础的事实状态的改变。例如，在将来的反复产生给付的场合（bei künftig wiederkehrenden Leistungen）可能出现这种事实状态变化，[133]但变更之诉只对将来发生效力（第 3 款）。[134] 相反，依据第 767 条的执行对抗之诉只能排除执行名义的可执行性，因为执行名义中的请求权嗣后消灭或被阻却了；因此当债务人针对一项过去存在的个别请求权行使抗辩时（如已清偿[135]或免除[136]），就适用第 767 条。债务人可以一并提出执行对抗之诉的主申请（Hauptantrag），以及备位的根据第 323 条的变更之诉申请（反过来也完全可以[137]）。但嗣后通过诉之变更进行

---

[133]例子：《联邦最高法院民事裁判集》，第 100 卷，第 211 页（更改利息分级），对此参见明茨贝格，载《法学教育》，1988 年，第 345 页；联邦最高法院裁判，载《新法学周刊》，2005 年，第 2313 页（抚养费权利人的期间定期金收入）。

[134]但须参见例外情形，边码 16.11（和解）以及边码 16.26（可执行文书）。

[135]《联邦最高法院民事裁判集》，第 70 卷，第 151 页、第 156 页（通过儿童金收入履行抚养费和解协议）；联邦最高法院裁判，载《新法学周刊》，1980 年，第 1393 页（在执行期间的履行）；《联邦最高法院民事裁判集》，第 83 卷，第 278 页、第 282 页；联邦最高法院裁判，载《泛亲属法杂志》，1988 年，第 1156 页（通过养老金分割课税履行一项离婚后的抚养费执行名义）；但可参见联邦最高法院裁判，载《泛亲属法杂志》，1989 年，第 159 页及以下：提起诉讼后对变更之诉的准许。

[136]联邦最高法院裁判，载《泛亲属法杂志》，1979 年，第 573 页（放弃抚养费之后的执行对抗之诉）；类似的，参见联邦最高法院裁判，载《新法学周刊》，1981 年，第 978 页（在产生既判力的离婚之后针对婚姻抚养费执行名义提出的执行对抗之诉）；联邦最高法院裁判，载《新法学周刊》，1983 年，第 1330 页（在基于权利无效以及权利障碍的抗辩或抗辩权场合提出的执行对抗之诉，而非在经济状况改变的情况下提出的）；关于债务人主张抚养费请求权失效的争论，参见联邦最高法院裁判，载《泛亲属法杂志》，1987 年，第 259 页、第 261 页；载《泛亲属法杂志》，1991 年，第 1175 页，一方面（第 767 条）以及美因河畔法兰克福法院裁判，载《泛亲属法杂志》，1988 年，第 62 页；柏林高等法院裁判，载《泛亲属法杂志》，1990 年，第 187 页；卡尔斯鲁厄法院裁判，载《泛亲属法杂志》，1991 年，第 352 页以下另一方面（第 323 条）。

[137]卡尔斯鲁厄法院裁判，载《泛亲属法杂志》，1985 年，第 286 页、第 288 页。

过渡则可能不一定是有助于诉讼的(第263条),因为不同的诉讼标的会带来全新的诉讼材料。[138] 依照部分观点,将执行对抗之诉转换(Umdeutung)为变更之诉,是可能的。[139]

(七)上诉与异议

第767条、第731条与第768条之间的关系上文已经说明(边码18.18、边码18.21),同样还有与上诉(Berufung)(边码45.11)以及异议(Einspruch)(边码45.15)之间的关系,也处理过了。

---

[138]联邦最高法院裁判,载《泛亲属法杂志》,1979年,第573页、第576页有批判性评论,参见鲍姆加特尔,第791～792页。

[139]勃兰登堡法院裁判,载《新法学周刊裁判报告》,2002年,第1586页以下(有疑问)。

第四十六章　第三人异议之诉与优先偿付之诉

文献指引：弗洛姆霍尔德(Frommhold)：《强制执行中的异议之诉和其历史发展》，1891 年；冯・施鲁特卡－雷希滕施坦(von Schrutka－Rechtenstam)：《强制执行程序中释放他人物品的教义历史以及教义学》，1889 年第 1 册，1893 年第 2 册；沃尔夫(M. Wolff)：《对不属于债务人的动产进行强制执行》，载《许布纳纪念文集》，1905 年，第 63 页；佐姆(Sohm)：《异议之诉的实质与条件》，1908 年；科恩(Cohn)：《干涉程序(Intervetionsprozess)改革》，1931 年；科尔迈尔(Kollmeyer)：《强制执行中的债权人保护》，1933 年；帕根施特柯尔(Pagenstecker)：《作为立法问题的扣押债权人的干涉权》，载《德国法协会杂志》，1936 年，第 641 页；伯蒂歇尔：《担保所有权人的干涉：〈民事诉讼法〉第 771 条还是低 805 条？》，载《德国法月刊》，1950 年，第 705 页；保罗斯(Paulus)：《担保性所有权人对抗执行攫取的法律救济》，载《民事诉讼法杂志》，第 64 卷，1951 年，第 169 页；吕克：《在对不属于债务人的动产实施强制执行时债权人的不当得利责任》，载《民法实务档案》，第 153 卷，1954 年，第 533 页；A. 布罗迈耶：《执行对抗之诉与第三人异议之诉程序中判决的既判力效果与形成效果》，载《民法实务档案》，第 165 卷，1965 年，第 481 页；霍普特：《基于不正当地启动程序而产生的损害赔偿》，1968 年；伯姆，同上(第 45 条之前)；高尔，同上(第 45 条之前)；汉克尔，载《民事诉讼法杂志》，第 84 卷，1971 年，第 447 页、第 455 页；瓦尔特：《信托场合的直接性原则》,1974 年;贝特尔曼(Bettermann):《作为民事否认之诉的干涉之诉》,载《韦伯祝寿文集》,1975 年,第 87 页;皮克尔:《历史发展中的第三人异议之诉——作为实体法与诉讼法互动的实例》,1981 年(对此,古伦斯基,载《新法学周刊》,1982 年,第 918 页);明茨贝格/布莱姆:《〈民事诉讼法〉第 771 条异议之诉的过去与新发展》,载《鲍尔祝寿文集》,1981 年,第 517 页;阿伦斯/吕克:《针对第三人异议之诉的财产接受之抗辩——〈联邦最高法院民事裁判集〉》,第 80 卷,第 196 页,载《法学教育》,1984 年,第 263 页;古伦斯基:《强制执行与债务人破产情况下的让与担保、债权让与担保与所有权保留》,载《法学教育》,1984 年,第 497 页;贝克尔—埃伯哈特:《〈德国民法典〉第 419 条在让与担保领域的适用》,载《民法实务档案》,第 185 卷,1985 年,第 429 页;盖斯勒:《强制执行法律救济体系中的执行之诉》,载《新法学周刊》,1985 年,第 1865 页;作者同前:《担保性所有权变价场合的个别问题与冲突状态》,载《支付不能法杂志》,1989 年,第 787 页;布罗克斯/瓦尔克:《第三人异议之诉》,载《法学工作报》,1986 年,第 113 页;格拉赫:《不当强制执行与不当得利》,1986 年;黑泽迈尔(Häsemeyer):《通过强制执行的暂时中止对执行损害进行终局性分配?》,载《新法学周刊》,1986 年,第 1028 页;恩多(Endo):《德国法与日本法中的第三人异议之诉》,弗莱堡 1988 年博士论文;普维庭/维特(Prütting/With):《依据〈民事诉讼法〉第 771 条的第三人异议之诉》,载《法学教育》,1988 年,第 505 页;卡 · 施密特:《破产撤销与第三人异议之诉》,载《法学家杂志》,1990 年,第 619 页;瓦格纳(Wagner):《针对分别账户(Oder – Konten)实施强制执行时账户共同所有人的干涉权?》,载《经济法、银行法与证券通讯杂志》,1991 年,第 1145 页;比希勒(Büchler):《根据〈德国民法典〉第 242 条驳回第三人异议之诉(〈民事诉讼法〉第 771 条)》,1994 年;海因修斯:《破产中的担保信托人》,载《亨克尔祝寿文集》,1995 年,第 387 页及以下;盖哈特:《从稻草人出发——强制执行中的前台权利所有(vorgeschobene Rechtsinhaberschaft)》,载《吕克祝寿文集》,1997 年,第 121 页;维特希尔:《依据〈民事诉讼法〉第 771 条的第三人异议之诉》,载《法学教育》,1998 年,第 926 页;高尔:《第三人异议之诉的教义学基础与实践意义》,载《德国联邦最高法院 50 周年纪念文集》,2000 年第 3 册,第 521 页。

参见概览表十六以及概览表十七。

第一部分　第三人异议之诉

一、功能，法律性质，适用范围

第三人异议之诉（异议之诉、干涉之诉）旨在防御对第三人财产的执行措施，该财产不受债权人的执行攫取，因为第三人的财产并非债务之责任财产。[①] 执行机关在实施执行行为时通常可以不审查执行客体是否属于债务人财产——（若须审查）可能使强制执行完全失去打击力度！——而是以外观上的确定为已足，即外观在通常情况下——但并不总是——表明执行客体归属于债务人财产。例如，在扣押动产时该动产由债务人持有；强制拍卖时债务人是登记在土地登记簿中的所有权人，等等。如果强制执行干涉到第三人财产，则执行措施既非不合法又非不生效力，而是由受妨碍的第三人自行决定对攫取行为进行防御。法律赋予第三人的防御手段为第三人异议之诉（第 771 条）。由于该诉针对的是权利受妨碍的状态，因此对该客体的强制执行必须已经开始（边码 9.2），或者某特定物直接面临执行。[②] 这里，强制执行行为是否不生效或者是否因违反程序法规则而可撤销，都是无关紧要的。[③] 46.1

有争议的是，第三人异议之诉的法律性质。一种私法上的观点认为其是 46.2

---

①亨克尔，载《民事诉讼法杂志》，第 84 卷，1971 年，第 447 页、第 455 页。

②这里的细节有争议：参见托马斯/普曾，第 771 条，边码 12 及以下以及斯坦/约纳斯：《德国民事诉讼法》评注，明茨贝格，第 771 条，边码 10；这里的标准不应当与《德国民法典》第 1004 条处的有不同！参见边码 46.26。

③好的例子：联邦最高法院裁判，载《法学教育》，1981 年，第 773 页（扣押不属于债务人的债权；参见边码 27.11、边码 30.16：没有扣押状态，没有扣押质权）；进一步，参见汉堡法院裁判，载《德国法月刊》，1959 年，第 933 页。

一种特殊的不作为诉讼(Unterlassungsklage,即妨害防止之诉)(对比《德国民法典》第12条、第862条、第1004条)。相反,绝大多数程序法上的观点认为其是一项独立的程序法上的诉讼(程序性的形成之诉)。一如既往,支持一种或另一种观点,并不能得出对具体法律争议的裁决结果。暂且搁置争议来说,第三人异议之诉的出发点与实体法上的排除妨害之诉及妨害防止之诉十分接近。因为就像这类诉一样,第三人异议之诉旨在防御对受法律保护的领域的无权干涉。[4] 该诉的特殊性在于干涉的方式(国家的执行攫取)以及诉的目的(排除攫取)。由此可以认为,一种混合的实体与程序法的理论是正确的。[5] 没有争议的是,实体权利不是诉讼标的(Streitgegenstand),因此,异议程序中并不对实体权利的存在或不存在作出有既判力的裁决。[6] 但基于既判力应否定原告在第三人异议之诉有既判力地败诉之后继续提起(要求拍卖所得的)不当得利之诉(边码46.26末尾)。

46.3 对任何可能对第三人财产进行干预的强制执行类型,第三人异议之诉都是合法的(被准许的),如任何因金钱债权进行的强制执行,还有为了返还原物而进行的强制执行,[7]同样还有第847条、第848条的情况,[8]还有实施假扣押(假处分)的场合,只要它是干涉第三人财产的执行行为。[9]

---

④《联邦最高法院民事裁判集》,第58卷,第207页、第213页,附有评论亨克尔,载《法学家杂志》,1973年,第32页("对非债务人财产的强制执行从一开始就是对私人权利状态的干扰");《联邦最高法院民事裁判集》,第80卷,第296页、第303页(基于财产继受责任对第三人的"交还请求权"提出抗辩;对此,参见《法学教育》,1982年,第137页)。

⑤同样的,参见普维庭/维特,载《法学教育》,1988年,第505页、第506页以下。

⑥《帝国法院民事裁判集》,第70卷,第25页、第27页;第81卷,第190~191页。

⑦柏林高等法院裁判,载《法学周报》,1926年,第1934页,附有舒尔茨评论。

⑧参见《联邦最高法院民事裁判集》,第67卷,第378页。

⑨《帝国法院民事裁判集》,第92卷,第18页、第22页。第三人异议之诉在刑事诉讼假扣押的情况下也能提起;汉堡法院裁判,载《新法学周刊裁判报告》,2003年,第715页。

二、阻却转让的权利

诉由(Klagegrund)是第三人的“阻却转让的权利”(第771条)。这是引人误解的表述。关键是,“债务人转让构成执行客体的物,对有权第三人而言是否违法”。[⑩] 所以,这里首先考虑所有权以及某些其他物权,但有时也会涉及相对权: 46.4

这里始终必要的是,阻却转让的第三人的法律地位必须在执行行为实施时已经存在;之后发生的权利取得,只有在该取得相对于债权人(如因善意取得;《德国民法典》第135条、第136条)有效的情况下才予以考虑。

(一)所有权与权利享有人地位(Rechtsinhaberschaft)

在实践中,基于所有权而提起诉讼是第三人异议之诉的主要类型。同样的还有债权(扣押第三人享有的债权)[⑪]或其他财产权的享有人地位(Inhaberschaft)。 46.5

第三人异议之诉也可以由按份共有人(Miteigentümer)提起(如在债权人并非对债务人的共有份额而是对物进行扣押的情况下,[⑫]或者按份共有人针对由其他按份共有人实施的分割拍卖(Teilungsversteigerung)主张实体法上

---

⑩《帝国法院民事裁判集》,第116卷,第363页、第366页;《联邦最高法院民事裁判集》,第55卷,第20页、第26页。

⑪例如,柏林高等法院裁判,载《德国法月刊》,1973年,第233页;《联邦最高法院民事裁判集》,第67卷,第378页、第383页(对此批判性的,参见布罗迈耶,载《劳动法》,1974年,第1页;第96卷,第324页、第326页;联邦最高法院裁判,载《新法学周刊》,1979年,第42页;1988年,第1095页;联邦最高法院裁判,载《法学教育》,1981年,第773页;美因河畔法兰克福法院裁判,载《新法学周刊裁判报告》,1988年,第1409页;还可参见边码30.14;关于这类扣押的有效性,参见边码27.11、边码30.16、边码46.1。

⑫例如,石勒苏益格法院裁判,载《泛亲属法杂志》,1989年,第88页。

的抗辩[13]);同样还有共同继承人,即便违背被继承人禁止分割的意思而应对土地进行分割拍卖。[14] 经常发生的还有配偶一方基于其所有权在另一方被执行时提起异议之诉,这里需要注意《德国民法典》第1362条(边码19.2以下)。[15] 而一人公司及其单独股东,在其中一方被执行的情况下,则并非可以无条件地基于其所有权提起诉讼。[16]

---

⑬例如,联邦最高法院裁判,载《泛亲属法杂志》,1972年,第363页;1984年,第563页,第564页;1985年,第903~904页;巴伐利亚州最高法院裁判,载《新法学周刊》,1971年,第2314页(依据《德国民法典》第1477条第2款的共同共有财产的继受);卡尔斯鲁厄法院裁判,载《州高等法院民事裁判集》,1983年,第333页;杜塞尔多夫法院裁判,载《泛亲属法杂志》,1995年,第309页;科隆法院裁判,载《德国司法辅助员》,1998年,第168页、第169页左栏;《支付不能和执行》,2000年,第145页;美因河畔法兰克福法院裁判,载《泛亲属法杂志》,1998年,第641页;瑙姆堡法院裁判,载《州高等法院报告》,1999年,第369页;策勒法院裁判,载《泛亲属法杂志》,2000年,第668页;还可参见边码34.8、边码46.14。

⑭汉堡法院裁判,载《新法学周刊》,1961年,第610页;关于禁止分割的法律性质,参见尧厄尼希/施蒂尔纳,第2044条,边码2。

⑮对此,石勒苏益格法院裁判,载《泛亲属法杂志》,1989年,第88页。

⑯哈姆法院裁判,载《新法学周刊》,1977年,第1159页;杜塞尔多夫法院裁判,载《新法学周刊裁判报告》,2001年,第542~543页;有限制的,参见柏林高等法院裁判,载《新法学周刊裁判报告》,2003年,第617~618页;批评的观点,参见威廉,载《新法学周刊》,1977年,第1887页;罗森贝格/高尔/席尔肯,第41节Ⅵ 1;卡斯滕·施密特:《慕尼黑〈民事诉讼法〉评注》,第771条,边码50;但也可参见边码13.2。

概览表十七　强制执行与支付不能中的担保权

	通过以下主体的债权人进行个别强制执行		支付不能	
	所有权保留卖方或担保权人(Sicherungsnehmer)	所有权保留买方或担保人(Sicherungsgeber)	所有权保留卖方或担保权人	所有权保留买方或担保人
所有权保留	第771条：期待权	第771条：所有权但：涤除可能性(《德国民法典》第267条第1款)；双重扣押情况下丧失拒绝权(《德国民法典》第267条第2款)(通说)	在不适用《支付不能法》第103条的情况下合同履行(《支付不能法》第107条第1款)	《支付不能法》第47条、第102条第2款：所有权
			让与担保(Sicherungsübereignung)或债权让与担保(Sicherungsabtretung)的延伸或扩展	
让与担保	第766条； 第771条： "经济上的所有权" —愿意履行时 —变价条件成就前	第771条：所有权(依不同观点仅第805条，类推支付不能情况下的法律状况)	《支付不能法》第47条，清偿被担保债权后：附解除条件的让与场合，即所有权；否则，即债法上的权利回转请求权(Rückübertragungsanspruch)	《支付不能法》第50条第1款、第51条第1款、第116条以下：具有质权性质的(担保性)所有权

续表

	通过以下主体的债权人进行个别强制执行		支付不能	
	所有权保留卖方或担保权人(Sicherungsnehmer)	所有权保留买方或担保人(Sicherungsgeber)	所有权保留卖方或担保权人	所有权保留买方或担保人
债权让与担保	第771条:债权让与人"经济上的债权享有人地位"	第771条:债权受让人形式上的债权享有人地位	《支付不能法》第47条,清偿被担保债权后:同上	《支付不能法》第50条第1款、第51条第1款、第116条以下:债权让与担保受让人的等同质权人地位

特殊情形:

1. 所有权保留

46.6 在所有权保留买卖情况下(《德国民法典》第449条),基于出卖人附解除条件的所有权,也能提起第三人异议之诉。⑰ 但执行债权人可以通过支付(剩余的)价款来排除卖方(保留的所有权人)提出的异议(《德国民法典》第267条第1款)。⑱ 与此不同的问题是:是否可以基于买方的期待权提起第三人异议之诉。对此首先应予以肯定,如果买方已将期待权(类推《德国民法

⑰参见《联邦最高法院民事裁判集》,第54卷,第214页、第218页(通说);少数说与此不同,主张只保障所有权保留卖方的准质权人地位(边码32.16)。

⑱科隆州法院裁判,载《企业》,1981年,第884页;关于在扣押所有权保留买方期待权的情况下,这种可能性的意义,参见边码32.15。

典》第930条)转让给第三人并且现在买方的债权人要扣押该物。[19] 但若卖方的债权人扣押该物,买方自己也可以依照第771条的规定提起第三人异议之诉,[20]否则一旦所有权拍定给拍得人,就会使期待权消灭(边码29.7)。《德国民法典》第161条第1款第2句的规定也不能阻止这种有效的所有权取得(有争议)。但除了第771条,为了所有权保留买方的利益通常还可适用第766条的规定(边码46.11)。

2. 信托关系

必须区分的是:

(1)非自益信托关系(uneigennützige Treuhandverhältnisse)[如托收让与(Inkassozession);为了偿付债务人的债权人,将债务人财产转让给信托受托 46.7
人]。这里,标的物在经济上与责任法上还属于信托委托人的财产,信托受托人尽管是所有权人,但他实际上只具有管理人的地位。因此,如果信托受托人的债权人要求执行标的物,则信托委托人可以提起第三人异议之诉,除非执行是在信托目的范围内实施的。[21] 但如果基于一项针对委托人的执行名义要在受托人处执行,受托人不能依据第771条进行防卫;某些情况下,他可以在涉及动产时援引第766条、第808条。

例子:

A. 债务人企业的债权已经移转或让与给了一个管理型信托受托人。债权人基于针对债务人签发的执行名义扣押了这些债权。尽管信托受托人在这里不能提起第三人异议之诉,但该扣押却不生效,因为这属于没有执行名

---

[19]《联邦最高法院民事裁判集》,第20卷,第88页、第101页;类似的,参见联邦最高法院裁判,载《法学家杂志》,1978年,第199~200页(通过第三人的债权人扣押物)。

[20]对此,《联邦最高法院民事裁判集》,第55卷,第20页;斯坦/约纳斯:《德国民事诉讼法》评注,明茨贝格,第771条,边码20;罗森贝格/高尔/席尔肯,第41 VI 2 b;布罗克斯/瓦尔克,边码1412。

[21]联邦最高法院裁判,载《新法学周刊》,1959年,第1223页及以下;1993年,第2622页;1996年,第1543页。有趣的,参见哈姆法院裁判,载《新法学周刊裁判报告》,1998年,第1567页(信托持有的有限责任公司股权)。

义而实施执行的情况(很有问题,参见边码27.11)。如果信托受托人持有的动产被扣押了,则信托受托人可以——依照联邦最高法院的观点——提出抗议(Erinnerung)。[22] 债权人只能扣押信托委托人对信托受托人享有的权利回转请求权(Rückübertragungsanspruch)(边码31.8以下)。

B. 律师受委托人(Mandanten)之委托行使委托人对S享有的债权。S并没有将金钱转入律师的信托存款账户(Anderkonto),而是转入其普通银行账户。律师的债权人在这里将该普通账户扣押了。依据联邦最高法院的观点:不能为了委托人的利益而适用第771条。帝国法院认为,只有在信托物是从委托人财产中交付给受托人的情况下,才承认委托人享有异议权(Widerspruchsrecht)(直接性原则)。[23] 联邦最高法院则在下述情形承认了该原则的例外情况,即第三人的款项系转入一个信托存款账户[24]或一个仅为了存放他人欠款而设立并使用的信托受托人特别账户[25]之中。前述案例中款项并没有转入这类特别账户,故不能提起第三人异议之诉。[26] 如果满足上述条件,则依据联邦最高法院的新近判例,与文献中部分观点相左,[27]信托关系的公开性并非必要。[28]

---

[22]《联邦最高法院民事裁判集》,第11卷,第37页、第41~43页。

[23]《帝国法院民事裁判集》,第84卷,第214页、第216页以下。未有定论,参见联邦最高法院裁判,载《新法学周刊》,1971年,第559页、第560页右栏。批评的观点,参见卡纳里斯:《银行合同法》,载《〈德国商法典〉大型评注》,1988年,第4版,边码280;卡纳里斯,《弗卢梅祝寿文集》,1978年,第371页、第417页及以下。全面的观点,参见沃尔特,《信托中的直接性原则》(Das Unmittelbarkeitsprinzip bei der fiduziarischen Treuhand),1974年。好的概述,参见海因修斯(Heinsius),《亨克尔祝寿文集》,1995年,第387页、第389页及以下。

[24]联邦最高法院裁判,载《新法学周刊》,1954年,第190页、第192页;1996年,第1543页。

[25]联邦最高法院裁判,载《新法学周刊》,1959年,第1223页、第1225页。

[26]联邦最高法院裁判,载《新法学周刊》,1971年,第559~560页;批评性的观点,参见卡纳里斯:《银行合同法》,载《〈德国商法典〉大型评注》,1988年,第4版,边码280。

[27]卡纳里斯:《银行合同法》,载《〈德国商法典〉大型评注》,1988年,第4版;作者同上,载《新法学周刊》,1973年,第825页、第831页;也可参见第11版,边码775。

[28]联邦最高法院裁判,载《新法学周刊》,1993年,第2622页:但为了防止权利滥用,别除权应当符合严格的要求。

(2)自益信托(eigennützige Treuhand);[29]主要类型:让与担保以及债权让与担保或不真正保理(unechtes Factoring)。 46.8

这里有争议的是,当信托委托人(担保人)的债权人对为提供担保而转让的标的物进行执行时,受托人(担保权人,如贷款银行)是否可以提起异议之诉,[30]或者其只是享有第805条的优先受偿权。[31] 类推适用质权的规定则支持后一种观点,因为担保性所有权依其经济功能是一种"隐藏的质权"(边码46.30以下),并且在支付不能程序中,该所有权也只能被赋予一项别除权(第2卷,边码14.25)。但即便如此,还是应当赞同前一种观点,因为我们不能剥夺担保权人根据担保合同作为所有权人而享有的、自己变价担保物的主动权(Initiativbefugnis);第三人异议之诉中,担保权人必须陈述并证明其变价权能(其被担保的债权的产生与存续)。[32] 但是,担保人的债权人可以扣押基于担保约定产生的、未来的权利回转请求权,并且根据《德国民法典》第267条第1款清偿被担保的债权;对此,担保权人不能反抗(还可参见边码32.24、边码46.18)。如果让与担保或债权让与担保上附有物权性的(dinglich)解除条件(依据《德国民法典》第158条的条件,被担保债权的清偿),那么担保人的债权人可以扣押担保人的期待权,这里适用与对所有权保留买方之期待权实施扣押时相同的规则(边码32.14以下)。

如果担保权人的债权人(如银行的债权人)扣押了标的物(与债权场合

---

[29]对此进一步的论述,鲍尔/施蒂尔纳,《物权法》,第57页。

[30]通说:《帝国法院民事裁判集》,第124卷,第73页;《联邦最高法院民事裁判集》,第12卷,第232页、第234页;同上书,第72卷,第141页、第146页(附带意见);同上书,第80卷,第296页、第299页;伯蒂歇尔,载《德国法月刊》,1950年,第705页;泽里克,《所有权保留与让与担保》,1970年,第3册,第206页及以下;尧厄尼希,第13节Ⅳ 1 a;格哈特,《执行法》,第16节Ⅲ 1 c;鲍曼/布莱姆,第13节Ⅲ 5 b γ;斯坦/约纳斯:《德国民事诉讼法》评注,明茨贝格,第771条,边码30;罗森贝格/高尔/席尔肯,第41节,Ⅵ 4 b;布罗克斯/瓦尔克,边码1417。

[31]参见韦斯特曼,《物权法》,第5版,第43节Ⅳ 1;鲍姆巴赫/哈特曼,第771条,边码26;卡斯滕·施密特:《慕尼黑〈民事诉讼法〉评注》,第771条,边码29。折中的观点,参见保卢斯,载《民事诉讼法杂志》,第64卷,1951年,第169页。

[32]有趣的且正确的观点,参见科隆州法院裁判,载《德国法月刊》,1981年,第592页。但《支付不能法》第50条第1款、第51条第1项、第166条及以下的规定让人不得不对通说进行检验,因为提议权(Initiativbefugins)在支付不能中没有了!

不同,有体物场合因第 808 条的存在,只有在物已交付给担保权人的情况下才有可能扣押),那么担保人可以对此进行干预,因为担保权人虽然是完全权利人,但该法律地位应当只是服务于担保权人对担保人的债权;只有在担保权人已经有权变价让与担保标的物来用于清偿的情况下,才不适用上述规则,即担保人不得进行干预。[33] 变价条件满足前进行干预时,担保人无须清偿被担保的债权。

3. 分别账户(Oder – Konto)

有疑问的是,分别账户的账户共有人,在另一个账户共有人的债权人实
46.9 施执行措施时是否具有干涉权。根据通说,每一个账户拥有人享有单独处分权的依据在于《德国民法典》第 428 条规定的连带债权人地位,[34]并且由此导致对外就整个存款债权的权利享有人地位(Rechtsinhaberschaft),该地位可被完全扣押(也可参见边码 30.8)。分别账户这一在外部关系中的特殊性禁止为账户共有人利益而适用第 771 条的规定。[35]《德国民法典》第 430 条中规定的内部求偿债权不具有任何阻却处分的效力,最多可以与债法上的移转请求权(Verschaffungsanspruch)相类比(参见边码 46.12)。[36] 只有在执行债务人在内部关系中具有信托受托人地位时,情况才有所不同(对此边码 46.7)。

(二)其他物权

当其他物权因执行行为受到妨碍,则可以基于它们提起干涉
46.10 之诉。

---

[33]具体参见《联邦最高法院民事裁判集》,第 72 卷,第 141 页、第 144 页、第 146 页(对此,《法学教育》1979 年,第 144 页);不同观点,参见卡尔斯鲁厄法院裁判,载《新法学周刊》,1977 年,第 1069 页:只有在担保权人的债权人扣押担保权人对担保人的债权并且将之划转给自己的情况下,担保权人的债权人在变价条件成就后实施的扣押才是没问题的;赞同的观点,参见卡斯滕·施密特:《慕尼黑〈民事诉讼法〉评注》,第 771 条,边码 28。

[34]《联邦最高法院民事裁判集》,第 93 卷,第 320 页;第 95 卷,第 187 页;尧厄尼希/施蒂尔,第 428 ~ 430 条,边码 3;也可参见边码 30.8。

[35]不同观点,参见科布伦茨法院裁判,载《经济法、银行法与证券通讯杂志》,1990 年,第 1532 页。

[36]瓦格纳,载《经济法、银行法与证券通讯杂志》,1991 年,第 1145 页及以下。

在对人债权人实施强制拍卖时，抵押权人不能提起干涉之诉，因为他的权利并不因此而受到妨碍；但如果劣后于用益权人（Nießbraucher）的抵押权人扣押了承载有用益又为抵押权所及的物，或者进行强制管理，则应当准许用益权人提起干涉之诉（对此以及对下文，详见上文第34～37章）。

这里还包括物上权利人针对后顺位债权人对土地孳息的扣押行为而提起的第三人异议之诉（第810条第2款、第771条）。[37] 因此，第一顺位的抵押权人可以针对所有对孳息的扣押提出异议，第二顺位及更后顺位抵押权人只能针对劣后的物上债权人（Realgläubiger）或者对人债权人进行的扣押提出异议。异议权在孳息已收取之后也仍存在。[38]

如果土地处于用益租赁占有（Pachtbesitz）状态，并且强制执行是针对作为债务人的土地用益租赁人实施的，那么物上债权人不能提出异议之诉，因为土地用益租赁人享有土地孳息的权利不受扣押（Beschlagnahme）的影响（《强制拍卖与强制管理法》第21条第3款）。这种情况下也不构成对物上债权人权利的间接影响，因为他们在任何情况下都不享有或未获得对既存的孳息的权利。[39]

同样，基于动产与债权质权也可以提出第三人异议之诉，只要根据第805条不会得出不同结论即可（参见边码46.30以下）。因此，在担保物上进行金钱执行时，占有着物的担保权人可以提起第三人异议之诉。相反观点认为，这种情况下也适用第805条的规定，因为（担保）债权人的利益没有受到执行的妨碍，[40]但该观点违背了第805条的文义，并且与《德国民法典》第1232条第1句的价值不符，依据该条，优先顺位的、占有着物的债权人本身应当可以决定变价时间。[41] 同样的理由也可以用来论证权利质权人也享有

㊲对此，参见霍赫，载《新法学周刊》，1952年，第961页；还可参见边码28.2、边码34.29。

㊳柯尼希斯贝格法院裁判，载《法学周报》，1932年，第3195页。

㊴布伦瑞克法院裁判，载《州高等法院民法领域裁判》，第13卷，第202页；也可参见边码34.24。

㊵参见罗森贝格，第185节 III 2 b γ；托马斯/普曾，第771条，边码17。

㊶合适的观点，参见斯坦/约纳斯：《德国民事诉讼法》评注，明茨贝格，第805条，边码1：异议权只是针对转让，而非扣押（对应第772条）；进一步参见罗森贝格/高尔/席尔肯，第41节 VI 5；布罗克斯/瓦尔克，边码1418。

异议权(参见《德国民法典》第1290条,以及第1273条第2款第1句、第1232条第1句)。[42]

质权人当然也可以不提起第三人异议之诉,而退一步(als"minus")提起优先受偿之诉(参见边码46.31)。

(三)占有

46.11 最多在对动产进行强制执行的过程中,可以基于占有提出第三人异议之诉。[43] 由于直接占有的情况下通常可以提起第809条、第766条规定的抗议(Erinnerung),因此这种通过第三人异议之诉进行保护的实践意义不大;在间接占有时,债法上的返还请求权可以赋予干涉权(边码46.12),因此这里通过第771条的占有保护也不具有独立意义。相反,在对不动产进行强制执行的情况下,占有并不能赋予干涉权,因为在此处,占有对物上权利状态不产生影响。[44]

(四)债权性权利

只有在债权性权利指向返还(Herausgabe)时,债权性权利才

---

[42]很有争议;不同观点,参见布罗迈耶,第69节I 2;达姆劳(Damrau):《慕尼黑〈德国民法典〉评注》,第1290条,边码5;泽格尔/缪尔(Mühl),第1290条,边码3;《帝国法院民事裁判集》,第87卷,第321页、第327页;哈姆法院裁判,载《新法学周刊裁判报告》,1990年,第233页;如这里的,参见斯坦/约纳斯:《德国民事诉讼法》评注,明茨贝格,第805条,边码1以下;席尔肯:《慕尼黑〈民事诉讼法〉评注》,第805条,边码3;帝国法院裁判,载《法学周报》,1902年,第532页(编号9)。

[43]第771条是《德国民法典》第1007条在执行法上的对应部分! 否定的,参见罗斯托克法院裁判,载《新法学网上杂志》,2005年,第253~254页(只有在占有权场合);托马斯/普曾,第771条,边码21;布罗克斯/瓦尔克,边码1420;卡斯滕·施密特:《慕尼黑〈民事诉讼法〉评注》,第771条,边码38;普维庭/维特,载《法学教育》,1988年,第505页、第511页。

[44]《帝国法院民事裁判集》,第127卷,第8页;对立观点,参见《帝国法院民事裁判集》,第116卷,第363页;理由为第891条;如这里的,参见格哈特,《执行法》,第16节III 1h。

能成为第三人异议的基础,如果指向的是(权利)移转(Verschaffung),则不能成为第三人异议之诉的基础。[45] 46.12

因此,在租赁物于承租人处被承租人的债权人扣押时,(不是所有权人的)出租人可以进行干涉(因为被扣押的物不属于执行债务人即承租人的财产),但在出卖人的债权人扣押出售物时,买受人却无权干涉。

融资租赁合同(Leasing – Verträge)[46]场合下,只有在融资出租人想要反复出租其租赁物且融资承租人短期内可以终止合同时,才遵循租赁法规则[经营性租赁(Operating Leasing)]。在这种情况下,融资出租人可以基于其所有权或债权性权利,对在融资承租人处的扣押进行干涉;相反,对于融资出租人的债权人实施的扣押,融资承租人依第 766 条的规定受到保护,在不动产融资租赁情况下,则依据《强制执行与强制管理法》第 57 条以下的规定受到保护。相反,在所谓(真正的)融资性租赁(Finanzierungsleasing)情况下会约定一个固定的基础租赁时间(Grundmietzeit),租金与剩余价款一起收回(amortisiert)购置成本、利息以及出租人的利润;这实际上是在所有权保留前提下的分期付款买卖(Abzahlungskauf),在第三人出资的情况下,是一种让与担保。融资出租人可以像担保权人或所有权保留卖方那样实施干预,承租人则相当于担保人或所有权保留买方。[47]

在通过行纪人或承运人进行事务处理的情况下,已由《德国商法典》第 392 条第 2 款、第 457 条第 2 句对委托人的权利移转请求权(Verschaffung-

---

[45]在通过预告登记对取得请求权进行担保的场合也不可以,参见联邦最高法院裁判,载《新法学周刊》,1994 年,第 128 ~ 129 页。即便在用益租赁场合也并不当然存在一项出租人的干涉权利;罗斯托克法院裁判,载《新法学网上杂志》,2005 年,第 253 页、第 254 页以下("管理合同")。

[46]参见拉伦茨/卡纳里斯,《债法》(第二册),第 2 卷,第 66 节。

[47]有争议的情形,不同观点(只有租借人的抗议),参见布罗克斯/瓦尔克,边码 1424;罗森贝格/高尔/席尔肯,第 41 节 VI 9 b;卡斯滕·施密特:《慕尼黑〈民事诉讼法〉评注》,第 771 条,边码 31;具体情况,参见博格格雷费(Borggräfe),《动产租赁物的强制执行》,1976 年;格哈特,《执行法》,第 16 节 III 1 g。

sanspruch)(债权让与)提供保护,委托人在执行法上相当于权利所有人。[48]但如果是受托人(而非行纪人)以自己的名义为委托人取得一项标的物,并且必须将其所有权让与给委托人,则不能准用上述规则。如果该标的物在受托人处被扣押,则委托人不能干涉。[49] 当然,如果委托人通过预先的占有改定(antezipiertes Besitzkonstitut)(《德国民法典》第930条),或通过自己代理行为(Insichgeschäft)(《德国民法典》第181条)已经取得了所有权,则情况当然就不同了。[50]

(五)撤销权

46.13 旧的判例与大多数文献主要从责任法上的考虑出发,认为《撤销法》以及《支付不能法》第129条以下规定的撤销权也可以作为提起第三人异议之诉的基础。[51] 比如撤销相对人处的标的物被其债权人——在撤销权行使之前——扣押的情况下,这一点就有其意义。与之前的判例不同,联邦最高法院把《支付不能法》第129条以下、第143条规定的回复请求权(Rückgewähranspruch)

---

[48]但不能延伸适用到行纪财产或者行纪人所获得的价款上;参见《联邦最高法院民事裁判集》,第79卷,第89页、第94页;哈姆法院裁判,载《经济法、银行法与证券通讯杂志》,2004年,第1252页;不同观点,参见卡斯滕·施密特:《慕尼黑〈民事诉讼法〉评注》,第771条,边码42;鲍姆巴赫/霍普特,第392条,边码7;卡纳里斯,《弗卢梅祝寿文集》,第1册,第371页、第410页、第424页。在《德国商法典》第457条第2句运输场合情况不同。

[49]参见《帝国法院民事裁判集》,第133卷,第84页、第87页;联邦最高法院裁判,载《新法学周刊》,1971年,第559页;参见上文边码46.7,也关于"特别账户"的例外情况。

[50]对此,参见鲍尔/施蒂尔纳,《物权法》,第7节B III 1 b,bb;第51节E II 4,5。

[51]柏林高等法院裁判,载《法学家杂志》,1958年,第441页,附有鲍尔评论;第11版,边码780;鲍姆巴赫/哈特曼,第771条,边码14;区分情况的,参见格哈特,《执行法》,第16节 III 1 F 32以及第16条 III 2;卡斯滕·施密特,载《法学家杂志》,1987年,第889页、第891页;斯坦/约纳斯:《德国民事诉讼法》评注,明茨贝格,第771条,边码40;布罗克斯/瓦尔克,边码1425:在《撤销法》第11条场合只适用第805条。

视为一种阻却转让的权利(第771条)。[52] 相反,如果大家还记得回复请求权在支付不能程序中并不能赋予一项取回权,而仅仅是支付不能债权,那么鉴于“回复请求权”的债法性质,就不能将依据《撤销法》第11条、指向容忍强制执行的“回复请求权”作为干涉之诉的基础。[53] 这种区分的确还是恰当的。[54]

(六)让与禁止

受到《德国民法典》第135条、第136条让与禁止规则保护的人可以在强制执行该标的物时进行干涉,但只能阻止拍卖而不能阻却扣押(第772条)。[55] 相反,受到《德国民法典》第1365条、第1369条保护的配偶则具有完 46.14
全的干涉权(边码19.10、边码34.8)。

(七)特别财产

只要存在继承法上的或财产法上的特别财产(遗嘱执行、后位继承、[56]共
同财产),则超越该财产范围的执行措施可能引发第三人异议之诉(参见第 46.15
773条、第774条;进一步参见边码19.14以下、边码20.20以下);在支付不能与强制管理的情况下,对管理人的财产进行执行时,也是如此。如果违反《支付不能法》第89条第1款,则适用第766条规定(但参见《支付不能法》第89条第3款)。

---

[52] 联邦最高法院裁判,载《新法学周刊》,2004年,第214页、第216页(与《新法学周刊》,1990年,第990页、第992页对旧《破产法》第29条及以下的观点相对立)。

[53] 《联邦最高法院民事裁判集》,第71卷,第296页、第302页。

[54] 进一步,参见边码26.6、边码26.81;第2册,边码18.20,第233页;边码20.19。

[55] 对此,参见慕尼黑法院裁判,载《民事诉讼法杂志》,第55卷,1930年,第153页;汉堡法院裁判,载《德国法月刊》,1963年,第509页;1966年,第515页;关于《破产法》第106条,参见边码8.11,以及波恩地方法院裁判,载《德国法院执行员报》,1979年,第76页(第766条而非第772条;应当否定)。

[56] 例子:联邦最高法院裁判,载《新法学周刊》,1990年,第1237页。

三、诉讼当事人——抗辩

(一)原告适格(Aktivlegitimation)

一项“转让权利被阻却”的权利拥有人是适格原告(参见上文
46.16 第二部分),只要他不是执行债务人而是“第三人”即可。

第771条意义上的“第三人”例外情况下也可以是执行债务人,条件是该执行债务人是他人财产的管理人(如支付不能管理人、遗嘱执行人),并且运用第三人异议之诉来防御对不属于责任财产范围的财产进行的执行攫取。例如,遗嘱执行人对于一项基于遗产执行名义而对遗嘱执行人自己财产实施的强制执行进行防御。这里很清楚的是,该项债务人财产恰恰不对债权人承担责任。

(二)被告适格(Passivlegitimation)

46.17 具有被告资格的是进行强制执行的债权人,而不是债务人。

最多可以针对债务人提起确认或返还之诉,比如在债务人主张,被扣押的标的物属于债务人而非第三人所有时,即可以对债务人提起确认或返还之诉,此时债权人与债务人就是简单共同被告(Streitgenossen)(第771条第2款)。

(三)执行债权人的抗辩

作为被告的债权人可以在诉讼中提出所有对抗原告“权利”的抗辩,主要有以下几个:

1. 抗辩基于《德国民法典》第117条虚伪行为或依《撤销法》可撤销的权

利移转。[57] 在效力上类似的是，主张根据旧《德国民法典》第 419 条的财产承受（Vermögensübernahme），[58]或主张不法行为或恶意。[59] 例如，出租人或用益出租人基于其享有的租金（用益租金）债权进行扣押，担保性所有权人提起干涉之诉的，出租人或用益出租人可以针对该干涉之诉主张，担保性所有权人的行为是恶意的，因为担保性所有权人必须容忍基于法定质权的强制执行（只要是在物被携入租赁土地之后进行的让与担保[60]）。在担保人的债权人扣押了担保物以及担保人享有的权利回转请求权，而担保权人不接受债权人对被担保债权的清偿之后，如果担保权人又依据第 771 条提起诉讼，那么该诉讼行为同样是恶意的。[61] 46.18

2. 优先权利的抗辩。例如，优先顺位的抵押权人基于物上执行名义对土地所有权人的租金实施扣押，而用益权人针对该优先顺位的抵押权人提出干涉之诉的情况，该抵押权人在这里无需获得针对用益权人的容忍执行 46.19

---

[57]《撤销法》第 9 条；策勒法院裁判，载《支付不能法杂志》，1963 年，第 50 页；《联邦最高法院民事裁判集》，第 55 卷，第 20 页、第 28 页；第 98 卷，第 6 页；第 100 卷，第 36 页、第 43 页；参见上文边码 26.82 以下。

[58]关于旧法《帝国法院民事裁判集》，第 134 卷，第 121 页、第 124 页；《联邦最高法院民事裁判集》，第 80 卷，第 296 页、第 302 页（对此卡斯滕 · 施密特，载《法学教育》，1982 年，第 137 页，以及阿伦斯/吕克，载《法学教育》，1984 年，第 263 页）；杜塞尔多夫法院裁判，载《经济法、银行法与证券通讯杂志》，1985 年，第 1182 页（对让与担保情况下的抗辩的拒绝）。旧《德国民法典》第 419 条对于 1999 年 1 月 1 日以前的财产继受还存在价值（《〈德国民法典〉施行法》第 223a 条）。

[59]《帝国法院民事裁判集》，第 143 卷，第 275 页、第 277 页；汉堡法院裁判，载《德国法月刊》，1959 年，第 580 页；不来梅法院裁判，载《州高等法院民事裁判集》，1990 年，第 73 页；普朗德，载《法学教育》，1981 年，第 565 页、第 566 页（联邦最高法院裁判，载《新法学周刊》1979 年，第 2514 页中的讨论）。

[60]在基于一份物品携入前签订的空间担保协议（Raumsicherungsvertrag）而成立的让与担保场合，出租人质权的优先性，参见《联邦最高法院民事裁判集》，第 117 卷，第 200 页。

[61]策勒法院裁判，载《新法学周刊》，1960 年，第 2196 页；也可参见古伦斯基，载《法学教育》，1984 年，第 497 页、第 499 页以下（在没有扣押返还请求权的情况下，也存在恶意抗辩）。对于返还请求权的扣押，参见边码 46.8；关于期待权扣押的相同问题，参见边码 32.15、边码 46.6。

名义。[62]

3. 最后还包括如下抗辩:异议之诉原告自己对应收取的请求权承担着责
46.20 任,或其负有容忍强制执行的义务。例如,在——同样也被判决的——一位连带债务人对基于针对其他连带债务人签发的执行名义而在他的财产上进行的执行进行防御的情况下,则债权人可以提出抗辩。[63] 即便进行干涉的第三人的给付义务确定但尚不可执行(nicht vollstreckbar feststeht),通说还是准许针对第三人异议之诉提出抗辩:[64]那么,如果基于一项针对公司的执行名义而对无限公司股东的财产实施执行,该股东就不再能依据第771条进行防御(边码20.32);这是很有问题的!一人公司股东的干涉之诉上文已探讨过(边码46.5)。

四、程序

第三人异议之诉通过普通民事审判程序裁决。

(一)管辖

46.21 地域上具有管辖权的法院是强制执行实施地法院(第771条第1款)。第三人异议之诉针对的是特定的执行措施,因此由执行措施实施地法院管辖。在扣押债权(也包括有抵押权担保的债权)情况下,由发布扣押裁定法院所在地区的法院管辖,这里不取决于扣押裁定在何处送达第三债务人或债务人。职能管辖方面,依据争议标的价值决定由地方法院或州法院管辖。如果不通过第771条而借助实体法上请求权进行的权利防御(Rechtsverteidigung)

---

[62]《帝国法院民事裁判集》,第81卷,第146页、第150页。

[63]联邦最高法院裁判,载《林登迈尔——默林:联邦最高法院裁判评论》,第771条,编号2;关于类似的情形,参见汉堡法院裁判,载《法学家杂志》,1960年,第749页,附有布罗克斯的评论;亨克尔,载《民事诉讼法杂志》,第84卷,1971年,第455页;批评性的观点,参见比希勒(Büchler),同上,第99页及以下。

[64]参见斯坦/约纳斯:《德国民事诉讼法》评注,明茨贝格,第771条,边码59以下;布罗克斯/瓦尔克,边码1438;卡斯滕·施密特:《慕尼黑〈民事诉讼法〉评注》,第771条,边码49。进一步的例子:杜塞尔多夫州法院裁判,载《德国法院执行员报》2000年,第87~88页,附有编辑部评论。

(第621条第1款第8项)属于家庭事件,则(第771条的第三人异议之诉)由家庭法院管辖。[65] 例如:配偶一方基于《德国民法典》第1369条进行干涉(边码46.14)。[66]

(二)诉请与主文

第三人异议之诉的诉讼请求指向的是宣告在被扣押标的物上的强制执行不合法(不被准许)。相应地,需要作出一项胜诉判决主文。[67] 46.22

执行对抗之诉(第767条)的目的在于宣告基于执行名义进行的强制执行完全不合法;相反,第三人异议之诉的目的在于宣告个别执行措施不合法。被诉的债权人并无给付义务,如交还(物品)或同意支付被提存的款项。但如果诉讼目的清晰可辨,那么在地方法院程序中并不少见的判词——即判决被告交还,并无害处。[68] 第三人异议之诉准许性的开始与终止,都以在诉讼请求中体现出来的诉讼目的为导向(边码46.1、边码46.26)。

---

[65]参见联邦最高法院裁判,载《泛亲属法杂志》,1985年,第903~904页;美因河畔法兰克福法院裁判,载《泛亲属法杂志》,1985年,第403页;巴伐利亚州最高法院裁判,载《泛亲属法杂志》,1981年,第376页;慕尼黑法院裁判,载《泛亲属法杂志》,1978年,第603页;瑙姆堡法院裁判,1999年,第369页;科隆法院裁判,载《支付不能和执行》,2000年,第145页,慕尼黑法院裁判,载《泛亲属法杂志》,2000年,第365页;不同观点,参见汉堡法院裁判,载《泛亲属法杂志》,1984年,第804页;斯图加特法院裁判,载《泛亲属法杂志》,1982年,第401页;伯切尔,载《德国司法辅助员》,1981年,第44页、第49页;还可参见柏林州劳动法院裁判,载《德国法月刊》,1989年,第572页(普通法院对基于所有权对劳动法院执行名义提起的第三人异议之诉的管辖权)。

[66]关于基于《德国民法典》第1365条、第1369条实体法诉讼的定性,参见联邦最高法院裁判,载《泛亲属法杂志》,1981年,第1045页,附有施帕尔(Spall)以及博世的评论;科隆法院裁判,载《泛亲属法杂志》,1990年,第644页。

[67]古伦斯基,边码244。

[68]《帝国法院民事裁判集》,第67卷,第310页、第313页;第70卷,第25页、第27页。

(三)关于执行的暂时命令

46.23 提起第三人异议之诉并不当然排除或阻却执行的发生。

但依申请可以发出暂时命令(第771条第3款连同第769条、第770条;参见边码45.25以下)。但该命令只能导致异议权所针对的标的物上的强制执行的停止,但不能剥夺债权人对其他财产的攫取可能性。[69]

如果强制执行的暂时停止后来被证明是不合法的,第三人无须——比如类推适用第717条第2款——为债权人因中止执行而遭受的损害承担无过错的危险责任,[70]同样,只要第三人仅有轻过失,则也应当排除《德国民法典》第823条第1款规定的责任。[71]

(四)暂时的可执行性,费用裁决

46.24 即使是一项支持第三人异议之诉的判决也不能使被宣告不合法的措施无条件地失去效力。

基于应提交的判决之可执行文书(vollstreckbare Ausfertigung des Urteils)由管辖的相应执行机关来停止强制执行以及废止已经实施的执行措施(第775条第1项,第776条;边码9.5以下、边码9.16以下)。因此,在存在相应前提条件的情况下,判决必须被宣告为暂时可执行。相反,基于该判决不会

---

[69]柏林高等法院裁判,载《各最高法院裁判集》,1928年,编号473;也可参见柏林高等法院裁判,载《德国司法辅助员》,1987年,第510页以下(第三人的特别值得保护性应当在裁决是否需要提供担保才能中止程序时加以考虑)。

[70]《联邦最高法院民事裁判集》,第95卷,第10页、第13页;慕尼黑法院裁判,载《德国法月刊》,1989年,第552页。不同观点,参见海瑟迈耶,载《新法学周刊》,1986年,第1028页;卡斯滕·施密特:《慕尼黑〈民事诉讼法〉评注》,第771条,边码69;也可参见边码15.48。

[71]《联邦最高法院民事裁判集》,第95卷,第10页、第17页;关于违反特别法律关系时第三人的责任,参见卡斯滕·施密特:《慕尼黑〈民事诉讼法〉评注》,第771条,边码70(对于相反情况参见边码46.25);也可参见边码5.20页(不当地继续执行的责任)。

产生恢复到强制执行前状态的义务，尤其不会产生将扣押物返还给债务人的义务。

如果在提起诉讼后，被诉的债权人“交还”被扣押的标的物（本案终结（Erledigung der Hauptsache））或者即时认诺（sofort anerkennen），则会产生费用裁决方面的困难。被诉债权人何时构成“引起诉讼”（第93条）？这里可以提出下列原则——具体细节有争议：如果原告只是单纯主张其在强制执行标的物上拥有一项阻却转让的权利，被告无需因此交还标的物；原告必须在起诉前已经通过说明其权利并予以疏明（glaubhaftmachen）而敦促被告交还标的物，对此仅仅由原告家庭成员进行代宣誓保证是不够的。[72] 如果该权利说明对于被告还不足够，那么被告必须说明他还需要哪些方面的权利说明。据此，在第93条意义上引起诉讼的一方是：“那个不理会他方的交还请求或他方对进一步说明的请求，从而使他方为在庭外解决争议（außergerichtliche Klärung des Streites）而作的努力落空的人。”[73]

在判断认诺是否即时的问题上，需要注意：必须给予被告一定的调查时间。一项认诺可能在起初否认之后作出也还属即时认诺；相反，在采证（Beweisaufnahme）之后，认诺则只有在非常例外的情况下才被认为是即时作出的。[74]

（五）迟延“交还”的损害赔偿

如果第三人对标的物享有所有权的证据尽管已经充足，但债权人并没有 46.25

---

[72]原告律师的电话并不足够，参见美因河畔法兰克福法院裁判，载《新法学周刊裁判报告》，1990年，第1535页。

[73]参见斯坦/约纳斯：《德国民事诉讼法》评注，明茨贝格，第771条，边码58及以下；鲍尔/古伦斯基，《民事诉讼法》，边码138；施蒂尔纳，《民事诉讼当事人的说明义务》，1976年，第270页及以下。

[74]参见斯坦/约纳斯：《德国民事诉讼法》评注，博尔克，第93条，边码10以下；慷慨的观点，施蒂尔纳，《民事诉讼当事人的说明义务》，1976年，第284～285页；例如，慕尼黑法院裁判，载《经济法、银行法与证券通讯杂志》，1979年，第292页及以下；杜塞尔多夫法院裁判，载《新法学周刊裁判报告》，1998年，第790页以下。

交还扣押标的物,那么债权人对第三人——也包括为其律师的过错(《德国民法典》第278条)——承担迟延损害赔偿。[75] 履行辅助人责任只有以下述方式才能在教义学上无懈可击地被证立,即(执行)债权人没有满足一项实体请求权(《德国民法典》第985条、第1004条),虽然该请求权在执行期间只有通过第771条予以实现,但对其侵犯能引发对特别法律关系而言典型的责任后果(《德国民法典》第990条第2款,第280条第1款、第2款,第286条、第278条;也可参见边码46.26)。

五、与其他法律救济的关系

(一)损害赔偿之诉与不当得利之诉

46.26 通过执行对抗之诉,债务人自己"攻击"执行名义的可执行性,而通过第三人异议之诉,第三人防御的是单个的、对属于第三人(而非债务人)的财产实施的执行措施。由此可以得出结论:第三人异议之诉场合——与执行对抗之诉相反——只有在对某一特定财产标的物实施的执行已经开始,或者针对某一具体标的物的执行措施已迫近的情况下,才会具备法律保护必要性。[76] 如果对特定标的物的强制执行已经实施完毕,则无需基于执行名义进行的(整个)强制执行已经"终结",即已不能再提起第三人异议之诉了(如法院执行员已经将拍卖所得交给债权人,边码9.13)。[77] 然后第三人还可能享有针对债权人的《德国民法典》第812条的请

---

[75]参见《联邦最高法院民事裁判集》,第58卷,第207页;载《法学家杂志》,1973年,第29页,附有亨克尔评论;关于无合法根据的执行暂时中止的情况下第三人责任的问题,参见边码46.23;也可参见边码5.20、边码5.24。

[76]比较边码9.2与边码46.1。在返还原物执行名义场合(第883条、第885条),这一具体的威胁总是与文句授予同时存在,因为这里攫取标的已经确定:柏林高等法院裁判,载《法学周报》,1930年,第169页。

[77]关于执行措施终止的有启发性的实例,参见《联邦最高法院民事裁判集》,第72卷,第334页:在债权执行结束的情况下通过第三债务人进行提存(对此,《法学教育》,1979年,第447页)。

求权[78]或损害赔偿请求权。[79] 比如尽管债权人知道该财产不属于债务人,但还是使第三人的财产被拍卖。依据第 264 条第 3 项,可以从第三人异议之诉过渡到不当得利或损害赔偿之诉。当然,如果第三人异议之诉曾被有既判力地驳回,那么该在先判决(Vorurteil)的既判力将排斥原干涉者(现在又)基于所有权(《德国民法典》第 823 条第 1 款、第 812 条)提起诉讼[先决效力(Präjudizialität)]。[80] 如果第三人的损害是因执行机关违法且有过错的行为产生的(如违反第 775 条第 2 项没有停止执行),则会涉及国家责任的问题。[81]

---

[78]《帝国法院民事裁判集》,第 156 卷,第 395 页、第 399 页;联邦最高法院裁判,载《新法学周刊》,1979 年,第 42 页;《联邦最高法院民事裁判集》,第 100 卷,第 95 页、第 99 页(债权人在与针对第三人异议之诉相同的范围内针对不当得利之诉提出的恶意抗辩);《联邦最高法院民事裁判集》,第 66 卷,第 150 页、第 156 页以及《联邦最高法院民事裁判集》,第 34 卷,第 240 页、第 244 页:计算得利时执行费用的扣除。对此批评性的观点,参见格拉赫,同上,第 60 页及以下。对于债权人不当得利责任的一般性论述,参见 G. 吕克,载《民法实务档案》,第 153 卷,1953 年,第 533 页。对否定观点的概括,参见金特(Günther),载《民法实务档案》,第 178 卷,1978 年,第 456 页及以下;还可参见边码 27.8、边码 29.18、边码 33.8、边码 36.27、边码 36.43、边码 42.4、边码 45.30。

[79]判例支持基于《德国民法典》第 823 条以下的请求权:《帝国法院民事裁判集》,第 156 卷,第 395 页、第 400 页;《联邦最高法院民事裁判集》,第 55 卷,第 20 页;第 58 卷,第 207 页;第 67 卷,第 378 页。更合适的是类推适用《德国民法典》第 990 条第 1 款(参见上文边码 46.25),因为这样一来律师过错的问题应当更容易解决,《德国民法典》第 166 条第 1 款、第 278 条;合适的观点,参见斯坦/约纳斯:《德国民事诉讼法》评注,明茨贝格,第 771 条,边码 88 以下;席尔肯:《慕尼黑〈民事诉讼法〉评注》,第 804 条,边码 37。还可参见边码 5.20、边码 5.24、边码 29.18、边码 45.30、边码 46.23、边码 46.25。

[80]参见《帝国法院民事裁判集》,第 70 卷,第 25 页、第 27 页;联邦最高法院裁判,载《林登迈尔——默林:联邦最高法院裁判评论》,《民事诉讼法》第 322 条,编号 27(不当得利之诉);措伊纳,载《民事诉讼法杂志》,第 74 卷,1961 年,第 190 页。

[81]参见《联邦最高法院民事裁判集》,第 32 卷,第 240 页;但没有基于征收或与征收等同的干涉产生的责任。

(二)抗议

46.27 抗议(Erinnerung)是对强制执行中违反程序规定所作的责问。因此,抗议与第三人异议之诉并不互相排斥;[82]比如,在第三人处扣押某物,该第三人责问道,他并不愿意返还原物(第809条;这里依据第766条提出抗议),同时主张,该物是他的,而不是债务人的(这里是依据第771条提出第三人异议之诉)。在这类情况下,如果第三人任由物被扣押而没有提出抗议,这并不同时意味着对第771条的放弃。[83] 扣押质权人可以抢先制止第三人异议之诉,即通过提起消极确认之诉(negative Feststellungsklage)诉请确认异议不成立。[84]

在强制腾房情况下,有争议的是,家庭成员主张自己是共同承租人时(参见边码39.10),这一异议是只能在第771条的程序中,还是也可以依照第766条予以主张。[85] 在没有明确是否确实存在共同租住权的情况下,只允许依据第771条提起诉讼。因为法院执行员自己不能审查这些实体法问题(形式化原则,边码6.53、边码42.1)。

(三)不作为之诉与确认之诉

46.28 第三人异议之诉是第三人所享有的唯一排除执行攫取的法律救济;所以第三人不能提起不作为之诉(妨害防止之诉)(如依据

---

[82]但可参见班贝格法院裁判,载《法学评论》,1955年,第25页;布罗克斯/瓦尔克,边码1406;卡斯滕·施密特:《慕尼黑〈民事诉讼法〉评注》,第771条,边码9:如果第三人同时可以提起抗议,并且可以无风险的成功,则缺少第三人异议之诉的法律保护必要性。

[83]联邦最高法院裁判,载《法学家杂志》,1978年,第199~200页(对此参见上文边码28.11)。边码46.11将占有作为干涉之诉的基础。

[84]《帝国法院民事裁判集》,第73卷,第276页、第278页。

[85]参见奥尔登堡州法院裁判,载《德国法院执行员报》,1991年,第139页处有进一步证明;拉布尔(Rabl),载《德国法院执行员报》,1987年,第38~39页。

《德国民法典》第 1004 条），[86]或者确认之诉［但可以依照第 256 条第 2 款提出中间确认之诉（Inzidentfeststellungsklage）］。[87] 但可能的是，第三人将第三人异议之诉作为反诉提出。[88]

（四）取回权（Aussonderung）

第三人异议之诉与取回权（《支付不能法》第 47 条；对此参见第 2 卷第 14 节）的目的类似性是显而易见的：第三人利用第三人异议之诉防御对其所有的财产实施的个别强制执行，而第三人通过取回权可以防止将其所有权归入支付不能财产之中［"实际破产财产"（Istmasse）］。 46.29

第二部分　优先受偿之诉

一、规范目标与适用范围

（直接或间接）占有物的质权人可以依据第 771 条对动产执行提出异议（参见边码 46.10）。如果该物由质权人持有，则他也可以拒绝返还并且在违反第 809 条的情况下提出抗议（Erinnerung）（第 766 条）。在扣押权利的场合，担保权人也有权提起第三人异议之诉（参见边码 46.10）。在动产上进行金钱执行的情况下，只有在质权人或优先权人不占有物的情况下，第 805 条才否认其异议权，并指引其提起优先受偿（vorzugsweise Befriedigung）之诉。据此，只有在基于质权人的起诉进行拍卖所得分配的时候，才会考虑到优先顺位的质权。[89] 这符合《德国民法典》第 1232 条第 2 句所作出的评价。据此，只要不占有物的质权人没有自己进行出 46.30

[86]《联邦最高法院民事裁判集》，第 58 卷，第 207 页、第 212 ~ 213 页。

[87]斯坦/约纳斯：《德国民事诉讼法》评注，明茨贝格，第 771 条，边码 7。

[88]帝国法院裁判，载《各最高法院裁判集》，1929 年，编号 2043。

[89]进一步，参见布罗迈耶，第 68 节 I；泽格尔/哈伯扎克，第 1232 条，边码 1 及以下。

卖,他就不能对占有其物的、后顺位的质权人出卖质物的行为提出异议。与其功能与体系上的地位相适应,第805条只适用于因金钱债权而进行的强制执行场合。如果执行涉及依第883条的返还原物请求权,则可以利用第三人异议之诉来要求完全交还该物。[90]

二、法律性质

46.31 优先受偿之诉接近于第三人异议之诉。在第805条场合,第三人同样是面对国家的执行攫取而保卫其实体权利。该诉讼的目的与第771条一样,都具有程序性质(参见边码46.2)。[91] 但与第三人异议之诉相反,依照第805条的优先受偿之诉并不以排除执行攫取为目标,而仅仅是为了使对拍卖所得价款享有的优先顺位权利得到注意。这样看来,该诉是第三人异议之诉的“缩小版”。[92]相应地,依据通说,[93]享有异议权的质权人(参见边码46.10、边码46.30)也可以替代第三人异议之诉,提起第805条的优先受偿之诉。

三、法律保护必要性

46.32 只有当对负担有第三人质权的物进行的强制执行开始后,且仅在对被扣押标的物的强制执行终止之前,才存在优先受偿之诉所要求的法律保护必要性。

---

[90]席尔肯:《慕尼黑〈民事诉讼法〉评注》,第805条,边码2;布罗克斯/瓦尔克,载《法学工作报》,1987年,第57页、第59页,各有进一步证明。

[91]参见斯坦/约纳斯:《德国民事诉讼法》评注,明茨贝格,第805条,边码15。

[92]参见布罗迈耶,第68节Ⅱ2 b;斯坦/约纳斯:《德国民事诉讼法》评注,明茨贝格,第805条,边码16;席尔肯:《慕尼黑〈民事诉讼法〉评注》,第805条,边码11。

[93]参见斯坦/约纳斯:《德国民事诉讼法》评注,明茨贝格,第805条,边码16;布罗克斯/瓦尔克,载《法学工作报》1987年,第57～58条;席尔肯:《慕尼黑〈民事诉讼法〉评注》,第805条,边码1、边码3、边码11。

如果强制执行已终结,那么(参见上文边码46.26)质权人或优先权人对债权人还享有《德国民法典》第812条的不当得利返还请求权,[94]或者——如果要件满足——损害赔偿请求权。

四、诉讼请求

诉讼请求是:在特定被扣押物变价所得纯收入中,原告应当以其(估算)债权额为限优先于被诉债权人获得清偿。[95] 46.33

五、当事人

具有原告诉讼资格的是主张质权或优先权的人。具有被告资格的是已实施扣押的债权人。无须将债务人一起作为被告。如果债务人否认该质权,那么可以将对债权人提出的优先受偿之诉与针对债务人提出的容忍从所得价款中获得清偿或容忍强制执行[96]之诉合并(第805条第3款)。在这种情况下,债权人与债务人构成简单共同被告(参见上文边码46.17)。 46.34

六、法定质权

优先受偿请求权主要源自无须占有便产生的法定质权[所谓的携入物质权(Einbringungspfandrecht)],尤其是出租人(《德国民法典》第562条以下)、[97]用益出租人、店主的质权。法院执行员将物转移出土地,并不影响出租人从拍卖所得中优先受偿的请求权。 46.35

---

[94]《帝国法院民事裁判集》,第119卷,第265页、第269页。

[95]斯坦/约纳斯:《德国民事诉讼法》评注,明茨贝格,第805条,边码24;席尔肯:《慕尼黑〈民事诉讼法〉评注》,第805条,边码22。

[96]参见斯坦/约纳斯:《德国民事诉讼法》评注,明茨贝格,第805条,边码18、边码25;席尔肯:《慕尼黑〈民事诉讼法〉评注》,第805条,边码24;布罗克斯/瓦尔克,边码1457。

[97]例子:《联邦最高法院民事裁判集》,第27卷,第227页。

因此,对于优先受偿请求权的主张,也不适用《德国民法典》第 562b 条第 2 款第 2 句中规定的一个月的除斥期间;这一期间只关系到《德国民法典》第 562b 条第 2 款第 1 句中的返还请求权(Rückschaffungsanspruch)。但如果留下的物显然足以使出租人受保障(《德国民法典》第 562a 条第 2 句),[98]那么出租人就不可以在被扣押的物上行使优先权。除了法定的携入物质权以外,第 805 条也适用于法定的占有质权、意定质权以及扣押质权,如果债权人或者法院执行员失去了对质物的占有。另外,该条还可以适用于一项依法国法有效成立的登记质权(Registerpfandrecht)。[99]

第 805 条意义上的优先权尤其包括《支付不能法》第 50 条、第 51 条中规定的权利,这些权利让权利人能在债务人支付不能程序中获得别除性清偿。[100]

质权人与优先权人在其债权还没有到期时,也享有优先受偿权(第 805 条第 1 款)。

七、程序;暂时命令

46.36 关于管辖与程序方面,主要遵循与第三人异议之诉相同的原则(参见第 805 条第 2～4 款)。但与第三人异议之诉(第 771 条)不同的是,这里不考虑对强制执行的暂时停止。因为主审程序的目标不在于阻止强制执行,而仅在于在拍卖所得价款分配中获得优先顺位的清偿(参见边码 46.31)。因此,第 805 条第 4 款规定了将变价后的价款提存的暂时命令,前提是(优先受偿)请求被疏明(glaubhaft gemacht)。程序方面则相应地适用第 769 条、第 770 条(第 805 条第 4 款第 2 句;参见边码 45.25 以下)。关于依据第 805 条胜诉的判决主文,参见边码 46.33。

---

[98]《帝国法院民事裁判集》,第 71 卷,第 418 页、第 420 页;《联邦最高法院民事裁判集》,第 27 卷,第 227 页。

[99]《联邦最高法院民事裁判集》,第 39 卷,第 173 页。

[100]具有意义的首先是《支付不能法》第 51 条第 4 款提到的公共组织的优先权;其他参见席尔肯:《慕尼黑〈民事诉讼法〉评注》,第 805 条,边码 12 处有进一步证明;布罗克斯/瓦尔克,边码 1461。

第四十七章　基于保护债务人一般条款的抗议

文献指引:尤纳斯－波勒:《强制执行法》,1954年第16版;德里施勒,载《司法辅助员》,1956年,第91页(动产强制执行场合的第765a条);鲍尔:《通过裁判进行社会平衡》,载《法学家杂志》,1957年,第193页;施特贝尔,载《司法辅助员》,1960年,第237页(分割拍卖时适用第765a条?);赛贝尔(Seibel),载《德国法月刊》,1964年,第979页(强制执行的“预备性停止”);亨克尔:《程序法与实体法》,1971年,第378页及以下;高尔,载《司法辅助员》,1971年,第81页、第92页;载《司法辅助员》,1976年,第86页(分割拍卖中第765a条的可适用性);福克斯－维瑟曼(Fuchs－Wisemann),载《德国法官报》,1978年,第110页(第765a条的产生历史);阿利施(Alisch),载《司法辅助员》,1979年,第290页(社会保护规定);阿利施(Alisch),载《德国执行员杂志》,1981年,第105页(强制执行中债务人保护的扩展);阿利施:《执行法规则公平解释的路径》,1981年;阿利施:《执行拍卖程序中依据〈民事诉讼法〉第765a条实施的执行保护》,载《德国司法辅助员》,1986年,第62页;E.施耐德,载《德国法月刊》,1980年,第617页(执行拍卖程序中的第765a条);福尔克曼,载《司法辅助员》,1982年,第1页(执行攫取的合宪性);利普罗斯:《执行保护的基础与体系》,1983年,尤其是第106页及以下、第172页及以下、第180页及下页;舒尔茨:《强制迁出与执行保护》,载《租赁法与空间法杂志》,1986年,第227页;芬格(Fenger):《迁出和解时的执行保护》,载《德国司法辅助员》,1988 年,第 55 页;贝尔:《执行保护的一般条款》,载《德国司法辅助员》,1989 年,第 13 页;多恩:《强制迁出抑或迁出保护?》,载《司法辅助员》,1989 年,第 262 页;维瑟:《强制执行中的合比例原则》,1989 年;明茨贝格:《为债务人对动物的情感而给予的扣押保护》,载《法律政策杂志》,1990 年,第 215 页;明茨贝格:《1949 年以来强制执行法的发展》,第 99 页,载《联邦德国 40 年,法律发展 40 年》;高尔:《强制执行中的诚实信用以及善良风俗还是“合比例”考量作为〈民事诉讼法〉第 765a 条严酷条款的标准?》,载《鲍姆加特尔祝寿文集》,1990 年,第 75 页;宾多卡特(Bindokat):《针对因疾病和衰老而悖俗的强制迁出的执行保护》,载《新法学周刊》,1992 年,第 2872 页;施耐德:《疾病与自杀危险》,载《法院执行员杂志》,1995 年,第 33 页;瓦尔克/格鲁斯:《有自杀危险和因年长而脆弱时的迁出保护》,载《新法学周刊》,1996 年,第 352 页;施耐德:《通过执行保护实施的无补偿征收》,载《德国司法辅助员》,1997 年,第 350 页;凯普:《强制执行法中基于福利社会的(sozialen)债务人保护的范围与界限》,2000 年;施图尔姆:《依据〈民事诉讼法〉第 765a 条实施迁出执行与迁出保护》,2001 年;特韦斯(Tewes):《关于抚养费法与执行保护法关系的思考》,2001 年;温特:《法院外债务清理中的强制执行之停止》,载《德国司法辅助员》,2002 年,第 119 页。

一、特殊的保护债务人规定与强制执行的原则

47.1 法律基于社会与经济方面的考量,通过大量的特别规定保护债务人免于债权人过分的执行措施。这里适用有限执行攫取原则(边码 6.66)。该原则的实质有基本权利上的依据,因此在宪法层面站得住(边码 7.15)。应当回忆下有限执行攫取原则最重要的表现形式:“不可扣押物”规则(第 811 条;边码 23.1),或者不可扣押或仅部分可扣押的债权(第 850 条以下;边码 24.1),以及迁出住宅情况下的保护(第 721 条,第 794a 条;边码 39.12)。关于执行法上有效率变价的规定(边码 6.27,7.17)会直接或间接地对债务人产生有利后果,如对最低报价(Mindestgebot)的规定(第 817a 条以及第 813 条,《强制执行与强制管理法》第 73 条、第 74a、b 条、

第85a条、第114a条；针对浪费的保护），或对于暂时推迟变价的规定（第813a条，《强制执行与强制管理法》第30a条以下）。最后，提出上诉后法院的暂时命令（例如第707条、第769条）也给了债务人喘息的机会。

二、一般条款及其适用范围

（一）基本内容

尽管有很多个别的债务人保护规定，但立法者仍认为有必要设立一项保护债务人利益的“一般条款”。该条款首先规定在1935年12月13日的《滥用执行法》（Vollstreckungsmissbrauchsgesetz）以及依据《民事诉讼法》第915h条的《债务人保护法》第6条中，之后——以一种弱化的形式——被《德国民事诉讼法典》第765a条接受。[①] 据此，“如果在充分考虑债权人受保护之必要性的前提下，因相当特殊的情况，执行措施意味着有悖于善良风俗的严酷”，那么就要对债务人[②]提供执行保护。[③] 当执行导致某种完全 47.2

---

①对于执行保护历史的全面介绍，参见利普罗斯：《执行保护的基础与体系》，1983年，第7～82页；关于裁决历史的，还有贝尔：《“第三帝国”的民事立法》，载《新法学周刊》，1988年，第2836～2837页；也可参见边码3.25。

②第三人的利益原则上不受保护；罗斯托克州法院裁判，载《法律办公室》，2003年，第328页；帕迪，载《德国法院执行员报》，1987年，第162页；罗森贝格/高尔/席尔肯，第43节III 2；不同的是，妨害近亲属的情形，主要在腾房执行场合（参见科隆法院裁判，载《新法学周刊》，1994年，第1743页；具体情况下否定的观点，参见克莱沃（Kleve）州法院裁判，载《支付不能和执行》，1996年，第244页；边码47.3）。

③保护只是针对具体措施，而非针对一般意义上的执行程序的实施；科隆法院裁判，载《德国法月刊》，1994年，第728页；载《新法学周刊裁判报告》，1995年，第1472页；奥尔登堡法院裁判，载《德国法月刊》，2002年，第664页。

无法承受的结果时,就存在违背善良风俗的情况。[④] 与《德国民法典》第 242 条权利行使之限制相同,这里到底是谁实施或引起了致使违背善良风俗的执行之严酷的事实,这原则上是无关紧要的。[⑤] 某些情况下,如果债务人错过了比如第 721 条或《强制执行与强制管理法》第 30a 条以下规定的申请,则也可以适用第 765a 条;但其疏忽与其他过失都应当纳入评价之中。当然,对于违背善良风俗的严酷的陈述与疏明(Glaubhaftmachung),应设置严格的要求。[⑥] 因为相反,债权人通常对于执行享有执行名义所记录的合法的利益;他应当不必承担社会救助任务。[⑦] 但如果债权人滥用其纯粹形式上的法律地位,则对债权人的保护必要性就不存

---

④《联邦德国民事判例集》,第 44 卷,第 138 页、第 144 页;例如违反虔诚,参见施瓦尔巴赫(Schwalbach)地方法院裁判,载《德国法院执行员报》,1984 年,第 61 页;威斯巴登州法院裁判,载《德国法院执行员报》,1984 年,第 119 页;但在因建造费用而对墓碑扣押的情况下不存在违反虔诚的情况,参见科隆法院裁判,载《德国法院执行员报》,1992 年,第 116 页、第 119 页;但参见边码 23.7。

⑤布罗克斯/瓦尔克,边码 1482;斯坦/约纳斯:《德国民事诉讼法》评注,明茨贝格,第 765a 条,边码 6。

⑥参见科隆法院裁判,载《住宅经济与租赁法》,1989 年,第 585 页;载《州高等法院民事裁判集》,1988 年,第 253 页。

⑦斯坦/约纳斯:《德国民事诉讼法》评注,明茨贝格,第 765a 条,边码 7;鲍姆巴赫/哈特曼,第 765a 条,边码 10;布罗克斯/瓦尔克,边码 1483;杜塞尔多夫法院裁判,载《新法学周刊裁判报告》,1986 年,第 1512 页;茨韦布吕肯法院裁判,载《新法学周刊裁判报告》,2002 年,第 1664 页;进一步,参见杜伊斯堡州法院裁判,载《法律办公室》,1991 年,第 868 页(不能由法官将免扣押额提高至社会救助标准);部分不同观点,参见黑斯勒:《慕尼黑〈民事诉讼法〉评注》,第 765a 条,边码 36。在扣押保险给付时,情况不同,参见布伦瑞克州法院裁判,载《新法学周刊裁判报告》,1998 年,第 1690 页(人寿险);奥德河畔的法兰克福(Frankfurt/Oder)州法院裁判,载《德国司法辅助员》,2002 年,第 322 页(意外险)。

在了。[8]但他仍有权进行强制执行,即便他处于希望很小的顺位[9]或者仅享有微小债权(Bagatellforderung)。[10]

(二)适用范围及判例法

47.3 第765a条适用于任何形式的强制执行,目前经常适用该条,但并不总是在必要的限度内:因金钱债权对动产实施执行的情况;[11]因

⑧科布伦茨法院裁判,载《州高等法院民事裁判集》,1985年,第453页、第455页以下;也可参见明斯特州法院裁判,载《德国法院执行员报》,1989年,第156页(腾房执行名义没有失效)。

⑨汉诺威州法院裁判,载《德国法月刊》,1984年,第764页;哥廷根州法院裁判,载《德国法院执行员报》,1986年,第174页;科布伦茨法院裁判,载《德国司法辅助员》,1986年,第25页;不同观点,参见科布伦茨州法院裁判,载《德国法院执行员报》,1987年,第44页;也可参见边码6.56页(执行权利滥用以及形式化原则)、边码6.67页(执行权利滥用以及有限执行攫取)。

⑩卡尔斯鲁厄地方法院裁判,载《德国法院执行员报》,1986年,第92页;亚琛州法院裁判,载《德国法院执行员报》,1987年,第139页(0,11马克);有疑问的,汉诺威地方法院裁判,载《德国法院执行员报》,1986年,第93页(因10马克进行住宅搜索是不合比例的);卡门地方法院裁判,载《德国法院执行员报》,1983年,第190页(在执行微小部分款项时的权利滥用);不同观点,参见慕尼黑州法院裁判,载《德国法院执行员报》,1984年,第28页;具体的边码2.6、边码6.56处有进一步证明。

⑪例子:柏林州法院裁判,载《德国法院执行员报》,1979年,第43页(对小企业经营者的现金扣押作为第811条第8项的"替代品");海尔布隆州法院裁判,载《德国法院执行员报》,1980年,第111页(在新法第765a条第1款第3句生效之前对狗的扣押);美因河畔法兰克福法院裁判,载《州高等法院民事裁判集》,1980年,第482页(无用的用益扣押,还可参见边码25.10);载《州高等法院报告》,2000年,第39页以及纽伦堡法院裁判,载《德国司法辅助员》,2001年,第361页(在账户扣押情况下迫近的储蓄合同之终止);不同观点,参见联邦最高法院裁判,载《新法学周刊》,2005年,第681~682页,以及茨韦布吕肯法院裁判,载《新法学周刊裁判报告》,2002年,第1664页(迫近的社会救助需求并不足够)。

金钱债权对不动产实施执行的情况,[12]主要——通常是错误的——从滥用权利地浪费财产[13]或滥用权利地执行微小债权[14]的

⑫参见科隆法院裁判,载《新法学周刊》,1979年,第1723页;杜塞尔多夫法院裁判,载《德国司法辅助员》,1989年,第36页;勃兰登堡法院裁判,载《德国司法辅助员》,2000年,第406页;耶拿法院裁判,载《新法学周刊裁判报告》,2000年,第1251页;哈姆法院裁判,载《新法学周刊裁判报告》,2001年,第1303页;2002年,第790页;奥尔登堡法院裁判,载《德国法月刊》,2002年,第664页。

⑬参见《联邦宪法法院判例集》,第46卷,第225页、第332页、第335页;第49卷,第220页、第225页及以下;第51卷,第150页、第156页以下;哈姆法院裁判,载《德国司法辅助员》,1992年,第211页;策勒法院裁判,载《德国司法辅助员》,1979年,第116页;美因河畔法兰克福法院裁判,载《德国司法辅助员》,1979年,第391页;克雷菲尔德州法院裁判,载《德国司法辅助员》,1988年,第375页(达到交易价值的39%为浪费);科布伦茨州法院裁判,载《新法学周刊裁判报告》,1988年,第690页;美因河畔法兰克福州法院裁判,载《德国司法辅助员》,1988年,第35页;还可参见边码6.56、边码6.67、边码7.17;进一步边码34.41、边码35.21。

⑭参见《联邦宪法法院判例集》,第49卷,第220页、第228页及以下(伯梅尔的特别意见);弗兰肯塔尔州法院裁判,载《德国司法辅助员》,1979年,第433页;美因茨地方法院裁判,载《德国司法辅助员》,1981年,第26~27页;奥尔登堡州法院裁判,载《支付不能法杂志》,1982年,第146页;奥尔登堡州法院裁判,载《经济法杂志》,1982年,第627页;伍珀塔尔州法院裁判,载《德国法院执行员报》,1986年,第90页;还可参见边码2.6、边码6.56、边码7.21、边码7.45;进一步参见边码34.41、35.21。

角度;分割拍卖情况;[15]迁出执行情况,[16]主要在受到疾病威胁时、[17]

⑮参见柏林高等法院裁判,载《新法学周刊裁判报告》,1999 年,第 434 页;卡尔斯鲁厄法院裁判,载《德国司法辅助员》,1994 年,第 223 页;科隆法院裁判,载《新法学周刊裁判报告》,1992 年,第 126 页;斯图加特州法院裁判,载《德国司法辅助员》,1992 年,第 491 ~492 页;不来梅法院裁判,载《德国司法辅助员》,1979 年,第 72 页;进一步,参见《联邦宪法法院判例集》,第 51 卷,第 150 页、第 157 页;施特贝尔,《导言》,评论 52.6;未有定论,参见联邦最高法院裁判,载《新法学周刊》,2004 年,第 3635 页、第 3636 页右栏;科隆法院裁判,载《新法学周刊裁判报告》,1990 年,第 511 ~512 页;应当否定,因为没有强制执行措施,参见哈姆法院裁判,载《州高等法院民事裁判集》,1972 年,第 312 页、第 318 页;卡尔斯鲁厄法院裁判,载《州高等法院民事裁判集》,1983 年,第 333 页;弗兰肯塔尔州法院裁判,载《德国司法辅助员》1985 年,第 315 页;柏林州法院裁判,载《德国司法辅助员》1993 年,第 297 页;科布伦茨法院裁判,载《法律办公室》,1986 年,第 1587 页;罗森贝格/高尔/席尔肯,第 43 节 Ⅳ 1;E. 施耐德,载《德国法月刊》,1980 年,第 617 页;黑斯勒:《慕尼黑〈民事诉讼法〉评注》,第 765a 条,边码 18,决定性的规则,参见《强制拍卖与强制管理法》第 180 条,第 2 ~4 款;布罗克斯/瓦尔克,边码 1473;还可参见《联邦宪法法院判例集》,第 42 卷,第 64 页、第 67 ~68 页以及边码 34.7 及以下、边码 34.41。

⑯参见《联邦宪法法院判例集》,第 52 卷,第 214 页、第 219 页尽管存在第 721 条及其特别的迁出保护(还可参见边码 7.3、边码 7.44、边码 39.12、边码 47.2、边码 47.4);耶拿法院裁判,载《新法学周刊裁判报告》,2000 年,第 1251 页;基尔州法院裁判,载《新法学周刊》,1992 年,第 1174 页(在强制拍卖程序中的拍定裁定);门兴格拉德巴赫(Mönchengladbach)州法院裁判,载《德国法院执行员报》,2000 年,第 118 页(此案中否定的)。

⑰联邦宪法法院裁判,载《新法学周刊》,1998 年,第 295 页;2004 年,第 49 页(威胁生命的疾病);科隆法院裁判,载《新法学周刊裁判报告》,1990 年,第 590 页;杜塞尔多夫法院裁判,载《新法学周刊裁判报告》,1996 年,第 637 页;萨尔布吕肯法院裁判,载《德国司法辅助员》,2003 年,第 37 页。

有自杀危险时[18]与存在短期内两次更换住宅的威胁时[19]以及存在

⑱参见联邦宪法法院裁判,载《新法学周刊》1994年,第1719~1720页、第1272页以下;1991年,第3207页;载《新法学周刊》,1998年,第295页;载《新法学周刊裁判报告》,2001年,第1523页;载《德国司法辅助员》,2005年,第614页;科隆法院裁判,载《新法学周刊》,1993年,第2248~2249页;柏林高等法院裁判,载《新法学周刊裁判报告》,1995年,第848页;科隆法院裁判,载《德国司法辅助员》,1997年,第33页;杜塞尔多夫法院裁判,载《德国司法辅助员》,1998年,第208页;勃兰登堡法院裁判,载《德国司法辅助员》,2001年,第91页;霍夫(Hof)州法院裁判,载《德国法院执行员报》,1991年,第40页;汉诺威地方法院裁判,载《德国司法辅助员》,1990年,第174页;阿恩斯贝格州法院裁判,载《德国法院执行员报》,1986年,第170页。债务人近亲属自杀的危险同样应当被考虑:联邦最高法院裁判,载《德国法院执行员报》,2005年,第105页。诊所的强制腾房并不违反善良风俗,只要病人的运送由医生监督,并且其他适当的住处已经确定好;联邦宪法法院裁判,载《新法学周刊》,2003年,第882页以下。

⑲参见舍讷贝格地方法院裁判,《土地所有权》,1990年,第549页;施莱登(Schleiden)地方法院裁判,载《住宅经济与租赁法》,1989年,第444页;特姆普鲁霍夫(滕佩尔hof)地方法院裁判,《土地所有权》,1989年,第573页;塞利根施塔特(Seligenstadt)地方法院裁判,载《德国司法辅助员》,1988年,第417页;斯图加特州法院裁判,载《德国司法辅助员》,1985年,第71页;但也可参见海尔布隆州法院裁判,载《德国司法辅助员》,1993年,第501页(未努力寻找替代住宅);茨韦布吕肯法院裁判,载《法律办公室》,2002年,第49页(2年剩余的用益补偿)。

其他个人原因[20]时；作为[21]与不作为执行[22]的情况；第 901 条的强制拘留情况；[23]宣告开始支付不能程序时。[24]

一个特殊情况是依据第 765a 条第 1 款第 3 句的动物保护，这是在 1990 年加入的规则。由于狭义上的家养动物具有不可扣押性（第 811a 条，边码 23.7），因此这一规定主要在第 883 条的情况下有实际意义。

---

⑳美因河畔法兰克福法院裁判，载《新法学周刊裁判报告》，1994 年，第 81 页；科隆法院裁判，载《新法学周刊》，1994 年，第 1743 页以及哈姆法院裁判，载《新法学周刊裁判报告》，2001 年，第 1303 页（近亲属由于年长的生命危险）；科隆法院裁判，载《新法学周刊裁判报告》，1995 年，第 1039 页（新出租人场合承租人的诽谤）；载《法律办公室》，1996 年，第 158 页（在教育学年结束前几周对有处于义务教育阶段孩子的家庭实施强制腾房）；汉诺威州法院裁判，载《住宅经济与租赁法》，1990 年，第 397 页（幼小儿童）；波恩州法院裁判，载《德国法院执行员报》，1994 年，第 75 页（债务人分娩）；曼海姆州法院裁判，载《住宅经济与租赁法》，1984 年，第 63 页（无行为能力）；汉堡州法院裁判，载《住宅经济与租赁法》，1991 年，第 114 页（无家可归）；不同观点，参见费尔贝特（Velbert）地方法院裁判，《德国住宅经济》（DWW），1988 年，第 118 页；合理的观点，参见鲁普/弗莱施曼，载《德国司法辅助员》，1985 年，第 71 页以下（不适用第 765a 条：通过社区重新安置（Wiedereinweisung））；否定的观点，参见纽伦堡法院裁判，载《经济法、银行法与证券通讯杂志》，1985 年，第 954 页（迫近的生计丧失）；克莱沃州法院裁判，载《法律办公室》，1999 年，第 607 页（妨碍接收需要照顾的母亲）；罗斯托克州法院裁判，载《法律办公室》，2003 年，第 329 页（生病的孩子）。

㉑弗兰肯塔尔州法院裁判，载《德国司法辅助员》，1984 年，第 28 页。

㉒弗兰肯塔尔州法院裁判，载《德国司法辅助员》，1982 年，第 479 页（不对住宅作商业利用）；柏林高等法院裁判，载《法律与实务中的竞争》，1983 年，第 523 页（请求权行使期间（Aufbrauchsfrist））；慕尼黑州法院裁判，载《德国法月刊》，2000 年，第 354 页；也可参见科布伦茨州法院裁判，载《法律办公室》，1997 年，第 547 页；杜塞尔多夫州法院裁判，载《德国法院执行员报》，2000 年，第 119 页；还可参见边码 40.29。

㉓载《联邦宪法法院判例集》，第 48 卷，第 396 页；联邦宪法法院裁判，载《新法学周刊》，1983 年，第 359 ~ 360 页；还可参见边码 48.18、边码 48.21。

㉔关于例外情况，联邦最高法院裁判，载《支付不能法杂志》，1978 年，第 24 页、第 29 ~ 30 页；策勒法院裁判，载《德国司法辅助员》，1987 年，第 166 页；批评的观点，参见第 2 册，边码 7.14。

三、一般条款的教义学定位

(一)原则上的正当性与由既判力所决定的限制

强制执行法中这样一种一般条款在原则上的正当性来自有限执行攫取原则(边码6.66、边码7.15)以及有效变价原则(边码
47.4 6.72、边码7.17)。但该一般条款也只能带有若干重要限制地发挥其效力。一般而言,过于宽泛地适用这种债务人保护规定会导致对债权人权利的否定以及瓦解对审判程序的信赖("如果我不能实施执行,那么最美好的判决于我又有何益")。我们必须始终清楚,对债权人以及债务人利益的权衡主要是在实体法中进行的,并且通过审判法院被有既判力地或者可执行地具体化。因此,第765a条的适用绝不能考虑本可以在审判程序中陈述的要点,无论是为了讨论实体法的适用和解释,还是为了引起实体法上的恶意抗辩(exceptio doli),都不行。[25] 尤其是在迁出执行情况下,实体法要求对承租人的社会保护必要性进行审查的场合,执行法院就不能通过第765a条修改诉讼法院的评价结果。对于这一规则,即使是联邦宪法法院都可能没有给予足够的重视。[26] 如果执行法院僭越地行使诉讼法院的权限,即构成对管辖分配的妨碍(《基本法》第101条)。另外,既判力与法的安定性是法治国的高度宪法价值,有鉴于此,在涉及债务人的基本权利的场合,就不能由执行机关对其进行重新评价。[27] 因此,如伯默尔(Böhmer)在特别意见中指出的那样,将有既判力的执行令在第765a条的框架下评价为须

---

[25]同样的,参见罗森贝格/高尔/席尔肯,第43节Ⅲ4。

[26]载《联邦宪法法院判例集》,第52卷,第214页及以下;联邦宪法法院裁判,载《新法学周刊》,1992年,第1155页。

[27]参见戈特沙尔克,载《德国法院执行员报》,1988年,第35~36页。

审查其明显错误的较低级执行名义，是很有疑问的。[28] 对于下述各点则观点一致：债务人为了排除既判力要么可以提起再审程序（Wiederaufnahmeverfahren），要么依据《德国民法典》第 826 条起诉，而实体法上的抗辩则只能依据第 767 条提出。[29] 不仅在与审判裁决的关系中要注意权限分配与既判力，在与对特殊执行保护规定作出的裁决的关系中也要对此予以注意。例如，如果诉讼法院依据第 721 条提供了 6 个月期限的腾房保护，则执行法院不能在于此期间法律关系没有改变的情况下，依据第 765a 条纠正这一评价——联邦宪法法院对于这一点似乎同样没有或没有足够重视；[30]如果对依据第 850d 条的裁决提出的抗议（Erinnerung）不成功（边码 24.26），那么依据第 765a 条进行的裁决也不能破坏对该抗议之裁定（边码 42.6）的既判力。

（二）一般条款的功能

对于所剩的适用领域，最好对该程序性一般条款进行功能上的分类。正如维亚克尔（Wieacker）就《德国民法典》第 242 条发展 47.5
出来的分类：[31]补充功能、授权功能、限制功能。

1. 补充功能

第 765a 条毫无疑问发挥补充功能的地方是：为债务人提供执行保护，如同实体法就法律上类似情形规定执行保护以及同样效果的类推适用一样。这里举两个例子：独立的小企业经营者依据第 811 条并不能获得足够的现金扣押方面的保护，但依据第 765a

---

[28]载《联邦宪法法院判例集》，第 49 卷，第 220 页、第 238 ~ 239 页；对此，参见利普罗斯，同上，第 180 ~ 181 页；批评的观点，参见边码 6.58、边码 7.15、边码 7.25。

[29]参见汉堡法院裁判，载《德国法月刊》，1970 年，第 426 页；有代表性的，参见托马斯/普曾，第 765a 条，边码 5；观点也可参见边码 6.58。

[30]参见《联邦宪法法院判例集》，第 52 卷，第 214 页及以下。

[31]参见维亚克尔（Wieacker），《〈德国民法典〉第 242 条的法理说明》，1956 年；类似的，埃塞尔（Esser），《债法》，1960 年第 2 版，第 31 条及以下、第 98 条及以下。

条就可以提供适当的保护;[32]强制拍卖之后,债务人针对基于拍定裁定(边码 36.30)的迁出执行不受第 721 条保护,但第 765a 条准许顾及债务人及其家人的利益。[33]

2. 授权功能

作为对法律续造的授权或者在超越具体个案意义上对执行法
47.6 上保护规定的修正,我们应该抱着必要的注意与谨慎态度来运用第 765a 条。联邦宪法法院或个别的联邦宪法法官推崇如下发展趋势:通过第 765a 条为执行法制定新的法律规则,该法律规则应当顾及合比例原则。这样的法律规则可能是:依据严厉性排列执行方式的顺位(执行顺位 gradus executionis);在存在重大健康损害威胁的情况下不允许进行迁出执行;因微小债权不得进行住宅搜查或拘留,等等。[34] 对合比例原则内容上的评价——结果是保持批判性的距离——已在其他地方论述过了(边码 6.4、边码 7.15、边码 7.17、边码 7.21、边码 7.40 以下、边码 34.44)。

但即使人们准备完全认同联邦宪法法院裁决的内容,法律续造的方式也不令人满意,因为常常没有彻底考虑最终的结果或者根本不能彻底考虑最终的结果。执行法要求法律的清晰性,其效率遭受着那些隐晦的套话泛滥之苦;因此,立法者在强制拍卖程序中最终对于财产浪费的情况在第 765a 条以外规定了清晰的条文,重新实现法的确定性。主要通过联邦宪法法院进行的法律续造决不能在执行法中掌握话语权;长远来看,立法者始终必须理解形式化(Formalisierung)。或许在联邦宪法法院相信法治国原则受到传统执行实践威胁的情况下,今后应当更多地思考一下上述问题

[32]柏林州法院裁判,载《德国法院执行员报》,1979 年,第 43 页。

[33]参见慕尼黑法院裁判,载《州高等法院民事裁判集》,1969 年,第 43 页;腾房执行场合丰富的判例法,参见边码 36.30、边码 39.12。

[34]证明,参见边码 2.6、边码 6.56、边码 7.21、边码 34.41、边码 34.44、边码 47.2、边码 47.3。

(提出一项自己的清晰的法律规则,指示立法者修法等)。关于宪法抗告(Verfassungsbeschwerde)的不清晰的裁决,也即那些使执行行为取决于没有具体化的合比例原则并因而取决于一般的公平感的裁决,对法律续造的贡献是不够的,而且总会诱发新的抗告——如此看来,与其他许多情况一样,联邦宪法法院负担过重完全是自找的。

3. 限制功能

第765a 条的限制功能对应的是实体法上的恶意抗辩(exceptio doli)。这在实践中通常有两层含义:一方面,只有在其他执行 47.7
保护的可能性穷尽之后,才能运用第765a 条,它具有辅助的功能,特殊的保护规定(第721 条、第794a 条、第811 条、第850 条以下,《强制执行与强制管理法》第30a 条以下,第85a 条)优先适用。[35]例如,只要依据第850f 条第1 款、第850i 条第1 款,《强制执行与强制管理法》第30a 条的程序是可能的或者还没有结束(上诉手段),那么依照第765a 条的申请就缺少法律保护利益。[36] 有时应当对相应的申请进行意思转化,或者依照第139 条的规定处理。另一方面,每次必须具体陈述执行干涉的例外性(Ausnahmecharakter),该例外性让权利行使(Rechtswahrnehmung)看起来违背善良风俗。在这里,违背善良风俗必须恰恰是在没有相关特殊执行保护规定的背景下产生的。例如,如果债务人在第811 条、第850 条以下规定之外寻求执行保护,则必须确定,为什么在此违反法定典

---

[35]例如,联邦最高法院裁判,载《新法学周刊》,2005 年,第681 页;黑斯勒:《慕尼黑〈民事诉讼法〉评注》,第765a 条,边码13;布罗克斯/瓦尔克,边码1472;罗森贝格/高尔/席尔肯,第43 节II;不同观点,例如斯图加特州法院裁判,载《德国司法辅助员》,1985 年,第71 页,附有弗莱施曼(Fleischmann)/鲁普否定性的评论(第721 条、第794a 条)。

[36]有争议,部分不同的观点,通说:斯坦/约纳斯:《德国民事诉讼法》评注,明茨贝格,第765a 条,边码38 及以下。

型情况的具体案件中,不可扣押条款还不足够。同样的道理也适用于在第 721 条之外寻求更多的迁出保护的场合,或者在《强制执行与强制管理法》第 30a 条之外寻求抵御强制拍卖的保护(界限:《强制执行与强制管理法》第 30c 条第 2 款)的情况(边码 35.21)。这里不取决于是谁造成了致使执行违背善良风俗的事实,以及第 765a 条有时也可以在债务人错过了依照特殊规定进行申请的情况下适用,这在上文已论及(边码 47.2)。总的来说,遗憾的是,实践中常常忽视第 765a 条的例外性,尽管例外性作为理论上的原则一直在被强调。[37]

四、程序

(一)通过执行法院进行裁决

47.8 原则上,有管辖权的是执行法院,执行法院通过司法辅助员作出裁决(《司法辅助员法》第 20 条第 17 项)。[38] 法院仅依申请作出裁决,[39]这作为债务人自我负责的体现,是与《德国基本法》相符的。[40] 执行保护的申请可以与

[37]例如,《联邦最高法院民事裁判集》,第 44 卷,第 138 页、第 143 页;美因河畔法兰克福法院裁判,载《德国司法辅助员》,1981 年,第 24 页;关于该问题的具体论述,除了亨克尔以及利普罗斯,还可参见格哈特,《执行法》,第 17 页处有进一步证明以及布伦斯/皮特斯,第 47 页处有进一步证明。

[38]诉讼法院作为执行法院时也同样如此,参见弗兰肯塔尔州法院裁判,载《德国司法辅助员》,1984 年,第 28 页。有趣的,参见联邦最高法院裁判,载《新法学周刊裁判报告》,2005 年,第 1226 页:司法辅助员可以对被滥用的回避申请(Ablehnungsgesuch)自行作出裁决。

[39]《柏林市高等法院报告》,1999 年,第 357 页。

[40]《联邦宪法法院判例集》,第 61 卷,第 126 页、第 137 页以下。

其他保护申请一并提出，但债务人必须为其申请提供可以进行涵摄的事实。[41] 申请可以在强制执行直接迫近[42]直至执行终结[43]的期间内提出。为了避免腾退（迁出）事件中的权利滥用，第765a条第3款规定了申请期限（边码39.12）。[44] 程序中，可以任意选择是否进行言辞辩论（第764条第3款、第128条第4款）。

裁决内容可能是，暂时停止、废止或禁止强制执行的执行措施。这里法院在废止与变更其裁定时可灵活裁决（第765a条第4款）。在腾退事件中，可能很例外地宣告长期禁止执行措施（边码39.12）。针对裁决可以提出即时抗告（《司法辅助员法》第11条第1款，第793条）。[45] 一项已经实施的执行不能恢复原状。[46] 可能对债务人保护附加付款负担（Zahlungsauflage）；[47]同样还可以附加为一定行为的负担。[48] 在法院裁决前，可以发出一项暂时命令（第765a条第1款第2句、第732条第2款）。

如果在执行程序中针对一项裁决提出了合法抗告，也可以在抗告审中才

---

[41]对此，参见施耐德，载《德国法月刊》，1983年，第246页；卡尔斯鲁厄法院裁判，载《德国司法辅助员》，1995年，第426页；《柏林市高等法院报告》，1999年，第357～358页；进一步，伯恩卡斯特尔—库斯（Bernkastel – Kues）地方法院裁判、特里尔（Trier）州法院裁判，载《德国司法辅助员》，1991年，第70～71页（强制拍卖程序的拖延）。

[42]弗兰肯塔尔州法院裁判，载《德国司法辅助员》，1984年，第28页以下。

[43]在腾房执行的情况下同样如此，只要物品已入库，参见柏林高等法院裁判，载《德国法月刊》，1986年，第1033页。

[44]例子：科隆法院裁判，载《新法学周刊裁判报告》，2001年，第226页；慕尼黑格拉德巴赫州法院裁判，载《德国法院执行员报》，2000年，第118页。

[45]关于出价人针对拍定授予（Zuschlagserteilung）提出的抗告，参见勃兰登堡法院裁判，载《法律办公室》，2002年，第213页。

[46]斯坦/约纳斯：《德国民事诉讼法》评注，明茨贝格，第765a条，边码17。

[47]斯坦/约纳斯：《德国民事诉讼法》评注，明茨贝格，第765a条，边码15、边码16。

[48]耶拿法院裁判，载《新法学周刊裁判报告》，2000年，第1251页。

第一次主张第765a条(第571条第2款)。[49] 然而,在针对强制拍卖程序中的拍定裁定提出抗告情况下,适用《强制执行与强制管理法》第100条的限制(边码36.23)。执行法院可以依事实状态的改变,依申请废止或变更其裁定(第765a条第4款)。[50] 费用裁决依据第788条进行。[51]

(二)通过法院执行员延期

47.9 如果向法院执行员疏明了存在严酷事由,并且不可能及时提交第765a条第1款的申请,那么法院执行员可以例外地将返还原物最长延期至执行法院裁决后一周进行(第765a条第2款,类似于《法院执行人员业务指南》第113条)。[52] 与执行法院一样,法院执行员也不能将其裁决建立在对执行名义合法性怀疑的基础上。[53] 针对法院执行员延期,可以依据第766条第2款寻求法律救济。

---

[49]《柏林市高等法院报告》,1999年,第357~358页;黑斯勒:《慕尼黑〈民事诉讼法〉评注》,第765a条,边码72;穆谢拉克/拉克曼,第765条,边码19;有限制的观点,参见鲍姆巴赫/哈特曼,第765a条,边码9;不同观点,参见科隆法院裁判,载《新法学周刊》,1989年,第189页;斯坦/约纳斯:《德国民事诉讼法》评注,明茨贝格,第765a条,边码32;策勒/施特贝尔,第765a条,边码24;布罗克斯/瓦尔克,边码1476。

[50]科隆,载《新法学周刊》,1993年,第2248页;萨尔布吕肯,载《德国司法辅助员》,2003年,第37页。

[51]杜塞尔多夫法院裁判,载《新法学周刊裁判报告》,1996年,第637页(一致同意的终了表示)。

[52]参见阿恩斯贝格州法院裁判,载《德国法院执行员报》,1986年,第170页以下(不清晰)。

[53]参见布勒多恩(Bloedorn),载《德国法院执行员报》,1976年,第104~105页以下;斯坦/约纳斯:《德国民事诉讼法》评注,明茨贝格,第765a条,边码37;也可参见边码2.6、边码6.58、边码7.25。

第七编

强制执行的事实查明

第四十八章　代宣誓的保证、拘留与询问债务人与机关的信息提供

对于2013年1月1日以前的法律状态的**文献指引**：贝尔：《多个法定代理人场合财产披露保证(Offenbarungsversicherung)的作出》，载《德国司法辅助员》，1978年，第41页；贝尔：《拘留命令之送达》，载《经济法杂志》，1988年，第11页；比特曼：《针对债务人签发的拘留令在他人公寓中的可执行性》，载《法院执行员杂志》，1989年，第65页；布莱姆：《执行法当代改革的最新问题》，载《法院执行员杂志》，1983年，第101页；克里斯特慢：《在他人场所逮捕债务人》，载《法院执行员杂志》，1988年，第91页；西鲁利斯(Cirullies)：《扣押申请与拘留申请的联系》，载《法院执行员杂志》，1986年，第83页；大卫(David)：《对未来养老金请求权的扣押》，载《新法学周刊》，1991年，第2615页；大卫：《通过法院执行员进行的三种代宣誓保证》，载《德国法月刊》，2000年，第195页；德雷塞尔(Dressel)：《作为代宣誓保证程序特别条件的债务人的不可扣押性》，载《法院执行员杂志》，1988年，第22页；菲舍尔：《执行现代化视角下的事实查明之改革》，载《法院执行员杂志》，2010年，第113页；高尔：《关于重新设计和完善强制执行中事实查明的基本思考》，载《民事诉讼法杂志》，第108卷，1995年，第3页及以下；吉勒森(Gilleßen)：《法院执行员掌握下的代宣誓财产披露保证》，载《法院执行员杂志》，1998年，第97页；格贝尔：《债权人关于财产目录扩展与完善的疑问》，载《法院

执行员杂志》,2001 年,第 49 页;格赖因(Grein):《强制执行程序中拘留令的时限》,载《法院执行员杂志》,1982 年,第 49 页;哈泽(Haase):《财产披露宣誓(Offenbarungseid)与拘留》,载《法学教育》,1969 年,第 220 页;哈布沙伊德(Habscheid):《财产披露宣誓的结束》,载《新法学周刊》,1970 年,第 1669 页;黑斯(Heß):《披露债务人财产信息之程序(Offenbarungsverfahren)中的外国事实》,载《德国司法辅助员》,1996 年,第 89 页;耶尼施(Jenisch):《扣押无望时披露财产信息的义务》,载《德国司法辅助员》,1988 年,第 461 页;凯勒/科赫:《公开之宣誓与拘留》,1965 年;莱斯纳(Leisner):《拒绝搜查与不可扣押性》,载《德国司法辅助员》,1989 年,第 443 页;米德尔霍夫(Midderhoff):《依据〈民事诉讼法〉第 906 条拘留不能的确定以及执行法院对其的审查》,载《法院执行员杂志》,1982 年,第 81 页;米德尔霍夫(Midderhoff):《扣押无果时扣押记录的范围》,载《法院执行员杂志》,1983 年,第 4 页;莫根施特恩:《合比例原则与为强迫作出代宣誓保证而实施的拘留》,载《新法学周刊》,1979 年,第 2277 页;米勒:《强制执行法修订法》,载《新法学周刊》,1979 年,第 905 页;诺亚克:《财产披露宣誓与拘留》,载《德国法月刊》,1969 年,第 524 页;诺亚克:《有限责任公司执行董事的地位》,载《法院执行员杂志》,1982 年,第 145 ~ 146 页;诺亚克:《代宣誓保证获取程序的最新问题》,载《法学办公室》,1981 年,第 481 页;厄尔克:《披露债务人财产信息之程序中对压力的利用》,载《法院执行员杂志》,1992 年,第 130 页;勒德尔:《民事执行程序与行政执行中作出代宣誓保证程序的实施》,载《法院执行员杂志》,2000 年,第 65 页;席尔肯:《拘留执行时对部分支付的同意》,载《法院执行员杂志》,1989 年,第 33 页;席尔肯:《依据拘留法由法院执行员获取财产披露宣誓》,载《法院执行员杂志》,1990 年,第 97 页;E. 施耐德:《将拘留不能的债务人带上法庭的不合法性》,载《法院执行员杂志》,1979 年,第 49 页;E. 施耐德:《因危及健康而拘留延期》,载《法学评论》,1978 年,第 182 页;施瓦姆(Schwalm):《执行宣誓,1930 年》,载《德国执行员杂志》,1983 年,第 145 页;塞普:《将披露债务人财产信息之程序转移给法院执行员以及〈强制执行第二法案〉的其他变动》,载《法学办公室》,1998 年,第 457 页;赛普/西格尔(Seip/Siegel):《在第三人住宅中法院执行员对债务人实施逮捕》,载《法院执行员杂志》,1987 年,第 151 页;祖达(Suda):《债务人名册的改革必要性》,载《德国司法辅助员》,1997 年,第 193 页;菲特尔豪森(Viertelhausen):《多个债务人场合的代宣誓保证》，载《法院执行员杂志》，2002年，第53页；F. 韦伯（F. Weber）：《强制执行法中的事实查明与财产披露宣誓》，1939年；维瑟：《作为强制执行的披露债务人财产信息之程序》，载《德国司法辅助员》，1990年，第97页；温特：《民事拘留的实施》，1987年；蔡斯：《法院执行员角度的执行法最新问题》，载《法学家杂志》，1974年，第564页。

对于2013年1月1日以后的法律状态的文献指引：赫斯（Hess）：《强制执行的法政策维度》，载《法学家杂志》，2009年，第662页、第664页；维丁格尔（Würdinger）：《个别执行的事实查明》，载《法学家杂志》，2011年，第177页；希普勒/瓦塞尔（Hippler/Wasserl）：《通过法院执行员进行强制执行中的事实查明》，2012年；福尔克默：《强制执行中事实查明的改革——概述》，载《新法学周刊》，2012年，第3681页；姆罗斯：《强制执行中的事实查明》，载《法院执行员杂志》，2012年，第169页；哈纳克：《新执行法》，载《法院执行员杂志》，2012年，第197页；哈纳克/邦加特（Harnacke/Bungardt）：《新法——强制执行中事实查明改革法实施时的法律问题——举例说明》，载《法院执行员杂志》，2013年，第1页；外塞尔：《事实查明的改革——法院执行员的登记规定》，载《法院执行员杂志》，2013年，第85页；布伦纳：《事实查明改革，实践经验—改革维度》，载《法院执行员杂志》，2014年，第180页；比特纳：《依据〈民事诉讼法〉第755条不允许进行单独的居留查明》，载《法院执行员杂志》，2014年，第188页；吉尔斯（Giers）：《强制执行中事实查明的判例概览》，载《法院执行员杂志》，2014年，第252页；姆罗斯：《在通过讨债公司与律师的强制执行中多次使用来自财产目录与第三方咨询的陈述?》，载《法院执行员杂志》，2014年，第256页；吉特曼（Gietmann）：《从登记规定到登记入债务人名册》，载《法院执行员杂志》，2016年，第1页；特韦斯（Thewes）：《依据失效支付计划的拘留命令与登记规定》，载《法院执行员杂志》，2016年，第3页；菲舍尔/姆罗斯：《法院执行员不管琐事？——所谓小额执行的一种表述（〈民事诉讼法〉第802条第1项）》，载《法院执行员杂志》，2016年，第67页。

一、执行法上事实查明的目的与手段

强制执行的实施与债权人的受偿会因债务人隐藏财产价值而变得困难或被阻却。债权人可以通过下列手段来应对债务人的上 48.1

述企图:债权人在法院执行员处请求获取代宣誓保证[以前:作出财产披露宣誓(Offenbarungseids)]。

(一)代宣誓保证

《德国民事诉讼法》至今为止承认了三种不同形式的代宣誓保证(eidesstattliche Versicherung):

1. 为了给债权人与法院执行员提供有关现有执行可能性的信息,代宣誓所保证的财产信息答询(第802c条以下)。

2. 在债权扣押时,为强制债务人提供主张被扣押债权所必要之信息而进行的代宣誓保证(第836条第3款第2句)。

3. 为了强制返还特定动产而进行的代宣誓保证(第883条第2款)。

对于这三种形式的代宣誓保证,适用第802e条、第802f条第4款、第802g条至第802i条、第802j条第1款、第2款。

应当与程序法上设立的作出代宣誓保证义务相区分的是,由民法规定中产生的作出代宣誓保证的义务(与此相关的有《德国民法典》第259条、第260条、第2006条、第2028条、第2057条的答询义务与账目公告义务)。如果是自愿履行代宣誓保证,那么适用《家事案件与非诉事件法》第361条、第410条第1项、第411条第1款、第412条第1项、第413条,《德国民法典》第261条。① 如果不自愿进行代宣誓保证,那么必须针对债务人提起诉讼。② 代宣誓保证则应当向执行法院作出,必要时强制进行(具体参见第889条)。

(二)非正式的询问债务人

应当与代宣誓保证相区分的是对债务人及其家庭成员的非正

---

①例如,哈姆法院裁判,载《民事诉讼法杂志》,第69卷,1956年,第376页(关于旧法)。

②例子:联邦最高法院裁判,载《新法学周刊》,2000年,第2113页;载《新法学周刊裁判报告》,2005年,第221页。

式询问(第806a条)。这里涉及的是没有债务人及其家庭成员的法律义务与之相应的法院执行员的权限——总的来说不是很严厉的查明手段(关于法律历史,参见边码3.25、边码4.17)。 48.2

(三)执行法上事实查明的现状与改革

基于2009年7月29日的《强制执行中事实查明的改革法案》,执行法上的事实查明(Sachverhaltsaufklärung)在2013年1月1日后经历了全面改革。旧法在这一领域相当谨慎。执行失败后的财产披露保证(Offenbarungsversicherung)是除了法院执行员的搜查权限(边码8.12以下)之外唯一有效的程序上正式的事实查明手段。其在新法中被债务人的义务所替代,即债务人需依债权人申请在执行失败之前就应提供关于财产的信息并且对陈述之正确性及完整性作出代宣誓保证。

二、以代宣誓保证进行财产信息答询的条件

(一)执行委托,一般与特别执行条件

依法院执行员要求,债务人依据第802c条第1款第1句、第3款有义务以代宣誓保证作出财产信息答询。这里的条件是一项相应的债权人执行委托(Vollstreckungsauftrag),依据第802a条第2款第1句第2项。该委托必须以一项——即使只是暂时可执行的——针对金钱债权的支付执行名义或容忍执行名义为基础。然后还必须满足一般与特别执行条件,并且不能存在执行障碍。相反,通过(执行)无效果证书来证明执行尝试已失败,或疏明执行尝试无希望,不再是以代宣誓保证作出财产信息答询义务的前提条件了。基于《强制执行中事实查明的改革法案》,这项旧《德国民事诉讼法典》第807条规定的条件,在2013年1月1日之后被废止。依据新《德国民事诉讼法典》第807条,一项失败的执行尝试只是对财产信息答询获取程序的安排有意义(对此参见边码48.8)。 48.3

(二)再次进行财产信息答询的两年等待期(Sperrfrist)

48.4 如果债务人在近两年内[③]已经依照第802c条或《捐税法》第284条提供了关于财产的信息,那么依据第802d条第1款第1句,原则上排除债务人重新进行财产答询的义务。与作出代宣誓保证具有相同效力的是6个月拘留的执行(第802j条第2款;也可参见边码48.20)。鉴于现代迅速转变的生活情况,改革立法者认为旧法规定的3年等待期太长了。[④] 在等待期内,只有在债权人疏明能够使人推知债务人财产关系有实质性改变的事实时,才例外地产生重新进行财产答询的义务。与第903条第1款相比,第802d条第1款在这里的适用范围实质上更宽泛、更灵活,主要包括债务人事后取得财产或者债务人此前存在的劳动关系结束等事实。单纯的推测,并不足以疏明财产状况的实质性改变。[⑤] 抓手(Anhaltspunkte)可以是有利于债务人的继承之发生,或者债务人企业经营的成功。[⑥] 这里间接证据(Indizien)也可以源自债务

---

③至2012年12月31日有效的旧法第903条第1句的过渡规则仍然规定了3年的等待期。新规定的等待期是否可以跨时期适用,意见还不统一。因为《德国民事诉讼法典施行法》第39条第4项将第802d条第1款第1句的适用范围延伸到2013年1月1日前基于旧法作出的代宣誓保证,所以依据为多数人所支持的观点应当认为,在此范围内现在起也适用2年的等待期,参见拜罗伊特(Bayreuth)州法院裁判,载《德国法院执行员报》,2013年,第133页及以下;卡尔斯鲁厄州法院裁判,载《德国法院执行员报》,2013年,第136页以下,舒施克/瓦尔克,第802d条,边码7;哈纳克/邦加特(Bungardt),载《德国法院执行员报》,2013年,第1页,第5页以下;不同观点,参见开姆尼茨(Chemnitz)地方法院裁判,载《德国法院执行员报》,2013年,第114页;卡尔斯鲁厄杜尔拉赫地方法院裁判,载《德国法院执行员报》,2013年,第78页;慕尼黑地方法院裁判,载《德国法院执行员报》,2013年,第191页以下。

④联邦议会印刊,编码16/13432,第44页。

⑤金茨堡(Günzburg)地方法院裁判,载《德国法院执行员报》,2004年,第189页;贝尔吉施—格拉德巴赫(Bergisch – Gladbach)地方法院裁判,载《德国法院执行员报》,2002年,第79页。

⑥舒施克—瓦尔克,第802c条,边码12。

人此前的支付行为。⑦ 依据改革后的《德国民事诉讼法典》，疏明债务人的劳动关系已经结束⑧或已经找到另一个新的工作，⑨即足以要求重新作出财产信息答询。相反，只是在一般意义上指出劳

⑦支持这一点的情况例如多次连续的部分支付（杜塞尔多夫州法院裁判，载《法律办公室》，1988 年，第 467 页）或者愿意这样做［路德维希堡（Ludwigsburg）地方法院裁判，载《德国法院执行员报》，2001 年，第 31 页］；注销一个银行账户（明斯特州法院裁判，载《德国司法辅助员》，1999 年，第 230 页；哥廷根州法院裁判，载《德国法院执行员报》，2003 年，第 41 页；不同观点，参见波鸿州法院裁判，载《德国法院执行员报》，2002 年，第 76 页）；独立工作时的财产增加（斯图加特法院裁判，载《德国法院执行员报》，2001 年，第 11 页；美因河畔法兰克福法院裁判，载《法律办公室》，2002 年，第 442 页）；但包括只是纯粹继续经营活动页（杜塞尔多夫州法院裁判，载《法律办公室》，1987 年，第 467 页）或儿子出国旅游页（科隆州法院裁判，载《法律办公室》，1987 年，第 1812 页）。

⑧同样地，在放弃了两项独立的工作来源中的一项（美因河畔法兰克福法院裁判，载《德国司法辅助员》，1990 年，第 174 页），或者放弃兼职（施韦恩福特州法院裁判，载《德国法院执行员报》，2002 年，第 155 页），或独立的经营活动结束，或其他人的连续供给结束［梅尔松根（Melsungen）地方法院裁判，载《法律办公室》，2002 年，第 442 页］，或寡妇抚恤金及社会金请求权丧失的情况下适用（哈姆法院裁判，载《州高等法院民事裁判集》，1983 年，第 323 页），但要求转行时不适用（汉堡地方法院裁判，载《德国司法辅助员》，1985 年，第 499 页）。如果债务人是有限责任公司的单独股东及经理，那么在公司注销时同样可能需要重新进行财产信息答询（汉堡州法院裁判，载《德国司法辅助员》，1990 年，第 31 页）——关于旧法。

⑨例如，斯图加特法院裁判，载《州高等法院民事裁判集》，1979 年，第 116 页、第 118 页：债务人在保证时处于失业状态的，就可以推定其在一定期间内将找到新的工作。该期间的长短取决于债务人的年龄及职业以及各个劳动市场状况；代特莫尔德州法院裁判，载《德国司法辅助员》，1990 年，第 90 页；慕尼黑地方法院裁判，载《德国法院执行员报》，1988 年，第 124 页；卡尔斯鲁厄法院裁判，载《德国司法辅助员》，1992 年，第 208 页；黑兴根州法院裁判，载《德国司法辅助员》，1992 年，第 208 页；德累斯顿州法院裁判，载《法律办公室》，1998 年，第 214 页；科隆州法院裁判，载《法律办公室》，2001 年，第 659 页；兰茨胡特（Landshut）州法院裁判，载《法律办公室》，2002 年，第 271 页。一般来说，这种情况下在 6 ~ 12 个月之后再次进行财产信息答询是可以被允许的；贝尔，载《德国司法辅助员》，1988 年，第 8 页；也可参见贝尔，载《法律办公室》，1992 年，第 215 页。

动市场状况是不够的。[10] 如果债权人不能满足这里事实疏明的要求,那么法院执行员只能依职权转交给债权人一份最近提交的财产目录清单,参见第802d条第1款第2句。

对已经作出的财产信息答询进行补充或更正的程序不属于第802d条的适用范围。在这种情况下,应当无须考虑第802d条第1款规定的等待期,继续进行原本的财产信息答询获取程序即可。

(三)法律保护的必要性

48.5 最后,作出财产信息答询的义务还以债权人的申请存在法律保护的必要性为条件。例如,在债权人已经对债务人全部财产有了可靠的了解,[11]以及依照联邦宪法法院观点,在任何执行都确定完全没有希望的情况下,[12]就不存在法律保护的必要性。这两种例外情形都不是毫无疑问的,都应当始终被限制在明确的滥用情形。[13]

---

⑩科布伦茨州法院裁判,载《法律办公室》,1998年,第44页。

⑪对此,哈纳克/邦加特,载《德国法院执行员报》,2013年,第1页、第4页。

⑫联邦最高法院裁判,载《新法学周刊》。2004年,第2905页;德累斯顿法院裁判,载《州高等法院民法领域裁判》,第37页、第185页(两项判决都针对旧法)。因为依据《德国民事诉讼法典》的规定,债权人在财产信息答询程序中享有一项价值受保护的问询权,故即使债务人已经依据其他程序规定对其财产信息陈述作出了代宣誓保证,对债权人的法律保护必要性也不会丧失,参见联邦最高法院裁判,载《新法学周刊》,2004年,第2905~2906页;代特莫尔德州法院裁判,载《德国司法辅助员》,1987年,第165页;弗兰肯塔尔州法院裁判,载《德国司法辅助员》,1985年,第34页;贝尔,载《德国司法辅助员》,1988年,第1~2页(都是针对旧法)。同样,在支付不能程序的开启因缺乏破产财产而被拒绝(杜塞尔多夫州法院裁判,载《法律办公室》,1987年,第458页)或有限责任公司因无财产而注销(柏林高等法院裁判,载《新法学周刊裁判报告》,1991年,第933页)的情况下,也存在对债权人的法律保护必要性。

⑬参见《联邦宪法法院判例集》,第48卷,第396页、第401页;同样的,参见科隆州法院裁判,载《德国法月刊》,1987年,第944页;伊策霍州法院裁判,载《德国司法辅助员》,1985年,第53页;批评观点,参见边码7.4及以下、边码48.16。

(四)法定代理

只有在债务人具有诉讼能力[14]时,才有义务出示财产目录(Vermögensverzeichnis),并且进行代宣誓保证;对于无诉讼能力的债务人,必须由法定代理人出示财产目录,以及进行代宣誓保证。[15] 如果是法人则由机构管理人(Organwalter)承担义务,如有限责任公司的经理(Geschäftsführer)。[16] 48.6

⑭对此,参见罗特(Roth),载《法学家杂志》,1987 年,第 897 页。这一条件——在注意执行名义中包含的确认的情况下——依职权进行审查;联邦最高法院裁判,载《新法学周刊裁判报告》,2007 年,第 185～186 页;贝尔,载《德国司法辅助员》,1988 年,第 3 页;具体参见边码 12.3、边码 12.7 及以下、边码 48.9。

⑮哈姆法院裁判,载《州高等法院民事裁判集》,1986 年,第 341 页;科隆法院裁判,载《德国司法辅助员》,1983 年,第 361 页;施耐德,载《德国法月刊》,1983 年,第 725 页以下;例如,柏林高等法院裁判,载《新法学周刊》,1968 年,第 2245 页。在有多个法定代理人的情况下,法院依债权人建议类推适用第 455 条第 1 款、第 449 条的规定,确定承担保证义务的代理人;联邦最高法院裁判,载《新法学周刊裁判报告》,2009 年,第 1 页;舒施克/瓦尔克,第 802c 条,边码 12;贝尔,载《德国司法辅助员》,1988 年,第 4 页。同样的也适用于为了照管债务人财产而指派代理人但没有依《德国民法典》第 1903 条设置同意保留(Einwilligungsvorbehalt)的情况,参见联邦最高法院裁判,载《新法学周刊裁判报告》,2009 年,第 1 页以下。

⑯这里涉及的是作出财产信息答询时代表法人的法定代表人;联邦最高法院裁判,载《新法学周刊裁判报告》,2007 年,第 185～186 页;哈姆法院裁判,《州高等法院民事裁判集》,1986 年,第 343 页;1985 年,第 228 页;多特蒙德州法院裁判,载《德国法院执行员报》,1989 年,第 121 页。在法定代表人于传唤期日之后卸任,而新的代表人尚未选任时,如果(原法定代表人)对职务卸任的主张涉及权利滥用,则其应承担的义务至少在这种情况下不会改变;联邦最高法院裁判,载《新法学周刊裁判报告》,2007 年,第 185 页、第 186 页以下;塞勒(Seiler)/托马斯/普曾,第 802c 条,边码 8;更进一步的(卸任职务始终是不重要的),参见波鸿州法院裁判,载《德国司法辅助员》,2001 年,第 442～443 页;关于权利滥用的推定,舒施克/瓦尔克,第 802c 条,边码 1;关于第一表象证据,参见艾克曼:《慕尼黑〈民事诉讼法〉评注》,第 807 条,边码 35。如果作为债务人的有限责任公司注销了,那么承担义务的不是现在的经理,而是诉讼辅助人或清算人:斯图加特法院裁判,载《德国司法辅助员》,1995 年,第 168 页,附有施密特批评性的评论;美因河畔法兰克福法院裁判,载《德国司法辅助员》,1982 年,第 290 页;柏林州法院裁

三、作出财产信息答询以及代宣誓保证前的程序

(一)管辖

48.7 对财产信息答询以及代宣誓保证的获取具有功能以及地域上管辖权的是初级法院的法院执行员。[17]该法院的辖区是债务人进行委托(Auftragserteilung)[18]时的住所地或法人的所在地(Sitz),[19]或——具有替代性的——其居留地(第802e条第1款)。[20]作为执行法院的初级法院的管辖权则限制在异议的裁决(第766条)以及拘留令的发布(第802g条第1款)。

依据第802e条关于功能以及地域上的管辖的新规则仅仅部分修正了旧法第899条的旧规则的重大技术瑕疵。在改革中,对第802e条第1款管辖

判,载《德国司法辅助员》,1990年,第374页;魏因伯尔纳(Weinbörner),载《德国司法辅助员》,1984年,第262页;贝尔,载《德国司法辅助员》,1988年,第3页;不同观点,参见美因河畔法兰克福法院裁判,载《德国司法辅助员》,1976年,第27页;科布伦茨法院裁判,载《法律办公室》,1990年,第537页;科隆法院裁判,载《州高等法院民事裁判集》,1991年,第214页;柏林高等法院裁判,载《新法学周刊裁判报告》,1991年,第933~934页;锡根州法院裁判,载《德国司法辅助员》,1987年,第380页;科布伦茨州法院裁判,载《法律办公室》,1990年,第567页;茨韦布吕肯州法院裁判,载《德国司法辅助员》,1996年,第209页;布伦瑞克州法院裁判,《新法学周刊裁判报告》,1999年,第1265页。但后者在卸任的情况下可以免于承担义务,除非卸任是以故意逃避义务为目的的;茨韦布吕肯法院裁判,载《德国法院执行员报》,1990年,第41页。

⑰《捐税法》第284条规定了一项有利于财政机关的特别规则;进一步论述参见阿普,载《德国法院执行员报》,1990年,第165页。

⑱绝大多数都是依债权人申请进行;策勒/施特贝尔,第802e条,边码2;瓦格纳:《慕尼黑〈民事诉讼法〉评注》,第802e条,边码2。

⑲舒施克/瓦尔克,第802e条,边码2;穆谢拉克/福伊特(Voit),第802e条,边码2;对于旧法同样如此,参见波鸿州法院裁判,载《德国司法辅助员》,2001年,第442页。

⑳关于法院执行员管辖权的改革讨论,参见席尔肯,载《德国法院执行员报》,1990年,第97页及以下;布莱姆,载《德国法院执行员报》,1986年,第100页;也可参见边码4.17。

权规则中的作出(财产信息答询)规则的调整(第802e条第2款),是值得赞同的。现在的规则涉及的是"被请求的法院执行员"而不再是"被请求的法院"。该法院执行员需要在其无地域管辖权的情形下依债权人申请,将该事件提交给有管辖权的法院执行员。但该规则仍未明确规定的是法院执行员地域管辖的排他性,将来也只能类推适用第802条来确立该排他性。[21] 最后仍不清楚的是,第802e条第1款的特殊的管辖权规则在执行法院有功能上管辖权的情形下是否也适用?还是只要适用第764条第2款的一般规定即可?准用第802e条第1款可能最符合法条文义一直没有表达清楚的立法原意。[22]

(二)债权人申请

程序随着债权人的执行委托而开始(参见第802a条第2款第1句第2项)。不再需要的是旧法第900条第1款第1句要求的单独申请。债权人可 48.8
以在其申请中确定具体执行措施的顺序。他可以将获取财产信息答询设置在执行开始,[23]也可以使之取决于尝试达成调解合意失败,[24]或者——像在原来法律状况下常见的那样——提出一项组合扣押申请,该申请要求在扣押尝试无果的情况下立刻获取财产信息答询(参见第807条第1款第1句)。[25]债权人在获取财产信息答询程序中享有问询权(Fragerecht)。他不仅可以在

[21]结果相同的,参见布罗克斯/瓦尔克,边码1148;参见旧法,斯坦/约纳斯:《德国民事诉讼法》评注,明茨贝格,第899条,边码1。

[22]结果相同的,参见策勒/施特贝尔,第802g条,边码6;旧法律状态下类推适用旧法第899条第1款,联邦最高法院裁判,载《新法学周刊》,2008年,第3288~3289页;科隆州法院裁判,载《德国司法辅助员》,1999年,第549页。

[23]瓦格纳:《慕尼黑〈民事诉讼法〉评注》,第802a条,边码4;穆谢拉克/福伊特,第802a条,边码4。

[24]科隆州高等法院裁判,载《德国法院执行员报》,2014年,第199页;穆谢拉克/福伊特,第802a条,边码3。

[25]瓦格纳:《慕尼黑〈民事诉讼法〉评注》,第802a条,边码5;穆谢拉克/福伊特,第802a条,边码5。依据福尔克默,载《新法学周刊》,2012年,第3681页、第3685页,扣押尝试无结果之后对财产信息答询的即时获取属于法院执行员的裁量范围。这一观点违反了债权人主导原则,因此应当被否定。

该期日自己行使该权利,也可以将其疑问在递交的执行委托中提交给法院执行员(参见《法院执行人员业务指南》第136条第1款第3句)。但这些问题必须是针对债务人的具体财产情况提出来的。那些与具体生活事实无明显关联的、仅是对债务人的生活状况进行一般性打探的问题,则是不合法(不被准许)的。[26]

(三)法院执行员的审查义务

48.9 法院执行员须依职权审查强制执行的一般要件(边码12.1以下)以及财产信息答询义务的特别要件(边码48.3以下)。这也适用于期日指定之后。[27] 法院执行员还需要进一步地通过查阅中央执行法院以电子形式管理的财产目录审查债务人是否在近两年内尚未作过代宣誓保证(第802d条、第802k条第2款)。[28]

(四)期日确定与传唤

48.10 如果缺少必要的条件,申请将被拒绝。否则,法院执行员会给予债务人两周的期限来清偿债权,并同时为期间届满后无效果的情况指定作出财产信息答询的期日,参见第802f条第1款。针对法院执行员的裁决,承受负担的当事人可以依照第766条进行执行抗议的法律救济。[29] 之前在旧法第900

---

[26]联邦最高法院裁判,载《德国法院执行员报》,2012年,第93页、第94以下;舒施克/瓦尔克,第802条及下一条,边码16;穆谢拉克/福伊特,第802c条,边码25。

[27]维瑟,载《德国司法辅助员》,1990年,第99页(关于旧法第900条的程序);关于新法,参见托马斯/普曾/塞勒,第802f条,边码2。

[28]策勒/施特贝尔,第802d条,边码4;舒施克/瓦尔克,第802f条,边码37;福尔克默,载《新法学周刊》,2012年,第3681页、第3684页。

[29]联邦议会印刊,编码16/10069,第28页;舒施克/瓦尔克,第802f条,边码37;策勒/施特贝尔,第802f条,边码27;不同观点,参见舍讷贝格地方法院裁判,载《法律办公室》,2014年,第105页;哈舍尔(Hascher),载《法律办公室》,2014年,第60页及以下(债务人没有针对程序的开始与进行的法律救济)。

条第4款中规定的特别异议救济自2013年1月1日起被删去。[30] 法院执行员原则上传唤债务人在其工作场所作出财产信息答询,参见第802f条第1款第2句。在例外情况下法院执行员也可以决定,债务人在其住宅作出财产信息答询,参见第802f条第2款第1句。但依据《德国基本法》第13条,债务人有权在一周内对该决定提出异议(第802f条第2款第2句),[31]异议的结果是,债务人应当在原期日或新定期日被传唤到法院执行员的工作场所。[32]传唤应当送达债务人本人,即使在其有诉讼代理人的情况下,也是如此[33](第802f条第4款第1句)。通过期日传唤(Terminladung),债务人应当被告知在财产信息答询中应作的陈述、其在程序中的权利与义务、无故缺席或违反答询义务的后果以及依照第802l条从他人处获得财产信息答询以及依照第882c条被载入债务人名册的可能性(第802f条第3款)。期日的确定可以不要式地通知债权人(第357条第2款、第802f条第4款第2句)。在有重大原因的情况下,可以依职权延期(第227条第1款)。一如既往,没有明确的法律规则规定依债权人申请改期(Terminverlegung)的可能性。但其委托是程序的基本前提条件(第802a条第2款第1句第2项)的债权人享有处分权(Dispositionsbefugnis)也还是支持依债权人申请进行延期的可能性。[34]

(五)财产信息答询的内容

1.完整性

在财产信息答询中,债务人必须列出所有其拥有的财产标的 48.11

---

[30]联邦议会印刊,编码16/10069,第28页;托马斯/普曾/塞勒,第802f条,边码16;哈纳克,载《德国法院执行员报》,2012年,第197页、第201页。

[31]联邦议会印刊,编码16/10069,第27条;舒施克/瓦尔克,第802f条,边码11;策勒/施特贝尔,第802f条,边码8。

[32]策勒/施特贝尔,第802f条,边码8。

[33]传唤与是否提供预付费用无关;弗兰肯塔尔州法院裁判,载《德国司法辅助员》,1984年,第194页(关于旧法)。

[34]结果相同的,参见策勒/施特贝尔,第802f条,边码12;限制的,参见舒施克/瓦尔克,第802f条,边码23页(法院执行员自由裁量的范围)。

(第802c条第2款第1句),即所有有金钱价值的物和权利,[35]原则上也包括不可扣押的标的物,除非其依照第811条第1项、第2项的规定明显不能扣押,并且也不能考虑交换扣押(Austauschpfändung)(第802c条第2款第4句)。相反,债务人无须披露其债务信息。[36]

需要披露的具体事项:债权[37]——也包括有疑问的[38]与未来的债权[39]——

[35]帝国法院裁判,载《法学周报》,1928年,第1865页;1929年,第1007页。简言之,应当记录一切有助于有效果的扣押的信息。海尔布隆州法院裁判,载《德国司法辅助员》,1990年,第430页;杜塞尔多夫州法院裁判,载《法律办公室》,1986年,第939页。

[36]帝国法院裁判,载《法学周报》,1928年,第722页。

[37]在针对配偶的抚养费债权场合也要陈述收入多少,因为有可能对零花钱请求权(Taschengeldanspruch)进行扣押:联邦最高法院裁判,载《新法学周刊》,2004年,第2450~2452页、第2453页处有进一步证明;奥尔登堡法院裁判,载《法律办公室》,1989年,第1611页;科隆法院裁判,载《新法学周刊》,1993年,第3335页;慕尼黑法院裁判,载《法律办公室》,1999年,第606页;策勒/施特贝尔,第802c条,边码18;不同观点,例如波恩州法院裁判,载《德国司法辅助员》,1993年,第30页以及不来梅州法院裁判,载《德国司法辅助员》,1993年,第119页。非婚同居中一方的收入不必披露:梅明根(Memmingen)州法院裁判,载《德国司法辅助员》,1997年,第175页;不同观点,参见明斯特州法院裁判,载《德国司法辅助员》,1994年,第33页。

[38]联邦最高法院裁判,载《新法学周刊》,1953年,第390页。

[39]联邦最高法院裁判,载《新法学周刊裁判报告》,2011年,第851页以下(从目前持续的营业关系中产生的未来请求权);联邦最高法院裁判,载《新法学周刊》,1958年,第427页(从已经订立的劳动合同中产生的未来的收入请求权);哈姆法院裁判,载《德国司法辅助员》,1979年,第468页(未来的佣金请求权以及商代理人的补偿请求权)。目录中也应当包括未来的养老金请求权;康斯坦茨州法院裁判,载《法律办公室》,1996年,第663页;吕贝克州法院裁判,《法律办公室》,1997年,第213页;阿莎芬堡(Aschaffenburg)州法院裁判,载《法律办公室》,1997年,第609页;达姆施塔特州法院裁判,载《法律办公室》,2000年,第101页;策勒/施特贝尔,第802c条,边码23处有进一步证明。

附债务人信息、[40](债之)原因及证明材料(第802c条第2款第2句);对所有权保留条件下购买的物的期待权;[41]要求回转因担保而让与给某债权人之物的请求权。[42] 在劳动收入场合除了要披露净收入,还要列明毛收入,[43]在有隐匿之虞时还要说明劳务类型。[44] 如果打零工,则必须分类整理出最近12个月的雇主以及日平均工资;[45]打黑工的收入也同样要列明。[46] 相反,对纯粹的收入可能性则不需要作出说明。[47] 债务人还需要对近几年中所作的财产转让进行披露(具体参见第802c条第2款第3句第1、2项),以给予债权人撤销的可能。

---

[40]这也适用于律师的酬金请求权,这与《检察官法》第43a条第2款、《德国刑法典》第203条第1款第3项中律师的沉默义务不矛盾。当事人信息自决的基本权利在这里应当劣后于《德国基本法》第14条保护的债权人的清偿利益,参见联邦最高法院裁判,载《新法学周刊》,2010年,第1380页以下。

[41]联邦最高法院裁判,载《新法学周刊》,1960年,第2200页。

[42]帝国法院裁判,载《各最高法院裁判集》,1934年,编号1567;《帝国法院刑事裁判集》,第71卷,第227~228页;克雷菲尔德州法院裁判,载《德国司法辅助员》,1979年,第146~147页(值得一读的说理)。

[43]科隆州法院裁判,载《德国司法辅助员》,1988年,第322页;慕尼黑州法院裁判,载《德国司法辅助员》,1988年,第491页。

[44]吕贝克州法院裁判,载《德国司法辅助员》,1986年,第99页;朗道州法院裁判,载《德国司法辅助员》,1991年,第27页。

[45]参见柏林州法院裁判,载《德国司法辅助员》,1979年,第113页;美因河畔法兰克福州法院裁判,载《德国司法辅助员》,1988年,第111页;慕尼黑州法院裁判,载《德国司法辅助员》,1989年,第33页;弗兰肯塔尔州法院裁判,载《德国司法辅助员》,1985年,第73页。

[46]萨尔布吕肯州法院裁判,载《德国法院执行员报》,1999年,第77页;伍珀塔尔州法院裁判,载《德国法院执行员报》,1999年,第120~121页。类推适用《支付不能法》第97条第1款第3句刑法上的变价禁止;汉堡州法院裁判,载《法律办公室》,1996年,第331页;汉堡地方法院裁判,载《法律办公室》,1998年,第212页。

[47]对此,联邦最高法院裁判,载《新法学周刊裁判报告》,2011年,第851页;海尔布隆州法院裁判,载《德国司法辅助员》,1990年,第430页;布莱姆,载《法学家杂志》,1983年,第647页。

2. 正确性

48.12 依据第802c条第3款第1句,代宣誓保证不仅包括内容完整性,而且要求财产目录的正确性,因此,财产目录中不允许包括那些实际上不属于债务人财产的标的物。[48] 正确性与完整性要求对债务人标的物上的负担作出说明,[49]并且要对债务人占有的信托财产与其他标的物进行说明。[50] 只有这样,债权人才能对其执行希望作出判断。但如果作为攫取客体的具体请求权是不确定的,那么代宣誓保证义务只能延伸到第802c条第1款、第2款中规定的陈述,而不能延伸到如法院执行员对未来取得可能性或商业活动的询问,[51]通常情况下也不能延伸到私人关系的陈述。[52]

法院执行员有时必须允许在(债务人)作出保证时在场(参见第802f条第4款第2句)的债权人陈述需要澄清的要点(对于债权人的询问权,参见边码48.8),以及亲自向债务人提出澄清性的问题。接下来,法院执行员需要告知债务人宣誓的意义(第802c条第3款第2句、第480条)。1999年的第二次强制执行改革法案将对获取财产信息披露保证的功能管辖权转移到法院执行员手中,如此第139条就不能直接适用了。鉴于代宣誓保证的重要

---

[48]《联邦最高法院刑事裁判集》,第7卷,第375页。

[49]参见柏林州法院裁判,载《德国司法辅助员》,1978年,第229页(土地债务需说明债权人及金额)。

[50]很有争议!关于租赁财产,参见柏林州法院裁判,载《德国司法辅助员》,1976年,第145页;赖恩贝克(Reinbek)地方法院裁判,载《德国法院执行员报》,2003年,第173页。但至少可以要求在进一步询问的情况下作真实的陈述!

[51]《联邦最高法院刑事裁判集》,第8卷,第399页;联邦最高法院裁判,载《新法学周刊》,1968年,第2251页;联邦最高法院裁判,载《德国司法辅助员》,1980年,第339页;联邦最高法院裁判,载《新法学周刊》,1991年,第2844页以下。

[52]《联邦最高法院刑事裁判集》,第11卷,第223页;第19卷,第126页;但可参见卡塞尔州法院裁判,载《德国司法辅助员》,1995年,第263页(基于第850c条第4款的会员收入)。

性与效力范围，就算不一定要类推适用第139条，债务人的通知范围至少也要达到第139条的标准。法院执行员不能有意地接受一份附保证的不完整的目录。[53]

四、财产信息答询的获取期日与代宣誓保证的期日

对获取(电子)财产信息答询以及代宣誓保证的程序流程的重新构造，是强制执行事实查明改革的核心要素。在此，为了获取 48.13
代宣誓保证而指定的、不公开的(边码6.33、边码7.32、边码48.10)期日的流程因债务人是否出现、宣誓保证被作出还是被拒绝而各有不同。存在下列可能性：

(一)代宣誓保证的作出与其效力

债务人出现并作了财产信息答询与代宣誓保证：依据第802f 48.14
条第5款，法院执行员在口头期日(mündlichen Termin)基于债务人的陈述以电子文档的形式制作财产目录(第802f条第5款第1句)。如果财产目录是根据对债务人的问询制作的，那么应将(债务人)陈述读给债务人听或者在屏幕上展示出来以供审阅(第805f条第5款第2项)。之后，债务人需要就财产目录的真实性与完整性作代宣誓保证(第802c条第3款)。原则上，产生如下效果：债务人在接下来的两年内即便对其他债权人也没有再次作出代宣誓保证的义务(具体参见边码48.4)。

(二)拒绝时的拘留令

1. 拘留令的发布

债务人未出现，或者尽管出现，但无理由地拒绝进行财产信息 48.15

---

[53]关于旧法，参见《联邦最高法院民事裁判集》，第7卷，第287页；E.施耐德，载《德国法月刊》，1969年，第490页。

答询或作出代宣誓保证,则法院(法官)应当依债权人申请[54]签发拘留令(Haftbefehl)(第802g条第1款)。[55]

2. 拘留令与合比例性

48.16 联邦宪法法院迄今有过两次想要处理第802g条第1款(内容上与旧法第901条一致)的合宪性问题。它首先在干涉私人自由的合比例性方面对该规则进行审查(《基本法》第2条第2款第2句,第104条)。尽管该条规则的合宪性被确认,但联邦宪法法院给出了合宪操作应注意的指导方针。[56] 首先,如果债权人知晓缺乏可扣押的债务人财产,拘留申请则缺乏法律保护利益,因为没有必要进行财产信息答询以及拘留。[57] 但宪法法官的这一指南在实践中并不好用:财产信息答询及对其强制恰恰就是以防万一,真正确切地事前知晓【是否具有可扣押财产】的情形几乎不存在;对于代宣誓保证的合法性(可允许性)之所以产生争议,是因为代宣誓保证的预期内容,好比我们在诉讼中想要将对证人的秩序拘留(第390条)评价为违宪,就是因为证明

[54]具体参见席尔肯,载《德国法院执行员报》,1989年,第33页。也可参见伍珀塔尔州法院裁判,载《德国司法辅助员》,1981年,第25页:在无理由拒绝的情况下——通知支付——法院可以等待债权人继续申请,但应当告知债务人随时有可能对其发出拘留令与逮捕。债权人可以将其申请限制在部分金额上;比勒菲尔德州法院裁判,载《德国法院执行员报》,1988年,第14页;波恩州法院裁判,载《德国法院执行员报》,1987年,第28页。债权人与债务人之间订立的分期付款协议也不会对拘留令发生影响,只要申请没有被撤回;朗道州法院裁判,载《德国司法辅助员》,1991年,第27页。对于在部分支付情况下经债权人允许而不执行拘留令的可能性,参见朗道地方法院裁判,载《德国法院执行员报》,1993年,第62页;厄尔克(Oerke),载《德国法院执行员报》,1992年,第130页;边码8.6。

[55]在疏明无过错缺席的情况下应当将之废止;科布伦茨州法院裁判,载《德国法月刊》1985年,第418页。

[56]载《联邦宪法法院判例集》,第48卷,第396页、第401页;载《联邦宪法法院判例集》,第61卷,第126页;载《新法学周刊》,1983年,第559页;莫根施特恩,载《新法学周刊》,1979年,第2277页;参见边码7.10。

[57]赞同的观点,参见科隆州法院裁判,载《法律办公室》,1987年,第1423页;伊策霍州法院裁判,载《德国司法辅助员》,1985年,第153页;维瑟,载《民事诉讼法杂志》,1985年,第440页。

结果(Beweisergebnis)已经确定了。债务人不是因为其不能支付而被拘留——这或许会让人在感情上联想到债务监狱——而是因为其拒绝作证而被拘留;在证据调查结果对于法院来说已经确定的情况下强制作证就应当是不符合比例原则的,这种观点可能是新的,但反过来,法官在用尽所有证明手段前便作出事实评价又是违反法治国原则的。联邦宪法法院的判例则正是鼓励债务人因确定无给付能力而拒绝代宣誓保证,并且要求债权人出示有关可能的给付能力的证据,以之作为强制代宣誓保证的合法性(可允许性)前提,而代宣誓保证正是要被用来证明给付能力的!另一方面,联邦宪法法院在微小债权场合尽管没有在原则上认为拘留是不合比例的,但它仍希望——类似于在强制拍卖法(边码7.3、边码34.41)中有时建议的那样——将第765a条至少作为拖延的一般法律救济来考虑,[58]然后这里就可能出现第139条的问题。对债务人健康状况的考虑在合比例性控制的框架下是完全允许的:假如债务人因对其健康损害的原因而不合理地拒绝提供财产信息,尽管如此,考虑到其健康状况,拘留也仍可能是不合比例的。很多人认为,上述情况不应当在判断债权人申请之合法性时考虑,而是应当由法院执行员进行判断,债权人或债务人则依据第766条、第802h条第2款进行防御(边码48.19);债务人有时可以援引第765a条(边码47.3、边码48.21)。

3. 针对发布或拒绝发布拘留令的即时抗告

针对法官(《司法辅助员法》第4条第2款第2项)发布的拘留令准许提出即时抗告(第793条);针对法官或司法辅助员拒绝签发拘留令的情况,依 48.17
据通说同样可以提出即时抗告(第793条,《司法辅助员法》第11条第1款)。如果裁决是在债务人在场时作出的,那么抗告期间从裁决发布时开始,如果与第802g条第1款第3句相反,拘留令送达债务人,那么抗告期间

[58]参见《联邦宪法法院判例集》,第48卷,第398页、第401页;联邦宪法法院裁判,载《新法学周刊》,1983卷,第559~560页;同样的,参见伍珀塔尔州法院裁判,载《德国法院执行员报》,1986卷,第90页。

自送达始,[59]但最晚从逮捕时出示公证的拘留令副本那一刻开始(第 802g 条第 2 款第 2 句)。[60] 执行前不必送达拘留令(第 802g 条第 1 款第 3 句),只要在逮捕时交付公证的副本即为已足(第 802g 条第 2 款第 2 句);这一特殊规则排除第 569 条第 1 款第 2 句的适用。[61] 债务人可以利用即时抗告针对财产信息答询义务提出所有抗辩。[62] 在签发拘留令之后,可以为进行财产信息答询安排新的期日。[63]

五、拘留令的执行

(一)对债务人的逮捕

48.18 拘留令应通过法院执行员执行(第 802g 条第 2 款第 1 句)。[64] 在逮捕时,需要交付给债务人一份公证的拘留令副本(第 802g 条第 2 款第 2 句)。拘留令必须载明债权人、债务人以及逮捕的原因(第 802g 条第 1 款第 2 句)。拘留是对自由的剥夺。应当允许法院执行员依据第 758a 条第 2 款的规定,在没有搜查令的情况下为了逮捕而搜查债务人的住宅,但逮捕与住宅搜查不是必须同时进行的,实践中也很少同时进行。[65]

---

[59]有争议!参见杜塞尔多夫州法院裁判,《德国司法辅助员》1980 卷,第 75 页;吕贝克州法院裁判,《德国司法辅助员》,1981 卷,第 153 页;不同观点,参见策勒/施特贝尔,第 802g 条,边码 15,理由是:在现行法中未规定的拘留令之送达不可以缩短债务人的抗告期间从而不利于债务人。

[60]关于旧法,参见慕尼黑法院裁判,载《德国法院执行员报》,1987 卷,第 73 页;载《德国司法辅助员》1987 卷,第 319 页,第 320 页;有争议。

[61]关于宪法思想,参见贝尔,载《法律办公室》,2000 年,第 183 页,关于旧法。

[62]舒施克/瓦尔克,第 802g 条,边码 18。

[63]有争议,不同观点,参见萨尔布吕肯州法院裁判,载《德国法院执行员报》,1999 年,第 91 页;柏林州法院裁判,载《德国司法辅助员》,1999 卷,第 188 页,关于旧法。

[64]逮捕委托中原则上不包含扣押委托,参见西鲁利斯(Cirullies),载《德国法院执行员报》,1986 卷,第 85 页;但明示地结合两者是可能的。

[65]关于立法者所作的这一在宪法层面有疑问的决定,参见上文边码 8.22 处有进一步证明。

依据第758a条第4款第1句的规定，在夜晚以及周日、假期进行逮捕必须要有法官命令。[66] 自拘留令发布时起经过两年，即不允许再执行拘留令（第802h条第2款）。

（二）不适合拘留

如果债务人因疾病而不适合被拘留，则适用第802h条第2款的拘留推迟（Haftaufschub）。[67] 关于是否适合拘留的裁决，首先由法院执行员作出。债务人和债权人都可以依据第766条对违反第802h条第2款的情形提出责问。[68] 对于法院执行员的自由裁量权，法院不进行事后审查，而是以法律监督方式替代法院的事后审查；[69]因此，与通说相反，法院也可以要求一项官方医生的证明，[70]以及调取新的证据。如果债务人拒绝合作，则有时会对其不利。第802h条第2款不调整为作出代宣誓保证（暂时"部分拘留"）而拘传不适合拘留的债务人到庭。其他艰难情形——如需要供养的未成年儿童——则通过765a条来解决。但总是需要注意的是，拘留不是执行措施，而是因拒绝说明（Aufklärung）而施加的屈服之措施；对于拒绝说明，多数情况下债务人是有过错且明知的；因此，无人供养儿童的艰难情况可以产生延迟效 48.19

[66]联邦最高法院裁判，载《德国法院执行员报》，2004年，第154页处有进一步证明。

[67]除了健康状况还应当考虑债务人的年龄；布伦瑞克州法院裁判，载《德国法院执行员报》，1989年，第28页；科布伦茨地方法院裁判，载《德国法院执行员报》，1986年，第26页。不得在监狱医院执行等（卡尔斯鲁厄法院裁判，载《德国法院执行员报》1993卷，第8页；班贝格法院裁判，载《德国法院执行员报》，1990年，第39页；通说）！

[68]参见汉诺威州法院裁判，载《德国法院执行员报》，1982年，第119页；米德尔霍夫，载《德国法院执行员报》，1982年，第81页及以下处有进一步证明。

[69]哈姆法院裁判，载《德国法院执行员报》，1983年，第138页；科隆法院裁判，载《德国法院执行员报》1995年，第7～8页；施蒂尔纳，载《德国法院执行员报》，1985年，第12页。

[70]还有汉诺威州法院裁判，载《德国法院执行员报》，1990年，第59页。

果,但不会导致终局性宽宥(Verschonung)的效果。[71]

(三)拘留期

48.20 拘留的期限不能超过6个月;6个月届满后应当依职权释放债务人(第802j条)。债务人也可以通过作出代宣誓保证(第802i条)来结束拘留。依据第802i条第1款第3句,债权人可以依申请加入代宣誓保证的作出过程,只要这样不会拖延作出过程即可。[72] 第802i条第3款规定,如果债务人因没带必要的文件而不能作出完整的陈述,法院执行员可以附期限地中止拘留。如果债权人的逮捕申请限定在部分金额范围内(边码48.15),而该部分金额已经由债务人清偿,那么拘留令即失效。[73] 如果债务人因债权人申请而被释放,那么不能基于同一个债权人提出的新的申请恢复基于拘留令的逮捕(第802j条第2款)。如果尽管债务人清偿了债务,债权人仍然继续进行财产信息答询与逮捕,那么债权人可能会承担损害赔偿责任(边码5.20)。

(四)拘留完毕的效果

拘留完毕(volle Haftverbüßung)与作出代宣誓保证具有相同的效力(第802j条第3款):如无正当性新事实,那么在两年内不得重新要求作出代宣誓

---

[71]有启发性的,参见慕尼黑法院裁判,载《新法学周刊》,1977年,第1822页,有部分不同观点。债权人不必为供养小孩预付费用;正确的观点,参见弗里德贝格(Friedberg)地方法院裁判,载《德国法院执行员报》,1989年,第175页。

[72]例如,奥尔登堡州法院裁判,载《德国法院执行员报》,2003年,第156页。

[73]参见比勒菲尔德州法院裁判,载《德国法院执行员报》,1988年,第14页;吕贝克州法院裁判,载《法律办公室》,1989年,第1312页;波恩州法院裁判,载《德国法院执行员报》,1987年,第28页;不来梅地方法院裁判,载《德国法院执行员报》,1990年,第159页;不同观点,参见美因河畔法兰克福州法院裁判,载《德国法院执行员报》,1990年,第158页;施塔德州法院裁判,载《德国法院执行员报》,1988年,第29页;席尔肯,载《德国法院执行员报》,1989年,第35页;布罗克斯/瓦尔克,边码1156。关于分期付款场合中止逮捕的情况,参见厄尔克,载《德国法院执行员报》,1992年,第130页;朗道地方法院裁判,载《德国法院执行员报》,1993年,第62页;边码8.6。

保证(边码 48.4)。

六、对财产目录的集中管理

强制执行中事实查明改革法中最重要的变化,是引进了财产目录(Vermoegensverzeichnis)的集中管理制度。在此之前,债务人名册(Schuldnerverzeichnit)是由各个执行法院分别管理,现在则由中央执行法院来负责管理。依据第 802k 条第 1 款,在口头期日获取的财产目录,由法院执行员交给联邦州的中央执行法院保存。[74] 在此,查阅债务人名册的条件与程序以及副本的提供方面依现代法律交往的要求得到了实质性的更新,并且有利于强制执行的效率以及管理费用最小化。 48.21

(一)集中管理的范围

所有依据第 802f 条第 6 款以及《捐税法》第 284 条第 7 款第 4 句制备的财产目录都由一个中央执行法院以电子形式管理。依据第 802k 条第 3 款第 1 句,州政府有权通过州法律规定,须由哪个法院依第 802k 条第 1 款的规定承担中央执行法院的任务。财产目录的形式、接收、传递、管理、删除以及对数据保护的保障、数据安全等细节则由《财产目录法》(VermVV)规范。[75] 48.22

(二)删除的条件

一项登记应当在信息提供满 2 年后或收到新的财产目录后被删除。旧法第 915a 条第 2 款中关于提前删除的规定(债权人获得清偿、登记事由丧失)没有被第 802k 条继受。 48.23

---

[74] 另外还需将此情况通知债权人(第 802 条及下一条第 6 款)。

[75]《财产目录法》基于第 802k 条第 4 款在 2012 年 7 月 26 日发布,《联邦法律公报》,第 1 卷,第 1663 页。

(三)数据保护

第802k条第2款以及《财产目录法》第7条规定——符合
48.24 《数据保护法》的原则——得很清楚:只有法院执行员、特定的执行机关以及执行法院、支付不能法院与登记法院还有刑事诉讼机关,并且要在履行任务所必要的情况下,才能对管理的财产目录进行查阅。因此,私人是不能直接获得中央执行法院管理的财产目录的,而只能依据第802f条第6款、第802d条第2款第1句的规定通过法院执行员取得副本。与旧法第915b条第1款相区别,不再赋予任何一个声称财产信息答询对执行具有必要性的债权人以查阅权。进一步的程序在《财产目录法》第7条以下规范。第802k条第4款第3句第1项至第4项中的程序语句很清楚地说明,立法者显然力图保障满足对债务人个人数据进行保护的宪法要求。[76]

七、法院执行员相对于第三方机构的信息查询权

(一)借助审判程序的通常证明手段无法查明

如上文所述,法院执行员尽管可以问询债务人及其家庭成员,
48.25 以便查明可供执行的债务人财产(边码48.2),但除了上文已经详细论述的财产信息答询义务之外,不存在与法院执行员问询权对应的回答这类问题的义务(边码48.3以下)。也就是说,既不存在一般性的第三人作证义务,也不存在债务人一般的、以制裁为后盾的信息答询义务(超出财产信息答询,并且允许在真正审讯的意义上对财产信息答询中作出的陈述进行详尽的真实性检验)。另一项基本查明手段是,法院执行员在债务人的住宅以及其他活动空间中搜查执行财产(边码6.24以下、边码7.13、边码7.43、边码8.12以下)。但通说却将搜查的权限解释得非常狭窄,并将其

---

[76] 尤其《联邦宪法法院判例集》,第65卷,第1页及以下(Volkszählungsurteil)。

限制在只能对那些在法院执行人员扣押权限内的执行财产进行搜查。据此,法院执行员的搜查目标便是饰品、现金或可扣押的贵重物品,但不能搜查载有动产信息(如汽车、马等)或第三债务人(如雇主)信息的证书,因为债务人或第三人并没有向法院执行员呈交相应的文件材料的义务。[77] 以上同样必须适用于勘验标的(Augenscheingegenstand),尤其是存储的数据(《德国民事诉讼法》第371条第1款第2句),法院执行员不能为了获取信息而对所有存储数据进行搜查。但依据通说,对于文件材料与勘验标的还存在例外情况:法院执行员在直接搜查执行财产时会发现并且查阅这些材料或标的(或者甚至有权查阅?)。这一规则完全不能令人满意,并且导致出现大量争议问题与区分问题。

之前已经指出,他国法秩序为了查明,根本上对债务人要求更严(边码6.25、边码59.19、边码59.47以下、边码59.129、边码59.146等)。先前主要是欧洲法律比较以及与关于暂时的账户扣 48.26
押的欧洲法令相联系的查明可能性(尤其是《欧洲账户扣押法》第14条)作为2013年1月1日在《德国民事诉讼法》第755条、第802条中为扩展查明可能性而作出的基础性改革的范本。

(二)法院执行员的信息查询权

立法者还没能下定决心对查明可能性作全面改革,而是在法 48.27
律中依照机关与信息查询的客体整理列举信息查询权(Auskunftsrecht)。法院执行员针对机关或其他第三人的一般性的信息查询权是不存在的。

1.住所的确定

在法院执行员出示执行名义的可执行文书以及债权人的执行

[77]关于这里很不清晰的法律状态,尤其参见施泰因/尤纳斯/明茨贝格,2002年第22版,第806a条,边码8;策勒/施特贝尔,《德国民事诉讼法》,2016年第31版,第806a条,边码6。

委托的情况下,他可以在登记机关查询债务人当前的地址(主要住所以及从属住所)(《德国民事诉讼法》第755条第1款)。如果这里查询信息没有结果,则法院执行员可以在法定的养老保险机构或联邦机动车运输部门(Kraftfahrt – Bundesamt)获取债务人地址(《德国民事诉讼法》第755条第2款第1句第1、2项);同样地,如果债务人不是欧盟公民,没有相应的自由迁徙权(Freizügigkeitsrecht),则可以在外国人登记中心查询信息(第755条第2款第1句第3项以及第2、3句)。将信息答询义务限制在执行请求权价值至少达到500欧的情形是有点问题的,因为这样经常就不可能执行微小债权了(《德国民事诉讼法》第755条第2款第4句;对于微小债权,参见边码2.6、边码6.56、边码7.40、边码7.41、边码7.43、边码7.45、边码8.12、边码8.13、边码12.13、边码34.44、边码35.21、边码47.2以下,边码47.6、边码48.18)。

2. 特定执行标的之存在的确定

在(债务人)拒绝披露财产信息或者预期对财产信息提及的
48.28 特定标的物的执行将失败的情况下,法院执行员可以在法定养老保险机构处调查劳动关系及雇主,在联邦中央税务部门(Bundeszentralamt für Steuern)提取债务人的银行账户,或者在联邦机动车运输部门提取债务人机动车信息数据,但始终又要满足执行请求权价值至少达到500欧元的条件(《德国民事诉讼法》第802l条第1款)。在这种对私人领域进行干涉的场合,删除义务以及定时通知义务应当能够保障符合数据保护的一般要求(《德国民事诉讼法》第802l条第2款、第3款)。在规制调查可能性上,被判决的债务人是否真的值得立法者一如既往地持保守态度,是有疑问的。古老的对传统对人执行形式(债务监狱、债务农奴等)的厌恶态度,在这里可能起到一定作用,但这一理由将失去正当性。当所涉及的问题是,不能让经过费力的审判程序获得的执行名义因查明可能性(不足)而落空,目前的查明可能性远远不如就债权人权利而言根本上具有更大不确定性的审判程序的证明手段。联邦最高法院的新近判例至少还是强调法院执行员依债权人申请向第三人查询信息的原则性义务。只有在向第三人查询显然不会使得债权更好地获得清偿时，才没有向第三人查询的义务。尤其不必有迹象表明债务人在财产信息答询中作了不实或不完整的陈述。[78]

[78]联邦最高法院裁判，载《新法学周刊》，2015年，第2509页；债务人财产信息答询后已从第三人处获取过财产信息时，则有所不同，此时债权人必须陈述（债务人财产状况）改变的具体依据并予以疏明。

第八编

强制执行的费用

第八编

[illegible]

第四十九章　强制执行的费用

文献指引：阿里施（Alisch）：《扣押物和腾出物仓储费用赔偿》，载《德国法院执行员报》，1979年，第5页以下；拉佩（Lappe）：《〈民事诉讼法〉第788条第1款的费用执行符合基本法吗》，载《德国法月刊》，1979年，第795页；贝尔/汉特克（Behr/Hantke）：《强制执行的诉讼费用援助》，载《德国司法》，1981年，第265页；E.施耐德（E. Schneider）：《执行剩余债权和费用时法院执行员的审查义务》，载《德国法院执行员报》，1982年，第149页；诺阿克（Noack）：《〈民事诉讼法〉第788条强制执行费用可赔偿性及其追收的现实问题》，载《德国法院执行员报》，1983年，第17页；拉佩（Lappe）：《债权扣押时的费用赔偿》，载《德国司法》，1983年，第248页；阿里施：《执行费用的共同债务人责任》，载《德国法院执行员报》，1984页，第180页；贝克尔－埃伯哈德（Becker－Eberhard）：《民事请求权追索时的费用赔偿》，1985年；辛普夫（Schimpf）：《执行费用的多个债务人责任》，载《德国法月刊》，1985年，第102页及《德国法院执行员报》，1985年，第177页；克里斯特曼（Christmann）：《〈民事诉讼法〉第788条的意义和目的》，载《德国法院执行员报》，1985年，第147页；莫姆勒（Mümmler）：《强制执行程序中律师费的产生及可赔偿性》，载《法律办公室》，1986年，第1121页；约翰森（Johannsen）：《依〈民事诉讼法〉地788条追索执行费用——经典法院执行人行为的目的、范围和边界》，载《德国法院执行员报》，1989年，第1页；布罗塞特

(Brossette):《住宅强制迁出时费用承担义务》,载《新法学周刊》,1989 年,第 963 页;卡梅迈尔(Kammermeier):《依〈民事诉讼法〉第 788 条第 1 款的费用执行符合实践抑或需要改革?》,载《德国法院执行员报》,1990 年,第 3 页;约翰森(Johannsen):《债权人根据〈民法典〉第 366 条第 2 款、第 367 条擅自结算规避费用审查》,载《德国法院执行员报》,1990 年,第 51 页;席尔肯(Schilken):《部分支付结算后强制执行的必要费用的判断》,载《德国法院执行员报》,1991 年,第 1 页;温特施泰因(Winterstein):《第二次强制执行法修正案对费用法的变革》,载《德国法院执行员报》,1998 年,第 54 页;辛普夫(Schimpf):《第二次强制执行法修正案文本中的〈民事诉讼法〉第 788 条第 1 款》,载《德国法院执行员报》,1998 年,第 132 页;凯塞尔(Kessel):《根据第二次强制执行法修正案法院执行员接收代宣誓保证时的费用问题》,载《德国法院执行员报》,1998 年,第 136 页;赛普(Seip):《根据新〈法院执行员费用法〉执行员费用的征收、提取及记账》,载《德国法院执行员报》,2001 年,第 40 页;于林(Jüling):《执行费用——确定时的事实管辖》,载《德国法月刊》,2001 年,第 490 页;希尔泽(Hilse):《执行费用的时效经过(〈民事诉讼法〉第 788 条)——立法者的失误?》,载《消费者与私人支付不能法杂志》,2002 年,第 245 页;施特龙克(Strunk):《执行费用面临的时效经过——面对崩溃的强制执行》,载《消费者与私人支付不能法杂志》,2003 年,第 153 页。

在强制执行的费用中需对三个法律关系进行区分:强制执行程序中当事人对强制执行机关的费用责任(一,边码 49.1)、当事人对他们的程序代理人的费用责任(二,边码 49.2)以及当事人之间的费用补偿(三,边码 49.3 以下)。

一、当事人对强制执行机关的费用责任

49.1 当事人对强制执行机关的费用责任的标准是《法院费用法》(特别是《法院费用法》第 3 条第 2 款与《法院费用法》附件第 2110 ~ 2243 项)和《法院执行员费用法》(特别是《法院执行员费用法》第 5 条以下条款)连同各州法律

规定的、但是联邦内统一的法院执行员费用基本原则。① 司法国库(Justizfiskus)的费用债务人是申请人(《法院费用法》第22条、第26条第1款,《法院执行员费用法》第13条第1款第1项),申请人通常必须给付预付费用(《法院费用法》第10条、第12条第5款、第15条,《法院执行员费用法》第4条第1款第1句),而有偿还义务的强制执行债务人(《法院费用法》第29条第4项,《法院执行员费用法》第13条第1款第2项)作为共同债务人(《法院费用法》第31条第1款,《法院执行员法》第13条第2款),只要涉及强制执行的必要费用,债务人对债权人也承担费用偿还(Kostenerstattung)责任,依据第788条第1款。为强制执行程序特别准许的诉讼费用援助(Prozesskostenhilfe),②为进行强制执行的债权人节省了预付费用(《法院费用法》第14条第1项,《法院执行员费用法》第4条第1款第3句);在通过法院执行员进行的强制执行中,强制执行费用只能从不足的强制执行所得款中得到极小部分的清偿(《法院执行员费用法》第16条),其余的适用第122条第1款第1a项、第120条。1999年的《强制执行第二修正案》为迄今为止的法律实践设立了法律基础,据此,对强制执行程序也可以准许诉讼费用援助。与迄今为止的情况相同,根据第117条第3款,批准诉讼费用援助由执行法院管辖。原有的争议问题:是否必须对每一个强制执行措施单独申请诉讼费用援助,或者是否应当为所有的可能预想到的强制执行措施进行"一揽子"准许。现在由第119条第2款规定,规定的是有限制的"一揽子"准许。据此,对动产强制执行的诉讼费用援助的准许涉及的是受诉法院有管辖权的所有的强制执行措施,包括在它管辖领域内向法院执行员作出代宣誓保证的程序。③

---

①被刊印在皮勒/赫尔曼,《司法行政条例》,第9b条;对新加入的联邦州注意统一条约,参见《强制执行员费用法》附件一,第三章,工作范围A,第三节、第五节的规定[被刊印在舍恩菲尔德(二)第347号];全面的情形,参见施罗德-凯(Schröder-Kay),《法院执行员的费用》,第11版,2001年。

②关于在强制执行事务中诉讼费用援助的宪法保障,参见《联邦宪法法院裁判集》,第56卷,第139页以下;它是宪法法律保障的结果(边码7.1)。关于批准程序参见贝尔/汉特克:《德国司法》,1981年,第265页以下;美因河畔法兰克福法院裁判,载《德国司法》,1982年,第23页(对全部程序批准或者对单独的强制执行措施?)。

③对此,参见霍尔农,载《德国司法》,1998年,第381~382页;贝尔,载《法律办公室》,2000年,第117页。

二、当事人对他们的程序代理人的费用责任

49.2 自2004年7月1日以来,对当事人的代理人的费用责任以《律师报酬法》为准(见《律师报酬法》第1条,第2条,第18条第3项联合附件第3309~3312项)。[④]

三、根据第788条强制执行债权人和债务人之间的费用补偿

(一)第788条的适用范围

49.3 第788条规定了强制执行程序中哪一方当事人需要承担强制执行的费用。[⑤] 这一独立的(费用)补偿规定很必要,因为强制执行费用不属于判决程序的诉讼费用,否则当事人将被指令通过缓慢的诉讼实现并不充分的实体法请求权——比如基于《德国民法典》第280条第1款第2款、第286条的请求权。[⑥] 第788条适用于所有的根据民事诉讼法需要强制执行的名义,也对假扣押和假处分的执行适用;相反,对根据《非诉事件法》第33条的强制执行费用则不适用。[⑦]

(二)强制执行债权人对强制执行债务人的偿还请求权

49.4 第788条规定,在与债权人的关系中债务人承担强制执行费用,只要该执行费用是必要的。也就是说,第788条第1款规定的规则与第91条对判决程序规定的规则相同。存在多个债务人时,

---

④对诉讼费用援助的情况,参见《德国民事诉讼法》第122条第1b项和第3项,《律师报酬法》第48条第4款第1句和第2句第1项。

⑤在基于无效名义进行的强制措施中第788条不适用;法兰克福《州高等法院报告》,1996年,第203页。

⑥从实体权利中请求费用返还的可能性进行详细论述,贝克尔—埃伯哈德,第50页以下;此外,参见哈勒《法律办公室》,1997年,第342页。

⑦《巴伐利亚州最高法院民事判例集》,1991年,第45页、第49页;不来梅法院裁判,载《新法学周刊》,2002年,第2962页。

原则上每个债务人必须承担对其强制执行而产生的费用。

然而,1999 年的《强制执行法第二修正案》引入的第 788 条第 1 款第 3 句现在规定了强制执行费用的共同债务人责任,只要多个债务人被判决为共同债务人,即为共同债务人责任。⑧ 被排除在共同债务人责任之外的是基于单独主张的干预手段和防御手段的费用(第 788 条第 1 款第 3 句第 2 半句、第 104 条第 3 款)。仔细思考,新规定的基础在于债务人⑨(第 280 条第 1 款、第 2 款,第 286 条)。如果债权人针对多个同一顺位承担责任的债务人中的一个人的强制执行尝试无果,并因此产生了额外费用,在这种情况下不允许构成债权人的负担。因为,如果其他债务人及时充分履行其清偿具有执行名义的债权的义务,那么因为无果的强制执行尝试引起的费用就不会产生。如立法理由所述,如果所有的共同债务人都陷入迟延,那么他们必须对迟延后果承担共同债务人责任。⑩

1. 偿还请求权的对象

(1)强制执行费用

债务人必须偿还哪些类型的费用取决于,所涉及的是强制执行的直接费用,还是间接费用。"强制执行的费用"只是那些直接用于准备或实施强制执行的费用。只有这些费用可以得到偿还。对根据第 887 条至第 890 条的程序中的费用决定,适用第 91 条以下条款,而不是第 788 条(第 891 条第 3 句;边码 40.29)。 49.5

---

⑧例子:卡塞尔法院裁判,载《德国法院执行员报》,2002 年,第 172 页。与之不同,此前通说以单独效力的基本原则为出发点(《德国民法典》第 425 条第 1 款),只有当执行措施强制性地针对多个共同债务人实施时,才例外地认为存在共同债务人的费用责任,比如对夫妻进行的迁出强制执行;对此,参见前版附证明。

⑨赞同的,参见霍尔农,载《德国司法》,1998 年,第 381 页、第 389 页左栏;批评的,参见舒施克/瓦克尔,第 788 条,边码 3。

⑩比较《联邦议会印刊》,第 13/341 卷,第 19 页;博克等编著:《民事诉讼法评注》/明茨贝格,第 788 条,边码 6;另见边码 4.19。

属于准备费用的包括制作文本(Ausfertigung)和判决送达费(第788条第1款第2句);根据第726条、第727条制作证书的费用;在银行保证情况下债权人设置担保的费用;⑪(但是不包括其他筹措提存资本时的利息费用和利息损失⑫),另外包括调查债务人住宅的侦探费用⑬以及给付敦促费用。⑭ 根据流行的观点还包括部分支付和解费用。⑮ 属于实施费用的包括法院执行员的

---

⑪联邦法院裁判,载《新法学周刊》,1974年,第693页、第694页;杜赛尔多夫法院裁判,载《德国司法》,1981年,第122页;美因河畔法兰克福法院裁判,载《新法学周刊》,1978年,第1441页;科布伦茨法院裁判,载《德国司法》,1987年,第431页;《州高等法院民事裁判集》,1990年,第127页、第128页;科隆法院裁判,载《法律办公室》,1995年,第496页;斯图加特法院裁判,载《法律办公室》,1996年,第37页;慕尼黑法院裁判,载《州高等法院报告》,1997年,第23页;哈姆法院裁判,载《支付不能和执行》,1997年,第244页;汉堡法院裁判,载《德国法月刊》,1997年,第778页;杜赛尔多夫法院裁判,载《法律办公室》,2003年,第47页;罗森贝格/高尔/佐勒/施特贝尔,第46章第Ⅱ2 a节;不同观点——即补偿只是实体法的迟延损失——参见博克等编著:《民事诉讼法评注》/明茨贝格,第788条,边码11。

⑫杜赛尔多夫法院裁判,载夫《德国司法》,1981年,第122页;哈姆法院裁判,载《德国法月刊》,1982年,第416页;慕尼黑法院裁判,载《法律办公室》,1991年,第598页;《德国司法》,2000年,第27页;争议,参见鲍姆巴赫/哈特曼,第788条边码41"担保给付"。

⑬科布伦茨法院裁判,载《法律办公室》,1996年,第383页(具体拒绝的);弗莱堡州法院裁判,载《法律办公室》,1996年,第383页左栏;汉诺威州法院裁判,载《德国法月刊》,1989年,第364页;亚琛州法院裁判,载《德国法院执行员报》,1985年,第114页;巴特黑斯费尔德初级法院裁判,载《德国法院执行员报》,1993年,第116页附证明。

⑭例如,科隆法院裁判,载《德国司法》,1993年,第120页;慕尼黑法院裁判,载《德国法月刊》,1989年,第652页;杜赛尔多夫法院裁判,载《德国法月刊》,1988年,第784页;汉堡法院裁判,载《律师公报》,1985年,第784页;科布伦茨法院裁判,载《德国法院执行员报》,1984年,第56页;罗森贝格/高尔/佐勒/施特贝尔,第46章第Ⅱ2 a节;不同观点,参见博克等编著:《民事诉讼法评注》/明茨贝格,第788条,边码12,17附证明。

⑮争议!参见斯图加特法院裁判,载《德国司法》,1994年,第367页;不同观点,参见杜赛尔多夫法院裁判,载《德国司法》,1994年,第264页(仅对和解中明确说明的费用承担);博克等编著:《民事诉讼法评注》/明茨贝格,第788条,边码17;不同的,参见《〈德国民事诉讼法〉慕尼黑评注》/K.施密特,第788条,边码15(附其他证明)。根据《强制执行法第二修正案》,如果债权人不反对,法院执行员可以缔结部分支付协议(第813a,b条);这种形式的协议的费用受第788条第1款规定约束。

负担和费用(比如仓库费用)⑯和受委托的律师费用;⑰强制抵押登记的费用(第867条);仓库的强制迁出费用;⑱根据第887条替代行为的费用;⑲保管费用;⑳

⑯参见萨尔布吕肯法院裁判,载《州高等法院报告》,1998年,第300页;卡尔斯鲁厄法院裁判,载《德国法月刊》,1999年,第1403页;汉堡法院裁判,载《德国法月刊》,2000年,第661页;美因河畔法兰克福法院裁判,载《德国法院执行员报》,1998年,第188页(不包括在债务人空间内存储);阿里施法院裁判,载《德国法院执行员报》,1979年,第5页;另见边码8.5以下、边码28.20。

⑰参见联邦法院裁判,载《德国司法》,2003年,第596页、第597页左栏;《泛亲属法杂志》,2004年,第101页;《德国法院执行员报》,2005年,第6页;慕尼黑法院裁判,载《德国法月刊》,1989年,第652页;纽伦堡法院裁判,载《保险法》,1994年,第196页;美因河畔法兰克福法院裁判,载《州高等法院报告》,1996年,第21页;慕尼黑法院裁判,载《州高等法院报告》,1998年,第193页;科隆法院裁判,载《州高等法院报告》,1999年,第98页;不来梅法院裁判,载《州高等法院报告》,1999年,第201页;柏林高等法院裁判,载《法律办公室》,2001年,第211页;锡根初级法院裁判,载《德国法院执行员报》,1985年,第47页;不同观点,对公证员请来的律师,参见英戈尔施塔特州法院裁判,载《德国法院执行员报》,2001年,第45页(成问题的);一般对收款费用的偿还,参见威德尔(Wedel)法院裁判,载《法律办公室》,2001年,第345页。

⑱比较茨威布吕肯法院裁判,载《法律办公室》,1998年,第215页。

⑲参见边码40.9;卡尔斯鲁厄法院裁判,载《州高等法院民事裁判集》,1973年,第376页;科隆法院裁判,载《法律办公室》,1992年,第197页;纽伦堡法院裁判,载《法律办公室》,1993年,第239页;慕尼黑法院裁判,载《州高等法院报告》,1997年,第298页;汉堡法院裁判,载《德国法月刊》,1973年,第768页:不适于法院和解中的进行赔偿协议(不确定!);比较,具体参见博克等编著:《民事诉讼法评注》/明茨贝格,第788条,边码13。如果没有进行赔偿的授权,则不能根据第788条返还;联邦法院裁判,载《新法学周刊裁判报告》2005年,第212页、第213页左栏。

⑳争议页。肯定的,参见柏林高等法院裁判,载《支付不能法杂志》,1982年,第297页(对运输费用);卡尔斯鲁厄法院裁判,载《德国法院执行员报》,1993年,第27页。不同观点,参见科布伦茨法院裁判,载《支付不能法杂志》,1981年,第613页、第615页;汉堡法院裁判,载《德国法月刊》,1993年,第1023页。

扣押债权后对第三债务人实施诉讼的费用,[21]包括劳动诉讼中的律师费用,不考虑《劳动法院法》第12a条第1款第1句的规定;[22]根据第840条的第三债务人答复费用(边码30.20结尾);预扣押费用(第845条);[23]其他可执行文本费用。[24] 在借助随后通过诉讼和解的判决的修正的暂时执行情况下,债权人可以与基于微小和解债权的强制执行时产生的执行费一样确定强制执行的费用。[25]

㉑参见科布伦茨法院裁判,载《德国司法》,1987年,第385页;卡尔斯鲁厄法院裁判,载《德国司法》,1994年,第118页;哈姆法院裁判,载《州高等法院报告》,1997年,第224页;波鸿州法院裁判,载《德国司法》,1984年,第286页;柏林州法院裁判,载《法律办公室》,1985年,第1898页。不同观点,参见慕尼黑法院裁判,载《德国法月刊》,1990年,第931页;斯图加特法院裁判,载《德国司法》,1996年,第117页(无果时)以及柏林州法院裁判,载《德国法院执行员报》,1990年,第138页;未决的,参见科隆法院裁判,载《支付不能和执行》,1998年,第167页;具体的比较,参见博克等编著:《民事诉讼法评注》/布雷姆,第835页,边码28页以下。

㉒参见博克等编著:《民事诉讼法评注》/布雷姆,第835条,边码30;杜赛尔多夫法院裁判,载《德国法月刊》,1990年,第730页;科布伦茨法院裁判,载《经济法杂志》,1991年,第120页;卡尔斯鲁厄法院裁判,载《德国司法》,1994年,第118页;科隆法院裁判,载《新法学周刊裁判报告》,1990年,第125页;罗特韦尔州法院裁判,载《德国司法》,1990年,第265页;亚琛州法院裁判,载《德国司法》,1982年,第309~310页;不同观点,对于毫无希望的诉讼,参见斯图加特法院裁判,载《德国司法》,1996年,第117页(有疑问的)。对迟延的第三债务人的损害赔偿请求权中的平行问题(第840条),参见联邦劳动法院裁判,载《新法学周刊》,1990年,第2643页,载《联邦劳动法院裁判集》,第24卷,第486页的任务中;另比较边码30.20。

㉓柏林高等法院裁判,载《律师公报》,1997年,第448页。

㉔茨威布吕肯法院裁判,载《州高等法院报告》,1999年,第95页;杜赛尔多夫法院裁判,载《州高等法院报告》,1999年,第298页。

㉕现在也如此的,参见联邦法院裁判,载《新法学周刊裁判报告》,2004年,第503页附证明;此前已经,参见科布伦茨法院裁判,载《法律办公室》,1993年,第25页(上诉法院判决改判);斯图加特法院裁判,载《德国司法》,1994年,第118页;杜赛尔多夫法院裁判,载《新法学周刊裁判报告》,1996年,第572页;科布伦茨法院裁判,载《法律办公室》,第1997页、第425页;慕尼黑法院裁判,载《新法学周刊裁判报告》,1999年,第798页;茨威布吕肯法院裁判,载《州高等法院报告》,1999年,第521页;杜赛尔多夫法院裁判,载《法律办公室》,2003年,第47页;佐勒/赫尔格特,第103条、第104条,边码21,《强制执行的费用》,附证明;不同观点,参见卡尔斯鲁厄法院裁判,载《新法学周

(2)无偿还义务的支出

虽然是间接用于强制执行并保障或提高了执行收益的费用,但这种费用并不是为了该强制执行而支出的,故不属于第788条意义上的强制执行费用。[26]因此,在扣押债务人享有期待权时,债权人为了阻止保留所有权出卖人提起第三人异议之诉而向保留所有权出卖人支付的剩余买卖价款,不适用第788条。[27]在狭义的强制执行之外为了实现判决的费用也不适用第788条。比如根据第894条、第895条土地簿登记费用,只要在自愿清算时对于强制执行债权人处也会产生这些费用,就不属于第788条的适用范围;[28]当涉及债权人的赴偿之债和运送之债时,根据第756条、第765条提供对待给付的费用同样不包括在第788条中,[29]或者在判决原物返还时的运输费用和仓储费用。[30] 49.6

2. 返还请求权的范围

债务人只需要返还与权利追诉之目的相符的、必要支出的强

刊裁判报告》,1989年,第1150页;奥尔登堡法院裁判,载《州高等法院报告》,1995年,第238页;杜赛尔多夫法院裁判,载《州高等法院报告》,1998年,第331页附注释;瓦克尔,《经济法裁判集》,1998年,第479页;《新法学周刊裁判报告》,1999年,第943页;布伦瑞克法院裁判,载《州高等法院报告》,1999年,第264页;柏林高等法院裁判,载《新法学周刊裁判报告》,2000年,第518页(和解也必须规定已经进行的强制执行的费用,这样可以确定费用)。

㉖博克等编著:《民事诉讼法评注》/明茨贝格,第788条,边码18。

㉗博克等编著:《民事诉讼法评注》/明茨贝格,第788条,边码19;不同观点,参见亚琛州法院裁判,载《德国司法》,1968,第60页。另见边码32.15、边码46.6。

㉘策勒,《新法学周刊》,1968年,第2246页;慕尼黑法院裁判,载《德国法月刊》,1974年,第939页。

㉙博克等编著:《民事诉讼法评注》/明茨贝格,第788条,边码19。

㉚石勒苏益格法院裁判,载《法律办公室》,1996年,第89页、第90页;哈姆法院裁判,载《法律办公室》,1997年,第160页;不同观点,参见卡尔斯鲁厄法院裁判,载《德国司法》,1981年,第157~158页;杜赛尔多夫法院裁判,载《律师公报》,1989年,第239页。

49.7 制执行费用(第788条第1款第1句、第91条第1款第1句)。是否属于此类情况,其判断根据是,在花费人以强制的方式实现自己的请求权的时点,花费人得否认为该强制执行措施是客观必要的。[31] 关键因素是诉讼的经济性(Prozesswirtschaftlichkeit)。债权人必须把费用控制的足够低,与不危及执行目标情况下可能产生的费用一样低。[32]

据此,必要的比如代收办公费(Inkassobürogebühren),只要该费用仅用于清偿为替代律师之行为而实施的国家强制执行,即可;[33]第855条第3款情况下的运输费和仓储费,[34]根据第887条的替代行为之费用,只要其与实施的工作比例合理,即可;[35]但是,法院执行员在返还强制执行中清除建筑物和种植物,则不是(必要的)。[36] 强制执行中律师援助费用原则上也是必要的。[37] 但是债权人不得仓促地主张律师援助费请求权。[38] 对此的判断依据是,在这个时间点委托律师已经是必要的,因为强制执行债务人的行为导致

---

[31]策勒:《支付不能和执行》,2004年,第76页;博克等编著:《民事诉讼法评注》/明茨贝格,第788页,边码22;罗森贝格/高尔/佐勒/施特贝尔,第46章,第II 2 b节。

[32]博克等编著:《民事诉讼法评注》/明茨贝格,第788条,边码24。

[33]有争议,参见博克等编著:《民事诉讼法评注》/明茨贝格,第788条,边码12附证明;帕德博恩初级法院裁判,载《法律办公室》,1985年,第1896页;另见,德累斯顿法院裁判,载《德国司法》,1994年,第260页;嗣后律师参与时无赔偿。

[34]杜赛尔多夫法院裁判,载《法律办公室》,1989年,第550页;边码39.13。

[35]科隆法院裁判,载《法律办公室》,1992年,第197页;纽伦堡法院裁判,载《德国司法》,1993年,第85页;另见边码40.9。

[36]联邦法院裁判,载《新法学周刊裁判报告》,2005年,第212页(功能上无管辖)。

[37]通信律师参与的不同情况,参见科布伦茨法院裁判,载《德国司法》,2003年,第376页。

[38]联邦法院裁判,载《德国司法》,2003年,第596~597页;《泛亲属法杂志》,2004年,第101页;杜赛尔多夫法院裁判,载《州高等法院报告》,1997年,第40页;萨尔布吕肯《州高等法院报告》,1998年,第181页;石勒苏益格法院裁判,载《州高等法院报告》,1999年,第1011页。

有理由这样认为。[39] 可执行文本的事先送达不是可以偿还的必要条件。[40] 但比如,可执行性产生之后几天就寄出的律师的支付要求,就不是必要的;[41] 相反,费用确定裁定送达 21 天后的支付要求,是必要的。[42] 在债务人得通过转付清偿的金钱债务的情况下,在债权人提出强制执行申请之前,必须把从转付到计入贷方金额通知之间所需的通常时间计算在内。[43] 债权人可以避免的费用不是必要的,比如不合法的(不允许的)强制执行措施的费用,或者毫无希望的强制执行措施的费用。[44] 但是,因为债务人自愿清偿而变得不必要的强制执行措施费用,不属于此类客观不必要的费用,假如债权人不知道债务人清偿,所以采取了强制执行措施。[45]

债法现代化法生效后,偿还请求权的诉讼时效不再是 30 年,而是 3 年(《德国民法典》第 195 条)。旨在使诉讼时效重新起算(《德国民法典》第 212 条第 1 款第 2 项)的大量强制执行尝试之必要性,可能使强制执行机关

---

[39]有教益的,参见联邦宪法法院裁判,载《新法学周刊》,1991 年,第 2758～2759 页(对联邦德国强制执行);《联邦宪法法院裁判集》,第 99 卷,第 338 页、第 340 页(对某个联邦州强制执行)。

[40]联邦法院裁判,载《德国司法》,2003 年,第 596～597 页;《泛亲属法杂志》,2004 年,第 101 页;不同观点,参见慕尼黑法院裁判,载《德国法月刊》,1989 年,第 652 页;科隆法院裁判,载《州高等法院报告》,1999 年,第 146 页。

[41]科布伦茨法院裁判,载《德国法月刊》,1985 年,第 943 页;柏林高等法院,载《法律办公室》,2001 年,第 211 页;慕尼黑法院裁判,载《法律办公室》,1986 年,第 1582 页(在诉讼和解的强制执行中没有等待期间)。

[42]纽伦堡法院裁判,载《保险法》,1994 年,第 196 页。

[43]博克等编著:《民事诉讼法评注》/明茨贝格,第 788 条,边码 28 附证明。

[44]例子:联邦法院裁判,载《新法学周刊》,2005 年,第 2460 页(在对无支付能力的住房所有权人进行的强制执行程序中住房补助金预付);其他例子:布伦瑞克法院裁判,载《州高等法院报告》,1999 年,第 15 页(仓促进行的强制执行措施)。

[45]汉堡初级法院裁判,载《德国司法》,1982 年,第 392 页;奥尔登堡州法院裁判,载《经济法杂志》,1983 年,第 224 页以下(撤回拍卖申请)。

承受更多的压力。[46]

3. 偿还请求权的实现

强制执行费用的追收有两种可能性:

(1)与主债权一同追收

49.8 原则上根据第788条第1款第1句的费用无需特别执行名义,即可以与主债权一同追收。但这不意味着,强制执行费用必须同时与主请求权一并追收,其意思仅仅是,对费用执行不需要特别的名义,而且,主债权的强制执行必须已经开始。在这种费用追收形式下,追收机关即法院执行员[47](边码8.1以下)或者执行法院(边码8.30以下),自己计算费用,并且在此过程中要审查债权人估算的、根据第104条第2款可信地提出的费用的可赔偿性。必要时,债权人必须提交总合算(Gesamtberechnung)。[48] 依通说,[49]针对费用估算,债权人和债务人享有以下法律救济:在法院执行员或法律辅助员进行的费用估算情况下,根据第766条提起抗

---

[46]对此,参见韦尔滕,载《德国法院执行员报》,2002年,第177页、第182页;希尔泽,载《消费者与私人支付不能法杂志》,2002年,第245页;施特龙克,载《消费者与私人支付不能法杂志》,2003年,第153页;巴拉施克,载《律师实务杂志》,2004年,第677页。

[47]对此参见E.施耐德,载《德国法院执行员报》,1982年,第149页以下;科隆法院裁判,载《德国法院执行员报》,1983年,第9页;赛普法院裁判,载《新法学周刊》,1994年,第352页、第355页。

[48]如果费用已经根据《德国民法典》第367条与债务人的支付一同计算,那么它在强制执行程序中是否还能被审查,或者债务人是否不能被指向第767条,有时存在争议;详细的参见边码6.61;另外特别是,比如埃森州法院裁判,载《德国法院执行员报》,1992年,第172页;席尔肯,《德国法院执行员报》,1991年,第1页;赛普法院裁判,载《新法学周刊》,1994年,第352页、第355页。

[49]博克等编著:《民事诉讼法评注》/明茨贝格,第788条,边码44;罗森贝格/高尔/佐勒/施特贝尔第46章,第Ⅱ 3节;布洛克斯/瓦克尔边码1678;对该法律救济体系的批评,见边码43.4。

议(Erinnerung),只要未进行听审,即可;[50]在提前听审情况下,可以提起立即抗告(sofortige Beschwerde)(第793条;《法院辅助员法》第11条第1款);抗告限额:200欧元(第567条第2款);法律抗告:第574条。

(2)根据第788条第2款的费用确定

替代与主债权同时追诉费用,债权人也可以根据第788条第2款、第103条第2款、第104条、第107条确定费用,然后依据费用确定裁定强制执行,[51]该裁定根据第794条第1款第2项,是一种执行名义。强制执行法院(第788条第2款第1句)的司法辅助员(《司法辅助员法》第21条第1款第1项)有管辖权——因为事实接近,值得肯定,[52]一审诉讼法院的司法辅助员仅在根据第887条至第890条的强制执行情况下有管辖权(第788条第2款第2句)。[53] 如果没有进行听审(边码46.4),针对费用确定裁决可以提起抗议(第766条),否则提起立即抗告(第793条;《司法辅助员法》第11条第1款),但须在第567条第2款额度内(200欧元);根据第574条的法律抗告。 49.9

[50]拉普,载《德国法月刊》,1979年,第795~796页;嗣后的抗议没有有效的法律保护。

[51]《强制执行法第二修正案》明确规定这种可能性(比较前版)。在针对需要举证费用确定的抗辩中,债务人被提示参阅第767条:斯图加特法院裁判,载《德国司法》,1982年,第355页。根据《偿付律师法》确定费用的管辖权未予以考虑;斯图加特法院裁判,载《新法学周刊》,2005年,第759页(申报裁定)。

[52]例子:策勒法院裁判,载《州高等法院报告》,2000年,第59页;慕尼黑法院裁判,载《德国司法》,2000年,第117页;柏林高等法院裁判,载《德国法院执行员报》,2000年,第150页;卡尔斯鲁厄法院裁判,载《德国司法》,2001年,第309页;科布伦茨法院裁判,载《德国司法》,2003年,第376页。

[53]第一审级的受诉法院无论如何都被委以行为的强制执行、容忍的强制执行以及不作为的强制执行;比较《联邦议会印刊》,第13/341卷,第20页;另见边码4.19、边码40.9、边码40.17、边码40.22以下。

(三)强制执行债务人对强制执行债权人的偿还请求权

1. 产生条件

49.10 如果进行强制执行所依据的判决被废止,那么要根据第 788 条第 3 款对债务人的强制执行费用进行赔偿。对于第 795 条意义上的其他名义被废止的情况,适用同样规则。废止是因为上诉、异议(Einspruch)引起,还是在根据第 302 条、第 599 条的后续程序、再审程序中发生,或者是通过法院和解,[54]还是在假扣押或假处分中基于异议(Widerspruch)而发生,并没有区别。在撤回诉讼(第 269 条第 3 款第 1 句)或者在因为基础性名义被废止而变得无效力的费用确定裁定情况下,不需要明确的废止。[55] 废止的基础必须是,需要进行强制执行的请求权在执行费用产生的时间点就已经不成立或者诉讼不适法。[56] 如果是根据第 718 条、第 717 条第 1 款只是暂时可执行性被废止,或者如果可执行性因为第 767 条的嗣后的抗辩而消灭,则第 788 条第 3 款不适用。[57]

2. 偿还请求权的内容

根据通说,根据第 788 条第 3 款,偿还请求权只包括债权人之
49.11 前根据第 1 款向债务人追索的强制执行费用,或者债务人为了避免费用执行而自愿支付的强制执行费用。根据第 788 条第 3 款,本来就在债务人处产生的费用不具有赔偿能力,比如债务人为了

---

[54]柏林高等法院裁判,载《新法学周刊》,1963 年,第 661 页以下和《德国司法》,1978 年,第 150 页;卡尔斯鲁厄法院裁判,载《德国法月刊》,1994 年,第 734 页(争议);和解中出现不同规定时则不同。

[55]博克等编著:《民事诉讼法评注》/明茨贝格,第 788 条,边码 46。

[56]罗森贝格/高尔/佐勒/施特贝尔,第 46 章,第 III 1 a 节;博克等编著:《民事诉讼法评注》/明茨贝格,第 788 条,边码 47。

[57]通说:博克等编著:《民事诉讼法评注》/明茨贝格,第 788 条,边码 31;《〈德国民事诉讼法〉慕尼黑评注》/ K. 施密特,第 788 条,边码 37;罗森贝格/高尔/佐勒/施特贝尔,第 46 章,第 III 1 a 节(分别附证明);不同观点,参见杜赛尔多夫法院裁判,载《德国司法》,1993 年,第 172 页以下。

防御强制执行而支付的费用。[58] 特别是提供担保的费用,债务人不能根据第 788 条第 3 款要求偿还。[59] 对此类费用,债务人的救济途径是第 717 条第 2 款或第 3 款;如果我们认为适用第 788 条第 3 款,那么上述规定就无的放矢了。在某些情况下,债务人可以基于废止名义的费用之裁判,根据第 91 条,来主张他的费用,只要该费用在与法律救济程序的关联中产生,即可。[60]

3. 请求权的实现

与根据第 788 条第 1 款的赔偿请求权不同,债务人不能简单 49.12
地通过执行机关追索偿还请求权,因为第 1 款的条件不满足,第 2 款没有规定准用情况。[61] 因此,需要予以赔偿的费用必须根据第 103 条以下条款,由受诉法院的司法辅助员进行(回复)确定。如果不可能确定,比如因为没有废止执行名义的裁判,或者因为对偿还额度有争议,那么,或者通过新的诉讼,或者——在上诉程序

---

[58]比较,参见慕尼黑法院裁判,载《德国司法》,1994 年,第 128 页;科隆法院裁判,载《德国司法》,1993 年,第 464 页。

[59]罗森贝格/高尔/佐勒/施特贝尔,第 46 章,第 III 1 b 节;博克等编著:《民事诉讼法评注》/明茨贝格,第 788 条,边码 51;科布伦茨法院裁判,载《法律办公室》,1985 年,第 778 页;柏林高等法院《新法学周刊》,1978 年,第 1440 页;哈姆法院裁判,载《法律办公室》,1987 年,第 1083 页;杜赛尔多夫法院裁判,载《法律办公室》,1999 年,第 34 页;汉堡法院裁判,载《德国法月刊》,1999 年,第 188 页;科隆法院裁判,载《州高等法院报告》,1999 年,第 116 页;科布伦茨法院裁判,载《法律办公室》,2001 年,第 380 页;不同观点,参见杜赛尔多夫法院裁判,载《新法学周刊裁判报告》,1987 年,第 1210 页;1998 年,第 1455 页;未决的,参见卡尔斯鲁厄法院裁判,载《法律办公室》,2001 年,第 371 页。

[60]例子:慕尼黑法院裁判,载《新法学周刊裁判报告》,2000 年,第 517 页;杜赛尔多夫法院裁判,载《德国司法》,2001 年,第 201 页;《德国法月刊》,2002 年,第 174 页;对此,博克等编著:《民事诉讼法评注》/明茨贝格,第 788 条,边码 51。

[61]罗森贝格/高尔/佐勒/施特贝尔,第 46 章,第 III 2 节;布洛克斯/瓦克尔,边码 1683;博克等编著:《民事诉讼法评注》/明茨贝格,第 788 条,边码 52 页;不同观点,参见佐勒/施特贝尔,第 788 条,边码 25,以及策勒法院裁判,载《德国司法》,1983 年,第 498 页。

中——准用第 717 条第 2 款,主张偿还请求权。[62]

(四)执行保护和交换扣押中的公平裁判

49.13 根据第 788 条第 4 款,在特定执行保护程序中(第 765a 条、第 813b 条、第 829 条、第 850k 条、第 851a 条、第 851b 条)[63]或者在交换扣押(Austauschpfändung)(边码 23.11)中产生的费用,例外地全部或者部分由债权人负担。[64]

1. 请求权条件

49.14 费用转移给债权人的条件是,“这种转移因为特殊的、债权人行为中的原因而符合公平性”。因此,允许债务人申请执行保护[65]或者交换扣押不被允许等,都是不充分的。对于债权人不知道债务人的保护之必要性,不得算在债权人头上。[66] 但是,如果债权人坚持进行某个强制执行措施,虽然该措施明显无希望,那么债权人必须承担不利后果。[67] 公平性审查最终为考虑当事人之间的经济关系以及债务人的迄今行为提供了空间,比如其清偿债务的努力。如果第 788 条第 4 款的条件成就,则债权人必须承担费用,因为与文本相反,法律条款(“法院可以”)在此方面没有授予法官裁量权。[68]

2. 请求权的实现

49.15 如果根据第 788 条第 4 款进行了费用裁判,那么债务人可以根据第 103 条以下条款确定费用。

---

[62]博克等编著:《民事诉讼法评注》/明茨贝格,第 788 条,边码 38 页;罗森贝格/高尔/佐勒/施特贝尔,第 46 章,第 III 2 节。

[63]此外边码 47.1 以下、边码 29.1、边码 24.15、边码 24.54。

[64]对此,鲍克内希特,《德国法月刊》,1954 年,第 391 页;反对将第 829 条纳入目录的思考,参见贝尔:《法律办公室》,2000 年,第 121 页。

[65]科隆法院裁判,载《法律办公室》,1996 年,第 158 页;柏林州法院裁判,载《德国司法》,1991 年,第 219 页。

[66]博克等编著:《民事诉讼法评注》/明茨贝格,第 788 条,边码 55。

[67]布洛克斯/瓦克尔,边码 1685;罗森贝格/高尔/佐勒/施特贝尔,第 46 章,第 IV b 节。

[68]博克等编著:《民事诉讼法评注》/明茨贝格,第 788 条,边码 56 页;罗森贝格/高尔/佐勒/施特贝尔,第 46 章,第 IV b 节。

第九编

假扣押与暂处分

第五十章 总论

文献指引:米特迈尔(Mittermaier):《所谓的总括诉讼起源及其与一般诉讼的关系》,载《民法实务档案》,第7卷,1824年,第369页;瓦赫(Wach):《意大利假扣押程序》,1868年;布兰尼茨(Planitz):《德国假扣押程序基本原理》,1922;吉多·基希(Guido Kisch):《德国假扣押程序的历史发展》,1914年;卡尔·布鲁迈尔:《假扣押和暂处分》,载《民事诉讼法杂志》,第65卷,1952年,第52页;布伦斯(Bruns):《〈民事诉讼法〉第945条的既判力和损害赔偿》,载《民事诉讼法杂志》,第65卷,1952年,第67页;多诺(Donau):《一揽子诉讼中拟制、推断和解释规则的意义》,载《民事诉讼法杂志》,第67卷,1954年,第451页;鲍尔(Baur):《假扣押和暂处分的当代适用范围》,载《企业顾问》,1964年,第607页;格平格尔(Goeppinger):《基于主程序裁判的紧急程序的完成和〈民事诉讼法〉第890条的问题》,载《新法学周刊》,1967年,第177页;尧厄尼希(Jauernig):《允许的暂处分内容》,载《民事诉讼法杂志》,第79卷,1966年,第321页;鲍尔:《暂时性法律保护研究》,1967年;哈丁(Hadding):《竞争限制法中的暂时处分》,载《泛商法与经济法杂志》,第130卷,第1页;于尔根·布鲁迈尔(Juergen Blomeyer):《允许和成立在控告或申请命令假扣押和暂处分中的区别》,载《民事诉讼法杂志》,第81卷,1968年,第20页;帕斯塔/阿伦斯(Pastor/Ahrens):《竞争程序》,第5版,2005年;文策尔(Wenzel):《假扣押程序的基本方针》,载

《德国法月刊》,1967 年,第 889 页;施吕特(Schlüter):《债务履行作为假扣押程序的完成事由》,载《民事诉讼法杂志》,第 80 卷,1967 年,第 447 页;赫克尔曼(Heckelmann):《劳动争议中的暂处分》,载《劳动和权利》,1970 年,第 166 页;格伦斯基(Grunsky),载《法律学习》,1970 年,第 724 页(对给付的暂处分);施文特纳(Schwerdtner):《假扣押程序的教义》,载《新法学周刊》,1970 年,第 222 页;莱普德(Leipold):《暂时法律保护的基本理论》,1971 年;尧厄尼希(Jauernig):《实体法和程序法》,载《法学教育》,1971 年,第 329 页;施密特(Schmidt):《〈民事诉讼法〉判决程序和一揽子程序中的异议》,博士论文,1971 年;哈根(Hagen):《暂处分的规范功能》,载《奥地利法学公报》,1971 年,第 337 页;杜伊茨(Dütz):《企业劳资法中的暂时法律和利益保护》,载《劳动法杂志》,1972 年,第 247 页;明内罗普(Minnerop):《实体法和暂时法律保护》,1973 年;尧厄尼希:《新法学周刊》,1973 年,第 1671 页(允许不作为时的暂时处分);汉克尔(Henckel):《民法实务档案》,第 174 卷(1974 年),第 97 页(私法重点预防性权利保护);格伦斯基(Grunsky):《暂时性法律保护的基本理论》,载《法学教育》,1976 年,第 277 页;席尔肯(Schilken):《清偿处分》,1976 年;里特(Ritter),载《民事诉讼法杂志》,第 88 卷,1975 年,第 126 页(人的担保性假扣押);布林克曼(Brinkmann):《可仲裁性和暂时性保护措施》,1977 年(对此莱普德,载《民事诉讼法杂志》,第 95 卷,1981 年,第 97 页;阿伦斯(Arens):《凯默雷尔祝寿文集》,1978 年,第 75 页(处分请求权);吕贝特(Lübert):《凯默雷尔祝寿文集》,1978 年,第 933 页(欧盟法);迪特马尔(Dittmar),1978 年,第 1720 页(国外执行的假扣押原因);格伦斯基,载《新法学周刊》,1979 年,第 86 页(继续工作请求权和暂时命令);魏德迈(Wedemeyer),载《新法学周刊》,1979 年,第 293 页(竞争性的不作为处分);塞姆勒(Semler):载《企业顾问》,1979 年,第 1533 页(公司争议中的暂处分);皮勒(Piehler):《暂时性法律保护和实体法(比较法的)》,1980 年;特普利茨基(Teplitzky):《假扣押和暂处分》,载《法学教育》,1980 年,第 882 页;1981 年,第 122 页、第 352 页、第 435 页;迈德里希(Maedrich):《暂处分程序中申请相对人的法律救济的关系》,1980 年(对此,佩赫,载《民事诉讼法杂志》,第 95 卷,1982 年,第 101 页);杜伊茨:《劳动争议中的暂时性法律保护》,载《企业顾问》,1980 年,第 533 页;K. H. 施瓦普:《鲍尔祝寿文集》,1981 年,第 627 页(暂时性法律保护和可仲裁性);舒策(Schütze):《国际交易中的暂处分和假扣押》,载《经济法、银行法与证券通讯杂志》,1980 年,第 1438 页;海因策(Heinze):《劳动法和经济法中的暂时性法律保护》,1981 年;拉施克-凯斯勒(Räschke-Kessler),载《新法学周刊》,1981 年,第 663 页(对陌生人的暂处分);韦伯(Weber),载《企业》,1981 年,第 877 页(不作为处分的执行);魏灵(Wieling),载《法学家杂志》,1982 年,第 839 页(通过暂处分的物权?);多恩多夫/魏斯(Dorndorf/Weiss):《警告罢工和对罢工的暂时性法律保护》,1983 年;梅(May):《假扣押程序和暂处分承租中的保护书状》,1983 年;阿伦斯(Ahrens):《竞争程序法》,1983 年;海因策:《银行支付往来中的暂时性保护》,1984 年;米尔贝特(Mülbert):《银行保证和暂时性法律保护的滥用》,1985 年;亚丁(Aden):《仲裁程序中的暂时性法律保护》,载《企业顾问》,1985 年,第 2277 页;比洛(Buelow):《假扣押和暂处分决议程序中申请相对人的诉讼法地位》,载《民事诉讼法杂志》,第 98 卷,1985 年,第 274 页;施洛瑟(Schlosser):《可仲裁性工作中法院的暂时性保护》,载《民事诉讼法杂志》,第 99 卷,1986 年,第 241 页;希尔茨(Hirtz):《暂时性法律保护的陈述责任及证明责任》,载《新法学周刊》,1986 年,第 110 页;科勒(Kohler):《不动产法中根据〈民事诉讼法〉第 938 条第 2 款的处分禁止》,1984 年;蒂勒(Thiele):《暂时命令和实体法》,1987 年;莱普德:《德意志联邦共和国的暂时性法律保护》,载吉勒斯(Gilles):《有效率的法律保护》,1987 年,第 113 页;阿伦斯:《暂处分程序中的外国人担保》,载《纳格尔祝寿文集》,1987 年,第 1 页以下;石川(Ishikawa):《日本对职员劳动关系的暂时性规范问题》,载《鲍姆格特尔(Baumgärtel)祝寿文集》,1990 年,第 163 页以下;石川(Ishikawa):《日本对薪酬支付的暂处分的形成效力》,载《施瓦布祝寿文集》,1990 年,第 421 页;P. 施洛瑟:《仲裁裁决和证书程序中及借助国内暂处分的国外判决的实现》,载《施瓦布祝寿文集》,1990 年,第 435 页;甘泽迈尔(Ganselmayer):《民事程序中的暂处分》,1991 年;沃格(Vogg):《暂时性法律保护和暂时可执行》,1991 年;韦甘德(Wieland):《竞合的物之给付请求权的担保》,1992 年;曼科夫斯基(Mankowski):《暂时性法律保护和根据〈欧洲经济共同体条约〉第 177 条第 3 款的出示义务》,载《法学评论》,1993 年,第 402 页;福斯特(Förste):《借助暂时性法律保护的执行优势》,载《民事诉讼法杂志》,第 106 卷(1993 年),第 143 以下;瓦克尔:《民事诉讼和劳动法院程序中的暂时保护》,1993 年;奥特曼(Ottomann):《N. Th. 根纳法院程序法典草案中的一揽子程序》(1815 年),载《瓦尔德(Walder)祝寿文集》,1994 年,第 225 页以下;海因策:《劳动法、社会法和经济法争议中的暂时法律保护》,载《佐伊纳祝寿文集》,1994 年,第 369 页;波尔曼(Pohlmann):《根据〈民事诉讼法〉第 929 条第 2 款假扣押和暂处分中遵守执行期限》,载《支付不能法杂志》,1994 年,第 49 页;P. 施洛瑟:《暂时法律保护和实体中间法——矛盾?》,载《汉克尔祝寿文集》,1995 年,第 513 页;丁施图勒(Dinstühler):《权利继受与暂时处分》,1995 年;P. 施洛瑟:《通往暂时法律保护维度之路》,载《奥德尔斯基祝寿文集》,1996 年,第 669 页;蒂姆尔(Thümmel),载《国外法律交易中的暂时法律保护》,载《新法学周刊》,1996 年,第 1930 页;贝格(Berger),载《暂处分确认的允许性》,载《民事诉讼法杂志》,第 110 卷,1997 年,第 287 页;卡尔加多斯(Kargados):《暂时法律保护的法定禁止的合宪性》,载《高尔祝寿文集》,1997 年,第 265 页;戈特瓦尔德(Gottwald):《民事诉讼法中的暂时法律保护》,1998 年;森格尔(Sänger):《暂时法律保护和实体法的自己履行》,1998 年;M. 沃尔夫:《新仲裁程序法中的"一揽子程序"》,载《企业》,1999 年,第 1101 页;海因策:《给付处分》,载《祝贺联邦法院 50 年》,第 3 卷,2000 年,第 569 页;邦德尔(Bandel):《仲裁程序中的暂处分》,2000 年;舍夫(Scheef):《暂时法律保护》,2000 年;拜斯(Beys):《学术自由边界上的暂处分》,载《舒曼祝寿文集》,2001 年,第 43 页;恩德斯/博斯廷豪斯(Enders/Böstinghaus):《暂时法律保护》,2003 年;莱希特(Leicht):《暂时处分》,2003 年。

关于欧洲暂时法律保护的文献:海斯(Heiss):《欧洲私法中的暂时法律保护》,1987 年;默尔巴赫(Morbach):《民事事务中的暂时法律保护:比较法的研究》,1988 年;施洛瑟:《证书程序中及借助国内暂处分的仲裁裁决和国外判决的实现》,载《施瓦布祝寿文集》,1990 年,第 435 页;施蒂芬森(Stefansson):《假扣押或担保——假扣押事务分析(冰岛)》,载《鲍姆格尔特祝寿文集》,1990 年,第 531 页以下;阿尔布莱希特(Albrecht):《〈关于欧洲民商事案件法院管辖及法院裁判之执行的公约〉及英国和德国的暂时法律保护》,1991 年;艾勒斯(Eilers):《欧洲私法中的暂时法律保护措施》,1991 年;施蒂克勒(Stickler):《〈关于欧洲民商事案件法院管辖及法院裁判之执行的公约〉第 24 条和〈民事诉讼法〉第 916 条以下的协作》,1992 年;韦伯:《在德国、法国等国暂时法律保护对主程序的取代》,1993 年;施蒂尔纳(Stürner):《对交换合同实施的暂处分》,载《佐伊纳祝寿文集》,1994 年,第 513 页;

麦尔(Meier):《股份法中的暂时法律保护》,载《瓦德尔祝寿文集》,1994 年,第 67 页以下(瑞士);沙克(Schack):《欧洲法院杠杆平衡(第 917 条第 2 款)》,载《民事诉讼法杂志》,第 108 卷,1995 年,第 47 页;曼科夫斯基:《国外执行的假扣押事由和欧共体法》,载《新法学周刊》,1995 年,第 306 页;罗德(Rhode):《欧共体法影响下的暂时法律保护》,1997 年;科诺特(Knothe):《西班牙和德国民事诉讼法中的暂时法律保护》,1999 年;施塔德勒(Stadler):《〈关于欧洲民商事案件法院管辖及法院裁判之执行的公约〉适用范围内暂时措施的授予和迁移自由》,载《法学家杂志》,1999 年,第 1089 页;施蒂尔纳:《欧洲暂时法律保护》,载《盖斯祝寿文集》,2000 年,第 199 页;福雷尔/马蒂尔:《〈关于欧洲民商事案件法院管辖及法院裁判之执行的公约〉适用范围内"跨境"的物之假扣押》,载《经济法、银行法与证券通讯杂志》,2002 年,第 840 页。

参见概览表十八。

一、目的与功能

强制执行的作用是使债权人得到偿付。旷日持久的审判程序(Erkenntnis),拖沓不决的强制执行程序可能导致债权人的权利受到妨害。因此,债权人有担保之需求。假扣押(Arrest)和暂处分(einstweilige Verfügung)的作用正在于此:假扣押的作用是为了担保基于金钱债权的强制执行;暂处分的作用是担保金钱债权之外的其他请求权的强制执行。宪法保障的有效率的法律保护(边码 1.3,边码 7.1)包括在暂时程序中必要的、快速的法律保护。[①] 50.1

担保要通过法院的裁决(Entscheidung)进行,在此之前法院要在假扣押程序和暂处分程序中进行概括性审查;这种审查涉及需要被担保的请求权(需要被担保的法律关系)和授予暂时措施的

①比较《联邦宪法法院裁判集》,第 46 卷,第 166 页、第 177 页以下;卡尔加多斯,载《高尔祝寿文集》,1997 年,第 265 页。

原因:假扣押原因以及处分原因。这个程序是审判程序的一种,但是同样只是实体请求权的概括性审查。与之联系的是假扣押执行以及暂处分执行;该种执行通常具有担保债权人的效果,是一种强制执行。债务人的全部可扣押的财产都供假扣押执行使用,而暂处分的执行取决于其内容。

无论是假扣押还是暂处分,前提都不是主案(Hauptsache)——关于现在暂时需要被担保的请求权的通常审判程序——已经发生诉讼系属;主案的诉讼系属(Rechtshaengigkeit)也不排除假扣押和暂处分。②

二、保护不遭受暂时程序的危险

假扣押与暂处分一样,可能严重妨碍债务人的人身自由和经
50.2 济自由,并严重损害债务人。因此法院可以根据自己的自由裁量命令提供担保(第 921 条第 2 句)。如果假扣押和暂处分的命令被证明自始就是不合法的(第 945 条),那么债权人主要承担的是损害赔偿责任——与在暂时强制执行情况下类似(第 717 条第 2 款和第 3 款)。

三、法律规定的结构

50.3 法律将假扣押作为基本类型进行了详细规定,对暂处分只进行了几个特别规定,以及参照假扣押的规定(第 936 条)。这样做,很糟糕。因为实践中暂处分的适用领域远超过假扣押的适用领域。尽管如此,为了接下来能阐述暂处分的特殊情况——正如法律在此基础上的构建——从体系原因看,从假扣押开始表述是正确的。

---

②关于不正当竞争法(《不正当竞争法》第 8 条第 4 款〉)中的滥用的多重追索,比较《联邦法院民事裁判集》,第 144 卷,第 165 页、第 168 页以下。

四、实践意义

1. 历史

假扣押和暂处分有多种多样的历史根源：[③]诸如未先进行法院程序债权人即以自己私力扣押的形式、逃脱者假扣押(Fugticenarrest)、他人假扣押(Fremdenarrest)、概括式占有保护程序、委托程序(Mandatsprozess)。相对于共同法诉讼的“概括”程序以及特别法(Partikulargesetzgebung)来讲，民事诉讼法的立法者还是很谨慎的，他们将概括程序作为通常的审判程序的例外，并限定在可以清楚定义的具体类型之上：催告程序、证书之诉讼(Urkundenprozess)、假扣押和暂处分。没有完全性法律保护程序的“快速的”权利，对于自由主义的立法者而言，肯定是有所疑虑的。 50.4

2. 新发展和欧洲框架

首先，在暂处分的构造上，暂时法律保护的意义越来越大。在此期间，在一些法律领域(竞争法、人格保护)暂时保护成为普遍现象。[④] 在此，迄今为止，德国法律的发展非常谨慎地以可适用暂时法律保护的案例群为导向。在法国则相反，快速简易程序的法官可以在暂时程序中对所有请求权事前裁判，法官动辄即进行事前裁判(边码 55.6)。需要观望的是，法国的解决方法在欧洲范围内传播和实施的程度如何。欧洲民事诉讼法典指导方针草案[施多尔默委员会(Storme - Kommission)]根据的是法国模式[第 10 项：预见性措施(Mesures Provisoires)]。我的观点是，确切地说，简易程序(summarische Verfahren)的扩展应当受到质疑，[⑤]因为此过 50.5

---

③详细地，参见莱普德：《基本理论》，第 62 页以下；席尔肯：《清偿处分》，第 108 页以下；库斯茅尔(Kussmaul)：《〈民事诉讼法〉中关于暂时法律保护和快速法律保护条款的前史》，1989 年。

④数字材料在瓦克尔：《暂时法律保护》，边码 20 以下。

⑤对此，施蒂尔纳，载《佐伊纳祝寿文集》，1994 年，第 513 页以下。

程中存在过高评价法院的法律保护的危险。

概览表十八　暂时性的法律保护

类型	一般特点	“请求权”	“原因”	措施
一、假扣押(第916条至第934条)	对金钱债权的未来强制执行的担保	对金钱债务的请求权(第916条)	未来强制执行有阻碍或者重大困难(第917条,第918条)	假扣押命令 1)对物的假扣押:第930条,第932条 2)对人的假扣押:第933条
二、暂处分(第935条至第945条)				暂处分 [原则—例外标号3栏处—与完全偿付相对的异物偿付(aliud)或者不足偿付(minus)]
1. 担保性的暂处分(第935条)	对个别请求权的未来实现的担保(比如根据《德国民法典》第883条的土地所有权让与合意的预告登记)	非金钱请求权的担保	未来权利实现有阻碍或者重大困难(第935条)	根据法律或者依据裁量的保全措施(第938条),比如登记一项预告—禁止转让
2. 规制性暂处分(第940条)	暂时状态的规定(比如租赁中的共同设施)	“争议的法律关系”(第940条)	避免重大不利,避免胁迫性的暴力	根据自由裁量的规范性的措施(比如洗衣机的用益时间—企业管理权能的停止)

续表

类型	一般特点	“请求权”	“原因”	措施
3. 旨在偿付的暂处分(第935条)	原告的暂时清偿(比如不正当竞争的停止—损失赔偿情况下的定期金)	所有类型的实体法请求权	避免重大不利	依据自由裁量致使暂时偿付的措施(比如暂时不进行竞争—定期金的暂时支付—不真实声张的停止)

第一分编　假扣押

第五十一章　假扣押条件及假扣押程序

参见概览表十八。

一、假扣押的目的及形式

51.1 假扣押保全的是金钱债权在未来的强制执行(第916条)。这种保全或者以对物的假扣押形式发生,即针对债务人的财产进行的假扣押,或者以对人的保全性假扣押形式发生。通常情况是物的假扣押;对人的保全性假扣押仅仅在例外时作为最后手段才允许(第918条)。

二、假扣押前提条件

51.2 假扣押有两个条件:必须涉及金钱债权的保全;必须存在假扣押事由。这两个条件构成,则法院必须授予假扣押。条件缺失,则假扣押申请基于不成立而被驳回。[①]

(一)假扣押请求权

假扣押请求权是实体法的请求权,也可以

---

①通说:佐勒/福克曼,第917条,边码3;罗森贝格/高尔/席尔肯,第75章,第Ⅱ2节;舒施克/瓦克尔,第917条,边码1。不同观点,参见《〈德国民事诉讼法〉慕尼黑评注》/海因策,第917条,边码2附证明:缺失假扣押事由以不允许被驳回。

是附期限的或者附条件的(比如同时给付)请求权,其指向金钱给付或者可以转换成金钱债权(在不给付或不完全给付的情况下,任何财产法的请求权都有可能转化成金钱债权)(第916条)。[②]如果将来给付之诉(第257条至第259条)或确认之诉是合法的(被允许的),而且因此主程序也是可能的(第926条),那么可以通过假扣押保全将来之请求权;[③]除此之外,是否还要求对将来权利之保护有特别利益,[④]似乎是有疑问的,最终需要各自根据案例群进行判断。比如,通说肯定了婚后扶养请求权在离婚前就已经可以被保全,[⑤]但通说对于在离婚既判力发生前的、将来的净益财产补偿请求权否定了可保全性。[⑥] 可以被保全的还有容忍强制执行的请求权。

---

②例子:慕尼黑法院裁判,载《州高等法院报告》,1999年,第292页。

③例子:汉堡法院裁判,载《德国法月刊》,1971年,第402页(损失额度不可估计时确定的请求权原因);杜赛尔多夫法院裁判,载《新法学周刊裁判报告》,1994年,第450页、第453页;斯图加特法院裁判,载《新法学周刊裁判报告》,1996年,第775页;卡尔斯鲁厄法院裁判,载《新法学周刊裁判报告》,1997年,第450~451页;完全的参见梅勒-哈尼奇(Meller-Hannich),载《民事诉讼法杂志》,第115卷,2002年,第161页以下,附证明。

④博克等编著:《民事诉讼法评注》/格伦斯基,第916条,边码10;佐勒/福克曼,第916条,边码8。

⑤博克等编著:《民事诉讼法评注》/格伦斯基,第916条,边10;杜赛尔多夫法院裁判,载《新法学周刊裁判报告》,1994年,第450页;对请求权产生之后的时间参见《德国民法典》第1585a条。

⑥有争议的,参见汉堡法院裁判,载《新法学周刊》,1964年,第1078页;《泛亲属法杂志》,1982年,第284页;《泛亲属法杂志》,1988年,第964页;哈姆法院裁判,载《新法学周刊》,1982年,第1711页;柏林高等法院裁判,载《泛亲属法杂志》,1994年,第1478页,第1479页;斯图加特法院裁判,载《泛亲属法杂志》,1995年,第1427页;不同观点,参见杜赛尔多夫法院裁判,载《新法学周刊裁判报告》,1994年,第453页以下;卡尔斯鲁厄法院裁判,载《泛亲属法杂志》,1995年,第822~823页;《新法学周刊》,1997年,第1017页;哈姆法院裁判,载《泛亲属法杂志》,1997年,第181页;汉堡法院裁判,载《泛亲属法杂志》,2003年,第238页(反对意见的任务);迪岑法院裁判,载《新法学

如果抵押权人意欲对负担了抵押的不动产之租金(Mietzins)或用益租赁租金(Pachtzins)进行执行攫取,那么,为了保全基于物权的请求权的假扣押——尽管在该权利上已经有了担保——也是可能的(第917条第1款,参见边码51.5)。[7]对可以进行假扣押保全的容忍请求权的其他的范例,参见《德国民法典》第2213条,《撤销法》第11条第1款(边码26.68、参见边码26.86以下)。[8]

(二)假扣押事由

51.3 假扣押的第二个条件是存在假扣押事由。在对物的假扣押和对人的保全性假扣押中,假扣押事由并不相同。

周刊》,1987年,第1017页。我认为,正确的,参见博克等编著:《民事诉讼法评注》/格伦斯基,第916条,边码11,该观点允许离婚申请产生诉讼系属之后的假扣押。根据绝对多数观点,依《德国民法典》第1398条的担保给付请求权可以通过物权假扣押进行担保,参见科隆法院裁判,载《泛亲属法杂志》,1983年,第709页;哈姆法院裁判,载《泛亲属法杂志》,1985年,第71页;策勒法院裁判,载《泛亲属法杂志》,1996年,第1429页;《〈德国民事诉讼法〉慕尼黑评注》/海因策,第916条,边码7;帕兰德/布伦德米勒,第1389页,边码9。不同观点——暂时命令——参见柏林高等法院裁判,载《泛亲属法杂志》,1986年,第1107页;1994年,第1478页;汉堡法院裁判,载《泛亲属法杂志》,1988年,第964页;科布伦茨法院裁判,载《泛亲属法杂志》,1999年,第97页;科勒,载《泛亲属法杂志》,1989年,第797页、第800页;完全的,参见乌尔曼,载《新法学周刊》,1971年,第1294页;另外边码53.6。

⑦对此详细的参见鲍尔/施迪尔纳,《物权法》,第39章,第V节。

⑧有争议,跟此处相同,参见耶拿法院裁判,载《州高等法院报告》,1997年,第95~96页;布洛克斯/瓦克尔,边码1495;不同观点,参见联邦法院裁判,载《新法学周刊裁判报告》,1992年,第733页、第736页;科布伦茨法院裁判,载《新法学周刊裁判报告》,1993年,第1343页以下,附证明;《州高等法院报告》,2001年,第292页、第294页;汉堡法院裁判,载《州高等法院报告》,2002年,第72~73页;第262~263页(原物返还担保中的暂时命令;不同观点,参见边码26.86以下)。

1. 对物的假扣押

(1)第 917 条第 1 款

从一个理性的观察者的视角来看,[⑨]如果没有假扣押,就会存在请求权之强制执行被阻碍或者遭遇严重困难的危险,那么即构成对物假扣押的假扣押事由(第 917 条第 1 款)。

对将来的强制执行(产生)的危险,可能因为债务人的行为,或者因为无权第三人的行为,或者因为偶然出现的因素引起,比如债务人漫不经心、草率地经营其业务,将业务上的资金用于业务以外的目的;[⑩]此外,比如浪费,可疑的财产转让,[⑪]净益财产补偿债务人对其最终财产的重大错误陈述,[⑫]全资从属于无支付能力的康采恩,[⑬]有逃离嫌疑,债务人经常变更逗留地点,将住所迁至外国。[⑭]

仅有债务人的违约行为,对此并不足以构成,[⑮]明显存在其他财产时,在不动产上设定负担,同样也不足以构成,[⑯]仅仅不利的财产状况以及与其他

---

⑨《帝国法院民事裁判集》,第 67 卷,第 365 页、第 367 页;联邦财政法院裁判,载《企业顾问》,1978 年,第 1203 页;对于该标准,施维特纳(Schwerdtner),载《新法学周刊》,1970 年,第 597 页。

⑩《帝国法院民事裁判集》,第 67 卷,第 365 页、第 367 页;美因河畔法兰克福法院裁判,载《新法学周刊》,1959 年,第 1088 ~ 1089 页(让与担保物违反目的使用与符合的使用之间的区别)。

⑪哈姆法院裁判,载《德国法月刊》,1975 年,第 587 页;哈姆法院裁判,载《泛亲属法杂志》,1980 年,第 391 页;《新法学周刊》,1983 年,第 2577 页[归属于心灵瑜伽(Hare - Krishna)运动];卡尔斯鲁厄法院裁判,载《新法学周刊》,1997 年,第 1017 ~ 1018 页(转让的意图已足)。

⑫美因河畔法兰克福法院裁判,载《泛亲属法杂志》,1996 年,第 747 页、第 749 页。

⑬慕尼黑法院裁判,载《经济法杂志》,1983 年,第 222 页(非常广泛);科隆法院裁判,载《州高等法院报告》,2000 年,第 360 页(附加证据)。

⑭杜赛尔多夫法院裁判,载《新法学周刊裁判报告》,1994 年,第 453 ~ 454 页。

⑮联邦法院裁判,载《企业》,1975 年,第 1599 页。

⑯杜赛尔多夫法院裁判,载《州高等法院报告》,1998 年,第 313 ~ 314 页。

债权人有竞争之虞,也不足(形成假扣押事由),⑰但是令人信服地说明债务人的欺诈行为,⑱或者缺少设备资金使用的材料,则可以(形成假扣押事由)。⑲ 债务人的过错并非构成要件。

(2)第917条第2款

如果在没有宣布假扣押情况下,判决必须在外国被强制执行,

⑰《帝国法院民事裁判集》,第3卷,第416~417页;第67卷,第22页、第26页;《联邦法院民事裁判集》,第131卷,第95页、第105页以下;卡尔斯鲁厄法院裁判,载《泛亲属法杂志》,1985年,第507页;美因河畔法兰克福法院裁判,载《经济法杂志》,1993年,第1319页以下;策勒法院裁判,载《建筑法》,1994年,第274页以下;汉堡法院裁判,载《经济法、银行法与证券通讯杂志》,1998年,第522页、第523页左栏;布希克(Buciek),《新法学周刊》,1987年,第1063页;福斯特,《民事诉讼法杂志》,第106卷,1993年,第143页以下;原因:假扣押不是为了保证个别债权人优先于其他债权人。有道理的批评参见格伦斯基《新法学周刊》,1976年,第553页;尧厄尼希,第35章,第Ⅰ 2 a节;《〈德国民事诉讼法〉慕尼黑评注》/海因策,第917条,边码8;布洛克斯/瓦克尔,边码1499。

⑱根据通说,适用的(情况)只是,存在其他依据故可以预料,债务人将使其财产逃避强制执行行为:联邦法院裁判,载《经济法、银行法与证券通讯杂志》,1975年,第641页、第643页;1983年,第614页右栏;萨尔布吕肯法院裁判,载《新法学周刊裁判报告》,1999年,第143~144页;杜赛尔多夫法院裁判,载《新法学周刊裁判报告》,1999年,第1592页;科隆法院裁判,载《新法学周刊裁判报告》,2000年,第69页;美因河畔法兰克福法院裁判,载《州高等法院报告》,2001年,第71~72页;科布伦茨法院裁判,载《新法学周刊裁判报告》,2002年,第575~576页;相反观点认为,应受刑罚的债务人行为通常足矣,参见美因河畔法兰克福劳动法院裁判,载《新法学周刊》,1965年,第989页;慕尼黑法院裁判,载《德国法月刊》,1970年,第934页、第935页;德累斯顿法院裁判,载《德国法月刊》,1998年,第795页;科隆法院裁判,载《州高等法院报告》,2000年,第360~361页。简单的怀疑则不足,参见柏林高等法院裁判,载《州高等法院民事裁判集》,1978年,第449页、第452页(两个支票没有兑付,有疑问);汉堡法院裁判,载《经济法、银行法与证券通讯杂志》,1998年,第522~523页(资本投资欺诈时没有故意);萨尔布吕肯法院裁判,载《新法学周刊裁判报告》,1999年,第143~144页(在对合同履行进行长时间的谈判时存在合同履行欺诈[Eingehungsbetrug]的嫌疑)。

⑲《柏林市高等法院报告》,2001年,第353~354页。

且不能确保相互性(第 917 条第 2 款)。[20] 也就是说,如果国内财产不足或者面临被清除危险的情况下,[21]那么就会构成假扣押事由;但是假扣押申请时的国内财产,并非假扣押的前提条件,因为法院不必审核假扣押的执行机会。[22]

①国内名义强制执行时相互性的确保

长期以来有争议的是,如果判决必须在旧版《关于欧洲民商事案件法院管辖及法院裁判之执行的公约》(EuGVUe)的其他国家内执行,是否应当适用外国强制执行的假扣押事由。[23] 欧洲法院作出裁判认为,仅仅将外国执行的必要性作为假扣押事由的国内规定,在与旧版《关于欧洲民商事案件法院管辖及法院裁判之执行的公约》成员国的关系中,构成一种不被允许的歧视(《欧洲联盟条约》第 12 条)。[24] 在此之后,立法者相当迅速地进行了两次修法。首先,1998 年,宣布在与《关于欧洲民商事案件法院管辖及法院裁判之执行的公约》旧版以及卢加诺公约(Lugano - Übereinkommen)的成员国的关系中,不适用外国强制执行这一假扣押事由(1998 年旧法第 917 条第 2 款第

---

⑳参见纳格尔(Nagel),载《新法学周刊》,1957 年,第 531 页。

㉑杜赛尔多夫法院裁判,载《新法学周刊》,1977 年,第 2034 页;不来梅法院裁判,载《州高等法院民事裁判集》,1972 年,第 247 页(对于与德国港口一直有联系的外国航线);斯图加特法院裁判,载《新法学周刊裁判报告》,1996 年,第 775 页(在这种情况下有足够的国内财产);美因河畔法兰克福法院裁判,载《州高等法院报告》,1999 年,第 11 页。

㉒策勒法院裁判,载《新法学周刊》,1969 年,第 1541 页;美因河畔法兰克福法院裁判,载《经济法杂志》,1980 年,第 922 页;博克等编著:《民事诉讼法评注》/ 格伦斯基,第 917 条,边码 19;另见边码 51.5 结尾处。

㉓关于以前的争议见前一版,附证明。

㉔欧共体法院裁判,载《新法学周刊》,1994 年,第 1271 页,附批评的评注;图梅尔(Thümmel),载《欧洲经济法杂志》,1994 年,第 242 页;曼可夫斯基,载《新法学周刊》,1995 年,第 306 页;批评严重,沙克,载《民事诉讼法杂志》,第 108 卷,1995 年,第 47 页以下。

2句)。㉕ 其次,立法者——步伐非常大——于2004年1月1日,将外国强制执行的假扣押事由缩减为没有相互关系保证(Verbürgung der Gegenseitigkeit)的情况下(比较第328条第1款第5项)。㉖ 最新规定的目标是,将面临的国外强制执行作为假扣押事由转化为当代国际强制执行法可接受的标准,使法律规定与日益增长的承认条约和执行条约相适应。㉗ 在此,当然不仅要规定与那些强制执行条约缔约国的关系,还要规定世界范围内的冲突法规则,这些冲突法规则可能会为债权人的权利实现的道路设置严重的新障碍,在有效率的法律保护的合宪性保障方面似乎也是有问题的,因为在已经确保的相互性的情况下,冲突法规则毫无例外地同等对待国内执行和国外执行。

②外国名义的强制执行

第917条第2款首先对德国执行名义适用。有争议的是,是否应当将第917条第2款适用于国外执行名义,即没有假扣押必须在国外予以执行的国外执行名义。㉘ 赞同将国内执行名义和国外执行名义同等对待的观点的理由是,该条款的目的在于,如果在国内发现可以攫取的执行客体,债权人应该不需要对成功机会不确定的国外的强制执行费心费力。㉙ 然而需要思考的是,鉴于必须有国内的领事证书程序(Exequaturverfahren),国内的强制执行

㉕1998年8月6日的法律(《联邦法律公报》,一,第2033页)。例子:科隆法院裁判,载《州高等法院报告》,2002年,第433页。

㉖2003年11月4日的法律(《联邦法律公报》,一,第2166项)。强制执行面临的阻碍和困难根据第917条第1款也要考虑。对此参见科隆法院裁判,载《州高等法院报告》,2002年,第469页;鲍姆巴赫/哈特曼,第917条,边码24。

㉗联邦议会印刊15/1062,第8页。

㉘赞同的,参见博克等编著:《民事诉讼法评注》/格伦斯基,第917条,边码17;格伦斯基,《国际私法与程序法实务》,1983年,第211页;不来梅州法院裁判,载《新法学周刊》,1978年,第2457页;杜赛尔多夫法院裁判,载《新法学周刊》,1977年,第2034页;不同观点,比如,科布伦茨法院裁判,载《新法学周刊》,1976年,第2081页,附施拉芬部分的拒绝的注释;杜赛尔多夫法院裁判,载《经济法杂志》,1982年,第1341页、第1343页;迪特玛尔,载《新法学周刊》,1978年,第1720页、第1722页;慕尼黑法院裁判,载《新法学周刊裁判报告》,1988年,第1023页;汉堡法院裁判,载《新法学周刊》,1990年,第1425页;杜赛尔多夫法院裁判,载《州高等法院报告》,2000年,第21页。

㉙格伦斯基:《国际私法与程序法实务》,1983年,第211页。

不一定比国外强制执行少费力。[30] 也考虑到对债权人的严重后果，我们应该对扩大假扣押可能性保持谨慎态度。但是可以考虑的是，当《欧洲审判籍与执行法》的其他成员国的判决必须在非缔约国中进行强制执行时，同等对待这些判决。[31] 一般情况下，这样的判决在非缔约国中强制执行比在德国困难，因为在德国有对《欧洲审判籍与执行法》的执行简化。但是，如果判决必须在原始国强制执行或者在另一个成员国执行，第 917 条第 2 款不适用。因为在原始国执行不意味着执行严重增加困难，因为《欧洲审判籍与执行法》在其他缔约国判决就如同在德国一样，很容易被承认、被强制执行。然而，在适用第 917 条第 2 款时，新引入的"没有相互性"这一要件将引起额外的困难。此时，双重相互性审查可能是比较合适的：只有当相互性既不能在判决国和国外执行国之间，也不能在德国和执行国之间得到确保时，才形成假扣押事由。只有这样，才能保障其他的国际执行条约的优先性，防止国外名义在德国通过假扣押获得比国内判决更广泛的保全。

2. 对人的假扣押

为了保全被危及的对债务人财产的强制执行，恰恰需要对人假扣押时，才构成对人的保全性假扣押的假扣押事由（第 918 条）。如果物的假扣押对债权人的保全足够了，则不构成对人假扣押的扣押原因。因此，在与对物假扣押关系中，对人假扣押是次位性的。 51.4

例子：应当防止债务人隐匿那些不能被包括在对物假扣押中的财产，不能被包括的原因是债权人不知道这些财产，或者债权人不知道保存地点。[32]

---

[30] 汉堡法院裁判，载《新法学周刊》，1990 年，第 1425 ~ 1426 页。

[31] 同本处，盖默尔，载盖默尔/舒策：《欧洲民事程序法》，第 2 版，2004 年，第 31 条边码 91；美因河畔法兰克福法院裁判，载《州高等法院报告》，1999 年，第 74 ~ 75 页；埃里克（Ehricke），《新法学周刊》，1991 年，第 2189 页、第 2192 页。

[32] 例子：卡尔斯鲁厄法院裁判，载《新法学周刊裁判报告》，1997 年，第 450 页；美因河畔法兰克福法院裁判，载《新法学周刊》，1960 年，第 2006 页。就整体而言，参见里特尔（Ritter），载《民事诉讼法杂志》，第 88 卷，1975 年，第 126 页附证明。

应当防止债务人逃避传唤或者在根据第899条以下条款作出代替宣誓保证的期日时不出现。㉝

(三)作为排除事由的物权担保以及可执行的名义

51.5 如果债权人已经得到足够的物权担保(比如通过质权、通过抵押权、通过所有权保留),㉞或者债权人已经获得对请求权的可执行名义,㉟则不存在假扣押事由。

根据以前的通说,基于暂时可执行的名义而必须提供担保才得执行的债权人,可以在不提供担保的情况下而获得作为保全措施的假扣押。㊱自第720a条允许所谓的保全性执行(Sicherungsvollstreckung)之后(边码15.17),这一难题才得以解决。㊲

(四)执行前景的不重要性

假扣押可以实际执行并非颁布假扣押的前提条件;这一点在

㉝慕尼黑法院裁判,载《新法学周刊裁判报告》,1988年,第382页。

㉞联邦法院裁判,载《新法学周刊》,1972年,第382页。

㉟这仅适用物的假扣押。对比鲍尔,《临时性法律保护研究》,第77页以下;博克等编著:《民事诉讼法评注》/格伦斯基,第917条,边码25。关于在暂时可执行的名义中不存在处分原因,比较边码53.8。

㊱比较,比如柏林高等法院裁判,载《法学评论》,1969年,第463页,附蔡斯的评注;美因河畔法兰克福法院裁判,载《新法学周刊》,1957年,第594页;汉堡法院裁判,载《新法学周刊》,1958年,第1145页;策勒法院裁判,载《德国法月刊》,1964年,第333页;顺克/鲍尔:《强制执行法、破产法及和解法》,第10版,1978年,第48章,第II 3节;此外,哈姆法院裁判,载《新法学周刊裁判报告》,1990年,第1536页(对于交出的暂处分);未决的,参见石勒苏益格法院裁判,载《新法学周刊裁判报告》,1992年,第317页。

㊲正确地,参见慕尼黑法院裁判,载《州高等法院报告》,1997年,第236~237页;美因河畔法兰克福法院裁判,载《州高等法院报告》,1999年,第74~75页;博克等编著:《民事诉讼法评注》/格伦斯基,第917条,边码25;布洛克斯/瓦克尔,边码1502;美因河畔法兰克福法院裁判,载《经济法杂志》,1980年,第922页、第924页中忽略。

作出假扣押命令时,无须审查。

三、假扣押程序

针对假扣押命令的程序是审判程序的下位类型。假扣押程序 51.6
与通常的审判程序的不同之处在于它的目的和被允许的举证(Beweisführung)类型。假扣押程序的目的不是对请求权的存在或不存在进行有既判力的裁判,而是对请求权是否应当暂时予以保全进行裁判。该裁判的前提条件,并非是用民事程序中规定的证据对所陈述的事实进行完全的证明;从假扣押原告陈述的事实中得出实体法请求权可以成立且能令人信服,即为已足。[38] 鉴于举证的简单化和限制,假扣押程序更接近于简易程序。

(一)管辖(假扣押法院)

根据债权人的选择,对假扣押命令有管辖权的或者是主案的
法院(Gericht der Hauptsache),或者是借假扣押占有的标的物所在 51.7
辖区的初级法院,或者是自由受到限制的人所在辖区的初级法院(第919条)。与在暂处分情况下(第942条)不同的是,初级法院不仅仅在特别紧急的时候才有管辖权。对于债权人而言,程序发生系属的法院被称作假扣押法院(Arrestgericht)。

1. 主案法院

主案法院是第一审级法院,在该法院,对主案件的法律争议发生系属或者可以发生系属(第943条);如果法律争议在上诉法院
(Berufungsinstanz)待决,则上诉法院是主案法院。 51.8

主案法院的各个审级的管辖持续至提起法律上诉或者至产生

---

[38]对此,参见鲍尔:《临时性法律保护研究》,第23页;《〈德国民事诉讼法〉慕尼黑评注》/海因策,第920条,边码10,附证明。

既判力。[39] 如果主案处于第三审上告审级(Revisionsinstanz),则有管辖权的是第一审级法院。[40] 如果主案已经产生诉讼系属,那么对假扣押程序而言,法院实际是否对主案的裁判有管辖权,都是无关紧要的。[41] 对此例外的是,在没有法律程序管辖[42](Rechtsweg-zustaendigkeit)的情况下,[43]或者在没有国际管辖权的情况下。[44] 法律争议因为事由在第二审级待决,因为额度在第一审级待决,则两个法院对假扣押的授予都有管辖权。[45]

51.9 如果主案在仲裁机构进行法定听审,那么根据通说,[46]对授予

㊴科隆法院裁判,载《法学周报》,1938 年,第 696 页;佐勒/福克曼,第 919 条,边码 5。

㊵联邦法院裁判,载《德国司法》,1976 年,第 178 页。

㊶《帝国法院民事裁判集》,第 50 卷,第 342 页、第 346 页。

㊷译者注:宪法法院、普通法院、劳动法院、行政法院、社会法院和财政法院的管辖划分。

㊸博克等编著:《民事诉讼法评注》/格伦斯基,第 919 条,边码 5;佐勒/福克曼,第 919 条,边码 8。

㊹有争议,参见杜赛尔多夫法院裁判,载《法学周报》,1990 年,第 316 页;佐勒/福克曼,第 919 条,边码 8。不同观点,参见鲍姆巴赫/哈特曼,第 919 条,边码 3,附证明;奥拓,载《经济法杂志》,1991 年,第 1084 页。

㊺科隆法院裁判,载《德国法月刊》,1958 年,第 244 页。争议,其他观点,参见鲍姆巴赫/哈特曼,第 919 条,边码 7;罗森贝格/高尔/席尔肯,第 77 章,第 I 1a 节:第一审级。

㊻《帝国法院民事裁判集》,第 31 卷,第 370 页、第 374 页;联邦法院裁判,载《新法学周刊》,1994 年,第 136 页以下;柏林高等法院裁判,载《法学周报》,1921 年,第 251 页;美因河畔法兰克福法院裁判,载《新法学周刊》,1959 年,第 1088 页;哈姆法院裁判,载《德国法月刊》,1972 年,第 521 页;美因河畔法兰克福法院裁判,载《新法学周刊》,1983 年,第 761 ~762 页;吕贝克州法院裁判,载《新法学周刊裁判报告》,1988 年,第 122 页;施瓦布,载《鲍尔祝寿文集》,1981 年,第 627 页以下;《〈德国民事诉讼法〉慕尼黑评注》/明奇,第 1033 条,边码 15;鲍姆巴赫/哈特曼,第 919 条,边码 5;福尔卡默,载《新法学周刊》,1983 年,第 726 页。不同观点,参见汉堡法院裁判,载《新法学周刊》,1997 年,第 749 页,附证明;施瓦布/瓦特尔,《可仲裁性》,第 7 版,2005 年,第 17a 章,边码 25。区别的观点,参见《〈德国民事诉讼法〉慕尼黑评注》/海因策,第 916 条前注,边码 23。

假扣押有管辖权的法院是,在没有仲裁协议的情况下主案应当产生诉讼系属的法院。与此前的通说[47]相反,只要在仲裁协议中没有其他约定,根据新的仲裁程序法,仲裁机构也可以依申请开启假扣押(第1041条第1款),该假扣押的强制实施需要法院的“执行之准许”(Vollziehungszulassung)(第1041条第2款)。[48] 但是,根据第926条,对于主案裁判而言,在任何情况下只需要处理仲裁法院管辖权。

2. 初级法院

另外,有管辖权的还包括借助假扣押占有的标的物所在辖区的初级法院或其自由受到限制的人所在辖区的初级法院。 51.10

如果主案已经在其他法院发生诉讼系属,初级法院的管辖权也会存在。初级法院授予的假扣押命令在任何地方都具有可执行性;初级法院的管辖权与在初级法院辖区内存在执行客体有联系,从这一论断中不能得出,假扣押命令只在初级法院辖区内可以执行。[49]

3. 排他性及特殊情况

第919条的法院审判籍是专属法院审判籍(依职权审查!)。 51.11
无管辖权的法院授予的假扣押命令,在基于法律救济而被废止之前完全发生效力。[50]

---

[47]已经反对以前的通说,参见布里克曼:《仲裁和临时保护措施》,1977年[对此参见施瓦布:《民事诉讼法杂志》,第99卷(1986年),第336页、第338页];罗森贝格/高尔/席尔肯,第77章,第I 1a节;施罗瑟尔:《民事诉讼法杂志》,第99卷,1986年,第241页以下;另见边码53.5。

[48]对此,参见《〈德国民法典〉慕尼黑评注》/明奇,第1041条,边码3以下附证明。

[49]绝对通说,参见博克等编著:《民事诉讼法评注》/格伦斯基,第919条,边码13;另见帝国法院裁判,格鲁赫,第42卷,第1211页、第1213页。

[50]参见格鲁赫,载《帝国法院裁判》,第42卷,第1211页、第1213页;另见边码11.2以下。

只要主案的法院是家事法院,那么在提出假扣押申请时,也要考虑家事法院的管辖权;[51]但是它只适用于在主案法院提出的申请,不适用于初级法院作为准备假扣押的法院之情况(边码51.10)。如果主案的法院是劳动法院或者国外的法院,根据第919条第2款,初级法院也有管辖权。对于国际管辖权,《欧洲审判籍与执行法》第31条包含了特别条款:它规定,如果根据《欧洲审判籍与执行法》其他缔约国的法院对主案有管辖权,这种情况下也适用国内的管辖权规定。其含义是,尽管对于主案程序,《欧洲审判籍与执行法》第3条已经排除财产的法院审判籍,但对于假扣押程序,财产的法院审判籍(第23条)仍然是决定性的。[52] 欧洲法院在最近的判例中,要求在紧急措施(根据《欧洲审判籍与执行法》第3条对主案程序不允许的法院审判籍中命令)与地域相关的成员国管辖之间,存在实际关联性。[53] 如果在国内只有价值很小的执行客体,那么从中可以推知,假扣押是不合法的(不被允许的)。[54]

---

[51]联邦法院裁判,载《新法学周刊》,1980年,第191页附证明;美因河畔法兰克福法院裁判,载《新法学周刊》,1978年,第1012页;《泛亲属法杂志》,1988年,第184页;不同观点,参见哈姆法院裁判,载《新法学周刊》,1978年,第57页;另见边码53.3。

[52]比较,欧共体法院裁判,载《法学家杂志》,1999年,第1103页、第1104页左栏,及第1105页(荷兰的一审法院);附评论文章,施塔德勒,载《法学家杂志》,1999年,第1089页;杜赛尔多夫法院裁判,载《新法学周刊》,1977年,第2034页;杜赛尔多夫法院裁判,载《经济法杂志》,1999年,第1521页(替代宣誓的保证/假处分);卡尔斯鲁厄法院裁判,载《德国法月刊》,2002年,第231页;博克等编著:《民事诉讼法评注》/格伦斯基,第919条,边码2;克罗夫勒(Kropholler),引文同上,第31条边码18;不同观点,参见科布伦茨法院裁判,载《新法学周刊》,1976年,第2081页。关于对外国人的假扣押,另见边码57.25以下、边码51.3;关于对国外法院作出的暂时性保护的裁判的承认,参见边码55.5以下、边码56.1以下、边码57.1。

[53]欧共体法院裁判,载《法学家杂志》,1999年,第1103页、第1105页;另见边码55.5。

[54]施塔德勒,《法学家杂志》,1999年,第1089页、第1094页左栏。

(二)假扣押申请

1. 内容、撤回

假扣押程序以申请(Gesuch, Antrag)为前提条件。内容:需要被保全的请求权的说明,包括金钱额度或金钱价值、假扣押事由(第920条第1款)以及债务人身份的说明。另外,还要求从申请中能得知是进行对物假扣押还是对人假扣押。只有在初级法院的管辖权是基于执行客体位于法院辖区内而成立时,那么对通过假扣押予以占有的特定财产进行标注,才是必要的;否则,申请对债务人财产命令假扣押,即为已足。申请可以随时不经过相对人的同意而撤回。[55] 51.12

2. 证明可信性及举证责任分配

必须证明请求权和假扣押事由的可信性(第920条第2款;同样适用于诉讼条件)。疏明或证明可信性(Glaubhaftmachung)的最重要的手段是债权人本人或者第三人的替代宣誓的保证(第294条第1款)。法院也可以在没有证明其可信性,但是提供担保的情况下命令假扣押。另外,尽管证明了可信性,也可以确定提供担保(第921条)。 51.13

对举证责任——至少在双方程序中——适用与主程序相同的

[55]参见杜赛尔多夫法院裁判,载《新法学周刊》,1982年,第2452页;哈姆法院裁判,载《德国法月刊》,1987年,第598页;科布伦茨法院裁判,载《州高等法院报告》,1998年,第500页;《〈德国民事诉讼法〉慕尼黑评注》/海因策,第920条,边码3;乌尔曼,载《企业顾问》,1975年,第236页;不同观点,参见福尔斯特,载《企业顾问》,1974年,第890页。通说引假扣押有限的既判力为证据(边码51.27),这使申请相对人对裁判的利益失去效力——非常有问题!费用裁判类推适用第269条第3款确定:美因河畔法兰克福法院裁判,载《新法学周刊》,1955年,第1194页附兰特的评注;慕尼黑法院裁判,载《德国司法》,1982年,第114~115页;《新法学周刊》,1993年,第1604页;杜赛尔多夫法院裁判,载《新法学周刊》,1981年,第2824页;《泛亲属法杂志》,1992年,第961页;德累斯顿法院裁判,载《州高等法院报告》,1997年,第390页(在这种情况下是否定的)。

基本原则。通说[56]过分加重了债务人对于没有抗辩和抗辩权的疏明(使人相信)负担。这样,权利的实现因为与实体法上的风险分配矛盾而变得不必要地且不合理地困难。[57] 只有在单方的程序中,申请人才承担有限的疏明(使人相信)负担的扩大:他必须阐述并使人相信抗辩不存在,该抗辩是在申请人陈述后才显露出来的。

3. 形式

假扣押申请可以书面提交或者向办事处书记员陈述并被记录(第920条第3款),没有律师强制(第78条第5款)。[58]

---

[56]比较,比如图林根州劳动法院,《新法学周刊》,1961年,第2178页;杜赛尔多夫法院裁判,载《泛亲属法杂志》,1980年,第158页;哈姆法院裁判,载《泛亲属法杂志》,1998年,第687页;希尔茨(Hirtz)《新法学周刊》,1986年,第110页以下。未决的,参见策勒法院裁判,载《泛亲属法杂志》,1994年,第386页。

[57]同本文,博克等编著:《民事诉讼法评注》/格伦斯基,第920条,边码10页以下;布洛克斯/瓦克尔,边码1512;舒施克/瓦克尔,第920条,边码21以下,各自附证明;卡尔斯鲁厄法院裁判,载《工商权利保护与著作权》,1987年,第847页;美因河畔法兰克福法院裁判,载《经济法杂志》,1990年,第1393页、第1395页;科隆法院裁判,载《法律与实务中的竞争》,1992年,第407页;勃兰登堡法院裁判,载《州高等法院报告》,2002年,第275页、第277页;对问题详细的,瓦特尔:《根据〈民事诉讼法〉第916条以下的假扣押和暂处分程序中的陈述责任和证明责任》,1992年。

[58]科隆法院裁判,载《新法学周刊》,1959年,第634页;汉堡法院裁判,载《德国司法》,1979年,第28页;对假扣押裁定提出异议时有律师强制,但是在对拒绝假扣押提起的抗告中则没有律师强制,杜赛尔多夫法院裁判,载《新法学周刊》,1980年,第2588页,附批评的注释。贝格福特法院裁判,载《新法学周刊》,1981年,第353页;美因河畔法兰克福法院裁判,载《新法学周刊裁判报告》,1987年,第1257页;科隆法院裁判,载《新法学周刊裁判报告》,1988年,第254页;柏林高等法院裁判,载《新法学周刊裁判报告》,1992年,第576页;卡尔斯鲁厄法院裁判,载《新法学周刊裁判报告》,1993年,第1471页附证明;哈姆法院裁判,载《州高等法院报告》,1996年,第44页、第45页;卡尔斯鲁厄法院裁判,载《州高等法院报告》,1998年,第130页;不同观点,参见哈姆法院裁判,载《新法学周刊裁判报告》,1997年,第763页,附证明;萨尔布吕肯法院裁判,载《新法学周刊裁判报告》,1998年,第1611~1612页(对根据《法院组织法》第17a条的移交裁定提出的立即抗告);另见边码51.22、边码51.25。

4. 争议标的及诉讼系属

主程序和假扣押程序的争议标的不同：在主程序中争议标的是支付申请，假扣押程序中争议标的是保全申请。申请的提交不引起主程序请求权产生诉讼系属，但是引起假扣押请求权的诉讼系属。[59] 这意味着，第一个假扣押程序开始后，不允许因为相同的请求权、通过相同的申请提出的新的假扣押申请。[60] 根据第 265 条第 2 款，请求权的转让或者让与对假扣押程序没有影响。[61] 从假扣押程序不可能过渡到主案程序。[62] 假扣押申请以及它的送达使被保全的请求权的时效停止(《德国民法典》第 204 条第 1 款第 9 项)，[63]而假扣押命令的执行使时效重新开始起算(《德国民法典》第 212 条第 1 款第 2 项)。[64] 51.14

---

[59]比较，杜赛尔多夫法院裁判，载《新法学周刊》，1981 年，第 2824 页；《泛亲属法杂志》，1992 年，第 961 页；慕尼黑法院裁判，载《新法学周刊》，1993 年，第 1604 页；柏林高等法院裁判，载《法律办公室》，1993 年，第 486 页；科隆法院裁判，载《工商权利保护与著作权》，2001 年，第 424 页、第 425 页左栏；联邦法院裁判，载《新法学周刊》，1980 年，第 191 页，另见边码 51.27。

[60]参见布鲁迈尔，《民事诉讼法杂志》，第 65 卷，1952 年，第 56 页以下，第 61 页；鲍尔，《临时性法律保护研究》，第 82 页以下；博克等编著：《民事诉讼法评注》/格伦斯基前，第 916 条，边码 10；美因河畔法兰克福法院裁判，载《新法学周刊》，1968 年，第 2112 页；斯图加特法院裁判，载《新法学周刊》，1969 年，第 1721 页；另见，杜赛尔多夫法院裁判，载《新法学周刊》，1981 年，第2824 页；科布伦茨法院裁判，载《工商权利保护与著作权》，1981 年，第 93 页。成立新的假扣押请求权的新的事实可以通过新的申请主张；《柏林市高等法院报告》，2001 年，第 52～53 页。

[61]柏林高等法院裁判，载《州高等法院报告》，第 31 卷，第 154 页。

[62]哈姆法院裁判，载《州高等法院民事裁判集》，1971 年，第 180 页；卡尔斯鲁厄法院裁判，载《州高等法院民事裁判集》，1977 年，第 484 页以下；哈姆法院裁判，载《新法学周刊》，1978 年，第 57～58 页；不同观点，希伦瑞克法院裁判，载《德国法月刊》，1971 年，第 1017 页；美因河畔法兰克福法院裁判，载《泛亲属法杂志》，1989 年，第 296 页。

[63]关于债法改革的新规定，参见莫勒，《工商权利保护与著作权》，2003 年，第 208 页。

[64]对此，参见联邦法院裁判，载《新法学周刊》，1979 年，第 217 页。

5. 对执行措施的申请

与假扣押申请可以关联的是具体强制执行行为的实施。对于该实施,依第 930 条第 1 款第 3 句,假扣押法院有管辖权,比如对颁发扣押裁定的申请。[65]

四、没有言辞辩论及有言辞辩论的假扣押命令

51.15 根据法院是否命令言辞辩论抑或不命令,程序各不相同。第一种情况通过判决,第二种情况则通过裁定(第 922 条第 1 款)。命令假扣押的裁判,被称为假扣押命令。

是否进行言辞辩论,由法院自由裁量。[66]

如果不必要进行言辞辩论,并且情况紧急,那么合议庭的主席可以替代合议庭独自作出决定(第 944 条)。他有完全的决定权力,可以颁布假扣押命令,或者拒绝申请。他的决定以裁定的形式作出。针对他的决定,当事人的法律救济与针对全部成员均列席的法院作出决定时相同。反之,根据通说,如果在州法院的第一审级(第 348 条、第 348a 条)或者在二审上诉审级中(第 526 条)是独任法官管辖权,则第 944 条不适用。[67]

(一)没有言辞辩论的程序

51.16 如果法院没有言辞辩论即裁决,那么为了不使假扣押目的遭

---

[65]比较,美因河畔法兰克福法院裁判,载《德国司法》,1980 年,第 296 页。

[66]鲍姆巴赫/哈特曼,第 921 条,边码 3;佐勒/福克曼,第 922 条,边码 1。

[67]博克等编著:《民事诉讼法评注》/格伦斯基,第 944 条,边码 2;佐勒/福克曼,第 944 条,边码 1;鲍姆巴赫/哈特曼,第 944 条,边码 3;慕泽拉克/胡贝尔,第 944 条,边码 1。

受危险，必要时也可以不——书面——听审相对人。[68] 如果没有这样的必要性，则必须听审假扣押被告（《德国基本法》第 103 条第 1 款），那么，命令言辞辩论，在大多数情况下当然是合理的。[69]

1. 假扣押命令

以裁定的形式作出的假扣押命令，依职权以公证的副本向债权人送达（第 929 条第 2 款、第 329 条第 2 款第 2 句及第 3 款），债权人使副本以当事人发动（Parteibetrieb）方式向债务人送达（第 922 条第 2 款）。针对假扣押命令的债权人的法律救济：异议（Widerspruch）（见边码 51.22 以下）。

2. 驳回的裁定

驳回假扣押申请的裁定（比如因为没有阐述实体请求权的正当性，或者没有使人相信存在危险），或者使假扣押命令的颁布取决于债权人事前提供担保的裁定，仅仅通知债权人，且无形式要件（第 922 条第 3 款）。[70] 法律救济：立即抗告（边码 51.25）。

准予的或者拒绝的裁定需要简短说明理由，必要的情况下附上申请。这虽然没有规定在法律中——对在外国提出的假扣押的命令，是例外——但是从上诉手段能力（Rechtsmittelfaehigkeit）中

---

[68]比较，《联邦宪法法院判例集》，第 9 卷，第 89 页、第 98 页；相似的情形，参见《联邦宪法法院判例集》，第 18 卷，第 399 页、第 404 页；第 51 卷，第 97 页、第 111 页；第 57 卷，第 346 页、第 358 页以下；格伦斯基《法学教育》，1976 年，第 277 页、第 280 页；盖哈德：《执行法》，第 18 章，第 II 2 b 节。

[69]《〈德国民事诉讼法〉慕尼黑评注》/海因策，第 921 条，边码 1 以下。

[70]比较，美因河畔法兰克福法院裁判，载《德国司法》，1980 年，第 396 页：不通知申请相对人，为了在抗告审级中还给予申请人有效担保的机会；只要通知债务人不对债权人的利益造成危险，在抗告程序中通知裁定时要保证听取债务人的意见（慕尼黑法院裁判，载《新法学周刊》，1974 年，第 1517 页）；另见脾斯霍夫，载《新法学周刊》，1980 年，第 2235～2236 页。

可以得出。⑦

(二)有言辞辩论的程序

51.17 如果法院命令了言辞辩论,那么对审理适用言辞辩论的一般规定(第128条以下)。

债权人同债务人一样,只需要说明自己的主张的可信性。不能立即进行的采证,是不合法的(第294条第2款)。当事人可以提交证书或者代宣誓保证,也可以为证人或已经准备了鉴定的专家约定期日。⑫

在言辞辩论的基础上,对于假扣押申请,通过终局判决予以裁决;如果申请得到准许,那么也被称为假扣押命令。判决的理由也可能是申请人或被申请人不出席(Saeumnis)、承认或者放弃。

(三)假扣押命令的内容

1. 强制内容

假扣押命令必须包括:

51.18 (1)对物假扣押或对人假扣押命令,⑬其中,对物假扣押原则上针对债务人的全部财产。⑭

(2)根据原因和额度被保全的请求权。

(3)涤除金额(Lösungssumme)(第923条)。在法院提存该金额会使假扣押的执行停止;如果已经执行,那么债务人有权利申请

---

⑦对准予的裁定,特别是自附加上第922条第1款第2句以来,争议非常大。同此处,参见纳格勒,载《新法学周刊》,1993年,第1045页;利波尔德,载《新法学周刊》,1994年,第1110页;不同观点,科隆法院裁判,载《德国法月刊》,1998年,第432~433页,附E.施奈德的评注;赫尔,载《新法学周刊》,1993年,第2287页;《〈德国民事诉讼法〉慕尼黑评注》/海因策,第921条,边码6。

⑫例子:美因河畔法兰克福法院裁判,载《新法学周刊》,1978年,第954页。

⑬关于法院是否以及在什么范围内受假扣押原告的申请的约束,参见见鲍尔,《临时性法律保护研究》,第68页以下。

⑭茨威布吕肯法院裁判,载《泛亲属法杂志》,2000年,第966页(没有责任限制的可能)。

废止执行措施(根据假扣押命令进行的执行行为)(第934条)。

如果没有说明涤除金额,那么假扣押命令并非不生效。允许在准用第716条、第321条时进行补充[75](边码51.19)。

(4)根据第91条以下对费用的裁判,其中败与胜只根据对符合假扣押的保全请求权的裁判进行判断,丝毫不依赖于主程序的结果,也不取决于因支出费用而产生的将来损害赔偿债权(边码52.29)。[76]

假扣押程序完成时(经双方当事人或者一方当事人的完成声明),适用与诉讼完成时相同的基本原则。[77] 基于费用,假扣押命令可以完全执行,在这方面,假扣押命令不仅仅赋予了保全。[78]

2. 任选内容

(1)即使请求权和假扣押事由是可信的(被疏明),假扣押命令中也可以命令债权人提供担保(第921条第2句)。[79] 另一方 51.19

---

[75]比较,汉堡法院裁判,载《新法学周刊》,1958年,第1145页,附兰特的赞同的评注。

[76]对于此事详细的参见博克等编著:《民事诉讼法评注》/格伦斯基,第922条,边码12~19。

[77]格平格尔,载《民事诉讼法杂志》,第70卷,1957年,第423页;施吕特,载《民事诉讼法杂志》,第80卷,1967年,第447页;另见联邦法院裁判,载《新法学周刊》,1973年,第1329页;《联邦法院民事裁判集》,第156卷,第335页、第342页以下(关于假处分);亚琛州法院裁判,载《德国法月刊》,1973年,第506页;哈姆法院裁判,载《德国法月刊》,1987年,第578页;美因河畔法兰克福法院裁判,载《新法学周刊裁判报告》,1992年,第493页;科隆法院裁判,载《州高等法院报告》,1998年,第304页;《工商权利保护与著作权》,2001年,第424页、第425页左栏。

[78]比较,美因河畔法兰克福法院裁判,载《德国法院执行员报》,1982年,第57页、第60页。

[79]例子:柏林高等法院裁判,载《法律与实务中的竞争》,1995年,第24页。

面,即使不具有可信性,[80]只要债权人提供担保,也可以授予假扣押(第921条第1句)。在两种情况中,或者授予假扣押,如果提供担保(不太方便!),或者使假扣押的执行取决于前置的提供担保。

对于设定的担保什么时间返还(第109条)的问题,要区分债权人提供的担保(第921条)和债务人提供的担保(第923条;边码51.18):

①当被第二审上诉法院或者在异议程序中确认假扣押命令,此外,对主程序作出了发生既判力的、有利于债权人的裁判时,[81]还有当假扣押命令没有被撤销或没有被执行时,返还债权人所提供的担保。

②当假扣押被废止时,当债务人清偿债权人,或者当主程序中的请求权被发生既判力地驳回时,应返还债务人提供的担保。[82]

51.20 (2)另外,根据债务人的申请,可以设置期限,且在该期限内,债权人必须就主案提起诉讼(第926条)。不提起诉讼的后果:废止假扣押——而且,即使假扣押是通过裁定命令的,也必须通过判决(第926条第2句;边码51.28、边码51.29)。

应当保证债务人随时可以强制实现对主案的裁判。[83] 如果主案已经发生诉讼系属,因此不能再次命令提起诉讼。[84] 债务人在颁布假扣押命令之前

---

[80]对此,科隆法院裁判,载《德国法月刊》,1959年,第933页。

[81]《帝国法院民事裁判集》,第72卷,第27~28页;慕尼黑法院裁判,载《企业顾问》,1975年,第764页。

[82]慕尼黑法院裁判,载《企业顾问》,1975年,第764页。

[83]《联邦法院民事裁判集》,第68卷,第289页、第293页。

[84]联邦法院裁判,载《新法学周刊裁判报告》,1987年,第683页、第685页;不伦瑞克法院裁判,载《法学周报》,1925年,第812页;科隆法院裁判,载《州高等法院民事裁判集》,1979年,第118页以下(支付令后发生诉讼系属);美因河畔法兰克福法院裁判,载《德国法月刊》,1981年,第237页以下(诉讼系属);《德国法月刊》,1989年,第272页;德累斯顿法院裁判,载《州高等法院报告》,2001年,第459~460页(发生诉讼系属以及假扣押被告阻碍送达)。

就可以提起申请,在颁布假扣押命令之后也可以提出申请;后一种情况中由司法辅助员裁判(《司法辅助员法》第20条第14项)。如果请求权在此期间消灭了[85]:清偿[86]或其他(形式)的完结,申请会被拒绝。[87] 债权人的救济:根据《司法辅助员法》第11条第2款附期限的抗议,[88]通说认为不能依据第567条和第793条提出立即抗告;债务人的法律救济:立即抗告,依据第567条第1款第2项,《司法辅助员法》第11条第1款。

五、法律救济

假扣押程序的法律救济规定的非常复杂:[89]最简单的法律情况是,当言辞辩论后通过判决予以裁判时;这时可以赋予(二审)上诉的法律手段,无论颁布假扣押命令,还是假扣押申请被驳回,都是一样的(边码51.26)。如果没有言辞辩论就进行裁判,债务人可以对假扣押命令提出异议(Widerspruch)(边码51.22以下);如果申请被驳回,债务人的法律手段就是立即抗告(边码51.25)。 51.21

---

[85]施吕特:《民事诉讼法杂志》,第80卷(1967年),第447页、第460页;马德里希:《权利救济的关系》,1980年,第57页以下;博克等编著:《民事诉讼法评注》/格伦斯基,第926条,边码7;批评的观点,参见《〈德国民事诉讼法〉慕尼黑评注》/海因策,第926条,边码10。

[86]美因茨州法院裁判,载《新法学周刊》,1973年,第2295页。

[87]汉堡法院裁判,载《德国法月刊》,1970年,第935页;汉堡州法院裁判,载《经济法杂志》,1991年,第1507~1508页;杜赛尔多夫法院裁判,载《新法学周刊裁判报告》,1988年,第696页;联邦法院裁判,载《新法学周刊》,1974年,第503页;《联邦法院民事裁判集》,第122卷,第172页、第178页(放弃);另见联邦法院裁判,载《新法学周刊》,1973年,第1329页。以及慕尼黑法院裁判,载《工商权利保护与著作权》,1982年,第321页;关于完成,另见边码51.23、边码51.32。

[88]石勒苏益格法院裁判,载《石勒苏益格—荷尔斯泰因州通告》,1982年,第44页;瑙姆堡《州高等法院报告》,2002年,第260页;联邦法院裁判,载《新法学周刊裁判报告》,1987年,第683页、第685页;有争议。

[89]对此见马德里希:《法律救济的关系》,1980年;对此,佩赫尔,载《民事诉讼法杂志》,第95卷,1982年,第101页。

(一)对假扣押命令的异议

51.22 "对命令假扣押的裁定,可以提起异议"(第924条第1款)。

1. 法律本质

异议是债务人的法律救济(Rechtsbehelf),但是并非法律(上诉)手段(Rechtsmittel):它针对颁布假扣押命令的法院提出(没有向上级法院移交的效果(Devolutiveffekt)),而且还具有如下法律后果:假扣押被转变为有言辞辩论的程序(正当性程序)。异议也不产生中止效果(Suspensiveffekt),假扣押的执行不停止(第924条第3款第1句),债务人可以申请执行保护措施(第924条第3款第2句;边码14.25)。也就是说,异议(Widerspruch)与缺席程序中的异议(Einspruch)相似。与之不同的是,此异议不受期限限制;只要存在假扣押命令,异议就被允许(合法),即使假扣押被执行之后,也是如此。[90] 将异议限定在对费用的裁判("费用异议"),也是允许的(合法的);[91]其中同时包含在事实裁判方面的部分法律救济之放弃。[92]

2. 管辖

有专属管辖的是颁布假扣押命令的法院。如果假扣押命令是

---

[90]关于失效联邦法院裁判,载《新法学周刊》,1992年,第2297~2298页;美因河畔法兰克福法院裁判,载《民事诉讼法杂志》,第69卷,1956年,第459页;柏林高等法院裁判,载《新法学周刊》,1962年,第816页;《工商权利保护与著作权》,1985年,第237页;策勒法院裁判,载《工商权利保护与著作权》,1980年,第945页;萨尔布吕肯法院裁判,载《新法学周刊裁判报告》,1989年,第1512页以下。

[91]科布伦茨法院裁判,载《德国司法》,1986年,第407页;汉堡法院裁判,载《德国法月刊》,1991年,第357页;科布伦茨法院裁判,载《新法学周刊裁判报告》,1997年,第893页;勃兰登堡法院裁判,载《新法学周刊裁判报告》,2000年,第1668页,第1669页。

[92]联邦法院裁判,载《德国法月刊》,2003年,第955~956页;汉堡法院裁判,载《新法学周刊裁判报告》,2000年,第1238页;哈姆法院裁判,载《州高等法院报告》,2003年,第232页。

在抗告审级中颁布(边码 51.25),那么第一审级的法院有管辖。[93] 在州法院和州高级法院适用律师强制。[94]

3. 言辞辩论

始终进行言辞辩论,在此过程中当事人角色不改变(对缺席程序很重要)。法院对假扣押的合法性进行裁判,而且是根据异议程序中的最后一次言辞辩论结束时陈述的具体情况;从中得出,当事人在假扣押请求权和假扣押事由方面可以提出新的事实主张。[95] 在这里,证明可信性即为已足,证据采取只能涉及在场的证明工具(第 294 条第 2 款)。承认或者放弃,是可能的,但它们只能涉及假扣押请求权。假扣押申请的完成(边码 51.18),比如因为假扣押事由嗣后消灭,不同于主案的完成,比如清偿请求权;通常情况下,主案的完成会导致假扣押申请的完成,但反过来却不会。[96] 51.23

4. 判决

总是通过判决进行裁判。可能的内容(第 925 条第 2 款):

51.24 (1)假扣押的确认:立即可以强制执行——没有可执行之宣告。

(2)假扣押的废止:无须提供担保的可执行之宣告(第 708 条第 6 项)。这个广义上的可执行性(边码 13.7)的后果是,债务人

---

[93]《帝国法院民事裁判集》,第 37 卷,第 368 ~ 369 页;柏林高等法院裁判,载《法学周报》,1927 年,第 527 页;汉堡法院裁判,载《德国法月刊》,1957 年,第 105 页;乌勒—巴尔斯,载《德国法月刊》,1973 年,第 889 页。

[94]科布伦茨法院裁判,载《新法学周刊》,1980 年,第 2588 ~ 2589 页(对提起——不是对言辞辩论的代理——争议!);哈姆法院裁判,载《法律与实务中的竞争》,1992 年,第 724 ~ 725 页。

[95]例子:卡尔斯鲁厄法院裁判,载《德国司法》,1997 年,第 16 ~ 17 页(执行期间的延误)。

[96]比较,施吕特,《民事诉讼法杂志》,第 80 卷,1967 年,第 447 页;另外,边码51.18、边码 51.20、边码 51.32。

可以根据第775条第1项、第776条采取措施。如果债权人提出法律上诉手段,债权人可以对此进行阻止,通过第712条或者准用第707条、第709条提供担保制止判决的执行。⑰

(3)假扣押变更,特别是命令债权人或者债务人提供担保:根据第708条第6项的可执行之宣告。

5.针对判决的法律救济

针对判决可以提出二审上诉,而非三审上诉(第542条第2款)。相反,如果法院通过裁定认为上诉不合法而将其驳回(第522条第1款第2句、第3句),则不能进行法律抗告(Rechtsbeschwerde)(第574条第1款第2句,第542条第2款)。⑱ 此外,类推第542条第2款第1句,通说在所有假扣押与暂处分程序中否

---

⑰杜赛尔多夫法院裁判,载《德国法月刊》,1992年,第660页;柏林高等法院裁判,载《德国法月刊》,1994年,第727页附证明;不同观点,参见柏林高等法院裁判,载《新法学周刊裁判报告》,1996年,第1088页;美因河畔法兰克福法院裁判,载《德国法月刊》,1997年,第1060~1061页;不来梅法院裁判,载《德国法月刊》,1998年,第677页,第678页;杜赛尔多夫法院裁判,载《新法学周刊裁判报告》,2002年,第138页;科隆法院裁判,载《州高等法院报告》,2002年,第468页;对废止裁判中允许保留既判力未决,参见卡尔斯鲁厄法院裁判,载《德国司法》,1997年,第16~17页。如果可执行性的消灭不仅导致执行措施的废止,而且有立即的法律后果(比如假扣押抵押权转化成所有权人抵押权,第932条第2款、第868条第1款;暂处分时的预告登记消灭,《土地登记法》第25条),根据通说担保给付太迟;相同的,参见多特蒙德州法院裁判,《德国司法》,1982年,第276页;另《联邦法院民事裁判集》,第39卷,第21页、第23~24页;在暂处分中,部分不正确的观点一般是,废止将处分效果不可逆转地清除,对此后来的担保给付也不能更改(比如,杜赛尔多夫法院裁判,载《州高等法院民事裁判集》,1970年,第180页;《新法学周刊裁判报告》,1987年,第511~512页)。

⑱在2004年8月28日的《司法现代化法》于第574条第1款第2句中创设新规定之前,已得出相同结论者,参见《联邦法院民事裁判集》,第152卷,第195页。

认法律抗告。[99] 针对基于费用异议作出的判决（边码 51.22），根据第 99 条第 2 款提起立即抗告。[100] 如果通过缺席判决对异议（Widerspruch）进行裁判，那么可以提起异议（Einspruch）（第 338 条）。

（二）对驳回（假扣押申请）的裁定提起立即抗告

51.25 如果假扣押申请通过裁定被驳回，或者被命令事前提供担保，那么债权人可以对此裁判提出立即抗告（第 567 条第 1 款第 2 项）。[101] 如果没有听审相对人，以确认在此期间出现的程序完成以

---

[99]《联邦法院民事裁判集》，第 154 卷，第 102～103 页；联邦法院裁判，《新法学周刊裁判报告》，2003 年，第 1075 页；联邦劳动法院《新法学周刊》，2003 年，第 1621～1622页；茨威布吕肯法院裁判，载《泛亲属法杂志》，2000 年，第 966 页；博克等编著：《民事诉讼法评注》/格伦斯基，第 922 条，边码 10 页；佐勒/福克曼，第 922 条，边码 14 页；慕泽拉克/胡贝尔，第 922 条，边码 10 页；不同观点例如鲍姆巴赫/哈特曼，第 922 条，边码 32。

[100]卡尔斯鲁厄法院裁判，载《新法学周刊裁判报告》，1987 年，第 105 页；不来梅法院裁判，载《新法学周刊裁判报告》，1988 年，第 625 页；勃兰登堡法院裁判，载《新法学周刊裁判报告》，1994 年，第 1022 页；美因河畔法兰克福法院裁判，载《新法学周刊裁判报告》，1996 年，第 1535 页；科布伦茨法院裁判，载《新法学周刊裁判报告》，1997 年，第 893 页；斯图加特法院裁判，载《州高等法院报告》，1999 年，第 328～329 页；勃兰登堡法院裁判，载《新法学周刊裁判报告》，2000 年，第 1668～1669 页。在这方面也不得提出法律抗告，参见联邦法院裁判，载《新法学周刊裁判报告》，2003 年，第 1075 页。

[101]通说否定律师强制（边码 51.13）：汉堡法院裁判，载《德国法月刊》，1981 年，第 939 页；科布伦茨法院裁判，载《新法学周刊》，1980 年，第 2588 页，附拒绝的注释，贝格福特法院裁判，载《新法学周刊》，1981 年，第 353 页；科隆法院裁判，载《新法学周刊裁判报告》，1988 年，第 254 页；柏林高等法院裁判，载《新法学周刊裁判报告》，1992 年，第 576 页；卡尔斯鲁厄法院裁判，载《新法学周刊裁判报告》，1993 年，第 1470 页；哈姆法院裁判，载《州高等法院报告》，1996 年，第 44～45 页；卡尔斯鲁厄法院裁判，载《州高等法院报告》，1998 年，第 130 页；不同观点，参见美因河畔法兰克福法院裁判，载《新法学周刊》，1981 年，第 2203 页；哈姆法院裁判，载《新法学周刊》，1982 年，第 1711 页；杜赛尔多夫法院裁判，载《州高等法院民事裁判集》，1983 年，第 358 页；哈姆法院裁判，载《新法学周刊裁判报告》，1997 年，第 763 页；萨尔布吕肯法院裁判，载《新法学周刊裁判报告》，1998 年，第 1611 页。特没有收获的争议，毫无疑问，该争议不值得很多高级法院为之付出努力！另见边码 54.5。

及使相对人承担费用为目标的抗告,也是合法的(被允许的)。[102]根据通说,不能进行法律抗告。[103]

(三)二审上诉

51.26 如果在言辞辩论的基础上对假扣押申请通过判决予以裁判,判决不利方的法律上诉手段是提起二审上诉(Berufung),而不是三审上告(Revision)(第542条第2款)。

也可以因为在此期间延误执行期限而提起二审上诉(第531条第2款第1句第3项)。[104] 针对假扣押判决的可执行性,债务人可以进行防御,与根据第719条、第707条的二审上诉情况下相同(边码15.26、边码14.12以下)。

(四)法律救济与假扣押废止的关系

债权人——除了异议(Widerspruch)以及二审上诉之外——还可以根据第926条和第927条废止假扣押(边码51.29,51.33),此时,法律情况会因此变得复杂。

---

[102]有争议!美因河畔法兰克福法院裁判,载《新法学周刊裁判报告》,1992年,第463页;博克等编著:《民事诉讼法评注》/格伦斯基,第922条,边码18页;佐勒/福克曼,第922条,边码4页;不同观点,参见卡尔斯鲁厄法院裁判,载《法律与实务中的竞争》,1998年,429页;斯图加特法院裁判,载《州高等法院报告》,2001年,第181页;班贝尔格法院裁判,载《州高等法院报告》,2002年,第462~463页;科布伦茨法院裁判,载《州高等法院报告》,2003年,第144页,第269条第3款第3句的适用(类推)排除,因为假扣押程序伴随假扣押申请已经有法律系属(边码51.14)。

[103]《联邦法院民事裁判集》,第154卷,第102~103页;联邦法院裁判,载《新法学周刊裁判报告》,2003年,第1075页;联邦劳动法院裁判,《新法学周刊》,2003年,第1621~1622页。

[104]例子:汉堡法院裁判,载《法律与实务中的竞争》,1996年,第1047页,附乌尔里希的注释。

六、裁判的既判力效果

有争议的是，假扣押程序中进行的裁判是否有既判力效果。[105] 51.27
假扣押程序的争议标的是债权人要求保全的程序性请求权，正如在判定申请的时间点时呈现出的那样。

（一）驳回申请

如果授予假扣押的申请以不成立被驳回，那么，只有出示新的事实，[106]或者提出申请人在第一个程序中不能行使的新的使人相信（疏明）手段时，[107]才允许提出新的申请。

（二）授予假扣押

如果授予了假扣押，那么它即产生既判力，但是只在与申请的其他的暂时性措施的关系中才有既判力。只要存在相同诉讼、相

---

[105]具体情况参见鲍尔：《临时性法律保护研究》，第 86 页以下；伯根/雷纳德（Bongen/Renaud），载《新法学周刊》，1991 年，第 2886 页以下，各自附证明。

[106]兰特，载《新法学周刊》，1951 年，第 721 页；杜赛尔多夫法院裁判，载《泛亲属法杂志》，1964 年，第 309 页；美因河畔法兰克福法院裁判，载《新法学周刊》，1968 年，第 2112～2113 页；明斯特行政法院，载《新法学周刊》，1975 年，第 992 页；杜赛尔多夫法院裁判，载《新法学周刊》，1982 年，第 2452～2453 页；罗利茨：《民事诉讼法杂志》，第 106 卷，1993 年，第 3 页，第 10 页以下；博克等编著：《民事诉讼法评注》/格伦斯基，第 916 条之前，边码 15；盖哈德：《执行法》，第 18 章，第 II 2 c 节（在 3 中）；尧厄尼希，第 35 章，第 III 3 节。反对将该规则扩大到并非新的、但是假扣押申请人不知道的事实，参见柏林高等法院裁判，载《德国法月刊》，1979 年，第 64 页；不同观点，正确的，参见博克等编著：《民事诉讼法评注》/格伦斯基前，第 916 条，边码 15（紧急情况不需要谨慎调查）。

[107]比较鲍尔：《临时性法律保护研究》，第 89 页；明斯特州高等行政法院裁判，载《新法学周刊》，1971 年，第 296 页；《新法学周刊》，1975 年，第 992 页；美因河畔法兰克福法院裁判，载《泛亲属法杂志》，1987 年，第 393～394 页；《柏林市高等法院报告》，2001 年，第 52～53 页；盖哈德，引文同上页；尧厄尼希。引文同上；舒施克/瓦克尔，第 922 条，边码 25；有争议！

同当事人,即可。[108] 债务人只能采取法律上诉手段,以及依据第927条。如果名义的执行期间经过,或者名义因其他原因变得不能适用,那么既判力与新的申请并不矛盾(第929条第2款)。[109]

(三)对主诉讼的影响

既判力对主诉讼不产生影响,也不在判例先例(Präjudizialität)意义上产生影响。[110]

七、假扣押命令的废止

51.28 债务人达到废止假扣押命令的其他可能性,规定在第926条(见下文1)和第927条(见下文2)。

(一)诉讼期间经过后的废止

如果假扣押法院基于债务人的申请向债权人提出,在特定期间内提起主案诉讼(边码51.20),那么——在债权人没有遵守这个命令时——假扣押命令基于债务人的申请被假扣押法院所废止(第926条)。

任何形式的"使产生(诉讼)系属"都足以保护期限,申请授予

---

[108] 比较,鲍尔:《临时性法律保护研究》,第91页以下;美因河畔法兰克福法院裁判,载《新法学周刊》,1968年,第2112~2113页;博克等编著:《民事诉讼法评注》/格伦斯基前,第916条,边码16;盖哈德:《执行法》,引文同上。不同观点,参见瓦恩帝国法院裁判,1910年,第79页;柏林高等法院裁判,载《法学周报》,1929年,第2216页;奥尔登堡:《下萨克森州司法》,1952年,第32页。

[109] 比较,美因河畔法兰克福法院裁判,载《新法学周刊》,1968年,第2112页以下。

[110] 比较,具体情况参见鲍尔:《临时性法律保护研究》,第95页;另见博克等编著:《民事诉讼法评注》/格伦斯基前,第916条,边码13;联邦法院裁判,载《法学家杂志》,1966年,第528页,附鲍尔注释。

催告令,[111]或者在约定的仲裁机构提起仲裁也足以保住期限;[112]在马上发生的诉讼系属情况下,符合期限地提起诉讼也足以保住期限(第167条)。[113] 通常情况下可以提起给付之诉,但是也可能提起确认之诉。[114] 在主请求权审理完成后,不允许提起确认暂时性措施自始合法的确认之诉:如果一个暂时性程序被宣告完成,那么根据第926条第2款申请就会落空;[115]其他情况下债权人可以在关于申请的程序中根据第926条第2款主张,主案之诉因为在此期间的程序完成无论如何都毫无希望(边码51.20)。[116]

申请设置期限的可能性不排除债务人方面采取主动权,即债务人自己使主案发生诉讼系属,比如他通过对债权人提起消极的确认之诉。[117] 依第924条的提起异议可能性也不排除根据第926条申请命令设置期间,同样不排除因为错过第926条期间的 51.29

---

[111]科隆法院裁判,载《州高等法院民事裁判集》,1979年,第118页。

[112]比较,美因河畔法兰克福法院裁判,载《新法学周刊》,1959年,第1088页;根据正确的观点,诉讼费用援助申请也足矣,参见施奈德,载《德国法月刊》,1982年,第722页;博克等编著:《民事诉讼法评注》/格伦斯基,第926条,边码11页;在这方面,不同的观点,参见杜赛尔多夫法院裁判,载《德国法月刊》,1987年,第771页;哈姆法院裁判,载《州高等法院民事裁判集》,1989年,第322页;《〈德国民事诉讼法〉慕尼黑评注》/海因策,第927条,边码17。

[113]比较,策勒法院裁判,载《州高等法院报告》,1998年,第156页;科隆法院裁判,载《州高等法院报告》,1999年,第400页。

[114]罗森贝格/高尔/席尔肯,第77章,第I 4 c节。

[115]联邦法院裁判,载《新法学周刊》,1973年,第1329节。

[116]联邦法院裁判,载《新法学周刊》,1974年,第503页;慕尼黑法院裁判,载《经济法杂志》,1982年,第497页;杜赛尔多夫法院裁判,载《新法学周刊裁判报告》,1988年,第696页。

[117]鲍尔:《临时性法律保护研究》,第80页以下;联邦法院裁判,载《新法学周刊》,1986年,第1815页(未决的还有联邦法院裁判,载《新法学周刊》,1978年,第2157~2158页);科布伦茨法院裁判,载《工商权利保护与著作权》,1986年,第94~95页;不同观点,参见联邦法院裁判,载《法学家杂志》,1961年,第295页附敦茨拒绝的注释。

程序。[118]

(二)因为情况变更而废止

51.30 基于债务人的申请,假扣押命令可以“因为情况变更”被废止(第927条)。如果提出这样的申请,那么不审查假扣押的授予是否合法,只审查自假扣押授予以来是否产生必须予以废止的情况。

假扣押命令是在情事不变(clausula rebus sic stantibus)的前提下作出的!无关紧要的是,假扣押命令是否已经在异议程序(Widerspruchverfahren)中被确认;如果假扣押命令的审级途径用尽,而因此产生既判力(边码51.27),废止假扣押命令也是可能的。

1. 申请的管辖和效力

51.31 假扣押法院有管辖权,由上诉法院(Rechtsmittelgericht)授予假扣押时,只有第一审级的法院有管辖权(也比较边码51.22);[119]如果主案已经产生诉讼系属,根据第927条第2款诉讼法院有管辖权(原因:现在,该法院最了解争议案件的继续发展情况)。假扣押执行不会因申请而停止,准用第924条第3款第2句联合第707条(暂时命令)。[120]

2. 情况变更

51.32 情况变更可以发生在需要被保全的请求权方面,或者发生在假扣押事由方面。

在考虑之列的,比如需要被保全的请求权因为清偿或者其他原因消灭,

---

[118] 汉堡法院裁判,载《德国法月刊》,1977年,第148页。

[119] 杜赛尔多夫法院裁判,载《德国法月刊》,1984年,第324页;汉堡法院裁判,载《州高等法院民事裁判集》,1987年,第492页。

[120] 不伦瑞克法院裁判,载《德国法月刊》,1956年,第557页;茨威布吕肯法院裁判,载《泛亲属法杂志》,1981年,第492页。

或者通过主程序中的判决被有既判力地驳回;[121]未产生既判力的主程序中驳回诉讼的判决通常会动摇假扣押请求权的可信性,并会导致废止,除非已经提起的法律(上诉)手段预示会取得好的效果。[122] 假扣押事由的终结(第927条第1款)可能存在于:比如债务人在国内获得可以采取措施的财产(第917条第2款);相反,债权人在主案程序中的有既判力的名义不能使废止申请获得正当性,因为假扣押命令对债务人而言,并不意味着额外的负担。[123] 情况的变更不需要在假扣押命令颁布后才出现;债务人嗣后才知道情况变更,或者情况变更嗣后才对债务人有可利用性,已是足够的。[124] 如果其构成事实在命令程序中已经陈述,那么在某些情况下也要考虑其他有利于债权人的请求权基础。[125] 变更可能涉及假扣押命令的可执行性的消灭,比如执行期间的经过,[126]或者没有提供作为假扣押前提条件的担保,[127]等等。如果债务人主动提出提供担保,等同于情况变更(第927条第1款)。

---

[121]巴伐利亚州最高法院《德国司法》,1980年,第294页;联邦法院裁判,载《新法学周刊》,1978年,第2157~2158页(不作为处分后债务人的胜诉的容忍之诉);《联邦法院民事裁判集》,第122卷,第172页、第178页。

[122]比较联邦法院裁判,载《法律与实务中的竞争》,1976年,第134页;鲍尔:《临时性法律保护研究》,第92页以下;博克等编著:《民事诉讼法评注》/格伦斯基,第927条,边码6;此外,杜赛尔多夫法院裁判,载《新法学周刊》,1955年,第1844页;慕尼黑法院裁判,载《州高等法院民事裁判集》,1988年,第230页。

[123]有争议,比较博克等编著:《民事诉讼法评注》/格伦斯基,第927条,边码8(对债务人而言没有法律保护的需要)。

[124]有争议,比较《帝国法院民事裁判集》,第34卷,第368页、第371页;第63卷,第41页;哈姆法院裁判,载《企业顾问》,1977年,第412页;《法律与实务中的竞争》,1969年,第119页;布洛克斯/瓦克尔,边码1528附证明。

[125]美因河畔法兰克福法院裁判,载《工商权利保护与著作权》,1997年,第484页。

[126]多特蒙德州法院裁判,载《德国司法》,1982年,第276页;石勒苏益格法院裁判,载《新法学周刊》,1972年,第1056页;慕尼黑法院裁判,载《州高等法院民事裁判集》,1986年,第452页、第455页;哈姆法院裁判,载《新法学周刊》,1978年,第830~831页;《新法学周刊裁判报告》,1990年,第1214页;美因河畔法兰克福法院裁判,载《新法学周刊裁判报告》,2000年,第1236页;石勒苏益格法院裁判,载《德国法月刊》,2001年,第231页;魏德迈,载《新法学周刊》,1979年,第293~294页。

[127]范例:美因河畔法兰克福法院裁判,载《州高等法院民事裁判集》,1980年,第258页;奥尔登堡法院裁判,载《泛亲属法杂志》,1983年,第1256页。

3. 裁判

51.33 始终通过终局判决(Endurteil)进行裁判,裁判的内容可以是驳回申请,废止假扣押,或者变更假扣押。

债务人可以在异议程序(Widerspruchverfahren)中主张情况的变更,但是不能通过可执行性异议之诉;[128]他可以在众多可能性中选择。[129] 反之,对假扣押命令的废止提起特别之诉,则缺少法律保护必要性。[130]

4. 彼此同意的废止

对暂时措施的彼此同意的废止会使根据第927条的程序变得多余。[131]

5. 过渡至主程序

从这个程序过渡至主程序,同样(边码51.14)也是不可能。

---

[128]《帝国法院民事裁判集》,第57卷,第223页;美因河畔法兰克福法院裁判,载《州高等法院民事裁判集》,1980年,第258~259页;《州高等法院民事裁判集》,1985年,第442页,附证明。

[129]科隆法院裁判,载《法学周报》,1935年,第3319页;《法律与实务中的竞争》,1987年,第567~568页;不是因为缺乏法律保护利益的积累:杜赛尔多夫法院裁判,载《新法学周刊》,1955年,第1844页,附施瓦布的注释。

[130]《帝国法院民事裁判集》,第132卷,第180页。

[131]美因河畔法兰克福法院裁判,载《新法学周刊》,1968年,第2112页、第2114页;博克等编著:《民事诉讼法评注》/格伦斯基,第927条,边码2。根据第93条可以判决债务人承担费用,如果没有提出废止程序的事由(可能是警告),参见美因河畔法兰克福法院裁判,载《德国司法》,1982年,第76页;科隆法院裁判,载《德国司法》,1982年,第154页;美因河畔法兰克福法院裁判,载《州高等法院报告》,2001年,第147页。

第五十二章　假扣押的执行

一、一般强制执行规定准用

强制执行的规定可以准用于假扣押的执行,亦即准用于保全措施的实施上(第 928 条)。但是,只是准用,换言之,只有在这些规则与假扣押目的一致的情况下才准用,即不是为了清偿债权人而只是为了保全强制执行的实施之目的。 52.1

(一)包括的财产

主要服从于假扣押执行的财产价值与强制执行中大体相同;一般的扣押限制特别是第 811 条、第 850 条以下在这里也适用。[①]

(二)法律救济和执行费用

大多数在强制执行程序中允许的法律救济在假扣押执行程序中也允许:根据第 766 条的抗议、根据第 793 条的立即抗告、根据第 771 条的异议之诉,反之,执行异议之诉则不允许;考虑到债务人可以根据第 927 条因为情况的改变而废止假扣押命令,所以对于执行

---

①格鲁赫帝国法院裁判,第 34 卷,第 1176 页、第 1179 页;博克等编著:《民事诉讼法评注》/格伦斯基,第 928 条,边码 5。

异议之诉而言,缺少法律保护之必要。②

第 788 条准用于假扣押执行的费用。

(三)支付不能程序

支付不能程序的开始会使执行不被允许(《支付不能法》第 89 条)。③《支付不能法》第 88 条规定所有根据执行的、在支付不能开始之申请的前一个月之内获得的保全不生效力。④

二、假扣押执行的特殊条件

52.2 相对于一般的强制执行程序,假扣押执行的形式条件主要在三个方面有所不同(第 929 条)。

(一)假扣押命令立即可以执行

假扣押命令具有立即可执行性。

因此,即使假扣押命令被通过判决裁定,或者在异议程序(Widerspruchverfahren)中被确认,也不需要而且也不能被宣告为暂时可以执行(边码 51.24)。对假扣押命令原则上也不需要执行条款;例外的情况是,如果应当对命令中指名的人之外的其他人进行执行(第 929 条第 1 款),即所有转移执行名义的执行条款的情况(边码 17.6 以下)。第一审级的假扣押法院对执行条款授予之诉有管辖权(第 731 条)。根据《关于实施两国间条约与贯彻欧共体在民商事承认和执行领域条例的法律(AVAG)》第 31 条的规定,在假扣押命令根据国家间的关于承认和执行的条约可以在国外被准许,而且也应该进行承认和执行的情况下,假扣押命令需要附上执行条款(见边码 55.5 以下,关于《欧洲审判籍与执行法

---

②柏林高等法院裁判,载《法学周报》,1933 年,第 1897 页;佐勒/福克曼,第 928 条,边码 7;另见边码 45.5、边码 54.18、边码 54.20。

③对此,科隆法院裁判,载《民事诉讼法杂志》,第 69 卷,1956 年,第 52 页。

④比较《联邦法院民事裁判集》,第 142 卷,第 208 页、第 210 页(在暂处分执行中进行预告登记在旧权利的整体执行中无效);巴伐利亚州最高法院裁判,载《经济法杂志》,2000 年,第 1263 页(强制担保抵押随着破产程序的开始而无效)。

(EuGVVO)》)。

(二)执行期限

为了防止假扣押执行时的情况与命令假扣押时的情况出现重大差异,[⑤]法律规定,必须在特定期间内进行执行,只能自假扣押命令授予起1个月内进行执行(第929条第2款)。[⑥] 该期间是法定期间,既不能放弃,[⑦]也不允许延长。这里要回答两个问题:(1)从什么时间起开始计算执行期间?(2)什么时候假扣押命令是按期"执行"的? 52.3

1. 执行期间的开始

1个月期间随着在言辞辩论中公布假扣押命令而开始,或者——在没有公布情况下(边码51.16)[⑧]——自向债权人送达(或者无形式要件的递交)之时开始。 52.4

异议(Widerspruch)提起或者上诉的提出不会阻止期间的进

⑤比较,《联邦法院民事裁判集》,第112卷,第356页、第361页;哈姆法院裁判,载《泛亲属法杂志》,1980年,第1145页;科布伦茨法院裁判,载《工商权利保护与著作权》,1980年,第945页;石勒苏益格法院裁判,载《泛亲属法杂志》,1981年,第456页;美因河畔法兰克福法院裁判,载《新法学周刊裁判报告》,1999年,第1446页、第1447页右栏;茨威布吕肯法院裁判,载《新法学周刊裁判报告》,2002年,第1657~1658页。

⑥关于第929条第2款的合宪性,比较联邦宪法法院裁判,载《新法学周刊》,1988年,第3141页;对司法裁判和观点争议很好的梗概波尔曼《支付不能法杂志》,1994年,第49页以下。

⑦比较,哈姆法院裁判,载《新法学周刊》,1978年,第830~831页,附克拉默尔评注;科布伦茨法院裁判,载《工商权利保护与著作权》,1981年,第92页;《联邦法院民事裁判集》,第120页、第73页、第86页;关于法律上相似的第929条第3款第2句,参见美因河畔法兰克福法院裁判,载《德国司法》,1982年,第32页。

⑧附加在公布中的判决送达对期间的开始没有决定性(意义),参见布莱梅州劳动法院裁判,载《德国司法》,1982年,第481页。

行,⑨予以确认的裁判不会引起期间重新计算;⑩但是在例外的情况下,如附重大变更的确认(比如提供担保)的情况下,如果附加的强制措施变得必要,那么期间重新计算。⑪ 如果假扣押命令基于债务人的异议被废止,但又基于债权人的上诉手段重新授予,那么期间重新开始计算。⑫ 假扣押命令被废止后自动消灭的执行措施(边码 51.24、边码 52.20),或者本身被废止的执行措施(第 775 条第 1 项,第 776 条),不会再复活,必须在新的期间内重新进行这些执行措施。⑬ 执行后意定的诉讼担当人退出程序以及新的权利

---

⑨对此,汉堡法院裁判,载《德国法月刊》,1960 年,第 932 页;柏林高等法院裁判,载《法学周报》,1927 年,第 1599 页。

⑩有争议,参见石勒苏益格法院裁判,载《新法学周刊》,1972 年,第 1056 页;科布伦茨法院裁判,载《法律与实务中的竞争》,1980 年,第 576 页;《经济法杂志》,1990 年,第 1570 页、第 1573 页;柏林高等法院裁判,载《新法学周刊》,1997 年,第 1160 页、第 1161 页左栏;哈姆法院裁判,载《新法学周刊裁判报告》,1999 年,第 631 页;不同观点,参见茨威布吕肯法院裁判,载《新法学周刊裁判报告》,2002 年,第 1657 页;佐勒/福克曼,第 929 条,边码 7 页;罗森贝格/高尔/席尔肯,第 78 章第 I 1 节;格伦斯基,载《民事诉讼法杂志》,第 104 卷(1991 年),第 1 页、第 4 页以下。

⑪美因河畔法兰克福法院裁判,载《州高等法院民事裁判集》,1980 年,第 258 ~ 259 页;石勒苏益格《新法学周刊》,1972 年,第 1056 页;《新法学周刊裁判报告》,1986 年,第 1128 页;哈姆法院裁判,载《州高等法院民事裁判集》,1994 年,第 243 ~ 244 页;科布伦茨法院裁判,载《经济法杂志》,1990 年,第 1570 页、第 1573 页;策勒法院裁判,载《州高等法院报告》,1997 年,第 21 页;卡尔斯鲁厄法院裁判,载《法律与实务中的竞争》,1997 年,第 57 页、第 59 页左栏;柏林高等法院裁判,载《租赁法与空间法杂志》,1998 年,第 276 页、第 277 页左栏;哈姆法院裁判,载《新法学周刊裁判报告》,2000 年,第 971 页;科隆法院裁判,载《州高等法院报告》,2002 年,第 363 页。

⑫慕尼黑法院裁判,载《新法学周刊》,1958 年,第 752 页;柏林高等法院裁判,载《德国司法》,1981 年,第 119 页;策勒法院裁判,载《新法学周刊裁判报告》,1987 年,第 64 页;杜塞尔多夫法院裁判,载《新法学周刊裁判报告》,2000 年,第 68 页;美因河畔法兰克福法院裁判,载《新法学周刊裁判报告》,2002 年,第 1080 页。

⑬柏林高等法院裁判,载《德国司法》,1981 年,第 119 页;多特蒙德州法院裁判,载《德国司法》,1982 年,第 276 页;杜塞尔多夫法院裁判,载《新法学周刊裁判报告》,2000 年,第 68 页。

人加入程序,不引起新的执行期间。[14]

2. 对执行的要求

必须在1个月期间内执行假扣押(第929条第2款)。 52.5

迄今为止,争论异常激烈[15]的一个实践中重要的问题是,执行行为是否必须在1个月期间内"完结",并必须发生效力,抑或只要执行机关已经开始进行执行即为已足,或者只要债权人申请发布该执行行为即为已足。之前实践中大部分认为,期间内开始执行,即为已足,即执行机关采取执行措施,或者法院执行员采取执行措施。[16] 相反,德国联邦法院[17]赞同文献中[18]的通说,认为,债权人在执行期间内申请执行措施,即为已足;[19]在申请登记担保性抵押权时,并不适用《土地登记法》第13条第2款、第3款,这样一来,到达至初

---

⑭柏林高等法院裁判,载《法律与实务中的竞争》,1996年,第556页。

⑮谢弗,载《新法学周刊》,1972年,第1176页;芬格,载《新法学周刊》,1971年,第1242页;施奈德,载《德国法月刊》,1985年,第112页以下。

⑯柏林高等法院裁判,载《新法学周刊》,1950年,第707页;科布伦茨法院裁判,载《新法学周刊》,1958年,第387页;慕尼黑法院裁判,载《新法学周刊》,1968年,第708页;策勒法院裁判,载《新法学周刊》,1968年,第1682页;哈姆法院裁判,载《泛亲属法杂志》,1980年,第1144页、第1146页;未决的,参见哈姆法院裁判,载《泛亲属法杂志》,1991年,第583页;1997年,第1496页。

⑰《联邦法院民事裁判集》,第112卷,第359页,附评注;施迪尔纳,载《法学家杂志》,1991年,第406页;另见哈姆法院裁判,载《泛亲属法杂志》,1994年,第1540页;见边码54.16。

⑱见第11版边码873页;博克等编著,《民事诉讼法评注》/格伦斯基,第929条,边码15页;尧厄尼希,第36章,第III节;佐勒/福克曼,第929条,边码10。

⑲结论与联邦法院相同,比如,卡尔斯鲁厄法院裁判,载《新法学周刊裁判报告》,1998年,第523~524页;策勒法院裁判,载《州高等法院报告》,1999年,第212~213页;美因河畔法兰克福法院裁判,载《新法学周刊裁判报告》,1999年,第1446页、第1447页左栏;图林根州劳动法院裁判,载《德国法月刊》,2001年,第699页;未决的,参见勃兰登堡法院裁判,载《泛亲属法杂志》,1997年,第624页。

级法院即为已足。[20] 支持这种观点的一个因素是,债权人对于执行机关工作效率多快没有影响(比较第932条第3款)。

需要注意的是,按期申请的、但是在期间之外进行的执行行为必须构成一个整体。如果按期申请的扣押失败,债权人在期间经过后不能提出新的扣押申请。[21] 根据《刑事诉讼法》第111g条第2款第1句假扣押执行的允许,或者指向假扣押执行之允许的申请,都不是期间保障(Fristwahrung)的前提条件。[22]

52.6 错过期间的后果是,假扣押命令必须基于异议或者二审上诉(边码51.22以下,边码51.26),或者根据第927条被废止(边码51.27);基于申请重新发布假扣押[23](边码51.27)是允许的。期间经过后才申请的执行措施,则不被允许,[24]而且按照德国联邦法院的观点,是无效的;[25]基于第766条的抗议,执行措施必须被(明确地)废止(比较边码12.2)。[26]

---

[20]联邦法院裁判,载《德国司法》,2001年,第294页附阿尔弗评注。反对《土地登记法》第13条第2款、第3款之适用不存在宪法性的顾虑;联邦宪法法院裁判,载《支付不能和执行》,1996年,第17页(第二判决委员会第一审判庭)。

[21]通说与本文(观点)相同:博克等编著:《民事诉讼法评注》/格伦斯基,第929条,边码14页;《联邦法院民事裁判集》,第112卷,第359页以下;慕尼黑法院裁判,载《泛亲属法杂志》,1993年,第1101页;不同观点,参见杜塞尔多夫劳动法院裁判,载《德国法月刊》,1957年,第557页;策勒法院裁判,载《新法学周刊》,1968年,第1682页;施奈德,载《德国法月刊》,1985年,第112~113页;《〈德国民事诉讼法〉慕尼黑评注》/海因策,第929条,边码8页;罗森贝格/高尔/席尔肯,第78章,第I 1节。

[22]《联邦法院民事裁判集》,第144卷,第185页、第187页以下。

[23]哈姆法院裁判,载《德国法月刊》,1970年,第936页;限制的,参见柏林高等法院裁判,载《新法学周刊裁判报告》,1992年,第318页。

[24]哈姆法院裁判,载《泛亲属法杂志》,1997年,第1496页。

[25]《联邦法院民事裁判集》,第112卷,第361页(批评的,参见施迪尔纳,载《法学家杂志》,1991年,第406页);同样的,参见佐勒/福克曼,第929条,边码20页;布洛克斯/瓦克尔边码1540页;鲍姆巴赫/哈特曼,第929条,边码22页;另参见边码11.2、边码27.11。

[26]联邦法院裁判,载《经济法杂志》,1989年,第403~404页;博克等编著:《民事诉讼法评注》/格伦斯基,第929条,边码17。

3. 提前进行执行时的送达

只有当执行名义提前送达,或者同时送达时(第 750 条第 1 款),强制执行才得开始,而第 929 条第 3 款第 1 句规定,在假扣押命令送达债务人之前就已经允许执行假扣押了。但是,必须在执行后(也就是说,依本文的观点,即申请到达执行机关时)一星期内送达假扣押命令;[27]如果对于执行的一个月期间提前结束(第 929 条第 2 款;边码 52.5),那么直至该期间结束时必须送达假扣押命令(第 929 条第 3 款第 2 句)。根据现在的通说,在假扣押判决情况下,依职权送达已足,而在假扣押裁定情况下,要求当事人送达(第 922 条第 2 款)。[28] 在假扣押命令送达前进行的执行措施的生效以嗣后送达为解除条件。如果不在第 929 条第 3 款第 2 句的期间内送达,那么对于扣押而言即缺少执行前提条件。根据德国联邦法院的观点,已经进行的执行行为不发生效力;[29]虽然鉴于数项关于期限错过后实施之执行措施不生效的一致判决(边码 52.6),可以认为德国联邦法院这一观点是前后一致的,但还是与一般执行法上的瑕疵学说(Fehlerlehre)(边码 11.2 以下)相矛盾。瑕疵学说认为违反法律的一般后果是扣押担保物权消灭,而扣押状态继续存在。债务人可以以(明确地)废止为目标根据第 766 条提出抗议。[30] 52.7

除了假扣押命令,在第 929 条第 3 款的期间内其他必要的文书也要被送

㉗卡尔斯鲁厄法院裁判,载《新法学周刊裁判报告》,1998 年,第 523 ~ 524 页;不同观点,参见美因河畔法兰克福法院裁判,载《新法学周刊裁判报告》,1999 年,第 1446 ~ 1447 页(扣押裁定的送达)——非常令人质疑。

㉘联邦法院裁判,载《新法学周刊》,1990 年,第 122 页、第 124 页;哈姆法院裁判,载《新法学周刊裁判报告》,1994 年,第 521 页;策勒法院裁判,载《泛亲属法杂志》,1988 年,第 847 页以下;奥尔登堡法院裁判,载《泛亲属法杂志》,1989 年,第 879 ~ 880 页;布洛克斯/瓦克尔,边码 1536 附证明;《〈德国民事诉讼法〉慕尼黑评注》/海因策,第 929 条,边码 16 页;不同观点,参见博克等编著,《民事诉讼法评注》/格伦斯基,第 929 条,边码 21 附证明;科布伦茨法院裁判,载《泛亲属法杂志》,1988 年,第 190 ~ 191 页;有时能够观察到把第 929 条第 3 款的送达问题与通过送达执行暂处分的问题(第 929 条第 2 款页;边码 54.16)相互混淆,这令人迷茫,且导致错误结论;依职权送达后的当事人暂处分送达在现实中有积极的警告功能——与第 929 条第 3 款的情况不同。

㉙联邦法院裁判,载《新法学周刊》,1999 年,第 3494 页。

㉚联邦法院裁判,载《经济法杂志》,1989 年,第 403 ~ 404 页。

达,特别是对提供担保的证明,是否进行假扣押命令执行取决于是否提供担保。[31]

三、对物假扣押的执行

52.8 根据涉及的是对动产的执行还是对不动产的执行,物的假扣押的执行各不相同。

(一)动产

对动产的物的假扣押的执行规定在第930条第1款中:根据一般原则通过扣押进行执行——效力:在一般前提条件下对债权人有利的扣押状态和扣押担保物权。

1. 不进行变价的担保:假扣押质权

52.9 假扣押质权的功能只是担保,不是对债权人清偿(假扣押质权 Arrestpfandrecht)。[32] 因此,通常不得变价被扣押的标的物。

(1)因此,通常被扣押的物不会被拍卖(例外:第930条第3款)。被扣押的金钱要被提存,同样在分配程序中债权人应当分得的拍卖所得数额也要被提存(第930条第2款)。

(2)在债权和权利情况下,假扣押执行措施仅限于扣押,并且须通过假扣押法院,[33]在裁判抗议时,也由假扣押法院替代执行法

---

[31]柏林高等法院裁判,载《州高等法院报告》,第40卷,第340页;慕尼黑法院裁判,载《新法学周刊裁判报告》,1988年,第1466页。

[32]因此在转换成执行质押权(边码52.10)之前《德国民法典》第216条第1款不适用;不同观点,参见德累斯顿法院裁判,载《德国法月刊》,2003年,第54页;佐勒/福克曼,第930条,边码5。

[33]比较,联邦法院裁判,载《新法学周刊》,1976年,第1453页;排他管辖权(第802条);根据《司法辅助员法》第20条第16项,如果不存在与假扣押命令的联系(边码52.16),司法辅助员有管辖权。

院。[34] 扣押的债权不转付给债权人，[35]因此，比如，在生命保险情况下，债权人不能撤销收取权（Bezugsrecht），[36]也不能根据第840条向第三债务人要求提供信息，[37]同样债权人不能基于对人合公司份额的假扣押而终止合同。[38] 根据通说，仍然以假扣押为基础的转交裁定是无效的，并非只是可撤销。[39] 即使转交附带债权人必须将追收的金额提存的限制，也不允许。[40] 附加限制的转交也是不必要的；因为基于扣押，假扣押债权人已经可以向第三债务人要求，为他和债务人提存所负担的给付。[41]

2. 假扣押质权转换成执行质权

如果质权人之后针对假扣押所保全的请求权获得执行名义（比如判决，执行令），那么假扣押质权转换成执行质权（Vollstreckungspfandrecht），不需要再次进行扣押行为。执行质权保留假扣押质权的顺位。债权人现在有权利变价被扣押的物。 52.10

这些基本原则受到普遍承认。但是在构建方面和在回答具体问题方面

㉞斯图加特法院裁判，载《德国司法》，1975年，第407页；美因河畔法兰克福法院裁判，载《德国司法》，1980年，第485页；《州高等法院民事裁判集》，1981年，第370页；法官的管辖权（边码8.31、边码43.4）。

㉟《联邦法院民事裁判集》，第68卷，第289页、第292页；《联邦法院民事裁判集》，第121卷，第98页、第101页。

㊱《帝国法院民事裁判集》，第153卷，第220页、第224页。

㊲《联邦法院民事裁判集》，第68卷，第289页、第292页；联邦法院裁判，载《法学教育》，1978年，第710页；另见边码30.20。

㊳科布伦茨法院裁判，载《州高等法院报告》，2001年，第346～347页。

㊴《联邦法院民事裁判集》，第121卷、第98卷，第101页以下；边码11.2、边码27.11。

㊵《帝国法院民事裁判集》，第33卷，第421～422页。

㊶帝国法院裁判，载《法学周报》，1912年，第422页。

还存在怀疑和观点分歧。[42]

52.11 (1)假扣押质权和执行扣押质权不是两个分开的质权,在这两者中一个以假扣押命令为基础,一个以之后产生的执行名义(比如判决)为基础。毋宁说涉及的是一个整体的质权,其基础是扣押行为,它产生的前提条件是请求权之存在以及债务人(对物)的所有权(边码 27.6 以下)。假扣押命令和执行名义只是质权的间接基础,没有它们的存在就不能进行有效的扣押。

52.12 (2)如果是基于假扣押命令扣押,那么随着可执行名义的发布,假扣押质权即转变成执行质权,不需要新的执行行为,[43]因此也不需要送达可执行名义。[44]

52.13 (3)扣押质权在内容上不受转换的影响,因为扣押行为仍然是同一个。扣押质权的顺位依然保留,[45]即使判决颁布后执行命令被废止,也是这样;不同的观点——新执行名义的送达的顺位,[46]或者新名义产生的顺位[47]——都建立在错误理解之上,即假扣押命令是假扣押质权的基础。假扣押质权的基础只是扣押行为!因此,如果在此期间在主案中作出有利于债权人的判决,那么在假扣押命令被废止后,债务人即不能根据第 775 条、第 776 条使扣押被废止。

52.14 (4)如果假扣押之扣押行为有瑕疵,但并非无效,那么现在授予新的可执行名义后可以自始(边码 11.8)治愈,即使在此期间假扣押命令被废止,也

---

[42]还参见布拉沃格尔,《民事诉讼法杂志》,第 55 卷,1930 年,第 452 页;明泽,《新法学周刊》,1958 年,第 1615 页;帕佩海姆,载《分配程序中的顺位争议》,第 75 页以下、第 83 以下。

[43]一般的观点,《联邦法院民事裁判集》,第 66 卷,第 394 页、第 397 页;第 118 卷,第 151 页、第 165 页;《帝国法院民事裁判集》,第 121 卷,第 349 页、第 351 页;科布伦茨法院裁判,载《新法学周刊》,1960 年,第 1914 页。

[44]同本文,科隆法院裁判,载《德国司法》,1974 年,第 121 页;布拉沃格尔(引文)同上页;不同观点,参见通说:《帝国法院民事裁判集》,第 121 卷,第 349 页、第 351 页;布洛克斯/瓦克尔,边码 1542 页;佐勒/福克曼,第 930 条,边码 5 页;罗森贝格/高尔/席尔肯,第 78 章,第 II 3 a 节。

[45]《联邦法院民事裁判集》,第 66 卷,第 394 页、第 397 页。

[46]《帝国法院民事裁判集》,第 121 卷,第 349 页、第 351 页。

[47]明泽,载《新法学周刊》,1958 年,第 1615 页、第 1617 页。

是如此。但是,如果原扣押行为无效,那么需要基于新的执行名义进行重新扣押;扣押质权取得新的扣押的顺位。

(5)此前存在的、从假扣押目的得出的、保全债权人之限定消灭;债权人现在可以变价标的物。 52.15

例子:G1 对 S——他的借贷债务人——取得假扣押命令,因为存在债务人携带他的财产——价值连城的集邮——出走国外的危险,而相互性没有得到保证(第 917 条第 2 款)。基于对物的假扣押,法院执行员扣押了集邮。不久后,S 的另一个债权人 G2 通过附带扣押(Anschlusspfändung)使相同的集邮被扣押。设置期间(第 926 条)之后,G1 对 S 提起偿还借贷的诉讼;法院对 S 作出了缺席判决——因为他未出庭。S 针对假扣押命令提出异议,并且可信地阐述了他从未有移居国外的故意;基于此,假扣押命令被废止。G1 和 G2 对优先顺位有争议:G1 的顺位优先于 G2,因为他的假扣押质权随着缺席判决的颁布而转换成执行质权。

3. 假扣押命令与扣押裁定的联系

因为对于债权扣押,假扣押法院也是执行法院(第 930 条第 1 款第 3 句),扣押申请可以与假扣押申请关联在一起;同样,假扣押法院可以把扣押裁定与假扣押命令联系在一起。如果假扣押取决于担保之提供,那么就不允许把两个裁定联系在一起。[48] 52.16

但是两个裁定的关联,并不影响二者法律上的独立性。假扣押命令规定了对假扣押被告所有财产进行假扣押,假扣押命令依原告的申请、通过扣押裁定对一个财产标的进行执行。对两者都适用其他的已有的特殊规定。这样,假扣押命令必须根据第 922 条第 2 款送达,扣押裁定根据第 829 条送达;假扣押裁定要通过异议(以及二审上诉)废止(第 924 条),扣押裁定通过抗议废止(第 766 条)。[49]

---

[48] 杜塞尔多夫法院裁判,载《德国司法》,1984 年,第 161 页。

[49] 例子:茨威布吕肯法院裁判,载《泛亲属法杂志》,2000 年,第 966 ~ 967 页。

4. 船舶假扣押的执行

52.17 对船舶假扣押的执行,[50]只要涉及的不是经过登记的船舶或者船舶构造物,就没有特殊规则适用。已经在船舶登记簿予以登记的船舶和船舶构造物,原则上适用不动产的强制执行规则;通过强制拍卖的方式或者强制抵押权进行执行(第870a条;边码38.17)。但是,对假扣押执行,登记的船舶或者船舶构造物被视为动产(第931条第1款)。在法院执行员进行扣押之前,假扣押法院必须授予扣押命令(第931条第3款);法院执行员象征性地将船舶置于保管之中:“放上锁链”(其他的具体情况,见第931条第4~6款,以及《德国商法典》第482条)。

(二)对不动产

对不动产和准不动产权利的对物假扣押的执行,通过担保性
52.18 抵押权的登记进行(第932条第1款)。所谓的假扣押抵押权[51]是唯一的可以执行不动产财产的假扣押的手段;[52]强制拍卖和强制管理是不被允许的,因为二者会导致债权人得到清偿。

1. 程序

52.19 对于程序明确规定了,自公布或者送达起一个月之内向土地局申请登记(第932条第3款)对遵守一个月的执行期间而言即为已足(第929条第2款);不需要在一个月的期间内进行登记或者完成登记。[53] 只要涉及执行期间的遵守,到达时间不是根据《土地登记法》第13条第2款第2句确定,而是

[50]对此,里斯埃克,载《德国法月刊》,1965年,第625页和汉堡法院裁判,载《德国法月刊》,1965年,第677页。

[51]比较,尼克里施,载《民法实务档案》,第169卷(1969年),第124页。

[52]富有启发性的,柏林高等法院裁判,载《州高等法院民事裁判集》,1978年,第449页,第452页:根据《德国民法典》第648条建筑承揽人担保性抵押权无预告登记。

[53]如果执行条件缺位,遵守顺位的中间处分(《土地登记法》第18条),不在考虑之列(杜塞尔多夫法院裁判,载《德国司法》,1978年,第216页;边码38.3);为了遵守期间必须在执行期间内完成补充。

到达土地局之时；[54]相反，担保性抵押权的顺位根据《土地登记法》第 13 条第 2 款第 2 句、第 17 条、第 45 条确定。[55] 通过提出登记申请，嗣后向债务人送达假扣押命令的一个星期的期间即同时开始起算(第 932 条第 3 款)。但是，是否在这个期间内送达，土地局不需要进行审查。[56]

2. 假扣押抵押权的特殊性

以最高额抵押类型进行登记(《德国民法典》第 1190 条)，[57]因为在登记的时候，债权以及利息和费用的最终额度还没有确定。涤除额(Lösungssumme)(第 923 条)是最高额。对于 750 欧元以上额度才允许进行假扣押抵押权登记(第 932 条第 2 款、第 866 条第 3 款第 1 句)。另外，强制执行的条款(第 866 条第 3 款第 1 句、第 867 条第 1 款、第 2 款，第 868 条)原则上对假扣押抵押权也适用(第 932 条第 2 款)；重要的例外是强制拍卖的可能性，即基于可执行的主案名义不允许进行强制拍卖的可能性(第 867 条第 3 款)。依通说，债权人可以因为假扣押抵押权起诉容忍强制执行。[58] 作为共同抵押权(Gesamthypothek)在多个不动产上登记的假扣押登记，根据第 867 条第 2 款，从其内容看，是不被允许的。[59] 如果债权人对要被担但的请求权获得执行名义，那么他可以要求，假扣押登记改写成有确定数额的强制抵押权；这里要求的债权人的申请与第 867 条第 1 款的申请相当。[60] 如果在假扣押抵押权登记之后，改写为强制抵押权之前，不动产被转让了，债权人可以基于对物的容忍名义(Duldungstitel)(《德国民法典》第 1147 条)，请求新所有权人同 52.20

---

[54]《联邦法院民事裁判集》，第 146 卷，第 361 页、第 363 页以下；不同观点，参见杜塞尔多夫法院裁判，载《新法学周刊裁判报告》，1994 年，第 1024 页；见边码 52.5 附证明。

[55]《联邦法院民事裁判集》，第 146 卷，第 361 页、第 365 页。

[56]巴伐利亚州最高法院裁判，载《德国司法》，1993 年，第 397 ~ 398 页，附证明。

[57]对此，鲍尔/施迪尔纳，《物权法》，第 42 章。

[58]联邦法院裁判，载《新法学周刊》，1997 年，第 3230 页、第 3233 页左栏。

[59]《帝国法院民事裁判集》，第 163 卷，第 121 页、第 124 页；见边码 38.5。

[60]比较，柏林高等法院裁判，载《各最高法院裁判集》，1925 年，第 947 页；达姆施达特法院裁判，载《民事诉讼法杂志》，第 55 卷(1930 年)，第 360 页；美因河畔法兰克福法院裁判，载《德国司法》，1975 年，第 103 页。

意改写。[61] 如果假扣押或者假扣押的执行被废止(第 934 条),那么根据第 868 条,假扣押抵押权转变成所有权人土地债务,并不需要废止执行措施(第 775 条第 1 项,第 776 条)。[62] 所有权人土地债务的拥有人享有土地簿更正请求权(边码 38.9)。

四、对人的扣押

52.21 在对人的保全假扣押中,假扣押法院必须命令,假扣押是否通过拘禁或者其他限制人身自由的方式执行(第 933 条)。对于其他限制人身自由(的方式),特别要考虑的是没收身份证明书(如护照),使其承担报告义务。执行始终通过法院执行员完成(边码 48.20 以下)。[63]

五、假扣押执行的废止

52.22 在特定情况下,假扣押执行——不是假扣押命令本身——可以被废止(第 934 条)。

1. 废止原因

当涤除金额(第 923 条)被提存(第 934 条第 1 款)时,还有,当继续进行需要特别的费用(如仓库费用、运输费用等)、而债权人没有及时预付(第 934 条第 2 款)时,假扣押执行即被废止。

2. 管辖权和裁决

只有债务人有权提出申请。对假扣押执行的废止,执行法院有排他性管辖权(第 934 条第 1 款、第 2 款),如果涉及的是债权或权利扣押的废止,由假

---

[61] 联邦法院裁判,载《新法学周刊》,1997 年,第 3230 页、第 3233 页左栏。

[62] 比较,《联邦法院民事裁判集》,第 39 卷,第 21 页、第 23 ~ 24 页;柏林高等法院裁判,载《德国司法》,1981 年,第 119 页;杜塞尔多夫法院裁判,载《新法学周刊裁判报告》,2000 年,第 68 页;另见边码 51.24,边码 52.4。

[63] 例子:柏林高等法院裁判,载《德国法院执行员报》,2000 年,第 59 页。

扣押法院管辖(第 930 条第 1 款第 3 句)。[64] 可以不进行言辞辩论即作出裁决,而且一定要以裁定的形式作出(第 934 条第 3 款、第 128 条第 4 款)。对于以提存涤除金额为对待条件而进行废止的裁决,由司法辅助员作出(《法院辅助员法》第 20 条第 15 项)。

3. 法律救济

对于废止申请支持的裁定,可以根据第 934 条第 4 款、第 567 条第 1 项、《司法辅助员法》第 11 条提出及时抗告,对拒绝废止的裁定,根据第 567 条第 2 项、《司法辅助员法》第 11 条第 1 款提出及时抗告。

六、假扣押执行后的损害赔偿

假扣押程序导致的是简易检验;裁决仅是为了保全债权人;如 52.23
果债权人使该裁决得到执行,那么要自担风险。对于因为执行,[65] 或者因为避免执行或废止执行而提供担保所造成的债务人的损失,债务人[66]享有损害赔偿请求权,与债权人是否具有过错无关(第 945 条)。在基本理念上,损害赔偿义务符合第 302 条第 4 款、第 600 条第 2 款、第 717 条第 2 款所规定的赔偿义务(边码 15.32 以下);对于其法律本质[危险责任还是牺牲责任(Ausopferung-

---

[64]慕尼黑法院裁判,载《州高等法院报告》,第 20 卷,第 374 页;不来梅法院裁判,载《经济法、银行法与证券通讯杂志》,1998 年,第 520 页、第 522 页右栏;边码 52.9。

[65]如果基于假扣押程序达成的和解而执行,则不存在假扣押命令的执行;正确的,参见卡尔斯鲁厄法院裁判,载《州高等法院民事裁判集》,1979 年,第 370 页、第 372 页;另见边码 54.22。

[66]间接受到损失的第三人没有损害赔偿请求权:联邦法院裁判,载《新法学周刊》,1994 年,第 1413 页、第 1416 页,附证明。

shaftung)]的回答是一样的(第15.45)。[67]

(一)赔偿请求权的前提条件

根据第945条损害赔偿请求权在两种情况下构成。

1. 自始不正当的假扣押

52.24 如果假扣押的命令被证明自始就不正当,那么就要给付损害赔偿。具体如假扣押请求权(根据实体法的规则)或者假扣押原因在发布假扣押时不存在。[68] 相反,如果只是程序的条件缺失或者证明手段不充分,则不足以构成损害赔偿。[69]

是否属于这种情况,原则上由裁决损害赔偿请求权的法官自由审查。[70] 只有当主程序中没有进行裁决时,该基本原则才不受限制地适用。其他情况下,裁判损害赔偿请求权的法官的自由审查权受到限制,目的是避免相互矛盾的裁决:

---

[67]比较鲍尔:《临时性法律保护研究》,第109页以下;汉克尔(Henckel),载《诉讼法和实体法》,1970年,第265页以下;特别的出发点,参见海泽迈尔(Haesemeyer):《民法争议中的损害责任》,1979年,特别是第81页以下;《联邦法院民事裁判集》,第54卷,第76页、第80页,附评注;鲍尔,载《法学家杂志》,1970年,第691页;《联邦法院民事裁判集》,第62卷,第7页、第9页;第68卷,第180页、第187页;第85卷,第110页,第113页;联邦法院裁判,载《新法学周刊》,1994年,第1413页、第1416页。

[68]《帝国法院民事裁判集》,第67条,第365页、第368页;布伦斯,载《民事诉讼法杂志》,第65卷(1952年),第70页;类似的,《联邦法院民事裁判集》,第75卷,第116页:基于专利权的假扣押的执行,该专利实际上在授予暂处分时已经不存在;联邦法院裁判,载《新法学周刊》,1990年,第122页、第123页;《新法学周刊》,1994年,第1413页、第1416页;整体而言,参见桑格,载《法学家杂志》,1997年,第222页以下;另见边码54.23。

[69]联邦法院裁判,载《新法学周刊裁判报告》,1992年,第998页、第1001页左栏;未决的,另有联邦法院裁判,载《新法学周刊》,1990年,第122~123页;比较,鲍尔,《临时性法律保护研究》,第104页以下;佐勒/福克曼,第945条,边码8;《〈德国民事诉讼法〉慕尼黑评注》/海因策,第945条,边码23;布洛克斯/瓦克尔,边码1563页;不同观点,鲍姆巴赫/哈特曼,第945条,边码7。

[70]《帝国法院民事裁判集》,第106卷,第289页、第292页;第157卷,第14页、第18页。

(1)如果主程序中,对于请求权已经作出了有既判力的裁决,那么损害赔偿程序中作出裁决的法官受关于请求权裁判的拘束。[71] 须要审查的只剩下是否存在假扣押原因。 52.25

(2)是否受假扣押程序中有既判力的裁决的约束,有争议。现有通说区分假扣押请求权和假扣押原因:如果假扣押因为自始缺少假扣押请求权而被废止,那么损害赔偿程序的法官受此拘束,[72]但相反,当假扣押被确认的情况下,则不受拘束。[73] 关于假扣押原因,不仅在假扣押得到确认时、假扣押原因之存在被确认的情况下,损害赔偿法官受其约束,而且当假扣押被废止时,确定不存在假扣押原因的情况下,损害赔偿法官也受约束。[74] 然而,因为假扣押程序的概括式审查,假扣押程序之裁决的约束,则完全被否 52.26

---

[71]联邦法院裁判,载《新法学周刊》,1988 年,第 3268 页;《法学家杂志》,1988 年,第 977 页,附斯托尔兹评注;《联邦法院民事裁判集》,第 122 卷,第 172 页、第 175 页。

[72]帝国法院裁判,载《法学周报》,1911 年,第 819 页;1937 年,第 2234 页;未决的,参见《联邦法院民事裁判集》,第 15 卷,第 356 页、第 358 页;第 126 卷,第 368 页、第 374 页;联邦法院裁判,载《新法学周刊裁判报告》,1998 年,第 1651 页、第 1652 页左栏;与通说相同的,《联邦法院民事裁判集》,第 62 卷,第 7 页,第 10 页;第 75 卷,第 1 页、第 5 页;联邦法院裁判,载《新法学周刊》,1992 年,第 2297 ~ 2298 页。

[73]《帝国法院民事裁判集》,第 67 页,第 365 页、第 367 页。

[74]帝国法院裁判,《法学周报》,1911 年,第 819 页;1937 年,第 2234 页;《帝国法院民事裁判集》,第 65 卷,第 67 页;第 67 卷,第 365 页、第 367 页;第 143 卷,第 118 页;汉堡法院裁判,载《德国法月刊》,1956 年,第 304 页;《联邦法院民事裁判集》,第 75 卷,第 1 页、第 5 页;联邦法院裁判,载《保险法》,1985 年,第 335 页;未决的,参见联邦法院裁判,载《新法学周刊裁判报告》,1992 年,第 736 页。

定。该观点开始在裁判[75]和文献[76]中得以贯彻。在此期间,德国联邦法院裁判认为,至少未附有理由的放弃判决(第 313 条 b)不具有拘束效力。[77]

52.27 (3)确定无疑的是,此举不会阻止法官确定,(不具正当性的)假扣押的执行没有对债务人产生损失。[78]比如,根据通说,在不作为处分情况下,不存在损失,因为根据实体法,也不允许债务人为禁止之行为,也即,即使没有暂时措施,在法律调控行为情况下,财产损失也会产生。[79] 因为缺少请求权(边码 52.26),该对实体法律状况的考虑,与通说认为的损害赔偿法官受假扣押废止以及假处分废止的约束的观点,也不太协调。

2. 起诉期间经过

52.28 如果债权人依第 926 条第 2 款提起诉讼的期间无果经过,假扣押命令因此被废止,此时也应当给付损害赔偿。最后,如果原告没有实施所谓的正当性程序(第 942 条),也要给付损害赔偿。假

[75]卡尔斯鲁厄法院裁判,载《法律与实务中的竞争》,1984 年,第 102 页、第 104 页;柏林高等法院裁判,载《新法学周刊裁判报告》,1987 年,第 448 页;斯图加特法院裁判,载《法律与实务中的竞争》,1992 年,第 518 页、第 520 页。

[76]鲍尔,《临时性法律保护研究》,第 105 页以下;布伦斯,载《民事诉讼法杂志》,第 65 卷,1952 年,第 67 页以下;博克等编著,《民事诉讼法评注》/格伦斯基,第 945 条,边码 28 页;盖哈德,《执行法》,第 18 章,第 IV I 节;尧厄尼希,第 36 章,第 V 页;佐勒/福克曼,第 945 条,边码 9;《〈德国民事诉讼法〉慕尼黑评注》/海因策,第 945 条,边码 27 以下;布洛克斯/瓦克尔,边码 1566 以下页;舒施克/瓦克尔,第 945 条,边码 19。

[77]联邦法院裁判,载《新法学周刊裁判报告》,1998 年,第 1651 ~ 1652 页。

[78]比较鲍尔,《临时性法律保护研究》,第 108 页以下。

[79]《联邦法院民事裁判集》,第 15 卷,第 356 页、第 359 页;联邦法院裁判,载《新法学周刊》,1981 年,第 2579 ~ 2580 页;1990 年,第 122 页、第 125 页;1994 年,第 2765 页、第 2767 页;《新法学周刊裁判报告》,1992 年,第 998 页、第 1000 页。

扣押是否合法地抑或不法地作出，这一问题在这里没有意义。[80]

如果根据第 926 条的程序没有随着假扣押命令的废止，而是随着废止程序完成之确认而终止，那么，第 945 条第 2 项的损害赔偿请求权不能建立在第 929 条第 2 款、第 3 款的期间经过后执行的基础上，[81]也不能建立在第 926 条第 1 款命令的期间之经过的基础上。[82]

（二）可以赔偿的损失

须要赔偿的是，债务人因为假扣押的执行而产生的——直接的或间接的——损失，或者债务人为了阻止或废止执行提供担保 52.29
而产生的——直接的或间接的——损失。[83] 相反，因为假扣押的命令就已经产生的损失，不需要赔偿；这种损失的赔偿在这里可以根据实体法（《德国民法典》第 823 条、第 826 条）的规定主张。[84]

损失赔偿的范围同第 717 条第 2 款中的范围（边码 15.36）。与彼处（边码 15.41）相同，针对根据《德国民法典》第 254 条第 1 款提出的损害赔偿请求权，债权人可以主张债务人通过有过错的行为诱发他提出假扣押申请，或

---

[80] 比较布伦斯，《民事诉讼法杂志》，第 65 卷，1952 年，第 67 页、第 72 页；鲍尔，《临时性法律保护研究》，第 102 页以下；《联邦法院民事裁判集》，第 75 卷，第 1 页、第 5 页。——但是在废止的、与实体法相符的不作为处分中没有损失（边码 52.27）。

[81] 柏林高等法院裁判，载《法学周报》，1928 年，第 739 页。

[82] 联邦法院裁判，载《新法学周刊裁判报告》，1992 年，第 998 ~999 页。

[83] 联邦法院裁判，载《新法学周刊》，1974 年，第 642 页、第 644 页（就这方面在《联邦法院民事裁判集》，第 62 卷，第 7 页中没有刊登）；《联邦法院民事裁判集》，第 96 卷，第 1 ~2 页；第 122 卷，第 172 页、第 179 页；也比较明茨贝格，载《郎格祝寿文集》，1992 年，第 599 页以下；关于在给付处分中的其他的损失清偿，见边码 54.22。

[84] 《帝国法院民事裁判集》，第 143 卷，第 118 页、第 123 页；联邦法院裁判，载《新法学周刊》，1988 年，第 3268 ~3269 页；《联邦法院民事裁判集》，第 131 卷，第 141 页、第 144 页；萨尔布吕肯《新法学周刊裁判报告》，1998 年，第 1039 页。

者主张《德国民法典》第 254 条第 2 款的条件成就。[85] 要注意损益相抵原则(比如在阻止处分的暂时措施情况下,不动产的价值增高)。[86] 只要基于暂时名义可以在债务人处追索暂时措施的费用,暂时措施的费用即由第 945 条规范。[87] 根据德国联邦法院的观点,债务人自己的程序费用既不能直接依据第 945 条,也不能类推适用第 945 条作为损失予以赔偿。[88] 债务人可以根据实体法规定清算该费用;另外,如果主案诉讼以自始无理由而被驳回,且产生既判力,债务人可以在第 927 条第 1 款的程序中使假扣押命令(甚或暂处分)的费用裁判变更。[89] 即使相反,债权人的申请失败,因为请求权不存在,但是接着在主程序中胜诉,德国联邦法院还是类推适用第 945 条否定了费用清算;与德国联邦法院相反,假扣押裁决以及处分裁决的既判力与依实体法规定的清算不冲突。[90]

损失赔偿请求权 3 年后过消灭时效(《德国民法典》第 195 条);尽管知道损失和赔偿义务人(《德国民法典》第 199 条第 1 款第 2 句),(时效)期间

---

[85]《帝国法院民事裁判集》,第 143 卷,第 118 页、第 121 页;联邦法院裁判,载《德国法月刊》,1974 年,第 130 页;《企业》,1966 年,第 267 页;《新法学周刊》,1978 年,第 2024 页以下;1990 年,第 2689 页;《联邦法院民事裁判集》,122 年,第 172 页、第 179 页;慕尼黑法院裁判,载《工商权利保护与著作权》,1996 年,第 998 页(没有提出异议)。

[86]《联邦法院民事裁判集》,第 77 卷,第 151 页。

[87]《联邦法院民事裁判集》,第 45 卷,第 251 ~ 252 页;另见福克曼,载《经济法、银行法与证券通讯杂志》,1994 年,第 51 页。

[88]《联邦法院民事裁判集》,第 122 卷,第 172 页、第 176 页以下;对于这种区分正确地提出批评,参见福克曼,载《经济法、银行法与证券通讯杂志》,1994 年,第 51 页;赫斯,载《德国法月刊》,1994 年,第 438 页(另见边码 54.22)。

[89]《联邦法院民事裁判集》,第 122 页,第 172 页、第 178 页以下;佐勒/福克曼,第 927 条,边码 12 页;另见阿伦斯,载《民事诉讼法杂志》,第 107 卷(1994 年),第 519 页。

[90]比较《联邦法院民事裁判集》,第 45 卷,第 251 页,第 252 页、第 255 页以下;《法学家杂志》,1966 年,第 528 页,附鲍尔评注。

在暂时程序终止前不开始计算。[91]

(三)主张

损失赔偿请求权不再可以在假扣押程序中主张(不同的,第717条第2款);它更应该在普通程序(im ordentlichen Prozess)或者在催告程序中进行。[92] 该请求权的相对人,要对他申请暂时保护自始具有正当性,承担陈述责任(Darlegungslast)及证明责任。[93]

(四)类推适用

如果根据《捐税法》第324条财政局作出了不合理的税收假扣押,并且已经执行,或者在行政程序中作出了不合理的暂时命令(《行政法院法》第123条第3款),在这两种情况下应当由普通法院管辖,准用第945条;[94]此外,如果在住宅所有权(Wohnungseigentum)事件中,一方参与人取得不合法的暂时命令(《住宅所有权与持续居住权法》第44条第3款),且已经执行,[95]那么,也类推适用第945条。在判决发表相反陈述的暂处分被废止的情况下,准用第945条,虽然在这种情况下本案程序没有随之进行,也是如此。[96]在宪法法院宣告作为暂时措施基础的法律无效的情况下,直接适用还是准用第945条,则是第二顺位的问题;关于替代规范的适用,在结论上一致。[97] 在执行不正确的税收令或者补偿令[98]的情况下,不能准用第945条,这时只有

---

[91]比较,关于旧法,《帝国法院民事裁判集》,第157卷,第14页;《联邦法院民事裁判集》,第75卷,第1页(对此《法学教育》,1980年,第382页);联邦法院裁判,载《新法学周刊》,1992年,第2297页;也参见联邦法院裁判,载《新法学周刊》,1993年,第863页(主案程序有效力地终结);未决的,参见联邦法院裁判,载《新法学周刊》,2003年,第2610页、第2611页右栏(公告、送到或者判定废止的裁判的既判力)。

[92]《帝国法院民事裁判集》,第58卷,第236页、第239页;另见边码54.22。

[93]联邦法院裁判,载《新法学周刊》,1988年,第3268～3269页;《新法学周刊裁判报告》,1992年,第998页、第1001页。

[94]比较,《联邦法院民事裁判集》,第30卷,第123页;第63卷,第277页;第78卷,第127页;对此还有,参见贝特曼,载《法学家杂志》,1960年,第355页;格伦斯基,载《法学教育》,1982年,第177页。

[95]《联邦法院民事裁判集》,第120卷,第261页、第263页以下。

[96]《联邦法院民事裁判集》,第62卷,第7页以下(有争议)。

[97]《德国法月刊》,1996年,第847页,第848页。

[98]比较《联邦法院民事裁判集》,第54卷,第76页以下。

采取国家赔偿。[99] 另外,根据第 620 条第 6 项对不正确的暂时命令执行时,也不能准用第 945 条;[100]除此之外,当根据第 771 条第 3 款暂时中止强制执行被嗣后证明为不合法时,也不能准用第 945 条(另见边码 46.23)。[101] 在暂处分领域其他的适用情况,参见边码 54.21 以下。

---

[99]《联邦法院民事裁判集》,第 39 卷,第 77 页。

[100]《联邦法院民事裁判集》,第 93 卷,第 183 页、第 188 页;第 143 卷,第 65 页、第 73 页以下。不同观点,参见《〈德国民事诉讼法〉慕尼黑评注》/海因策,第 945 条,边码 17 页;迪岑,载《泛亲属法杂志》,1988 年,第 349 页。

[101]《联邦法院民事裁判集》,第 95 卷,第 10 页、第 13 页以下。

第二分编　暂处分

第五十三章　暂处分的类型及前提条件

见概览表十八。

一、暂处分的类型

(一)保全、规制及偿付

对强制执行的暂时保全的需求不仅存在于金钱请求权情况下,同样也存在于不指向金钱的请求权情况下[个别请求权(Individualansprüche)];暂处分的首要形式服务于不指向金钱的请求权(第935条);在保全功能上,暂处分与假扣押相类似。为法律和平之利益而规制暂时状态,是第940条列举的暂处分的第二种形式要做的事,在这里,对将来的执行的保全,并不重要。 53.1

实践中,经常观察到,暂处分的这两种形式之间的区分并不严格;大多数情况下,第935条和第940条同时作为暂处分的基础被引用。但是,保留两者的区别是明智之举,因为授予暂处分的条件是不同的,只有对条件和各自允许的措施进行精准的审查,才能应对混淆暂时保全、暂处分程序中的规制与主诉讼中最终裁决的危险。

53.2 与假扣押相同,暂处分只能导致保全的效果,不能导致债权人的清偿;在例外的情况下,实践认为通过暂处分来判决给付(主要是抚养费的金钱给付和停止违法的妨碍)也是允许的(暂处分的第三种形式)。比如,事故受害人陷入生计困难,但是(另一方)想以主诉讼中的判决的作出搪塞他,或者,在竞选或经济竞争中,普通程序的不作为名义不再能起作用,因为事情至此已经尘埃落定。

一般而言,暂时的权利保护在目前的诉讼实践中取得了巨大意义。在此过程中,必须把只包含关于暂处分的民事诉讼规定的补充性法律(二)与其他的偶尔参照民事诉讼法的程序法律的独立规则(三)区别开。

(二)补充性规定和《德国民事诉讼法》的特别规定

53.3 《德国民法典》第885条、第899条、第1615o条,《不正当竞争法》第12条第2款,[①]《著作权法》第42a条第6款第2句、第101a条第3款,《专利法》第85条、第140a条、第140b条,《实用新型保护法》第24b条第3款,《商标法》第19条第3款包含了对《德国民事诉讼法》中的暂处分规定的补充。

根据事物本质,婚姻事件及亲子事件中的暂时命令(einstweilige Anordnung)(第620条以下、第641d条、第644条)也是暂处分。但是,条件、内容和程序被予以特别规定;这些条款的适用范围所及之处,就没有"通常的"暂处分适用的空间。[②] 在此,在实践中,主要是第620条以下条款的时间界限引起了区分的困难。比如,只要还没有程序形成诉讼系属,甚或还没有提出

①对此,莱普德:《概况》,1971年,第141页以下;皮勒,《暂时法律保护和实体法》,1980年,第207页以下;阿伦斯/时佩特格恩斯,《〈不争当竞争法〉事务中暂时法律保护和执行》,第4版,2001年。

②比较,与所有的不同,参见博克等编著:《民事诉讼法评注》/格伦斯基,第935条前,边码5;舒施克/瓦特尔,第935条前,边码4以下。

诉讼费用援助的申请，③那么，对于家事法争议和婚姻法争议的诉讼费用预付就可以根据第935条以下条款暂处分吗？还是完全适用第620条以下条款（特别是第620a条和第127a条）的特殊性规定，且必须首先提起诉讼或者提出诉讼费援助申请？④ 对抚养费给付的暂处分，仅在极其例外的情况下才被允许，比如，当本案不能合理地产生诉讼系属的时候，⑤或者在简易化的程序中不可预见的过长的程序期间情况下。⑥ 在离婚程序中，对婚房及家用器具的使用，当然只适用第620条第5项和第7项规定的命令权限。⑦ 此前的争议问题，夫妻分居的情况下，婚姻案产生诉讼系属前（第620a条第2款第1句）怎样进行程序，立法者之后在《德国民法典》第1361b条、《裁决后婚姻住宅与家用器具处理条例》（HausratVO）第18a条、《民事诉讼法》第621g条中已经作出了决断。⑧ 不允许把家事法院管辖权问题与适用第620条以

---

③在此意义上，参见杜塞尔多夫法院裁判（第二民事审判委员会），载《新法学周刊》，1978年，第895页；杜塞尔多夫法院裁判，载《泛亲属法杂志》，1987年，第497页；科布伦茨法院裁判，载《新法学周刊裁判报告》，1989年，第904页（尽管家事争议以及婚姻争议嗣后开始，仍继续）；卡尔斯鲁厄法院裁判，载《泛亲属法杂志》，2000年，第106～107页；科诺佩斯《新法学周刊》，1993年，第1237页、第1242页，附对争议状况的证明；鲍姆巴赫/阿伯斯，第620a条，边码5。

④如此，奥尔登堡法院裁判，载《新法学周刊》，1978年，第1593页；哈姆法院裁判，载《新法学周刊》，1978年，2515页；杜塞尔多夫法院裁判，载（第三民事审判委员会）《泛亲属法杂志》，1980年，175页；石勒苏益格法院裁判，载《石勒苏益格—荷尔斯泰因州通告》，1991年，第65页；杜塞尔多夫法院裁判，载《泛亲属法杂志》，1999年，第1215页；吉斯勒，载《婚姻、家事及亲子事务中暂时性法律保护》，1989年，边码768；瓦克尔，《家事事务程序》，1985年，第210页。

⑤纽伦堡，载《新法学周刊》，1998年，第3787～3788页；茨威布吕肯法院裁判，载《泛亲属法杂志》，1999年，第622页；科隆法院裁判，载《新法学周刊裁判报告》，1999年，第795～796页。

⑥慕尼黑法院裁判，载《泛亲属法杂志》，2000年，第1580页。

⑦比较，哈姆法院裁判，载《新法学周刊》，1982年，第1108页。

⑧关于旧法中的争议状况，主要是，参见卡尔斯鲁厄法院裁判，载《新法学周刊》，1978年，第2100页；不来梅法院裁判，载《新法学周刊》，1978年，第2102页；杜塞尔多夫法院裁判，载《德国司法》，1979年，第75页；博士，载《泛亲属法杂志》，1980年，第6页；联邦法院裁判，载《泛亲属法杂志》，1982年，第1200页；对于新法，可以效仿的，参见杜塞尔多夫法院裁判，载《泛亲属法杂志》，1994年，第390页以下，附证明。

下抑或第935条以下的问题简单地同等对待;一定存在家庭法院程序,在该程序中可以考虑根据第935条以下条款的暂处分规则。

法律以特殊的形式规定强制执行的暂处分的情况(比如第707条;边码14.12、边码15.26),涉及的一定是具有排他性的特殊规定。[9] 在与证明保全程序(第485条以下条款)的关系的问题上,也同样如此。[10]

(三)其他程序法中独立的规定

53.4 与《德国民事诉讼法》类似,其他程序法中也规定了暂处分,如《劳动法院法》(ArbGG)第62条第2款,[11]《社会法院法》(SGG)第86b条第2款和第3款、第130条,[12]《行政法院法》第123条,[13]《财政法院法》第114条,《农业事务法律程序法》第18条,《联邦宪法法院法》第32条,[14]《欧共体法院程序

---

⑨斯图加特:《新法学周刊裁判报告》,1998年,第70页;哈姆法院裁判,载《泛亲属法杂志》,2002年,第618~619页。

⑩纽伦堡法院裁判,载《新法学周刊》,1972年,第2138页,附评注。哈布沙伊德,载《新法学周刊》,1973年,第375页(并非关于证明担保措施的暂处分);科隆法院裁判,载《保险法》,1996年,第733~734页;舒施克/瓦克尔,前第935条,边码35。

⑪比较,更详尽的内容,参见边码40.16、边码53.12、边码53.27。

⑫暂时措施的排除,《社会法院法》第97条第2款、第130条、第180条、第181条、第199条没有明确规定,在《社会法院法》第198条第2款中只有相对意义:《联邦宪法法院判例集》,第46卷,第166页以下;《新法学周刊》,1987年,第734页;舒施克/瓦克尔,第916条前,边码66。

⑬对此,克瓦里奇,载《行政档案》,第51卷,1960年,第210页、第342页;芬克恩布格/杨克/:《行政争议程序中的暂时保护》,第4版,1998年;肖赫:《行政法中的暂时保护和风险分配》,1988页;格伦斯基,载《法学教育》,1977年,第217页、第220页;关于《行政法院法》第80条和第123条之间的关系,特别是吕克,载《新法学周刊》,1978年,81页以下;关于第945条在根据《行政法院法》第123条的暂处分中的适用,见边码52.30。

⑭例子:《联邦宪法法院判例集》,第59卷,第280页;联邦宪法法院裁判,载《新法学周刊》,1983年,第1307页;《联邦宪法法院判例集》,第88卷,第173页(联邦国防军投入空中警戒管制机);第91卷,第140页(惩罚性赔偿诉讼的送达);乌拉,载《莫恩茨祝寿文集》,1981年,第395页;格伦斯基,载《法学教育》,1977年,第217页;施莱赫/科里奥特,《联邦宪法法院》,第6版,2004年,边码462~472。

规则》第 83 条。在非诉裁判权程序(freiwillige Gerichtbarkeit)中,有特别的具体规定,(比如《非诉裁判权事件法》第 24 条第 3 款、第 53a 条第 3 款、第 64b 条第 3 款,[15]《住宅所有权与持续居住权法》第 44 条第 3 款,连同《裁决后婚姻住宅与家用器具处理条例》第 13 条第 1 款与《社会法典》第 8 编第 42 条);只要这些条款不适用——当然是在根据非诉裁判权法继续有管辖的情况下——准用第 935 条以下,并修正性地适用[16]。在依据《〈法院组织法〉施行法》第 23 条以下条款的程序中,暂时命令可以类推适用《行政法院法》第 123 条。[17]

(四)仲裁机构管辖时的特别情况

主案由仲裁法院管辖的情况下,只要仲裁协议没有约定仲裁法院职权的排他性(边码 51.9),根据新的仲裁程序法(第 1041 条),就存在仲裁法院[18]和国家法院的管辖竞合的问题;因此,针对暂处分的申请,不能提出仲裁法院审判籍(Schiedsgerichtbarkeit)之抗辩权。但是,之后,主案裁决还是由仲裁法院作出(第 926 条第 2 款)。 53.5

例子:两个企业对继续合作生产机动车发生争议。尽管有仲裁协议,但

---

[15]关于新的暴力保护法(《非诉裁判权事件法》,第 64b 条第 3 款),参见舒马赫,载《泛亲属法杂志》,2001 年,第 953 页以下。

[16]详细的,参见哥平根,载《民法实务档案》,第 169 卷(1969 年),第 513 以下;哈布沙伊德,载《非诉裁判权》,第 7 版,第 983 页,第 22 章,第 III 4 b 节;科尔霍泽尔/博克/雅科比,载《非诉裁判权事件法》,第 2 版,2002 年,第 119 页以下;不同观点,参见布雷姆,《非诉裁判权》,第 3 版,2002 年,边码 330 附证明;另见边码 53.5。

[17]比较,汉堡法院裁判,载《新法学周刊》,1979 年,第 279 页;《〈德国民事诉讼法〉慕尼黑评注》/沃尔夫:《〈法院组织法〉施行法》第 23 条,边码 20、边码 21 附证明。

[18]新的仲裁程序法原则上承认仲裁法院对暂时措施的职权,与之前的对相反通说表达的批评是一致的;比较前版。

为了在暂处分中规制仲裁法院作出裁判前的合作,国家法院仍然有管辖权⑲(另见边码 53.28)。

二、依第 935 条保全性的暂处分(保全处分)

(一)处分请求权

53.6 保全处分保证的是(附条件的和到期的)非金钱给付性权利的未来的实现;如果给付之诉或者确认之诉已经被允许(边码 51.2),未来的请求权只能通过暂处分予以保全。⑳

例子:买受人要求送交特定买卖物的请求权;㉑所有权人要求返还脱手物的请求权;㉒要求回转土地所有权(Rückauflassung)的请求权;㉓让与担保

---

⑲案例施迪尔纳,载《佐伊纳祝寿文集》,1994 年,第 513 页(关于部分不同的仲裁程序法)。

⑳《帝国法院民事裁判集》,第 74 卷,第 158 页、第 160 页;石勒苏益格法院裁判,载《德国法月刊》,1955 年,第 37 页;福特纳,载《新法学周刊》,1964 年,第 745 页;《法学教育》,1967 年,第 174 页。

㉑斯图加特法院裁判,载《州高等法院报告》,第 42 卷,第 49 页;福斯特,载《民事诉讼法杂志》,第 106 卷,1993 年,第 143 页、第 151 页;科勒,载《法学家杂志》,1983 年,第 586 页;科勒:《不动产法中根据〈民事诉讼法〉第 938 条第 2 款的处分禁止》,1984 年;维兰德:《竞合的物之给付请求权的担保》,1992 年;对多重出租的不同观点,参见美因河畔法兰克福法院裁判,载《新法学周刊裁判报告》,1997 年,第 77 页;石勒苏益格法院裁判,载《德国法月刊》,2000 年,第 1428 页;哈姆法院裁判,载《新法学周刊裁判报告》,2004 年,第 521 页。

㉒汉堡法院裁判,载《州高等法院报告》,第 52 卷,第 51 页;班贝尔格法院裁判,载《德国司法》,1951 年,第 460 页;另见汉堡法院裁判,载《德国法月刊》,1984 年,第 411 页。

㉓策勒,载《德国法月刊》,1964 年,第 333 页;不是根据财产法返还转让所有权的请求权,因为公法的返还清算(联邦法院裁判,载《新法学周刊》,1992 年,第 1757 页;但是参见科勒,载《新法学周刊》,1991 年,第 465 页以下;格拉地区法院裁判,载《企业》,1992 年,第 424 页;争议)。

所有权人的返还请求权;㉔要求登记依《德国民法典》第 648 条建筑承揽人担保性抵押权的请求权;㉕根据《德国民法典》第 1389 条要求提供担保的请求权㉖——附很多无益的、吹毛求疵的争议问题。

1. 处分请求权的审查

53.7 需要保全的请求权根据实体法的规定必须是存在的,且令人信服地对它的实际构成条件进行疏明(可信的说明)(第 936 条、第 920 条第 2 款)。特别是莱普德㉗认为,法律状况复杂时,在对两方产生的不利进行权衡后,如果申请人方面(在不授予暂处分的情况下)的不利更多,不对处分请求权进行精准的实体法审查的暂处分也是可能的。毫无疑问,这一新观点具有实际应

㉔美因河畔法兰克福法院裁判,载《新法学周刊》,1960 年,第 827 页;杜塞尔多夫法院裁判,载《德国法月刊》,1995 年,第 635 页;德累斯顿《德国法月刊》,1998 年,第 305 页附证明;类似的,租赁关系终止后返还请求权(勃兰登堡法院裁判,载《德国法月刊》,2001 年,第 1185 页;拉芬斯堡州法院裁判,载《新法学周刊》,1987 年,第 139 页)以及融资租赁关系终止后的返还请求权(科隆法院裁判,载《保险法》,1988 年,第 1052 页)。

㉕策勒法院裁判,载《新法学周刊》,1977 年,第 1731 页;科布伦茨法院裁判,载《新法学周刊裁判报告》,1994 年,第 786 页;《联邦法院民事裁判集》,第 91 卷,第 139 页、第 146 页;关于出租人留置权的担保,策勒法院裁判,载《新法学周刊裁判报告》,1987 年,第 447 页。

㉖柏林高等法院裁判,载《泛亲属法杂志》,1974 年,第 310 页;博克等编著:《民事诉讼法评注》/格伦斯基,第 935 条,边码 2,5;选择式的假扣押或者暂处分:汉堡法院裁判,载《新法学周刊》,1964 年,第 1078 页;仅假扣押:科隆法院裁判,载《新法学周刊》,1970 年,第 1883 页;《泛亲属法杂志》,1983 年,第 709 页;策勒法院裁判,载《泛亲属法杂志》,1996 年,第 1429 页;乌尔曼,载《新法学周刊》,1971 年,第 1294 ~ 1295 页;哈姆法院裁判,载《新法学周刊》,1982 年,第 1711 页;《泛亲属法杂志》,1985 年,第 71 页;仅暂处分:汉堡法院裁判,载《泛亲属法杂志》,1988 年,第 964 页;另见柏林高等法院裁判,载《泛亲属法杂志》,1986 年,第 1107 页;1994 年,第 1478 页;科布伦茨法院裁判,载《泛亲属法杂志》,1999 年,第 97 页;《〈德国民法典〉慕尼黑评注》/科赫,第 1389 条,边码 15。与为担保《德国民法典》第 1389 条的暂处分不同的是为担保将来的补偿请求权的假扣押,它需要独立评价;争议,同本处,参见博克等编著:《民事诉讼法评注》/格伦斯基,第 916 条,边码 11;另见边码 51.2;详细的,参见弗雷:《将来净益平衡的担保》,1990 年。

㉗《基础》,1971 年,第 83 页以下。

用性,在某种意义上可以说将快速权利保护的理念得以实现,突出了其损害预防功能和和平功能。德国联邦宪法法院在宪法诉讼程序中非常广泛地运用这种"不利权衡"的方法(边码53.4)。在暂处分一贯为申请相对人带来风险的情况下(基于简易事实审查的攫取),我们只能在例外的情况下认为这种新观点是正确的。为了防止不正当的暂处分,详细的合理性审查(Schluesigkeitspruefung)在某种意义上可以说是唯一有效的"制动器"(部分不同观点,边码53.17;同本文,边码53.24)。

例子:德国联邦宪法法院㉘在没有考虑宪法抗告——它嗣后也必定被驳回㉙——成功的可能性的情况下,通过暂时命令阻止了来自美国的惩罚性赔偿之诉(边码57.4)的送达:决定性的仅仅是不利权衡,在此过程中对送达方当事人的不利被评价为微不足道的。如果把这种法律模式移植到保全处分上,那么就会要比在有规律的合理性审查情况下更频繁地授予保全处分。比如,即使第一个合同被主张为无效、涤除或者回复原状的情况下,通常也要阻止第二次转让。我认为,这对一般情况而言,步子迈得太大。

2. 提交义务

不完全清楚的是,在对处分请求权的合宪性存疑的情况下(《德国基本法》第100条),㉚或者它的适用与欧盟法是否相符有问题时(《欧洲共同体条约》第234条第3款),㉛法院应当如何进行程序。在保全性处分情况下,

---

㉘《联邦宪法法院判例集》,第91卷,第140页;见不同观点,参见联邦宪法法院裁判,载《新法学周刊》,2003年,第2598页。

㉙联邦宪法法院裁判,载《法学家杂志》,1995年,第716页以下,附施塔德勒评注。

㉚对此《联邦宪法法院判例集》,第63卷、第131卷;载《法学家杂志》,1983年,第492页附库伯勒评注;汉堡法院裁判,载《法学家杂志》,1983年,第67页;格尔里希,载《法学家杂志》,1983年,第57页;《联邦宪法法院判例集》,第86卷,第382页以下。

㉛对此,参见《欧共体法院裁判集》,1977年,第957页,边码5;卡尔斯鲁厄法院裁判,载《法律与实务中的竞争》,1976年,第780页、第783页;《欧共体法院裁判集》,1991年,第415页、第541页,边码19;美因河畔法兰克福法院裁判,载《工商权利保护与著作权》,1993卷,第702页;1990年,第147页;《新法学周刊》,1985年,第2901页;汉堡法院裁判,载《欧洲经济法杂志》,1993年,第260页;赫斯,载《民事诉讼法杂志》,第108卷,1995年,第59页、第93页;博克等编著:《民事诉讼法评注》/罗特,第148条,边码31页;曼可夫斯基,载《法学评论》,1993年,第402页;瓦克尔:《暂时处分》,边码354以下。

还应保留向主程序提交之义务,[32]在规制的处分情况下,也是一样的,然而在清偿性处分情况下,至少在主案程序可预见地不会发生时,应当进行提交。

(二)处分事由

暂处分还以——客观有依据的、令人信服的(第936条、第920条第2款)——存在现有状态的改变可能使一方当事人的权利实现受到阻碍或者困难明显增加的危险为条件(第935条)。 53.8

危险可能由债务人的行为或第三人的行为引起,也可能由其他因素导致,比如物面临转让、负担或者受损。[33] 如果为了保证土地簿册更正请求权,应当将异议登记于土地簿册中,那么就不需要阐述请求权受到特别的威胁(《德国民法典》第899条);在这里存在对土地簿册公示功能的威胁,与在预告登记情况下相似(《德国民法典》第885条第1款第2句)。[34] 社团根据《不作为起诉法》第1条、第3条提起不作为之诉的情况下,法定推定存在处分事

[32]对根据第719条、第707条强制执行的暂时中止程序也这样,参见联邦法院裁判,载《民事诉讼法杂志》,第110卷,1997年,第371页、第373页,附巴赫曼评注。

[33]美因河畔法兰克福法院裁判,载《新法学周刊》,1960年,第827页;类似的,参见《联邦法院民事裁判集》,第54卷,第214页、第220页;另外,科隆法院裁判,载《经济法杂志》,1988年,第445页;卡尔斯鲁厄法院裁判,载《经济法、银行法与证券通讯杂志》,1994年,第1983页;德累斯顿法院裁判,载《德国法月刊》,1998年,第305页;科隆法院裁判,载《新法学周刊－裁判－报告》,1998年,第1588页;勃兰登堡法院裁判,载《德国法月刊》,2001年,第1185页。

[34]对推定的反驳,参见杜塞尔多夫法院裁判,载《新法学周刊裁判报告》,2000年,第825页。美因河畔法兰克福法院裁判,载《州高等法院民事裁判集》,1979年,第75页;科布伦茨法院裁判,载《新法学周刊裁判报告》,1993年,第1343页;科隆法院裁判,载《保险法》,1997年,第466页,希望在根据《支付不能程序之外对债务人法律上行为撤销法》进行返还时类推适用该条款;合理的不同观点,参见杜塞尔多夫法院裁判,载《新法学周刊》,1977年,第1828页;另见边码26.88。

由(《不作为起诉法》第5条、《不正当竞争法》第12条第2款)。[35] 如果债权人享有可执行名义,那么就不存在处分事由。[36]

(三)提供担保

53.9 与假扣押相同(边码51.19),法院可以使暂处分命令取决于担保之提供(第936条、第921条第2句)。例外情况下,只要因为相对人面临的不利而提供了担保,法院也可以在没有疏明(使人相信)的情况下授予暂处分(第921条第1句)。

(四)担保处分的内容

53.10 根据第938条第1款,法官"依自由裁量"确定他所命令(与第308条第1款相反)的措施;当然,为了达到目的(这里指保全目的),措施必须是必要的——这是重要的限定。[37]

1. 裁量界限

53.11 法官的措施必须在申请人意愿和依实体法可能的法律后果的范围内。在注意该界限的情况下,法官命令的措施可以不同于申请人申请的措施。

2. 对偿付的缩小版(Minus)和异类(Aliud)

53.12 法官的措施只会产生对请求权的保全之结果,不会导致对债

---

[35]如果权利人在认识到违法的情况下仍然长时间无理由不作为,则不存在反驳性的推定;帕兰德/巴森格,《不作为起诉法》第5条,边码10;《慕尼黑德国民法典评注》/米克里茨,《格式条款法》第15条,边码41附证明;埃尔曼/鲁道夫,《不作为起诉法》第5条,边码6;不同观点,参见乌尔莫/博兰登纳/汉森,《格式条款法》,第15条,边码16;见边码53.25。

[36]卡尔斯鲁厄法院裁判,载《新法学周刊裁判报告》,1996年,第960页;边码51.5。

[37]对此特别参见尧厄尼希,载《民事诉讼法杂志》,第79卷,1966年,第321页、第326页以下;鲍尔,《临时性法律保护研究》,第26页、第48页;博克等编著:《民事诉讼法评注》/格伦斯基,第935条前,边码10 -11;关于法官裁量参见《联邦宪法法院判例集》,第86卷,第46页、第49页。

权人的偿付。也就是说,与实体法请求权的目标相比,它应当是弱化的和异类的。

例子:通过预告登记对不动产所有权让与请求权进行保全;通过异议对土地簿更正请求权进行保全;通过相对让与禁止对买受人送交请求权进行保全(《德国民法典》第 136 条、第 135 条联合第 938 条第 2 款);[38]通过取得禁止(Erwerbsverbot)对无效不动产买卖中的出卖人的不当得利请求权的保全;[39]通过交由第三人保管(通过信赖人对物进行保管和管理)对动产和不动

---

[38]对此,魏灵,载《法学家杂志》,1982 年,第 839 页以下;科勒,载《法学家杂志》,1983 年,第 586 页;福斯特,载《民事诉讼法杂志》,第 106 卷(1993 年),第 143 页、第 151 页;维兰德:《竞合的物之给付请求权的担保》,第 1992 页;关于不动产的处分禁止和转让禁止《联邦宪法法院判例集》,第 86 卷,第 49 页;哈姆法院裁判,载《新法学周刊裁判报告》,1994 年,第 1042 页;卡尔斯鲁厄法院裁判,载《租赁法与空间法杂志》,1992 年,第 301 页;关于对土地债务的处分禁止,参见杜塞尔多夫法院裁判,载《新法学周刊－裁判－报告》,1988 年,第 266 页;关于双重出租的相似问题,拒绝的,参见美因河畔法兰克福法院裁判,载《德国法月刊》,1997 年,第 137 页;勃兰登堡法院裁判,载《德国法月刊》,1998 年,第 98 页;石勒苏益格法院裁判,载《德国法月刊》,2000 年,第 1428 页;哈姆法院裁判,载《新法学周刊裁判报告》,2004 年,第 521 页。

[39]比较《帝国法院民事裁判集》,第 117 卷,第 287 页、第 290 页;慕尼黑法院裁判,载《州高等法院民事裁判集》,1969 年,第 196 页;巴伐利亚州最高法院《德国司法》,1978 年,第 306 页;1982 年,第 14 页;柏林高等法院裁判,载《德国法月刊》,1994 年,第 727 页;《巴伐利亚州最高法院民事判例集》,1997 年,第 57 页;哈姆法院裁判,载《新法学周刊裁判报告》,2001 年,第 1086～1087 页;鲍尔/施迪尔纳:《物权法》,第 15 章,第 Ⅳ 2 c 节;福斯特:《不动产法中处分限制和取得禁止的边界》,1986 年,第 137 页以下。

产原物返还请求权进行保全;[40]通过暂时解约禁止对企业管委会的参与权(《企业组织法》第111条、第112条)进行保全。[41] 不作为请求权和容忍请求权根据第935条不能以对债务人放弃不作为或者放弃容忍的方式实施;这种导致清偿的处分根据第940条而定(边码53.26)。根据第935条可以通过命令源自于不作为请求权和容忍请求权的从义务进行保全,如可以禁止公布违背竞争禁止的报告。[42] 只要根据《不作为诉讼法》第1条、第3条在起诉时可以进行暂处分,那么就可以命令标注拘束程序文句(die Prozessbefangene Klauseln)。[43] 在(某些时候是外国的)被担保人滥用银行保函(Bankgarantie)的情况下,要求担保人(Garantiegeber)针对银行不得请求回复负担(Rückbelastung)的请求权,可以通过如下命令予以保全:交易关系(特别是贷

---

[40]比较,诺阿克,载《德国法月刊》,1967年,第168页;美因河畔法兰克福法院裁判,载《新法学周刊》,1953年,第1270页;科布伦茨法院裁判,载《德国法月刊》,1981年,第855页;慕尼黑法院裁判,载《德国法月刊》,1984年,第62页;杜塞尔多夫法院裁判,载《德国法月刊》,1995年,第635页;德累斯顿法院裁判,载《德国法月刊》,1998年,第305页;科布伦茨法院裁判,载《州高等法院报告》,1999年,第455页;关于处分的设置,参见美因河畔法兰克福法院裁判,载《新法学周刊裁判报告》,1987年,第63页。只要工商企业可以是债权转让请求权的标的,那么它也可以交由他人保管;同本处,参见博克等编著:《民事诉讼法评注》/格伦斯基,第938条,边码23;尧厄尼希,载《民事诉讼法杂志》,第79卷(1966年),第327页以下;不同观点,比如鲍姆巴赫/哈特曼,第938条,边码22。关于管理人的津贴类推强制管理人的规则,参见联邦法院裁判,载《德国司法》,2005年,第549年。

[41]美因河畔法兰克福劳动法院裁判,载《经济法杂志》,1983年,第358页;《经济法杂志》,1985年,第367页。

[42]鲍尔:《临时性法律保护研究》,第50页以下;另见美因河畔法兰克福法院裁判,载《新法学周刊》,1985年,第1295页(提示为了对未来的不作为进行担保在一本书中未经追认地复制照片);科布伦茨法院裁判,载《新法学周刊裁判报告》,1987年,第95页(为了对禁止竞业条款进行担保而禁止客户联系)。

[43]比较,杜塞尔多夫法院裁判,载《新法学周刊》,1978年,第2512页,附其他证明页;施陶丁格/施洛瑟尔,《格式条款法》第13条,边码9;不同的,参见汉堡法院裁判,载《新法学周刊》,1981年,第2420页:给付处分;对于基于紧急情况下的不作为的给付处分,参见杜塞尔多夫法院裁判,载《新法学周刊》,1989年,第1487页。

款)就像没有回复负担一样继续存续。[44] 伴随给付请求权有不计其数的不可以独立起诉的债务人的不作为义务,这些义务可以保全有序的债务人给付,比如特定物债务情况下不进行二次卖出的义务。这些附随义务赋予了保全主给付(如转让买受物所有权)之暂处分的内容,主程序(第 926 条第 1 款)则只处理主给付请求权即可:出让之禁止之后,进行关于送交义务的主程序。[45]

3. 可以执行的内容

53.13 法官措施原则上必须可以执行,即必须有执行能力的内容(例外:边码 53.22、边码 53.27、边码 53.29)。

三、依第 940 条规制性的暂处分(规制处分 Regelungsverfuegung)

(一)有争议的法律关系

53.14 与假扣押和根据第 935 条的保全性暂处分不同,规制性暂处分(regelnde einstweilige Verfuegung)关联的不是请求权的保全,而是“有争议的法律关系”。替代保全的是“暂时状态的规制”。也就是人们所说的,暂处分的这种形式在私法范畴内服务于和平保护(社会疗法的措施)。

---

[44] 比较,斯图加特法院裁判,载《新法学周刊》,1981 年,第 1913 页;在此方面赞同的,参见尼尔森,载《经济法杂志》,1982 年,第 253 页、第 262 页以下;对担保银行没有清偿的不作为处分(美因河畔法兰克福法院裁判,载《新法学周刊裁判报告》,1987 年,第 1264 页;科隆法院裁判,载《经济法、银行法与证券通讯杂志》,1991 年,第 1752 页),但是对滥用的担保受益人(哈姆法院裁判,载《德国法月刊》,1991 年,第 636 页;另见《联邦法院民事裁判集》,第 90 卷,第 287 页、第 292 页);另见海茵策和莫尔贝特,引文同上(文献第 50 章)。

[45] 详细的,参见施迪尔纳,载《法学家杂志》,1976 年,第 384 页、第 390 页。

1. 概念和适用领域

53.15 “争议法律关系”可以属于私法的所有领域,但也可以属于公法,只要进入私法法院的法律途径是开放的。不必要涉及只关乎技术意义的绝对权利或者相对权利,“争议”可以涉及法益(占有)或者法律上重要的性质或者境况(如名誉)。此外,也不必是申请相对人对申请人的权利有争议,申请相对人实际侵害申请人的权利,即为已足。

53.16 第940条比请求权导向的第935条的范围更广泛。它特别包括了在继续性法律关系范围内的暂时规制,比如所有形式的共同体权利(共同所有权、共同继承关系等)范围内或者用益关系(比如用益权、承租)范围内。此外,在人的法律关系(如社团法法律关系、公司法法律关系,但是夫妻生活共同体不是㊻)的暂时性规制中它也适用,最后在形成诉权中也适用(比如,诉讼目的是开除股东时,㊼暂处分旨在业务执行权限的暂时安定)。

2. 处分请求权的合理性审查

53.17 未确定及有争议的是,在规制性的暂处分中是否——与假扣押和保全性暂处分相同——也需要对所谓的处分请求权进行完全的实体法的合理性审查。㊽

比如,如果出租人封锁承租人的供水,因为承租人未支付租

㊻例子:布鲁萨尔初级法院裁判,载《新法学周刊》,1981年,第1674页(对此施密特,载《法学教育》,1982年,第892页);慕尼黑法院裁判,载《新法学周刊裁判报告》,1991年,第834页;瓦尔茨胡特-田根初级法院裁判,载《新法学周刊裁判报告》,1994年,第712页:非婚生活伴侣之间的争议中共同住宅使用的规定。在家庭法领域的暂时措施中,需要注意第620条以下条款的特殊性(边码53.3);为保护婚姻的“空间的—具体的领域”依第940条对干扰第三人的命令仍然可能(另见边码40.15)。

㊼比如《联邦法院民事裁判集》,第33卷,第105页;萨尔布吕肯法院裁判,载《法学家杂志》,1968年,第386页,附鲍尔注释(还见边码53.21)。

㊽对此鲍尔,《临时性法律保护研究》,第28页以下;莱普德:《基础》,第17页以下、第83页以下;鲍姆盖特尔,载《民法实务档案》,第168卷(1968年),第402页以下;文泽尔,载《德国法月刊》,1967年,第889页、第892页;类似问题,边码53.7。

金，法官必须审查租赁合同应当怎样解释，留置抗辩权条件是否成就吗？或者，在物权优先购买权利人为不动产申请变更禁止的情况下，他必须全面澄清优先购买人的实体权利吗？[49] 通常情况下，基于实体权利进行全面的合理性审查，是有必要的。在一切形式的共同体关系的规制范围内，即时的法官命令可能是有必要的，不能提前进行全面的实体法的审查（在封锁供水的情况中就是如此）。当然，命令对申请相对人的领域侵犯越严重，越能引起不可挽回的状况，对实体法律状态的审查以及对实际陈述的疏明（可信性）的要求就应越严格。

（二）处分事由

根据第940条的暂处分的条件还包括，为了防止重大不利或 53.18
者为了阻碍面临的暴力或者出于其他原因作出规制是“必须”的。必须证明这些情况（所谓的处分事由）的可信性（疏明）。

（三）规制处分的内容

1. 自由裁量行使的规则

与保全性暂处分相同，法官在规制性暂处分中“依自由裁量” 53.19
确定措施（第938条）。当然，措施必须是为了“防止重大不利”或“阻碍面临的暴力”而必要的，但是对措施而言，“其他事由”也已足（第940条文本）。在权利面临威胁和法官措施对申请相对人领域的影响之间，必须存在可理解的关系。

在保全性处分情况下（边码53.9）关于申请和措施之间的关
系所表述的，在规制性处分中原则上同样具有合理性。[50] 特别是 53.20
在这里也适用如下规则，即相对于从实体法中所产生的法律后果，命令的措施应当是弱化（minus）的和异类（aliud）的。

---

[49]这样——但是法律评价不恰当——慕尼黑法院裁判，载《新法学周刊》，1963年，第301页，附霍赫相反的评注。

[50]鲍尔：《临时性法律保护研究》，第70页。

2. 判例

53.21 商法和公司法:禁止无限责任公司的成员进入业务空间;查阅账簿;在对股东已经提起开除之诉或者应当提起开除之诉的情况下,依通说[51]还包括暂时撤销业务执行权限和代理权限;禁止举行股东大会,或者禁止执行股东决议[52];容忍股东在律师的陪同下参加股东大会;[53]暂时撤销有限责任公司经理业务执行权限和代理权限;[54]但是,暂时从公司清除,则不是;[55]涂销在商事登记册中登记商号的命令,也不是;[56]无限责任公司的解散登记命令,也不是;[57]在股东大会上以特定方式表决的要求,也不是;[58]目的在于罢免股东——经

---

[51]《联邦法院民事裁判集》,第33页、第105页;联邦法院裁判,载《企业顾问》,1969年,第245页;科隆法院裁判,载《企业顾问》,1977年,第464页;尧厄尼希,载《民事诉讼法杂志》,第79卷,1966年,第334页,附其他证明;关于暂时保持成员权,杜塞尔多夫法院裁判,载《新法学周刊裁判报告》,1988年,第1271页(协会);1988年,第328页(联合会);哈姆法院裁判,载《新法学周刊裁判报告》,2001年,第105页(有限责任公司)。

[52]美因河畔法兰克福法院裁判,载《德国司法》,1982年,第154页;科布伦茨法院裁判,载《新法学周刊裁判报告》,1986年,第1039页,附证明;哈姆法院裁判,载《新法学周刊裁判报告》,2001年,第105页。

[53]斯图加特法院裁判,载《德国法月刊》,1997年,第1137~1138页。

[54]美因河畔法兰克福法院裁判,载《新法学周刊裁判报告》,1999年,第257页。

[55]尧厄尼希,载《民事诉讼法杂志》,第79卷,1966年,第335页;另见,杜塞尔多夫法院裁判,载《新法学周刊》,1989年,第172页。

[56]《瓦恩帝国法院裁判集》,1908年,第559页;佐勒/弗尔卡莫,第940页,边码8(商事登记册)。

[57]柏林高等法院裁判,载《州高等法院报告》,第40卷,第433页。

[58]美因河畔法兰克福法院裁判,载《德国司法》,1982年,第154页;策勒法院裁判,载《有限责任公司评论》,1981年,第264页;科布伦茨法院裁判,载《新法学周刊》,1991年,第1119页;在法律状态清晰和特别需要保护时则不同(萨尔布吕肯法院裁判,载《新法学周刊裁判报告》,1989年,第1512页;汉堡法院裁判,载《新法学周刊》,1992年,第186页)或者投票绑定合同(科布伦茨法院裁判,载《新法学周刊》,1986年,第1693页;斯图加特法院裁判,载《新法学周刊》,1987年,第249页)。关于在股东争论时的暂处分的一般性,参见塞姆勒,载《企业顾问》,1979年,第1533页以下;吉尔肯,载《企业法与公司法杂志》,1985年,第167页;施密特,载《经济法杂志》,1992年,第1212页;祖特,载《泛商法与经济法杂志》,第155卷,1991年,第190页(投票绑定)。

理而不召开股东大会，也不是。[59]

其他法域：住宅所有权人撒沙防滑义务的暂时规制（根据第887条要求可替代行为）；在主程序中争议是否具有成员资格情况下，社团成员可使用社团设施（根据第888条要求不可替代行为）[60]；关于建筑物以及住宅供暖的暂处分；[61]不可能的是，附带所谓的“有限制地撤回”（不坚持陈述）不真实陈述的内容的规制处分；[62]当事人可以无须后续主程序，通过暂处分实施其新闻法上的相反陈述请求权（Gegendarstelllungsanspruch），借此受到一定保护；基于相反陈述的暂处分是成文法规定的给付性处分（Leistungsverfuegung）的特别情况。[63] 在例外的情况下，如当提供信息（答复）或账目报告有服务功能，并且使目标请求权的暂时法律保护成为可能的情况下，以及在明显侵害权利情况下（比如，在侵害专利权争议中，为了继续生产而命令提存许可费用，向信托人公告产品数额），提供信息（答复）或账目报告可以是规制性处

---

[59]耶拿法院裁判，载《新公司法杂志》，2002年，第89页。

[60]关于执行，参见边码54.15；另见杜塞尔多夫法院裁判，载《新法学周刊裁判报告》，1988年，第1271页。

[61]奥斯纳布吕克州法院裁判，载《经济法、银行法与证券通讯杂志》，1980年，第198页（在仅仅是技术干扰时不是）；关于针对能源供应商断电的命令，参见罗特威尔州法院裁判，载《司法》，1983年，第453页。

[62]这样的，参见斯图加特法院裁判，载《新法学周刊》，1962年，第2066～2067页；《德国法月刊》，1961年，第1024页；同本处，参见鲍尔，载《企业顾问》，1964年，第609页；尧厄尼希，载《民事诉讼法杂志》，第79卷，1966年，第343页；库贝尔，载《新法学周刊》，1967年，第321页；不来梅法院裁判，载《新闻法档案》，1979年，第355页；科隆法院裁判，载《新闻法档案》，1981年，第358页。

[63]关于州新闻法的合宪性，参见联邦宪法法院裁判，载《新闻法档案》，1975年，第800页；《新法学周刊》，1998年，第1381页；联邦法院裁判，载《工商权利保护与著作权》，1968年，第214页，对程序的规范各州有立法权限。文献指引资料：塞茨/施密特/舒纳（Seitz/Schmidt/Schoener），《在报刊、广播和电视上的对抗表达请求权》，第3版，1998年；关于批评，施迪尔纳，载《法学家杂志》，1994年，第865页、第875页以下。

分的对象。[64]

3. 有执行能力的内容

53.22 与保全性暂处分(边码 53.12)相同,在这里,“措施必须可以执行”这一基本原则也适用;在暂处分具有权利形成内容的情况下(比如,撤销无限责任公司股东的代理权限;边码 53.21),强制执行当然不在考虑之列。仅在极为例外时,确认的规制处分才有可能,比如,假如针对可执行行为的处分看似不可能时,为了澄清法律地位或者澄清其他行为的法律基础(就可能进行确认之规制处分)。[65]

---

[64]比较,鲍尔,载《临时性法律保护研究》,第 58 ~ 59 页;施迪尔纳,载《民事诉讼程序中当事人的声明义务》,1976 年,第 373 页;布伦斯:《对媒体的信息请求权》,1997 年,第 294 页;原则上的不同观点,参见尧厄尼希,载《民事诉讼法杂志》,第 79 卷,1966 年,第 344 页。作为给付处分(边码 53.23 以下)的对象,原则上被排除(柏林高等法院裁判,载《工商权利保护与著作权》,1988 年,第 404 页,附证明;哈姆法院裁判,载《新法学周刊裁判报告》,1992 年,第 640 页;美因河畔法兰克福法院裁判,载《州高等法院报告》,1997 年,第 23 页;石勒苏益格法院裁判,载《州高等法院报告》,2001 年,第 32 页),但是例外时允许,如果对存在性的重要的主请求权的准备而言必要的话(对抚养费请求权的准备范围非常广泛,参见冯 · 艾尔斯,载《泛亲属法杂志》,1995 年,第 650 页)。在明显侵害权利时的特别情况:《实用新型保护法》第 24b 条第 3 款;《样本与模型版权法》第 46 条第 3 款;《专利法》第 140b 条第 3 款;《著作权法》第 101a 条第 3 款;《商标法》第 19 条第 3 款。

[65]对此格伦斯基《法学教育》,1976 年,第 284 页;科勒,载《民事诉讼法杂志》,第 103 卷,1990 年,第 184 页以下;例子:离婚的妻子持姓(萨尔布吕肯法院裁判,载《德国法律杂志》,1950 年,第 300 页以下);在全体成员大会即将到来时监事会的决议无效(汉诺威州法院裁判,载《经济法杂志》,1989 年,第 1300 页;被策勒法院裁判,载《经济法杂志》,1989 年,第 1552 页,废止);足球职业运动员的劳动关系不存在(柏林州劳动法院裁判,载《新劳动法杂志》,2001 年,第 53 页);非常有问题!

四、旨在偿付的暂处分(给付性处分 Leistungsverfuegung)

(一)给付处分的本质和法律基础

假扣押和保全性暂处分赋予原告的只是保全,根据第940条规制性暂处分涉及的是确定暂时状态的命令,但原告没有得到偿付,其权利不能实现,而司法实践发展了第三种形式的暂处分,这种暂处分会使原告获得清偿——即使某些情况下只是短时间的。这种情况主要包括判决支付金钱(如在抚养费和损害赔偿的情况中),[66]此外,基于法律和合同的不作为命令(Unterlassungsgebot)(比如因为竞业禁止,在不正当竞争的情况下,[67]在侵害人格权的情况下),另外还有,对于通过禁止之私力所取走之物的返还请求权。[68] 53.23

---

[66]比较,关于发展历史,特别是高尔,载《泛亲属法杂志》,1958年,第158页以下;席尔肯,载《清偿处分》,1976年,第30页以下;舒勒,载《新法学周刊》,1959年,第1801页以下;另见,例子,边码53.27(5)。

[67]对此,魏德迈尔,载《新法学周刊》,1979年,第293页;关于竞争限制的权利,参见哈丁法院裁判,载《泛商法与经济法杂志》,第130卷(1967/68年),第1页;详细的,参见边码53.27(1)、边码53.28。

[68]杜费克,载《新法学周刊》,1966年,第1345页;尧厄尼希,载《民事诉讼法杂志》,第79卷,1966年,第337页;斯图加特法院裁判,载《德国法月刊》,1964年,第604页;萨尔布吕肯法院裁判,载《新法学周刊》,1967年,第1813页;美因河畔法兰克福法院裁判,载《企业顾问》,1981年,第148页;哈姆法院裁判,载《新法学周刊裁判报告》,1991年,第1526页;科隆法院裁判,载《北威州司法部公报》,1990年,第178页;斯图加特法院裁判,载《新法学周刊裁判报告》,1996年,第1516页;科隆法院裁判,载《保险法》,1997年,第465页;罗斯托克法院裁判,载《州高级法院报告》,2001年,第279页;杜塞尔多夫法院裁判,载《州高等法院报告》,2002年,第175页;萨尔布吕肯法院裁判,载《州高等法院报告》,2003年,第229页。在此不向争议财产暂时管理人返还——这样通常是根据第935条、第938条(边码53.12)的担保处分,而是向原来的占有人个人!法定特殊情况:第940a条,交还住宅以及腾房(边码53.28;关于未婚共同生活,边码53.16)。通过执行获得占有在处分废止之后也不是禁止之私力;联邦法院裁判,载《德国法月刊》,2003年,第621页。

出发点是关于这种类型的明确法律规范:《德国民法典》第1615o条,《德国民事诉讼法》第620条第4项和第6项、第641d条,《社会法院法》第180条第6款,《专利法》第85条第1款,《实用新型保护法》第20条,《著作权法》第42a条第6款,《不正当竞争法》第12条第2款。作为给付处分的法律依据,部分情况还有第940条,[69]但是终归涉及的是法官权利的特别诉讼类型。[70]

(二)处分请求权的疏明

53.24 此类型的暂处分经常形成不可修复的关系,如禁止申请相对人花费高价准备进行的广告,或者禁止他继续生产特定产品;可以根据第945条要求损害赔偿之可能性,也不能改变这一点。从中得出,必须对处分请求权(如主张的不正当竞争)的证明予以严格要求。因此,必须依据实体法对合理正当性(Schluessigkeit)进行全面审查。

(三)处分事由的可信性证明

对处分事由的可信性证明也适用同样严格的要求("重大不
53.25 利"——"面临暴力")。

这样的情况,比如在申请支付暂时抚养费定期金或者损害赔偿定期金,或者在申请继续支付薪酬时(边码53.27),必须证明:或者申请人的生活抚

---

[69] K.布鲁迈尔,载《民事诉讼法杂志》,第65卷,1952年,第52页,第65页;尧厄尼希,第37章,第Ⅲ节;罗森贝格/高尔/席尔肯,第76章,第Ⅱ2节;席尔肯,《清偿处分》,第68页以下。

[70] 博克等编著:《民事诉讼法评注》/格伦斯基,第935条前,边码31页;盖哈德,《执行》,第18章,第Ⅲ2a节;类似的,舒施克,第935条前,边码30。

养费受到损害,或者存在危害生存的财产损害。⑪ 只有在权利的可保护性和权利受侵害不容置疑,并且申请人的经营活动看起来被侵害行为严重危害的情况下,法院才能通过暂处分作出基于侵害专利和侵害实用新型(《专利法》第139条第1款)的生产禁止和销售禁止。⑫

在涉及基于不正当竞争的不作为请求权的情况下,此时推定存在紧迫性(《不正当竞争法》第12条第2款),⑬例外地不需要证明权利受危害(暂处分事由)。但是,当债权人通过长时间的等待自己驳斥了立即救济的紧迫性

---

⑪参见巴登-符腾堡州劳动法院裁判,载《新法学周刊》,1961年,第2178页;《企业顾问》,1968年,第335页;班贝尔格法院裁判,载《州高等法院民事裁判集》,1971年,第438页,第439页。通说没有一开始就提示债权人社会救济的可能性(科布伦茨法院裁判,载《泛亲属法杂志》,1988年,第1073页;杜塞尔多夫法院裁判,载《泛亲属法杂志》,1994年,第387页;不同观点,哈姆法院裁判,载《州高等法院报告》,2000年,第70页、第71页);但是已经提供的社会救济将排除困境(的存在)(奥尔登堡法院裁判,载《新法学周刊》,1991年,第2019页;策勒法院裁判,载《新法学周刊裁判报告》,1991年,第137页;纽伦堡法院裁判,载《泛亲属法杂志》,1995年,第184页;杜塞尔多夫法院裁判,载《泛亲属法杂志》,1994年,第387页附证明;美因河畔法兰克福法院裁判,载《泛亲属法杂志》,1997年,第1090页;柏林高等法院裁判,载《泛亲属法杂志》,1998年,第690页、第191页左栏;不同观点,参见科隆法院裁判,载《泛亲属法杂志》,1996年,第1430页、第1431页);全面的,参见舒施克 第935条前,边码26以下。

⑫杜塞尔多夫法院裁判,载《州高等法院民事裁判集》,1966年,第187页附证明;卡尔斯鲁厄法院裁判,载《工商权利保护与著作权》,1988年,第900页;柏林高等法院裁判,载《企业顾问》,1994年,第1596页;杜塞尔多夫法院裁判,载《工商权利保护与著作权》,1994年,508页;迈尔-贝克,《工商权利保护与著作权》,1988年,第861页;更宽宏大量的,卡尔斯鲁厄法院裁判,载《工商权利保护与著作权》,1979年,第700页;弗里策《工商权利保护与著作权》,1979年,第209页附证明;舒茨-聚希廷,载《工商权利保护与著作权》,1988年,第571页;舒施克,第935条前,边码76、边码96(类推《不正当竞争法》第12条第2款)。中间路线是,让申请相对人提存特许费用或者提存获得的盈利。

⑬对此参见鲍尔,载《企业顾问》,1964年,第610页以下;鲍克,载《新法学周刊》,1981年,第2721页、第2722页以下;汉堡法院裁判,载《法律与实务中的竞争》,1992年,第493页以下。可能类推该规定(名称权和商号权,《不正当竞争法》第20条第1款)的范围有争议;代之以众多文献,舒施克,第935条前,边码76以下。

的时候(所谓的自我驳斥)[74],根据《不正当竞争法》第12条第2款推定效力即为消灭。

(四)给付处分的内容

1. 基本原则

53.26 在法官命令的措施方面,适用的原则同样是措施必须在申请人的权利保护目标范围内,宣判的(给付)不得比申请人根据实体法在主程序中获取的(给付)更多。暂处分的这种类型的特别之处是,它判决了导致请求权清偿的给付。无论何处,还应当选择最

[74] 哈姆法院裁判,载《新法学周刊裁判报告》,1994年,第48页;美因河畔法兰克福法院裁判,载《新法学周刊》,1970年,第250页;《州高等法院民事裁判集》,1988年,第98页;斯图加特法院裁判,载《法律与实务中的竞争》,1978年,第232页;慕尼黑法院裁判,载《工商权利保护与著作权》,1980年,第1018页;《新法学周刊裁判报告》,1991年,第624页;1993年,第227页;斯图加特法院裁判,载《法律与实务中的竞争》,1998年,第433页;帕斯托尔/阿伦斯,《竞争程序》,第4版,1999年,第49章,边码22、边码32以下;冯·伽姆,《法律与实务中的竞争》,1968年,第312页。通常情况下自我驳斥不存在于法律救济期限用尽的情况下(慕尼黑法院裁判,载《新法学周刊裁判报告》,1991年,第624页;哈姆法院裁判,载《新法学周刊裁判报告》,1992年,第622页;柏林高等法院裁判,载《新法学周刊裁判报告》,1993年,第555页;不同观点,参见美因河畔法兰克福法院裁判,载《州高等法院报告》,1996年,第152~153页),但是某些时候存在于要求延长证明期限、相应的同意的情况下(美因河畔法兰克福法院裁判,载《新法学周刊》,1991年,第49页)或者存在于迟疑的诉讼行为中(杜塞尔多夫法院裁判,载《工商权利保护与著作权》,1992年,第190页;卡尔斯鲁厄法院裁判,载《新法学周刊裁判报告》,1993年,第229页;慕尼黑法院裁判,载《德国法月刊》,1994年,第725页;美因河畔法兰克福法院裁判,载《法律与实务中的竞争》,2001年,第716页);某些情况下申请授予暂处分经过一个月的等待已足(纽伦堡法院裁判,载《德国法月刊》,2002年,第533页)。只要法官的诉讼引导受到影响,我认为法院有责任提示第139条;当事人和他们的——某些时候在竞争事务方面没有经验的——律师不允许受到羁绊。另见边码54.6关于竞争事务的暂时性程序。关于自我驳斥理念的一般化,参见奥尔登堡法院裁判,载《泛亲属法杂志》,1997年,第182页;柏林高等法院裁判,载《新法学周刊裁判报告》,2001年,第1201页;汉堡法院裁判,载《新法学周刊裁判报告》,2002年,第550页。

能接受的手段,并应当说明措施的暂时性。

2. 判例

(1)在工商业争议和竞争法争议的领域:因为侵害专利或者侵害实用新型而不得生产或者销售;⑦⑤禁止违反约定的和法定的竞业禁止;⑦⑥违反竞争剽窃情况下的禁止从业;⑦⑦禁止违反价格绑定和竞业绑定;⑦⑧禁止使用互联网域名;⑦⑨禁止使用商号;⑧⓪不得陈述损害营业的不真实的事实;⑧①返还飞行器的所谓的飞行档案。⑧② 53.27

---

⑦⑤杜塞尔多夫法院裁判,载《州高等法院民事裁判集》,1966 年,第 187 页;卡尔斯鲁厄法院裁判,载《工商权利保护与著作权》,1988 年,第 900 页;柏林高等法院裁判,载《企业顾问》,1994 年,第 1556 页;不同观点,参见边码 53.25 关于处分事由。

⑦⑥巴登－符滕堡州劳动法院 裁判,载《企业顾问》,1967 年,第 1426 页;《企业》,1968 年,第 669 页;科隆州劳动法院裁判,载《经济法裁判集》,1992 年,第 1141 页(格伦斯基);纽伦堡州劳动法院裁判,载《新劳动法杂志裁判报告》,2002 年,第 272 页。

⑦⑦萨尔布吕肯州法院裁判,载《新法学周刊》,1973 年,第 373 页;美因河畔法兰克福法院裁判,载《新法学周刊裁判报告》,1994 年,第 627 ~ 628 页;但是,关于相对新的雇主一般不允许从业禁止,见下文。

⑦⑧哈姆法院裁判,载《新法学周刊》,1963 年,1505 页;美因河畔法兰克福法院裁判,载《新法学周刊》,1969 年,第 991 页(具体情况中否定);当然,这种申请的成功,根据《不正当竞争法》和《欧盟卡特尔法》,以此类绑定的实体法的有效性为条件;关于有期限的供货禁止作为命令的内容,参见杜塞尔多夫法院裁判,载《法律与实务中的竞争》,1983 年,第 410 页;《工商权利保护与著作权》,1985 年,第 77 页。

⑦⑨美因河畔法兰克福法院裁判,载《工商权利保护与著作权判例报告》,2001 年,第 5 页(但是没有禁止预定保存)。

⑧⓪美因河畔法兰克福法院裁判,载《法律与实务中的竞争》,1973 年,第 225 页。

⑧①斯图加特法院裁判,载《新法学周刊》,1964 年,第 48 页。

⑧②科隆法院裁判,载《新法学周刊裁判报告》,1997 年,第 57 页。

(2)侵害人格权的情况:不得传播损害名誉的言论,[83]如在选举海报上;[84]向暂时财产保管人返还剩余的印刷品样本,禁止传播期刊;[85]相反的陈述(边码53.21),但是没有“受限制的”撤回(边码53.21)。

(3)在侵害父母权利的情况中:返还之命令或者交往之禁令,根据《德国民法典》第1632条第3款家事法院根据《非诉事务裁判权法》的程序颁布[86](对此还有《非诉事务裁判权法》第50d条)。

(4)在不可量物法领域:夜间禁止运行大噪声建筑器械(在很多不可量物排放情况下,并非不得进行导致不可量物排放的生产,命令作出保护措施即为已足:更缓和的手段;另见《德国民法典》第906条)。

(5)为了满足生活需求而付款(支付工资请求权,抚养费请求权,损害赔偿请求权[87]):在一般情况下额度有限的支付名义,该额度根据不受扣押额

---

[83]慕尼黑法院裁判,载《新法学周刊》,1971年,第844页;《新法学周刊》,1989年,第910页;1991年,第499页;关于证明责任的分配,边码51.13;另外,勒弗勒/雷克,《程序法手册》,第5版,2005年,第44章,边码15。通说不允许针对调查处分(汉堡法院裁判,载《新闻法档案》,1992年,第279页;区别的,参见施迪尔纳,1990年德国法律工作者大会58号意见,第79页以下)。

[84]斯图加特法院裁判,载《民事诉讼法杂志》,第68卷,1955年,第298页。

[85]参见库贝尔,载《新法学周刊》,1967年,第321页;另见,慕尼黑法院裁判,载《新闻法档案》,1974年,第631~632页(限于未印出来的版次)。

[86]在这方面过时的,美因河畔法兰克福法院裁判,载《新法学周刊》,1979年,第2052页;另见边码39.7、边码53.3、边码53.4;父母之间仅在极端的情况下才有基于返还的暂处分(边码39.7);家庭法院的管辖;另见第620条第3项。

[87]基于抚养费的暂处分的例子:卡尔斯鲁厄法院裁判,载《新法学周刊》,1995年,第1908页;《泛亲属法杂志》,1999年,第244页;基于抚养费作为损害赔偿的暂处分:柏林高等法院裁判,载《新法学周刊》,1969年,第2019页;杜塞尔多夫法院裁判,载《保险法》,1988年,第803页;策勒法院裁判,载《保险法》,1990年,第212页。同意抚慰金分期付款,参见施彼克霍夫,载《保险法》,1994年,第1155页(我的观点是不赞同)。

度、社会救济标准，或者失业救济金确定；[88]时间的限制。[89]

(6)在劳动法中，给付处分有更广的、独立的适用范围。根据通说，雇主可以申请暂处分，通过该暂处分劳动者被判决接受工作。[90] 与通说相反，当涉及不可替代的劳务时，这才正确；在可替代的劳务中，不存在暂处分的事由。[91] 因为在可替代的劳务中，只能根据第 887 条进行执行（由劳动者承担费用进行替代行为），暂处分的结果仅仅是，债务人必须给付金钱。一般情况下，他的责任本来就是给付金钱，因为有义务向雇主支付损害赔偿。对这一请求权由普通程序（ordentliches Verfahren）决定。指向不可替代劳务之给付的处分虽然不可执行（第 888 条第 3 款），但是同类似的判决一样，仍然是被允许的（边码 40.16）。[92] 原则上不允许的是，不仅相对于劳动者，[93]而且相

---

[88]比较，柏林高等法院裁判，载《新法学周刊》，1969 年，第 2019 页；策勒法院裁判，载《保险法》，1960 年，第 280 页；巴登 – 符滕堡州劳动法院裁判，载《新法学周刊》，1961 年，第 2178 页；哈姆法院裁判，载《泛亲属法杂志》，1987 年，第 1188 页；所谓的“紧急抚养费”。

[89]汉堡法院裁判，载《泛亲属法杂志》，1981 年，第 161 页；科隆法院裁判，载《泛亲属法杂志》，1980 年，第 349 页；科布伦茨法院裁判，载《泛亲属法杂志》，1979 年，第 324 页、第 326 页；哈姆法院裁判，载《泛亲属法杂志》，1987 年，第 1188 页；杜塞尔多夫法院裁判，载《新法学周刊裁判报告》，1991 年，第 1029 页（6 个月）；赞同支付工资沃森《劳动法》，1991 年，第 216 页以下，附证明。一般也不能为过去清算抚养费（柏林高等法院裁判，载《泛亲属法杂志》，1987 年，第 842 页；杜塞尔多夫法院裁判，载《新法学周刊裁判报告》，1994 年，第 198 页；策勒法院裁判，载《新法学周刊裁判报告》，1996 年，第 257 页）。

[90]美因河畔法兰克福劳动法院裁判，载《企业顾问》，1956 年，第 853 页；巴登 – 符滕堡州劳动法院裁判，载《企业》，1963 年，第 554 页；博克等编著，《民事诉讼法评注》/格伦斯基，第 935 条前，边码 66 附证明。

[91]鲍尔，载《企业顾问》，1964 年，第 613 页；尧厄尼希，载《民事诉讼法杂志》，第 79 卷（1966 年），第 345 页；博克等编著：《民事诉讼法评注》/格伦斯基，第 935 条前，边码 66。

[92]不同观点，参见瑙姆堡法院裁判，载《新法学周刊裁判报告》，1998 年，瑙姆堡 873 页；美因河畔法兰克福州劳动法院裁判，载《新劳动法杂志》，1990 年，第 614 页；汉堡州劳动法院裁判，载《企业顾问》，2002 年，第 2003 页。

[93]柏林州劳动法院，载《联邦劳动法院参考》，《德国民事诉讼法》第 888 条第 6 项；杜塞尔多夫劳动法院裁判，载《企业顾问》，1965 年，第 1486 页。

对于新的雇主,[94]暂时性的禁止其他业务;仅在违反竞业禁止情况下,有所不同。[95]

解雇后继续雇佣(Weiterbeschäftigung),可以反复多次作为暂处分的对象。如果劳资联合委员会(Betriebsrat)反对解雇,那么雇主可以从通过暂处分所赋予的继续雇佣义务中解放出来(《企业组织法》第102条第5款);[96]反之,劳动者可以通过暂处分实现他的继续雇佣请求权。[97] 除了《企业组织法》第102条第5款的规定,根据通说,如果不存在与雇佣相对立的占优势的、值得保护的雇主利益,那么在解雇期限经过后或者在立即(无期限)解雇情况下解雇通知到达后,直至解雇保护程序有既判力结束之时,被解雇的雇员享有一个劳动合同法上的、一般的继续雇佣请求权。这种情况具体如:在解雇明显不生效,或者判决已经确定了解雇的不生效时,[98]在此,继续雇佣请求权

---

[94]柏林州劳动法院,载《联邦劳动法院参考》,《德国民事诉讼法》第888条第6项;布洛克斯/瓦克尔,边码1605。

[95]萨尔布吕肯州法院裁判,载《新法学周刊》,1973年,第373页;巴登-符滕堡州劳动法院裁判,载《企业顾问》,1967年,第1426页;《企业》,1968年,第669页;纽伦堡州劳动法院法院裁判,载《新劳动法杂志判例报告》,2002年,第272页;见边码53.27开始。

[96]参见杜茨,载《劳动法杂志》,1972年,第254页以下;主案程序是解雇保护程序,第945条的适用存疑:联邦劳动法院裁判,载《联邦劳动法院参考》,《企业组织法》第102条,继续工作,第1项,附格伦斯基评注;《〈德国民事诉讼法〉慕尼黑评注》/海茵策,第935条,边码61。

[97]美因河畔法兰克福州劳动法院裁判,载《新法学周刊》,1978年,第76页左栏;纽伦堡州劳动法院法院裁判,载《企业顾问》,1993年,第444页。

[98]联邦劳动法院纪念文集,载《新法学周刊》,1985年,第2968页,反对联邦劳动法院(第二审委会),载《新法学周刊》,1978年,第239页的裁判;限制的,参见哈姆州劳动法院裁判,载《德国法月刊》,1998年,第1036页;科隆州劳动法院裁判,载《新劳动法杂志判例报告》,2001年,第387页;布洛克斯/瓦克尔,边码1606;以前的不同观点,参见汉堡州劳动法院裁判,载《新法学周刊》,1979年,第127页;美因河畔法兰克福州劳动法院裁判,载《新法学周刊》,1978年,第76页左栏;格伦斯基,载《新法学周刊》,1979年,第86页以下(彼处也关于第945条的不适用性);登克,载《新法学周刊》,1983年,第255页、第259页;在明显无效的情况下准用;开姆尼茨州劳动法院裁判,载《新劳动法杂志判例报告》,1997年,第4页;哈姆州劳动法院裁判,载《新劳动法杂志判例报告》,1998年,第421页。

一般是以暂时可执行的形式被裁决的。严格地说，暂时命令只能在继续雇佣判决前有适用余地；在此有争议的是，对解雇不生效的极其可能性意义上的疏明(使人相信)是否即为已足。[99] 劳动法上的构建至少在术语上是具有误导性的，证明了暂处分法中广泛的不确定性。关于解雇的主程序针对的是雇佣请求权以及劳动关系的生效。作为保全处分和规制处分的处分所担保的是有争议的请求权；也就是说，涉及的不是给付处分，该请求权的基础是独立构建的实体法的继续雇佣请求权！因此对暂时命令，也不适用特殊规则：在雇员特别需要保护的情况下，总会赋予暂时命令。

如果劳动者处于困境(这时不考虑失业救济金和社会救济金)，暂处分可以在解雇程序中敦促雇主继续支付工资。[100] 对于面临的、违法的罢工，可以通过禁止处分予以禁止；[101]在此——与劳动法中的处处创设特别规则的趋势相反——适用一般性基本原则；也就是说，无论是“明显的”违法性，还是

[99]比较，舒施克，第935条前，边码120，附证明；鲍姆巴赫/哈特曼，第940条，边码13，附证明；佐勒/弗尔卡莫，第940条，边码8，附证明；瓦克尔：《民事程序和劳动程序中的暂时保护》，1992年，第445页附证明；原则上反对对继续工作的暂时命令，参见《〈德国民事诉讼法〉慕尼黑评注》/海茵策，第935条，边码51以下；赞同规范处分，参见霍宁根－胡纳(Hoyningen－Huehne)，载《企业顾问》，1988年，第269页。

[100]巴登－符滕堡州劳动法院裁判，载《新法学周刊》，1961年，第2178页；《企业顾问》，1968年，第335页；另见上文(5)。

[101]联邦劳动法院裁判，载《新法学周刊》，1978年，第2114页、第2116页；杜塞尔多夫州劳动法院裁判，载《企业》，1979年，第167页；慕尼黑州劳动法院裁判，载《新法学周刊》，1980年，第957页；科隆州劳动法院裁判，载《新劳动法杂志》，1997年，第327页；黑森州劳动法院裁判，载《企业顾问》，2003年，第1229页；弗佩尔(Faupel)，载《企业》，1971年，第816页、第868页；杜茨，载《企业顾问》，1980年，第533页；佐伊纳，《劳动法》，1971年，第1页；莱克沙伊德(Leckscheider)，《针对争议的暂时保护》，1983年，第12页以下；关于在禁止警告性罢工时的更高的要求，参见哈姆州劳动法院裁判，载《新劳动法杂志》，1988年，附则2，第26页。

被罢工企业的生存威胁,都是不必要的(有争议)。[102]

52.28 (7)有问题的是,是否可以通过暂处分判决作出意思表示。[103] 在通过暂处分作出的意思表示之替代只会导致暂时措施的情况下(比如预告登记、异议;在这里并不实用,因为暂处分会直接导致登记的效果:《德国民法典》第885条第1款第1句、第899条第2款第1句),通过暂处分判决作出意思表示是可能的;除此之外,还有涉及共同关系的从义务,或者涉及公司法的忠实义务的情况,也是可能的。[104] 通说提出的命题是否站得住脚,似乎是有疑问的,作为约定的主义务的意思表示不能成为给付处分的对象。[105] 卡特尔法的发展即与此相反,为了防止歧视(《不正当竞争法》第20条以下,第33条)可以产生旨在实现"送交请求权"的暂时命令;[106]"送交"不是不可替代的行为(第888条),最终还是以市场通常价格签订合同。第894条文本不反对意思表示的拟制,因为暂处分也具有既判力(边码51.27)。然而,对于成为实施

---

[102]同本处,参见博克等编著:《民事诉讼法评注》/格伦斯基,第935条前,边码70以下,附证明;慕尼黑州劳动法院裁判,载《新法学周刊》,1980年,第957页;哈姆州劳动法院裁判,载《新劳动法杂志》,1985年,第744页;石勒苏益格-荷尔斯泰因州劳动法院裁判,载《新劳动法杂志判例报告》,1997年,第401页;关于诉讼辩护书,批评的观点,参见莱普德:《劳动法》,1983年,第164页。

[103]尧厄尼希,载《民事诉讼法杂志》,第79卷,1966年,第341页以下和《新法学周刊》,1973年,第1671页;格伦斯基,载《法律学习》,1970年,第738页;哈姆法院裁判,载《德国法月刊》,1971年,第401页;斯图加特法院裁判,载《新法学周刊》,1973年,第908页;例子:股东解雇商事代理人;未决,参见汉堡法院裁判,载《新法学周刊裁判报告》,1991年,第382页。

[104]例子:科隆法院裁判,载《新法学周刊裁判报告》,1997年,第59页(被清除的民法股东的忠实义务使同意设立土地债务的暂处分合法化)。

[105]鲍尔:《临时性法律保护研究》,第56页;博克等编著:《民事诉讼法评注》/格伦斯基,第935条前,边码50以下;第11版,边码925;更宽容的,参见舒施克,第938条,边码36。

[106]斯图加特法院裁判,载《新法学周刊裁判报告》,1990年,第940页;美因河畔法兰克福法院裁判,载《新法学周刊裁判报告》,1991年,第166以下。

合同的暂处分之发展,颇值得怀疑。[107]

(8)对通过禁止之私力得到住宅的房屋占有者,指向腾房的暂处分是被允许的(第940a条)。[108] 对于所有在执行时刻逗留于特定房间内的人,暂处分也可以作为执行名义;在异议情况下,相关人在表明"身份"的情况下,其权利可以受到保护。实践中的疑虑是:在这种情况下允许"对未显名人进行暂处分",导致拒绝保护权利(Rechtsverweigerung)。[109] 如果在不断更换成员的租用共同体情况下不存在禁止之私力,不得进行腾房之暂处分。所有权人以及出租人只能通过暂处分的途径向他认识的租房共同体的成员——大多数情况下是他的合同相对人——要求告知其他成员的身份(边码53.21),同时申请禁止接受其他成员的暂处分,接着对租房共同体所有成员提起腾房之诉(边码39.10)。

3. 可以执行的内容

只要给付处分不像形成诉权领域那样直接引起法律效力,给付处分也必须有可以执行的内容。[110] 53.29

暂处分不能对未参与程序的第三人命令采取措施。比如就不得命令,出卖人要留置他向债务人送交的商品;[111]不能禁止为所有权人保存商品的仓储

[107]详细的例子,参见施迪尔纳,载《佐伊纳祝寿文集》,1994年,第513页以下;另见边码50.5。

[108]不妥的例子,参见美因河畔法兰克福州法院裁判,载《新法学周刊》,1980年,第1758页附沃尔夫批评的评注。

[109]比较,汉诺威州法院裁判,载《新法学周刊》,1981年,第1455页;克雷费尔德州法院裁判,载《新法学周刊》,1982年,第289页;科隆法院裁判,载《新法学周刊》,1982年,第1988页;莱施克-赫斯勒(Raeschke-Kessler),载《新法学周刊》,1981年,第663页;里斯肯,载《新法学周刊》,1982年,第1136页;另见边码39.10;对于在未婚共同生活中的命令,边码53.16。

[110]比较《联邦法院民事裁判集》,第33卷,第105页和边码53.21以下。

[111]罗斯托克法院裁判,载《州高等法院报告》,第40卷,第434页。

公司(向所有权人)返还商品;[112]不能命令雇主支付雇员的工资。[113] 对行政机关发出禁令或命令也是不被允许的;比如不能命令不动产登记机关进行登记或者不进行登记,[114]也不能通过暂处分对公证人进行指示,不向参与人给予会议记录的副本。[115]

---

[112]《帝国法院民事裁判集》,第 121 卷,第 185 页、第 188 页。

[113]策勒法院裁判,载《法学周报》,1918 年,第 274 页。

[114]《帝国法院民事裁判集》,第 120 卷,第 118 页;柏林高等法院裁判,载《法学周报》,1931 年,第 2992 页。

[115]另参见哈姆法院裁判,载《企业顾问》,1976 年,第 531 页。

第五十四章 暂处分的程序和执行

一、一般原则

第936条将暂处分的程序和执行转引到适用于假扣押的规定，但是第937条以下包含重大不同规定，特别是初级法院仅在紧急情况下例外地有权授予暂处分，但是在假扣押程序中，初级法院的管辖和主案法院的管辖是可选择的（边码51.7）。初级法院的程序也规定得与假扣押程序不同。 54.1

因此下列做法是明智的：首先阐述在主案法院处的"通常程序"，但经常只是以提纲的形式或者参照暂处分程序之实施，然后是初级法院授予暂处分时适用的特殊规则。接着讨论暂处分的执行，最后论述损害赔偿义务。

二、"通常程序"

（一）申请

授予暂处分之申请必须说明被担保的个人请求权（第935条）以及暂时规制的法律关系（第940条）和原因（危及执行以及防止重大的不利），并且要证明所提交的事实（第936条附第920条；边码51.12以下）。 54.2

要求授予保全处分和规制处分的申请,须符合宽松的确定性之要求,因为与第 308 条第 1 款不同,法院“依自由裁量”确定暂处分的内容(第 938 条第 1 款;边码 53.10、边码 53.19):必要且充分的是,请求能使他人知道所追求的法律保护目标。① 如果申请人的目标是清偿性处分,适用的确定性要求与在相应的给付之诉情况下相同(第 253 条第 2 款第 2 项),②在此,对不作为处分的申请要考虑“核心理论”(Kerntheorie)(边码 40.21)。③

(二)主案法院的管辖权

一般情况下(例外在下文三,边码 54.7 以下)有管辖权的是
54.3 主案法院,即主案发生诉讼系属的法院或者可以被发生诉讼系属的法院(第 937 条第 1 款,第 943 条;见边码 51.7 以下、边码 51.11)。④ 在例外的情况下,不是由合议庭,而是由(合议庭)主席作出裁判(第 944 条)。他的裁判就像全员出席的法庭作出的裁判一样。

---

①结论相同的,参见布洛克斯/瓦克尔,边码 1629。

②布洛克斯/瓦克尔,边码 1629;穆泽拉克/胡贝尔,第 938 条,边码 3。

③因此,正确的,参见斯图加特法院裁判,载《新法学周刊裁判报告》,1997 年,第 521 页附证明。

④因此对家事法院适用——与假扣押相同(边码 51.2、边码 51.11)——家事法院管辖,参见斯图加特法院裁判,载《泛亲属法杂志》,1978 年,第 704 页。只要夫妻一方根据第 935 条以下要求预支诉讼费用,根据第 621 条第 5 项得出家事法院的管辖权(有争议,比较联邦法院裁判,载《泛亲属法杂志》,1989 年,第 847 页);在因为夫妻抚养费(第 621 条第 5 项)或者婚生子女抚养费(第 621 条第 4 项)的暂时处分中情况相似。在《德国民法典》第 1615o 条的情况中,主案法院既可以是抚养费程序法院,也可以是父亲身份确认法院,参见科隆,载《新法学周刊》,1972 年,第 829 页(通说);不同观点,参见美因河畔法兰克福法院裁判,载《泛亲属法杂志》,1984 年,第 512 页,附比登本德批评的评注。关于抚养费处分,参见边码 53.27。

（三）暂处分的程序

1. 言辞辩论和听审

在假扣押程序中可以不进行言辞辩论，[5]而暂处分仅只有在紧迫的情况下才允许没有言辞辩论（第 937 条第 2 款）。该规定因为《德国基本法》第 103 条第 1 款取得特别的重要地位。在此，第 937 条第 2 款的意思不是因为处分事由本身所带来的紧迫性，而是“增加的”紧迫性：言辞辩论必须或者因为时间的流逝或者因为通知相对人而危及暂处分的目的。[6] 54.4

在根据《不正当竞争法》第 12 条第 2 款的暂处分情况下（边码 53.25），还必须审查第 937 条第 2 款意义上的增加的紧迫性，在这里，并不总是能构成的；[7]必要时，在这里——可能存在于竞争法的本质中——适用（对于特别紧急需求情况下的）自然推定意义上的宽大标准。如果法院想拒绝申请，也可在没有言辞辩论的情况下作出裁判（第 937 条第 2 款）。[8] 这考虑了申请人的利益，即重复申请、提出上诉手段并且没有任何耽搁地取得抗告裁决的利益。[9] 反之，在劳动法程序中，只能在紧急情况下不进行言辞辩论就予以

---

[5]参见边码 51.15、边码 51.16。

[6]比如，卡尔斯鲁厄法院裁判，载《新法学周刊裁判报告》，1987 年，第 1206 页；关于在授予暂时处分程序中的合法听审，鲍克，载《德国法月刊》，1988 年，第 908 页。在严重的干涉中，不进行提前的听审可能对保障有效的权利保护有危害（也见《联邦宪法法院判例集》，第 75 卷，第 318 页、第 328 页，关于《德国基本法》第 13 条）。

[7]比较，柏林高等法院裁判，载《企业》，1979 年，第 642 页；特普利茨基，载《新法学周刊》，1980 年，第 1667～1668 页；博克等：《民事诉讼法评注》/格伦斯基，第 937 条，边码 5 页；帕斯托/阿伦斯，《竞争诉讼》，第 5 版，2005 年，第 55 章，边码 1。

[8]1990 年 12 月 17 日通过裁判的简化法的修订版（联邦法律公报，一、第 2847 页）。

[9]关于之前的观点，比较第 11 版，边码 930，参见舍费尔，载《德国法月刊》，1986 年，第 979 页；对修订版的立法理由书，见《联邦议会印刊》，第 11/3621 卷，第 52 页；关于绑定的裁量行使和在可纠正的瑕疵情况中的口头审理，参见柏林高等法院裁判，载《德国法月刊》，1991 年，第 1194 页；关于反报道程序的意义，参见施迪尔纳，载《法学家杂志》，1994 年，第 865 页、第 875 页。

驳回(《劳动法院法》第62条第2款第2句)。[10]

2. 保护文书

在反不正当竞争程序中,符合诉讼实践的是,潜在的申请相对人将保护文书(Schutzschrift)[11]呈送给法院,在文书中反对潜在的申请,并申请言辞辩论。根据通说,法院必须在对"增加的"紧迫性作出裁判时利用该陈述;在没有言辞辩论而作出裁判时也要考虑该陈述(《基本法》第103条第1款)。[12] 在反不正当竞争程序之外的保护文书也是可能的且允许的。

3. 裁判

如果进行了言辞辩论,那么作出的是判决,否则是裁定(第936条联合第922条)。在暂处分程序中,不必注明涤除金额(第923条),因为大多数情况下,对于申请人的保全需求,不会考虑被申请人提存金钱款项作为担保的情况(第939条)。[13] 但是,法院可以命令债权人提供担保,依据第936条联合第921条。

对于诉讼系属问题(边码51.14)和既判力问题(边码51.27),适用的规则与假扣押情况下相同。在保全处分和规制处

---

[10]例子:萨克森州劳动法院裁判,载《德国法月刊》,1997年,第855页;纽伦堡州劳动法院裁判,载《新劳动法杂志裁判报告》,1998年,第563页。

[11]对此,特普利茨基,载《新法学周刊》,1980年,第1667页;梅:《假扣押和暂处分程序中的债务文书》,1983页;西尔格德,《竞争法中的债务文书》,1985页;多伊奇:《工商权利保护与著作权》,1990年,第327页;帕斯托/阿伦斯:《竞争诉讼》,第13章;相反,对债务文书的批评,参见《〈德国民事诉讼法〉慕尼黑评注》/海因策第937条,边码11以下,认为以下现象只是法院实践的结果:经常悖于第937条第2款而在未经言辞辩论的情况下作出裁判。关于竞争程序的其他特殊性,参见边码54.6。

[12]联邦法院裁判,载《新法学周刊》,2003年,第1257~1258页。

[13]例外情况的范例:科隆法院裁判,载《新法学周刊》,1975年,第454页;萨尔布吕肯法院裁判,载《建筑法》,1993年,第348页;不同观点,参见哈姆法院裁判,载《州高等法院民事裁判集》,1993年,第332页(命令建筑人担保抵押的预告登记)。

分情况下，基于第938条，违反第308条很少有实际意义，而在授予清偿处分的程序中则需要注意与债权人申请的联系(第308条，边码54.2)。[14] 法院可以基于申请为提出主案诉讼设置期限(第936条、第926条第1款)。[15] 在暂时不作为处分授予后、主案完结的情况下，债权人可以将完结声明限制于事件完成之后的时间，这样，不作为执行名义仍然是基于主案完结前进行的违反行为的执行措施的基础。[16] 费用裁判依第91条以下(见边码51.18)，在此，如果申请人败诉，保护文书的费用具有可赔偿性。[17] 假如申请暂处分之前没有催告(Abmahnung)(边码54.6)，那么在不作为

⑭有教益的例子：联邦法院裁判，载《新法学周刊》，2001年，第157页(不作为处分——主案程序中违反第308条)。

⑮例子：卡尔斯鲁厄法院裁判，载《州高等法院报告》，1998年，第404页；参见边码51.20。

⑯《联邦法院民事裁判集》，第156卷，第335页、第342页、第344页；对此，吕斯，载《新法学周刊》，2004年，第485页。

⑰联邦法院裁判，载《新法学周刊》，2003年，第1257页附证明；汉堡法院裁判，载《德国法月刊》，1977年，第498页；《德国司法》，1979年，第28页；柏林高等法院裁判，载《德国法月刊》，1980年，第942页；慕尼黑法院裁判，载《德国司法》，1993年，第126页；科布伦茨法院裁判，载《工商权利保护与著作权》，1995年，第171页；杜塞尔多夫法院裁判，载《法学家杂志》，1995年，第315页；美因河畔法兰克福法院裁判，载《新法学周刊裁判报告》，1996年，第1215页；杜塞尔多夫法院裁判，载《法律办公室》，2000年，第423页(如果处分程序在其他法院发生诉讼系属，不赔偿)；反对费用赔偿，比如《〈德国民事诉讼法〉慕尼黑评注》/海因策，937条，边码16；关于总体赔偿，比较，特普利茨基，载《工商权利保护与著作权》，1988年，第405页；梅(脚注6)，第109页以下；佐勒/赫尔格特，第91页，边码13，“债务文书”。如果没有提出处分申请，大多数情况下存在实体法的赔偿义务。

申请情况下、申请相对人立即承认时,申请人根据第 93 条承担费用。[18]

(四)法律救济

54.5 1. 通过判决授予或者拒绝:二审上诉(不是三审上诉,第 524 条第 2 款第 1 句;见边码 51.26)。

2. 通过裁定授予(边码 51.22):债务人的异议(第 936 条联合第 924 条);对此的裁判通过附第 925 条第 2 款内容的判决(第 936 条联合第 925 条),[19]在债务人提供担保的情况下,只在第 939 条的严格条件下可能废止。[20] 针对判决:二审上诉(不是三审上诉,第 524 条第 2 款第 1 句)。

3. 通过裁定拒绝:立即抗告(第 567 条第 1 款第 2 项;边码 51.25);[21]不是法律抗告(第 574 条第 1 款第 2 句)。

---

⑱比较,比如联邦法院裁判,载《新法学周刊》,1990 年,第 1905 页附证明;《新法学周刊》,1994 年,第 3107 页;争议的裁判;关于全部和警告的不必要(可预见的不成功,严重违反,特别紧急需要),参见韦德迈尔,载《新法学周刊》,1979 年,第 293 页、第 297 页;仅仅因为紧迫,根据柏林高等法院裁判,载《新法学周刊》,199 年,第 3336 页,警告仅在例外的情况下不必要。某些情况下,被警告方有赔偿义务,如果他没有对警告不成立予以解释,因此使原告产生损失(联邦法院裁判,载《新法学周刊》,1995 年,第 715 页)。

⑲对此,参见温勒,载《德国法月刊》,1062 年,第 88 页。例子:汉堡法院裁判,载《德国法月刊》,1997 年,第 394 页。根据第 924 条第 3 款第 2 句,第 707 条强制执行的暂时终止;对此参见联邦法院裁判,载《新法学周刊裁判报告》,1997 年,第 1155 页(原则上在不作为处分中也如此);参见边码 14.25。

⑳关于预告登记时的废止效力,比较《联邦法院民事裁判集》,第 39 卷,第 21 页;慕尼黑法院裁判,载《州高等法院民事裁判集》,1969 年,第 196 页(取得禁止);多特蒙德州劳动法院,载《德国司法》,1982 年,第 276 页;此外参见边码 51.24 关于债权人担保给付的效力。在第 890 条的范围内废止的效力向未来,参见美因河畔法兰克福法院裁判,载《新法学周刊》,1982 年,第 1056 页;边码 40.28。

㉑茨威布吕肯州法院裁判,载《新法学周刊裁判报告》,1987 年,第 1199 页(不依赖于二审额度达到)。

4. 主案中错过提起诉讼期限的情况下申请废止暂处分[22]（第936条联合第926条；边码51.28以下）。

5. 因为情况变更申请废止，[23]在有既判力地结束暂处分程序后也可以（第936条联合第927条；边码51.30）。债务人自动提供担保（第927条第1款）只有在第939条严格的条件下对废止，才是足够的。[24]

原则上可以选择性地——不是累积地——主张具体的法律救济，但法律救济的前提条件要各自构成。[25]

（五）竞争事件中不作为处分的特殊性

文献指引：阿伦斯：《竞争程序法》，1983年；阿伦斯/施佩特根斯（Spaetgens）：《〈不正当竞争法〉事务中的暂时性保护和执行》，第4版，2001年；帕斯托/阿伦斯：《竞争诉讼》，第5版，2005年；梅鲁里斯（Melullis）：《竞争诉讼手册》，第3版，2000年；特普利茨基：《竞争法的请求权》，第8版，2002年；冯伽姆：《竞争法和竞争程序法》，第5版，1987年；维尔克/琼格布拉克（Wilke/Jungeblut）：《商业法律保护中的警告、债务文书和不作为声明》，第2版，1995年；伯纳克（Berneke）：《竞争事务中的暂处分》，第2版，2003年。

在不正当竞争事件和经营权利保护争议中的暂处分情况下， 54.6

---

[22]关键是，诉讼使紧急裁判的合法性审查成为可能：《联邦法院民事裁判集》，第122页、第172页、第176页；联邦法院裁判，载《新法学周刊》，2001年，第157页、第159页左栏；卡尔斯鲁厄法院裁判，载《州高等法院报告》，1998年，第404～405页；瑙姆堡法院裁判，载《州高等法院报告》，2002年，第260～261页；美因河畔法兰克福法院裁判，载《德国法月刊》，2003年，第23～24页（基于对担保抵押的预告登记，支付之诉对暂处分的审查已足——有问题）。关于废止裁判的管辖权，参见科布伦茨法院裁判，载《州高等法院报告》，1998年，第353页。

[23]有教益的，参见萨尔布吕肯法院裁判，载《新法学周刊》，1971年，第946页：请求权基础变更时不得废止。

[24]比较，科隆法院裁判，载《新法学周刊》，1975年，第454页；另见边码54.4标题3。

[25]比较，边码51.26、边码51.29、边码51.33；杜塞尔多夫法院裁判，载《企业》，1971年，第567页。

形成了一些特殊规则,在此期间这些特殊规则得到一般性的适用。上文已经阐述过保护文书(边码54.4),同样的还有在推定处分事由情况下(边码53.25)的自行反驳(Selbstwiderlegung)。

如果暂处分针对的是将来的不得违反法律,那么在申请授予暂处分之前,建议书面催告或警告(《不正当竞争法》第12条第1款第1句)。[26] 在警告公文(Verwarnungsschreiben)中,要求申请相对人承诺不作为,在出现违反行为时有义务支付违约金(所谓的执行服从之表示)。[27] 如果没有警告文书,在处分程序中申请相对人立刻承认,那么在某些情况下费用由申请人承担,(第93条;边码54.4)。但是,不正当的警告,主要在企业保护法情况下,作为对设立的和实施营业的权利(eingerichteter und ausgeuebter Gewerbebetrieb,经营权)的攫取,可能会引起损害赔偿请求权。[28] 如果进入处分程序,那么警

㉖对此,帕斯托/阿伦斯,《竞争诉讼》,第2章以下;魏德迈尔,载《新法学周刊》,1979年,第293页、第296页;阿伦斯,载《新法学周刊》,1982年,第2477页;艾瑟尔,《工商权利保护与著作权》,1986年,第35页;舒尔茨,载《法律与实务中的竞争》,1990年,第658页;乌尔里希,载《经济法杂志》,1990年,第1377页;最新的概要在舒施克/瓦克尔/施慕克勒,第935条附录评论A。

㉗比较帕斯托/阿伦斯,《竞争诉讼》,第14章;舒施克/瓦克尔/施慕克勒,第935条附录评论C;施泰因斯,载《新法学周刊》,1988年,第1359页;施泰因贝格法院裁判,载《工商权利保护与著作权》,1994年,第90页;特普利茨基,载《工商权利保护与著作权》,1083年,第609页;《法律与实务中的竞争》,1990年,第26页;1994年,第709页。

㉘《联邦法院民事裁判集》,第38卷,第200页以下;第62卷,第29页以下;联邦法院裁判,载《新法学周刊》,1976年,第2162页;联邦法院裁判,载《新法学周刊》,1979年,第916页以下;联邦法院裁判,载《新法学周刊裁判报告》,1998年,第331页;《新法学周刊》,2005年,第3141页(大审委会——反对第一审委会的申报裁定《新法学周刊》,2004年,第3322~3323页);对此赞同的,参见福韦尔克,载《经济法杂志》,2005年,第1157页;反对的,参见瓦格纳/托勒,载《新法学周刊》,2005年,第3470页;美因河畔法兰克福法院裁判,载《新法学周刊裁判报告》,1991年,第1006页;杜塞尔多夫法院裁判,载《新法学周刊裁判报告》,2002年,第122页;关于在违反说明警告不成立义务时的被警告方责任,参见联邦法院裁判,载《新法学周刊》,1995年,第715页;关于被警告方的共同过失参见联邦法院裁判,载《新法学周刊裁判报告》,1998年,第331页;另参见边码54.4结尾。

告费用是程序费用(第 91 条);其他情况下,合法的警告人可以根据《不正当竞争法》新的第 12 条第 1 款第 2 句或者《德国民法典》第 823 条第 1 款或第 2 款(过错)清算他的费用;㉙在这方面不再需要回溯到《德国民法典》第 683 条。如果通过诉讼赢得一项针对不作为的给付处分,那么在停止时间(Hemmung)(《德国民法典》第 209 条、第 204 条第 1 款第 9 项,第 2 款)经过后会面临消灭时效(比如《不正当竞争法》第 11 条)和根据第 926 条的废止程序,但前提是不提起主案诉讼。在侵害人作出防御处罚的不作为声明的情况下,消灭时效通常会中断(《德国民法典》第 212 条第 1 款第 1 项意义的承认)。㉚如果被告立即承认,主案中的诉讼同样可以引起费用(第 93 条)。因此,在所谓的终结文书(Abschlussschreiben)中,㉛申请人会要求相对人对主案程序的必要性予以声明。如果债务人拒绝放弃(终结声明),可以不必担心根据第 93 条的费用后果而提起主案诉讼;如果债务人放弃,则只要通过该法律救济可以主张已经提交的事实,或者主张正在进行中的时效,第 926 条和第 927 条的法律救济即消灭(部分有争议)。㉜

在具体情况下,权利滥用之抗辩可能与申请授予暂时不作为处分的允许之间相矛盾,特别是当相对人负担法律追诉费用是申请人的首要动机时

㉙比较《联邦法院民事裁判集》,第 52 卷、第 393 卷,第 399 页;联邦法院裁判,载《新法学周刊》,1981 年,第 224 页;《工商权利保护与著作权》,1992 年,第 176 ~ 177 页;批评的,帕斯托/阿伦斯,《竞争诉讼》,第 18 Ⅱ章;关于在不合法的警告中对被警告者的费用赔偿,参见阿伦斯《新法学周刊》,1982 年,第 2477 页;舒施克/瓦克尔/施穆克勒,第 935 条附录,评论 A,边码 41。

㉚比较柏林高等法院裁判,载《新法学周刊裁判报告》,1990 年,第 1402 页。

㉛对此,参见帕斯托/阿伦斯,《竞争诉讼》,第 62 章;魏德迈尔,载《新法学周刊》,1979 年,第 293 页、第 298 页;林达赫尔,载《法律与实务中的竞争》,1984 年,第 639 页;施佩尔,《竞争程序法中的终结说明书和终结声明》,1987 年;哈姆法院裁判,载《工商权利保护与著作权》,1993 年,第 1001 页;联邦法院裁判,载《工商权利保护与著作权》,1991 年,第 76 页;载《新法学周刊裁判报告》,1991 年,第 279 页(没有约束)。费用赔偿与警告文书相同:联邦法院裁判,载《新法学周刊》,1973 年,第 901 页、第 903 页;关于律师费用,哈姆法院裁判,载《新法学周刊裁判报告》,1986 年,第 1303 页、第 1305 页。

㉜例子:斯图加特法院裁判,载《法律与实务中的竞争》,1996 年,第 152 ~ 153 页;科隆法院裁判,载《法律与实务中的竞争》,1998 年,第 791 页、第 794 页。

(《不正当竞争法》第8条第4款)。[33]

三、特殊规则:初级法院的管辖权

(一)初级法院的紧急管辖权

54.7 争议标的位于其辖区内的初级法院只在"紧急情况下"才有管辖权(第942条第1款),即在主案法院的处分可能过迟作出的情况下,[34]即使这样,初级法院只是"前置"于主案法院:因为在授予暂处分时,初级法院依职权确定一个期限,在此期限内传讯相对人到主案法院对暂处分的合法性进行言辞辩论(第942条第1款)。

在法律救济方面,初级法院的"紧急管辖权"附带在主案法院处的嗣后合法性审查会造成困难[见下文(三)]。事情因以下原因而变得更纠结:在申请预告登记或者申请异议的情况下,第942条第2款使初级法院的管辖权不取决于紧急需求,并且只能依相对人的申请为合法性审查设置期限。[35]

(二)辩论和裁定

54.8 言辞辩论是自由决定的(第942条第4款,第128条第4款);尽管有《德国基本法》第103条第1款的规定,因为"紧急性"是初级法院管辖权的前提条件,没有言辞辩论的裁判毋宁说是一般情况(边码54.4)。初级法院始终通过裁定作出裁判,即使进行了言辞辩论,也是如此。

---

[33] 对不允许的多重追诉:《联邦法院民事裁判集》,第144卷、第166卷(依康采恩联合的债权人对联邦境内行动的竞争者的14个处分程序和14个诉讼程序)。

[34] 关于第942条第1款意义上的"紧急情况"的定义,参见库纳特《法律与实务中的竞争》,1991年,第65页。

[35] 比较,伦普,载《新法学周刊》,1975年,第1920页;另见,一般的,参见雅科布斯,载《新法学周刊》,1988年,第1365页。

(三)法律救济

1.初级法院拒绝授予暂处分:债权人的立即抗告(第567条第1款第2项) 54.9

2.初级法院授予暂处分 54.10

(1)在设置的期限内债权人没有在主案法院开始进行合法化程序(Rechtfertigungsverfahren):初级法院通过裁定、基于债务人的申请(第942条第3款)废止暂处分;反之准用第934条第4款提起立即抗告。

(2)债务人不必等待债权人开始进行合法化程序;债务人方面可以提起异议,不是由初级法院对该异议进行裁判,而是由主案法院;初级法院必须移交。㊱ 初级法院的裁判管辖权限于授予暂处分以及根据第942条第3款基于期限错过而废止。 54.11

初级法院当然也可以是主案法院(只要争议标的价值不超过5000欧元);即便如此也要将授予程序和合法化程序区分开。

(3)债权人按期进行合法化程序:必要的言辞辩论(第924条准用)——通过判决进行裁判——反之则二审上诉㊲(不是三审上诉)。在作出缺席判决的情况下:异议。 54.12

(4)如果初级法院基于申请为主案的起诉设置期限(第926条;必须与合法化程序的期限设置相区别!),且债权人没有遵守命令,那么不是初级法院,而是主案法院对依申请的废止(第926条第2款)进行裁判,即使主案法院之前没有研究过该案件,也是如此。㊳ 这同样适用于基于情况变更的废止申请(第927条)。 54.13

总体而言,是一个对所有参与者都有很多陷阱的过于复杂的规则!

㊱博克等:《民事诉讼法评注》/格伦斯基,第942条,边码11;美因河畔法兰克福州法院裁判,载《新法学周刊》,1975年,第1932页;哈姆法院裁判,载《州高等法院民事裁判集》,1989年,第338页、第340页。

㊲范例:慕尼黑法院裁判,载《州高等法院民事裁判集》,1969年,第196页(初级法院的取得禁止——在合法化程序中废止)。

㊳石勒苏益格法院裁判,载《新法学周刊-裁判-报告》,1997年,第829页。

四、执行

54.14 在执行中,要对旨在保全个人给付以及旨在规制暂时状态的暂处分(第935条、第940条)和包含暂时判决的暂处分予以区别。

(一)保全处分和规制处分的执行

54.15 担保个人给付的暂处分(第935条)和规制暂时状态的暂处分(第940条)的执行,根据与假扣押执行(第936条)相同的基本原则进行执行。也就是说,关于强制执行的规定可以适用,适用时的标准是,只能导致保全主案请求权,但不能导致变价实现主案请求权(第928条,边码52.1)。鉴于暂时命令的可能的内容,变价似乎是不可想象的(边码53.10、边码53.19)。要求或禁止担保主案请求权,或者要求或禁止暂时规制都是完全可以执行的(第888条,第890条)。

1. 执行期限

54.16 本处也适用关于执行期限的规定(第929条第2款、第3款)。如果暂处分包含命令与禁令(Gebot und Verbot)(第938条第2款;边码53.12、边码53.21),那么通过向债务人送达执行暂处分,命令之实施也可以之后进行。[39] 即使处分判决已经依职权送达了(第166条第2款、第317条第1款),通说也要求由当事人发动送达;只有通过当事人送达才可以清楚债权人意欲要求还是意欲禁止。与暂处分以满足不作为请求权情况下所产生的疑难问题相同,即包含暂时判决的处分(边码53.26),而且,其在大量的最高

[39]例子:美因河畔法兰克福法院裁判,载《新法学周刊裁判报告》,1998年,第1007页。

法院的裁判中颇为引人注目。[40]

---

[40]关于通说,特别是《联邦法院民事裁判集》,第120卷,第73页、第78页;载《新法学周刊》,1993年,第1076页;载《工商权利保护与著作权》,1993年,第415页,附特普利茨基赞同的评注;《联邦法院民事裁判集》,第131卷,第141页、第143页以下(不包含刑罚威胁的不作为处分的送达不为已足);联邦法院裁判,载《经济法、银行法与证券通讯杂志》,1989年,第927页、第929页;茨威布吕肯:《州高等法院民事裁判集》,1980年,第28页;科布伦茨法院裁判,载《新法学周刊》,1980年,第948页;美因河畔法兰克福法院裁判,载《德国司法》,1982年,第76页;科隆法院裁判,载《泛亲属法杂志》,1985年,第1063页;汉堡法院裁判,载《泛亲属法杂志》,1988年,第521页;石勒苏益格法院裁判,载《州高等法院报告》,1997年,第28页;汉堡法院裁判,载《法律与实务中的竞争》,1997年,第53页;卡尔斯鲁厄法院裁判,载《法律与实务中的竞争》,1997年,第57页;美因河畔法兰克福法院裁判,载《德国法月刊》,1997年,第393页;瑙姆堡法院裁判,载《州高等法院报告》,1997年,第341页;勃兰登堡法院裁判,载《泛亲属法杂志》,1997年,第624页;策勒法院裁判,载《州高等法院报告》,1998年,第168页;美因河畔法兰克福法院裁判,载《新法学周刊裁判报告》,1998年,第1007页;慕尼黑法院裁判,载《德国法月刊》,1998年,第1243页;柏林高等法院裁判,载《新法学周刊裁判报告》,1999年,第71页;勃兰登堡法院裁判,载《德国法院执行员报》,1999年,第169页;杜塞尔多夫法院裁判,载《新法学周刊裁判报告》,1999年,第795页;石勒苏益格法院裁判,载《德国法月刊》,1999年,第1404页;《州高等法院报告》,2000年,第450页;美因河畔法兰克福法院裁判,载《新法学周刊裁判报告》,2000年,第1236页;2002年,第1080页;科隆法院裁判,载《州高等法院报告》,2002年,第363页;布洛克斯/瓦克尔,边码1654附证明;《〈德国民事诉讼法〉慕尼黑评注》/海因策第938条,边码40页;不同观点,比如,汉堡法院裁判,载《法律与实务中的竞争》,1980年,第341页;不来梅法院裁判,载《法律与实务中的竞争》,1979年,第791页;斯图加特法院裁判,载《法律与实务中的竞争》,1981年,第291页;策勒法院裁判,载《新法学周刊裁判报告》,1990年,第1088页;斯图加特法院裁判,载《州高等法院民事裁判集》,1994年,第364页;《法律与实务中的竞争》,1997年,第350页;《新法学周刊裁判报告》,1998年,第623页;根据,卡尔斯鲁厄法院裁判,载《新法学周刊裁判报告》,1988年,第1469页;慕尼黑法院裁判,载《支付不能和执行》,2000年,第32页;石勒苏益格法院裁判,载《德国法月刊》,2001年,第231页,表明当事人送达只是根据第929条第2款遵守期限的可能方式,其他的、直接指向暂时处分实施且对于处分被告而言明确可以识别的措施,亦为已足。载《新法学周刊》,1990年,第122页、第124页的联邦法院裁判不能被解释为,除了职权送达之外,其他的执行活动——本处是申请确定秩序罚款——亦为已足;明确如此的参见《联邦法院民事裁判集》,第120卷,第73页、第86页。全部的参见波尔曼,

54.17 送达错误可以被治愈(第 184 条)。[41]如果为了实施暂处分需要在土地登记簿中登记,或者在其他公共簿册中登记,那么执行发生在申请或者请求(第 941 条)到达(比较,第 932 条第 3 款)不动产登记局或者其他注册机关之时。[42]合理的是,对第 929 条第 2 款一般——在当事人送达的情况下也如此——应以申请到达执行机关为准(边码 52.5)。[43]

在申请到达不动产登记局或者注册机关的情况下,如果暂处分没有送达,则应当在第 929 条第 3 款的期限内补作送达。如果没有进行补送达,则执行措施不生效。[44]在第 929 条第 3 款情况下——与裁定情况下不同——依

载《支付不能法杂志》,1994 年,第 49 页以下;阿迪克斯,载《德国法月刊》,1994 年,第 225 以下;提普利斯基(Teplyzky),载《工商权利保护与著作权》,1992 年,第 829 页;另见边码 52.5。

[41]纽伦堡法院裁判,载《新法学周刊》,1976 年,第 1101 页;哈姆法院裁判,载《州高等法院民事裁判集》,1979 年,第 357 页;美因河畔法兰克福法院裁判,载《州高等法院民事裁判集》,1981 年,第 99 页;哈姆法院裁判,载《州高等法院民事裁判集》,1988 年,第 467 页;杜塞尔多夫法院裁判,载《新法学周刊裁判报告》,1999 年,第 795 页;不同观点,比如,哈姆法院裁判,载《新法学周刊》,1978 年,第 830 页附克莱默评注页;魏德迈尔,《新法学周刊》,1979 年,第 293 ~ 294 页;卡尔斯鲁厄法院裁判,载《州高等法院民事裁判集》,1992 年,第 372 页;未决的参见联邦法院裁判,载《新法学周刊》,1990 年,第 122 页、第 125 页。部分观点区别裁定处分的送达和判决处分的送达。

[42]《帝国法院民事裁判集》,第 67 卷,第 159 页、第 165 页;第 81 卷,第 288 页;另见《联邦法院民事裁判集》,第 112 卷,第 356 页、第 359 页,以及边码 52.5。

[43]在这方面,对从律师到律师的送达正确的,参见杜塞尔多夫法院裁判,载《新法学周刊》,1973 年,第 2030 页:期限经过 6 天前放入申请相对人的代理人的律师抽屉已足;这方面相似的,参见联邦法院裁判,载《新法学周刊》,1990 年,第 122 页、第 124 页。

[44]《帝国法院民事裁判集》,第 81 卷,第 288 页;哈姆法院裁判,载《新法学周刊》,1976 年,第 2026 页(有瑕疵的送达的治愈);科布伦茨法院裁判,载《新法学周刊》,1980 年,第 948 ~ 949 页。

职权已经送达的判决，无须当事人再为送达[45]（详细的，参见边码 52.7）。

2. 法院的登记请求

如果基于假扣押需要在不动产登记簿中进行登记，那么完成登记只是债权人的事务。与此相对，为了加快速度，在暂处分的情况下，如果基于暂处分应当在不动产登记簿、船舶登记簿或者其他公共注册簿中进行预告登记、异议登记或者转让禁止登记，授予处分的法院可以依自由裁量请求不动产登记局或者注册机关登记（第 941 条）。如果法院提出申请，那么，为了使债权人能够遵守第 929 条第 3 款的期限，它必须通知债权人。针对拒绝登记，提出请求的法院可以提起抗告，但债权人也可以提起抗告。[46] 通过赋予法院的权限不能阻碍债权人自己提起申请。如果作为登记基础的暂处分被废止，那么准用第 941 条。

3. 第 927 条替代第 767 条

与在假扣押（边码 51.33）的情况中相同，针对作为保全或者暂时规制的暂处分不能提起可执行性异议之诉（第 767 条）（边码 45.5）；嗣后的变更需根据第 927 条主张。[47] 54.18

（二）给付处分的执行

对于包含暂时判决的暂处分，只能有条件地适用关于假扣押执行的规定；原则上此处适用关于强制执行的一般规定，特别是关 54.19

[45]联邦法院裁判，载《新法学周刊》，1990 年，第 122 页、第 124 页；这样的也有，策勒法院裁判，载《支付不能和执行》，1997 年，第 23 页；不同观点（第 167 条），参见美因河畔法兰克福法院裁判，载《新法学周刊裁判报告》，2000 年，第 1236 页。

[46]柏林高等法院裁判，载《州高等法院报告》，第 2 卷，第 221 页。

[47]耶拿法院裁判，载《索伊菲特德语国家最高法院裁判档案》，第 62 卷，第 71 页；汉堡法院裁判，载《州高等法院报告》，第 25 卷，第 224 ~ 225 页；不同观点，参见帝国法院裁判，载《法学周报》，1902 年，第 23 页。

于因为金钱债权而执行的规定。[48]

这个暂处分不仅应当导致担保,还应当导致清偿;第930条至第932条因此在本处不适用(部分有争议)。不是由假扣押法院,而是由依第928条有管辖职权的执行法院扣押债权。与假扣押执行中不同,被扣押的债权在本处也允许转付。被扣押的物可以拍卖;拍卖所得可以交给债权人。不动产中的强制执行不是通过登记假扣押抵押(第931条、第932条)进行,而是通过强制拍卖、强制管理或者登记强制抵押(第864条以下)进行;根据第890条旨在不作为的暂处分的执行,[49]在此因为第929条第2款必须注意要当事人进行送达(边码54.16)。

54.20 与假扣押和根据第935条、第940条的保全形式以及规制形式的暂处分不同,债务人在这种形式的暂处分中也可以通过可执行性异议之诉(第767条)主张针对请求权的抗辩(边码45.5);在此处,如果对请求权的抗辩同时也是法律关系的变更,那么债务人就可以在第927条的法律救济和可执行性

---

[48]例子:吕纳堡州法院裁判,载《新法学周刊》,1960年,第490卷,在一次性支付或者给付中,对于执行(边码52.5)需要注意第929条第2款和第3款的期限;当事人送达在本处也足矣(关于反报道,参见慕尼黑法院裁判,载《德国法月刊》,2003年,第53页,附证明),如果当事人送达在判决作出后进行(杜塞尔多夫法院裁判,载《新法学周刊裁判报告》,2003年,第354页)。在重复发生的支付中,必须或者在当事人进行中送达,或者首次部分支付实施(策勒法院裁判,载《泛亲属法杂志》,1984年,第1248页),否则处分整体不能执行(比如,科隆法院裁判,载《泛亲属法杂志》,1985年,第508页、第1062~1063页;汉堡法院裁判,载《泛亲属法杂志》,1988年,第521页;有争议)。具体的各个支付的执行总是在一个月之后到期(有争议,比如,奥尔登堡《泛亲属法杂志》,1983年,第1256页)。

[49]比如,慕尼黑法院裁判,载《州高等法院民事裁判集》,1972年,第51页;不同观点,参见边码54.15(根据第888条、第890条规范或者担保的允许或禁止的执行)。

异议之诉之间选择。[50]

五、损害赔偿义务

根据第945条,债权人的损害赔偿义务在暂处分中比在假扣押中(边码52.23以下)有更大的意义,特别是因为,暂处分经常比假扣押对债务人的法律领域和经济领域的触及更深入,比如,禁止债务人进行特定的竞争行为。在这里承担责任的条件是,暂处分从一开始就是不合法的,或者根据第926条第2款、第942条第3款因为错过期限被废止。这里准用一切根据不合法的假扣押的赔偿请求权的规定(边码52.23以下)。 54.21

在第945条的条文之外,在给付处分情况下,产生的损害也需要赔偿,因为债务人通过履行请求权才阻止了该措施的执行。[51] 在废止的不作为处分情况下,如果行为根据实体法是违法的(边码52.27),[52]则不会存在损害。由处分程序中达成的诉讼和解的执行产生的损害,不能被赔偿;[53]即债务人被判决的更好！只要债务人作出防御处罚的不作为表示,同样要排除损害赔 54.22

---

[50]布伦瑞克法院裁判,载《州高等法院报告》,第26卷,第381页;斯图加特法院裁判,载《法学周报》1932,第186页;类似的,参见联邦法院裁判,载《新法学周刊》,1957年,第1362页、第1083页、第1330页;舒勒法院裁判,载《新法学周刊》,1959年,第1801~1802页。

[51]联邦法院裁判,载《新法学周刊》,1974年,第642页、第644页(这方面在《联邦法院民事裁判集》,第62卷,第7页中没有刊登);鲍尔:《临时性法律保护研究》,第107~108页;博克等,《民事诉讼法评注》/格伦斯基,第945条,边码4。如果债务人没有履行旨在不作为的暂时处分,没有根据第890条第2款颁布刑罚命令,那么执行条件缺失,根据第945条的请求权排除:《联邦法院民事裁判集》,第120卷,第73页以下;第131卷,第141页、第144页。

[52]《联邦法院民事裁判集》,第15卷,第356页、第359页;联邦法院裁判,载《新法学周刊》,1981年,第2579~2580页;1990年,第122页、第125页;1994年,第2765页、第2767页;《新法学周刊裁判报告》,1992年,第998页、第1000页。

[53]基尔州法院裁判,载《德国法月刊》,1958年,第298页;联邦法院裁判,载《民事诉讼法法》,第945条,第2页;另见边码52.23。

偿请求权。[54] 同样不能赔偿的——不管是直接适用还是准用第945条都不能——是基于不当授予的暂处分在债务人方面产生的法庭外的费用;换而言之,债务人可以通过第927条采取措施,提出变更费用裁判的申请。[55] 损害赔偿请求权通常必须在一般程序中(诉讼、异议之诉、抵销)主张,原则上损害赔偿请求权可以不与异议程序或者合法性程序(Rechtfertigungsverfahren)联系在一起(边码52.29);例外:在给付处分废止的情况下,可以对额度没有争议的损害赔偿请求权一并作出裁判。[56]

裁判中的例子:针对禁止不正当广告的暂处分后的损害赔偿;[57]基于被宣告为违宪的法律规定的暂处分后的损害赔偿;[58]对新闻法的相反陈述的暂处分后的损害赔偿;[59]针对为建筑承揽人的担保性抵押权的预告登记的暂处分后的损害赔偿;[60]针对拒绝涂销不动产所有权让与预告登记的暂处分后的损害赔偿——损益相抵;[61]针对不允许的商品供应绑定的暂处分后的损害赔偿;[62]行政程序上的暂处分后的损害赔偿;[63]关于因为侵害专利而禁止生产以及销售商品的暂处分后的损害赔偿;[64]针对不得进行不允许的法律咨询的暂处分后的损害赔偿;[65]因为不动产登记簿基于暂处分被冻结的损害赔偿;[66]另见边码52.30。

---

[54]美因河畔法兰克福法院裁判,载《州高等法院报告》,1998年,第228~229页。

[55]《联邦法院民事裁判集》,第122卷,第172页、第178页;载《新法学周刊》,1993年,第2685页;另见边码52.29。

[56]美因河畔法兰克福法院裁判,载《法学周报》,1931年,第2378页;博克等:《民事诉讼法评注》/格伦斯基,第945条,边码36;布洛克斯/瓦克尔,边码1670。

[57]《联邦法院民事裁判集》,第15卷,第356页;《联邦法院民事裁判集》,第122卷,第172页、第179页(对宣传转换的花费损害)。

[58]《联邦法院民事裁判集》,第54卷,第76页以下。

[59]《联邦法院民事裁判集》,第62卷,第7页以下(边码52.30)。

[60]《联邦法院民事裁判集》,第68卷,第180页以下。

[61]《联邦法院民事裁判集》,第77卷,第151页以下。

[62]联邦法院裁判,载《新法学周刊》,1981年,第2579页。

[63]《联邦法院民事裁判集》,第78卷,第127页以下(边码52.30)。

[64]《联邦法院民事裁判集》,第75卷,第116页以下(边码52.24)。

[65]《联邦法院民事裁判集》,第131卷,第141页以下。

[66]联邦法院裁判,载《新法学周刊》,1988年,第3268页。

第十编

国际和外国执行法

一般文献指引(摘选):

一、教科书,评注:巴赫(Bach):《欧洲跨境执行》,2008 年;盖默尔:《国际民事诉讼法》,第 7 版,2014 年;盖默尔/舒策:《国际判决承认》,第 2 卷,1971 年,第 1 卷,第 1 分卷,1983 年,第 1 卷,第 2 分卷,1984 年;《国际民事程序法手册》,第 3 卷,第 1 分卷,1984 年,(马蒂尼/维勒尔/M. K. 沃尔夫),第 3 卷,第 2 分卷,1984 年,(马蒂尼/维勒尔/M. K. 沃尔夫);盖默尔:《国际民事诉讼法》,第 3 版,2010 年;盖默尔:《民商事事务中国际交易》,第 6 卷,第 52 版,2016 年;克罗夫勒/冯海因:《欧洲民事诉讼法》,第 9 版,2011 年;纳格尔/戈特瓦尔德:《国际民事诉讼法》,第 7 版,2013 年;里茨勒(Riezler):《国际民事诉讼法和程序上的他国法》,1949 年;沙克:《国际的民事程序法》,第 6 版,2014 年,特别是第 17 条以下条款;舒策:《〈民事诉讼法〉中的国际民事诉讼法》,第 2 版,2011 年;西蒙/豪斯曼:《布鲁塞尔一号规定》,2012 年;维斯曼/雷德尔(Weißmann/Riedel):《国际强制执行手册》,1992 年。

二、重要的概览性文章(摘选):盖默尔:《外国判决在国内承认和执行的基本问题》,载《法学教育》,1965 年,第 475 页;科赫:《国外判决和国外仲裁裁决在联邦德国的承认与执行》,载吉勒斯:《有效的权利追索》,1987 年,第 161 ~ 198 页;戈特瓦尔德:《民事事务国外裁判的承认与执行的基本问题》,载《民事诉讼法杂志》,第 103 卷(1990 年),第 257 页;赫斯:《〈欧洲审判籍与执行法〉的未来以及欧洲民事诉讼法的未来》,

载《国际私法与程序法实务》,2011 年,第 125 页;罗特(Roth):《外国非诉裁判权裁判的强制执行》,载《国际私法与程序法实务》,1988 年,第 75 页;戈特瓦尔德:《国际强制执行法》,载《国际私法与程序法实务》,1991 年,第 285 页;科赫·克拉慕斯:《比较法视阈下的金钱执行方式》,载《佐伊纳祝寿文集》,1994 年,第 389 页;舒策:《美国仲裁裁决及德国法院判决的可执行宣告和承认的现实问题》,载《比较法学杂志》,2005 年,第 427 页。

第五十五章　欧洲强制执行

文献指引(摘选):盖默尔/舒策:《欧洲民事程序法》,第3版,2010年;赫斯/普法伊弗/施罗瑟尔:《布鲁塞尔一号规定(欧共体)第44/2001号》,2008年;克罗夫勒/冯海因:《欧洲民事诉讼法》第10版,2016年;施罗瑟尔/赫斯:《欧洲民事诉讼法》,第4版,2015年;切尼克/科德克/迈尔:《欧洲裁判权及执行法简易评注》,第4版,2015年;阿里欧:《新布鲁塞尔一号规定》,载《新法学周刊》,2014年,第2395页;巴赫(Bach):《欧洲跨境执行》,2008年;布伦斯(Bruns):《利于债权人的强制金——欧洲未来模式?》,载《民事诉讼法杂志》,第118卷,2005年,第3页;盖默:《欧共体第44/2001号条例(布鲁塞尔一号条例)之礼炮》,载《国际私法与程序法实务》,2002年,第69页;雅莫/科勒,载《国际私法与程序法实务》,1985年,第65页;1988年,第133页;1989年,第337页;1990年,第353页;豪:《布鲁塞尔Ia号规定——民商事领域外国裁判的承认和执行》,载《德国法月刊》,2014年,第1417页;冯·海因:《欧洲管辖权条例和执行条例修正案》,载《国际经济法》2013年,第97页;赫斯:《阿基于姆斯特丹条约的国际民事诉讼法的"欧洲化"——机遇与风险》,载《新法学周刊》,2000年,第23页;赫斯:《欧洲民事程序法的融合功能》,载《国际私法与程序法实务》,2001年,第389页;芬格尔:《欧洲审判籍与执行法——首个新规范概览》,载《德国法月刊》,2001年,第1394页;奥博哈默:《领事裁判权的废止》,载《国际私法与程序法实务》,2010 年,第 197 页;皮尔茨:《从〈关于欧洲民商事案件法院管辖及法院裁判之执行的公约〉到布鲁塞尔一号条例》,载《新法学周刊》,2002 年,第 789 页;波尔:《新〈欧洲审判籍与执行法〉——信任与监督之间的张力区》,载《国际私法与程序法实务》,2013 年,第 109 页;米克里茨/罗特:《欧共体第 44/2001 号条例中〈关于欧洲民商事案件法院管辖及法院裁判之执行的公约〉的结社》,载《欧洲经济法杂志》,2002 年,第 15 页;R. 瓦格纳:《从布鲁塞尔协定经布鲁塞尔一号条例到欧洲执行名义》,载《国际私法与程序法实务》,2002 年,第 75 页;曼可夫斯基:《2003/2004 年国际私法和诉讼法的发展》,载《国际经济法》,2004 年,第 481 页(第 1 部分)和第 587 页(第 2 部分);马切尔:《外国裁判的承认和执行中〈欧洲保护人权与基本自由公约〉第 6 条的间接效力》,载《科尔赫斯祝寿文集》,2004 年,第 427 页;瓦格纳:《阿姆斯特丹条约生效十年后国际私法和民事程序法的统一》,载《新法学周刊》,2009 年,第 1911 页。

材料:《吉纳德对〈关于欧洲民商事案件法院管辖及法院裁判之执行的公约〉的报告》,1968 年,载《联邦议会印刊》,VI/1973 年,第 52 ~ 104 页;《施罗瑟尔对〈关于欧洲民商事案件法院管辖及法院裁判之执行的公约〉的报告》,1978 年,载《联邦议会印刊》,10/61,第 31 ~ 83 页;《卡拉莫斯/埃尔韦吉纳斯对〈关于欧洲民商事案件法院管辖及法院裁判之执行的公约〉的报告》,1982 年:《欧共体官方公报》,1986 年,C 298,第 1 ~ 28 页;《克鲁茨/雷亚尔/吉纳德对〈关于欧洲民商事案件法院管辖及法院裁判之执行的公约〉的报告》,1989 年,《欧共体官方公报》,1990 年,C 189,第 35 ~ 56 页。

参见概览表十九。

一、国际和欧洲强制执行法

55.1 国际强制执行法处理的是涉及国外的执行事务。涉及国外的原因可以是国外的判决在国内执行;可以建立在执行行为的国外效力的基础上(比如,扣押有国外第三债务人的债权;对在国外进行的作为或者不作为进行执行;在适用国外法的情况下债权人撤销交易,等等)。国外判决是否、怎样以及何时可以被宣告为可以执行的问题,是国际执行法的核心内容。对欧盟国家,这些规定在《欧洲审判籍与执行法》(EuGVVO)(边码52.2以下)、《欧洲执行名义条例》(EuGTVO)(边码55.72以下)、《欧洲催告程序》(EuM-VVO)(边码55.85以下)、《欧洲小额债权程序》(EuGFVO)(边码55.97以下)、《欧洲婚姻条例》(EuEheVO)(边码55.122以下)、《欧洲抚养费条例》(EuUntVO)(边码55.125以下),以及《欧洲继承条例》(EuErbVO)(边码55.128以下)中规定,此外还在多边条约和双边条约中规定。① 欧盟的国际支付不能法是《欧洲支付不能条例》(EuInsVO)的对象。对执行程序涉及国外的问题,根本没有特别的欧盟法,也没有执行条约,主要是——大多数是未成文的——受联盟法、国际法或者国际条约法影响的国内自治的法律。符合当前德国实际的国际执行法的论述,最好以欧洲强制执行法特别是于2012年生效的《欧洲审判籍条例》(Bruessel – Ia – VO)以及《欧洲执行名义条例》为开端,接着是关于其他欧洲执行名义的章节(第56章),然后论述可执行性宣告程序的国内法和附涉及国外执行行为的国内法(第57条)。这一论述的进程,与实践中和学说中将《欧洲审判籍与执行法》的规范和问题与国内法地位等同对待的必要性是相符的。

二、《欧洲审判籍与执行法》中可执行性的适用范围

(一)领土适用范围

《欧洲审判籍法和执行法》是欧洲联盟以《欧盟工作原理条约》(AEUV)第67条第4款和第81条第2款第a项、第c项和第 55.2

①2017年1月18日,欧洲议会和参议会2014年5月15日的关于为了简化民事和商事事务中债权的跨境催付而引入对暂时账户扣押欧洲裁定的程序的第655/2014号条例(欧盟)生效(《欧共体官方公报》第L 189号,第59页),借此跨境催付应当可以简化;关于草案,参见苏亚奇,载《欧洲经济法与税法》,2011年,第414页。

e 项为基础颁布的法律文件,[2]它要求在与所有成员国的关系中直接适用(《欧盟工作原理条约》第 355 条),[3]在这方面替代之前的第 44/2001 号条例(欧盟)(Bruessel - Ia - VO)(《欧洲审判籍与执行法》第 80 条)。[4] 适用范围包括比利时、保加利亚、丹麦、德国、爱沙尼亚、芬兰、法国、希腊、葡萄牙、罗马尼亚、瑞典、斯洛伐克、斯洛文尼亚、西班牙、捷克、匈牙利、联合王国、塞浦路斯。[5] 这意味着:这些欧盟国家的执行名义根据《欧洲审判籍与执行法》第 39 条以下条款在任何其他成员国都可以执行,不需要特别的可执行宣告;在这方面有统一的直接适用的欧盟法。在可能退出欧盟的意图成为现实后,在与英国的关系中的未来法律状态目前尚不确定,也不能预测。

(二)对民事和商事事务的实际适用范围

55.3 根据《欧洲审判籍与执行法》第 39 条以下,民事和商事事务中的名义(《欧洲审判籍与执行法》第 1 条)是可以执行的,明确不属于此范围的(《欧洲审判籍与执行法》第 1 条第 2 款),特别是婚姻状况事务、婚姻财产关系事务(不同的财产关系)、支付不能事务、社会保障争议事务、仲裁裁定、抚养费义务和继承事务(不同

---

②欧洲议会和参议会 2012 年 12 月 12 日关于对民事和商事裁判的法院管辖、承认以及执行的第 1215/2012 号条例(欧盟),《欧共体官方公报》,第 L 351 号,第 1 页。

③《欧洲审判籍与执行法》也适用于与丹麦的关系中(比较,在旧法《欧洲审判籍与执行法》第 1 条第 1 款中丹麦的豁免)。在 2012 年 12 月 20 日的文件中告知了委员会,把第 1215/2012 号条例(欧盟)在国内法中予以转化(《欧共体官方公报》,2013 年,第 L79 号,第 4 页)。关于大不列颠和爱尔兰的参与,参见条例的权衡事由 40。

④关于《欧洲审判籍与执行法》旧法,参见前一版边码 55.2 以下。

⑤《欧盟工作原理条约》的缔约范围包括法国的海外行政区,亚速尔群岛、马德拉群岛以及卡纳莉斯群岛(《欧盟工作原理条约》第 355 条第 1 款)。《欧盟工作原理条约》对大不列颠海峡岛屿、马恩岛、联合王国的塞浦路斯统治区域、阿克罗蒂里和泽凯利亚,不适用;参见克罗普勒/冯·海因,导言,边码 22 以下,边码 29。

的义务份额法和夫妻继承法)。[⑥] 离婚事务中附可以执行内容的名义,涉及婚姻状况和财产关系,这样它不受条约规范。[⑦] 以家庭、亲属关系或者婚姻法关系或者姻亲关系为基础的抚养费事务,现在也同样明确地从条例的适用范围中予以排除(第1条第2款第e项)。[⑧] 反之,欧盟法院把劳动事务中的名义正确地评定为民事事务。[⑨] 对《欧洲审判籍与执行法》的适用范围的特点,欧盟法院支持的是条约自治识别方法(vertragsautonome Qualifikationsmethode)。因此,在区分民事事务和行政事务方面,欧盟法院既不认为判决国的法律是标准,也不认为执行国的法律是标准,它更多地顾及了所有条约国的一般性基本原则;这在具体的情况中导致的结果是,因为国家参与私法交易,[⑩]名义受《欧洲审判籍与执行

---

⑥排除还包括关于指名仲裁法官的争议或者关于仲裁协议存在的争议:《欧共体法院裁判集》,1992年,第292页;但是对仲裁程序支持的暂时措施不受触及:《欧共体法院裁判集》,1998年(1),第7091页;载《经济法杂志》,1999年,第1323页;慕尼黑法院裁判,载《国际经济法》,2000年,第464页(关于旧的法律状态)。但是宣告仲裁裁定可以执行的判决的承认不是。

⑦《欧共体法院裁判集》,1979年,第1055页;载《新法学周刊》,1979年,第1100页,以联邦法院裁判,载《新法学周刊》,1978年,第1768页的草案为基础;对此,豪斯曼,载《泛亲属法杂志》,1980年,第418页。对此参见2003年11月27日参议院的关于婚姻事务和程序中涉及父母责任的裁判的管辖权、承认和执行的第2201/2003号条例(欧共体),以及关于第1347/2000号条例的废止,参见《欧共体官方公报》,第L 338号,第1页。

⑧比较,关于旧的法律状态还有,《欧共体法院裁判集》,1980年,第731页;载《新法学周刊》,1980年,第1218页(左页),附豪斯曼赞同的评注;《国际私法与程序法实务》,1981年,第5页;克罗普勒/冯·海因,第1条,边码23;关于财产关系事务和抚养费事务的区别,参见欧洲共同体法院裁判,载《欧洲经济法杂志》,1997年,第242页,附维勒尔评注;《国际私法与程序法实务》,1999年,第14页;整体的还有豪斯曼,载《泛亲属法杂志》,1980年,第418页;科勒赫,载《家庭、伴侣与法律》,2004年,第315页。

⑨《欧洲共同体法院裁判集》,1979年,第3423页;载《新法学周刊》,1980年,第1218页(左);载《国际经济法》,1980年,第285页。

⑩例子:欧洲共同体法院裁判,载《国际私法与程序法实务》,2003年,第528页(因为关税担保国家起诉);对此盖默,载《国际私法与程序法实务》,2003年,第518页。

法》规范,而不是因为主权关系[11](统治权行为,比如违反依职权的义务)。对支付不能事务(《欧洲审判籍与执行法》第1条第2款第b项)的适用范围排除的确定,向来有争议,[12]自《欧洲支付不能条例》生效后部分得到重新释明。为了实施和终止作出的裁判,或者通过法庭确定的在国际上有管辖权的支付不能法院的和解以及其他法院的附属裁判,根据《欧洲审判籍与执行法》第31条以下条款基于《欧洲支付不能条例》中的明确转引,是可以执行的(《欧洲支付不能条例》第25条第1款)。[13]

下面,举例说明,可执行宣告程序中,条约自治的识别的疑难

---

⑪《欧洲共同体法院裁判集》,1976年,第1541页;载《国际经济法》,1977年,第40页;载《新法学周刊》,1977年,第489页,附盖默赞同的评注;批评的,参见施罗瑟尔,载《新法学周刊》,1977年,第457页;不同的,参见《联邦法院民事裁判集》,第65卷,第291页、第296页以下(欧洲航空安全组织——判决国法);欧洲共同体法院裁判,载《欧洲经济法杂志》,2003年,第30页(基于公权力的特别规定的社会救济的返还请求)。

⑫对此,参见施罗瑟尔,载《韦伯祝寿文集》,1975年,第395页;美因河畔法兰克福法院裁判,载《新法学周刊》,1978年,第501页:《关于欧洲民商事案件法院管辖及法院裁判之执行的公约》对法国在破产程序中作出的支付判决不适用;相同的,参见联邦法院裁判,载《新法学周刊》,1978年,第1768页;《欧洲共同体法院裁判集》,1979年,第733页;载《新法学周刊》,1979年,第1772页;载《支付不能法杂志》,1979年,第268页;联邦法院裁判,载《新法学周刊》,1979年,第2477页;对此,参见埃本罗特/基瑟尔,《支付不能法杂志》,1988年,第19页以下;鲍尔/施蒂尔纳,第2卷,边码37.48;对支付不能法的撤销之诉,参见联邦法院裁判,载《新法学周刊》,1990年,第990页;科隆法院裁判,载《经济法杂志》,1998年,第74页;哈姆法院裁判,载《国际经济法》,2000年,第305页;对此,淘皮茨,载《民事诉讼法杂志》,第105卷,1992年,第218页;弗莱斯纳尔/舒尔茨:《国际私法与程序法实务》,1991年,第162页;维纳尔,载《支付不能法杂志》,1990年,第429页;反之,在破产财产债权追诉中不存在支付不能事务:联邦法院裁判,载《新法学周刊》,1996年,第3008页(关于德国—奥地利破产条约)。

⑬关于部分有争议的具体情况参见施罗瑟尔,第1条,边码21a以下("彻底重新考虑");盖默/舒策,第1条,边码131。部分不同的规定,根据目前的情况将于2017年6月26日生效,位于2015年5月20日欧洲议会和参议会关于支付不能程序(《官方公报》第L 141号,第19页)的第2015/848号条例(欧盟)第32条,它应当替代迄今适用的《欧洲支付不能条例》。

问题：一位德国教师与学生逗留于南蒂罗尔的校属乡间轮休所期 55.4
间，引起了学生死亡事故。家属在意大利对教师本人取得了损害赔偿判决。尽管有国家赔偿性质，如果按德国法涵摄，关系到的是民事和商事事务吗？判决在德国可以宣告为可以执行吗？位于斯图加特的州高等法院⑭肯定了民事事务，联邦法院⑮将案件提交给欧洲法院，欧洲法院基于教师义务的非主权性质，同样判定为民事事务。⑯ 如果条约自治的识别不是根据法律关系的事件结构进行欧盟统一的确定，而是借助判决国的私法或者公法手段，根据责任的具体方案确定，那么条约自治的识别之统一作用就是很差的，而根据判决国法律的识别，则会带来更多的明确性。

概览表十九　国外判决的执行

	对象	程序	障碍
自治的法律	有既判力后的判决（第 328 条、第 722 条、第 723 条） 仲裁裁定（第 1061 条）	不需要特别程序的自动承认 提起旨在作出执行判决的诉讼（领事程序 Exequaturverfahren） 第 722 条、第 723 条裁定程序，第 1025 条第 4 款，第 1061 条以下条款	没有间接国际管辖权——镜像原则（第 328 条第 1 款第 1 项） 程序开始时违反听审（第 328 条第 1 款第 2 项） 竞合的既判力（第 328 条第 1 款第 3 项） 公共秩序（第 328 条第 1 款第 4 项 没有相互性（第 328 条第 1 款第 5 项

⑭本书作者施蒂尔纳作为发言人参与程序。

⑮联邦法院裁判，载《欧洲经济法杂志》，1991 年，第 571 页；载《新法学周刊》，1991 年，第 2312 页。

⑯欧洲共同体法院裁判，载《新法学周刊》，1993 年，第 2091 页；关于进展，参见联邦法院裁判，载《新法学周刊》，1993 年，第 3269 页。

续表

	对象	程序	障碍
《欧洲审判籍与执行法》	判决、裁定、支付命令、执行令、费用确定裁定(《欧洲审判籍与执行法》第2条a第1分款),同样,包括保全措施的暂时措施,只要被告被传唤或者裁判在执行前送达给被告(《欧洲审判籍与执行法》第2条a下第2款) 不包括:婚姻财产事务、抚养费事务和继承事务、支付不能、仲裁裁定(《欧洲审判籍与执行法》第1条第2款)	自动承认(《欧洲审判籍与执行法》第36条)和执行(《欧洲审判籍与执行法》第39条) 关于拒绝承认的任选程序(《欧洲审判籍与执行法》第45条以下;《德国民事诉讼法》第1115条)	违反公共秩序(《欧洲审判籍与执行法》第45条第1款第a项) 程序开始时违反听审(《欧洲审判籍与执行法》第45条第1款第b项) 既判力冲突(《欧洲审判籍与执行法》第45条第1款第c项) 承认法上的冲突(《欧洲审判籍与执行法》第45条第1款第d项) 消费者保护的管辖或者专属管辖(《欧洲审判籍与执行法》第45条第1款第e项)
《欧洲执行名义条例》	裁判、法庭和解、关于无争议之债权的可执行证书(《欧洲执行名义条例》第3款),该证书被原法院确认为欧洲执行名义(《欧洲执行名义条例》第5条)	自动的不可撤销的承认和没有可执行宣告程序的可执行性(《欧洲执行名义条例》第5条)	不具有在原国家主张可能性的既判力冲突(《欧洲执行名义条例》第21条) 不是:违反公共秩序

(三)原则上适合的名义

可执行的名义包括:判决、裁定、执行令和支付令、费用确定裁定(《欧洲审判籍与执行法》第2条第a款)、⑰可执行证书(《欧洲审判籍与执行法》第58条)⑱和法庭和解(《欧洲审判籍与执行法》第2款第b项,第59条)。如果是裁判,在判决国的暂时可执行性已足(比较《欧洲审判籍与执行法》第39条)。只有在法律上的听审被保障的情况下,暂时权利保护⑲的裁判在新的《欧洲审判籍与执行法》中才可能得到承认;如果涉及的当事人在措施之前既没有被传唤,也没有将包含措施的裁判在执行前送达给当事人 55.5

⑰对律师费,详细的参见M.J.施密特,载《律师酬劳的国际实施》,1991年;对此,参见卢萨诺夫,载《民事诉讼法杂志》,第106卷,1993年,第417页以下;此外,参见卡尔斯鲁厄州法院裁判,载《欧洲经济法杂志》,1991年,第223页;莱因米勒,载《国际私法与程序法实务》,1992年,第73页。法庭费用计算不受《欧洲审判籍与执行法》调整;联邦法院裁判,载《国际私法领域德语裁判文集》,2000年,第391页;石勒苏益格法院裁判,载《国际经济法》,1997年,第513页。

⑱尽管在起源国具有可执行性,没有官方公证的私人债务凭证不属于此列:欧洲共同体法院裁判,载《国际私法与程序法实务》,2000年,第409页;另见联邦法院裁判,载《欧洲经济法与税法》,1997年,第359页(提交裁定)。详细的,参见沃尔夫施泰因,《可执行书证》,1978年,边码82.1以下;洛伊特纳:《欧洲法律事务往来中的可执行书证》,1997年;盖默,载《德国公证人杂志》,1975年,第461页、第469页以下;关于和解作为执行名义,参见施蒂尔纳,《欧洲民事诉讼法中合意诉讼终止的形式》,载波兰登巴赫/科斯特-瓦尔吉恩/赫斯/奈勒/沃尔夫:《协议的争议解决》,2001年,第5页以下;弗里舍:《程序效力和法院和解的既判力》,2006年。

⑲关于暂时权利保护在其他欧盟国家的广泛适用范围,参见莫巴赫:《民事事务中的暂时保护——比较法的研究》,1988年;阿尔布莱希特:《〈关于欧洲民商事案件法院管辖及法院裁判之执行的公约〉及英国和联邦德国的暂时性法律保护》,1991年;埃勒斯:《欧洲民事事务中暂时法律保护措施》,1991年;G.韦伯:《德国和法国暂时法律保护对主程序的排斥》,1993年。

(《欧洲审判籍与执行法》第2条第a项第2分第2句),[20]就不是这种情况。原则上,暂时提供主给付的命令也属于暂时措施。在此,对不是由主案发布的和行使过度管辖权时颁布的措施,欧洲法院补充要求,要在相反的主案裁判中保证返还暂时判予的金额,而且,被命令的措施与法院的区域管辖有实际的联系(reale Verknüpfung)。[21] 必须始终涉及的是其他成员国的名义,但不取决于当事人的国籍。相反,成员国承认第三国名义的执行判决不是可以执行的名义。[22] 这也适用于宣告仲裁裁决可以执行的判决,[23] 即使根据国外法在领事判决中作出的仲裁裁决("合并原则", doctrine of merger),也是如此。通过使《欧洲审判籍与执行法》对第三国裁判和仲裁裁决在结果上也适用的解决方案,会扩大《欧洲审判籍与执行法》的适用范围。

---

⑳《欧洲共同体法院裁判集》,1980年,第1553页;载《新法学周刊》,1980年,第2016页(左页);载《国际经济法》,1980年,第510页;豪斯曼:《国际私法与程序法实务》,1981年,第79页;相同的,参见《欧洲共同体法院裁判集》,1984年,3971;载《国际经济法》,1985年,第235页;对此,参见戈特瓦尔德,载《民事诉讼法杂志》,第103卷,1990年,第266页;施罗瑟尔:《国际私法与程序法实务》,1985年,第321页。全面的,参见格伦特曼:《外国暂时措施的承认及执行》,1996年。对新方案的批评,冯·海因,载《国际经济法》,2013年,第97页、第107页以下;策尔,载《欧洲经济法杂志》,2013年,第292页。

㉑欧洲共同体法院裁判,《法学家杂志》,1999年,第1103页(冯·乌登);1999年,第2277页;载《法学家杂志》,1999年,第1105页(米茨);对此,赫斯/福尔卡默,载《国际私法与程序法实务》,1999年,第220页;赫斯,载《国际私法与程序法实务》,2000年,第370页;施塔德勒,载《法学家杂志》,1999年,第1089页;施佩轮贝格,载《民事诉讼法杂志国际版》,第4卷,1999年,第221页;施蒂尔纳,载《盖斯祝寿文集》,2000年,第199页、第209页以下;沃尔夫,载《欧洲经济法杂志》,2000年,第11页。

㉒盖默,载《国际经济法》,1976年,第145页。

㉓反对的观点,参见汉堡法院裁判,载《新法学周刊裁判报告》,1992年,第568页(对英国仲裁裁决的领事裁判);联邦法院裁判,载《新法学周刊》,1984年,第2763页(关于自治权利);施罗瑟尔,第1条,边码24。

例子:法国的对主案有管辖权的民事法庭的主席作出紧急审理裁定(*ordonnance de référé*):虽然买家称,肉坏了,但还是判决德国肉类买家暂时支付100万欧元;《法国民事诉讼法》第808条以下准许这种可能性。如果法国法院传唤德国买主或者听审,即为合适的名义,根据《欧洲审判籍与执行法》第36条第1款不需要特别程序就可以在其他成员国被承认。在拒绝承认执行(通常不太可能)的程序中,债务人可以主张,执行违反了德国的公序良俗(第46条、第45条第1款第a项)。㉔ 这一状况不受欧洲法院对过度管辖权(mit exorbitanter Zuständigkeit)法院的暂时措施新作出的限制的司法裁判的影响;反之,如果无担保的支付令是没有主案管辖权的民事法庭主席作出的,则不是受《欧洲审判籍与执行法》调整的暂时措施。 55.6

与之相反,如果是对主案有管辖的英国法院授予所谓的"玛瑞瓦禁令"(*Mareva injunction*)("冻结令"),在其中禁止债务人和他的德国银行处分资本金,㉕那么为了达到突袭的效果可能不进行听审,在执行前也可能不送达裁判,这样就不存在合适的名义。只是在进行听审的情况下,可能提出的问题是,是否存在违反公序良俗的情况(《欧洲审判籍与执行法》第45条第1款第1项——在具体执行中类似支付不能时的扣押,执行方式的不确定性)㉖以 55.7

㉔全面的,参见施蒂尔纳,载《佐伊纳祝寿文集》,1994年,第133页。在根据《欧洲审判籍与执行法》旧法第38条以下条款紧急审理裁定的可执行宣告中不认为存在违反公共秩序,参见哈姆法院裁判,载《新法学周刊裁判报告》,1995年,第189~190页;在根据决定性审查、颁布的意大利的支付令的领事证书中,参见斯图加特法院裁判,载《新法学周刊裁判报告》,1998年,第280~281页;杜塞尔多夫法院裁判,载《国际经济法》,2001年,第620页。

㉕有教益的,参见瓦特尔:《玛瑞瓦禁令》,1986年;沙克:《国际民事诉讼法》,边码427,附证明;多曼/布里格斯:《世界马里瓦禁令与国际公约在英国的实施》,载施罗瑟尔,《实体法和诉讼法》,1992年,第157页以下;科赫:《国际强制执行包括暂时法律保护的新问题》,第171页以下、第190页以下;格伦纳特,《全世界的玛瑞瓦禁令》,1997年。

㉖反对的观点,参见卡尔斯鲁厄法院裁判,载《民事诉讼法杂志》,1996年,第91页,附楚格曼/格伦纳特评注(本书作者施蒂尔纳作为发言人参与程序)。

及如何采取德国的执行措施(假扣押质权、准用《德国民法典》第135条和第136条的相对转让禁止、类推第890条的强制金威胁)。在英国的“安东皮勒命令”(*Anton Piller Orders*)情况下,命令的是搜查和/或要求提供信息,其目的是确保证明手段或执行标的。[27] 它与德国的证据保全程序(Beweissicherungsverfahren)相似,该程序通过直接强制手段予以补充,在实践中,总是不经过听审即作出,因此不是《欧洲审判籍与执行法》中的适合执行的名义,即使它是通过在德国的搜查而产生的,或者涉及的是德国债务人。借助将《欧洲审判籍与执行法》适用范围限制在听审后的暂时名义,欧洲法院迈出了第一步,针对基于过度管辖权(比较《欧洲审判籍与执行法》第35条和第5条第2款、第76条第1款第a项联合委员会作出的各自的通知)的暂时命令创设了一定的一般规则,通过值得赞同的、进一步限制这些措施的放任性,而逐渐形成了大致轮廓。

55.8 如果英国法院宣告英国的仲裁裁定可以执行,而在此过程中仲裁裁决失去了独立的意义,成为判决的组成部分,尽管有《欧洲审判籍与执行法》第1条第2款第d项的规定,德国司法裁判依然认为,可以适用《欧洲审判籍与执行法》。[28] 正确的是,对可执行名义,适用关于国外仲裁裁决的承认和执行的欧盟协议。[29]

三、自动可执行与执行拒绝程序

(一)法源

通过《欧洲审判籍与执行法》中关于名义的可执行性的新规

---

[27]根据指导案例 Anton Piller KG v. Manufacturing Ltd. [1976] 1 All ER 799 (C. A.) 命名;更多的指示,参见沙克,《国际民事程序法》,边码428。

[28]汉堡法院裁判,载《新法学周刊-裁判-报告》,1992年,第568页(关于根据旧《欧洲审判籍与执行法》的可执行宣告程序)。

[29]沙克:《国际私法程序法》,边码936、边码937。

定,关于承认程序和执行程序的国内的实施规范的法律状况也发生了根本性改变。之前除了旧《欧洲审判籍与执行法》第 38 条以下,2001 年 2 月 19 日[30]的《关于实施两国间条约与贯彻欧共体在民商事承认和执行领域条例的法律》(AVAG)在旧的《欧洲审判籍与执行法》范围内规定了执行的具体构造。为了实施第 1215/2012 号条例(欧盟)以及为了变更 2014 年的其他规范,[31]立法者修正了《民事诉讼法》第 794 条和第 795 条,在《民事诉讼法》第 11 编中加入第七节(《民事诉讼法》第 1110 条至第 1117 条)。这些规定把《欧洲审判籍与执行法》第 36 条以下作为国内实施规范予以补充,在这方面取代了《关于实施两国间条约与贯彻欧共体在民商事承认和执行领域条例的法律》。但是《关于实施两国间条约与贯彻欧共体在民商事承认和执行领域条例的法律》对旧案件[32]以及对在《关于实施两国间条约与贯彻欧共体在民商事承认和执行领域条例的法律》第 1 条中所称的协议和国际法条约中继续存在的领事程序仍然有意义。 55.9

(二)程序的基本特征

1. 领事程序(Exequaturverfahren)的废除

《欧洲审判籍与执行法》新规定的核心是废除了旧《欧洲审判籍与执行法》第 38 条以下条款的领事程序,这是近年学术讨论的 55.10

[30]通过在 2015 年 11 月 30 日公布的关于实施两国间条约与贯彻欧共体在民商事承认和执行领域条例的法律予以重新规定。

[31]《联邦法律公报(一)》,第 980 页。关于旧《欧洲审判籍与执行法》第 38 条以下中的领事程序以及关于《承认实施和执行实施法》参照前一版边码 55.10 以下。

[32]布鲁塞尔Ⅰ号条例继续对在 2015 年 1 月 10 日进行的法院程序中作出的判决有效(《欧洲审判籍与执行法》第 66 条第 2 款);鉴于国内的实施规定,《承认实施和执行实施法》至 2015 年 10 月 1 日前有效的版本仍然适用,即使没有明确的过渡性规范(比较,托马斯/普策 - 于斯特格,《欧洲审判籍与执行法》之前,边码 3;乌尔里奇,载《法学家杂志》,2016 年,第 127 ~ 128 页,附证明)。

核心问题。[33] 欧洲委员会在《欧洲审判籍与执行法》修正的范围内追求的是功利的目标,即在所有的成员国中,将成员国的执行名义本身作为强制执行的基础予以承认,不需要其他的承认程序或可执行宣告程序。特别是,附(执行)名义的债权在内部市场能够实现。[34] 相反,委员会在此之外所偏爱的废除拒绝承认名义的原因,[35]在立法过程中不再继续被追求。[36]

55.11 根据《欧洲审判籍与执行法》第 36 条,一个成员国作出的裁判在其他成员国依法自动(ipso iure)被承认,即不需要特别的程序或者登记。效力延伸(Wirkungserstreckung)这个承认法上的基本原则现在也对可执行性适用,[37]据此,裁判在承认国和在裁判国原则上有相同效力。[38] 如果裁判在起源国有程序上的裁判效力,该效力自动在第二国产生。[39] 在任何情况下都不允许对裁判本身审查(实质性再审制度(*révision au fond*),《欧洲审判籍与执行法》第 52 条)。合乎逻辑的是,确定《欧洲审判籍与执行法》第 39 条为新执行法的核心规范,在民事和商事事务中原则上不再需要对

---

[33]比较,特别的,赫斯,载《国际私法与程序法实务》,2011 年,第 125 页、第 127 页以下;沙克,载《莱普德祝寿文集》,2009 年,第 317 页、第 333 页;席泠,载《国际私法与程序法实务》,2011 年,第 31 页、第 33 页以下;冯·海因,载《西蒙塔祝寿文集》,2012 年,第 645 页。

[34]KOM(2011 年)171 最终的,第 5 页;《联邦议会印刊》,第 18/823 卷,第 2 页、第 17 页。

[35]KOM(2011 年)174 最终的,第 4 页。

[36]继续的,参见多梅,载《拉贝尔外国与国际私法杂志》,2014 年,第 508 页、第 510 页以下;赫斯,载《戈特瓦尔德祝寿文集》,2014 年,第 273 页、第 275 页。

[37]对此,参见普法伊费尔(Pfeiffer),载《民事诉讼法杂志》,第 127 卷,2014 年,第 409 页、第 427 页以下。

[38]《欧洲共同体法院裁判集》,1988 年,第 645 页,第 11 项;载《新法学周刊》,1989 年,第 663 页(旧法)。

[39]类似的,参见慕斯拉克 - 施塔德勒,《欧洲审判籍与执行法》,第 36 条,边码 2,附证明。

法院裁判的可执行进行宣告。根据《欧洲审判籍与执行法》的权衡事由26,应当把成员国的裁判视为在被请求国作出的一样。在执行的范围内成员国的裁判与国内裁判同等对待(比较《欧洲审判籍与执行法》第41条第1款第2句以及(《德国民事诉讼法》)第794条第1款第9项)。因为债权人的外国人性质,或者因为他在执行国没有住所或停留,不能迫使债权人提供担保或提存(《欧洲审判籍与执行法》第56条)。根据德国法,原则上不再需要必要的执行条款(第1112条)。[40] 执行条款依《欧洲审判籍与执行法》第53条和第60条被国外证明所替代。[41]

欧洲立法者借此——除了希望简化和更有效地实施跨国执行措施之外——表达了所有成员国的法院裁判同等重要的理念。这种对成员国司法体系的等值性的预先信赖是否具有合理性,有理由受到质疑。虽然领事程序的废除之不利影响,因拒绝执行程序这种嗣后介入的权利保护而得到缓和(《欧洲审判籍与执行法》第46条以下),但依然有问题的是,多种形式的程序规范在欧洲并存——这些规范大部分在欧洲法律一体化过程中至今没有受到影响——是否能保障对欧盟内所有成员国中的债务人权利保护的等值性。 55.12

2. 国内执行的前提条件和范围

与根据《关于实施两国间条约与贯彻欧共体在民商事承认和执行领域条例的法律》第1条以下条款的授予程序相反,附执行申请之国外名义的债权人现在可以直接求助于执行国家的有管辖权的执行组织。有管辖权的执行机构——除了法院地法的一般执行条件——只能审查,《欧洲审判籍与执行法》的适用范围是否开 55.13

---

⑩比较前一版边码55.11以下关于根据旧《欧洲审判籍与执行法》第38条以下和《承认实施和执行实施法》第1条以下的程序。

⑪舒施克/瓦克尔-詹尼森,第1112条,边码1。

启,根据《欧洲审判籍与执行法》第42条必须提交的资料是否存在,从《欧洲审判籍与执行法》第53条的证明中是否能得知,涉及的是在起源国内可以执行的裁判。[42] 债权人只需要根据《欧洲审判籍与执行法》第42条第1款把裁判的副本(第a项),以及根据第53条在起源国签发的证明(第b项),必要时还有证明内容的翻译(《欧洲审判籍与执行法》第42条第3款)提交给执行机关。证明确认了,裁判是可以执行的,它包含了裁判的摘选以及程序中可以赔偿的费用的重要说明,还有利息计算的重要说明。依据通说,可执行证明(Vollstreckungbarkeitsbescheinigung)承担了执行条款的任务(第1112条)。[43] 对命令暂时措施的裁判适用特别规范(《欧洲审判籍与执行法》第42条第2款)。只有当程序没有翻译不能继续时,执行机关才能向申请人要求提供裁判的翻译(第42条第4款)。[44]

55.14 根据《欧洲审判籍与执行法》第41条,执行机关在紧接着的执行中,原则上可以适用法院地法,只要从《欧洲审判籍与执行法》中无可反驳地得出其他结论,即可。在《欧洲审判籍与执行法》之外的对于拒绝和中止执行的国内(法)的事由,只有在不出现与《欧洲审判籍与执行法》第45条规定的原因不一致的情况

---

[42] 金德/梅勒-哈尼奇/沃尔夫-马施,《欧洲审判籍与执行法》第39条,边码3。

[43] 明确的,参见《联邦议会印刊》,第18/823卷,第16页、第20页:"因为实质上证明与执行条款相同,证明了名义的功能、存在和可执行性。"赞同的,参见格罗瑟尔,载《新法学周刊》,2014年,第3479~3480页;冯·海因,载《国际经济法》,2013年,第97页、第109页;各自附证明;相反严重批评的,乌尔里奇,载《法学家杂志》,2016年,第127页、第132页。

[44] 比较,《联邦议会印刊》,第18/823卷,第15页。事实上,债务人经常可以通过《欧洲审判籍与执行法》第43条第2款第1分款强迫翻译;正确的,参见乌尔里奇,载《法学家杂志》,2016年,第127页、第131页。

下，才能适用。[45] 根据《欧洲审判籍与执行法》第 40 条，可执行的裁判还包括促成被请求的成员国法律中规定的保全措施的权限，在德国特别是根据第 720a 条的保全性执行，根据第 916 条以下的假扣押以及根据第 845 条的预扣押。在首个执行措施之前，必须把《欧洲审判籍与执行法》第 53 条意义上的执行证明向债务人送达（《欧洲审判籍与执行法》第 43 条第 1 款第 1 句），以及——只要还未进行送达——把裁判本身（《欧洲审判籍与执行法》第 43 条第 1 款第 2 句）向债务人送达。为了确保债务人的权利保护，如果裁判不是用债务人理解的语言撰写的（第 a 项），或者不是以债务人住所地的成员国的官方语言撰写的（第 b 项），债务人可以要求裁判的翻译件。[46] 如果债务人要求翻译件，那么执行就仅限于保全措施，只要债务人没有取得翻译件，即是如此（《欧洲审判籍与执行法》第 43 条第 2 款第 2 附款）。反之，在对担保措施的执行中，既不需要送达执行证明，债务人也不能要求翻译（《欧洲审判籍与执行法》第 43 条第 3 款）。

3. 关于拒绝执行的程序

如果确定，存在《欧洲审判籍与执行法》第 45 条规定的事由之一（《欧洲审判籍与执行法》第 46 条），那么基于债务人的申请 55.15
将拒绝裁判的执行。[47] 废除领事程序后，债务人只能通过嗣后介

---

[45] 冯·海因，载《国际经济法》，2013 年，第 97 页、第 110 页：这样第 723 条第 2 款第 2 句、第 728 条的适用被阻碍，只要《欧洲审判籍与执行法》第 45 条第 1 款第 e 项之外的对承认管辖的审核与此相关联。

[46] 对此的细节在《民事诉讼法》第 1113 条规定。《欧洲审判籍与执行法》第 57 条第 2 款规定的对《欧洲审判籍与执行法》第 53 条和第 60 条的表格允许其他语言，并没有被德国立法者所接受；《联邦议会印刊》，第 18/823 卷，第 21 页。

[47] 在相同程序中，债务人也可以主张从请求国法律中得出的抗辩，只要抗辩在起源国的判决程序中不能再主张；冯·海因，载《国际经济法》，2013 年，第 97 页、第 110 页；森格尔－多纳尔，《欧洲审判籍与执行法》，第 46 条边码 2；限制的，参见多梅，载《拉贝尔外国与国际私法杂志》，第 78 卷，第 508 页、第 516 页。

入的法律救济排除裁判的可执行性。通过《欧洲审判籍与执行法》的改革达到了程序的简单化。法律救济程序在很大程度上可以融入《民事诉讼法》的现有法律救济体系中。对拒绝执行的申请,州法院有排他的事务管辖权(《欧洲审判籍与执行法》第47条第1款、第75条第a项、第115条第1款)。排他管辖权基于可能的与《欧洲审判籍与执行法》第45条相关联的复杂的法律问题而有助于查明有关情况。[48] 地域上,债务人住所地以及处所地辖区内的州法院(第1115条第4款第2句)有排他管辖权。民事审判庭主席(第1115条第4款第1项)有功能管辖权。程序开始的申请可以书面向有管辖权的法院提交,或者口头向书记处作出(第1115条第3款)。[49]

55.16 法院地法(lex fori)对于对抗的[50]程序也是决定性的(《欧洲审判籍与执行法》第47条第2款)。申请人必须向法院提交裁判副本,某些时候要提交裁判的翻译或转译(《欧洲审判籍与执行法》第47条第3款)。[51] 在通过说明理由的(第329条第3款联合第1115条第5款第1句)裁定作出裁判前,必须对申请相对人听审。是否进行言辞辩论,是任选的(第1115条第4款第2句和第3句)。[52] 裁判由主席根据第《欧洲审判籍与执行法》第48条立即作出,不需要在《民事诉讼法》中补充特别的裁判期限。在无果的情况下驳回申请,否则对(作为形成裁判的)名义的强制执行[53]会被

---

[48]对此,政府论证,《联邦议会印刊》,第18/823卷,第22页。

[49]法律论证应当借此达到债务人的有效辩护,在此过程中根据第78条不存在律师强制;《联邦议会印刊》,第18/823卷,第22页。

[50]《联邦议会印刊》,第18/823卷,第22页。

[51]比较,关于例外《欧洲审判籍与执行法》第47条第3款第2附款。

[52]舒施克/瓦克尔-詹尼森,第1115条,边码4关于债务人听审的可能的例外。

[53]《联邦议会印刊》,第18/823卷,第22页;乌尔里奇(Ulrici),载《法学家杂志》,2016年,第127页、第135页附证明。

宣告为不允许。[54] 此时的具体情况还不明确，部分有争议。

4.法律手段

根据《欧洲审判籍与执行法》第 49 条任何当事人都可以对主席的裁判提起法律救济。国内法对此规定了向州高级法院提出的即时抗告（第 1115 条第 5 款第 1 句联合《欧洲审判籍与执行法》第 75 条第 b 项；《法院组织法》第 119 条第 1 款第 2 项）。借此，原则上第 567 条以下条款适用，在此过程中第 569 条第 1 款第 1 句的自裁判送达时起的一个月的紧急期限可以延长（第 1115 条第 5 款第 2 句）。在什么情况下即时抗告，适用律师强制，* 并不清楚。[55] 德国同样规定了其他供选择的法律救济（《欧洲审判籍与执行法》第 50 条联合第 75 条第 c 项）的可能性：根据第 1115 条第 5 款第 3 句针对州高级法院的裁判可以向联邦法院提起法律抗告（第 574 条第 1 款第 1 项；《法院组织法》第 133 条）。法律抗告的允许性的条件或者是，诉讼案件有原则性的意义（第 574 条第 2 款第 1 项），或者是，联邦法院的裁判对权利续造或对保障裁判统一是必要的（第 574 条第 2 款第 2 项）。[56] 因为诉讼案件的原则性意义在欧洲强制执行法中一直是可构建的，联邦法院几乎总有可能允许法律抗告。相反，在缺乏原则性意义的情况下，只有当与权利续造和裁判统一化的必要性对立时，联邦法院才能否定允许性。第三参与人的法律抗告，是不可能的，[57]对州高等法院的暂时措施 55.17

[54]舒施克/瓦克尔－詹尼森，第 1115 条，边码 8。

* 即必须聘请律师出庭。——译者注

[55]舒施克/瓦克尔－詹尼森，第 1115 条，边码 10：依通说，如果第一审裁判在没有口头审理的情况下作出，对即时抗告适用第 569 条第 3 款。

[56]假定的能力以联邦法院裁判的允许为条件（第 78 条第 1 款）；联邦法院裁判，载《经济法、银行法与证券通讯杂志》，2002 年，第 1512 ~ 1513 页。

[57]欧洲共同体法院裁判，载《新法学周刊》，1993 年，第 2091 页；联邦法院裁判，载《新法学周刊》，1993 年，第 3269 页；载《欧洲经济法杂志》，1991 年，第 571 页；《欧洲共同体法院裁判集》，1985 年，第 1981 页；载《新法学周刊》，1986 年，第 657 页。

的权利抗告,同样也不可能。[58] 法律抗告程序还可以考虑外国名义之变更。[59]

55.18 如果联邦法院认为解释问题的确定对裁判很重要,那么联邦法院作为最后审级的法院必须根据《欧盟工作方式条约》第 267 条第 3 款为了裁判向欧洲法院提交解释问题。[60] 实践中经常由联邦法院提交:与其他的欧盟国家相对比,联邦法院对澄清《欧洲审判籍与执行法》的解释问题是最活跃的提议人。[61] 与之可能相关联的是,欧盟法院是《德国基本法》第 101 条第 1 款第 2 句意义上的法定法官,拒绝提交的宪法抗告服从于联邦宪法法院的任意性监督。[62] 如果裁判重要的法律问题对有经验的和精通业务的法律人而言,明显地且理性地不能得出一个毫无疑问的回答,那么就一定需要提交。[63]

5. 程序的中止

55.19 如果针对起源成员国的裁判提起正式的法律救济,或者对这样的救济的期限还没有经过(《欧洲审判籍与执行法》第 51 条第 1 款第 2 句),那么州法院和抗告法院可以中止程序。中止的可能性表明,原初裁判的存续对根据《欧洲审判籍与执行法》第 45 条

---

[58]《欧洲共同体法院裁判集》,1984 年,第 3971 页;载《国际经济法》1985 年,第 235 页;提交裁定,参见联邦法院裁判,载《新法学周刊》,1984 年,第 1320 页(左页);《新法学周刊》,1994 年,第 2156 页、第 2157 页左栏。

[59]联邦法院裁判,载《新法学周刊》,1980 年,第 2022 页。

[60]审级法院可以将诉讼案件提交给欧洲法院,并非必须(《欧盟工作方式条约》第 276 条第 2 款)。

[61]关于提交义务的基本方针,参见《联邦法院民事裁判集》,第 109 卷,第 29 页、第 35 页。

[62]根本的,参见联邦宪法法院裁判,载《新法学周刊》,1988 年,第 1456 页,附证明。

[63]《欧洲共同体法院裁判集》,1982 年,第 3415 页;载《新法学周刊》,1983 年,第 1257 ~ 1258 页;载《国际经济法》,1983 年,第 281 页;联邦法院裁判,载《新法学周刊》,1993 年,第 2753 页;《联邦法院民事裁判集》,第 153 卷,第 82 页、第 92 页(关于《关于欧洲民商事案件法院管辖及法院裁判之执行的公约》)。

以下条款的程序具有特别意义。可以通过中止程序保护债务人不受可能提前进行的执行所引起的不利。[64] 中止需要债务人的申请,可以与《欧洲审判籍与执行法》第 44 条第 1 款第 a 项和 b 项的措施相结合。[65] 普通法律救济特点在于,它可以导致裁判的废止或者变更,而且它服从法定期限,这一法定期限自被撤销的裁定之时起算。[66] 对中止的裁判由法院根据自由裁量作出,在此过程特别要考虑法律救济的成功预期。[67]

6. 对执行措施的暂时保护

因为根据《欧洲审判籍与执行法》第 45 条以下条款申请拒绝执行,还不能引起名义中的执行变成不允许的后果,所以《欧洲审判籍与执行法》第 44 条第 1 款规定,法院基于债务人申请将执行限定于保全措施(第 a 项),使执行取决于法院确定的担保的提供(第 b 项),或者可以使执行程序全部或者部分中止(第 c 项)。借此,在德国可以特别命令根据第 720a 条、第 707 条或者第 769 条的措施,命令根据一般原则确定。此过程涉及的是为了债务人保全利益的暂时紧急裁判。[68] 对这些措施,根据第 1115 条第 6 款通过不可撤销的暂时命令予以裁判(第 1115 条第 6 款第 2 句)。 55.20

除此之外,在债务人提交了起源国法院关于不可执行性或者关于限制执行的裁判的情况下(第 1116 条第 1 句联合《欧洲审判籍与执行法》第 44 条第 2 款),强制执行也可以准用第 775 条第 1 55.21

---

[64]森格尔 - 多纳尔,《欧洲审判籍与执行法》,第 51 条,边码 1。

[65]森格尔 - 多纳尔,《欧洲审判籍与执行法》,第 51 条,边码 2。

[66]欧洲共同体法院裁判,载《国际经济法》1978 年,第 186 ~ 187 页;森格尔 - 多纳尔,《欧洲审判籍与执行法》,第 51 条,边码 3 关于其他具体情况。比较,《欧洲审判籍与执行法》,第 51 条第 2 款的对习惯法国家爱尔兰、塞浦路斯岛和联合王国的特别规定。

[67]森格尔 - 多纳尔,《欧洲审判籍与执行法》,第 51 条,边码 5 附司法裁判中的证明。

[68]舒施克/瓦克尔 - 詹尼森,第 1115 条,边码 12。

项和第2项、第776条基于债务人的要求被中止或者被限制。第1115条第5款涉及的情况是,债务人在执行国将执行拒绝申请与请求暂时权利保护联系起来,第1116条涉及的情况是,名义在起源国丧失可执行性。[69] 文字("即使")清楚地表明,第775条应(特别是第775条第3~5项)继续适用。[70] 强制执行的继续以及针对法院裁判的法律救济遵照一般规则(第775条、第776条)。

7. 程序的评价

通过废除领事程序达到的简化欧洲强制执行,第一眼看起来
55.22 可能非常值得肯定,但人们同样应该清楚地看到,现在仅剩的嗣后介入的执行拒绝程序的可能性,将程序实施之负担(Verfahrenfuehrungslast)不利地转移给了债务人,由此他的权利保护明显变得更加困难。《欧洲审判籍与执行法》新法把旧法中存在的争议点清除了,这符合事物本质。在多大程度上欧洲立法者所希望的欧洲跨国执行的广泛效果能够实现,以及可能的好处实际是否能正当化对债务人保护的削减,只能留待将来回答。

(三)国外名义的裁判内容的调整

55.23 可能发生的情况是,需要予以承认的裁判包含措施或者命令,而这些措施或命令在请求的成员国法律中没有规定。各自有管辖的执行机关[71]必须使这样的措施或者命令在可能的范围内适应成员国法律中规定的措施或者命令,附有相似的效力,并且追求相似的目标或者利益(《欧洲审判籍与执行法》第54条第1款第1附款)。然而,根据什么标准将他国的法律制度接纳到国内法中以及适应国内法,依然不明确。不明确的还有,《欧洲审判籍与执行

---

[69]舒施克/瓦克尔-詹尼森,第1116条,边码1:名义在起源国被废止的情况也包括在其中。

[70]也如此,舒施克/瓦克尔-詹尼森,第1116条,边码5。

[71]《联邦议会印刊》,第18/823卷,第22页;也包括森格尔-多纳尔,《欧洲审判籍与执行法》,第54条,边码1。

法》第54条是否以及在何种程度上允许执行机关在一定范围内进行法律创造行为。[72] 绝不允许调整导致产生超出起源成员国法律规定的效力(《欧洲审判籍与执行法》第54条第1款第2附款)。有问题的不仅是为了调整将大范围的责任转给执行机关,而且特别是不同的竞合执行机关作出不同的法律救济和法律途径,然后又可能采取不同的调整措施——总而言之是一个困难重重的规定!

(四)开放的或者不完整的国外名义的实现

1.基本原则

除此之外,国外名义并非一直满足德国法对名义的确定性的要求。[73] 德国法在此处特别缜密,因为名义的确定性以特别的方式符合法治国基本原则(攫取的合法性、国家干预的可预见性等等),[74]执行形式化应当使得执行机关免于通过审判作出裁判。[75]在这方面,《欧洲审判籍与执行法》第54条确定成员国的义务是,使开放的和不完整的国外名义尽可能适应国内法的措施或者命令。[76] 如果欧盟名义的实现是可能的,而联邦共和国却意图使该欧盟名义的执行因为不确定性而失败,那么联邦共和国可能因此 55.24

---

[72]符合发展趋势肯定的,参见森格尔－多纳尔,《欧洲审判籍与执行法》,第54条,边码1。

[73]对此,参见边码13.3、边码14.4、边码16.16。

[74]关于执行的合法性,参见边码5.10;关于合法性原则对执行方式和使用的形式义务的意义,参见边码7.26以下。

[75]对此,参见边码6.53以下。

[76]冯·海因,《国际经济法》,2013年,第97页、第110页;森格尔－多纳尔,《欧洲审判籍与执行法》第54条,边码1。

违反了《欧洲审判籍与执行法》第 54 条。[77] 只有在所有的可能性都穷尽,包括实施他国名义、使他国名义适应德国法的确定性要求但仍然不能达到充分的确定性的情况下,或者欧洲法本身没有规定通过第二法院使名义具体化的情况下(比如《欧洲审判籍与执行法》第 55 条),德国的欧盟条约规定的宣告可执行义务才终止,其结果是他国裁判可能违反公序良俗。[78]

2. 开放的和不完整的名义的典型裁判形式

可实施的开放的和不完整的国外名义的典型裁判形式多种多
55.25 样:参照国外官方公布的生活费目录的生活费名义;[79]宣布"法定利息"归属以及将利息起算额度的具体确定委托给国外法律或者判决理由的支付名义;[80]根据统计的资料明确或者"自动"对本金

---

[77]绝对通说;详细的,参见施蒂尔纳/明奇,载《法学家杂志》,1987 年,第 178 页以下,对不可能实现时违反公序良俗的例子:未注明数字的费用基础裁判(萨尔布吕肯法院裁判,载《国际私法与程序法实务》,1990 年,第 232 页;哈姆法院裁判,载《新法学周刊裁判报告》,1995 年,第 189 页、第 191 页;茨威布吕肯法院裁判,载《德国司法》,2004 年,第 300 页),对"严肃的有目标的大学学习"的抚养费的判决(卡尔斯鲁厄法院裁判,载《泛亲属法杂志》,2002 年,第 1420 页,《卢加诺公约》;本书作者施蒂尔纳作为发言人参与程序)。

[78]详细的、正确的,参见联邦法院裁判,载《新法学周刊》,1993 年,第 1801 ~ 1803 页。

[79]联邦法院裁判,载《新法学周刊》,1986 年,第 1440 页(德国—瑞士执行协定的相似情况);对此,参见施蒂尔纳/明奇,载《法学家杂志》,1987 年,第 178 页以下;多普夫:《国际私法与程序法实务》,1986 年,第 277 页;柏林高等法院裁判,载《德国监护机构通告》,2000 年,第 1142 页和杜塞尔多夫法院裁判,载《泛亲属法杂志》,2001 年,第 1019 页(海牙抚养费协议的类似情况)。

[80]联邦法院裁判,载《新法学周刊》,1990 年,第 3084 页;哈姆法院裁判,载《新法学周刊裁判报告》,1995 年,第 189 页、第 190 页以下;美因河畔法兰克福法院裁判,载《国际经济法》1998 年,第 474 页;2000 年,第 463 ~ 464 页。

和/或利息提供附加费的支付名义；[81]在判决中记录的登记费用。[82]如果涉及的是"法定营业税"，那么人们必须立即进行程序，在此过程中可能出现严重的计算困难。

3. 实施的程序

领事程序废除后，可执行宣告程序的实施，正如联邦法院和通说在《欧洲审判籍与执行法》改革前支持的观点那样，不再可能。[83]随着可执行宣告，执行条款对于《欧洲审判籍与执行法》规定的执行也没有必要(《关于实施两国间条约与贯彻欧共体在民商事承认和执行领域条例的法律》第1112条)。[84] 因此，实践中只保留通过被委托执行的执行机关进行的实施，从中产生了新的实际的困难和疑惑问题。 55.26

例子：法国法院对"法定利息"进行判决。法定利息根据法国银行实践的贴现率确定。与旧的《欧洲审判籍与执行法》规定的不同，不再统一由对授予执行条款有管辖权的州法院主席法官进行实施，而是由相应的执行机关实施。目前执行机关已经可以在可执行宣告程序中调整所命令的实施，但前提是在可执行宣告的主文中对此进行了明确表达。[85] 现在被诉求的执行机关必须完全独立实施名义。也可能出现的情况是，一个或者多个法院执行员或者执行法院实施国外名义，此过程中得出完全不同的结果。因此提出一个问题，正如部分观点所认为的，在适用新法时，执行机关是否还能进行实施，或者执行机关是否必须因为缺乏确定性全 55.27

---

[81]联邦法院裁判，载《新法学周刊》，1993年，第1801页。

[82]联邦法院裁判，载《新法学周刊》，1983年，第2773页；普维庭，载《国际私法与程序法实务》，1985年，第137页、第139页。

[83]关于改革前的法律状态，参见联邦法院裁判，载《新法学周刊》，1993年，第1803页和前一版，边码55.26以下，附证明。

[84]对此佐勒/盖默，第1122条，边码1。

[85]前一版边码55.27。

部或部分拒绝执行。鉴于有一些在拒绝程序中主张违反公序良俗和违反听审时会加重债务人负担的法律体系,这种拒绝看起来并非没有疑虑。在给付义务的内容不清楚确定的情况下,尽管缺乏确定性,但是强制执行法仍然使债务人遭受国家的强制干预,这样,强制执行法看起来与对程序的法治国之最低要求根本不相符合。在这方面,我们很难认为新规范是对之前适用的模式的成功的继续发展。

4. 换算问题

55.28 名义实施的特殊问题是国外货币的换算。如果判决内容是国外货币,那么执行机关准用《德国民法典》第 244 条第 2 款根据有效支付时刻的汇率进行换算。如果国外裁判对用外国货币的支付用欧元数额表示(如“相当于当下 10000 欧元的英镑”),这样首先要以国外判决中所确定的为标准。没有这样的表示,那么对换算时间应当适用法院地法(lex fori)还是准据法(lex causae),有争议——实践中经常是相同状况,某些情况下有所不同;原则上更多理由支持准据法。[86] 可执行宣告程序的法院可以并应该说明换算的时间。

5. 法律救济

55.29 《欧洲审判籍与执行法》第 54 条第 2 款规定,任何当事人都可以在法院主张撤销措施的调整或者命令的调整。《民事诉讼法》第 1114 条对此进行如下具体化,强制执行法的一般法律救济

---

[86]关于大量的争议问题联邦法院裁判,载《国际私法与程序法实务》,1985 年,第 101 页;1986 年,第 157 页;《新法学周刊裁判报告》,1987 年,第 378 页;哈尼施,载《经济法杂志》,1988 年,第 341 页以下;沙克,载《国际民事程序法》,边码 963 以下,附证明;详细的,参见巴赫曼:《强制执行中的外币债务》,1994 年(也有与英国和法国的法律比较)。

向双方当事人敞开：[87]如果调整或者补充是通过法院执行员或者执行法院的措施进行的，可以根据《民事诉讼法》第 766 条提起抗议(第 1114 条第 1 项)；如果是执行法院的裁判或者诉讼法院的执行措施，可以根据第 793 条提起立即抗告(第 1114 条第 2 项)；在不动产登记局的执行措施中可以考虑依《土地登记簿法》第 71 条的抗告(第 1114 条第 3 项)。在法律救济的范围内特别可以主张，尽管有调整的可能性，但是执行机关拒绝了名义的调整，或者调整导致了名义产生超出起源成员国法律规定的效力(《欧洲审判籍与执行法》第 54 条第 1 款第 2 附款)。这些法律救济与可能的基于拒绝承认执行的类似程序的关系，至今没有最终被澄清。

四、欧洲的国际债权抵押

文献指引：戈特瓦尔德：《国际强制执行》，载《国际私法与程序法实务》，1991 年，第 285 页以下、第 288 页以下；马阔特(Marquordt)：《国际债权扣押的权利》，1975 年；米尔豪森(Mühlhausen)：《德国法院对国人在国外银行存款的执行措施》，载《经济法、银行法与证券通讯杂志》，1986 年，第 937～960 页、第 985～991 页；默斯勒(Mössle)、《国际债权扣押——特别考虑瑞士、德国和法国》，1991 年；雷赫尔(Reichel)：《国际债权扣押》，载《民法实务档案》，第 131 卷，1929 年，第 293～313 页；莱茵施泰因(Rheinstein)：《对金钱债权的国外强制执行的国内意义》，载《拉贝尔外国与国际私法杂志》，第 8 卷，1934 年，第 277～309 页；罗森鲍姆(Rosenbaum)：《国际权利交易中对债权的强制执行》，1930 年；沙克：《金钱债权的国际强制执行》，载《德国司法》，1980 年，第 175～178 页；韦特尔(Welter)：《涉外情况中对债权的强制执行和假扣押——特别是账户扣押》，1988 年；施蒂尔纳：《欧盟的跨境执行程序》，载《汉克尔祝寿文集》，1995 年，第 863 页以下。

---

[87]舒施克/瓦克尔－詹尼森，《民事诉讼法》第 1114 条边码 3；《联邦议会印刊》，第 18/823 卷，第 22 页。

(一)主权法和欧洲法

55.30 对于涉及国外的债权抵押至今[88]没有特别的欧洲法;特别是《欧洲审判籍与执行法》对扣押裁定不适用(通说)。原则上债权扣押服从欧盟国家的主权法,然而此时出现了联盟一致的解释问题和主权国际私法的实施问题。

(二)德国自治法

如果仅仅执行债务人或者第三债务人[89]在国内有处所,德国
55.31 自治法就会肯定对债权扣押的德国的国际管辖(第 823 条第 2 款、第 23 条)。问题主要出现在向国外的第三债务人(第 823 条第 3 款)的有效送达中:首先送达根据《欧洲送达条例》,[90]只有在欧洲送达法不适用的情况下,才考虑根据 1965 年的海牙送达协定进行送达(《欧洲送达条例》第 20 条)。[91] 与海牙送达协定(《海牙送达协定》第 13 条)相对,根据《欧洲送达条例》的送达简单化了,因为每项公序良俗审查被排除,[92]另外,除了规定从转达地点到接受地点的转达(《欧洲送达条例》第 4 条以下)还规定了通过邮政的转达(《欧洲送达条例》第 14 条)。[93] 只要第三债务人在扣押国有处所,就可以对在德国的债务人的国外扣押行为根据德国自治法予

---

[88]例外的是 2014 年 5 月 15 日欧洲议会和参议院的关于鉴于民商事领域简化债权跨境索要而对欧洲的暂时账户扣押裁定的实施程序的第 655/2014 号条例(欧盟)。

[89]例子:联邦法院裁判,载《新法学周刊》,1983 年,第 2773 页。

[90]关于可适用性,参见施塔德勒,载《国际私法与程序法实务》,2001 年,第 514 页;2002 年,第 471 页;赫斯,载《新法学周刊》,2002 年,第 2417 页、第 2421 页以下——各自关于旧的《欧洲送达条例》。

[91]与丹麦的关系中适用海牙送达协议,比较《欧洲送达条例》第 1 条第 3 款。

[92]施罗瑟尔,《欧洲送达条例》第 1 条之前;慕斯拉克/施塔德勒,《欧洲送达条例》第 1 条之前。

[93]在德国通过附回执的挂号信(第 1068 条)。

以承认;如果仅债务人在执行国居住,拒绝承认。[94]

(三)欧盟内国际债权扣押的封闭体系

目前的法律实践总是不令人满意。扣押行为的直接向外国送 55.32
达是对外国领土的主权侵害的国家行为;然而,如果求助于《欧洲送达条例》和——与丹麦关系中——1965 年的《海牙送达协定》或者双边附加协议,则恰恰不存在违反国际法的侵犯他国主权的行为,因为送达国参与了其中。送达请求违反送达国的公序良俗在《欧洲送达条例》范围内不重要,反之,在海牙协定中根据国家的自我认识判断;在此情况下经常被否定。

在欧盟,欧盟条约的基本自由迫使进行与条约一致的解释,以及与条约一致地运用主权法和条约法,这尽可能地实现了稳定的跨境法律交往和权利保护。这意味着,欧盟国家内部不允许拒绝根据《欧洲送达条例》、1965 年的《海牙送达协定》或者双边附加协议向债务人或第三债务人送达,只要送达对有效的债权扣押或者权利扣押有必要;共同法要求的也包括对扣押裁定和转付裁定的承认。[95] 该裁定在对第三债务人的诉讼中是积极合法证明或者——正如在罗马法域部分的或者某些情况下根据执行法官的裁判——它自己允许对第三债务人进行执行。

例子:如果德国执行债务人 S 对巴黎的第三债务人 DS 有债
权,债权人则可以在债务人处所地的德国初级法院,根据第 829 条 55.33
和第 835 条申请扣押裁定和转付裁定;扣押随着向法国的第三债务人的送达而产生效力(第 829 条第 3 款)。向法国的送达根据欧洲送达条例通过法国机关转达或者通过邮政送达(附回执的挂

[94]其他例子:《帝国法院民事裁判集》,第 77 卷,第 250 页(德国扣押对国外清偿的优先权的特别情况)。

[95]在此意义上一般性的,参见默斯勒,引文同上,第 238 页;附保留相似的,参见沙克,载《国际民事程序法》,边码 985。

号信)。德国的司法管理部门如果拒绝转交送达申请,债权人可以在有管辖的州高等法院提起诉讼(《欧洲审判籍与执行法》第24条以下)。法国如果拒绝请求,则违反《欧洲送达条例》和《欧洲联盟条约》。债权人对第三债务人在法国提起诉讼的情况下,法国必须承认债权人的积极合法证明。债权人也可以在法国进行扣押债务人对第三人的债权(Saisie – attribution)的程序(1992年敕令第55条以下)。它以向德国债务人告知(„*dénonciation par acte d' huissier de justice*")为条件,对此德国的送达援助是必要的,如果不可能在法国通过拟制的法国国内法上一项特殊的送达方式进行国内送达。[96] 只要第三债务人承认债权,或者不能认真地驳斥,德国债权人可以在执行程序中获得对法国第三债务人DS的名义(1992年敕令第60条、第64条、第67条)。

55.34 相反,如果债权人意欲对巴黎的债务人执行,债务人对德国的第三债务人有债权,那么"扣押债务人对第三人的债权"(Saisie – attribution),在法国以向德国的第三债务人送达(„*signification de l' acte d' huissier de justice*")为条件,对此德国必须根据《欧洲送达条例》提供送达援助。如果在执行程序中对德国的第三债务人产生了执行名义,原则上它可以在德国被执行(《欧洲审判籍与执行法》第39条以下);对第三债务人只在法国进行了拟制的国内送达,以至于存在违反《欧洲审判籍与执行法》第45条第1款第b项的情况时(但是非常有争议),拒绝承认的申请才可能获得成功。对于债权人和第三债务人之间关于债权的超出简易审查的法律争议,必须保留《欧洲审判籍与执行法》的一般管辖权(非常有问题!)。债权人也可以在德国申请扣押裁定和转付裁定,向债务人的送达是没有问题的国内送达。根据第829条,在法国向债务人送达需要通过拟制的国内送达进行,并附债务人的告知(第184

[96]详细的,参见默斯勒,引文同上,第205页以下关于法国旧执行法。

条)。如果第三债务人不支付,任何情况下债权人在德国必须提起诉讼,争得支付名义。我们看到:如果第三债务人没有实质拒绝事由的话,法国的执行似乎并非没有吸引力。

结论上,债权人在所有的方法中有自由选择权,但有优势的解决方案对债权人最为有利。

(四)对暂时账户扣押的欧洲裁定

欧洲立法者认识到,跨境交易中实施扣押裁定在目前的法律 55.35
状态下不能令人满意,为了避免债权人的执行攫取,债务人将他的银行财产转账到其他成员国(《欧洲账户扣押条例》),债权人的债权执行因此受到危险。为了对这个执行法中明显的规范漏洞进行补充,2014 年引入"鉴于简化民商事领域债权跨境索要而作出的关于暂时账户扣押的欧洲裁定",[97]2017 年 1 月 18 日生效(《欧洲账户扣押条例》第 54 条第 2 句)。预计接下来的几个月会转化成德国法。[98] 这样,除了国内法的可能性,还有对暂时扣押的附加措施可供债权人选择(《欧洲账户扣押条例》第 1 条第 2 款)。

1. 适用范围

《欧洲账户扣押条例》的适用范围与《欧洲审判籍与执行法》 55.36
的适用范围大部分相当(比较《欧洲账户扣押条例》第 2 条;《欧洲审判籍与执行法》第 1 条):程序仅对民商事领域的跨境法律事务适用,不取决于作出裁判法院的性质。"跨境法律事务"的概念在《欧洲账户扣押条例》第 3 条中进行了定义。与条例的广泛保护目的相适应,债权人可以在法院程序之前、之中以及之后获得暂时

---

[97]2014 年 5 月 15 号欧洲议会和参议院的关于鉴于民商事领域简化债权跨境索要而对欧洲的暂时账户扣押裁定的实施程序的第 655/2014 号条例(欧盟),载《官方公报》第 1 189 号,第 59 页(《欧洲账户扣押条例》)。

[98]第一个政府草案已近存在(《联邦议会印刊》,第 18/7560 卷);特别计划的是,重要的实施规定应当落实,借此《民事诉讼法》第 8 编扩充一个第 6 章(《民事诉讼法政府草案》第 946 条至第 959 条)。

账户扣押裁定(《欧洲账户扣押条例》第 5 条第 a 项、第 b 项)。反之,对相同债务人为了担保相同债权而授予扣押裁定的相似申请不允许(《欧洲账户扣押条例》第 16 条)。

2. 扣押裁定的作出和执行程序

55.37 将来对作出裁定有管辖权的,原则上是主案法院(《欧洲账户扣押条例》第 6 条,《民事诉讼法政府草案》第 946 条第 1 款联合《民事诉讼法》第 943 条、第 944 条);在以《欧洲账户扣押条例》第 4 条第 10 项意义上的正式书证为基础进行的执行中适用特别规定(《欧洲账户扣押条例》第 6 条第 4 款,《民事诉讼法政府草案》第 946 条第 2 款)。根据《欧洲账户扣押条例》第 8 条第 1 款申请以表格的形式提出[《欧洲账户扣押条例》第 52 条第 2 款联合第 182/2011 号条例(欧盟)的 4 条],其中《欧洲账户扣押条例》第 8 条第 2 款定义了申请框架内需要说明的信息。法院授予暂时扣押的裁定,如果债权人提交充分的证明手段,可以促使法院合理地认为,迫切需要以暂时扣押裁定的形式作出保全措施,因为存在没有该保全措施债权人对债务人的执行将不可能或者难度增大的实际危险(《欧洲账户扣押条例》第 7 条第 1 款)。以债权人提交以及附加于申请中的信息和证明手段为基础(《欧洲账户扣押条例》第 9 条第 1 款第 1 句),法院通过书面程序作出裁判。在德国法中,债权人允许使用一切证明手段以及代替宣誓的保证,此过程中只有立即进行的举证才是允许的(《民事诉讼法政府草案》第 947 条第 1 款)。某些情况下,为了能实现执行,债权人对债务人国内账户也有问讯请求权(《欧洲账户扣押条例》第 14 条)。[99] 法院审查,《欧洲账户扣押条例》的所有前提和条件是否满足,对是否授予即时作出裁判,最晚要在《欧洲账户扣押条例》第 18 条第 1 ~ 5 款列

---

[99] 有管辖权的问讯机关是联邦司法局;比较,其他具体情况在《民事诉讼法政府草案》第 948 条。

举的期限内(《欧洲账户扣押条例》第 17 条第 1 款、第 2 款)。关于裁定内容的细节在《欧洲账户扣押条例》第 19 条规定中。任何情况下暂时扣押裁定都不得超过债权人在申请中申请的额度(当事人处分权原则——《欧洲账户扣押条例》第 17 条第 4 款第 2 附款)。某些情况下债权人有义务提供担保(《欧洲账户扣押条例》第 12 条)。作出裁定前没有赋予债务人法定听审权(《欧洲账户扣押条例》第 11 条);根据《欧洲账户扣押条例》第 28 条向债务人送达。

在将来,原则上《民事诉讼法》第 8 编的一般执行规定适用于暂时账户扣押裁定的执行(《民事诉讼法政府草案》第 950 条),只要从《欧洲账户扣押条例》或者《民事诉讼法政府草案》第 951 条至第 957 条中不能得出不同的规定。对裁定送达的具体规范规定在《民事诉讼法政府草案》第 951 条以下条款。《欧洲账户扣押条例》第 24 条规定了扣押裁定针对的持有账户的银行的程序;相反,银行根据《欧洲账户扣押条例》第 24 条第 2 款的条件进行扣押。[100] 国内扣押禁止在暂时账户扣押的欧洲裁定范围内也适用(《欧洲账户扣押条例》第 31 条第 1 款)。如果债权人对债务人没有提起主案程序或者没有即时提起主案程序,原则上可以通过裁定撤回扣押裁定(《欧洲账户扣押条例》第 10 条第 2 款;《民事诉讼法政府草案》第 949 条)。根据《欧洲账户扣押条例》第 20 条暂时扣押有效,直至裁定被撤销(第 a 项)、裁定的执行终止(第 b 项),或者,债权人对裁定担保的债权所取得的法院裁判的执行措施在鉴于经裁定暂时扣押的金钱有效(第 c 项)。 55.38

3. 国外裁定的承认与执行

类推《欧洲审判籍与执行法》新法,在成员国根据《欧洲账户扣押条例》授予的裁定在其他成员国将来得到承认,不需要特别 55.39

---

[100] 信用机构的责任根据《欧洲账户扣押条例》第 26 条按执行国法律确定。

的程序;它在成员国可以执行,不需要可执行宣告(《欧洲账户扣押条例》第 22 条)。根据《欧洲账户扣押条例》第 23 条第 1 款暂时扣押裁定根据程序规范执行,该程序规范在成员国内对同等重要的国内裁定的执行也适用。裁定与同等重要的国内裁定有相同位阶(《欧洲账户扣押条例》第 32 条)。在《欧洲账户扣押条例》中没有明确规定的全部的程序法问题,根据实施程序的成员国法律确定(《欧洲账户扣押条例》第 46 条第 1 款)。某些情况下,要在裁定中附翻译(《欧洲账户扣押条例》第 23 条第 4 款);反之,不需要认证(Legalisation)(《欧洲账户扣押条例》第 40 条)。

4. 债务人和债权人的法律救济

55.40 针对法院的拒绝授予扣押裁定的裁判(比较《欧洲账户扣押条例》第 21 条)或者针对裁定的撤销(《欧洲账户扣押条例》第 10 条第 2 款,《民事诉讼法政府草案》第 949 条),债权人在未来有权以即时抗告的形式提起法律救济(《民事诉讼法政府草案》第 953 条)。在申请拒绝的情况下,30 天的抗告期限自裁判送达给债权人时开始(《欧洲账户扣押条例》第 21 条第 2 款,《民事诉讼法政府草案》第 953 条第 2 款)。扣押裁定撤销时的一个月的抗告期限是紧急期限,同样自送达开始(《民事诉讼法政府草案》第 953 条第 3 款)。

55.41 基于债务人的申请,起源成员国的法院撤回或者变更扣押裁定,只要《欧洲账户扣押条例》第 33 条第 1 款第 a ~ g 项规定的事由之一存在,特别是在《欧洲账户扣押条例》的条件和前提不成就的情况下。裁判通过裁定作出(《民事诉讼法政府草案》第 954 条第 1 款第 2 句)。债务人也可以根据《欧洲账户扣押条例》第 12 条只撤销法院关于债务人的担保给付的裁判(比较《民事诉讼法政府草案》第 954 条第 1 款第 3 句)。除此之外,债务人可以在实施执行的成员国内对扣押裁定的执行进行防御;具体情况在《欧洲账户扣押条例》第 34 条以及《民事诉讼法政府草案》第 954 条第2款。违反公序良俗只能在执行明显违反执行成员国的公共秩序的情况下主张(《欧洲账户扣押条例》第34条第2款)。此外,只要裁定所依据的情况变更,债权人和债务人还可以根据《欧洲账户扣押条例》第35条的条件申请变更或者撤销裁定。针对根据《民事诉讼法政府草案》第954条联合《欧洲账户扣押条例》第33条至第35条的裁判可以提起即时抗告(《民事诉讼法政府草案》第956条;《欧洲账户扣押条例》第37条);在跨境的暂时账户扣押中,排除法律抗告(《民事诉讼法政府草案》第957条)。

5. 损害赔偿

债权人对债务人基于不合法作出的扣押裁定产生的所有的损失,之后都要承担责任(比较《欧洲账户扣押条例》第13条)。与 55.43
《民事诉讼法》第945条相反,欧洲的预案规定了债权人的过错责任。[101] 德国立法者将预案对在国内执行的暂时账户扣押的裁定的开启过度地进行了转化:如果这个裁定从一开始就证明是不合理的,那么债权人承担无过错赔偿债务人因为裁定的执行而产生的损失的义务(《民事诉讼法政府草案(ZPO - RegE)》第958条第1句)。其余的在《欧洲账户扣押条例》第13条第2款中保留(《民事诉讼法政府草案》第958条第2句)。

6. 评价

通过未来引入对暂时账户扣押的欧洲裁定,欧洲立法者填补 55.44
了跨境执行措施实现中的明显的法律漏洞。我们通过有效介入债务人的银行财产将债权人的法律地位显著加强。放弃承认程序是目前法律发展方向,正如它在修订的《欧洲审判籍与执行法》的范围内表明的那样,应当为欧洲联盟成为统一的司法和法律空间的

---

[101] 债务人承担证明责任,在此某些情况下介入证明简化(《欧洲账户扣押条例》第1款第2句、第2款)。对债权人责任适用的法律根据《欧洲账户扣押条例》第4款,原则上是执行国法律。

目标作出贡献。暂时账户扣押的欧洲裁定在实践中是否能实现,仍有疑问。尽管程序期间密集,条例法和起源国及执行国的国家程序法和执行法之间整体的相互影响可能导致,但跨境执行中介入的效率目标不能完全达到。

五、作为、不作为和意思表示的欧洲执行

文献引导:布伦斯(Bruns):《利于债权人的强制金——欧洲未来模式?》,载《民事诉讼法杂志》,第118卷,2005年,第3页;雷米恩(Remien),《通过强制金实现权利》,1992年(巴尔评论,载《法学家杂志》,1993年,第603页);沙克,载《民事诉讼法杂志》,第106卷,1993年,第554页;格罗特豪斯(Grothaus):《附国外效力的国内执行》,2010年;黑泽(Heese):《借助治外法权的行为执行的事实声明》,载《民事诉讼法杂志》,第124卷,2011年,第73页;施罗瑟尔:《非金钱给付判决的跨境执行》,载《莱普德祝寿文集》,2009年,第435页;施塔德勒(Stadler):《跨境行为执行时的国内强制金》,载《国际私法与程序法实务》,2003年,第430页;施蒂尔纳,载《拉贝尔外国与国际私法杂志》,1994年,第4号;施蒂尔纳:《欧盟跨境执行程序》,载《汉克尔祝寿文集》,1995年,第863页以下;施图茨(A. Stutz):《〈关于欧洲民商事案件法院管辖及法院裁判之执行的公约〉视域下国际行为执行和不作为执行》,1992年。

(一)原物返还执行

55.45 如果其他欧盟国家的法院判决返还原物,德国的执行机关准用第883条以下条款实施程序,只要物位于德国。这一点的适用不取决于,其他欧盟国家是否对这种形式的名义的执行也有对物执行,还是只有对人的执行(强制性罚款、拘留),或者两种形式都有。如果外国法院根据自己的法律已经在对人的执行中确定了可能的强制性罚款,我认为,对这一强制性罚款名义的德国的金钱执

行应当是可能的(比较《欧洲审判籍与执行法》第55条)。[102]

例子:如果英国法院判决德国的债务人返还一辆位于德国的私人汽车,德国的法院执行员基于债权人的申请取走私人汽车(第883条),将其交给英国的债权人。但是,如果英国法院——例外地——已经命令了“强制金”——也即不是授予直接强制意义上的实物执行中的“归还财产令”[103]——,那么德国的执行机关必须依债权人申请以金钱执行的方式追收“强制金”,并将它交给(英国的?)国库(比较《欧洲审判籍与执行法》第54条第1款第1附款——非常有争议)。 55.46

反之,德国的原物返还判决在其他欧盟国家必须借助那里的执行手段实现。为了使国内执行产生国外效果,[104]或者使外国金钱执行成为可能,德国法院不能根据第888条确定强制金。这与执行介入的合法性和执行方式的类型法定(numerus clausus)不相符,因为返还判决不允许行为执行。 55.47

55.48 例子:德国法院判决英国的债务人返还位于英国的私家汽车,这样德国的债权人可以通过“财产返还令”在英国进行执行,或者——例外地——实施强制制裁。德国法院不可以通过对德国财产进行执行的强制金使英国的债务人服从,或者像执行英国财产的金钱债权名义那样使英国债务人屈服。

[102]《欧洲审判籍与执行法》第55条在内容上基本与旧法《欧洲审判籍与执行法》第49条相符。与此处相同,参见雷米恩,引文同上,第324页关于旧的法律状态;不同观点,参见沙克,载《国际民事程序法》,边码1081以下。

[103]对此,参见《民事诉讼法》,1998年,表格1,45号法,规则4(Schedule 1, R. S. C. order 45, Rule 4);雷米恩,引文同上,第110页以下。

[104]不同观点,参见欧洲共同体法院裁判,载《新法学周刊》,2011年,第3568页(根据《民事诉讼法》第888条、第890条的治安裁定和强制金裁定是《欧洲审判籍与执行法》第2条意义上的裁判);沙克,载《国际民事程序法》,边码1081。

(二)作为的执行

1. 可替代的行为

当一个欧盟国家的外国法院命令由德国债务人承担费用的代

55.49 履行(Ersatzvornahme)(比如《法国民法典》第1144条),那么从德国法院的义务中得出,代履行费在必要情况下通过德国金钱债权执行来追收(比较《欧洲审判籍与执行法》第54条第1款第1附款)。然而,对代履行,其他欧洲国家经常比德国法律制度实际应用的更少。比如在英国通常情况下对“损害”的名义内容是“足额补偿”,根本不赋予“实际履行”(specific performance)。若在德国领域内必须强迫债务人容忍可替代的行为,那么德国执行机关根据第892条进行程序。

55.50 例子:法国法院判决在法国有处所的债务人,清除他的位于德国的不动产上的违反竞争的广告文字,这些文字抹黑了作为原告的竞争者。此外,判决了代履行的费用(《法国民法典》第1144条)。德国执行机构必须执行金钱债权,紧迫的情况下可以通过债权人的受委托人用暴力清除(第892条)。

55.51 当德国法院判决国外的可替代行为时,它可以自己确定国外的代履行的金额,其他欧盟国家必须通过金钱债权执行追回金额(《欧洲审判籍与执行法》第39条)。国外执行机关必须借助它的强制手段强迫容忍国外不动产上的代履行,比如法国的“为债权人的强制金”(astreinte),或者英国的“藐视法庭罚金(contempt fine)”;没有这些强制手段的国家——比如意大利——执行会失败。在这样的情况中,可能有意义的是,在德国获得一个附加的容忍名义,并根据第888条进行。

例子：[105]两个德国人在西班牙有比邻而居的地产。原告在德国起诉被告，为了取得一个判决被告有义务在他的位于西班牙的地产上安装栅栏的判决。进行执行的方式是，德国法院命令了代履行，其中金钱额度可以在德国或者西班牙直接执行。代履行的容忍首要通过外国的强制手段实施；在西班牙执行法中没有这样的服从手段的情况下，[106]在这方面，执行会失败。这里德国的名义可能有帮助。但是德国名义必须另外裁判，因为根据对可替代行为的判决，不得进行容忍执行。强制金可以在德国或者西班牙执行。[107] 55.52

2. 不可替代的行为

本处同样有两条路可以走：或者判决国确定强制金，债权人在执行国进行金钱债权的执行（《欧洲审判籍与执行法》第39条）；[108]或者债权人在执行国申请强制手段。在欧盟内，因为某些国家不存在对人执行，不执行情况下只判决损害赔偿（比如意大利），[109]这使关系变得复杂；存在强制金的，在部分国家流入国库（德国、英 55.53

---

[105]对此参见斯图加特法院裁判，载《民事诉讼法杂志》，第97卷，1984年，第487页以下，附名茨贝格评注；沙克：《国际民事程序法》，边码1077；部分驳回的，参见纽伦堡法院裁判，载《国际私法与程序法实务》，1974年，第188页。

[106]不明确！可选地，可替代行为情况下的代履行或者损害赔偿（LEC 2000年第706条），不可替代行为情况下的强制金或者损害赔偿（LEC 第709条）；违反不作为义务时的清除、损害赔偿或者刑事罚（LEC 第710条）；比较，奥特尔斯·拉莫斯（Ortells Ramos），载《民事诉讼法杂志》，第8卷，2003年，第201页、第212页以下、第224页以下；布伦斯，《民事诉讼法杂志》，第118卷，2005年，第3页、第12页。

[107]比较欧洲共同体法院裁判，载《新法学周刊》，2011年，第3568页以下。

[108]反对的，参见沙克，载《国际民事程序法》，边码1076以下。

[109]《意大利民法典》第2933条，《意大利民事诉讼法》第612条以下。《西班牙民事诉讼法》（LEC），2000年的改革一般性地引入了为强制不可替代行为的强制金（第709条）；对此，参见奥特尔斯·拉莫斯，载《民事诉讼法杂志》，第8卷，2003年，第201页、第212页以下。

国),在部分国家支付给债权人(法国法法域的"为债权人的强制金")。[110]《欧洲审判籍与执行法》第55条根据它的——德语的——文字一般性地允许在欧盟范围内执行强制金名义,根据它的起源它更与法国的"为债权人的强制金"相适应,该强制金在法国和比荷卢经济联盟国家向债权人支付。[111] 很多观点支持,这里让执行债权人在最惠国待遇意义上进行选择,是否在判决国同时对强制金作出判决,在执行国使金钱债权的执行得以进行,还是他想争取在执行国取得强制手段,如果在判决国应当强制进行行为。相反,判决国为了应在其他国家领域内实施之行为而作出的强制金命令,遭遇国际法和欧洲法的疑虑(非常有争议)。[112] 依通说,如果因此应当在国外作出行为,《欧洲审判籍和执行法》第55条不妨碍对判决国可执行的强制金进行命令。[113] 然而,如果强制金意欲强迫在执行国做出行为,不能通过《欧洲审判籍和执行法》第55条强制性地得出承认与执行。鉴于"强制金"(*astreinte*)从损害赔偿继续发展成屈服之手段,需要明确的规定,[114]因此,根据现行法,在判决国确定强制金,随后在执行国执行金钱债权,并不能

---

[110]详细的,参见雷米恩,引文同上,第192页以下;布伦斯,载《民事诉讼法杂志》,第118卷,2005年,第3页、第8页以下。

[111]更详细的,参见布伦斯,载《民事诉讼法杂志》,第118卷,2005年,第3页,第15页以下。

[112]不同观点,参见沙克:《国际民事程序法》,边码1078;雷米恩,引文同上,第299~300页,附证明;已经同本处参见施蒂尔纳,载哈布沙伊德,《与美国的司法冲突》,1986年,第25~27页,附证明。

[113]在此方面合理的,参见美因河畔法兰克福法院裁判,载《州高等法院报告》,2001年,第72页;科隆法院裁判,载《国际私法与程序法实务》,2003年,第446~447页(对此,参见施塔德勒,《国际私法与程序法实务》,2003年,第430页);汉堡法院裁判,载《新法学网上杂志》,2005年,第2956页(《卢加诺公约》)。

[114]布伦斯,载《民事诉讼法杂志》,第118卷,2005年,第3页、第16页。

在执行国没有强制手段的情况下掩盖权利保护的漏洞;[115]某些情况下,债务人可以主张违反公序良俗(《欧洲审判籍和执行法》第45条第1款第b项)。

例子:德国法院判决英国的记者撤回刊登于日报上并在德国传播的被证明不属实的报道,原告居住在德国。原则上原告可以选择,或者根据第888条申请确定强制金,并在英国同金钱名义一样实现,或者执行撤回名义(Widerruftitel),并且在必要时申请藐视法庭罚金(contempt - Strafe)。但是,在英国的执行可能因下列原因失败:应当在英国强制实施行为,撤回在媒体中的报道也违反英国的公序良俗,对此在拒绝执行的程序范围内可以主张(《欧洲审判籍和执行法》第47条、第45条第1款第b项;非常有问题)。 55.54

如果德国原告对意大利的记者获得了撤回名义,在意大利没有强制手段。他只能尝试,将在德国判决的强制金在意大利执行(公序良俗)。[116]

除了强制金,几个欧盟国家(德国、大不列颠)还规定拘留作为强制手段。我们必须认为,拘留只能由执行拘留的执行国的法院命令。对其他欧盟国家命令的拘留的执行,《欧洲审判籍和执行法》没有规定执行救助。 55.55

(三)不作为执行

对不作为名义,出发点是适用对可替代行为表达的基本原则。 55.56

---

[115]在对自然执行缺乏强制手段的情况下,存在整个欧洲的行为需求:施蒂尔纳,载《通往欧洲民事诉讼法之路》,1992年,第1页以下、第16页,附证明;马歇尔·L.斯托罗姆,《欧盟司法法的趋同/指令草案》,1994年,"斯托罗姆委员会"(Rapprochement du Droit Judiciaire/Projet de Directive,1994年,Storme - Kommission),边码13.1以下。

[116]其他例子:美因河畔法兰克福法院裁判,载《州高等法院报告》,2001年,第72页;科隆法院裁判,载《国际私法与程序法实务》,2003年,第446页(基于国外执行的必要性将可替代的行为评定为不可替代的行为——非常有问题!)。

对于容忍和不作为的名义,虽然在一般手段中屈服和压制是结合的,但应注意少有的特别情况。

55.57 其他欧盟国家法院的不作为和容忍名义(*ordonnance*,„*injunction*“等),德国法院必须在宣告可执行后通过秩序罚款或者秩序拘留进行执行。经常涉及的是简易程序的名义,以至于特别需要就是否保障法定听审进行审查。但是也需要注意,在有违反行为的情况下,根据第890条的秩序手段以过错为前提条件。如果外国法院已经判处了强制金,只要不是在德国强制不作为,就需要在德国执行该金钱名义(《欧洲审判籍和执行法》第55条),[117]在此,缺乏过错在执行拒绝程序的范围内被视为违反公序良俗(《欧洲审判籍和执行法》第45条第1款第a项)。

55.58 例子:法国法院判决德国竞争者停止违反竞争的广告。原告可以使“强制金”在法国确定,金钱名义在德国有利于自己执行,或者他可以将德国的不作为名义的执行与秩序罚款命令(第890条第2款)联系起来,[118]在德国使秩序罚款在诉讼法院中确定,该秩序罚款为国库之利益被执行(所有的都非常有争议)。

55.59 德国法院的不作为判决在欧盟其他成员国也可以执行(《欧洲审判籍和执行法》第39条),用他们的屈服手段[比如(法国)强制金、藐视之禁令等]进行强制。同样必然可能的是,在德国确定秩序罚款,在国外为司法部门财政之利益进行金钱债权的执行,无论如何只要不作为应当在国内被强制,就是如此(《欧洲审判籍和执行法》第55条)。与行为执行时相同,当其他欧盟国家没有规定相应的屈服手段时,这种可能性特别有趣。从国家主权的视角

---

[117]不同的案例参见联邦法院裁判,载《经济法、银行法与证券通讯杂志》,2000年,第635页以下(没有进行讨论)。

[118]未决地,参见联邦法院裁判,载《经济法、银行法与证券通讯杂志》,2000年,第635页、第637页以下。

看，违反欧盟其他国家公序良俗（《欧洲审判籍和执行法》第 45 条第 1 款第 a 项）更容易理解；如果拒绝这种可能性，当屈服手段仅在民事执行中缺失，在其他程序中完全存在时（比如西班牙的“金钱强制”*apremio pecuniario*），则很难成立违反公序良俗。《欧盟工作原理条例》第 260 条第 2 款也规定了为执行欧洲法院判决的对欧盟国家的强制金；民事诉讼法指导方针的一个前草案，与斯托姆委员会（*Storme – Kommission*）制定的相同，明确将强制金规定为必要的共同执行手段（第 13 项以下）。国内对跨境执行的抗议必须在公序良俗的范围内注意欧洲联盟法的基本原则。[119]

例子：德国法院对英国报纸的不作为判决必须在英国通过藐视之禁令执行；已经确定的德国的秩序罚款需要在英国通过金钱债权执行的方式追回，无论如何只要涉及在德国的不作为，就是如此。意大利法院或者西班牙法院虽然不能宣判秩序手段，但是必须执行德国的秩序罚款（所有的都非常有争议）。 55.60

如果我们肯定了在不作为执行中欧盟国家有配合的义务——可能通过使用自己的屈服手段，可能通过对强制金以及秩序罚款（《欧洲裁判权和执行法》第 55 条）的执行——，那么也应当一并肯定它有义务送达命令或者作出秩序罚款的名义：现在，新欧洲送达条例使这个义务具体化。新欧洲送达条例与《海牙送达公约》第 13 条不同，没有开启公序良俗审查。在尝试对强制命令的名义进行直接送达时，如果它不允许直接送达，存在对送达国国家主权的藐视；[120]不明确的是，送达国是否与《关于欧洲民商事案件法院管辖及法院裁判之执行的公约》规定的那样，在这种情况下允许 55.61

---

[119]详细的，参见联邦法院裁判，载《新法学周刊》，1994 年，第 3269 页、第 3272 页（右栏）附证明。

[120]沙克，载《国际民事程序法》，1980 年，第 592 页；甚至美国裁判也赞同强制命令的送达：联邦贸易委员会 v. 圣戈班 – 蓬阿穆松，636 F 2d 1300（哥伦比亚特区法院，1980 年）；完全的，参见贝德勒，载《主权与程序法》，1998 年，第 334 页以下。

拒绝对执行予以配合,因为在《欧洲审判籍与执行法》中没有与《关于欧洲民商事案件法院管辖及法院裁判之执行的公约》第47条第1项相适应的规定。这个问题主要在下面这种情况中有实践意义,也即当我们在强制命令的名义中拒绝拟制的国内送达时,正如根据具体的程序开启[121]几乎所有的欧盟国家都规定的那样[比如第183条第1款第2项、第3项,第184条;法国新《民事诉讼法(NCpc)》第689条第3款,第751条,第684条;谨慎的,意大利《民事诉讼法》第142条],因为拟制送达通常也以强制命令向外国通知为前提条件。

(四)意思表示的作出

55.62 对意思表示作出的执行,在欧盟存在四种不同的模式:随判决既判力的拟制(第894条;奥地利《执行法》第367条;法国)[122];通过法院受托人作出意思表示(英国[123]);通过特别的法院命令替代意思表示(西班牙);[124]如在不可替代的行为中的秩序手段或者强制手段(在德国和解的执行,在法国[125]和英国[126]选择性的执行手段)。无论是拟制,还是通过法院受托人作出意思表示,以及替代命令,其他欧盟国家必须承认,并将其作为法律判决的基础。在适

[121]对此,详细地,参见施蒂尔纳,载《法学家杂志》,1992年,第325页。

[122]比如,(法国)最高法院第三民庭,1970年1月19日,宫殿公报,1970年1月,282页;西姆勒,民法第1136条至第1145条,第1卷,第128号;雷米恩,引文同上,第135页;相同的,《荷兰民法典》第3:300条;另见边码59.27。

[123]1981年《高级法院法》,第39条;雅各布斯,载《民事司法构造》,1987年,第203页;雷米恩,引文同上,第135页;选择的,《荷兰民法典》第3:300条;相同的,《民事诉讼法》第848条第2款;另见边码59.52.

[124]《西班牙民事诉讼法典》,2000年,第708条!

[125]西姆勒,引文同上,第128条;非常有争议!

[126]一般性的关于将藐视作为辅助性的执行名义,雷米恩,引文同上,第110~112页;比如对藐视的,承诺戈特瓦尔德,载《国际私法与程序法实务》,1991年,第285页、第291页(右栏)。

用布鲁塞尔 1 号条例的情况下,为了法律安定性,在拟制和替代命令中还要认识到,在其他欧盟国家它们要在可执行宣告(旧法《欧洲审判籍和执行法》第 38 条以下)后才有效力。[127] 由于领事程序的废除,相反,基于新的《欧洲审判籍和执行法》现在可以认为,根据《欧洲审判籍和执行法》第 53 条,随着可执行宣告的签发就已经在其他成员国产生效力。当一个英国法院让法院受托人作出意思表示的时候,判决已经执行了,其他的欧盟国家必须承认该意思表示在它们国家的效力,类似于在国际债权扣押中,其他欧盟国家必须考虑扣押裁定的效力。如果意思表示像不可替代的行为那样通过秩序手段和强制手段被强迫作出,为不可替代行为指定的规则适用。依我的观点,在意思表示中也必须让债权人选择,他是否信赖执行国对判决效力的承认,还是在必要的情况下在执行国自己执行。

例子:德国承租人在适用德国法的情况下承租了位于慕尼黑 55.63
的商铺;出租人是生活在伦敦的英国人。租赁合同终止后,英国人拒绝在伦敦的银行作出退还押金的意思表示。如果德国法院判决作出退还表示(《欧洲审判籍和执行法》第 24 条第 1 项,争议!),德国的判决在英国是可以执行的(《欧洲审判籍和执行法》第 39 条以下),其后果是,德国原告可以对英国银行将判决效力作为反驳理由(第 894 条),在对英国银行的支付之诉中,英国银行受这个后果的约束。我们也可以对德国判决在英国的执行这样设想,即,法院受托人在适用英国执行法的情况下作出表示,或者对英国人作出藐视禁令(contempt - Sanktion)(有疑问!)。如果在一

---

[127]参见戈特瓦尔德,载《国际私法与程序法实务》,1991 年,第 285 页以下、第 290 页;罗森贝格/高尔/席尔肯,第 72 条,边码 14。可执行宣告后,拟制或者替代命令对拟制效力以及命令效力在判决国的时间点开始生效,这样就可以避免意思表示生效的两个不同的时间点;在执行国的可执行宣告有“溯及力”(对此批评的,参见戈特瓦尔德,载《国际私法与程序法实务》,1991 年,第 290 页)。

个——很难达成的——德国法院和解中包含了退还表示的义务，那么，当负有在德国作出意思表示的义务的时候，债权人或者为了接着在英国执行而使强制金在德国得以确定(《欧洲审判籍和执行法》第39条以下，第55条)，或者他可以在英国进行执行，就像在相应的判决中一样(《欧洲审判籍和执行法》第58条、第59条)。[128]

如果一个法国法院判决德国债务人基于德国法上的买卖合同
55.64 根据《德国民法典》第930条转让私人汽车所有权，随着法国判决产生既判力，意思表示视为已经作出，如果只有法国债权人获得签署的可执行证明(《欧洲审判籍和执行法》第39条以下)。德国法院必须将法国拟制作为他们的判决的基础。

55.65 总而言之，作出意思表示的判决在欧盟和在德国的作用不一样，因为绝大部分法律制度没有规定抽象原则，或者没有像德国法那样规定。[129]

六、在执行拒绝程序中内容的审查权限

(一)基本原则

55.66 在执行拒绝程序中没有合法性审查(《欧洲审判籍和执行法》第52条)。审查限于在《欧洲审判籍和执行法》第45条第1款中最后列举的承认拒绝事由：违反公序良俗、在启动程序的执行书状出现送达瑕疵时、违反了法定听审、对国内判决的异议、对之前其他成员国或者第三国作出的具有承认能力的裁判的异议、违反《欧洲审判籍和执行法》排他管辖权。根据《欧洲审判籍和执行法》权衡事由第30段，除此之外，在执行拒绝程序中，对执行拒绝或执行中止(比较《欧洲审判籍和执行法》第41条第2款)，申请人应该也可以主张被请求的成员国国内法中所规定的事由，只有

---

[128]关于执行可能性作为欧洲执行名义，参见边码55.72以下。

[129]施塔德勒：《抽象的形成自由及交易保护》，1996年。

它与被请求国法律体系一致，就是如此。最后所称的预防措施（Kautele）阻止了针对具有执行名义的请求权所主张的实体法抗辩，因为德国法对此规定了第767条的执行对抗之诉的特殊程序。[130] 下面应当对实践中最重要的在《欧洲审判籍和执行法》第45条第1款中规定的拒绝事由进行简短讨论；详细的论述毕竟是国际民事诉讼法教科书的任务。法律实践中，拒绝承认以及拒绝执行是极其例外的情况。欧盟国民还没有习惯，在欧盟内部的国外判决具有与国内判决相同的效力；这些判决经常是外国的缺席判决，并具有既判力，最终在可执行宣告程序中，让人惊讶地确定到，通过防御可以将这些判决取消。有意义的是，在实施程序的文书的国际送达中，提示欧盟广泛的判决效力和及时辩护的必要性。

（二）公序良俗（《欧洲审判籍和执行法》第45条第1款第a项）

在德国的执行宣告的法律现实中，违反公序良俗的作用不大。[131] 在那些比德国法判决了更多损害赔偿金额[132]的欧盟国家的 55.67
损害赔偿判决的情况下，联邦法院有道理地否定了构成违反公序良俗——尽管存在《德国民法实施法》第40条第3款，在不完全

---

[130]乌尔里奇，载《法学家杂志》，2016年，第127页、第136页；不同观点，参见劳舍尔/莱布勒，《布鲁塞尔Ia条例》，第45条，边码2；马施，载金德/梅勒－哈尼奇/沃尔夫，《布鲁塞尔Ia条例》第46条，边码3；冯·海因，载《国际经济法》，2013年，第97页、第110页。

[131]全面的，参见布伦斯，载《法学家杂志》，1999年，第278页（附比较法的指示）；施蒂尔纳，载《联邦法院祝寿文集》（第3卷），2000年，第677页；新近专著性的论述，参见托马：《国内公序良俗的欧洲化和联盟化》，2007年；福尔克尔：《公序良俗的教义学》，1998年。

[132]比较，关于旧法，《联邦法院民事裁判集》，第75卷，第167页、第171页（根据法国法总计的损害赔偿）；第88卷，第17页、第24页以下（在意大利法中交通事故后更高的责任金额）；对此，参见施迪芬/施蒂尔纳，《集会法》，1987年，第829页、第832页以下，附证明。

符合德国宪法标准的保证的判决情况下,也同样如此,[133]在符合规范的进行程序后,错误翻译日期传唤,[134]也是如此。联邦法院借此发展了承认法上的“国际公序良俗”,[135]比在《德国民法施行法》第6条范围内适用的条件更宽松。在《关于欧洲民商事案件法院管辖及法院裁判之执行的公约》和《欧洲审判籍和执行法》适用范围内,一共仅存三种情况,在这些情况中,联邦法院肯定了构成违反公序良俗:(1)在原程序中欺诈地取得被告的容忍[136];(2)过错引起死亡性交通事故的德国教师的直接责任,在意大利法中不应当因为国家赔偿原则(《德国基本法》第34条)违反公序良俗,而应当因为社会保障法的免除原则[旧法《帝国保险法》第636条、第637条,准用《社会法典(七)》第104条、第105条]而违反公序良俗,[137]在此提出的问题是,外国判决的承认在被起诉的德国公务员内部免责的情况下,是否并非更好的解决途径;(3)在不能亲自出席的被告(《欧洲保护人权与基本自由公约》第6条第1款)[138]拒绝

---

[133]《联邦法院民事裁判集》,第140卷,第395页、第397页以下(成问题的);对此,施蒂尔纳,载《联邦法院祝寿文集》(第3卷),载2000年,第677页、第685页。

[134]联邦法院裁判,载《新法学周刊裁判报告》,2002年,第1151页(审查责任——成问题的)。

[135]联邦法院裁判,载《新法学周刊裁判报告》,2012年,第1013~1014页。

[136]联邦法院裁判,载《国际私法与程序法实务》,1987年,第236页,附格伦斯基评注。

[137]《联邦法院民事裁判集》,第122卷,第16页;批评的,参见克朗克,《联邦法院裁判评论》(LM Nr. 42 – 45 zu EGÜbk)。

[138]根据向欧洲法院提交的草案:《联邦法院民事裁判集》,第144卷,第390页;欧洲共同体法院裁判,载《新法学周刊》,2000年,第1853页(对此参见莱普德,载《施托尔祝寿文集》,2001年,第625页以下);联邦法院裁判,载《国际私法与程序法实务》,1998年,第205页(草案决议)附皮肯布洛克评注。根据欧洲人权法院作出的法国裁判(载《国际私法与程序法实务》,2001年,第454页),法国最高法院追求刑事程序法的欧洲法一致的解释;加入裁判成立在违反《欧洲保护人权与基本自由公约》第6条第1句的情况下是否一定被排除,依然要等待;对此,参见马切尔,载《国际私法与程序法实务》,2001年,第428页。

律师代理情况下的加入程序中的判决。除此之外，特别是在诉讼欺诈中可能存在违反公序良俗。[139] 联邦法院谨慎的基本方针，在四级审查模式中被予以具体化：(1)确定传统的国内的公序良俗；(2)审查国内法律基本原则与欧盟法的一致性；(3)审查判决国作出不同规定的法律与共同体法的一致性；(4)审查裁判与判决国家的欧盟一致法的一致性。[140] 2015 年《欧洲审判籍和执行法》的改革也没有接受委员会最新关于删除公序良俗之保留的建议，这是正确的：[141]它对考虑成员国各自的宪法传统起调节作用，同时对修正成员国与共同欧洲的宪法标准不同之处起矫正作用(比如《欧洲保护人权与基本自由公约》第 6 条第 1 款)。公序良俗审查因此必须在欧盟法律基本原则的范围内运行，[142]要谨慎行使。[143] 通过限于明显违反，《欧洲审判籍和执行法》第45 条第1 款第 a 项反映了这一发展。存疑的情况下，我的观点是，可以而且必须向欧洲

---

[139]例子：联邦法院裁判，载《新法学周刊》，2004 年，第 2386 页、第 2388 页；《联邦法院民事裁判集》，第 141 卷，第 286 页、第 304 页(在适用第 328 条第 1 款第 4 项时美国联邦法院的判决)。

[140]主要的，参见施蒂尔纳，《联邦法院祝寿文集》(第 3 卷)，2000 年，第 677 页、第 688 页以下。

[141]比较，关于对委员会建议的批评，参见《联邦参议会印刊》，第 833/10(B)卷，第 1 页以下；盖默，载《西蒙塔祝寿文集》，2012 年，第 163 页、第 176 页以下；除此之外比较，布伦斯，载《法学家杂志》，1999 年，第 278 页、第 280 页以下(也关于美国的法律状况)；施蒂尔纳/鲍曼，载《法学家杂志》，2000 年，第 81 ~ 83 页；R. 瓦格纳，载《国际私法与程序法实务》，2002 年，第 75 页、第 89 页以下；施罗瑟尔，第 34 ~ 36 条，边码 2 结尾处；趋势不同的，参见莱普德，载《施托尔祝寿文集》，2001 年，第 625 页、第 644 页以下。

[142]正确的，参见联邦法院裁判，载《新法学周刊》，1993 年，第 3269 页、第 3272 页，(右栏)附证明。

[143]欧洲共同体法院裁判，载《新法学周刊》，2000 年，第 1853 ~ 1854 页(不出席时拒绝律师刑事辩护作为针对在加入程序中做出的名义的可能的拒绝事由)；2000 年，第 2185 ~ 2186 页(不违反在执行国基于竞争行为作出的损害赔偿判决)。

法院提交,[144]必要的情况下可以考虑对那些违反联盟法的基本原则通过主张公序良俗而拒绝执行的国家提起违反公约之诉(Vertragsverletzungsklage)。

55.68 非常有争议的是,如果执行债务人在判决国没有提起可能的法律救济,是否可以主张《欧洲审判籍和执行法》第45条第1款第a项。虽然联邦法院在对《关于欧洲民商事案件法院管辖及法院裁判之执行的公约》附带意见中对此部分地阐述,[145]但是被拒绝;相应的限制,欧洲立法者仅在《欧洲审判籍和执行法》第45条第1款第b项中明确予以接受。[146] 一般情况下,确定国外程序严重错误是不可能的;也要提出一个问题,我们是否必须对错误的法律适用和违反公序良俗的外国法进行区分。

(三)缺席判决情况下程序实施的文书的错误送达(《欧洲审判籍和执行法》第45条第1款第b项)

1. 及时性与方式的关系

55.69 在拒绝宣告可执行在实践中,最重要的情况是缺席程序中的送达瑕疵。[147] 在适用《关于欧洲民商事案件法院管辖及法院裁判之执行的公约》的情况下,及时性要求和符合规则性要求是彼此

---

[144]正确的,参见联邦法院裁判,载《国际私法与程序法实务》,1998年,第205页、第207页;《欧洲经济法杂志》,1999年,第26页。

[145]比如联邦法院裁判,载《新法学周刊》,1990年,第2201页、第2203页;特别是盖默,载《法学家杂志》,1969年,第15页;现在部分不同的,参见联邦法院裁判,载《新法学周刊》,2004年,第2386页、第2388页(排除仅在判决国内应诉的情况下)。

[146]同本文,沙克,载《国际民事程序法》,边码866(关于《关于欧洲民商事案件法院管辖及法院裁判之执行的公约》);不同观点,参见劳舍尔/莱布勒,《布鲁塞尔Ia条列》第45条,边码24。

[147]详细的,参见施蒂尔纳,载《法学家杂志》,1992年,第325页以下;施蒂尔纳,载《纳戈尔祝寿文集》,1987年,第446页以下;关于德国—美国的送达交际,参见施蒂尔纳/鲍曼,载《法学家杂志》,2000年,第81页以下。

独立的。[148] 不符合规则送达的程序实施文书在某些情况下也导致承认之障碍，哪怕它实际上使被告及时得知，也是如此；务实地从及时得知中推出合规则性的反对形式的观点，[149]不能在欧盟法院得到认同，因为它在程序实施中赋予法律确定性以优先地位。因此，在可执行宣告中需要全面审查及时性和合规则性。[150] 反之，过往的规则，在旧法《欧洲审判籍和执行法》第 34 条第 2 项中，从概念上放弃了合规则性，取而代之的是有防御可能的送达方式。这样可以防止，执行债务人以滥用权利的方式通过主张形式的送达瑕疵就逃避执行。[151]《欧洲审判籍和执行法》新法将这一规范不加修改地规定在《欧洲审判籍和执行法》第 45 条第 1 款第 b 项之中。

2. 及时性

在判断及时性时，欧洲法院赋予承认国法院和执行国法院一定程度上的具体案件自由裁量空间。[152] 起决定性作用的是距离、语言问题、与其他国家以及它们的法律制度和经济制度的亲密度、迫切性、难度和案件意义、之前的研究和早期历史。在边界邻近区域，几天时间，可能对交易伙伴已足，对交易没有经验的当事人，在远距离和有语言问题的情况下可能需要足足四星期时间。 55.70

---

[148]《欧洲共同体法院裁判集》，1981 年，第 1593 页（克伦布斯/米歇尔）；1990 年，第 2725 页（彼得斯和席格）；欧洲共同体法院裁判，载《欧洲经济法杂志》，2005 年，第 753 页（斯坎尼亚/罗金格尔）；联邦法院裁判，载《支付不能和执行》，2005 年，第 427 页。

[149]沙克，载《国际民事程序法》，边码 593，边码 615 以下、边码 848 以下；盖默，载《欧洲经济法杂志》，1990 年，第 354 页以下。

[150]《欧洲共同体法院裁判集》，1981 年，第 1593 页；1982 年，第 2723 页；1985 年，第 1779 页。

[151]KOM，1999 年，（第 348 页）结尾，第 25 页。

[152]清晰的，参见《欧洲共同体法院裁判集》，1985 年，第 1179 页。

3. 方式

在适用《关于欧洲民商事案件法院管辖及法院裁判之执行的
55.71 公约》的情况下,送达的符合规则性,根据判决国的法院地法以及对它适用的国际条约法确定,[153]而程序实施的送达是否以被告能辩护的方式进行,这一问题根据对《欧洲审判籍和执行法》的国内解释来回答。[154] 与《关于欧洲民商事案件法院管辖及法院裁判之执行的公约》相比,其中有所缓和,即不再是判决国——确定时该国法院地法是判断标准——的任何形式的送达错误都意味着缺乏符合规范性。[155] 另一方面,在送达时所遵守的程序法不符合欧洲程序法的标准(《欧洲保护人权与基本自由公约》第 6 条第 1 款)的情况下,自主规定的阻碍防御的"送达瑕疵"的范围——之前根本没有进行讨论——在具体情况中可以直接导致承认阻碍事由的扩张。因此,该规范中隐藏了权利的不安定性。在欧盟国家[156]之间,要重视欧洲送达条例,[157]该条例在权利救济程序中的运用,表征了什么是合格的送达。条例原则上规定了三种不同的送达途径:权利救济往来中的具名送达(《欧洲送达条例》第 4 条以下)、直接邮政送达(《欧洲送达条例》第 14 条)和当事人进行中的直接送达(《欧洲送达条例》第 15 条)。在联邦共和国主权领域,在当

---

[153]根本性地,参见欧洲共同体法院裁判,1990 年,第 2725 页(彼得斯和席格)。

[154]在这方面正确的,参见施罗瑟尔/赫斯,第 45 条,边码 21;不同观点,参见许斯特格,载托马斯/普策,第 45 条,边码 14。

[155]关于条例立法者的动机委员会的论证,KOM,1999 年,(第 348 页)结尾;例子:茨威布吕肯法院裁判,载《新法学周刊裁判报告》,2006 年,第 207～208 页。

[156]例外:丹麦,对丹麦暂时仍然适用 1965 年的海牙送达协定附附加协议。

[157]关于原始的《欧洲送达条例》;施塔德勒,载《国际私法与程序法实务》,2001 年,第 514 页以下;2002 年,第 471 页以下;赫斯,载《新法学周刊》,2002 年,第 2417 页以下;关于改革的《欧洲送达条例》,参见苏亚奇,载《新法学周刊》,2008 年,第 1628 页以下。

事人进行中当然不可能进行诉讼文书的直接送达。[158] 应当赞同的是,在2008年《欧洲送达条例》改革的范围内,加强了邮政送达时的对送达受领人的保护。《欧洲送达条例》第8条第4款现在明确地阐明,因为书面文书错误翻译引起的驳回权在这里也得到广泛传播。反之,将来仍然没有规定告知送达的书面文书的意义。此处暴露了一个保护漏洞,它与欧洲最低要求(《欧洲保护人权与基本自由公约》第6条)之间的一致性,肯定是有问题的。

自治法与条例法(Verordnungsrecht)的共存部分没有解决,欧盟国家在适用主权法时在何种程度上允许进行国内送达,它什么时候必须注意送达条例和送达救助。我们应当以送达条例的受限制的排他适用性为出发点。如果涉及的是国际上通常的送达要件:外国人逗留于国内、经营场所位于国内、送达受托人在国内(在法定强制代理时同样),不知道居住地时的公示送达等,针对外国被告的、程序实施的文书可以在国内进行送达。其他情况下,没有欧洲国家可以通过拟制的国内送达避开欧洲送达条例和送达国的实施规范(*legislatio in fraudem legis internationalis*),因为,否则,过度的国内送达要件可能恰恰使程序实施的文书(《欧洲送达条例》第19条)得不到保障。现在也可以从有防御可能的送达方式(《欧洲审判籍和执行法》第45条第1款第b项)的要求中得出是不允许进行这种规避。 55.72

例子:如果一个法国人在巴黎起诉一个斯图加特的德国交易伙伴,向它在法国逗留的经理个人送达,可以作为国内送达(《法 55.73

---

[158]《欧洲送达条例》第15条第2款旧法中的保留条款在2008年《欧洲送达条例》改革的范围内被取消。《欧洲送达条例》第15条第2款新法允许当事人进行时的送达,但是未来也只用在根据送达国法律许可的情况下。诉讼文书的送达根据德国法必须在依职权进行时作出(第166条第2款)。批评的,参见赫斯,载《国际私法与程序法实务》,2008年,第477页以下;苏亚奇,载《新法学周刊》,2008年,第1628页、第1630页。

国民事诉讼法》第654条第2款)。原则上不可能的是,通过放置于检察院而进行送达,视为拟制的国内送达(《法国民事诉讼法》第684条),毋宁说正式送达必须根据《欧洲送达条例》,必要时根据德国施行法(《送达施行法》)进行。与法国的冲突因此得以缓和,即法国法除了特殊的送达方式(*remise au parquet*),还规定了通过挂号信告知外国人和通过规定途径的转交。根据通常的法国的理解,主要的只有向检察院的送达。根据本文的观点,只有符合规范的送达才是关键性的。[159] 其中根据《欧洲送达条例》可能的、不告知送达意义的纯邮政送达,鉴于与欧洲最低要求(《欧洲保护人权与基本自由公约》第6条第1款,《欧洲审判籍和执行法》第45条第1款第b项)的一致性方面,并非没有疑虑。

4. 程序实施的文书

55.74 根据通说,程序实施的文书中,[160]不必准确注明争议对象:比如离婚诉讼的送达也应该同时覆盖对婚后抚养费的诉讼,[161]支付之诉的送达应当覆盖诉讼后的争议,[162]或者,甚至刑事诉讼的送达应当覆盖附带民事程序。[163] 按我的观点,程序实施的文书必须如同参与国法律所要求的那样注明诉讼标的;在这其中不存在不被允许的合法性审查(《欧洲审判籍和执行法》第52条),而是在限

---

[159]详细的,参见鲍尔/施蒂尔纳:《强制执行法,破产法与和解法案例及解答》,案例26;施蒂尔纳,载《法学家杂志》,1992年,第325页、第327页以下。

[160]对日期邀请不予准用;联邦法院裁判,载《新法学周刊裁判报告》,2002年,第1151页。

[161]联邦法院裁判,载《新法学周刊》,1990年,第2201页以下。

[162]联邦法院裁判,载《新法学周刊裁判报告》,1987年,第377~378页,附格伦斯基批评的评注;《国际私法与程序法实务》,1987年,第219页。

[163]海尔特根波士法院(Gerichtshof's – Hertogenbosch),1981年6月25日的判决,工具书系列D I–27.2. –B 17;未决的,参见联邦法院裁判,载《欧洲经济法杂志》,1991年,第571页;欧洲共同体法院裁判,载《新法学周刊》,1993年,第2091页、第2092页以下。

定国外的诉讼负担的情况下，为了保证听审而进行的尝试；条例自治规定的诉讼标的定义——就像欧洲法院在与其他的诉讼系属的关联中、方法中和既判力学说中发展的那样——在这方面，不太清晰。

5. 治愈

欧洲送达条例中也没有对错误送达的治愈进行规定。[164] 在《关于欧洲民商事案件法院管辖及法院裁判之执行的公约》和海牙送达协定适用的情况下，欧洲法院——有点神秘莫测的——宣告判决国法律和国际条约法是标准，在适用《欧洲送达条例》的情况下，欧洲法院认为——根本不太清楚——判决国法院地法和欧洲送达条例是标准。[165] 相应地，现在允许根据起源成员国法律和欧盟法（《欧洲审判籍和执行法》第 45 条第 1 款第 b 项、《欧洲保护人权与基本自由公约》第 6 条第 1 款）。只要欧洲送达条例参照送达国的法律，送达国法律——以共同一致性为条件——对治愈也适用（《欧洲送达条例》第 7 条第 1 款）。治愈根据的总是判定送达是否有瑕疵的法律。 55.75

例子：如果被告因为翻译错误拒绝接收程序实施文书（《欧洲送达条例》第 8 条），送达不符合规范（不需要《欧洲送达条例》明确规定或允许治愈），送达在某些情况下也没有使被告可能进行防御（《欧洲审判籍和执行法》第 45 条第 1 款第 b 项）。反之，如果向德国有限公司的经理人进行的替代送达有瑕疵（《欧洲送达条例》第 7 条第 1 款、第 170 条第 2 款、第 178 条第 1 款第 2 项）， 55.76

---

[164] 批评的，参见施塔德勒，载《国际私法与程序法实务》，2001 年，第 514 页、第 520 页以下。

[165] 现在如此，欧洲共同体法院裁判，载《新法学周刊》，2006 年，第 491 页（莱夫勒/柏林化学股份公司）；有关《关于欧洲民商事案件法院管辖及法院裁判之执行的公约》，载《欧洲共同体法院裁判集》，1990 年，第 2725 页（彼得斯和席格）。

那么对治愈适用第189条,而不是判决国的治愈法。[166] 相反,如果在作为判决国的法国向德国被告的分公司送达(《法国民事诉讼法》第654条、第655条),那么对有瑕疵的国内送达的治愈,适用法国法(《法国民事诉讼法》第693条、第694条、第112条以下、第114条)。

55.77 与《关于欧洲民商事案件法院管辖及法院裁判之执行的公约》[167]的规定不同,如果在判决国对缺席判决没有提起法律救济,根据《欧洲审判籍和执行法》第45条第1款第b项,送达瑕疵并不构成承认之障碍。这一更新,最后失败了。鉴于瑕疵的严重性——违反法定听审原则——我认为,让被告承担诉讼实施负担(Prozessfuehrungslast),根本不合理。当送达尽管符合判决国的法律,却没有使被告有可能防御时(《欧洲审判籍和执行法》第45条第1款第b项),瑕疵不得在判决国通过的法律救济而成为可被纠正的。因此对排除规定(Praeklussionsvorschrift)应限制地进行解释,即其适用以违反判决国送达法以及《欧洲送达条例》为前提条件。

6. 改革

55.78 尽管2008年生效的新《欧洲送达条例》消除了原条例的几处瑕疵,但是始终有改革的需要:对律师强制的告知、迟延后果和欧盟内的可执行性;在适格前提条件下的公示送达。

(四)与国内裁判不一致(《欧洲审判籍和执行法》第45条第1款第c项)

55.79 国外裁判与国内裁判——不依赖于它的优先权——不一致,具有一定的意义。在判断不一致性时,欧洲法院不会将——经常性

---

[166]我认为不正确,参见联邦法院裁判,载《新法学周刊》,1993年,第2688页,争取适用参与国法律,即英国法;详细的,参见施蒂尔纳,载《法学家杂志》,1992年,第325页、第331页。

[167]参见欧洲共同体法院裁判,载《法学家杂志》,1993年,第357页,附施蒂尔纳评注;联邦法院裁判,载《新法学周刊》,1993年,第2688页。

不同的——判决国以及执行国的既判力效果联系在一起，[168]而是将“相互排除的法律后果”关联在一起，正如当存在国内判决时，[169]或者在暂时权利保护程序中出现矛盾裁判时，在国外分居抚养费判决中所出现的相互排除的法律后果那样。[170] 在这里，欧洲法院的出发点也是——可能是无意识的——合同自治的争议对象定义以及既判力定义，这个定义——与罗马法和英美法的基础模型相适应——包括非常广泛的裁判的基础因素，这样，当判决的基础因素矛盾时，就出现了不一致。法国通过了它的非常广泛的既判力理论，以及英国在退出欧洲联盟的公投中公民多数表示同意之后，欧洲法院未来是否以及在何种程度上遵守这一基本政策，是一个不确定的问题。

例子：如果一个德国的抚养费判决使丈夫在分居的情况下承担夫妻间的支付抚养费义务，而在此期间被荷兰的法院判决离婚，那么在荷兰的可执行宣告程序中就会出现不一致性问题。德国抚养费判决的既判力效果只包括抚养费判予，不包括对婚姻存续的有约束的裁判，不能存在有既判力的判决主文与离婚裁判之间的矛盾。支付义务方当事人必须在德国通过执行对抗之诉消除离婚之后的抚养费名义。只有在国内既判力的界限被忽视的情况下，才能与欧洲法院不一致，那么结果非常不确定。 55.80

只要联邦法院权衡后认为，旧《欧洲审判籍和执行法》第 34 条第 3 项（与《欧洲审判籍和执行法》第 45 条第 1 款第 c 项内容 55.81

---

[168]对此，参见沃尔夫，载《施瓦布祝寿文集》，1990 年，第 561～574 页。

[169]《欧洲共同体法院裁判集》，1988 年，第 645 页（霍夫曼/克里格）；载《新法学周刊》，1989 年，第 663 页；批评的，参见沙克，载《国际私法与程序法实务》，1989 年，第 141 页。

[170]《欧洲共同体法院裁判集》，2002 年，第 4995 页；载《新法学周刊》，2002 年，第 2087 页；联邦法院裁判，载《经济法、银行法与证券通讯杂志》，2000 年，第 635 页（申报裁定）。

一致)对国外判决与国内和解之间矛盾的情况适用,[171]那么条款的效力领域就以危险的方式被扩张了:对前置的和解进行限缩解释且不予以考虑的德国判决仍然可以执行(第 580 条第 7b 项、第 582 条)。[172] 对国外裁判不应当适用不同的规则。

(五)与可以承认的国外裁判不一致(《欧洲审判籍和执行法》第 45 条第 1 款第 d 项)

55.82 与成员国或者非成员国的可以承认的裁判不一致这一拒绝事由,首次被规定在旧法《欧洲审判籍和执行法》第 34 条第 4 项,填补了《关于欧洲民商事案件法院管辖及法院裁判之执行的公约》中仍然存在的规范漏洞。在改革的范围内,拒绝事由被《欧洲审判籍和执行法》第 45 条第 1 款第 d 项接受,且内容没有变更。对拒绝承认而言,关键的是,在因"同一请求权"而产生的争议中,具有被承认能力的裁判的优先性(《欧洲审判籍和执行法》第 45 条第 1 款第 d 项)。尽管表述不同,但在确定不一致时,无论如何都允许对欧盟内作出的裁判适用与《欧洲审判籍和执行法》第 45 条第 1 款第 c 项相同的标准。[173] 冲突规则扩张至非成员国作出的可以被承认的裁判,一方面使双边承认协定和执行协定成为可能,另一方面必然导致在欧盟内部各成员国作出的裁判的承认能力上有分歧。

58.83 例子:原告在法国对被告通过诉讼取得了损害赔偿的判决,该损害由发生在以色列的交通事故引起,在此之前,以色列法院驳回了相应的诉讼。如果相反的以色列判决在适用 1977 年《德国——以色列承认协定和执行协定》情况下得到承认,那么法国的裁判

---

[171]联邦法院裁判,载《欧洲经济法杂志》,1993 年,第 195 页(申报裁定)。

[172]之后,欧洲法院否定了不一致的国内裁判的拒绝理由;欧洲共同体法院裁判,载《欧洲经济法与税法》,1994 年,第 247 页(索罗/博赫);载《欧洲经济法杂志》,1994 年,第 760 页。

[173]同样的也有,参见劳舍尔/莱布勒,第 45 条,边码 69。

在德国的可执行宣告就会失败。双边的承认义务阻止了基于嗣后的成员国的裁判所进行的执行攫取。只有当遵守国际条约的承认义务和执行宣告义务违反德国的公序良俗时(《欧洲审判籍和执行法》第45条第1款第a项),才可以在没有拒绝事由的情况下拒绝执行法国的判决。

(六)对排他的欧洲审判籍的忽视(《欧洲审判籍和执行法》第45条第1款第e项)

忽视保护消费者的或者事实接近的排他之审判籍,会导致承认之障碍,对此要在执行拒绝程序(《欧洲审判籍和执行法》第46条)中审查。[174] 实践中有意义的是消费者(事务)审判籍,比如,适用于分期付款交易[175]或者消费者和银行之间的交易。[176] 2015年《欧洲审判籍和执行法》的改革新将劳动事务规定为排他审判籍(《欧洲审判籍和执行法》第20条以下)。现在,新《欧洲审判籍和执行法》第45条第1款字母e与i项将执行拒绝清楚地限制在典型的弱势一方当事人是被告的情况中。[177] 虽然一开始欧洲法院将租赁的排他审判籍进行了非常广泛的理解,[178]但是又试图通过限缩解释部分地避免不可接受的审判籍移转(商店转租、[179]关于假期 55.84

[174]在第一审级的可执行宣告程序中的考虑。

[175]关于分期付款买卖,参见《欧洲共同体法院裁判集》,1978年,第1445页(《关于欧洲民商事案件法院管辖及法院裁判之执行的公约》第13条第1款第1项)。

[176]欧洲共同体法院裁判,载《新法学周刊》,1993年,第1251页[经营性质的原告因为被让与的权利,不是消费者(事务)管辖]。

[177]对此参见劳舍尔/莱布勒,第45条,边码75以下。

[178]欧洲共同体法院裁判,载《新法学周刊》,1985年,第905页(在国外的德国人之间出租假期住宅产生的付款请求权);欧洲共同体法院裁判,载《国际私法与程序法实务》,1991年,第44页(关于位于不同国家的不动产的合同——分裂管辖权)。

[179]欧洲共同体法院裁判,载《新法学周刊》,1978年,第1107页(左页);载《欧洲共同体法院裁判集》,1977年,第2383页。

房的旅游活动合同)。[180] 对于假期住宅适用《欧洲审判籍和执行法》第 24 条第 1 项的特别规定,依此,除了事务地理位置审判籍,被告住所地也有审判籍,比如承租人(Mieter)或租地人(Paechter)是自然人,他与所有权人在同一个国家有住所。对执行物的排他审判籍特别包括执行异议之诉(第 767 条),但是它不允许导致对抵销债权的审判籍转移。[181] 债权人撤销之诉不属于《欧洲审判籍和执行法》第 22 条第 5 项规定的情况。[182] 根据《欧洲审判籍和执行法》第 22 条第 1 项它同样不成立排他的物权审判籍。[183] 物权审判籍也要进行狭义解释,限制在对任何人产生效力的权利的追索,[184]比如,不适用于对前占有人的用益赔偿请求权。[185]

七、对无争议的债权的欧洲执行名义

文献指引(摘选):R. 瓦格纳:《从布鲁塞尔协定到布鲁塞尔一号条例到欧洲执行名义》,载《国际私法与程序法实务》,2002 年,第 75 页;科勒:《欧洲承认法的体系变更:从〈欧洲审判籍与执行法〉到领事程序的废止》,载 J. 鲍尔/曼泽尔(编著):《欧洲冲突法中的体系变更》,2002 年,第 147 页;艾歇勒

[180] 欧洲共同体法院裁判,载《新法学周刊》,1992 年,第 1029 页;也比较联邦法院裁判,载《新法学周刊 - 裁判 - 报告》,2008 年,第 1381 ~ 1382 页(关于取得假期交换周的合同)。

[181] 欧洲共同体法院裁判,载《新法学周刊》,1985 年,第 2892 页;联邦法院裁判,载《新法学周刊》,2014 年,第 2798 页、第 2800 页(卢森堡协定第 22 条)。

[182] 欧洲共同体法院裁判,载《欧洲经济法杂志》,1992 年,第 447 页;施罗瑟尔,载《国际私法与程序法实务》,1993 年,第 17 页。

[183] 相反,支付不能撤销之诉不属于《欧洲审判籍和执行法》的适用领域。

[184] 欧洲共同体法院裁判,载《新法学周刊》,2014 年,第 1871 ~ 1872 页。

[185] 对《关于欧洲民商事案件法院管辖及法院裁判之执行的公约》第 16 条第 1 项,参见《欧洲共同体法院裁判集》,1990 年,第 1 ~ 27 页;载《国际私法与程序法实务》,1991 年,第 5 页;欧洲共同体法院裁判,载《欧洲经济法与税法》,1994 年,第 246 ~ 247 页。

(Eichele):《欧洲民事诉讼法的现实发展——通往欧洲执行名义之路》,载《联邦律师协会通讯》,2003年,第53页;许斯特格:《欧洲执行名义条例需要公序良俗条款吗?》,载《亚米祝寿文集》,2004年,第1卷,第371页;许斯特格:《欧洲执行名义》,载戈特瓦尔德(编著):《欧盟民事事务司法合作的前景》(2004年),第122页;施泰因(施泰因):《对无争议债权的欧洲执行名义生效——呼吁理性看待》,载《国际私法与程序法实务》,2004年,第181页;弗兰茨曼(Franzmann):《欧共体第805/2004号条例——公证书证全欧洲可以执行》,载《巴伐利亚州公证人协会通讯》2004年,第404页;普法伊费尔(Pfeiffer):《判决在欧洲统一且无条件适用》,载《亚米祝寿文集》,2004年,第657页以下;施泰因(Stein):《对无争议债权的欧洲执行——国外执行中开始退出领事程序》,载《欧洲经济法杂志》,2004年,第679页;赫斯:《欧洲执行名义和国内执行异议之诉》,载《国际私法与程序法实务》,2004年,第493页;劳舍尔:《对无争议债权的欧洲执行名义》,载《国际私法与程序法实务》,2004年;施塔德勒:《欧洲民事诉讼程序法——欧洲能承受多快的加速?——对欧洲执行名义条例及其基础理念的批评》,载《国际私法与程序法实务》,2004年,第2页;施塔德勒:《对欧洲执行名义的批评》,载《国际经济法》,2004年,第801页;莱布勒/雷曼:《无争议债权的欧洲执行名义条例及其对公证实践的影响》,载《公证人杂志》,2004年,第453页;R. 瓦格纳:《欧洲执行名义的新欧共体条例》,载《国际私法与程序法实务》,2005年,第189页;R. 瓦格纳:《欧洲执行名义》,载《新法学周刊》,2005年,第1157页;科斯特-瓦尔杰恩:《新欧洲执行名义》,载《法律学习》,2005年,第394页;雷勒迈尔(Rellermeyer):《无争议债权的欧洲执行名义》,载《德国司法》,2005年,第389页。

(一)意义

2005年10月21日有效力的《关于无争议债权的欧洲执行名 55.85

义的实施条例》[186]在适用范围领域根本性地改革了欧洲强制执行：放弃一般性的欧洲的、内容有约束力的管辖规则，废除领事程序，通过起源法院要式地确认创设欧盟范围内可以执行的名义，废除公序良俗保留。由此产生广泛的平等对待成员国执行名义，虽然限于“无争议的名义”，但是在实践中，这种名义是欧盟跨境可执行裁判的大部分。[187] 借此《欧洲执行名义条例》(EuVTVO)成为欧洲强制执行法体系转换的第一块基石，之后通过《小额债权的欧洲程序》(EuGFVO)和《欧洲催告程序条例》(EuMVVO)的实施，以及通过2015年《欧洲审判籍和执行法》的改革继续向前推进。这个体系转换建立的基础是，尽管根据司法程度的国内民事诉讼法存在分歧，但原则上认为所有相关的司法程序价值相同。[188]

55.86 欧洲执行名义条例对除了丹麦以外的欧盟所有成员国适用(《欧洲执行名义条例》第2条第3款)。《欧洲执行名义条例》的事务适用领域与《欧洲审判籍和执行法》相同：包括民商事领域，但有周知的例外(《欧洲执行名义条例》第2条第1款和第2款)。在此《欧洲执行名义条例》也明确表明，“主权行为”例外(比较《欧洲审判籍和执行法》第1条第1款第2句)。原则上适合的名义是裁判、法院和解和关于无争议债权的正式证书(《欧洲执行名

---

[186] 2004年4月21日欧洲议会和参议会关于对无争议的债权欧洲执行名义的实施的第805/2004号条例(欧盟)(《官方公报》第L 143号，第15页；《官方公报》，2005年，第L 97号，第64页；2008年，第L 50号，第71页)附后续变更。

[187] 欧洲经济和社会委员会的观点(《欧共体官方公报》，2003年，第C 85号，第1页以下)认为是90%(3.1)。

[188] 比较，《欧洲执行名义条例》权衡事由8，13和18，《欧共体官方公报》，2004年第L 143号，第15页以下；批评的，参见科勒，载鲍尔/曼泽尔，第147页、第156页(“模拟”与“拟制”)；施塔德勒，载《国际私法与程序法实务》，2004年，第2页、第6页以下；雅莫/科勒，载《国际私法与程序法实务》，2004年，第481页、第483页左栏(“跳进混沌”)。

义条例》第 3 条第 1 款、第 4 款第 1 项）。自主地进行解释的[189]概念“无争议”要广泛定义（《欧洲执行名义条例》第 3 条第 1 款）：承认裁判、可执行证书、因为自始迟延或者在程序进行中产生的迟延的缺席判决、执行证明；被确认为欧洲执行名义的裁判的嗣后撤销不对基础性债权的“无争议”的品质有影响（《欧洲执行名义条例》第 3 条第 2 款）。

（二）确认程序的基本特点

1. 对作为欧洲执行名义的确认的管辖权

55.87 确认作为欧洲执行名义可以随时基于向授予名义的起源法院提出申请而作出（《欧洲执行名义条例》第 6 条第 1 款）；在法院和解中申请向和解达成的法院提出（《欧洲执行名义条例》第 24 条第 1 款）。条例只规定了到达管辖权，没有规定裁判权，这样就有可能是同一个法官设立名义并确认它作为欧洲执行名义。[190] 在德国，确认的管辖权属于执行条款授予管辖权的法院或者公证员（第 1079 条第 1 项、第 724 条第 2 款、第 795 条、第 797 条第 1 款、第 2 款）。法院有管辖权的情况下，功能管辖是第一审级法院的司法辅助员（《司法辅助员法》第 20 条第 11 项、第 724 条第 2 款）；在可执行的证书中，通常存在设立公证员和确认公证员之间的人的一致性（第 797 条第 2 款第 1 句，《联邦公证员法》第 45 条第 1 款）。

2. 确认之前提条件

55.88 确认的前提条件被予以完全规定（《欧洲执行名义条例》第 6 条第 1 款）：在起源国的可执行，不违反《欧洲审判籍与执行法》规定的保全事务的特别管辖（以前是旧法《欧洲审判籍与执行法》第

---

[189] 欧洲共同体法院裁判，2016 年 6 月 16 日判决，C－511/14。

[190] 批评的，参见施塔德勒，载《国际经济法》2004 年，第 801 页、第 805 页左栏，附证明。

8~14 条,现在是《欧洲审判籍与执行法》第 10~16 条),或者排他审判籍(以前是旧法《欧洲审判籍与执行法》第 22 条,现在是《欧洲审判籍与执行法》第 24 条),在无争议债权程序中遵守最低规定(《欧洲执行名义条例》第 12~19 条),以及当债权人是企业而债务人是消费者时,[191]消费者住所地国家法院基于没有主张法律救济的情况(《欧洲执行名义条例》第 3 条第 1 款第 b、c 项)对消费者交易中的债权作出的执行名义。[192] 除此之外,确认的条件是,在根据《欧洲执行名义条例》第 14 条没有及时送达的情况下或者在无过错没有及时送达的情况下,债务人可以在起源国提起法律救济(《欧洲执行名义条例》第 19 条)。维持一般的和没有明确规定的特别管辖权,根据《欧洲审判籍与执行法》不是确认作为欧洲执行名义的条件,这样,行使了一个《欧洲审判籍与执行法》所不允许的过分的管辖权(《欧洲审判籍与执行法》第 3 条第 2 款联合附录一)也不妨碍创设欧盟范围内可执行的名义。

例子:虽然在买卖合同中约定了德国法院有排他的国际管辖
55.89 权,但基于诉之送达,一个汉堡的商人在他在伦敦度假期间被他的交易人起诉至英国法院,要求支付买卖价款(《欧洲审判籍与执行法》第 25 条)。在《欧洲审判籍与执行法》适用的情况下,英国法院必须否定自己的管辖权(《欧洲审判籍与执行法》第 5 条第 2 款联合《欧洲审判籍与执行法》第 76 条),在此,对在德国的执行之违反,即使基于公序良俗,也不能否认(《欧洲审判籍与执行法》第 45 条第 3 款、第 46 条、第 52 条)。相反,确认为欧洲执行名义是绝对允许的,这样,在英国被起诉者的诉讼负担以难以承受的方式

---

[191]在两个消费者之间的关系中《欧洲执行名义条例》第 6 条第 1 款第 d 项不适用,参见欧洲共同体法院裁判,载《欧洲经济法杂志》,2014 年,第 147 页以下,附苏亚奇评注。

[192]对此详细的以及关于《欧洲执行名义条例》第 6 条第 1 款第 d 项失败的条文,参见劳舍尔/帕博斯特,《欧洲执行名义条例》第 6 条边码 31 以下。

被扩大了。最后提出的是,这种构建与欧洲公平的法治国程序的基本保障的一致性问题(《欧洲保护人权与基本自由公约》第 6 条第 1 款)。

反之,一个慕尼黑的个人周末城市游时来到伦敦,伦敦的互联网商店起诉他支付之前在德国作出的线上订购,并向德国人送达,在此,确认之允许性的前提条件并不构成(《欧洲执行名义条例》第 6 条第 1 款第 d 项)。尽管如此,对于在被告没有提出法律救济时作出的裁判之确认,要通过向英国起源法院提出申请,才能撤销(《欧洲执行名义条例》第 10 条第 1 款第 b 项)——终究是一个对被告保护完全不充分的妥协。

确认前提条件的核心是执行名义条例第三章中对没有提出法律救济的裁判(Saeumnisentscheidung)(《欧洲执行名义条例》第 3 条第 1 款第 b、c 项)的最低规范(《欧洲执行名义条例》第 12 条以下)。必要的是特定形式的附带接收证明的送达或者没有接收证明(《欧洲执行名义条例》第 13 条、第 14 条)的送达,在实施程序的文书(《欧洲执行名义条例》第 16 条)中就争议标的向债务人作出的、符合规定的告知,以及就债权争议之程序法要求和不争议(反驳)的后果,向债务人作出的符合规定的告知(《欧洲执行名义条例》第 17 条)。对拟制的送达形式,比如对根据第 185 条以下的公示送达或者法国的拟制送达(*remise au parquet*)未予以规定,这是合理的。[193] 要求有接收证明的人之送达,允许的是:要求书面接收证明的邮政送达和要求接收确认的电子送达(《欧洲执行名义条例》第 13 条第 1 款),用私人地址向共同居住人或者受雇人的选择性的替代送达,在债务人工作的经营场所,通过放置于信箱,送达邮局并通知,用起源国地址的没有形式证明的邮政送达或 55.90

[193]对此比较欧洲共同体法院裁判,载《欧洲经济法杂志》,2012 年,第 382 页、第 386 页以下,附巴赫评注。

者——在提前同意的情况下——附自动发送确认的电子送达(《欧洲执行名义条例》第14条第1款)。允许向代理人送达——轮廓不清晰(《欧洲执行名义条例》第15条)。[194] 没有规定送达方式的等级,降低了对债务人的保护水平。[195] 在国外送达中,欧洲送达条例适用。在2008年《欧洲送达条例》改革中,将接收人基于没有翻译的拒绝权,扩展至邮政送达情况(《欧洲送达条例》第8条第1款、第4款),这对债务人保护有很大意义。如果裁判在遵守《欧洲执行名义条例》第13条、第14条的送达规范的情况下被送达,并且尽管被告知债务人没有提起针对裁判的法律救济(《欧洲执行名义条例》第18条),那么对违反《欧洲执行名义条例》第13条至第17条的最低规范的治愈(代理人送达、告知争议对象、告知防御的可能性)是可能的。

55.91 例子:德国杜塞尔多夫时装专卖店店主在巴黎的时装屋订货后被起诉支付价款。通过附回执的挂号信进行送达,但是没有告知债务额度(《欧洲执行名义条例》第16条)。没有告知,根据《欧洲执行名义条例》第16条第b项可以治愈,如果裁判的送达符合规范且附有接收确认(《欧洲执行名义条例》第13条第1款第a项或第c项),并且符合规范地对可能的全部权利救济予以告知,但没有提出法律救济(《欧洲执行名义条例》第18条第1款)。反之,通过法国的特别送达(*remise au parquet*)进行的诉讼送达违反了《欧洲执行名义条例》的最低标准,不可治愈;但是如果——法国法院对此进行判断——紧接着合规地被送达的对债务人的非要式通知符合《欧洲执行名义条例》第13~19条的要求,并且该通知可以认定为是与进行实施程序文书相符的文书(《欧洲执行名义条例》第13条第1款、第18条第1款、第19条),该瑕疵就是可

---

[194]批评的,参见赫斯,载《新法学周刊》,2002年,第2417页、第2426页(脚注164)。

[195]对此,参见施塔德勒,载《国际经济法》,2004年,第801页、第806页。

以克服的。

3. 签发确认和起源国的法律救济

确认名义作为欧洲执行名义，无须债务人听审，格式化地用撰写裁判、和解或者证书的语言作出（《欧洲执行名义条例》第 9 条、第 24 条第 1 款、第 25 条第 1 款）。如果仅对名义的某部分成就确认条件，可以进行部分确认（《欧洲执行名义条例》第 8 条）。确认的签发不需要提前进行债务人听审（第 1080 条第 1 款第 2 句）。在德国签发的确认要依职权向债务人送达（第 1080 条第 1 款第 2 句）。针对确认，债务人只能求助于起源国的确认法院以及确认机构（《欧洲执行名义条例》第 10 条、第 21 条第 2 款）。裁判管辖权在任何情况下都在初级法院。根据德国法司法辅助员有功能管辖权（第 1081 条第 1 款第 3 句，《司法辅助员法》第 20 条第 11 款）。这一规范是否与《欧洲执行名义条例》的预定规范一致，并非没有疑问。[196] 在名义和确认因为“实体法的错误”不一致时，可以申请更正（《欧洲执行名义条例》第 10 条第 1 款第 a 项，第 1081 条第 1 款、第 3 款），或者在“明确”违反确认条件的情况下，申请撤销确认（《欧洲执行名义条例》第 10 条第 1 款第 a 项，第 1081 条第 1 款、第 2 款）。依《欧洲执行名义条例》针对确认，在起源国没有其他法律救济（《欧洲执行名义条例》第 10 条第 4 款）；虽然条例没有规定功能上的裁判管辖，但是根据德国法，在司法辅助员作出确认的情况下，提出司法辅助员异议（《司法辅助员法》第 11 条第 2 款）的可能性，有可能与《欧洲执行名义条例》第 10 条第 4 款不一致（有争议）。关于针对拒绝确认的法律救济，第 1080 条第 2 款转引到关于名义授予裁判的规范：在裁判、法院和解和法院证书 55.92

[196] 比较欧洲共同体法院裁判，载《欧洲经济法杂志》，2016 年，第 235 页、第 237 页：《欧洲执行名义条例》要求《欧盟工作原理条约》意义上的“法院”的裁判，办事处书记员的确认不足以满足《欧洲执行名义条例》的要求。

中是其他抗告(第567条第1款第2项,《司法辅助员法》第11条第1款),[197]在可执行的公证的证书的情况下是抗告(《家事及非诉事件裁判权程序法》第58条以下,《公证书法》第11条第1款);针对抗告裁判,在允许的情况下,是法律抗告(第574条第1款第2项,《家事及非诉事件裁判权程序法》第70条)。

55.93 针对通知申请或撤销申请被驳回的情况,没有法律手段(第1081条第3款、第319条第3款);司法辅助员抗告是允许的(《司法辅助员法》第11条第2款,《欧洲执行名义条例》第10条第2款)。[198] 针对作出更正或者撤销的裁定,可以通过立即抗告撤销(第1081条第3款、第319条第3款、第567条第1款第1项);[199]针对抗告裁判,在允许的情况下,可以提起法律抗告(第574条第1款第2项)。针对更正申请和撤销申请的驳回,以及针对基于债权人申请作出的更正,债务人可以撤销,这不违背《欧洲执行名义条例》第10条第4款,因为对于更正程序和撤回程序适用执行国法院地法(《欧洲执行名义条例》第10条第2款)。

4. 向欧洲法院提交

55.94 在解释存疑的情况下,为了初步裁判,进行确认程序的法院可以且必须将向欧洲法院提交对于裁判重要的法律问题,如果它的裁判根据国内法不再可以借助法律手段而被撤销(《欧盟工作原理条约》第267条第3款)。尽管条例可以直接适用,当更正程序和撤销程序根据《欧洲执行名义条例》第10条不属于国内法的法律手段时,在任何应当作出确认的程序中,存疑时都要向欧洲法院提交(《欧洲执行名义条例》第10条第4款;《德国基本法》第101

---

[197]佐勒/盖默,第1080条,边码4。

[198]联邦法院裁判,载《新法学周刊》,2012年,第858页。

[199]联邦法院裁判,载《新法学周刊》,2012年,第858页。

条第1款第2句)。[200] 广泛考虑的提交义务,并没有在实际进行的初步裁判程序的数量上得到反映。

(三)欧洲执行名义的可执行性以及在执行国的法律救济

1. 起源国可以执行的名义与国内名义同等地位

在起源国被确认为欧洲执行名义的国外名义,在执行国自动可以执行(《欧洲执行名义条例》第20条第1款第2句,第1082条);执行程序服从于执行国的法律(《欧洲执行名义条例》第20条第1款第1句)。领事程序不发生(《欧洲执行名义条例》第5条)。名义的可执行性原则上根据起源国法律(《欧洲执行名义条例》第11条、第20条第1款第2句),不取决于:强制执行是否在有担保给付的情况下才允许,还是无担保给付情况下也允许;担保给付的命令,在执行国原则上不允许(《欧洲执行名义条例》第20条第3款)。 55.95

因为缺乏可执行宣告程序,根据改革后的《欧洲审判籍与执行法》,在可执行宣告裁判中,对未决的或者不完成的名义没有具体化的可能性,这与旧法《欧洲审判籍与执行法》相同,符合通说(边码55.26以下)。因此欧洲执行名义的完成由执行机关进行,这隐藏了结果不一致的危险和提高法律不安定的危险。 55.96

2. 执行拒绝

基于债务人的申请,执行国有管辖权的法院可以把对欧洲执行名义的执行宣告为不被允许(《欧洲执行名义条例》第21条第1款);在德国有管辖权的是作为执行法院的初级法院(第1084条第1款第1句),原则上是强制执行地的初级法院有地域管辖权(第1084条第1款第2句,第764条第2款)。只有当欧洲执行名义与之前的国内裁判,或者与可以被承认的成员国的裁判,或者与第三国的裁判之间出现冲突时,如果这种冲突在欧洲名义的起源 55.97

---

[200] 联邦宪法法院裁判,载《新法学周刊》,1988年,第1456页以下,附证明。

国既没有得到主张,也不可能得到主张,才可以拒绝执行(《欧洲执行名义条例》第21条第1款)。裁判通过裁定作出;暂时命令以及执行行为的废除根据第1084条第2款,第769条第1款和第3款,第770条。根据《欧洲执行名义条例》违背公序良俗,在执行国同样不重要,[201]与程序实施中的送达错误一样,只在起源国的确认程序和撤销程序中才需要重视。

55.98 例子:外国原告在国外的附带民事程序中起诉德国被告。如果法院在符合规范的程序进行和书面异议后,根据之前的法国模式拒绝未出席的被告进行律师代理,取得的名义可以作为欧洲执行名义予以确认(《欧洲执行名义条例》第3条第1款第c项)。[202] 这样它将把欧盟范围内成员国国内名义同等对待,直接可以执行。尽管违反了基本法规定的保证法律上的听审这一基本原则,尽管违反了《欧洲保护人权与基本自由公约》第6条第1款和《欧盟基本权利宪章》第47条第2句,但是根据条例法,在德国拒绝执行是不允许的(《欧洲执行名义条例》第21条)。

西班牙的原告通过生活在德国的熟人完成了邮政送达,并附伪造的接收声明,由于还作了其他的诈骗性的事实陈述,获得了对所谓的债务人的判决,而债务人对一切都不知情。被确认为欧洲执行名义后,原告扣押了名义债务人在德国的营业账户。被告只能基于特殊情况(《欧洲执行名义条例》第19条第1款第b项)审查西班牙的裁判,或者提出撤销确认的申请(《欧洲执行名义条例》第10条第1款第b项),并根据《欧洲执行名义条例》第23条同时申请中止或限制在德国强制执行。

在违背公序良俗的情况下,德国基本权利的实质内容可能在

---

[201]联邦法院裁判,载《新法学周刊》,2014年,第2363页以下。

[202]欧洲共同体法院裁判,载《新法学周刊》,2000年,第1853页。法国最高院根据法国欧洲人权法院的判决变更了刑事程序的实践,在此不明确的是,违反人权的参加裁判是否排除了成立;对此,参见马切尔,载《国际私法与程序法实务》,2001年,第428页以下。

某些时候被如此地侵害,从而导致宪法抗告有望获得成功。否则只能求助于欧洲人权法院,这是一个长期而缓慢的过程。此外,鉴于已经完结的事实,人权法院的裁判经常是过迟的,故充其量仅还可能判决损害赔偿。

3. 执行的中止或限制

如果债务人在起源国申请对被确认之裁判的法律救济,或者申请更正或撤销确认,那么基于债务人的申请,执行可被限于保全 55.99
措施,或者取决于担保给付,或者在特殊情况下中止(《欧洲执行名义条例》第 23 条)。对国内执行有管辖的是作为执行法院的初级法院(第 1084 条第 1 款);通过不可撤销的暂时命令的裁判(第 1084 条第 3 款)。

4. 强制执行的法律救济

在国内执行中,针对欧洲执行名义可以提出执行对抗之诉 55.100
(第 1086 条),在此第 767 条第 2 款准用于法院和解。赋予提出执行对抗之诉,不违反《欧洲执行名义条例》,因为涉及的是对嗣后抗辩的考量,不涉及对被确认的裁判的审查(《欧洲执行名义条例》第 21 条第 2 款)。[203] 将第 767 条第 2 款准用于法院和解和可执行文书(第 1086 条第 2 款),违反德国法体系,其依据是禁止对起源国名义和它的确认进行审查(《欧洲执行名义条例》第 21 条第 2 款)。另外,抗议(第 766 条)、立即抗告(第 793 条)和依第 765a 条的执行保护,根据一般规则是允许的。

---

[203] 科隆州高级法院裁判,载《国际私法与程序法实务》,2015 年,第 158 页;《联邦议会印刊》,第 15/5222 卷,第 15 页;科斯特 - 瓦尔杰恩,载《法律学习》2005 年,第 394 页、第 397 页;不同观点,参见赫斯,载《国际私法与程序法实务》,2004 年,第 493 ~ 494 页(只有第 775 条第 4 项、第 5 项)。

(四)评价

欧洲执行名义在欧洲强制执行法中使债权人的特权得以实
55.101 现,对被告保护产生广泛后果。规范隐藏了大量难以回答的解释问题以及欧洲执行法中的法律不安定性。原则上放弃一般性有约束力的管辖规则,错误判断了附一般和特别审判籍的管辖体系对债务人的保护功能。事实存在的遵守《欧洲执行名义条例》的管辖体系这一诱因,终究不能对传统的共同欧洲的程序的公正性提供充分保障。裁判权实际完全转让给起源国通常的结果,是在欧洲范围内可以执行,使被告在国外负担过重的实施诉讼的负担,这种负担与欧盟公民的经验丰富度和期待视野不符,部分还超出不可承受之边界(比如邮政送达中的翻译瑕疵)。其他法院不对确认进行债的完全审查,弱化了对被告的程序的法律保护,鉴于确认可能在欧盟范围内进行执行的效力范畴,这根本不值得赞同。致力于共同欧洲的送达规则,原则上值得肯定,但是具体的构建不令人满意,因为没有明确送达方式的顺位,几个不允许的送达形式会引起严重的法律不安定性和滥用的危险。条例法中规定的通过法院审查,对确认为欧洲执行名义时最低条件的遵守,即便不是确实不可能,在实践中不少情况下也很困难。

55.102 条例立法者构想的出发点是,为了创设"没有争议的"执行名义,民事程序要完全平等,这不仅一如既往地缺乏基础,而且在比较法上至今没有对28个成员国的联盟进行科学的论证。终究是纯粹的拟制,这种拟制作为欧洲法律条例的基础对欧洲强制执行法有广泛的后果,这是不可负担的,因此程序的具体构建终究不能完全承受。特别是对东欧的新近欧盟成员国。特别严重的是在这种背景下放弃执行国的公序良俗监督。[204] 完全忽视成员国基本法

---

[204]不同观点,参见于斯特格,载《亚米祝寿文集》(第1卷),2004年,第371页、第385页;施泰因,载《国际私法与程序法实务》,2004年,第181页、第186页以下。

的对实体法和程序法的保证在这种形式上不符合国家法和欧洲法的融合水准,正如在主要法律中目前所发生的那样。另外,缺乏共同欧洲程序保障(《欧洲保护人权与基本自由公约》第 6 条第 1 款、《欧盟基本权利宪章》第 47 条第 2 句)的基本监督,这一瑕疵更加减弱了权利保护的效率。我认为,当基本权利保障在其本质内容上被忽略时,在监督欧盟法律行为方面,可被允许的宪法法院的自我限制的界限在某个时候就被突破了。

八、欧洲支付令

文献指引(摘选):冯·博恩斯托夫(von Bernstorff):《欧洲支付令》,载《国际经济法》,2008 年,第 548 页;恩豪斯:《欧洲支付令的最初经验》,载《欧洲经济法杂志》,2011 年,第 865 页;弗莱塔克(Freitag):《根据〈欧洲执行名义条例〉、〈欧洲催告条例〉和〈欧洲小额程序条例〉的欧洲名义的承认及效力》,载《克罗普勒祝寿文集》(2008 年),第 759 页;弗莱塔克/莱布勒:《欧洲跨境债权回收的简化:欧洲催告程序》,载《企业顾问》,2008 年,第 2750 页;赫斯/比特曼:《欧洲催告程序及小额债权欧洲程序条例——欧洲民事诉讼法迈出实质一体化的步伐》,载《国际私法与程序法实务》,2008 年,第 305 页;麦奎尔(McGuire):《新欧洲催告程序(欧洲催告程序条例):效率和债务人保护之间的不成比例》,载《共同私法杂志》2007 年,第 303 页;普罗伊斯(Preuß):《欧洲支付令的授予及审查》,载《民事诉讼法杂志》,第 122 卷(2009 年),第 3 页;罗特尔/斯帕孟(Röthel/Sparmann):《欧洲催告程序》,载《经济法、银行法与证券通讯杂志》,2007 年,第 1101 页;苏亚奇:《欧洲催告程序》,载《新法学周刊》,2007 年,第 1622 页;乌尔里奇:《欧洲催告程序的实际发展》,载《欧洲经济法杂志》,2016 年,第 369 页;福尔卡默/胡贝尔:《新欧洲民事程序法在德国——跨境债权实现及送达改善法》,载《新法学周刊》,2009 年,第 1105 页。

(一)意义

55.103 2006年12月31日生效的、其主要部分自2008年12月31日适用的《欧洲催告程序条例》(EuMVVO)[205]构成了通过《欧洲执行名义条例》的颁布而主导的体系转换的另一块基石。与《欧洲执行名义条例》相同,附欧洲支付令的《欧洲催告程序条例》也设立欧洲执行名义,在欧盟成员国内(除了丹麦)不需要提前的领事程序就可以进行执行。当然,在这之前债权人也可以决定,使依据国内催告程序而取得的执行名义根据《欧洲执行名义条例》第6条被确认为欧洲执行名义。因此《欧洲催告程序条例》主要的更新并不是将欧洲支付令设立为欧洲执行名义,而是首次为获得这样的执行名义构建了统一的欧洲私法程序。[206]

(二)适用领域

55.104 在主权方面和事务方面,《欧洲催告程序条例》的适用范围首先遵循已经共知的模板:除了丹麦之外的所有成员国(比较《欧洲催告程序条例》第2条、第3条),民商事有其他例外情况(《欧洲催告程序条例》第2条第1款、第2款)。《欧洲催告程序条例》只适用于追索到期的、量化的金钱债权(《欧洲催告程序条例》第4条)。这个适用领域再一次被《欧洲催告程序条例》第2条第2款第d项严重限制,因为它将合同外的请求权——只有极少数例外——完全从中排除了。[207]

(三)催告程序的基本特征

1.催告程序的管辖

55.105 依《欧洲催告程序条例》第6条第1款,催告程序的国际管辖

---

[205]2006年12月12日欧洲议会和参议会关于欧洲催告程序的实施第1809/2006号条例(欧盟)(《官方公报》,第L 399号,第1页;2008年,第L 46号,第52页,《官方公报》第L 333号,第17页)附后续变更。

[206]劳舍尔/格鲁伯:《欧洲催告程序条例》,引言,边码5以下。

[207]对此批评的,参见劳舍尔/格鲁伯:《欧洲催告程序条例》第2条,边码13以下。

根据《欧洲执行名义条例》确定。《欧洲催告程序条例》第 6 条第 2 款规定了对消费者的催告程序的特别规范：消费者住所地国法院的排他管辖。因为《欧洲催告程序条例》中没有其他的特别规定，这种排他管辖也包括消费者参与的保险合同，以及劳动合同。[208] 然而，鉴于欧洲法院对《欧洲执行名义条例》作出的司法裁判，[209]应该认为，《欧洲催告程序条例》第 6 条第 2 款只有在具体合同中消费者的交易对象是经营者的情况下才适用。[210] 在欧洲催告程序方面，欧盟法局限于国际管辖的规范。正如特别从《欧洲催告程序条例》第 29 条第 1 款第 a 项得出的，对事务管辖、地域管辖和功能管辖的确定是国内法的责任。这一点适用于《欧洲执行名义条例》从根本上在国际管辖之外也力求规范地域管辖的情况。[211] 借此，成员国有可能设立对全部国家领域都有管辖的中央催告法院。德国将这种可能性规定在第 1087 条：对全部欧洲催告程序有排他管辖的，在我们这里是柏林魏丁（Wiedding）法院。

2. 债权人的申请

债权人提出进行欧洲催告程序的申请，要使用《欧洲催告程序条例》附录一中包含的表格一（《欧洲催告程序条例》第 7 条第 1 款）。在申请中要对《欧洲催告程序条例》第 7 条第 2 款列出的事项进行说明，这一点特别有利于确定涉及的当事人和主张的债权的一致性。申请人要保证，他如实进行了说明（《欧洲催告程序条例》第 7 条第 3 款）。 55.106

---

[208] 劳舍尔/格鲁伯：《欧洲催告程序条例》第 6 条，边码 9；不同观点，参见《〈德国民事诉讼法〉慕尼黑评注》/乌尔里奇，《欧洲催告程序条例》第 6 条，边码 10。

[209] 欧洲共同体法院裁判，载《欧洲经济法杂志》，2014 年，第 147 页以下，附苏亚奇评注。

[210] 也如此，参见劳舍尔/格鲁伯：《欧洲催告程序条例》第 6 条，边码 7；《〈德国民事诉讼法〉慕尼黑评注》/乌尔里奇，《欧洲催告程序条例》第 6 条，边码 9。

[211] 劳舍尔/格鲁伯：《欧洲催告程序条例》第 6 条，边码 24。

3. 法院审查申请

55.107 授予欧洲支付令的申请到达后,法院首先审核他的管辖、《欧洲催告程序条例》的适用性以及申请的完整性(《欧洲催告程序条例》第8款第1句)。除此之外,在《欧洲催告程序条例》第8款第1句中规定,法院审查,“债权是否好像是成立的”,当债权“明显”不成立时,驳回申请(《欧洲催告程序条例》第11款第1句第b项)。这种正当合理性审查(Schuessigkeitspruefung)当然没有达到真正的决定性审查的审查度;[212]这一点已经得出,《欧洲催告程序条例》第8款第2句明确了自动审查程序的可能性。如果申请没有满足《欧洲催告程序条例》第7款的形式条件,那么在债权不是明显不成立或者申请不是不允许时,法院给申请人完善申请设置宽限期(《欧洲催告程序条例》第9条)。根据《欧洲催告程序条例》第11条第1款第c项,期限经过无果的后果是驳回申请。

4. 支付令的授予和送达

55.108 对申请的审查结束,得到积极的结论,则法院授予欧洲支付令(《欧洲催告程序条例》第12条第1款)。支付令应当与申请的副本、申诉可能性告知以及支付令的主要法律后果之告知,一并向被申请人送达(《欧洲催告程序条例》第12条第2款、第3款、第4款和第5款)。《欧洲催告程序条例》第13~15条规定了对符合规定的送达的最低要求。在国际执行领域中,特别迫切的语言问题在《欧洲催告程序条例》中也没有规范,特别是《欧洲催告程序条例》对支付令和申请的翻译未作规定。[213] 从中引起的对债务人的不公正通过送达法得到一定程度的缓和。在两个成员国之间进

---

[212]有争议;同本文,参见普罗伊斯,载《民事诉讼法杂志》,第122卷,2009年,第3页、第7页以下;许斯特格,载托马斯/普策:《欧洲催告程序条例》,第1096条附录,第8条,边码2。

[213]对此详细的,参见劳舍尔/格鲁伯:《欧洲催告程序条例》第12条,边码3以下。

行跨境送达，在缺失翻译件的情况下，《欧洲送达条例》第8条赋予接收方拒绝的权利。[214] 与《欧洲执行名义条例》相同，《欧洲催告程序条例》也放弃了送达方式的等级化，这不利于债务人保护。

5. 被申请人的异议可能性和法院可执行宣告

随着支付令向被申请人送达，30天期限开始，在此期限内被 55.109
申请人可以对支付令提出异议（《欧洲催告程序条例》第16条）。异议必须使用表格提出，不需要进行论证（《欧洲催告程序条例》第16条第1款、第3款）。符合期限提出异议的结果是，将程序转到在起源成员国有管辖的法院中进行普通民事程序，除非申请人在他的申请中明确为这种情况申请了终止程序（《欧洲催告程序条例》第17条第1款）。相反，如果被申请人没有在期限内提出异议，法院宣告欧洲支付令为可以执行，将可以执行的支付令寄送给申请人（《欧洲催告程序条例》第18条）。

6. 在起源国的法律救济

异议期间过后，原则上执行债务人对已经宣告为可以执行的 55.110
支付令，没有法律救济。但是在例外情况下，《欧洲催告程序条例》为执行债务人设置了使起源成员国内有管辖的法院再次审查支付令的可能性。对此，《欧洲催告程序条例》第20条规定了欧洲法的自治法律救济。[215] 该条款区别了两种可能重新审查支付令的原因：催告程序中被申请人没有防御可能性（《欧洲催告程序条

---

[214] 劳舍尔/格鲁伯：《欧洲催告程序条例》第12条，边码9；许斯特格，载托马斯/普策，第1096条附录，《欧洲催告程序条例》第12条，边码3。

[215] 对此详细的，参见普罗伊斯，载《民事诉讼法杂志》，第122卷，2009年，第3页、第11页以下；同样的还有劳舍尔/格鲁伯：《欧洲催告程序条例》第20条，边码7。

例》第 20 条第 1 款[216])和“明显不合法”授予的支付令(《欧洲催告程序条例》第 20 条第 2 款)。存在所规定的事由之一,经执行债务人的申请,有管辖的法院宣告支付令为无效(《欧洲催告程序条例》第 20 条第 3 款)。[217] 根据《欧洲催告程序条例》第 26 条,程序的构建由国内法规定。在德国,审查程序的排他管辖,也是柏林魏丁的初级法院作为中心催告法院(第 1087 条)。功能管辖是法官,不是司法辅助员(《司法辅助员法》第 20 条第 7 项)。裁判通过不可撤销的裁定作出(第 1092 条第 1 款)。

55.111 除了根据《欧洲催告程序条例》第 20 条对欧洲支付令进行审查,还可以考虑根据起源成员国国内法的法律救济。就像从《民事诉讼法》第 1095 条得出的那样,执行债务人可以对在德国授予的支付令提出执行对抗之诉;[218]当然,债务人只能用支付令送达后产生的、且不能根据《欧洲催告程序条例》第 16 条的异议主张的抗辩,作为执行对抗之诉的理由。

(四)欧洲支付令的可执行性和在执行国的法律救济

1. 同等对待起源国可执行名义和国内名义

55.112 与无争议债权的欧洲执行名义相同,在可执行的欧洲支付令中涉及的是真正的欧洲执行名义。对它的执行适用已经周知的基本原则:没有领事程序的可执行性(《欧洲催告程序条例》第 19 条);禁止实质审查(《欧洲催告程序条例》第 22 条第 3 款);执行

---

[216]根据欧洲法院的解释,《欧洲催告程序条例》第 20 条第 1 款对支付令没有与按《欧洲催告程序条例》第 13~15 条送达给被申请人的情况不能类推适用;对这种情况国内法必须规定相应的法律救济。欧洲共同体法院裁判,载《欧洲经济法杂志》,2014 年,第 916~917 页,附苏亚奇否定的评注。

[217]在根据《欧洲催告程序条例》第 20 条第 1 款审查的情况中有争议,结果上程序是否应当中止,或者恢复原状,详细的,参见普罗伊斯,载《民事诉讼法杂志》,第 122 卷,2009 年,第 12 页以下。

[218]劳舍尔/格鲁伯:《欧洲催告程序条例》第 20 条,边码 60。

程序和名义的可执行性；根据执行国的规定（《欧洲催告程序条例》第 21 条）。

2. 执行拒绝

对执行拒绝主要也适用《欧洲执行名义条例》中已经熟知的基本原则：只有在欧洲执行名义和之前的国内裁判，或者与可以被承认的成员国或第三国的裁判之间出现冲突时，而且，如果这种不一致性在欧洲名义的起源国既没有得到主张，也不可能被主张，才能基于债务人的申请拒绝强制执行（《欧洲催告程序条例》第 22 条）。在德国，初级法院作为执行法院有事务管辖权（第 1096 条第 1 款第 1 句、第 1084 条第 1 款第 1 句）。地域管辖根据第 802 条、第 828 条第 2 句确定（第 1096 条第 1 款第 1 句，第 1084 条第 1 款第 2 句）。法官有功能管辖。[219] 裁判通过裁定作出（第 1096 条第 1 款第 1 句，第 1084 条第 1 款第 1 句）；根据第 1096 条第 1 款第 1 句、第 1084 条第 2 款、第 769 条第 1 款和第 3 款、第 770 条，暂时命令以及执行行为的废止，是可能的。 55.113

根据《欧洲催告程序条例》第 22 条第 2 款，只要执行债务人清偿了具有执行名义的债务，执行同样也可以基于申请被拒绝。根据第 1096 条第 2 款第 1 句，地域管辖依第 1086 条第 1 款确定，事务管辖根据《法院组织法》第 23 条、第 71 条、第 96 条确定。功能上，在这里也是法官管辖。[220] 反之，关于程序本身，无论是《欧洲催告程序条例》还是《民事诉讼法》都没有包括详细的规范。因为申请与执行对抗之诉功能上的相似性，对执行对抗之诉适用的程序条款可以类推适用。[221] 55.114

---

[219]《〈德国民事诉讼法〉慕尼黑评注》/乌尔里奇，第 1096 条，边码 6。

[220]全面的，参见《〈德国民事诉讼法〉慕尼黑评注》/乌尔里奇，第 1096 条，边码 24。

[221]同样的，参见《〈德国民事诉讼法〉慕尼黑评注》/乌尔里奇，第 1096 条，边码 26。

3. 执行的中止和限制

55.115 与《欧洲执行名义条例》适用领域相同,当债务人在起源国申请审查支付令时,执行可以根据债务人的申请限于保全措施,并取决于担保给付,或者在特殊情况下予以中止(《欧洲催告程序条例》第23条)。在德国,适用与《欧洲执行名义条例》相同的程序规范(第1096第1款第2句联同第1984条第1款和第3款)。

4. 强制执行的法律救济

55.116 在其他成员国作出的支付令在(德国)国内执行,允许提起执行对抗之诉(第794条第1款第6项、第795条第1句、第1096条第2款第2句)。《欧洲催告程序条例》与《欧洲执行名义条例》都不排除执行对抗之诉,因为审查嗣后的抗辩不会使在国外做出的裁判有疑问。[222] 然而,只要主张了嗣后清偿具有执行名义的债务,《欧洲催告程序条例》第22条第2句作为特别条款就要优先于执行对抗之诉。[223] 执行抗议、立即抗告、第三人对抗之诉和根据第765a条申请执行保护,根据一般规则是允许的。[224]

(五)评价

55.117 欧洲催告程序是《欧洲执行名义条例》和小额条例之外的为债权人利益的欧洲强制执行法体系转换的表达。《欧洲催告程序条例》主要遭受的是与《欧洲执行名义条例》相同的批评(边码55.101以下)。主要批评点是没有约束性的管辖规则,在欧盟内可执行时,裁判权广泛地转移给起源国,缺失其他法院对可执行的

---

[222]劳舍尔/格鲁伯,《欧洲催告程序条例》第22条,边码39以下;《〈德国民事诉讼法〉慕尼黑评注》/乌尔里奇,第1096条,边码30;不同观点,参见普罗伊斯,载《民事诉讼法杂志》,第122卷,2009年,第3页、第29页以下;赫斯/比特曼,载《国际私法与程序法实务》,2008年,第305页、第310页以下。

[223]劳舍尔/格鲁伯,《欧洲催告程序条例》第22条,边码40;不同观点,参见《〈德国民事诉讼法〉慕尼黑评注》/乌尔里奇,第1096条,边码30。

[224]普罗伊斯,载《民事诉讼法杂志》,第122卷,2009年,第3页、第29页。

完全的债之(实体)审查、送达法的薄弱,以及——特别有问题的——不考虑共同欧洲的基本保障(《欧洲保护人权与基本自由公约》第6条,《欧洲人权宪章》第47条第2句)和成员国基本法保障而没有公序良俗监督。

九、小额债权的欧洲程序

文献指引(摘选):弗莱塔克(Freitag):《根据〈欧洲执行名义条例〉、〈欧共体催告条例〉和〈欧洲小额条例〉的欧洲名义的承认及效力》,载《克罗普勒祝寿文集》,2008年,第759页;赫斯/比特曼:《欧洲催告程序及小额债权欧洲程序条例——欧洲民事诉讼法迈出实质一体化的步伐》,载《国际私法与程序法实务》,2008年,第305页;杨(Jahn):《小额债权欧洲程序》,载《新法学周刊》,2007年,第2890页;科恩:《小额债权的欧洲程序及欧共体程序基本原则》,载《法学家杂志》,2012年,第389页;迈尔/林德曼:《借助小额债权欧洲程序提起飞机乘客权诉讼》,载《新法学周刊》,2012年,第2317页;福尔卡默/胡贝尔:《新欧洲民事程序法在德国——跨境债权实现及送达改善法》,载《新法学周刊》,2009年,第1105页。

(一)意义

55.118 自2009年1月1日生效的《欧洲小额债权程序的实施条例》[225]促使随着《欧洲催告程序条例》而走上的程序法统一之路继续向前迈进一步。它首次在欧洲层面设立了独立的对立诉讼程序。与欧洲催告程序相同,它同样是以真正的欧洲执行名义[226]为

---

[225] 2007年7月11日欧洲议会和参议会关于欧洲小额债权程序的实施第861/2007号条例(欧共体)(《官方公报》第L 199号,第1页,2015年,第L 141号,第118页)附后续变更。

[226] 不同观点,参见赫斯/比特曼:《国际私法与程序法实务》,2008年,第305页、第313页(结尾处是国内名义)。

目标。[227] 但是,《欧洲小额债权程序实施条例》设立的程序是可选择的,与相应的国内法程序并存,且没有取代后者(《欧洲小额债权程序实施条例》第1条第1款第2句)。

(二)适用领域

55.119 《欧洲小额债权程序实施条例》的适用领域基本上是按已经周知的模式:除了丹麦以外的所有成员国(比较《欧洲小额债权程序实施条例》第2条第3款),民商事有其他的例外(《欧洲小额债权程序实施条例》第2条第1款和第2款)。但是受限制的是条例的事务适用领域:迄今它只对跨境的不包括利息、费用和垫款的争议、额度不超过2000欧元的法律事务适用(《欧洲小额债权程序实施条例》第2条第1款第1句)。但是事务适用领域未来将明显扩大:争议额度界限自2017年7月14日起应当提高到5000欧元(新法《欧洲小额债权程序实施条例》第2条第1款第1句)。[228]

(三)欧洲小额债权程序的基本特征

1.管辖

55.120 《欧洲小额债权程序实施条例》不包括法院的管辖;《欧洲小额债权程序实施条例》也没有规定与《欧洲催告程序实施条例》第6条第2款相应的消费者保护条款。[229] 只要《欧洲执行名义条例》适用,国际管辖和地域管辖就根据它确定,否则根据国内法。[230] 事务的和功能的管辖,根据国内法确定。

---

[227] 劳舍尔/瓦尔加:《欧洲小额债权程序的实施条例》导言,边码1;科恩,载《法学家杂志》,2012年,第389页。

[228] 2015年12月16日欧洲议会和参议会关于修改欧洲小额债权程序实施第861/2007号条例(欧共体)和修改欧洲催告程序实施第1896/2006号条例(欧共体)的第2015/2421号条例(2015年12月24号《官方公报》第L 34号,第1~13页)第1条引起的结果。

[229] 对此批评的,参见劳舍尔/瓦尔加:《欧洲小额债权程序的实施条例》导言,边码67。

[230] 赖希奥尔德,载托马斯/普策,第1097条之前,边码4。

2. 程序开启

原告通过向有管辖的法院递交表格开启程序(《欧洲小额债权程序实施条例》第4条第1款)。法院审查《欧洲小额债权程序实施条例》的可适用性。如果得出的结论是,小额债权程序不适用,要将此告知原告。如果原告不就此撤回诉讼,诉讼被自动转入根据国内法的相应程序(《欧洲小额债权程序实施条例》第4条第3款)。《欧洲小额债权程序实施条例》第4条第4款第2下款成立对司法保障的有疑问的侵害,该条款允许法院将"明显不成立的或者不允许的"诉讼在进行程序前退回或者驳回。[231] 55.121

3. 程序的实施

程序原则上书面进行(《欧洲小额债权程序实施条例》第5条第1款第1句)。除了起诉表格和可能的附件,还有部分已经被法院填写好的回答表格向被告送达(《欧洲小额债权程序实施条例》第5条第1款)。《欧洲小额债权程序实施条例》对此在第13条规定了条例自治的送达制度。[232] 值得赞同的是,条例辅助性地允许没有接收确认的送达(《欧洲小额债权程序实施条例》第13条第2款),这样与《欧洲执行名义条例》和《欧洲催告程序条例》相比,在这方面加强了对债务人的保护。被告在30天内对起诉作出回答,此时可以选择使用回答表格(《欧洲小额债权程序实施条例》第5条第3款)。 55.122

只有在法院认为有必要或者当事人一方申请的情况下,才进行口头审理,在后一种情况中,当书面形式不会对程序的公正性产生危险时,法院还可能通过不可撤销之裁定驳回申请(《欧洲小额 55.123

---

[231] 对此强烈批评,劳舍尔/瓦尔加:《欧洲小额债权程序的实施条例》导言,边码61。

[232] 《〈德国民事诉讼法〉慕尼黑评注》/豪,《欧洲小额债权程序的实施条例》第13条,边码4。

债权程序实施条例》第5条第1款第2句、第3句)。2017年7月14日生效的新规范进一步限制了口头审理的可能性(比较新法《欧洲小额债权程序实施条例》第5条第1a款)。总而言之,在这里涉及的是与《欧洲保护人权与基本自由公约》第6条、《欧洲人权宪章》第47条第2句根本不一致的规定。[233]

55.124 《欧洲小额债权程序实施条例》程序中的举证很大程度上受制于程序加快和费用节省的要求。在这里书面程序也应当是通常情况(《欧洲小额债权程序实施条例》第9条第1款第2句)。专家证明和口头证词只规定在例外时允许,只要它对判决是“必要的”,即是如此(《欧洲小额债权程序实施条例》第9条第2款第1句)。法院始终应当选择最简单并且花费最少的证明手段(《欧洲小额债权程序实施条例》第9条第3款)。担心的是,把规则中表达的降低费用和程序简化用文字记录下来会不利于举证的质量,进而影响诉讼中发现真相。这些规范与禁止提前进行证据评价处于对立关系中,因此不能与证明的权利(《欧洲保护人权与基本自由公约》第6条,《欧洲人权宪章》第47条第2句)绝对一致。非常有理由认为是对共同欧洲程序保障的侵害。[234]

4.判决的作出及送达

55.125 根据《欧洲小额债权程序实施条例》的构想,法院应当在特定的第7条第1款和第2款列出的特别期限内作出判决。实际上这样的期限规定是否达到所追求的加快程序进行目的之合适手段,令人怀疑。[235] 根据《欧洲小额债权程序实施条例》第13条的规定,判决原则上通过邮政向当事人送达(《欧洲小额债权程序实施条

[233]对此详细的,参见科恩,载《法学家杂志》,2012年,第389页、第394页以下。

[234]同样的,参见科恩,载《法学家杂志》,2012年,第389页、第396页以下。

[235]比较,对此批评的,参见科恩,载《法学家杂志》,2012年,第389页、第393页以下。

例》第 7 条第 2 款第 2 句)。

5. 判决的审查

与令人误解的官方标题相反,《欧洲小额债权程序实施条例》第 18 条规范了独立的欧洲法律救济,[236]在本质上,与欧洲催告程序中周知的申请审查支付令相符(《欧洲催告程序条例》第 20 条,对此上文边码 55.109 以下)。与《欧洲催告程序条例》不同,只有在被告缺乏防御可能性的情况下,才可能对判决进行审查。在《欧洲催告程序条例》第 20 条第 2 款中规定的、对明显非法作出的支付令的审查在《欧洲小额债权程序实施条例》第 18 条中没有相应的规定。如果被告的申请是针对德国判决,他只需证明审查原因的可信性(疏明)(第 1104 条第 2 款)。如果存在审查原因,则判决无效(《欧洲小额债权程序实施条例》第 18 条第 2 款第 2 下款)。在德国程序中引起"恢复至此前状态"(第 1104 条第 1 款第 1 句);基于申请,法院通过裁定确定作出的判决无效(第 1104 条第 1 款第 2 句)。在其他适用领域中,作为特别法,根据《欧洲小额债权程序实施条例》第 18 条的审查允许取代依第 321a 条的德国听审之责问(Gehoerruege)。[237] 55.126

6. 在起源国的法律手段

正如从《欧洲小额债权程序实施条例》第 17 条得出的,小额条例只规定第一审级的诉讼程序,将法律手段允许性的规定留给国内法,这与相应程序的构建一样,[238]只有费用分配在《欧洲小额债权程序实施条例》第 17 条、第 16 条中才有统一的欧洲规范。因此,针对国内判决根据第 511 条以下、第 542 条以下的标准可以提 55.127

[236] 劳舍尔/瓦尔加:《欧洲小额债权程序的实施条例》第 18 条,边码 1。

[237] 《〈德国民事诉讼法〉慕尼黑评注》/豪,《欧洲小额债权程序的实施条例》第 18 条,边码 2。

[238] 劳舍尔/瓦尔加:《欧洲小额债权程序的实施条例》第 17 条,边码 1 以下;《〈德国民事诉讼法〉慕尼黑评注》/豪,《欧洲小额债权程序的实施条例》第 17 条,边码 1,边码 3。

起二审上诉和三审上诉。然而,不少情况下,第 511 条第 2 款第 1 项的 600 欧元的争议价值界限与二审上诉程序冲突。

(四)判决的可执行性和执行国的法律救济

1. 起源国可执行名义与国内名义同等地位

55.128 以《欧洲小额债权程序实施条例》为基础作出的判决是欧洲执行名义,对它在其他国家的执行适用已经在《欧洲执行名义条例》和《欧洲催告程序条例》中周知的基本原则(对此,边码 55.95 以下和 55.112 以下)。

2. 可执行性

55.129 为了在成员国内可以执行,判决需要法院的确认(《欧洲小额债权程序实施条例》第 21 条第 2 款第 b 项)。这样的确认由有管辖权的法院在一方当事人申请的情况下,使用相应的表格签发,没有附加费用(《欧洲小额债权程序实施条例》第 20 条第 2 款)。在德国有管辖的是第一审级法院或者争议产生诉讼系属的高级法院(第 1106 条第 1 款,第 724 条第 2 款)。功能管辖的是司法辅助员(《司法辅助员法》第 20 条第 1 款第 11 项)。德国法规定,在签发确认前要听取债务人的意见(第 1106 条第 2 款第 1 句);这一规范与欧盟法的一致性有疑问。[239] 在拒绝执行的情况下,债权人可以提出立即抗告之法律救济(《司法辅助员法》第 11 条第 1 款、第 1106 条第 2 款第 2 句、第 573 条第 2 款、第 567 条第 1 款第 1 项)。[240] 因为根据《欧洲小额债权程序实施条例》第 20 条第 2 款的

---

[239] 比较《〈德国民事诉讼法〉慕尼黑评注》/豪,《欧洲小额债权程序的实施条例》第 20 条,边码 12;劳舍尔/瓦尔加,《欧洲小额债权程序的实施条例》第 20 条,边码 7;赫斯/比特曼,载《国际私法与程序法实务》,2008 年,第 305 页、第 313 页;迈尔/林德曼,载《新法学周刊》,2012 年,第 2317 页、第 2320 页以下。

[240] 许斯特格,载托马斯/普策,第 1106 条,边码 6;《〈德国民事诉讼法〉慕尼黑评注》/豪,《欧洲小额债权程序的实施条例》第 20 条,边码 13;不同观点,参见鲍姆巴赫/劳特巴赫/哈特曼,第 1106 条,边码 4(根据第 731 条的条款授予之诉)。

确认在功能上与德国的执行条款相符,对于国内判决的执行不需要执行条款(第1107条)。以《欧洲小额债权程序实施条例》为基础作出的判决立即可以执行,即使针对该判决还可以提起法律手段,或者根据《欧洲小额债权程序实施条例》第18条提起审查之法律救济,或者已经提起了;不允许要求提供担保(《欧洲小额债权程序实施条例》第15条第1款)。相应地,德国法院必须在判决主文中接受没有提供担保的判决的暂时可执行性(第1105条第1款)。[241]

3. 执行拒绝

55.130 因为名义的对立在执行债权人申请时,在与《欧洲执行名义条例》和《欧洲催告程序条例》适用领域相同的条件下拒绝执行(《欧洲小额债权程序实施条例》第22条第1款,对此边码55.97、边码55.113)。在《欧洲执行名义条例》第22条第2款中包含的以已经清偿债务为拒绝原因的规定,没有在《欧洲小额债权程序实施条例》中相应规定。

4. 执行的中止和限制

55.131 与《欧洲执行名义条例》和《欧洲催告程序条例》类似,《欧洲小额债权程序实施条例》第23条使债务人可能在执行国申请中止或者限制执行。该规定为债务人保护之利益通过判决的立即可执行性在一定程度上平衡了对债权人强大的有利。《欧洲小额债权程序实施条例》第15条第2款显示,判决在作出判决的成员国进行执行时,也适用。执行中止或限制的条件是,判决还没有取得形式的既判力,或者根据《欧洲小额债权程序实施条例》第18条申请审查。根据德国法,程序略有区分,依赖于执行债务人是对国内判决的执行,还是针对国外判决的执行。如果债务人根据《欧洲小额债权程序实施条例》第15条第2款、第23条对德国判决的

---

[241] 劳舍尔/瓦尔加:《欧洲小额债权程序的实施条例》第15条,边码3。

执行提出中止或者限制,主案法院有管辖权(第1105条第2款第1句)。如果债务人针对其他成员国的判决进行执行,那么适用的是《欧洲执行名义条例》和《欧洲催告程序条例》中的规定:作为执行法院的初级法院有排他管辖(第1109条第1款第2句、第1084条第1款)。在两种情况中,法院通过不可撤销的暂时命令作出裁判(第1105条第2款第2句和第3句以及第1109条第1款第2句、第1084条第3款)。根据通说,作为特别法的《欧洲小额债权程序实施条例》第23条取代所有的依国内法在功能上等同的债务人保护条款,[242]因此第707条、第712条、第719条第1款第1句不适用(第1105条第1款第1句)。相反,在提前的执行中,可能存在根据第717条第2款执行债权人的无过错责任。[243]

5. 强制执行的法律救济

55.132 对国内执行时的强制执行的法律救济,根本上适用在《欧洲执行名义条例》和《欧洲催告程序条例》中已经熟知的规定:执行抗议、立即抗告、第三人异议之诉和申请执行保护(第765a条)根据一般规则允许。[244] 执行债务人也可以提出执行对抗之诉(比较第1109条第2款、第1086条);[245]因为与《欧洲催告程序条例》不同,《欧洲小额债权程序实施条例》没有为主张已经完成的履行规定特别法律救济,执行对抗之诉也适用于这种情况。

---

[242]《〈德国民事诉讼法〉慕尼黑评注》/豪,《欧洲小额债权程序的实施条例》第15条,边码4;劳舍尔/瓦尔加:《欧洲小额债权程序的实施条例》第23条,边码7。

[243]《〈德国民事诉讼法〉慕尼黑评注》/豪,《欧洲小额债权程序的实施条例》第15条,边码6;劳舍尔/瓦尔加:《欧洲小额债权程序的实施条例》第23条,边码8。

[244]比较福尔卡默/胡贝尔,载《新法学周刊》,2009年,第1105页、第1108页。

[245]詹尼森,载舒施克/瓦克尔,第1109条,边码4;劳舍尔/瓦尔加:《欧洲小额债权程序的实施条例》第22条,边码8;福尔卡默/胡贝尔,载《新法学周刊》,2009年,第1105页、第1108页。

(五)评价

在欧洲强制执行法中欧洲小额程序与《欧洲执行名义条例》和《欧洲催告程序条例》共同实现了为债权人利益的基本体系转换。相应地,《欧洲小额债权程序实施条例》主要也遭受到与《欧洲执行名义条例》和《欧洲催告程序条例》相同的批评(边码55.101以下、边码55.117)。在这里,主要瑕疵也是缺失有约束的管辖规则,在欧盟范围的可执行性中,裁判权广泛地转移给起源国,其他法院不能对可执行性进行完全义务性的审查,特别受批评的是不顾共同欧洲基本保障(《欧洲保护人权与基本自由公约》第6条,《欧洲人权宪章》第47条第2句)和成员国基本法保证,没有公序良俗监督。此外,还包括对证明权的侵害,因为充满质疑的限制证明权,特别是未来计划将小额价值边界提升到5000欧元,这将引起其他的原则性批评。相比之下,部分消除送达法的薄弱,只是些许的慰藉。 55.133

十、适用卢加诺协定时的欧洲执行

文献指引:乌尔勒斯贝格(*Urlesberger*):《对奥地利之外的全西欧适用的统一裁判权法》,载《司法公报》,1988年,第223页;霍尔(*Hoyer*):《欧洲自由贸易联盟国与欧共体关于裁判权和执行的并行协议》,载《公证报》,1989年,第238页;施万德尔(*Schwander*)(编者):《卢加诺协定》,1990年;特伦克(*Trunk*):《欧洲内部市场前夜的〈关于欧洲民商事案件法院管辖及法院裁判之执行的公约〉体系的扩张》,1991年;亚米(*Jayme*)(编者):《全欧洲的国际民事程序法》,1992年;巴洪斯(*Bajons*):《与〈关于欧洲民商事案件法院管辖及法院裁判之执行的公约〉平行的卢加诺协定》,载《比较法杂志》,1993年,第45页;慕斯格尔(*Musger*):《卢加诺协定》,载《奥地利法官报》,1993年,第192页;瓦格纳/詹曾:《2007年10月30日的卢加诺协定》,载《国际私法与程序法实务》,2010年,第298页;瓦特尔(*Walter*),载《民事诉讼法杂志》,第107卷,1994年,第301页(卢加诺协定和瑞士程序法)。

(一)目的与适用范围

55.134 当时的欧盟国家与欧洲自由贸易区国家——这些国家当时全部不是,或者仍然不是欧盟成员国——在卢加诺订立协定,[246]一个与《关于欧洲民商事案件法院管辖及法院裁判之执行的公约》平行的协议。在瑞士的领导下,其间比利时、丹麦、德国、芬兰、法国、希腊、大不列颠、爱尔兰、冰岛、意大利、北爱尔兰、挪威、奥地利、波兰、葡萄牙、瑞典和西班牙批准了该协定。多次出现的情况是,协定只在最终加入欧盟前的过渡时间内适用,最终加入欧盟的结果是被《关于欧洲民商事案件法院管辖及法院裁判之执行的公约》以及《欧洲执行名义条例》吸收。为了跟上欧盟法发展的步伐,卢加诺协定在此期间在内容上作了修订。修正的结果——新的卢加诺协定——在 2007 年 10 月 30 日得到欧共体、冰岛、挪威和瑞士的签署。修正的协定于 2010 年 1 月 1 日在欧盟、挪威和丹麦之间生效,于 2011 年 1 月 1 日在欧盟和瑞士之间生效,于 2011 年 5 月 1 日在欧盟和冰岛之间生效,自生效起替代新的卢加诺协定(《卢加诺协定》第 69 条第 6 款)。重要的是,新的卢加诺协定与它的前任一样,在一定条件下向第三国敞开(《卢加诺协定》第 70 条第 1 款第 c 项、第 72 条),即作为更广泛的审判籍协定和执行协定的开端出现(边码 56.10)。

(二)内容

55.135 卢加诺协定在内容上与《欧洲执行名义条例》旧法是一致的,与现行的《欧洲执行名义条例》最重要的不同是继续要求领事程

---

[246]亚米/豪斯曼,第 152 号。

序。[247] 在均衡适用法律的监督方面，改革后的协定有一定的进步。因为新的卢加诺协定是通过欧盟自己订立，因此是欧盟法的一部分，出现解释疑问时，成员国法院可以也必须通过《欧盟工作原理条约》第 267 条的预先裁判程序向欧洲法院起诉。然而，非欧盟成员的条约国的法院不能推动预先裁判程序。但是它们至少可以在另外开启的程序中表达自己的观点（2007 年会议记录二第 2 条）。此外，还有信息交流体系，该体系应当保证法律适用在受约束国家同步运行（2007 年会议记录二第 2 条）。这一体系是否适合到达这一目的，仍然有疑问。

十一、竞合

（一）《欧洲审判籍和执行法》与《欧洲执行名义条例》

债权人可以选择，他是否在起源国根据《欧洲审判籍和执行法》第 53 条申请签发证书（Bescheinigung），或者申请确认裁判为欧洲执行名义（《欧洲执行名义条例》第 27 条）。如果存在欧洲执行名义，原则上可以否定根据《欧洲审判籍和执行法》第 53 条签发证书的法律保护利益；[248]有疑问的是，当欧洲名义在起源国的执行被中止或者限制时，是否重新产生法律保护的需求（《欧洲执行名义条例》第 23 条）。债权人受曾经涉及的对欧洲执行名义的裁判约束，这与《欧洲执行名义条例》第 27 条不矛盾，这样，只要债权人证明，欧洲范围的可执行性根据《欧洲执行名义条例》消灭了，根据《欧洲审判籍和执行法》第 53 条确认的权利保护利益才 55.136

---

[247]关于卢加诺协定旧法修订中委员会阐明的目标，删除《卢加诺协定》第 34 条第 1 项包括的在承认国外判决时的公序良俗保留，参见瓦格纳/詹曾，载《国际私法与程序法实务》，2010 年，第 298 页、第 305 页。

[248]劳舍尔帕博斯特，《欧洲执行名义条例》第 27 条，边码 12；森格尔/多纳尔：《欧洲审判籍与执行法》之前，边码 8；关于根据旧法的可执行宣告，同样的，参见联邦法院裁判，载《欧洲经济法杂志》，2010 年，第 319 ~ 320 页。

重新存在。

(二)《欧洲审判籍和执行法》、《欧洲催告程序条例》和《欧洲小额债权程序条例》

55.137 只要相应的条件成就,原则上债权人可以选择,他是否根据《欧洲审判籍和执行法》提起诉讼,还是申请签发欧洲支付令,或者开启欧洲小额债权程序。当然,法院的管辖在后两个程序中主要根据《欧洲审判籍和执行法》确定。如果债权人根据《欧洲催告程序条例》和《欧洲小额债权程序条例》获得欧洲执行名义,缺乏权利保护需求将阻碍其他程序的开启。但是有疑虑的是,当债权人取得国内的、基于《欧洲审判籍和执行法》在欧洲范围内可以执行的名义时,是否也如此,因为这样的名义在其他成员国中执行,根据《欧洲审判籍和执行法》第 45 条、第 46 条存在执行拒绝保留。

(三)《欧洲执行名义条例》和《欧洲催告程序条例》

55.138 在《欧洲催告程序条例》适用范围内,债权人也经常有决定空间:他或者可以开启国内催告程序,使从其中根据《欧洲执行名义条例》得出的名义确认为欧洲执行名义,或者开启欧洲催告程序。在此,只要根据两个途径中的一条途径取得欧洲范围的可执行名义,同样没有法律保护需求。

(四)《欧洲审判籍和执行法》和国内法

55.139 重新提起的给付之诉,因为与《欧洲审判籍和执行法》一体化目的不一致,故不允许,只要存在可以承认的国外判决;[249]然而,当我们认为,新的诉讼程序在受国外既判力约束的情况下,与条款授予程序相比根本没有更烦琐时,很难论证缺乏法律保护利益。[250]

---

[249] 欧洲共同体法院裁判,载《新法学周刊》,1977 年,第 495 页(De Wolf/Cox)。

[250] 否定权利保护需求,参见柏林高等法院裁判,载《国际经济法》1998 年,第 630 页(《关于欧洲民商事案件法院管辖及法院裁判之执行的公约》)。

出于相同的权衡，执行之诉，根据722条、第723条不允许。只要没有承认能力，就应允许国内执行之诉或者给付之诉，[251]因为否则存在司法拒绝。[252] 相反，不可能将申请根据《欧洲审判籍和执行法》授予条款简单地转变为根据主权法的诉讼，因为原告在第722条、第723条和重新提起给付之诉之间有选择权。[253]

（五）欧盟国家间的双边条约

联邦德国与欧盟国家之间的双边协定仍适用，只要涉及《欧洲审判籍和执行法》不适用的领域（《欧洲审判籍和执行法》第69条、第70条）。 55.140

例子：根据欧洲法院的裁判，关于为了航空公司飞机安全征收的欧洲航空安全组织费用的争议是公法性质，因此不属于《欧洲审判籍和执行法》调整范围。[254] 因此，在与比利时的关系中，德国可以把1958年的德国——比利时协议用于这样的情况中，在此不受将其分类为公法的争议的约束，也即允许将比利时的裁判认定为民事的裁判。[255] 55.141

然而，只要《欧洲审判籍和执行法》排除承认和执行，因为该法的担保没有被满足（特别是《欧洲审判籍和执行法》第45条、第 55.142

---

[251]联邦法院裁判，载《新法学周刊》，1979年，第2477页；未决的，参见联邦法院裁判，载《新法学周刊》，1993年，第2688页、第2689页（右栏），附证明。

[252]盖默，载《新法学周刊》，1980年，第1234页；结论上相同，参见克罗普勒/冯·海因，第25条，边码8。

[253]联邦法院裁判，载《新法学周刊》，1979年，第2477页；1993年，第2688～2689页（有误导性的印刷错误）；另见边码57.3。

[254]《欧洲共同体法院裁判集》，1976年，第1541页；载《新法学周刊》，1977年，第489页；也参见边码55.3。

[255]欧洲共同体法院裁判，载《新法学周刊》，1978年，第483页和联邦法院裁判，载《新法学周刊》，1978年，第1113页。

46 条),就不允许通过双边协议进行承认和执行。[256]

(六)双边条约和卢加诺协定

55.143 对卢加诺协定和双边条约之间的关系,卢加诺协定包含相应的规范(《卢加诺协定》第 65 条、第 66 条)。双边条约在欧洲的意义因此将在长期时间内相当小。

(七)多边协定

相对于《欧洲审判籍和执行法》(《欧洲审判籍和执行法》第 71 条)和卢加诺协定(《卢加诺协定》第 67 条),关于特殊法律领
55.144 域的多边协议(比如,蒙特利尔航空协议,等等)优先适用。它们甚至设立了附加管辖权,允许根据《欧洲审判籍和执行法》和《卢加诺协定》进行承认和执行。

十二、欧洲婚姻条例

文献指引(摘选):科勒:《欧盟婚姻事务国际程序法:"布鲁塞尔Ⅱ"条例》,载《新法学周刊》2001 年,第 10 页;舒尔茨:《对 1996 海牙儿童保护协定的素描及对布鲁塞尔Ⅱa 条例的谅解》,载《泛亲属法杂志》,2003 年,第 1351 页;舒尔茨:《对监护权和交往权的国际规范》,载《家庭、伴侣与法律》,2004 年,第 299 页;所罗门(Solomon):《"布鲁塞尔Ⅱa 条例"——对父母责任问题的国际程序法的新欧洲规范》,载《泛亲属法杂志》,2004 年,第 1409 页;劳什(Rausch):《"布鲁塞尔Ⅱa 条列"之前和之后的涉外婚姻事务》,《家庭与法》2004,154;R. 瓦格纳:《"布鲁塞尔Ⅱ条例"和"布鲁塞尔Ⅱa 条例"视野下婚姻事务在国外诉讼未决》,载《家庭、伴侣与法律》,2004 年,第 186 页;冯·利普:《家庭财产法中"布鲁塞尔Ⅲ条例"的内容及问题》,载戈特瓦尔德编著:《欧盟民事事务司法合作前景》,2004 年,第 21 页;科斯特 - 瓦尔杰恩:《新欧洲条例"布鲁塞尔Ⅱa"对儿童利益的重视》,载《泛亲属法杂志》,2005 年,第

---

[256] 联邦法院裁判,载《新法学周刊》,1993 年,第 2688 ~ 2689 页,附证明(《关于欧洲民商事案件法院管辖及法院裁判之执行的公约》送达错误后德国/英国协议)。

241 页；多奇：《家庭事务的国际管辖》，载《新法学周刊 - 特刊》，2005 年，第 247 页。

（一）前史和适用领域

2001 年 3 月 1 日，《关于婚姻事务以及程序中涉及对夫妻共同子女的父母责任的裁判的管辖和承认与执行条例》（第 1347/2000 号）生效，[257]在加入的成员国之间的关系中，替代欧洲抚养权协定。[258] 以前对限制性适用领域的批评，在与父母责任的关联方面，从 2005 年 3 月 1 日起，废止了该条例，被第 2201/2003 号条例[259]替代（《欧盟婚姻条例》——“布鲁塞尔 Ⅱa”）。婚姻事务的事务性[260]适应领域，即民事法院程序，涉及离婚、没有解除婚姻的分居或者宣布婚姻无效（条例第 1 条第 a 项）的民事法院程序方面，保持相同，对父母责任的适用范围明显扩大。仍然包含在所谓的布鲁塞尔二号条例中的对有关共同子女的程序上的限制，在婚姻事务产生诉讼系属期间（比较，布鲁塞尔二号条例第 3 条第 3 款）， 55.145

---

[257]原本该规范内容应当在 1998 年 5 月 28 日签署的国际协议的范围内实现，但是没有批准；比较，科勒，载《新法学周刊》，2001 年，第 10 页。原因是在民事司法合作范围中共同体新的立法权；对此参见 R. 瓦格纳，载《法国民事诉讼法》（FPR），2004 年，第 286 页。

[258]对此，参见前一版。

[259]2003 年 11 月 27 日议会关于婚姻事务以及涉及父母责任的程序的裁判的管辖和承认与执行以及废止第 1347/2000 号条例（欧共体）第 2201/2003 号条例（欧共体）（《官方公报》第 L338 号，第 1 页，2016 年，第 L 99 号，第 34 页）附后续变更。

[260]区域上，丹麦不参加；比较，布鲁塞尔Ⅱa 第 2 条第 3 项和边码 55.2。关于事件的适用领域，参见 R. 瓦格纳，载《家庭、伴侣与法律》2004 年，第 286 ~ 287 页，关于布鲁塞尔Ⅱ号条例；多奇，载《新法学周刊特刊》，2005 年，第 247 页，关于布鲁塞尔Ⅱa 条例。

被取消了。[261] 不包括其他的家事事务,特别是不包括离婚的财产性后果。[262]

(二)基本结构

55.146 关于承认和执行的《欧盟婚姻条例》中的规范在很大范围内符合《欧洲审判籍和执行条例》的规范,特别是裁判被直接承认(《欧盟婚姻条例》第21条),基于申请,不需要听取执行债务人和自己意见,就可以宣告为可以执行(《欧盟婚姻条例》第28条、第31条)。与《欧洲审判籍和执行条例》中不同的是,在第一审级的可执行宣告程序中,审查承认障碍(《欧盟婚姻条例》第31条第2款)。离婚事务中拒绝承认的事由主要与《欧洲审判籍和执行条例》第45条相符,特别是,《欧盟婚姻条例》坚持在违反公序良俗时拒绝承认,这是正确的(《欧盟婚姻条例》第22条第a项)。对于照护权裁判(Sorgerrechtsentscheidung)的不承认,《欧盟婚姻条例》第23条包含特别的、与《海牙未成年人保护协议》[263]第23条相符的目录,该目录特别考虑儿童的福祉以及法律听审。[264] 婚姻条例要求的国内实施规定在《国际家事程序法》中进行规范。[265]

---

[261]对此,参见劳什,载《家庭与法》,2004年,第154~155页;舒尔茨,载《新法学周刊》,2004年,第2页。

[262]也比较,布鲁塞尔IIa权衡8,相反,抚养费事务继续由《欧洲审判籍和执行法》调整。关于继续的统一努力以及从中得出的问题,冯·利普,载戈特瓦尔德,第21~22页。关于离婚事务中适用的法律和法院管辖,其间存在欧盟委员会的绿皮书,载KOM(2005年)第82页结尾处,2005年3月14日。

[263]1996年10月9日关于在父母责任和保护儿童领域的管辖、适用法律、承认、执行和合作的海牙协议,对条约国自2002年1月1日起生效。

[264]科勒,载《新法学周刊》,2001年,第10页、第12页;特别对于儿童福利,参见科斯特-瓦尔杰恩,载《泛亲属法杂志》,2005年,第241页、第248页。

[265]2005年联邦法律公报Ⅰ,第162页。该法律接纳了海牙拐骗儿童协议实施规范,比较《国际家事程序法》第37条以下。

(三)与国际协定的竞合

与其他协定的关系规定在《欧盟婚姻条例》第 60 条、第 61 条。在与其他加入的成员国之间关系中,《欧洲婚姻条例》优先于《欧洲照护权协定》、1980 年的《关于国际儿童拐骗的民法视角的海牙协定》(边码 56.6)以及 1961 年和 1996 年的《未成年人保护的海牙条约》(《欧盟婚姻条例》第 61 条);当涉及的未成年人的惯常住所地,既不在条例意义上的成员国的主权领域,也不在协定条约国中的第三国的主权领域(《欧盟婚姻条例》第 61 条)时,1996 年的《未成年人保护条约》仍然适用。[266] 55.147

十三、欧洲抚养费协定

文献指引:格鲁伯:《新欧共体抚养费条例》,载《国际私法与程序法实务》,2010 年,第 128 页;格鲁伯:《国外抚养费名义的可执行性——新法和旧法》,载《国际私法与程序法实务》,2013 年,第 325 页;赫格尔/泽戈:《欧洲抚养费条例和新外国抚养费法——在国外的抚养费请求权的简易实现》,载《泛亲属法杂志》,2011 年,第 1101 页。

(一)前史和适用领域

主要部分于 2011 年 6 月 18 日有效的《关于抚养费事务的管辖、适用法律、裁判的承认与执行以及合作条例》(《欧洲抚养费条例》)[267]的目的是,将至今仍非常不清楚的国际抚养费程序在欧洲范围内进行一体化。以前该领域的管辖、承认和执行根据 1973 年 55.148

---

[266] 完整的,参见舒尔茨,载《泛亲属法杂志》,2003 年,第 1351 页。

[267] 2008 年 12 月 18 日欧洲议会的关于抚养费事务的管辖、适用法律、裁判的承认与执行以及合作第 4/2009 号条例(欧共体)(《官方公报》,2009 年,第 L 7 号,第 1 页,2011 年第 L 131 号第 26 页,2013 年,第 L 8 号第 19 页和第 L 281 号第 29 页)附后续变更。

的海牙抚养费程序法以及《欧洲审判籍及执行法》《关于欧洲民商事案件法院管辖及法院裁判之执行的公约》和《卢加诺协定》确定。[268]《欧洲抚养费条例》在一个统一的条例中把相应的规范整合在一起,同时使抚养费裁判的承认与执行非常明显地简化。条例的适用范围包括以家庭关系、亲属关系、婚姻关系或者姻亲关系为基础的抚养费义务(《欧洲抚养费条例》第1款第1句)。

(二)基本结构

55.149 为了保障抚养费名义可以快速有效地执行,《欧洲抚养费条例》与之后生效的改革后的《欧洲审判籍及执行法》相同,规定废除领事程序。在成员国作出的抚养费裁判原则上不需要其他中间程序就可以在其他成员国被承认和执行(《欧洲抚养费条例》第17条)。在执行国不对裁判进行审查。特别有疑问的是,没有公序良俗之控制。[269] 只有当作出抚养费裁判的成员国受2007年的海牙会议记录(HUP 2007)约束时,才适用没有控制可能性的无程序的可执行性。其他成员国的裁判仍然需要可执行宣告,在与《欧洲审判籍及执行法》的相同条件下,可能被拒绝承认和执行(《欧洲抚养费条例》第23条以下)。

(三)与国际协定的竞合

55.150 在适用领域方面,《欧洲抚养费条例》在与成员国的关系中,优先于其他国际协定(《欧洲抚养费条例》第69条第2款)。

十四、欧洲继承法协定

文献指引:德贝赖纳(Döbereiner):《国际继承法及遗产继承证书规章改

---

[268]参见本书前一版。

[269]嘉贝尔,载金德/梅勒-哈尼奇/沃尔夫,《欧洲抚养费条例》第17条,边码9,附证明。

革法》，载《新法学周刊》，2015 年，第 2449 页；杜塔（Dutta）：《适用前的欧洲继承条例》，载《国际私法与程序法实务》，2015 年，第 32 页；西蒙/布什鲍姆（Simon/Buschbaum）：《欧盟继承条例》，载《新法学周刊》，2012 年，第 2393 页。

（一）前史和适用领域

在国际法律一体化过程中，国际继承法长时间落后于民法其他领域的发展。1989 年的关于继承顺序适用法律的海牙协定，除了荷兰，其他国家都没有使其生效。[270] 在欧盟内，该题材也非常受冷遇。《关于欧洲民商事案件法院管辖及法院裁判之执行的公约》始终将继承法的事务排除在它的适用领域之外。因此，无论是在冲突法方面，还是在裁判的国际管辖以及承认与执行方面，都没有统一的规则。鉴于在人和资本自由迁移的内部市场中，跨境继承法的情况的实践意义逐渐增强，不能长期保持这种状态。1998 年就已经有计划，在欧洲层面将国际继承法一体化。与之关联的、逾十年的不断努力的结果[271]——关于管辖、适用法律、裁判的承认与执行、继承事务中官方证书的接受与执行以及欧洲遗产证明的实施条例（《欧洲继承条例》[272]——于 2012 年 8 月 16 日生效，主要部分自 2015 年 8 月 17 日开始适用）。其适用范围包括死后继承顺序（《欧洲继承条例》第 1 条第 1 款第 1 句），借此所有形式死因的财产、权利和义务的转移，可能是通过死因处分的意定继承顺序或者通过法定继承顺序（《欧洲继承条例》第 3 条第 1 款第 55.151

[270]《〈德国民法典〉慕尼黑评注》/杜塔，《欧洲继承条例》第 1 条之前，边码 2。

[271]对发展历史的详细论述，参见《〈德国民法典〉慕尼黑评注》/杜塔，《欧洲继承条例》第 1 条之前，边码 5 以下。

[272]2012 年 7 月 4 日欧洲议会和参议会的关于管辖、适用法律、裁判的承认与执行、继承事务中官方证书的接受与执行以及欧洲遗产证明的实施第 650/2012 号条例（欧盟）（《官方公报》，第 L 201 号，第 107 页；第 L 344 号，第 3 页，2013 年；第 L 41 号，第 16 页；第 L 60 号，第 140 页，2014 年；第 L 363 号，第 186 页）。

a 项)。被排除在适用范围之外的是,税收和关税事务,以及行政法的事务(《欧洲继承条例》第 1 条第 1 款第 1 句)。

(二)基本结构

55.152 《欧洲继承条例》的目标是,规定国际继承法的全部问题。因此它包括关于死后继承权争议的国际管辖权规定(《欧洲继承条例》第 4 条以下)、关于适用的实体法规定(《欧洲继承条例》第 20 条以下)、关于裁判的承认与执行规定(《欧洲继承条例》第 39 条以下)、关于诉讼费用救济的规定(《欧洲继承条例》第 56 条),以及关于欧洲遗产证明的规定(《欧洲继承条例》第 62 条以下)。关于在其他成员国作出的裁判的承认与执行,主要与《欧洲审判籍与执行法》旧法和《欧洲婚姻条例》相符:承认无需中间程序(《欧洲继承条例》第 39 条第 1 款),只有在执行国被宣告为可执行之后才能执行(《欧洲继承条例》第 43 条、第 45 条以下)。与《欧洲婚姻条例》不同,拒绝执行事由的审查不发生在可执行宣告程序中,而是——仍然同《欧洲审判籍与执行法》旧法——在法律救济程序中才进行(《欧洲继承条例》第 48 条第 1 句、第 52 条第 1 句)。

(三)与国际协定的竞合

55.153 在适用范围上,在与其他成员国之间的关系中,《欧洲继承条例》优先于其他国际协定(《欧洲继承条例》第 75 条第 2 款)。

十五、债权人撤销和欧洲豁免权

因为总体关联的问题,在德国自治法中处理债权人撤销和欧洲豁免权问题。

55.154

第五十六章　多边协定和双边协定

本部分应当对条约的国际执行作一个简略的概述，正如他们独立于欧洲协议而存在那样。 56.1

一、多边协定

（一）1973 年的海牙抚养费协定

1973 年[①]的《海牙抚养费协定》包括——与 1958 年的旧的协定不同——关于未成年人 56.2 和成年人的抚养费请求权的抚养费名义，还包括官方机构的补偿请求权（Erstattungsanspruch）。执行和承认的条件以及执行宣告程序仍然根据《关于欧洲民商事案件法院管辖及法院裁判之执行的公约》，因此《关于实施两国间条约与贯彻欧共体在民商事承认和执行领域条例的法律》（边码 55.9）只需要为《海牙抚养费协定》设置少量的特别条款（《关于实施两国间条约与贯彻欧共体在民商事承认和执行领域条例的法律》第 37 条至第 39 条）。协定适用于与澳大利亚、丹麦、爱沙尼亚、芬兰、法国、希腊、意大利、立陶宛、卢森堡、荷兰、挪威、波兰、葡萄牙、瑞典、瑞士、斯洛伐克共和国、西班牙、捷克共和国、土耳其、大不列颠等国的关系中。1958

①刊登于鲍姆巴赫/阿贝尔斯，结语附件 V A 2。

年旧的——限制于未成年人抚养费——协定只适用在与很少的国家的关系中。可以在海牙协定、《欧洲审判籍与执行法》以及《关于实施两国间条约与贯彻欧共体在民商事承认和执行领域条例的法律》和《卢加诺协定》之间进行选择(边码 55.92)。②

违反公序良俗(odre public)是重要的拒绝承认原因和拒绝执行原因(第
56.3 5 条第 1 项),与联邦法院不同,当外汇法的规定不合理地妨害了支付交易时,也存在违反公序良俗。③ 在没有医学鉴定的情况下,父亲身份在国外基于未成年人母亲的证言而确定,此时司法裁判否定了存在违反公序良俗。④国内裁判的优先性作为常见的条约拒绝事由再次出现(第 5 条第 3 项和第 4 项),⑤这与程序开启的文书的错误送达和迟到送达相同(边码 55.57 以下)。在抚养费名义中,特别经常出现的是"未决"名义的实施问题,因为在国外目录化(Indexierung)非常常见;为《欧洲审判籍和执行法》制定的规则适用(边码 55.24)。与《欧洲审判籍和执行法》类似,第 767 条争议素材属于条款授予程序,根据第 323 条的变更请求则不是(边码 55.14 以下)。

---

②科布伦茨,载《欧洲经济法杂志》,1990 年,第 486 页;盖默尔,载《国际私法与程序法实务》,1992 年,第 7 页;《欧洲审判籍和执行法》第 71 条和《关于实施两国间条约与贯彻欧共体在民商事承认和执行领域条例的法律》第 57 条以及《卢加诺条约》和《海牙抚养费协定》第 23 条。当时海牙会议为关于抚养费请求权的新的全面的协定做了准备(工作草案 1/2005)。在欧洲层面,这种对未来的欧洲共同的特别规范的提前思考——这种特别规范特别应当废除领事程序——处于绿皮书阶段;KOM(2004 年),第 254 页结尾处。

③缺失的,参见联邦法院裁判,载《新法学周刊》,1990 年,第 2197 ~ 2198 页,附评注。盖默尔,载《民事诉讼法杂志》,第 103 卷,1990 年,第 477 页,通说不正确地把以前社会主义国家的欺诈(fraudulose)外汇立法宣告为不重要的,而仅仅强调债权人利益。

④联邦法院裁判,载《新法学周刊》,1986 年,第 2193 ~ 2194 页(南斯拉夫——第 328 条第 1 款第 4 项);1997 年,第 2051 ~ 2053 页(民主德国——第 328 条第 1 款第 4 项类推);关于海牙抚养费协定,参见杜塞尔多夫法院裁判,载《新法学周刊,家庭法与继承法裁判选》,1998 年,第 113 ~ 114 页(波兰)。

⑤对此,参见柏林高等法院裁判,载《泛亲属法杂志》,1993 年,第 977 页。

（二）联合国抚养费公约和国外抚养费法

1956 年的关于主张国外抚养费请求权的联合国公约，⑥对任何形式的抚养费请求权都适用。该公约选择了完全不同的解决方法。债权人在国内的转交机构（Uebermittlungsstelle）递交请求，该请求被转给债务人国家的接收机构。请求授权接收机构采取所有追索请求权的措施（和解、诉讼、执行）。虽然海牙抚养费协定的所有缔约国也加入了联合国公约，但两个协定没有冲突根本不可能。只要德国的接收机构没有取得德国名义，而是意欲执行国外名义，对它就要适用《欧洲审判籍和执行法》以及《关于欧洲民商事案件法院管辖及法院裁判之执行的公约》（丹麦），或者海牙协定，在海牙协定范围内接收机构代表债权人。 56.4

除了联合国抚养费协定（特别是美国和加拿大对该协定没有予以批准），还有作为德国自治法律的 1986 年 12 月 19 日的国外抚养费法。⑦ 它规定了与联合国公约相符的、以真实可靠的互惠主义为基础的权利救济（《外国抚养费法》第 1 条）。此时在某种意义上可以说认为存在“事实的”权利救济协定，与此类似地，由于与联邦国家加拿大和美国具有相同的自治规范，故也存在事实的权利救济协定（另见边码 59.125）。 56.5

（三）1996 年海牙未成年人保护协定

1996 年的关于在父母责任和未成年人保护措施领域的管辖、适用法律、执行和合作的海牙协定⑧于 2002 年 1 月 1 日生效，德国于 2003 年 4 月 1 日签署；当时尚未作出批准。对承认和可执行的宣告的规范与《关于欧洲民商事案件法院管辖及法院裁判之执行的公约》的模式相符。欧盟成员国在签署的时候声明了保留，该 56.6

---

⑥文字，鲍姆巴赫/阿贝尔斯，《法院组织法》附录二第 168 条。

⑦文字，鲍姆巴赫/阿贝尔斯，《法院组织法》附录三第 168 条。

⑧文字，亚米/豪斯曼，第 55 号。

保留保证了欧盟法律优先。在欧盟国家彼此之间的关系中,欧洲婚姻条例优先(边码55.95)。关于国际儿童拐骗的民法视角的海牙协定也优先(第50条;边码56.7)。

(四)1980年的关于国际儿童拐骗的民法视角的海牙协定[⑨]

56.7 几乎所有的文明国家都参加了关于国际儿童拐骗的民法视角的海牙协定。除了答复(提供信息)、调查和谋求自愿交还的义务(第7条),还包括在照管权裁判(第8条以下)或者交往权裁决(第20条)时的法律救助和执行救助义务。重要的拒绝原因是违反公序良俗(第20条)和占主导的未成年人之福利(第13条第1b款)。

56.8 国际家事法程序法,[⑩]替代了1990年4月5日的施行法,[⑪]包括对欧洲婚姻条例、欧洲照管权协定(边码55.93)和海牙协定的共同施行条款。它规定联邦总检察官作为德国的中央机构(《国际家事法程序法》第3条以下),宣告法律救助和执行救助措施是地方的家庭事务(《国际家事法程序法》第10条以下)和非诉裁判权事务(《国际家事法程序法》第14条)。在其他国家作出的可执行名义经申请附带标注执行条款(《国际家事法程序法》第16条第1款)。此外,在《欧洲婚姻条例》以及欧洲照管法协定适用领域内作出承认确定裁判,某些情况下附加交还命令(《国际家事法程序法》第32条、第33条)。裁判产生既判力后才有效(《国际家事法程序法》第22条),可以向州高级法院提出附期限的抗告(期限1个月或者2两个月)(《国际家事法程序法》第24条以下)。根据《国际家事法程序法》第44条进行执行(强制金、强制拘留、直接暴力)。

56.9 随着新协定生效,1961年的旧的海牙未成年人保护公约失去意义。[⑫] 自2005年3月1日有效力的欧洲婚姻条例优先于海牙未成年人拐骗协定(《欧

---

⑨《联邦法律公报》,1990年第2卷,第207页;文字在亚米/豪斯曼,第222号。

⑩《联邦法律公报》,2005年第1卷,第162页。

⑪《联邦法律公报》,1990年第1卷,第701页。

⑫文字,亚米/豪斯曼,第54号;关于新公约的优先性特别是它的第34条。

洲婚姻条例》第 69 条第 e 项）。

(五)1954 年海牙民事诉讼协定

1954 年的海牙民事诉讼协定，[13]参加该协定的欧盟国家最多，国外原告不必提供诉讼费用担保（第 17 条）。与之相一致的是，条约国承认相应的费用（执行）名义（协定第 18 条、第 19 条，《施行法》第 4 条以下），在此与比利时、法国、意大利、奥地利、荷兰和瑞士的附加协议允许直接向德国初级法院提出申请。执行债权人在某些情况下可以在《欧洲审判籍和执行法》以及《关于欧洲民商事案件法院管辖及法院裁判之执行的公约》（丹麦）和根据海牙民事诉讼协定第 18 条、第 19 条的程序之间进行选择（《欧洲审判籍和执行法》第 71 条以及《关于欧洲民商事案件法院管辖及法院裁判之执行的公约》第 57 条）。 56.10

(六)海牙承认协定和执行协定

几次尝试制定尽可能广泛的承认协定和执行协定。最后一次尝试终止于 1971 年的关于民商事国外裁判的承认的海牙协定，只有非常少的几个国家（荷兰、葡萄牙、塞浦路斯）予以转换。1990 年代，根据美国的建议海牙会议重新开始。[14] 在此，《关于欧洲民商事案件法院管辖及法院裁判之执行的公约》和——更开放的——卢加诺条约（边码 55.84）肯定有一定的模范功能。美国的提案被评价为是美国对孤立危险的反应。应当认为，在此期间，1999 年关于管辖和民商事领域国外裁判的协定草案失败了，因为这个一般性协定的工作被置于关于管辖权的特别公约之后。2005 年 6 月 30 日外交大会接受了关于管辖权协议的公约，准备签署。与美国之间没有全面的规范，一如既往地被认为是不足之处，这不 56.11

[13]文字，亚米/豪斯曼，第 210 号；实施法同上，第 210a 号。

[14]详细的，参见沙克，载《欧洲私法杂志》，1993 年，第 306 页以下，附证明。

利于欧盟国家和美国之间的关系。然而,应具有一般化特点的、世界范围的公约是否能实际提供补救,根据海牙送达协定和证明互助协定的一般经验,十分令人怀疑。⑮

二、双边协定

(一)与“老的”欧盟国的执行协定

56.12 依然还可以与现在适用《欧洲审判籍和执行法》和《关于欧洲民商事案件法院管辖及法院裁判之执行的公约》的欧盟国家订立双边协定,即与比利时、意大利以及荷兰。⑯ 与比利时和意大利的条约以前在“任选的裁定程序”(fakultatives Beschlussverfharen)中进行,自经过1997年的仲裁程序法的改革以来遵循“强制的裁定程序”模式:附带可选择的辩论对相对人进行口头听审后的裁定、立即抗告(《实施法》第2条第4款以及《施行条例》第2条第4款联合第567条第1款第1项)、允许时的法律抗告(《施行法》第2条第5款以及《施行条例》第2条第5款联合第1065条、第574条第1款第1句地1项)。荷兰条约的施行法与《关于施行两国间条约与贯彻欧共体在民商事承认和执行领域条例的法律》相似,只有微小不同(“强制的裁定程序”):州法院的主席法官不必对条款授予进行债务人听审即作出裁判,授予时债务人的异议,拒绝时债务人的立即抗告;对关于异议的裁定提出立即抗告;允许时的法律抗告;条款授予程序和执行异议程序的组合。与《欧洲审判籍与执行法》国家的条约,只有在它在《欧洲审判籍与执行法》和《欧洲婚姻条例》适用领域之外允许执行的情况下才有意义(《欧洲审判籍与执行法》第69条、第70条,《欧洲婚姻条例》第59条第1款、第62条第1款;见边码55.88以下、

---

⑮对此,参见施迪而纳,载哈布沙伊德,《与美国的司法冲突》,1986年,第3页以下、第43页以下。

⑯附带实施法以及实施条例的文字在《〈德国民事诉讼法〉慕尼黑评注》/戈特瓦尔德,结语附件,《国际民事诉讼法》;盖默尔/舒策,《国际判决承认》(第2卷),1971年,对与比利时、奥地利、英国的协定进行评注(评议,参见马切尔,《民事诉讼法杂志》,第86卷,1973年,第404页)。

55.93 以下)。与比利时之间的条约除了《欧洲审判籍与执行法》和《欧洲婚姻条例》,还对身份事务和继承事务中的可执行名义、对仲裁裁决以及仲裁和解有意义。[17] 与意大利的条约的情况,实际上也是如此。[18] 与荷兰的条约在《欧洲审判籍与执行法》之外主要允许对继承事务执行;之前的特殊情况,破产程序与和解程序的特定条款的可执行性(破产表格、在支付不能程序范围内的法院和解)[19]随着 2002 年 5 月 31 日《欧洲支付不能条例》的生效而完成。未来计划的在家事法和继承法领域中的欧盟法律行动可能使双边条约完全被废弃。

(二)与其他欧洲国家的执行条约

1. 大不列颠、希腊、西班牙和奥地利

与"新近的"欧盟国家大不列颠和希腊也有执行条约。德国条款的授予自通过 1997 年仲裁程序法的改革以来,在两种情况中都是通过"强制裁定程序"模式作出的,条款授予和执行异议之诉经常是组合的。与大不列颠的条约[20]包括除了清算和支付不能事务之外所有的民商事事务(第 2 条第 2 款);重要的限制:排除地方法院(county court)以及初级法院的裁判和所有劳动法院的裁判(第 1 条第 2 款),不能执行在相同审级变更的裁判(第 1 条第 3 款,抚养费名义!),只对支付名义可以执行(第 5 条第 2c 款),暂时权利保护的裁定不能执行(第 1 条第 3 款)。法院和解也是裁判。之前在州法院(第 7 条)的条款授予程序中,作为拒绝事由重要的问题是,英国程序是否因为它严格的除斥条款(Praeklusionsvorschriften)违反德国的公序良俗(《德国基本法》第 103 条第 1 款;条约第 3 条第 1c 款),对此联邦法院始终予以否定,这 56.13

[17]联邦法院裁判,载《新法学周刊》,1978 年,第 1744 页;1988 年,第 3090 ~ 3091 页;此外还有关于仲裁裁决的可执行性的多边协定;另参见边码 55.75。

[18]联邦法院裁判,载《新法学周刊》,1983 年,第 2775 页,附证明;《新法学周刊裁判报告》,1990 年,第 842 页(家庭事务)。

[19]第 16 条第 1c 和 d 款;对此第 2 卷,边码 37.49。

[20]附《实施法》的文字在《〈德国民事诉讼法〉慕尼黑评注》/戈特瓦尔德,结语附件,《国际民事诉讼法》。

是正确的。[21] 鉴于《欧洲审判籍与执行法》和《欧洲婚姻条例》的优先,条约对继承事务和仲裁事务的辅助程序还有剩余意义。[22]

与希腊的条约[23]允许对民商事事务的法院裁定进行执行,例外的情况是支付不能程序和暂时程序的名义(第17条;在暂时抚养费名义和支付名义中例外地允许);法院和解以及可执行证书与裁判地位相同(第13条、第15条)。在初级法院和中级法院(州法院)的条款授予程序中(《施行法》第1条:一般性管辖条款)适用通常的拒绝承认事由;特殊性:因为在家事事务和继承事务中冲突法的不利而拒绝。强制性的裁定程序模式(《施行法》第2条第1款、第1063条)。

56.14 最近的与欧盟国家的条约,即与西班牙的条约[24]在内容上已经很大程度上接受《关于欧洲民商事案件法院管辖及法院裁判之执行的公约》的体系。因此可以在《关于施行两国间条约与贯彻欧共体在民商事承认和执行领域条例的法律》中转换,此正如对于《关于欧洲民商事案件法院管辖及法院裁判之执行的公约》以及《欧洲审判籍与执行法》和1973年的海牙抚养费协定亦为如此(《关于欧洲民商事案件法院管辖及法院裁判之执行的公约》第1条第1款第1f项)。

1959年与奥地利的条约[25]首先与卢加诺条约形成竞合(边码55.84),之

---

[21]《联邦法院民事裁判集》,第48卷,第327页(因为没有遵守法院指令而排除;"藐视法庭";宪法抗告没有被接受,参见联邦法院裁判,载《新法学周刊》,1978年,第1115页),对此,参见文格尔,载《法学家杂志》,1968年,第596页和盖默尔,载《法学家杂志》,1969年,第12页;《联邦法院民事裁判集》第53卷,第357页(在概简易的转换程序中排除"嗣后程序"),对此,参见科恩,载《新法学周刊》,1970年,第1506页;相似的,参见联邦法院裁判,载《新法学周刊》,1978年,第1114页(因为授权停止而迟误日期后排除)。

[22]对此,参见汉堡法院裁判,载《国际经济法》,1996年,第862页;《〈德国民事诉讼法〉慕尼黑评注》/戈特瓦尔德,第I dt条,前注,英语缩写,边码1。

[23]附《实施法》的文字在《〈德国民事诉讼法〉慕尼黑评注》/戈特瓦尔德,结语附件,《国际民事诉讼法》;法尔茨(Yessiou - Faltsi),载《民事诉讼法杂志》,第96卷,1983年,第67页。

[24]文字在《〈德国民事诉讼法〉慕尼黑评注》/戈特瓦尔德,结语附件,《国际民事诉讼法》;洛贝尔,载《国际经济法》,1987年,第429页。

[25]附《实施法》的文字,在鲍姆巴赫/阿贝尔斯,结语附件V B 3。

后部分与《关于欧洲民商事案件法院管辖及法院裁判之执行的公约》和《欧洲审判籍和执行法》形成竞合。它涉及的是有既判力的和暂时可以执行的裁判,另外涉及法院和解和民商事可执行证书;例外:婚姻事务和家庭事务(不是:抚养费事务);支付不能程序的名义;㉖暂时命令(不是:抚养费名义和其他支付名义)。拒绝事由:㉗公序良俗,在没有应诉(Einlassung)的情况下违反听审;㉘执行国法院的排他管辖;无应诉——某些时候限于财产——情况下的财产的管辖籍;在婚姻状况关系、家事法关系和继承法关系情况下的冲突法的不利对待。初级法院和州法院的条款授予程序(一般的事务性的管辖)是强制性裁定程序(《施行法》第2条第1款、第1063条第1款),与执行异议之诉的组合。在暂时可以执行的名义中,裁判中应当宣告限制于担保执行。

随着《欧洲审判籍和执行法》和《欧洲婚姻条例》的生效,条约失去意义,因为它只对有可能的其他延伸的规范领域适用(《欧洲审判籍和执行法》第69条、第79条第1款,《欧洲婚姻条例》第59条、第62条第1款;边码55.88以下、边码55.93以下)。特别是未来计划在继承法和家事法领域的欧洲立法可能使它的意义继续降低,或者将来在某些情况下完全废弃。

2. 挪威

挪威至少暂时拒绝加入欧盟,与挪威的条约主要与卢加诺条约形成竞合(边码55.84以下),然后部分与《欧洲审判籍和执行法》形成竞合。 56.15

㉖德国—奥地利破产条约期间被欧洲支付不能法替代;比较第2卷,边码37.50以下。

㉗对此很好的范例,参见联邦法院裁判,载《新法学周刊》,1993年,第1270页以下。

㉘对此,参见哈姆法院裁判,载《国际经济法》,1978年,第689页;《新法学周刊裁判报告》,1993年,第895页;柏林高等法院裁判,载《新法学周刊》,1977年,第1016页。

与挪威的条约[29]是比较新近的条约,和(德国)与西班牙的条约相似,同样以《关于欧洲民商事案件法院管辖及法院裁判之执行的公约》为依据,这样它的施行可以直接适用《关于施行两国间条约与贯彻欧共体在民商事承认和执行领域条例的法律》(《关于施行两国间条约与贯彻欧共体在民商事承认和执行领域条例的法律》第 1 条第 1 款第 1 项、第 40 条至第 44 条)。

3. 瑞士

56.16 在与瑞士的关系中,适用卢加诺协定(边码 55.84 及下一码)。除了卢加诺协定,其后重要的执行条约在什么程度上仍然有意义(边码 55.91),需要观望。

56.17 与瑞士的条约[30]承认所有关于财产请求权(根据执行国法律认定)的有既判力的裁判(例外:暂时性权利保护,[31]《非诉裁判权事件法》的事务,[32]支付不能程序的名义[33]),同样还有类似的法官和解;必须源自"民事"法院(包括民事特别法院的普通法院,比如商事法院和商业法院、国家的仲裁院等),判决国的法院必须有条约意义上的管辖权(没有执行国的排他管辖;被告住所地;对管辖的明确约定;无保留的应诉;分公司等)。在一方当事人来自执行国的非财产争议情况下,依执行国法律产生的管辖会阻碍执行,[34]这也适用于同时赋予的财产权利的请求权(抚养费裁判作为离婚结果事务)。另

---

[29]文字在《〈德国民事诉讼法〉慕尼黑评注》/戈特瓦尔德,结语附件,《国际民事诉讼法》。对海牙执行协定有一个德国—挪威补充协议(令见边码 55.84 以下)。

[30]附《实施法》的文字,在鲍姆巴赫/阿贝尔斯,结语附件 V B 1。

[31]对此,福迪施,AWD,1963 年,第 75 页;埃利,载《国际经济法》,1991 年,980 页;保克施达特,载《国际私法与程序法实务》,1984 年,第 18 页。

[32]斯图加特法院裁判,载《国际私法与程序法实务》,1990 年,第 233 页。

[33]联邦法院裁判,载《新法学周刊》,1993 年,第 2316 页;但是见第 2 卷,边码 37.56、边码 37.24 以下。

[34]对此,参见联邦法院裁判,载《新法学周刊》,1987 年,第 3083 ~ 3084 页。

外,违反公序良俗,[35]婚姻状况事务、家事事务和继承事务中的冲突法的不利,没有应诉时的听审之违反,是拒绝承认事由。德国初级法院的条款授予程序是强制性的裁定程序,条款授予与执行异议之诉组合。对费用裁判除了双边条约还适用1954年的海牙民事诉讼协定。

(三)其他国家

在与其他国家的双边条约中,相对新的与以色列的条约[36]明显以《关于欧洲民商事案件法院管辖及法院裁判之执行的公约》为蓝本,在德国国内依据《关于施行两国间条约与贯彻欧共体在民商事承认和执行领域条例的法律》(第35条第1款第4项)施行。与突尼斯的条约[37]是全面的权利保护和权利救助条约,该条约规定了民商事事务有既判力的裁判以及法院和解和可执行文书的承认和可执行性(例外:暂时命令仅作为支付名义),也规定了常见的拒绝事由(特殊性:家事事务和继承事务中的冲突法的不利时拒绝)。州法院的条款授予程序是强制性的裁定程序(《施行法》第5条第1款、第1063条第1款),条款授予和执行异议之诉再次组合。 56.18

三、执行协定和自治的可执行之宣告

一般认为,除了条约法,仍然可能有其他的国内的可执行宣告 55.19

---

[35]有教益的,参见联邦法院裁判,载《新法学周刊》,1986年,第1440页:在离婚协议中指数化的抚养费名义不缺乏可确定性(对此,施迪而纳/明奇,载《法学家杂志》,1987年,第178页和边码55.24以下)。

[36]文字在鲍姆巴赫/阿贝尔斯,结语附件,V B 9;希尔,载《拉贝尔外国与国际私法杂志》,1986年,第586页。

[37]文字在《〈德国民事诉讼法〉慕尼黑评注》/戈特瓦尔德,结语附件,《国际民事诉讼法》。

(第722条、第723条)。[38] 因为原则上条约的任务和目的是,使承认和执行简化,而不是限制(见边码55.87以下,关于《欧洲审判籍和执行法》)。

四、条约法及其施行法的地位

(一)条约法的统一和体系

56.20 可惜至今条约法的统一状况并不良好。虽然可以看出典型的规范技术,但是在具体情况中的选择一直是费力的妥协,这破坏了体系化。典型的形成因素是:民商事事务的广义/狭义理解(对婚姻状况事务、家事事务、继承事务的判断,支付不能名义);限制于特定的审判籍("普通的"、"民事的"法院,《非诉裁判权事件法》、劳动事务等);暂时可执行裁判和暂时程序的包括/排除;[39]广义/狭义拒绝承认条款(公序良俗;大量或少量违反管辖权条款;没有应诉时的听审之违反;在很多/少量法律领域内禁止冲突法的不利对待);包括/排除和解、可执行证书、仲裁裁决。有人可能抱怨这种多样性,但现在因为国内法规的不同,必须容忍这种多样性,直至出现多边条约。因为未来将更加以《欧洲审判籍和执行法》和卢加诺协定为依据,可以期待明显的改善。

(二)德国施行法立法

56.21 德国施行法的立法者一开始并没有设立统一的施行法,而是制定了不同管辖权的混杂体(只有初级法院,只有州法院,州法院的主席法官,根据争议价值确定初级法院或州法院)、不同程序的混杂体(任意的裁定程序,强制性裁定程序等等)和不同的权利救济;只有条款授予程序和执行异议之诉的组合是统一的,但是这又与国内的法律救济体系不和谐。实践中不论是过去还是现在,都没有能在欠缺法官持续提示的情况下就能掌控局面的律师。在这方面《关于施行两国间条约与贯彻欧共体在民商事承认和执行领域条例的

[38]联邦法院裁判,载《新法学周刊》,1987年,第3083页以下附盖默尔评注;柏林高等法院裁判,载《泛亲属法杂志》,1993年,第976~977页。

[39]对此,参见马切尔,载《民事诉讼法杂志》,第95卷,1982年,第170页。

法律》设立了紧急的必要的救济。值得赞许的是，随着 1997 年的仲裁程序法普遍施行强制的裁定程序。2005 年新的《国际家事条例》对家事事务中的施行规范的统一作出了贡献。希望德国立法者——与其他国家的一样——未来坚守统一的决心。随着旧的条约法的意义减弱，可能无需调整旧的施行法。

第五十七章　自治的德国国际执行法

文献指引：见第五十五章前文献说明。

见概览表十九。

一、可执行宣告之诉

(一)基本特点

57.1 只要既没有欧洲条例也没有条约适用，国外法院的判决以及相应的裁判[1]（不是：和解、仲裁裁决[边码 58.1 以下]，暂时裁判，[2]可执行证书）可以通过向德国法上有管辖的法院提起诉讼，[3]根据第 722 条、第 723 条在判决程序

①《联邦法院民事裁判集》，第 20 卷，第 329 页：根据判决国法律依以下因素界定："提请有国家主权的机构，根据合适的国外法律以诉讼程序为基础对私法的争议问题进行裁判！"

②与通过依裁判国法律的暂时程序最终完成的争议不同；部分争议的，参见施迪尔纳，载《佐伊纳祝寿文集》，1994 年，第 513 页以下。

③关键在于，根据《民事诉讼法》和《法院组织法》确定哪个法院对相应的请求权有管辖权。对家事法名义通常适用《欧洲审判籍和执行法》《欧洲婚姻条例》或者条约的特别管辖，以及《国际家事条约》或者《外国抚养费法》；对此编码 56.2 以下。非诉裁判权领域的国外裁判的执行不以第 722 条、第 723 条的可执行宣告为条件，它根据非诉裁判权程序进行；承认（《非诉裁判权事件法》第 16a 条）是不独立的可执行宣告的前置问题，还有根据《非诉裁判权事件法》第 33 条的执行命令；完整的，参见《联邦法院民事裁判集》，第 67 卷，第 255 页、第 257 页；第 88 卷，第 113 页以下；里夏迪：《国内法特别视阈下非诉裁判权国外档案的承认及执行命令》，1991 年（评论 H. 罗特，载《拉贝尔外国与国际私法杂志》，第 58 卷，1994 年，第 123 ~ 129 页）。

中宣告为可以执行。仅在国外给付名义情况下可以考虑的执行判决(Vollstreckungsurteil)是为执行做准备的形成判决:赋予名义一种(之前在德国不成立的)可执行性。争议标的不是在外国判决中判予的请求权本身,而是它的可执行性。④ 德国法院因此不审查裁判的合法性,而只审查承认前提条件(第723条第1款)。

有争议的是,国外领事裁判(Exequaturentscheidungen)是否允许被宣告为可以执行(所谓的双重领事程序)。只要仲裁裁决在国外的判决中出现,德国联邦法院对涉及仲裁裁决的判决就会予以肯定(合并原则"doctrine of merger")。⑤ 双重领事程序不得破坏承认之控制(第328条);通常会被否定。

(二)可执行宣告的前提条件

名义必须根据判决国法律取得形式既判力,暂时的可执行性并不足够。⑥ 另外,应当——从执行条约法中原则上已经知道——根据第328条第1款审查消极条件。在国际管辖权(第1项)情况下须审查,外国法院在适用德国程序法的情况下是否有 57.2

④对此,《联邦法院民事裁判集》,第118卷,第312页、第315页(载《新法学周刊》,1992年,第3096页以下);《新法学周刊》,1986年,第1440页。在可执行宣告程序中适用第265条第2款;《联邦法院民事裁判集》,第118卷,第312页。

⑤联邦法院裁判,载《新法学周刊》,1984年,第2763页、第2765页;相同的,参见汉堡法院裁判,载《新法学周刊裁判报告》,1992年,第568页;另见边码55.5。

⑥反之,如果在判决国的判决只是可以撤销,而不是无效,则不影响(《联邦法院民事裁判集》,第118卷,第312页、第317~319页;加利福尼亚的判决)。

管辖权。[7] 在国外的缺席裁判中(第2项),为了保证法定听审,或者必须在国外即时进行与国际惯例相应的送达(比如国外逗留期间的向本人送达,向分公司送达,向诉讼代理人送达等),或者必须在德国通过司法协助进行送达(1965年的海牙送达协定;1954年的海牙民事诉讼协定;无条约的司法协助)。[8] 不同的是,德国当事人应诉的情况下,对此任何承认的或者拒绝的行为即为已足,比如无管辖权之指责,[9]因为这样就有了听审机会。除了既判力冲突(第3项),[10]主要是公序良俗控制是最根本的(第4项),其会

⑦根据"镜像原则"间接国际管辖权;对此参见沙克,载《国际民事诉讼法》,边码828以下;基础的,参见福里克:《镜像原则和一般条款之间的承认管辖权》,1966年;批评的,参见戈特瓦尔德,载《民事诉讼法杂志》,第103卷,1990年,第273页以下、第276页。这个承认条件的基础理念是,在提出请求的范围内承认外国的审判籍(另见施迪尔纳:《国际和解中的瑞士新国际管辖权》,载《K. H. 施瓦布祝寿文集》,1990年,第465页以下)。有趣的新的范例:《联邦法院民事裁判集》,第52卷,第30页(美国);第120卷,第334~335页(巴西:根据第39条的管辖;置于国际管辖权下);联邦法院裁判,载《新法学周刊》,1994年,第1413页(对管辖成立事件的完全独立的新的审查);《联邦法院民事裁判集》,第141卷,第286页(美国:美国任何一个法院的管辖足矣,不考虑地域上没有管辖);对此,参见瓦茨拉维克,载《国际私法与程序法实务》,2002年,第273页。

⑧关于相似的,《欧洲审判籍和执行法》第34条第2款,详细的,参见边码55.57以下附对所有争议问题的证明;此外关于国内送达和国外送达区别,参见美国最高法院大众股份公司诉施伦克案,468U. S. 694(1988) = 56 U. S. L. W. 4595(1988年);对此,参见施迪尔纳,载《法学家杂志》,1992年,第325页以下;关于及时邀请,参见巴伐利亚州最高法院裁判,载《泛亲属法杂志》,2000年,第1170~1171页;2002年,第1423~1424页;2005年,第638~639页、第923~924页;关于有效放弃第328条第1款第2项的保护,参见联邦法院裁判,载《泛亲属法杂志》,1990年,第1100~1101页;不来梅法院裁判,载《泛亲属法杂志》,2004年,第1975~1976页;关于由法院指定的缺席代理人代理的情况下的没有应诉,参见哈姆法院裁判,载《泛亲属法杂志》,1996年,第951页。

⑨例子:《联邦法院民事裁判集》,第73卷,第381页。

⑩例子:哈姆法院裁判,载《泛亲属法杂志》,2001年,第1051页(欧洲法院对《关于欧洲民商事案件法院管辖及法院裁判之执行的公约》第21条第1款和《欧洲审判籍和执行法》第27条第1款提出的核心理论的适用);比较,边码55.67以下。

延伸到裁判成立的方式(程序法的公序良俗)和内容(实体法的公序良俗);其中单纯的法律差异并不是充分的,更多的要求是具体的结果不可承受地违反德国法,[11]在这里对"承认法上"的公序良俗适用的标准比在"冲突法上"的公序良俗标准更宽泛:[12]区别在于,是否使他国判决有效力,还是作为德国法官自己运用外国法。[13] 当德国判决的执行在作出该判决的国家不会遭遇比在德国执行该判决更大的困难的时候,相互性即得到保障;在此,对特定判决类型相互性的部分保证即为已足。关键的不是完全一致或部分一致,而是对承认法和承认实践进行全面评价后的执行条件具

---

[11]重要范例:a)程序法的公序良俗:《联邦法院民事裁判集》,第73卷,第386页(拒绝证明申请);联邦法院裁判,载《新法学周刊》,1980年,第529页、第531页;《联邦法院民事裁判集》,第48卷,第327页;第53卷,第357页(拒绝听审);具体情况中到处都否定违反公序良俗,裁判涉及条约规定的执行英国/德国(见边码56.12附证明);《联邦法院民事裁判集》,第118卷,第312页、第320页以下(美国诉讼法:取消委任后向律师送达,调查性的庭前证据开示,没有费用补偿);联邦法院裁判,载《泛亲属法杂志》,1997年,第490页、第492页和联邦社会法院裁判,载《新法学周刊裁判报告》,1997年,第1433~1434页(在父亲身份确认中放弃出身鉴定时不违法)。b)实体法的公序良俗:联邦法院裁判,载《新法学周刊》,1975年,第1600页(交易所期货交易时的差额抗辩,美国支付判决的执行——旧法);联邦法院裁判,载《新法学周刊》,1984年,第2037页(交易所期货交易);《联邦法院民事裁判集》,第118卷,第312页、第320页以下(美国:对拟制治疗费用的过高额度的损害赔偿;律师胜诉酬劳;痛苦的损害赔偿;惩罚性损害赔偿;另见边码57.4)。比较,已经完整的,边码55.55附证明。

[12]最后详细的,参见《联邦法院民事裁判集》,第118卷,第320页以下,附证明;对此,参见施泰福/施迪尔纳,载《保险法》,1987年,第829页以下;科赫/泽科尔,载《国际私法与程序法实务》,1993年,第288页;沙克,载《民事诉讼法杂志》,第106卷,1993年,第104页。

[13]关于在《欧洲审判籍和执行法》中的类似问题,参见边码55.55。

有的等值性。[14] 认识国外执行实践总是有必要的——这是一个在大多数情况下对法院而言不能最终克服的问题,并且因此是昂贵的鉴定的诱因,而这些鉴定的部分认识是有疑问的。

(三)可执行宣告之诉与可执行性异议之诉以及给付之诉的关系

57.3 根据值得赞同的司法裁判,如果德国债务人对具有执行名义的请求权有实体法上的抗辩,抗辩是在国外的最后一次口头事实辩论后产生的,不能指引该债务人提起可执行性异议之诉,相反地他可以在第 767 条第 2 款的范围内对执行之诉(Vollstreckungsklage)提出异议,尽管执行之诉和执行防御之诉的争议标的不同,也是如此。[15] 另一个问题是,他是否必须如此,并且被相应地除权,[16]这样一来,对依第 767 条的独立诉讼而言,只剩下对执行判决进行最后一次辩论之后产生的抗辩;这种没有法律规定的除斥(Präklusion)很难与权利保护之保证(Rechtsschutzgarantie)以及《德国基本法》第 103 条第 1 款一致,[17]对于这样的排除,无须法律基础[18]即可以予以否定。债权人重新提起的国内给付之诉,应当

---

[14]根本的,参见《联邦法院民事裁判集》,第 42 卷,第 194 页、第 196 页(南非);确认的,参见《联邦法院民事裁判集》,第 49 卷,第 50 页、第 52 页(叙利亚);第 50 卷,第 100 页;第 53 卷,第 332 页、第 334 页;第 59 卷,第 116 页、第 121 页(法国,因为《关于欧洲民商事案件法院管辖及法院裁判之执行的公约》和《欧洲审判籍和执行法》而过时);联邦法院裁判,载《新法学周刊》,2001 年,第 524 ~ 525 页(英属哥伦比亚)。

[15]《联邦法院民事裁判集》,第 59 卷,第 116 页、第 124 页;《新法学周刊》,1987 年,第 1146 ~ 1147 页;1994 年,第 1413 页、第 1416 页(在这方面在《联邦法院民事裁判集》,第 124 卷,第 237 页没有被刊登);没有同时完成依第 323 条的变更事由:联邦法院裁判,载《新法学周刊》,1990 年,第 1419 页(德国—奥地利条约);对此边码 55.14。

[16]杜塞尔多夫法院裁判,载《泛亲属法杂志》,1981 年,第 79 页;鲍姆巴赫/哈特曼 § 723 边码 3。

[17]《联邦宪法法院判例集》,第 52 卷,第 330 页(在抗告程序中排除)。

[18]关于《关于实施两国间条约与贯彻欧共体在民商事承认和执行领域条例的法律》见边码 55.14。

选择性地在执行之诉之外，予以允许，其中国外判决的既判力在内容上约束德国法院；权利保护之必要性没有被否定，因为执行之诉和给付之诉在经济上是相同的[19]（非常令人质疑）。

（四）美国判决的可执行性宣告的特殊性

承认的意义和根据第 722 条、第 723 条、第 328 条的可执行性宣告，在与联邦德国重要的商业伙伴的关系中正在持续消逝，因为产生了越来越多的欧盟条例法和执行条约。在这方面没有签订执行条约的一个重要的商业伙伴是美国。[20] 美国判决在联邦共和国内的承认浮现出很多问题，这些问题应当具有典范意义。在国际管辖方面（承认管辖，第 328 条第 1 款第 1 项），某些情况下美国国际管辖和德国国际管辖之间的不和谐可能导致拒绝（承认）：[21] 被告短暂逗留美国情况下通过诉讼送达和传唤而成立美国管辖［"过境管辖权"（transient jurisdiction），有争议］；不需要住所和持续逗留而根据与美国的"最低合同关联"（certain minimus contracts）而成立的管辖，比如"经营商业""国内转包""侵权行为的委任"（commission of tortious）等（"长臂管辖法令"）；相反，在对第三人的追索请求权中，原则上原始争议的法院没有独立 57.4

---

[19]联邦法院裁判，载《新法学周刊》，1979 年，第 2477 页；1964 年，第 1626 页（适用德国奥地利条约）；联邦法院裁判，载《新法学周刊》，1987 年，第 1146 页；批评的，参见舒策，载《企业》，1977 年，第 2130 页。关于适用《欧洲审判籍和执行法》时的不同判决，参见边码 55.87。另外关于其他的执行协定与第 722 条、第 723 条的关系，参见边码 56.19。从给付之诉的可能性中得出，消极确认之诉允许（盖默尔，载《法学家杂志》，1977 年，第 146 页左栏）。

[20]关于订立世界范围的承认和执行条约的失败的尝试，参见边码 56.10。

[21]关于美国联邦法院的国际承认管辖，是以整个美国，而不是以法院所在州为依据；《联邦法院民事裁判集》，第 141 卷，第 286 页；对此参见施迪尔纳/博尔曼：《法学家杂志》，2000 年，第 81 页以下。对美国"属地管辖"的很好的概述，参见在沙克：《美国民事诉讼法导论》（第 3 版），2003 年，第 23 页以下 附证明；因为交易关系的欺诈性操作的管辖的很好范例，参见《联邦法院民事裁判集》，第 124 卷，第 237 页。

的国际管辖(“第三方请求”)。㉒ 当不遵守1965年的海牙送达协定——美国和德国是该协定的成员国——不经由德国的机构介入而直接从美国向被告送达时,或者当向被诉的德国公司在美国的独立子公司进行送达的时候,第328条第1款第2项的送达条款是不符合美国程序的。㉓ 公序良俗控制(第328条第1款第4项)也有很多问题点:扩张的调查程序(“审前证据发现 pre trail discovery”)、㉔在违反海牙证据互助协议的情况下的采证(在德国没有法律救助申请的“不受控制的”采证)、㉕滥用美国费用体系(被告出于费用

㉒对此详细的,参见C.格策,载《第三方担保实践》,1993年,第95页以下附证明;在欧盟内不同:第6条第2项;《欧洲审判籍和执行法》第65条(德国奥地利保留);类似的,《卢加诺协定》第6条第2项和1988年9月16日的会议记录1号第五条(德国、西班牙、奥地利和瑞士保留)。

㉓比如大众公司诉施伦克,486 US 694(1988年);对此,参见施迪尔纳,载《法学家杂志》,1992年,第325页以下(送达击穿)。美国的惩罚性损失赔偿之诉的送达在适用《海牙送达公约》时不违反《德国基本法》,参见《联邦宪法法院判例集》,第91卷,第335页;对此,参见施塔德勒,1995年,第718页;另参见施塔德勒/施迪尔纳,载《国际私法与程序法实务》,1990年,第157页。相反,德国联邦宪法法院通过暂时命令终止了被视为滥用的因侵犯著作权的额度超过170亿美元集体诉讼的送达;联邦宪法法院裁判,载《新法学周刊》,2003年,第2598页;对此,赫斯,载《法学家杂志》,2003年,第923页;罗特,载《国际经济法》,2003年,第859页;泽科尔,载《新法学周刊》,2003年,第2885页;奥博哈默,载《国际私法与程序法实务》,2004年,第40页;合理批评的,参见施迪尔纳,载《法学家杂志》,2006年,第60页——撤回宪法抗告之后,暂时命令在期间被废止。

㉔《联邦法院民事裁判集》,第118卷,第312页以下、第323页以下:仅在严重的、特别是违反国际法的侵犯时才存在违反公序良俗;相同的,参见施泰福/施迪尔纳,载《保险法》,1987年,第819页、第830页以下。

㉕享有法外权的证明的问题最高法院,法国工业航空公司诉美国第八区,55 LW 4842-4855(1987年);德国版(施塔德勒翻译),载《法学家杂志》,1987年,第984页以下,附施迪尔纳评注;施罗瑟尔,《美国和欧洲的司法冲突》,1985年;京克尔(Junker),《德国和美国法律交往的发展》,1987年;施塔德勒,《德国和美国民事诉讼及权利救济程序中的企业秘密保护》,1989年,第270页以下;施迪尔纳,载《法学家杂志》,1981年,第521页以下;《比较法学杂志》,第81卷,1982年,第159页以下;施迪尔纳,载哈伯沙伊德:《与美国的司法冲突》,1986年,第3页以下;施迪尔纳,载《法学家杂志》,1987年,第44页以下、第607页以下。

原因而未应诉时的屈从)[26]都是违反德国程序法上的公序良俗的,产品责任义务程序中提出“惩罚性损害”之诉违反实体法上的公序良俗,[27]工业产权保护中的“三倍赔偿”之诉也违反实体法的公序良俗,[28]另外,在过分的“痛苦赔偿”情况下同样如此。[29] 在保证相互性的情况下,要区别联邦管辖(联邦法庭)和每个州的管辖;只要——比如在产品责任义务程序中——各州有管辖权,就要注意各州的执行法,在此,相互性也被视为绝对有保障的。[30]

(五)未决的或者不完整的名义的实行

如果国外名义参照的是变动的指数,那么裁判“法定利息”或者“法定增值税”时,就会提出在可执行宣告程序中对其实行的问题;相似的问题出现在货币换算情况下。[31] 这个问题在欧洲可执行宣告范围内已经讨论过(边码55.24以下),对自治的德国法而言,原则上答案是一样的:尽可能通过法官的实施使对名义的确定性的要求得到满足,这一点在这里也是有意义的。然 57.5

㉖对于违反公序良俗限制适用于在基本容忍“美国费用规则”时的滥用情况,有道理的,参见《联邦法院民事裁判集》,第118卷,第312页以下、第325页以下。

㉗对于非物质损失之外的不承认,原则上参见《联邦法院民事裁判集》,第118卷,第312页以下;对此,参见科赫,载《新法学周刊》,1992年,第3037页;布恩格特,载《经济法杂志》,1992年,第1712页;盖默尔,载《经济法裁判集》,1992年,第827页;舒策,载《国际经济法》,1993年,第132页;沙克,载《民事诉讼法杂志》,第106卷,1993年,第104页;科赫/泽科尔:《国际私法与程序法实务》,1993年,第288页;施泰福/施迪尔纳,载《保险法》,1987年,第819页以下;然而联邦法院裁判了对强奸男性者的惩罚性损害赔偿之诉这一特殊情况,不是产品责任义务的情况。

㉘施泰福/施迪尔纳,载《保险法》,1987年,第829页以下、第844页以下。

㉙在这方面宽容的,参见《联邦法院民事裁判集》,第118卷,第312页以下;不同的,参见施泰福/施迪尔纳,载《保险法》,1987年,第843页以下;联邦法院合理地肯定部分领事程序的可能性:《联邦法院民事裁判集》,第118卷,第312页以下、第345页以下;完整的,参见舒策,载《盖默尔祝寿文集》,2002年,第1025页以下。

㉚对此,参见舒策,《德国—美国的判决承认》,1992年;沙克,载《美国民事诉讼法导论》,第75页以下;另外列表在鲍姆巴赫/哈特曼,第328条附录,边码22;另见边码56.10。

㉛完整的例子,参见冯·法尔克:《未决的国外执行名义的执行》,1998年。关于用东德马克为内容的抚养费名义在货币联盟之后的不可换算性,比较,哈姆法院裁判,载《泛亲属法杂志》,2004年,第716页,附格罗特评注。其他例子:茨威布吕肯裁判,载《新法学网上杂志》,2005年,第3309页。

而,这一要求在自治法下不能用国际条约法的义务来论证,只能用国际“礼让”来论证。标准不同是不实用的,并且也必然产生歧视的后果。

二、有国外效力的执行程序

(一)基本原则

55.6 原则上,作出可执行性宣告后,执行程序根据执行国的法律。在出发点上适用明确的二分法:判决程序根据判决国法,可执行性宣告和执行根据执行国法,即在其领土内应当作出执行行为的国家的法律。

55.7 与欧洲执行法相似(边码55.29以下)在适用自治的执行法的情况下也提出跨境执行程序问题:在执行程序中存在其他国家的配合吗?执行行为对他国领土范围产生效力吗?在欧盟范围内可以非常容易地成立广泛的相互配合以及相互承认执行行为,这是欧共体条约中基本自由的程序法的后果,但是对自治法,却没有限制主权的共同基本法的纽带。这迫使做出更大的克制,但是不得导致法院拒绝裁判(Rechtsverweigerung)。

(二)跨境执行及其限制

57.8 下面应当对不同的执行行为谈几个观点,其中可以将无条约的执行与已经详细描述的(边码55.29以下)欧洲执行区分开。

1. 国际债权扣押

如果不是债务人或者第三债务人在作出扣押裁定的执行国有
57.9 住所,面临的问题是,裁定是向债务人送达,还是向第三债务人送达,其中没有进行送达对裁定的有效性的影响应当根据执行国的法律判断。可以这样认为,债权的证明根据第三债务人住所地的法律确定,因此扣押行为落入第三债务人国家的主权范畴。[32] 不进行扣押的国家的配合限于向执行债务人进行通知以及送达。在债务人国的扣押是干涉主权行为,对于向第三债务人送达该干涉主权的行为,是没有司法协助(Rechtshilfe)的。

例子:德国债权人对德国债务人通过诉讼争得了支付名义。他想扣押债务人对美国银行的债权。根据以前德国的观点,债权人必须在美国银行的住所地取得承认,通过“出庭令”(garnishment)进行执行,在此,在向债务人通知和送达时,德国提供司法协助。与此相反,不可能颁布一个在美国有效力的德国的扣押裁定,德国也不会向美国提出送达请求。德国各州司法行政部门现在不再在提示第三债务人所在国的主权前提下拒绝适用海牙送达条约;美国以及美国各州是否承认德国裁定并予以送达,令人怀疑,但最终还是不能回答这个问题。 57.10

正确的是,德国作为债务人所在国,总是允许在德国进行扣押,只要第三债务人国家愿意承认名义和扣押裁定,或者愿意在扣押时(送达时)予以配合。联邦德国方面应当承认债务人国的扣押裁定,在授予裁定时配合(根据1965年的海牙送达条约送达),当需要送达的名义可以被承认、第三债务人在扣押程序中的权利(听审)得到保障、债权人和第三债务人之间的主案争议的国际管辖得到保障的时候。[33] 57.11

2. 跨国的原物返还之执行

如果物位于他国,那么对于德国的判决,在承认和可执行性宣 57.12

---

[32] 毕竟是德国之前的通说和实践。州司法行政晚近实践和通说不再持有反对适用海牙送达公约的送达的想法(边码55.30附证明);完整的,参见贝尔特勒:《主权和程序法》,1998年。

[33] 目前《民事案件法律援助规章》第59条第4款广泛地、一般性地允许对在国外作出的扣押裁定进行送达;另见边码55.33,对欧洲。

告之后必须请求开启他国执行程序。如果外国国家拒绝执行(直接强制或强制金),不能根据德国执行法对债务人确定执行金,比如当只有物在国外,而债务人在国内的情况下,即是如此。德国根本不允许这样的执行(执行类型法定,国家介入的合法性)。[34] 跨境强制金是否侵犯他国主权,并不是问题。

57.13 德国根据《德国民事诉讼法》第883条以下执行他国的原物返还名义。我认为,他国的应当强制德国境内的债务人返还原物行为的强制金名义,侵犯了德国主权,既不能送达,也不能执行;[35]至少在德国自己已经准备根据第883条以下执行的情况下,是这样的。

3. 国际作为执行和不作为执行

57.14 对不可替代的作为和不作为,德国法院——与欧盟内部不同(边码55.42以下)——原则上不能命令应当在他国领土内强制某个行为的强制手段。这首先对债务人本人不在德国领土内的情况下适用。无论是强制手段命令还是强制金裁定都不能在他国领土内送达,因为这样就是在他国领土内行使强制暴力("强制之管辖");[36]强制金裁定不能得到国外承认。对于债务人位于德国领土内或者到达德国领土境内的情况,通说认为可以对在外国领土的行为作出强制手段命令,[37]因为强制暴力本身将在德国领土内进行。应当尝试正确地处理所有参与国的主权利益;因为通过强制的方式实施在他国领土内的行为当然是侵犯他国主权的行为,

---

[34]参见边码55.36,对欧洲。

[35]非常有争议;见证明,参见雷米恩,载《以强制金实现权利》,1992年,第299~300页;另外,边码55.42。

[36]沙克,载《国际民事诉讼法》,边码592、边码980。

[37]例子:卡尔斯鲁厄法院裁判,载《德国司法》,2005年,第95页;文献中代之以众多作品,可参见普策,载托马斯/普策,第888条,边码9;雷米恩,载《以强制金实现权利》,1992年,第299~300页。

这最晚在反向的命令情况下会显现出来(判决国之命令、行为实施国之禁令)。有意义的解决方法可能是,首先使作为地点和不作为地点的执行程序优先,必要时通过在判决国以及逗留国的平行强制手段进行补充。只有在作为地和不作为地的执行被拒绝的情况下,才应当采取“执行击穿”(Vollstreckungsdurchgriff)(执行法中的礼让原则)。

例子:德国法院判决美国编辑撤回在美国报纸上的言论,适用的是德国法,因为该报纸在德国发行。第一步要在美国寻求承认和可执行性宣告,开启执行;第二步可以——即使在美国承认以及可性执行宣告或者执行被拒绝了(国家政策)——在债务人本人或者财产应当服从德国领土上的干涉的情况下,在德国施加强制手段。也就是说,或者进行平行执行,或者单独的德国“替代执行”(Ersatzvollstreckung)。 57.15

相反,德国根据外国判决的可执行性宣告施加自己的强制手段或者屈服手段,而非——与在欧盟不同——执行他国的强制手段命令。强迫在德国领土上作出行为的他国之强制手段命令,似乎应当被否定(一切都非常有争议)。 57.16

在可替代的行为需要在国外实施时,德国法院可以像在国内实施或者在债务人的国外住所地实施时那样确定替代实施费用;替代实施费用与损害赔偿非常类似,对此可以毫无问题地作出判决。反过来,我认为,他国关于替代实施费用的名义在德国可以像损害赔偿判决那样被执行,该行为应在德国还是应在外国实施,无关紧要。 57.17

反之,只要在国外的代替实施,或者国内对国外的名义进行的代替实施是以使用暴力为前提条件的,因为债务人没有自愿容忍代替实施,那么可执行性宣告当然要在使用暴力的国家作出,并且根据该国程序执行。对平行的容忍名义适用的规则是,就像该规则是对不可替代的作为或者不作为制定的 57.18

那样适用。[38]

4. 意思表示

57.19 对于意思表示的国际执行,在自治法中主要适用与欧盟法中相同的基本原则。[39] 当德国判决裁判作出意思表示,那么外国在承认(和可执行性宣告)判决的同时,通常也承认拟制效力;如果不是这种情况,债务人处于执行国的领土内,那么债权人可以任意根据执行国的规则强迫作出意思表示(比如强制手段,通过法院受托人作出意思表示)。

反之,德国将同样承认根据判决在外国作出的意思表示(债务人根据强制手段作出,法院受托人作出),与他国名义在国内的可执行性宣告后产生的拟制效力相同(溯及国外拟制时间点;边码 55.50)。

三、国际撤销法

文献指引:弗莱吉斯塔(Fragista):《国际私法中债权人的撤销权》,载《拉贝尔外国与国际私法杂志》,第 12 卷,1938/39 年,第 452 ~ 464 页;哈尼奇:《债权人撤销的国际私法》,载《经济法杂志》,1981 年,第 569 页;施密特 - 伦奇(Schmidt - Rantsch):《支付不能程序之外债权人撤销的关联》,1984 年;费施兰根(Verschrägen):《支付不能之外的国际债权人撤销》,载《比较法杂志》,1986 年,第 272 页;沙克,载《国际民事诉讼法》,第 20 章,边码 993 以下(详细的)。

---

[38] 部分不同观点,参见斯图加特法院裁判,载《民事诉讼法杂志》,第 97 卷,1984 年,第 487 页,附明茨贝格评注;关于欧盟内的类似问题,边码 55.38 以下。

[39] 边码 55.50 以下。

1. 基本可能性

个别执行范围内的债权人撤销(Gläubigeranfechtung),原则上可以根据不同的法律体系进行:被执行债权的法律、[40]执行国法律、被撤销的法律上行为的法律、[41]债务人的法院国的法律、侵权管辖权等等。还可以考虑组合:比如受被撤销的法律上行为的法律限制的被执行的债权的法律[42]等。"最好的"关联的选择必须考虑实际有效、法律事务中合理信赖法律行为的存续以及在一定程度上与支付不能法的撤销同步,因为在支付不能程序开启的情况下应当尽可能保障顺利过渡(《撤销法》第16条以下)。 57.20

2. 当下的法律状态

德国联邦法院起初选择了被执行的债权的法律,予以搁置的是,是否在必要的情况下基于信赖保护而同时顾及被撤销的法律上行为的法律。[43] 自1999年1月1日起适用的《撤销法》第19条宣告"法律上行为的效力"的法律为标准,从而跟随了学术文献中的大潮流。 57.21

与支付不能法的撤销的协调是否仍然得到保障,可以从欧洲支付不能条例和新的德国国际支付不能法中得出。欧洲支付不能条例要求,根据支付不能法律的可撤销性受"法律上行为"的法律之限制(《欧洲支付不能条例》第4条第2款第m项,第5条第4款,第7条第3款,第13条),新的德国国际支付不能法相应地规定了通过国内或国外支付不能管理人的撤销(《支付不能 57.22

---

[40]符合趋势发展的,参见《联邦法院民事裁判集》,第78卷,第318页以下。

[41]施密特-伦奇:《支付不能程序之外债权人撤销的关联》,1984年,第124页以下;哈尼奇,载《经济法杂志》,1981年,第569页、第573页。

[42]权衡在《联邦法院民事裁判集》,第78卷,第318页以下。

[43]《联邦法院民事裁判集》,第78卷,第318页以下。

法》第339条)。[44] 似乎最终实现了人们所希望的执行法和支付不能法的撤销的相互交融,因为支付不能法中的法律上行为的效力之法律规则至少作为限制而同时起着决定作用。

57.23 新法与它可能参照的外国法对法院而言很难实际应用,但是优势是,在判处事件国有更好的承认判决之机会。

57.24 范例:债务人在作出撤销的一年半前将位于瑞士的不动产赠与妻子,并适用瑞士法转让所有权。根据新法,瑞士撤销法应作为根据;瑞士撤销法对赠与撤销规定了很短的期限,这一期限原则上从债权人的首个扣押措施(《赠与法》第286条)开始计算;只有故意型撤销的适用有很大可能性。在德国法中应当适用《撤销法》第4条。如果根据欧洲法院[45]的观点,有管辖权的是——适用卢加诺条约的情况下——妻子的一般管辖权法院;某些情况下是德国法院。适用卢加诺条约的情况下,在适用瑞士法时,在瑞士的执行当然是非常有希望的。

四、国际法在国内的执行限制

(一)基本原则

57.25 德国名义在国内的执行有国际法的限制。在通过诉讼赢得了关于他国非主权的行为[“管理权行为”(acta iure gestionis)]的德国名义的情况下,比如关于剩余租金,没有他国同意时不能对用于

---

[44]早期德国司法裁判对经过德国管理人的撤销赋予破产地位的特权,仍然搁置是否考虑被撤销的法律上行为的法律;《联邦法院民事裁判集》,第118卷,第151页、第168页以下;之后联邦法院在经由国外管理人撤销的情况下考虑国内效力地位;《联邦法院民事裁判集》,第134卷,第116页、第125页(基于旧法《欧洲支付不能条例》第102条第2款率先行动)。

[45]《欧共体法院裁判集》,载《国际私法与程序法实务》,1991年,第45页,附施罗瑟尔评注,第229页(不是《关于欧洲民商事案件法院管辖及法院裁判之执行的公约》第16条第1项以及《欧洲审判籍与执行法》第5条第3项和第22条第5项);两次莱切尔特/的勒斯顿银行。

主权目的之标的进行执行，比如不能对他国使馆银行账户执行，㊻或者对国家使用的不动产进行执行。㊼ 相反，一般允许对进行私人经济行为的国家企业的银行存款进行执行；当金额已经准备转账给国家银行，之后用于履行国家任务时，也允许执行。㊽ 在中央银行情况下，也取决于，它的存款是否确定用于货币政策目的，还是用于私人经济项目（非常有争议）。㊾

（二）条约法

关于国家豁免权的巴塞尔条约适用于比如德国、比利时、卢森堡、荷兰、奥地利、瑞士、大不列颠和塞浦路斯之间。㊿ 它并不排除对条约国提起"管理权行为"之诉（第4条以下），但是一般性地排除强制执行（第23条）。对此，被判决的国家可能通过自己的审判籍而被强迫提供给付（第20条至第22条）。 57.26

维也纳联合国公约[51]保护外交官、外交人员、领事等部分不遭受可能危及他们地位的执行措施（《维也纳公约》第31条）。 57.27

㊻《联邦宪法法院判例集》，第46卷，第342页以下（菲律宾使馆的银行账户）；对此，参见布莱克曼，载《新法学周刊》，1978年，第1092页；另见边码27.11关于法律后果（无效）。

㊼联邦法院裁判，载《新法学周刊裁判报告》，2003年，第1218～1219页以下；关于国外中央银行的豁免权，参见克劳斯科普夫/史蒂芬（Krauskopf/Steven），载《经济法、银行法与证券通讯杂志》，2000年，第269页以下。

㊽《联邦宪法法院判例集》，第64卷，第1页（国家伊朗石油公司）；美因河畔法兰克福法院裁判，载《新法学周刊》，1981年，第2650页；批评的，参见沙克，载《国际民事诉讼法》，边码153以下、边码156。

㊾美因河畔法兰克福州法院裁判，载《新法学周刊》，1976年，第1044页（尼日利亚中央银行作为信用证债务人）；详细的，参见沙克，载《国际民事诉讼法》，边码157以下；格拉姆利克，载《拉贝尔外国与国际私法杂志》，1981年，第594页以下。

㊿亚米/豪斯曼，第142号。

[51]亚米/豪斯曼，第140、141号。

第五十八章　国外仲裁裁决的执行

文献指引(选择):施罗瑟尔:《国际私法仲裁审判权法》第2版,1989年;施瓦布/瓦特尔:《仲裁审判权法》第7版,2005年,第56章以下;鲍尔:《仲裁和解》,1971年,边码166以下;鲍尔:《私法仲裁审判权法新问题》,1980年;贝格:《国际经济仲裁审判权》,1992年;戈特瓦尔德:《国际仲裁审判权》,1997年;博格斯:《仲裁裁决的双重领事裁判权——国外仲裁裁决和领事裁判的承认》,1997年(对此,施佩伦贝格,载《民事诉讼法杂志》,第113卷,2000年,第237页)。

一、前言

58.1 在非常简短地概括叙述德国仲裁裁决的可执行性宣告之后(边码16.5),详细论述国外仲裁裁决的执行,并非强制执行法教科书的任务。仲裁裁决已经发展成为一个特别话题,它的论述必须保留给专门的著作。以联合国国际贸易仲裁委员会的示范法①为依据的1997年的仲裁程序法也改革了国际仲裁程序法。下面章节仅为了结构的完整性而叙述国外仲裁裁决执行法。

---

①联合国国际贸易仲裁委员会的示范法致力于——因为在进展的均匀性和错误并非不令人生疑——仲裁法世界范围内的统一;对此参见卡拉瓦罗斯:《关于国际仲裁裁判权的联合国国际贸易仲裁委员会的示范法》,1988年;格拉佐:《1985年关于国际商事仲裁裁判权的联合国国际贸易仲裁委员会的示范法》,1988年。

与国外判决的执行类似，国外仲裁裁决的执行根据多边或者双边条约进行。根据第1061条第1款第1句，主要的标准是1958年的关于承认和执行国外仲裁裁决的联合国公约（UNÜ）；其他的多边国家条约和双边国家条约中的规定不受影响（第1061条第1款第2句；《关于承认和执行国外仲裁裁决的联合国公约》第7条第1款）。在撤回加入时声明的领土保留之后（《关于承认和执行国外仲裁裁决的联合国公约》第1条第3款第1句），[②]联合国公约对所有的国外仲裁裁决都适用，不取决于来源国是否受国际条约法的约束。因此第1061条第1款第1句的转参照目前仅仅有宣告意义，除了少数几个国家的特殊情况。[③]

二、联合国执行公约

在多边条约中，1958年的联合国执行公约[④]的国际实际影响力最大，因为东西方主要的商业伙伴——然而只有部分的第三世 58.2
界国家——都是该公约缔约国。[⑤] 德国法因此将它的规则理所当然地转化成自己的法律（第1061条）。适用范围（《关于承认和执行国外仲裁裁决的联合国公约》第1条）：其他条约国领土范围内作出的仲裁裁决，以及在适用国外程序法的情况下授予的仲裁裁

②1998年8月31日通报联合国秘书长，《联邦议会印刊》，1997年，第2卷，第7页。

③对此《〈德国民事诉讼法〉慕尼黑评注》/明奇，第1061条，边码2，附证明。

④1958年6月10日的关于承认和执行国外仲裁裁决的联合国公约；文本：鲍姆曼/阿尔伯特，结语附录，VI A 1。

⑤在与非条约成员国的关系中，分别还适用1923年关于商业交易中仲裁条款的日内瓦会议记录，以及1927年的关于国外仲裁裁决执行的日内瓦协定，仅剩极少的意义；文本亚米/豪斯曼，第240～241号。

决;[⑥]例外的是在国外只有债权效力,没有判决效力的国外仲裁裁决,[⑦]同样还有仲裁鉴定(Schiedsgutachten)。仲裁员和解受公约调整,只要当事人合意是接下来被执行的仲裁裁决的对象以及基础,即可。可执行性宣告程序与国内仲裁裁决的程序相同(《关于承认和执行国外仲裁裁决的联合国公约》第3条),这样第1062条以下条款适用;公证的仲裁裁决副本、仲裁协议和公正的翻译件要呈报(《关于承认和执行国外仲裁裁决的联合国公约》第4条)。

58.3 拒绝承认的事由部分是——以德国法的思维——抗辩(《关于承认和执行国外仲裁裁决的联合国公约》第5条第2款):根据德国法争议标的不能进行仲裁,违反——很少出现——承认法上(anerkennungsrechtlich)的公序良俗。[⑧] 绝大多数情况下涉及的是抗辩权,执行债务人必须在法庭主张抗辩权(《关于承认和执行国外仲裁裁决的联合国公约》第5条第1款):仲裁协议不生效(当事人的个人地位,合同地位);违反法定听审;[⑨]超过仲裁法庭的裁

---

⑥重要的条约国根据《关于承认和执行国外仲裁裁决的联合国公约》第1条第3款第1句宣布领土保留(总结亚米/豪斯曼 第242号,《关于承认和执行国外仲裁裁决的联合国公约》第1条第3款第1句的评注)。

⑦非常有争议!关于意大利的“违法裁决”(lodo di arbitrato irrituale),参见联邦法院裁判,载《新法学周刊》,1982年,第1224页;对此,参见瓦特尔,载《国际经济法》,1982年,第693页、第696页,附证明。

⑧《联邦法院民事裁判集》,第98卷,第70页以下(另一方当事人迟延后仲裁员单方的提名不足以);赞同的,参见瓦特尔,载《法学家杂志》,1987年,第156页;《联邦法院民事裁判集》,第110卷,第104页以下(有经验的“法院书记员”的协助不足以);联邦法院裁判,载《新法学周刊裁判报告》,2001年,第1059页以下(在没有穷尽起源国的可能可行的法律救济时,尽管独立仲裁员有偏见,但是不存在违反公序良俗——有疑问的);罗斯托克法院裁判,载《国际私法与程序法实务》,2002年,第401页以下(在没有仲裁协议时违反)。

⑨科隆法院裁判,载《民事诉讼法杂志》,第91卷,1978年,第318页(没有通知仲裁法官的指定)。

判权能范围;[10]仲裁法庭的组成有错误;[11]在判决国仲裁裁决没有约束性,特别是法律可上诉性(Rechtsmittelfaehigkeit)、通过国家法院的废止、没有执行能力,但不包括可能的废止之诉意义上的、单纯的可废止性(论据:《关于承认和执行国外仲裁裁决的联合国公约》第6条:在判决国的废止之诉时中止承认程序)。执行债权人可以主张在其他协定[12]或者在国内承认法中对他有利的规定(《关于承认和执行国外仲裁裁决的联合国公约》第7条第1款);随着1997年仲裁程序法的改革和完全对联合国公约的参照(第1061条),在德国主张更有利的德国法的可能性,即不存在了。[13]

三、关于国际商事仲裁管辖的欧洲条约

1961年的《关于国际商事仲裁管辖的欧洲条约》[14]——它主要规定了仲裁协议的有效性,为仲裁程序设立了共同规则——对执行和承认没有直接意义;在缔约国之间,执行和承认根据其他的条约或者国内法确定。如果因为在判决国被废止而导致仲裁裁决被判定为不受约束,那么在这个执行程序中必须考虑该条约(《关于承认和执行国外仲裁裁决的联合国公约》第5条第1款第c项;第1061条第1款第1句);在这种情况下,条约第9条第2款限制了重要的废止事由。 58.4

---

⑩联邦法院裁判,载《新法学周刊》,1976年,第1591页(罗马尼亚商事庭的仲裁法院仲裁权的期限)。

⑪《联邦法院民事裁判集》,第104卷,第178页以下(仲裁法官任期延长时没有举行听审不足以)。

⑫《联邦法院民事裁判集》,第71卷,第131页(德国—比利时协定)。

⑬关于之前可能主张旧法第1044条,比较,联邦法院裁判,载《新法学周刊》,1984年,第2763~2764页;《经济法、银行法与证券通讯杂志》,1991年,第576页。

⑭文本:鲍姆曼/阿尔伯斯,结语附录,VI A2。

四、世界银行公约

58.5 1965 年的《关于投资争议的世界银行公约》,[15]很多第三世界国家加入该公约,规定了仲裁程序,然而根本没有被请求使用过;[16]条约国有义务,如同对待国内有既判力的判决一样执行仲裁裁决(第 54 条第 1 款、第 3 款;没有公序良俗控制)。其中必须注意国家豁免权(第 55 条;对此边码 57.25)。在德国实践中至今没有相应的已知案例。

五、双边条约

58.6 双边条约已经在法院裁判的执行部分予以阐述过了,主要包括关于仲裁裁决的执行的规范,并且在多边条约之外予以适用。

对于仲裁裁决,与瑞士、意大利、奥地利、希腊和荷兰的条约[17]转引到了联合国公约,在这方面——不考虑几个程序技术上的简化——没有独立的意义。但是它把仲裁和解——除了德国—荷兰条约的例外情况之外——置于与仲裁裁决相同地位,这样,这些国家间的仲裁和解根据联合国公约执行,[18]虽然它原本恰好对仲裁和解不适用。德国—比利时条约包含了对仲裁裁决和仲裁和解的独立的规范:一方面它们——相对联合国公约难度加大——必须在比利时宣告为可以执行("双重领事程序"),另一方面只有公序

---

[15]《联邦议会印刊》,1969 年,第 2 卷,第 369 页。

[16]瓦特尔,载《鲍尔祝寿文集》,1981 年,第 691 ~ 692 页以下。

[17]德国—瑞士条约第 9 条第 1 款第 2 款;德国—意大利条约第 8 条第 1 款第 2 款;德国—奥地利条约第 12 条第 1 款;德国—希腊条约第 14 条第 1 款;德国—荷兰条约第 17 条。

[18]瑞士:第 9 条第 3 款;意大利:第 8 条第 3 款;奥地利:第 12 条第 2 款;希腊:第 14 条第 2 款。

良俗才能反驳它们(第13条)。[19] 可执行宣告程序根据第1062条至第1064条,以及《实施法》第3条、第2条第2款至第5款,对向法院主张请求权有管辖权的初级法院和州法院的管辖,规定了一些特殊规则。

1954年德国—美国的商业、船运和友谊公约[20]规定,对"最终的和可执行的"仲裁裁决(不是:仲裁和解)根据德国国内法作出可执行宣告;这意味着,美国仲裁裁决必须满足在美国的可执行的所有条件("双重领事程序"),在德国依第1062条以下程序中只允许考虑那些根据美国法可以处理关键点。[21] 此外——与《关于承认和执行国外仲裁裁决的联合国公约》第5条联合第1061条第1款第1句不同——只有违反公序良俗是拒绝承认的事由;另外,允许考虑那些在仲裁程序中不能被主张的、针对需要执行的请求权的抗辩,比如在第767条第2款界限内的抵销。[22] 1958年与苏联之间的关于商事和海运一般问题的条约[23]和与美国之间的条约相似,也包括承认和执行仲裁裁决的一般性义务(程序:第1062条以下),拒绝仅限于在判决国没有约束效力和违反公序良俗的情况(第8条第2款和第3款)。根据主流观点,条约适用于与俄罗斯联邦的关系中;其他苏联的继任国在怎样的程度上继续转化该条约,尚需等待。德国-突尼斯执行条约包括仲裁裁决和仲裁和解(第51条和第52条第2款);它包含自己列举的拒绝事由,比联 58.7

---

⑲例子:《联邦法院民事裁判集》,第71卷,第131页(如果在判决国可能有相应的责难救济时,在没有有效的仲裁程序时不违反公序良俗;旧法第1027条第1款的形式规定不是公序良俗的组成部分)。

⑳《联邦议会印刊》,1956年,第2卷,第487页;第6条刊登在《〈德国民事诉讼法〉慕尼黑评注》/戈特瓦尔德,结语附录,《国际民事诉讼法》。

㉑《联邦法院民事裁判集》,第57卷,第153页,附证明。

㉒《联邦法院民事裁判集》,第34卷,第274。

㉓《联邦议会印刊》,1959年,第2卷,第221页;节选在《〈德国民事诉讼法〉慕尼黑评注》/戈特瓦尔德,结语附录,《国际民事诉讼法》。

合国公约更狭窄,两国都是联合国公约成员国。在债务人住所的州法院的承认程序,根据德国程序法。

六、自治的程序法

58.8 自1997年仲裁程序改革起,德国国际仲裁程序法广泛地放弃了自治规范,对国外仲裁裁决,转引联合国公约和其他的国家条约,并限于可执行性宣告程序的规则(第1061条以下)。[24]

根据改革前适用的程序理论,当仲裁裁决根据他国法律授予时,国外仲裁裁决即构成。[25] 新的规范转换到了领土原则:国内仲裁裁决是在德国作出的(第1025条第1款、第1043条第1款),所有其他的仲裁裁决都作为国外仲裁裁决被承认,并被宣告为可执行(第1025条第4款、第1061条至第1065条);[26]因此,在联合国公约中能寻找到的领土和程序理论的组合(边码58.2)在德国没有实践意义。承认条件和拒绝条件从国家条约法中可以得出。

只要在联合国公约以及其他的多边和双边条约中没有特别规
58.9 定,对程序适用国内法,州高等法院对如下事项有管辖权:可执行宣告(第1062条第1款第4项,第2款),附听审的强制性的裁定程序(第1063条第1款),可执行宣告裁定的名义效力(第1064条第2款,第794条第1款第4a项),法律抗告(第1065条,第574条第1款第1项、第2款)。与其他形式的可执行宣告相同,债务人针对请求权可以类推第767条第2款主张新的抗辩(清偿、抵销等)。[27] 仲裁裁决在国外废止后,可以在国内申请废止可执行宣告

---

[24]关于旧法,比较前一版。

[25]《联邦法院民事裁判集》,第21卷,第365页;《新法学周刊》,1988年,第3091页;《新法学周刊》,1986年,第1436页(德国法的一致性有说服力)。

[26]《〈德国民事诉讼法〉慕尼黑评注》/明奇,第1061条,边码3,附证明。

[27]例子:杜塞尔多夫法院裁判,载《州高等法院报告》,2005年,第254页;文献,参见《〈德国民事诉讼法〉慕尼黑评注》/明奇,第1061条,边码10。

(第 1061 条第 3 款);州高等法院对如下事项有管辖权:听审后再次通过强制性裁定作出裁判(第 1062 条第 1 款第 4 项、第 2 款、第 1063 条第 1 款),法律抗告(第 1065 条,第 574 条第 1 款第 1 项,第 2 款)。[28] 在没有法律保护需求的情况下,通说否定可以基于仲裁裁决提出履行之诉,[29]这样,与可以承认的国外判决中所谓的允许提出给付之诉矛盾(边码 57.3);相反,一般情况下允许提起确认之诉,确定没有承认之能力。在适用旧的国际仲裁程序法的情况下,国外仲裁和解原则上在与国内仲裁和解相同条件下可以被宣告为可执行,[30]双边条约(边码 58.6)要求在适用新法的情况下用一致的文字以仲裁裁决的形式宣告可以执行(比较第 1053 条)。[31] 根据部分得到支持的观点,除此之外还可能准用第 769a 条进行可执行宣告,只要仲裁和解符合德国律师和解的形式,即可。[32] 在向国内仲裁法院赋予作出暂时命令权力后(第 1041 条),该命令在执行允许后具有执行名义的资质,[33]可以考虑对外国仲裁法院的暂时措施的可执行宣告,只要它根据仲裁地法可以执行(理由:第 1062 条第 2 款),即可;不依赖于它是否被认定为联合国公约意义上的仲裁裁决。[34]

---

[28]具体情况,参见《〈德国民事诉讼法〉慕尼黑评注》/明奇,第 1061 条,边码 14。

[29]施瓦布/瓦特尔,第 30 章,边码 42。

[30]F. 鲍尔:《仲裁和解》,1971 年,边码 193 以下。

[31]《〈德国民事诉讼法〉慕尼黑评注》/戈特瓦尔德,《关于承认和执行国外仲裁裁决的联合国公约》第 1 条,边码 7 附证明;部分争议的,对此,参见戈特瓦尔德,载布雷登巴赫(Breidenbach)等,《协议解决争议》,2001 年,第 31 页以下、第 41 页。

[32]施瓦布/瓦克尔,第 30 章,边码 42。

[33]对此,参见《〈德国民事诉讼法〉慕尼黑评注》/明奇,第 1041 条,边码 19,附证明。

[34]也是如此,施瓦布/瓦特尔,第 30 章,边码 12。在德国程序法对授予暂时命令设立一般性的紧急权能之前,可执行宣告大多被拒绝;比较,施瓦布,载《鲍尔祝寿文集》,1981 年,第 643 页以下;马切尔,载《民事诉讼法杂志》,1982 年,第 170 页、第 230 页以下;参见边码 51.9、边码 53.5。

第五十九章 外国个别执行法①

一、法国

文献指引(摘选):布兰科(Blanc):《新民事执行法》,第2版,1994年;金查德/穆萨(Guinchard/Moussa):《强制执行的法律与实践》,第8版,2015年;勒博尔涅(Leborgne):《执行途径》,第2版,2014年;费朗(Ferrand):《法国民事执行程序改革》,第1卷,1996年,第37页;费朗:《法国民事诉讼改革——科隆报告》,载《国际民事诉讼法杂志》,第3卷,1998年,第35页;科厅(Cottin),《1998年12月28日第95-1231号法令对法国程序的改革——完整科隆报告》,载《国际民事诉讼法杂志》,第4卷,1999年,第53页;德文文献:霍夫曼(Hoffmann):《优先原则与债权人平等对待》,2016年;克罗尔(Kröll):《法国对外国财产之执行法新发展——典范还是歧途》,载《国际私法与程序法实务》,2002年,第439页;雷克/维尔斯克(Recq/Wilske):《法国新强制执行法》,载《国际经济法》,1993年,第809页,以及《德国法院执达员联盟(DGVZ)》,1994年,第81页;施洛塞尔(Schlosser):《法国以及比荷卢经济联盟的法院执达员》,载《德国法院执达员联

①比较法上英文概述,参见凯拉梅乌斯(Kerameus):《国际背景下的执行》,载《学说汇编(Recueil des Cours)》,第264卷,1997年,第183~410页。

盟(DGVZ)》,1996 年,第 145 页。

(一)历史框架

1806 年的《法国民法典》以及《法国民事诉讼法》为欧洲大陆创设了新的并极具特点的执行法体系(边码 3. 20 以下):个别执行的去规则化、执行条款作为唯一、必要的、法庭上的前提,执行员(huissier)作为核心执行机关,②法庭只具有很少的协助作用;法庭对执行的控制并不是通过诉讼法庭,而是通过特别的管辖(„Desaisierungsprinzip")。该个别执行法的去规则化是与共同程序法以法院为导向的集中执行相反的发展(边码 3. 16 以下);可能在革命前就已经存在了该执行法的根基——其最终对共同法的突破之基础在于其对革命的自由主义的追随。 59. 1

1806 年《法国民事诉讼法》所创设的法律状况大概持续到1992 年,其间的修正案(主要是 1955 年与 1972 年)都是小修小补。1976 年的诉讼法改革对于执行法的核心领域并没有触及。除了新民事诉讼法个别新条文(第 500 条以下)之外,还继续适用《法国民法典》第 1142 条以下、第 2092 条、第 2093 条以及旧民事诉讼法第 553 条以下;在阿尔萨斯—洛林地区(Elsass - Lothringen)部分地继续适用作为地方法的《德国民事诉讼法》以及《强制拍卖与强制管理法》。 59. 2

自 1993 年以来,法国个别执行法逐步地进行了基础性的改革。首先,通过多个新颁布的单行法以及法令进行改革。第一步,通过这种方式,重新规定了动产执行、作为之执行以及不作为之执行,接着是 2007 年重新规定了不动产执行。最后的高潮是在2012 年 1 月 1 日新创设的《民事执行法》(Code des procédures civiles d' exécutions)生效之后,民事执行法进行了全面的改革,将不 59. 3

②对此参见施洛塞尔,《德国法院执达员联盟(DGVZ)》,1996 年,第 145 页。

同的个别规则法典化为一部法律,并结束了在改革过程中个别执行法所出现的无法概览的、无数单行法的分裂局面。

59.4 改革的意义在于明确并成文化了法院的控制管辖权(juge de l' exécution)、改良与规制了扣押形式、体系地法典化了罚金(astreinte)、引入了检察官的释明职责(Aufklärungsbefugnisse)、简化与加速了不动产执行程序以及提高了执行名义的地位。

(二)执行名义

59.5 最重要的执行名义是具有执行力(force exécutoire)的判决、没有异议的支付令(injonction de payer)、法官的和解记录(procès – verbal de conciliation)、公证文书(没有特别的服从执行之表示)以及被宣告为可执行的外国执行名义。执行名义必须标记有执行条款(formule exécutoire)。

(三)金钱债权执行的执行类型

1. 债权扣押(saisie – attribution)

59.6 虽然法国的债权扣押③与德国的扣押很相似,但存在需要注意的重大不同。执行机关是执达员(huissier),其基于债权人的申请将扣押处分送达到第三债务人并将该扣押告知(dénonciation)给债务人(《民事执行法》第 R211 – 2 条)。在针对扣押物上权利之存续进行抗辩的情况下(债权人债权要持续存在、滥用程序规范),由执行法官(juge de l' exécution)裁决(《民事执行法》第 R211 – 10 条);他也可以创设针对第三债务人的执行名义(titre exécutoire),主要是在承认、事先判决或者拒绝答询的情况下(《民事执行法》第 R211 – 5 条、第 R211 – 9 条)。与德国法一样,第三债务人负有答询义务,在违反该义务时,须承担损害赔偿责任。在其无权拒绝答询的情况下,甚至可以判决他完全偿付执行债权人(《民事执行法》第 R211 – 5 条)。另外,有些债权不得被扣押(如

③以前也称为 saisie – arrêt 或者 saisie – opposition。

年金请求权或者抚养费请求权，Renten – und Unterhaltsansprüche），在扣押账户的情况下，规定有扣押限制（Pfändungsgrenzen）。

在扣押债权的情况下，适用严格的优先性原则，甚至针对有特权的债权人以及嗣后进入支付不能程序的情况；仅同一天扣押的债权人具有同一顺位（《民事执行法》第 L211 – 2 条）。没有采取债权扣押顺位相同规则是一个重要的改革要点，并彻底与传统决裂。在传统上，与在破产情况下一样，多个债权原则上顺位相同，只有在特权的情况下，才赋予优先顺位。此处存在与德国法的趋同，在德国法上，为了保障法的安定性以及实用性，优先性规则替代了顺位相同规则。 59.7

在工资薪酬扣押（saisie des rémunérations）的情况下，有一些特别规则。在这里，扣押必须以进行过调解尝试（„tentative de conciliation“）为前提。具体又区分为绝对不能被扣押的工资份额、为了抚养费债权可被扣押的份额以及不限制的扣押份额。暂时的担保措施（Mesures conservatoires），不得在工资薪酬上进行（《劳动法（Code du travai）》第 L3252 – 7 条）。与德国通说不同，作为第三债务人的雇主的答询，可以通过强制金（amende civile）进行实现。 59.8

2. 对物的扣押（saisie – vente）④

同样，对物的扣押也属于法院执达员的事务（huissier）。法院执达员通过送达最后支付敦促书（signification de commandement de payer）开始进行对物扣押，最迟要在扣押开始前八日作出该最后支付敦促书（《民事执行法》第 R211 – 10 条）。扣押的方式是做成扣押财产清单目录，并设立笔录，一旦交付笔录与财产目录文本，对债务人即发生效力。现金要在法院执达员处提存，通常债务人仍然是扣押物（Pfandsache）的占有人，至于交给第三人保管，则需要执行法官亲自命令（《民事执行法》第 R221 – 19 条）。 59.9

---

④以前也称为 saisie – exécution。

债务人可以在一个月内变卖扣押物(《民事执行法》第 L221 -
59.10 30 条),价款交给法院执达员去偿还(《民事执行法》第 R221 - 32 条);若债务人自己不去变卖,则会由官方指定的拍卖人进行拍卖(《民事执行法》第 L221 - 3 条)。与德国类似,在法国也有不得扣押的物(如日常生活用品、病人辅助用具等)。

在对物扣押情况下,多个债权人并存的问题,根据优先顺位原
59.11 则予以解决,而不是根据传统的顺位相同原则(《法国民法典》第 2285 条)。

债务人的同一资产抵押给多个债权人;拍卖所得按债权数额平等分配,但债权人有优先权法定原因的除外(„Les biens du débiteur sont le gage commun de ses créanciers;et le prix s'en distribue entre eux par contribution, à moins qu'il n'y ait entre les créanciers des causes legitimes de préférence“)。并存的债权人可以通过异议而加入正在进行的执行程序。但执行法改革之后,法律明确规定,参加程序的债权人必须拥有自己的执行名义(《民事执行法》第 L221 - 1 条第 2 款)。如果与《民事执行法》第 L2215 条严格的排除效力(只要法院执达员调查扣押客体就会产生该排除效力)结合在一起,该执行名义的要求就会导致对同一顺位原则的微妙的限制,由此也会导致与德国模式的优先原则之区别在结果上越来越比初看上去所表现的那样要小。如果拍卖所得不足以清偿所有参与程序的债权人,那么拍卖人首先可以提出妥适的分配计划(répartition amiable)之建议。如果该分割计划没有获得所有方面的同意,则由执行法官决定(《民事执行法》第 L221 - 6 条)。在扣押物上有特权之债权人有权获得优先清偿。在某段时间内多个债权人的执行类似于一个小的破产程序,在此,法国法上并没有清算意义上的私人支付不能程序,而只有对商人以及经营者的支付不能程序(参见编码 3.21,另外还可参见第 2 卷,边码3.20、边码 39.1);只有对于消费者债务人免责之程序具有支付不能法的特征。

对于物之扣押的法律救济[如债务人请求宣告无效(demande en nullité)]、[可扣押性异议(contestations relatives à la saisissabilité)]、[第三所有权人异议之诉(action en distraction"des Dritteigen-tümers)]等),由执行法官裁决(《民事执行法》第R221－40条)。 59.12

3. 扣押的特殊形式

可以根据《民事执行法》第L223－1条,对汽车进行执行,具体通过在执照发放处进行通知(saisie par déclaration),并产生限制执照发放的效果,而且使在转卖的情况下控制免除扣押部分成为可能。但也可能通过冻结与查封的方式(saisie par immobilisation,《民事执行法》第L223－2条)。对于公司份额以及有价证券上的执行,在扣押时,主要采取归属扣押(saisie－attribution)的规则,在变价时,根据的是扣押变卖(saisie－vente)规则(通过债务人进行变卖尝试、通过交易所委托的强制出卖或者拍卖)。 59.13

4. 不动产执行

2007年,接着动产执行的改革,不动产执行也进行了根本性改革。任何债权人[有特权的债权人(优先权人)、抵押权人、一般债权人]都可以进行不动产执行(saisie immobilière)。对于抵押权人而言,经过公证的设定证书及其执行副本(copie exécutoire)是充分的执行名义。法院执达员送达支付之督促命令(commandement valant saisie)后,程序即开始(《民事执行法》第R321－1条)。如果债务人不支付,则会在抵押权登记册中公示该督促命令(publication du commandement)。自法院执达员送达支付督促书之时即发生扣押效力,但自其公开后才对第三人发生效力。 59.14

不动产扣押程序,由不动产所在地的一审法院执行法官管辖(《民事执行法》第R311－2条)。根据《民事执行法》第R311－4条,实行律师强制(Anwaltszwang)。2007年生效的改革之核心,是改良了"随着扣押不动产所力求达到的土地出卖"的准备程序。 59.15

通过在扣押土地之后立即进行相应的准备并对不予以协助行为进行严厉惩戒,以达成程序之加速:执行债权人须自支付督促令宣告之日起2个月期间内传唤执行债务人参与义务性的指引听审(audience d'orientation)(《民事执行法》第R322-4条)。将向所有在宣告督促令之时享有土地上登记之权利的债权人出示支付督促令;这些债权人也会被传唤参加指引听审(《民事执行法》第R322-6条)。如果以这种方式被通知的债权人没有在2个月内表示其享有的债权,那么根据《民事执行法》第L331-2条、第R322-12条,在程序中,其优先地位会丧失。执行债权人会制作出卖条件表格(cahier des conditions de vente),在表格中确定最低报价(Mindestgebot),并将该表格留存在执行法院。在指引听审中,执行法官检验是否构成执行之前提;对于程序的抗辩或者对于变卖条件的抗辩必须在听审中向程序参加人出示,否则就会被排除(《民事执行法》第R311-5条)。执行债务人可以在听审中申请变卖(vente amiable)土地(《民事执行法》第R322-15条)——这是这次法律改革的另一个重点。紧接着指引听审,执行法官会作出指引裁定(jugement d'orientation),在该裁定中裁定所提出的抗辩,并确定变价方式。如果法官根据所有情况获得确信,变卖这种清偿条件可以被实现,那么就可以准许变卖之申请,否则须通过强制拍卖(vente forcée)变价。在第一种情况下,执行法院确定一个最低价格;由执行债务人变卖,但需要执行法官的确认。在强制拍卖中,有兴趣的人通过律师提出报价(《民事执行法》第R322-40条)。拍定(Zuschlag)具有使所有权移转给最高报价者的效力,而且,会在抵押权登记簿中公示。但在法国,在拍卖10日后,可以给出超出10%的报价,这是一种防止浪费的保护措施(surenchère,《民事执行法》第R322-50条及下一条)。在没有报价的情况下,债权人以最低报价取得所有权(《民事执行法》第R322-6条)。在变卖情况下以及在强制拍卖情况下,取得人支付的价款都被提存,用于嗣后分配给债权人。随着价款的提存,相关土地上全部的抵押权即行消灭(《民事执行法》第 R322 - 14 条)。

59.16 通过改革,分配程序与动产执行情况下的分配程序越来越类似。在这里,首要的目标也是制定妥适的分配计划。只有在相应的合意失败的情况下,才会进行法庭分配程序。在法庭分配程序中,抵押权以及优先权人优先被清偿。在改革之后,竞存的一般债权人是否也参与拍卖所得之分配,并在此按照分案获得清偿(也就是说,这里——与德国法不同——也进行了一种针对土地的小破产程序),因为没有明确的法律规定,所以,不甚清楚。法国文献中的通说似乎是肯定的意见。⑤

59.17 对于某些程序,还存在一些特别之处。在阿尔萨斯—洛林地区,附带公证拍卖的初级法院程序一如既往地作为地方法(droit local)而适用(《民事执行法》第 R341 - 1 条)。

5. 执行方式之间的关系

59.18 原则上,债权人可以自由选择。但在特定情况下,适用十分有限的执行顺位(radus executionis)规则(边码 3. 6、边码 3. 14、边码 3. 17、边码 6. 14 以下)。在小额债权情况下,在某些特定情形中(在住宅中的扣押),对物之扣押相对于对债权扣押是次位的(《民事执行法》第 L221 - 2 条)。

6. 事实之澄清

59.19 为了有效率地进行执行,经过改革的法律在《民事执行法》第 L152 - 1 条中赋予了法院执达员广泛的答询请求权:他原则上可以自每一个国家机关以及每一个国家控制的企业获得关于债务人地址及其雇主,甚或第三债务人以及其财产整体的信息。

---

⑤详见霍夫曼:《优先原则与债权人平等对待》,第 180 页以下。

7. 消费者剩余债务之免除[⑥]

59.20 因为法国法上没有私人支付不能程序,所以,可能会出现无休止的、终身的个别执行,而没有宽恕,不过法国法上有针对商人与经营者的支付不能程序(第2卷,边码39.12)。在私人没有财产的情况下,最原初的救济是法官的迟延支付令(《法国民法典》第1244-1条,délai de grâce)。1989年12月31日的法律(89-1010号,《关于预防和解决个人或者家庭过度负债困难的法律》,relative à la prévention et au règlement des difficultés liées au surendettement des particuliers et des familles)首次规定了类似于和解的免除债务计划的可能性,该计划是由一个行政委员会在初级法院法官(juge d'instance)的监督下制定的。该免除债务计划可以包含延期、免除、减少利息、放弃担保等内容,但必须要经过所有当事人同意。如果委员会计划失败,那么根据1989年的法律,可能会开始一个法庭的重整程序,重整程序中,法官有权裁定展期。通过1995年2月8日95-125号法律的改革,创设了一层级的程序,由委员会管辖,并可以进行适当的合意之尝试(phase amiable),在必要时,享有强制力保护的建议权(phase de recommandation);法院的作用限于检验与确认委员会的建议(phase de homologation juridictionelle)。1998年的改革(1998年7月29日第98-657号法律)实现了从纯粹的重整模式(如同根据支付不能法的重整程序那样的特点)到真正的剩余债务免除之转变,剩余债务免除作为无希望地、持续地超额负债情况下的最终手段。最近的改革修正案(2003年8月1日2003-710号法律,为2010年7月1日

⑥对此参见克洛普(Klopp),载《支付不能法杂志》,1992年,第347页以下、第353页以下;科勒(Köhler),载《国际强制执行法杂志(ZVI)》,2003年,第626页以下、第637页以下。对于法国最近的支付不能法改革,参见克莱恩(Klein),载《国际经济法杂志》,2006年,第13页以下;达曼(Dammann),载《国际经济法杂志》,2006年,第16页以下;科普夫贝格/戈克(Kupferberg/Göcke),载《国际经济法》,2011年,第337页以下。

2010 - 737 号法律以及 2014 年 3 月 24 日 2014 - 366 号法律所修改)又回到两层级程序。该程序在第二层级中,是一种真正的法庭上的剩余债务免除程序(retablissement personnel),作为一审法院程序(judge du tribunal d'instance)的前置程序。

(四)实物执行

1. 原物返还之执行与腾房

所有物返还之执行(saisie - appréhension 以及 saisie - revendication)与德国一样,都是通过法院执达员取走标的物,而且必须在 59.21
执行前八天向债务人作出原物返还之指示,除非法院执达员所找到的债务人拒绝返还原物(《民事执行法》第 R222 - 2 条及下一条)。与德国不同,原物返还之名义,除了判决之外还可以是与催告裁定以及执行裁定类似的交付与返还令(injonction de livraison ou de restitution)。

在住宅中进行腾房执行时,在送达命令之后,债务人须在 2 个 59.22
月内自愿进行腾房,该 2 个月期间可以被法院缩短或者延长至 3 个月(《民事执行法》第 L412 - 1 条及下一条);如果没有找到替代住宅,则甚至可以基于申请将强制腾房推迟到 3 年(《民事执行法》第 L412 - 3 条及下一条)。⑦ 除此之外,对于当地行政机关还有告知义务,以避免无家可归。

2. 可替代行为以及排除妨害

《法国民法典》第 1143 条和第 1144 条就已经规定,针对可替 59.23
代行为以及排除妨害,可以由法院命令以债务人之费用进行替代行为。但是最初还是缺少在债务人不容忍替代行为情况下的规则。

---

⑦法国腾房执行,比较阿普(App),载《租赁法与空间法杂志》,2003 年,第 249 页及下一页。

3. 罚金(Astreinte)[8]

59.24 最初,对于不可替代行为以及不作为是不可执行的,《法国民法典》第 1142 条、第 1145 条指引债权人请求损害赔偿。在法国法上,逐渐产生了作为强制金形式的“罚金”;它于 1972 年首次法典化,现在是改革立法的对象。虽然现在被理解为针对所有强制类型的法官强制手段,但其最初的适用范围仅限于不可替代行为以及不作为。

59.25 “罚金”是一种附条件判决,即针对债务人不履行法院执行命令的情况,判决每天支付确定或可确定金钱。与其类似的制度是英国法上“藐视法庭”(contempt of court)的法律制度,但与其存在重大区别,罚金归属于债权人,而非国库。法官为了实现自己的裁决或者执行法官为了强制他人的裁决即可使用罚金。

59.26 临时之罚金(astreinte provisoir),比如针对不履行附有执行名义之义务,规定每日支付 50 欧元之裁决内容,可以嗣后被变更,甚至,比如在个案中清偿该罚金对于债务人而言是过分艰难的情况下,还可以被废止。与此相反,在明确之罚金(astreinte définitive)情况下,要最终明确判定金额,即基于确定的每日数额以及债务人拒绝履行的天数而得出的金额。现在与以前不同,需要在判处暂时罚金无果后,才可以确定明确之罚金(《民事执行法》第 L131 - 2 条)。

4. 意思表示

作出法律行为(acte juridique)之义务属于作为之债务(obliga-
59.27 tions de faire);意思表示通过判决替代,与《德国民事诉讼法》第 894 条规定的一样。但是,执行法改革也没有创设法定规则(参见

---

⑧对此参见雷敏(Remien):《通过强制金实现权利》,1992 年;施图茨(Stutz):《关于欧洲民商事案件法院管辖及法院裁判之执行的公约下的国际作为与不作为执行》,1992 年;布伦茨(Bruns),载《民事诉讼法杂志》,第 118 卷,2005 年,第 3 页以下。

边码 55）。

（五）保全措施（mesures conservatoires）

59.28 法国执行法还允许债权人在下列情况下进行保全性执行：⑨不进行清偿性执行而是在可执行的法院裁决后进行保全，保全执行没有执行力（force exécutoire）的裁决，基于不良支票以及被异议的汇票（ungedeckten Schecks und protestierten Wechseln）之债权的保全以及基于书面订立的不动产租赁合同产生的租金债权的保全（《民事执行法》第 L5112 条）。如果还存在其他保全之需要，则必须要由执行法官命令“保全措施”。如果债权人要避免保全措施被废止，则必须在确定期间内开始进行旨在获得可执行名义的程序（《民事执行法》第 L5114 条）。

59.29 保全扣押（saisie conservatoire）是通过对债权与动产采取措施而保障金钱债权。一俟债权人享有执行名义，那么就向债务人送达一个转换之名义（acte de conversion），然后“保全之扣押”就具有了债权扣押甚或对物扣押的效力（《民事执行法》第 R5227 条及下一条、第 R5237 条以下）。在不动产或者物之集合上产生一个司法担保权（sûreté judiciaire）（《民事执行法》第 L531 -1 条）。

（六）外国裁决的承认与执行

1. 欧洲判决之执行

59.30 在欧洲以及《第二次卢加诺公约（LugÜ - Ⅱ）》缔约国范围内，对于法国，只要涉及的是《欧洲审判籍与执行法》第 1 条及下一条意义上的名义，即适用《欧洲审判籍与执行法》第 39 条以下以及《第二次卢加诺公约》第 38 条以下。法国并没有颁布特别的实施法。根据《欧洲审判籍与执行法》第 53 条，颁发可执行之证

⑨完整的，参见施洛塞尔，载《国际经济法》，2002 年，第 809 页以下；霍克（Hök），载《法律办公室》，2001 年，第 179 页以下，对于 1998 年加速修正案参见，科厅（Cottin），载《国际民事诉讼法杂志》，第 4 卷，1999 年，第 53 页，第 60 页以下（科隆报告的转化）。

书的管辖机构是作出被执行判决法院的首席书记官(greffier en chef),《新民事诉讼法(N. c. p. c)》第509-1条。另外,还适用《欧洲执行名义条例》以及《欧洲婚姻条例(EuEheVO)》(边码55.93)。

2. 其他条约

59.31 法国是欧洲照管法公约的公约国(边码55.122)、海牙抚养公约的公约国(边码56.2)以及联合国仲裁裁决执行公约的公约国(边码58.2),还是欧洲国际商事仲裁审判籍公约的公约国(边码58.4)。虽然法国与几个国家已经订立了双边执行条约,但与德国还没有类似的条约。

3. 自治法

59.32 法国自治法原则上是易于承认(外国判决)的。基础性的是法国最高法院的蒙泽尔(Munzer)判决,[10]在法官法上确立了如下承认之前提:他国法院的国际管辖权(镜像原则)、法庭听审的保障、适用了根据法国国际私法恰当的法律、符合法国公序良俗、没有欺诈之故意。但是,在法国最高法院2007年进行的判决之变更框架内去掉了第三个所谓的适用了根据法国国际私法恰当的法律之前提。[11]

(七)发展状况

59.33 在人们鉴于法国法之前对德国的典范功能,而尝试梳理现代法国法之时,只会发现原初构造的几处小的更改。仍然保留了债权人处分原则(边码6.6以下),只有单纯的执行方式顺位意义上的小幅让步;与此相符的还有当事人发动主义的保持。所适用的提出原则(边码6.21以下)为强烈的纠问主义因素所击破(边码6.25),以牺牲单边性为代价,在法律听审方面做出了重大让

---

[10] 最高法院(民事编第一部分),1964年7月1日,《国际私法评论》,1964年,第344页,主编,巴蒂福尔。

[11] 最高法院(民事编第一部分)2007年2月20日,编号05-14082。

步(边码 59.8)。有意思并对德国改革之讨论富有教育意义的是在债权扣押情况舍弃同一顺位原则而采取了优先顺位原则(边码 59.7、边码 6.37 以下)。向实物执行的转向是符合国际潮流的(边码 6.47 以下),只是统一之法律救济以及执行法院广泛的控制之主管的趋势比以前要更为清晰了,但程序法院还是可以裁决罚金(astreinte)。债务人的自己变价可能性(边码 59.10、边码 59.15)增多了——与德国法不同,有一种去规则化趋势。在整体上,德国个别执行法依然尽可能忠实于其——久经考验的——国家与司法之克制的传统。

二、英国

文献(摘选):安德鲁斯(Andrews):《民事诉讼法,第 1 卷:法庭程序》,第 1 版,2013 年,第 497 ~ 516 页;安德鲁斯:《现代民事诉讼》,第 1 版,2008 年,第 161 ~ 167 页;邦吉(Bunge):《英格兰与苏格兰民事诉讼与强制执行》,第 2 版,2005 年;雅克布(Jacob):《民事司法的结构》,1987 年,第 185 ~ 210 页;奥黑尔/布朗(O' Hare/Browne):《民事诉讼》,第 17 版,2015 年,第 627 ~ 648 页;朱克曼(Zuckerman):《民事程序:原则与实践》,第 3 版,2013 年。

(一)基本框架

自 1999 年以来,对于高等法院(High Court,)、县法院(County Courts)、上诉法院(Court of Appeal)的民庭进行的所有程序,其执行法都统一规定在《民事程序规则(CPR)》中,第 70 ~ 75 部分。[12] 59.34

[12]对于近几年强制执行程序法的改革,参见安德鲁斯,载《国际民事诉讼法杂志》,第 4 卷,1999 年,第 3 页以下;索比奇(Sobich),载《法学家杂志》,1999 年,第 775 页以下,以及《比较法学杂志》,第 103 卷,2004 年,第 69 页以下;德雷梅勒(Dreymüller),载《比较法学杂志》,第 101 卷,2002 年,第 471 页以下;施蒂尔纳(M. Stürner),载《比较法学杂志》,第 103 卷,2004 年,第 349 页以下。

除此之外,在其他法律中还散见一些规则。最近的2007年《法庭、法院与执行法》之改革在执行程序上进行了变更,尤其是实物执行(seizure of goods)为新的程序(taking control of goods)所替代,另外,还改革了事实查明法,并新增加了剩余债务免除程序。⑬ 执行机关与执行类型的分类严格遵循传统,并分配给各个法院;迄今为止,还没有清晰、简单的组织,也没有一般的执行机构,而是由债权人分别开始进行各种执行类型,并按照其各自的规则[比较《民事程序规则》70.2(2)]。适用的是债权人支配主义以及去中心化主义。

59.35 原则上,每一个法院执行自己的判决及其处分;高等法院(伦敦办公中心以及伦敦外的区登记处)、县法院以及地方法院都是如此。但是,在县法院执行高等法院的执行,也是可能的,反过来,也可能在高等法院执行县法院判决,等等。⑭ 也就是说,多个债务人可能在不同执行法院相见。在债权人之间,适用优先性原则(first come,first served)。在不同法院类型下,执行机关各有不同。在高等法院,根据2003年法院法之改革,高等法院执行官[High Court enforcement officer(HCEO),以前是法警]作为一种私人企业,根据争议价值收取费用,其行动是非常有效率的。在县法院,县法院法警(County Court bailiff)进行执行,而在地方法院,执行员(Enforcement agent,也被称为bailiff),作为准法院公务员,⑮不过,现今,执行员多是私人债务人服务处,且采取私法组织形式。

---

⑬2007年的《法庭、法院与执行法》第60~70部分、第91~105部分,第106~133部分。主要内容分别通过《法庭、法院与执行法》(序号9)2013号令(SI 2013/1739)以及《法庭、法院与执行法》(序号11)2014号令(SI 2014/768)生效。

⑭详见奥黑尔/布朗(O'Hare/Browne):《民事诉讼》,第17版,2015年,第627页。

⑮通过2007年的《法庭、法院与执行法》的改革,历史上适用的法警(bailiff)概念为执行代理人(enforcement agent)所取代,但在法院还继续有适用法警概念者。

（二）执行名义

执行名义主要是法院裁决，即判决（judgment）或者裁定（order）；在此还有比较重要的经过法院确认（consent order）的和解（settlement or compromise），也属于执行名义。法院裁决是可执行的，而且也具有法律救济手段，但是不正当的执行不会导致损害赔偿请求权的产生。英国法上没有可执行之证书制度。 59.36

（三）金钱之债的执行类型

1. 动产上的执行（execution on goods）

对于高等法院动产执行程序，通过2003年的法院法（Courts Act 2003），才得以在法律上被明确规定。债权人申请控制令（writ of control，在高等法院；之前称为writ of fieri facias）或者申请执行令（warrant of control，在高等法院；以前称为warrant of execution[16]），指令高等法院执行官（High Court enforcement officer）或者县法院法警（County Court Bailiff），在执行财产所在地进行执行。执行官在足以覆盖名义以及执行费用的范围内扣押该物。被扣押之物大部分情况下通过拍卖方式（public auction）被出卖，债权人被清偿，剩余的拍卖所得归属于债务人。如果债务人允诺，不会处分或者不会改变物之所在地，那么执行官或者法警可以让债务人继续占有执行财产（agreement for walking possession）。不可扣押物的范围与德国法很相似。重要的有，第三人的标的物不得被扣押；如果第三人主张在执行标的物上的权利，《民事程序规则（CPR）》中，第85～86部分规定了各种不同的法院的权利保护措施，可供选择使用。 59.37

这其中，比较特别的是签发许可令（order granting leave to issue），具体发生在判决颁发后6年期满的情况下、在权利继受以及 59.38

---

[16]对于两个法院职权边界的问题，参见1991年《高等法院与县法院管辖法》（SI 1991/724）。

当事人更换的情况下,并且需要相关标的物在第三人手中,而该第三人是为法院或者财产暂行保管人(Sequester)所授权收受的;[17]在这里,为了保护债务人,需要法院进行考察执行是否存在障碍。

2. 在债权上的执行(third party debt orders 或者 garnishee proceedings)

59.39 同样,自2002年以来,扣押债权的权利被统一规定下来,而且也是适用于所有法院程序[《民事程序规则(CPR)》第70~73部分]。相对于之前程序的变化主要是术语的变化(third party debt order 取代了之前的 garnishee proceeding)。可被扣押的是到期的或者将来到期的金钱债权(debt due and debt accruing due)。债权人(judgment creditor)在法院申请一个裁定(interim third party debt orders,之前称为 garnishee order to show cause),该裁定将债务人(judgment debtor)的债权归属于债权人,并且指令第三债务人(third party,之前称为 garnishee)向债权人支付。首先向第三债务人本人送达该裁定,然后通过通常途径(by ordinary service)送达给债务人;自送达之时起,第三债务人即受拘束。在裁定中,第三债务人被传讯进行听审(hearing),以便于针对其是否准备支付发表意见。如果第三债务人没有出庭或者予以否认,那么就会作出最终针对第三人之命令(final third party order,之前被称为 garnishing order absolute),可以作为针对第三债务人的执行名义;在予以否认的情况下,法院可以在一个简易程序中裁定或者命令进行全面的庭审(die volle streitige Verhandlung, direction to be tried)。与德国法不同,但与法国法相似,在执行程序中,可以产生一个针对第三债务人的名义,如果第三债务人不履行,并不需要另行起诉该第三债务人。针对作为第三债务人的银行与建筑企业的第三方

---

[17]参见《民事程序规则(CPR)》第83.2(3)部分、第89.3部分,详见下面边码59.40处关于收入扣押部分。

之债的命令(third party debt order),有特别规则,需要注意。

3. 对工资与薪酬之债的执行(attachment of earnings)

虽然工资的扣押——被规定在1971年的《工资扣押法》中,自2016年之后,被规定在《民事程序规则(CPR)》第89部分)——是债权扣押的亚类型,但是其遵循的却是重要并在比较法上很有意思的特别规则。所有执行名义均集中地由位于索尔福德(Salford)的县法院金钱索赔中心(County Court Money Claims Centre,CCMCC)管辖(sec. 89.3. CPR)。[18] 对于工资执行令的申请(application for an attachment of earnings order)须送达给债务人,并要求其说明其收入(sec. 89.5 CPR)。只要债务人陈述(statement of means)了,就会做出工资执行令(attachment of earnings order),并送达给当事人以及雇主。如果债务人拒绝提供信息,则会在处罚警告前提下传讯(penal notice),有时甚至会强制予以提供信息(arrest and imprisonment)。[19] 法院的工资执行令会考虑到受保护的工资率(protected earnings rate)——其与社会救助金(income support)是相符的——并确定通常的消减率。雇主可以请求小额的处理费用。债务人与雇主必须告知法庭劳动关系的变更,可以强迫债务人予以说明;然后法庭可以将其裁定转化给新的雇主。 59.40

只要工资执行令发生效力,就不可以对执行数额收取利息,如果没有法院的准许,不得进行其他的执行形式(1971年《工资扣押法》第8条)。虽然工资扣押被认为是主要的执行形式,但在实践中,因为上述缺点,常常是最后的手段。 59.41

---

⑱自2012年3月19日以来,地方县法院通常不再采取"请求形式"(„claim forms")；县法院金钱索赔中心作为集中的一审,具体关于程序类型与抗辩之提出——在有管辖权的县法院进行。

⑲比较1971年《收入扣押法》第14部分。

4. 不动产执行(charging order on land)

59.42 与在第三方之债命令的情况下类似,债权人在法院申请临时执行令(interim charging order),该执行令会被送达给债务人,在债务人拒绝或者在听审后,会转变为最终执行令(final charging order)。通过这种方式,债权人为其债权获得一个担保,其与不动产担保物权(mortgage)类似。

如果债务人不支付债务,那么债权人必须自己申请人出卖令(order for sale)。在作出该出卖令时,法院尤其要考虑其居住人的利益,但大部分情况下,债权人的利益还是居于优势地位。如果共有权人(joint proprietor, co-owner)的利益被触及了,那么要根据1996年《土地信托与受托人委任法》(Trust of Land and Appointment of Trustees Act 1996)第14条的特别规定确定出卖令的前提,绝对没有"自动的"变卖。

59.43 对于不动产执行(charging orders on land),由高等法院以及县法院管辖,在此,高等法院原则上可以对其自己的判决作出执行令。

5. 其他财产权利的扣押

59.44 在证券上执行(charging order on securities)主要是在股票或者合伙财产上执行。其程序类似于不动产执行,尤其是也需要特别的出卖令(order for sale)。在经书面确认的证券的情况下(如汇票),会如在动产上一样被执行(writs of control 或者 warrant of execution)。[20]

6. 强制管理

59.45 在英国,发展了作为衡平法上的执行形式的强制管理(receivership)。在其他执行形式失灵的情况下,比如在"基于信托或者合伙的收入"的情况下,就会进行强制管理。

---

⑳通过2007年《法庭、法院与执行法》第62~70部分对名称进行了转化。

7. 强制拘留(imprisonment for debt)

长期以来,在英国,与其他欧洲国家一样,为了强迫其金钱支付,是可以强制拘留的。即使在现今也是可能的,在抚养费债权(maintenance order)以及——在这里不再感兴趣的——税收的情况下,强制拘留。显然这里存在与欧洲人权公约相冲突的问题。 59.46

8. 事实查明

2002年,与现行法大体一致的英国强制执行中的事实查明被规定在《民事程序规则(CPR)》第71部分。补充规定在2007年《法庭、法院以及执行法》第95条至第105条。在法院裁定执行之前,债权人就可以让法院传讯债务人就其财产进行庭审。另外,债务人必须出示其所有账册以及材料并进行代宣誓担保(affidavit)。在拒绝的情况下,会作出委托令(committal order)[比较《民事程序规则(CPR)》,第二分部,《加利福尼亚州规章和行政规则(CCR)》,第29条],通常情况下,会以此强迫提供信息,所以很少会有拘留。在工资扣押程序中,特别的说明程序已经在上文指出了(边码59.40)。 59.47

强制提供信息的最有力武器是安东·皮勒令(Anton Piller Order):命令搜查与提供信息,并附有予以强制之威胁,大部分情况 59.48
下是为了在程序前保全证据,但也可以用于程序后调查执行之标的物(对此参见边码55.7附有进一步证明)。所谓的冻结令(freezing order,之前被称为马列娃禁令 Mareva – Injunction),可以禁止债务人或第三人处分或者运走财产标的物,通过这种方式保障执行之可能。在此,冻结令也可以与安东·皮勒令并用。在整体上,与德国法与法国法一样,债权人也享有锋利的武器。

9. 债务人保护

债务人可以申请暂缓执行(stay of execution),特别是在其提供担保,且该执行严重损害他的情况下。在违反程序(irregular execution)的情况下,债务人可以要求废止执行措施。可能的还有分 59.49

期支付之命令(instalment order)或者合并扣押多个工资(consolidated order)。最后,针对5000英镑以下私人超额负债的情况,还有一种在县法院进行的小的支付不能程序(administration order)。此外,在支付不能情况下,适用支付不能法。

(四)实物执行

1. 原物返还之执行

59.50 债权人以占有令(writ of possession 或者 warrant of possession)形式,申请返还不动产(recovery of land),债权人通过交付令(writ of delivery 或者 warrant of delivery)形式申请返还动产(recovery of goods)。在必要的情况,通过县治安官或者法警以暴力取走。

2. 作为与不作为

59.51 作为与不作为可能是强制性和禁止性禁令(mandatory and prohibitory injunctions)的内容或者强制履行令(order for specific performance)的内容,在此,英国法最初提供的是损害赔偿,而不是实物执行。即使在今天,在此方面,在许多领域中,英国法也比德国法更为克制。一般来看以及在执行法中,英国法都认为不服从法院命令者是在藐视法庭(contempt of court),通过拘留(imprisonment)、罚金(contempt fine)或者扣押财产(sequestration of property)予以惩罚。在听审后作出藐视法庭令(contempt order);如果债务人服从法律命令,则即会废止民事藐视法庭之罚金(penalty for a civil contempt of court)。与法国的罚金(astreinte)(边码59.24以下)不同,但与德国的强制罚款与秩序罚款一样,藐视法庭罚金归属于国库。

59.52 除了藐视法庭之禁令之外,对于特定行为,还存在其他替代性执行方式。在可替代行为情况下,法官可以命令为替代行为,并作出关于费用的金钱支付判决。意思表示或者类似的行为(比如土地买卖之后的所有权移转之执行,execution of conveyance),可以由法院受托人或者法官自己作出或者进行,对债务人具有效力。

在这里，因为与德国法不同，没有抽象原则，所以这种形式的执行不太常见。

（五）外国裁决的承认与执行

1. 欧洲裁决

根据改革后的《欧洲审判籍与执行法》(Brüssel Ia－VO)以及《卢加诺公约》，来自欧盟的外国裁决的执行，规定在1982年的《民事管辖和判决法(Civil Jurisdiction and Judgements Act, CCJA)》，最早仅规定在《关于欧洲民商事案件法院管辖及法院裁判之执行的公约》。自1991年以来，《卢加诺公约》转化为英国法，自2001年，旧版《欧洲审判籍与执行法》(Brüssel I－VO)转化为英国法，现在针对改革后的《欧洲审判籍与执行法》，在准备实施法。《民事诉讼规则》第74部分包含有其他程序规则。 59.53

在新版《欧洲审判籍与执行法》(Brüssel Ia－VO)生效前，在单方程序中(旧版《欧洲审判籍与执行法》第41条：单方面申请)，基于债权人申请，地方法官(district judge)作出裁定，准许登记外国之名义(旧版《欧洲审判籍与执行法》第38条第2款：命令给予登记)。债务人须在登记裁定送达之后、于指定期间内在高等法院法官处提出上诉。随着登记，该名义就会像英国判决一样，是可执行的。在颁布新版《欧洲审判籍与执行法》(Brüssel－Ia－VO)之后，登记之要件被取消了；根据一般规定(《欧洲审判籍与执行法》第36条以下)，外国执行名义(也包括英国法上没有的执行名义，如可执行证书)自始即具有可执行性。[21]

2. 英德执行条约

1960年《英德执行条约》(边码56.12以下)有些地方是比《欧洲审判籍与执行法》严格的(比如排除县法院或初级法院的名义)，有些地方适用范围要广(比如继承案件)。在此方面，在适用 59.54

---

[21]具体的程序，参见现在的《民事程序规则(CPR)》规则74.2至72.11A。

《欧洲审判籍与执行法》之外,《英德执行条约》还是有其适用范围的。不过,要优先适用《欧洲审判籍与执行法》。经由 1933 年《外国判决(对等执行)法》[Foreign Judgments(Reciprocal Enforcement)Act],在登记程序中,实现了对该条约的转化。

3. 自治法

59.55 1920 年《司法法》(Administration of Justice Act)以及 1933 年《外国判决(对等执行)法》规定了对其他(非欧盟)国家的执行名义的登记制度;《民事诉讼规则》第 74 部分对此予以补充规定。在 1980 年《贸易利益保护法》(Protection of Trading Interests Act)中,规定有一个重要例外,即执行承认的排除。普通法中有判决之诉(action upon the judgment),这是一种基于外国判决的诉讼,但存在很多抗辩之可能。

(六)发展状况

59.56 英国执行法是一种非常去中心化的、各有不同的法律。尽管最近进行了简单化与效率化执行程序的努力,但某些管辖交叉重叠的问题还是令人困惑的。但为了使该在内核上还是非常有效力的体系得以更新,只要进行几处定位也就足够了。与德国法一样,人们应该遏制去中心化的弊端,但也不能在中心化执行管理寻找灵丹妙药。但有趣的是,在英国法中也可以感觉到从去中心化、债权人控制的执行程序到国家主导的统一程序这一发展过程的摆振幅。

三、意大利

文献指引:邦吉:《法国与意大利的民事诉讼与强制执行》,2008;阿尔皮/科桑蒂/塔鲁福(arpi/Colesanti/Taruffo):《略论民事诉讼法》,第 7 版,2012 年;卡彭(Caponi):《2009 年意大利民事司法改革》,载《国际民事诉讼法杂志》,第 14 卷,2009 年,第 143 页;卡彭/皮萨尼(Caponi/Pisani):《民事诉讼法框架》,2001 年,第 343 页以下;路易莎(Luiso):《民事诉讼法》,第 7 版,2013 年;姆德利(Mandrioli):《民事诉讼法》,第 23 版,2013 年;皮萨尼(Pisani):《民事诉讼法课程》,第 4 版,2002 年,第 705 页以下;雷登蒂/韦拉尼(Redenti/Vellani):《民事诉讼法概要》,2005 年,第 187 页以下。

(一)基本框架

强制执行法规定在 1940 年《民事诉讼法》第三编(第 474 条以下),在 1942 年的民法典中也有一些规定(第 2910 条以下),除 59.57
此之外,散见于特别法中。意大利执行法——与民法典最初的模式类似——与法国模式非常相似,某些特征则来自于意大利的共同程序法遗留下来的影响。执行类型法与共同欧洲传统类似,作为与不作为的执行尤其受到了法国法的影响。与法国法一样,在意大利已没有私人财产的破产清算,支付不能程序只适用于商人。与此相适应,个别执行法,适用的是债权人平等受偿的原则,并不适用优先顺位原则;许多债权人特权体现了差异化,在分配拍卖所得时,会优先受偿。在整体上,并不像法国法那样推进去中心化,执行法官享有比较强的优势地位,但最重要的执行机关还是法院执达员(ufficiale giudiziario)。

(二)执行名义

总体上看,最重要的执行名义有暂时可执行的判决(《民事诉 59.58
讼法》第 282 条)、法庭之和解、关于金钱的公证文书——与德国法不同——还有汇票与支票。名义上必须标记正式的执行条款(formula esecutiva),此点与德国法、法国法是相同的。原则上,执行的前提是名义的送达以及履行之要求的送达(notificazione del titulo esecutivo e del precetto),至少要在 10 天前告知该履行之要求,如果在 90 天之内没有开始执行,那么 90 天后即丧失效力。

(三)金钱之债执行方式

1. 一般规则

59.59 意大利法规定了一系列关于金钱之债执行的共同规则(动产的强制出让、债权扣押以及在第三人处的强制出让、不动产的强制出让)。债权人原则上可以同时采取多种执行方式,但是法院可以根据债权人或债务人的选择命令限定执行方式。只要担保权或者优先权没有被变价,执行就是不合法的(不被准许的)(《意大利民法典》第2911条)。虽然原则上由法院进行执行,但是对于不同的执行方式适用不同的事务管辖,而且,区域管辖原则上根据的是执行地点,所以,没有中心化的执行管理。相反,除了法院执达员之外,法院被委以特定的执行任务,法院主要在自由裁量裁决时发挥作用。

59.60 在所有三种类型的执行情况下(对物扣押、对债权扣押以及不动产扣押)的扣押,均由法院执达员要求债务人不得为阻碍变价之行为。多个债权人可以同时通过一个扣押行为进行扣押,嗣后加入的债权人可以嗣后扣押。债务人可以通过支付债权或者提存金钱来阻止继续进行执行;之后债务人可以在提存20%债权的情况下,申请以法官确定的金钱数额来替换扣押标的物(conversione del pignoramento)。其他债权人也可以加入扣押程序(intervento),此时,享有公开登记之优先权的优先债权人应被特别告知有债权人加入。扣押物的变价形式为法院将其归属给债权人或者强制变卖。依据债权人的债权数额,将拍卖所得分给债权人,在多个债权人的情况下,根据民法典中优先权的顺位进行分配,没有优先权的债权人享有相同顺位(《民法典》第2741条)。如果对于债权或者优先权的存续,债权人之间或者债权人与债务人之间存在争议,那么程序将被暂停,直至一般管辖法院作出判决;非常明显与支付不能程序是并行的。

2. 对物扣押(espropraziоne mobiliare presso il debitore)

首先,由法院执达员负责对物扣押,执达员先是寻找可扣押标 59.61
的物(ricerca delle cose da pignorare),然后记录下通过禁止处分之通知所进行的扣押,并将该记录毫不迟延地交给债权人,债权人在15天内、进行文档标记登记之后,将记录复印件留存在执行法官处(《民事诉讼法》第5条)。扣押物交由特别的保管人(custode)保管,但要经过债权人与或债务人的同意,在金钱以及贵重物品情况下,则由法院秘书室(Gerichtskanzlei)进行保管。与德国法类似,意大利法也规定有不可扣押标的物。在一定范围上,对于动产扣押,存在执行顺序规则(gradus executionis):首先是现金与可销售的贵重物品,然后根据流动性确定标的物。

只有在听审当事人后,基于法官处分命令才可以进行变价,这是意大利法的特别之处。变价的形式可以是以特定价值归属给债权人或者通过强制出让,后者又有两种形式:通过经纪人变卖(vendita a mezzo di commissario)或者通过法院执达员拍卖(vendita all'incanto)。

3. 债权之扣押(espropriazione presso terzi)

通过由执达员向债务人以及第三债务人送达支付禁令或者处
分禁令,对债权进行扣押,并要求第三债务人对债权进行书面说 59.62
明。如果第三债务人不进行说明,则会被传讯到区法院进行庭审。如果第三债务人没有说明或者没有出庭,则为了强制执行,该债权被视为没有争议(《民事诉讼法》第548条);第三债务人可以通过提出异议进行防御(参见边码59.65)。在否认的情况下,执行法官在有争议的庭审中进行必要的确定,并对于执行是否继续作出裁定,对于该裁定,同样可以通过异议予以撤销。如果第三债务人承认了该债权或者被判决了,那么执行法官就会将可支付的金额归属于债权人。不可扣押或者部分不可扣押的,有抚养费请求权以及工资请求权,还有社会给付。

4. 不动产执行(espropriazione immobiliare)

59.63 不动产的强制出让,同样也以扣押为前提。法院执达员将处分之禁令送达给作为债务人的所有权人,即被登记到不动产登记簿中的人。变价有两种形式:一种是没有拍卖的变卖(vendita senza incanto),出卖给给出最高报价的出价人,并至少要给出司法估价,只要不能期待更高的报价,低于估价25%的报价情况下,也是可以拍定的;另一种是通过拍卖进行变卖(vendita con incanto),拍卖必须提供最低报价,而且,与法国法类似,有更高报价(超出1/5的报价)时,拍卖要再延长10天(offerte dopo incanto)。在拍卖失败或者在事先有归属请求(Zuweisungsgesuch)的情况下,债权人可以要求以估价为准将不动产归属给自己或者第三人。

59.64 在不动产情况下,意大利法还规定有强制管理,最长可以命令持续3年。

5. 权利之救济

59.65 针对执行程序的瑕疵,债务人可以到执行法官处提出异议(opposizione)。在享有阻碍出卖权利的情况下,第三人须以第三人异议之诉(opposizione del terzo)进行主张;在执行法官处无法达成合意的,则须到一般管辖法院处进行法律争议。

(四)实物执行

59.66 原物返还的执行,自履行敦促之时开始,并且由法院执达员——必要情况下由警察协助——通过暴力进行。可替代的行为,通过由债务人支付费用进行替代行为的方式予以执行(《民法典》第2931条),拒绝不作为之结果可以以同样方式予以排除(《民法典》第2933条)。意思表示为相应的判决所替代(《民法典》第2932条)。与新的法国法以及修改后的西班牙法一样,意大利程序法现在也规定了为了强制不可替代行为的强制金与秩序金(《民事诉讼法》第614条以下),在此方面,债权人就不仅仅享有损害赔偿请求权了。

（五）外国判决的承认与执行

1. 欧洲执行

对于来自欧洲或者欧洲经济区范围内的裁决之执行，适用《欧洲审判籍与执行法》以及《卢加诺公约》（《欧洲审判籍与执行法》第 39 条以下以及《卢加诺公约》第 38 条以下）。 59.67

2. 其他重要的执行条约

意大利是 1973 年海牙抚养费公约的公约国（参见边码 56.2） 59.68
以及 1980 年海牙国际拐卖儿童民事问题公约的公约国（参见边码 56.6）。在《欧洲审判籍与执行法》以及《关于欧洲民商事案件法院管辖及法院裁判之执行的公约》生效前，与德国签订有双边执行公约（边码 56.11、边码 55.88 以下）。

3. 自治法

对于执行，意大利自治法要求有上诉法院（Corte d'appello）
的裁决（attuazione di sentenze）。可执行宣告的前提（1995 年《国 59.69
际私法典》第 64 条以下）遵循的是经典模式：间接的国际管辖（镜像规则），在缺席的情况下要及时、符合规则地送达诉状，根据法院地法发生既判力，遵守意大利的法律系属或者既判力，不违反公序良俗。[22]

四、西班牙[23]

文献（节选）：阿科斯塔·埃斯特韦斯（Acosta Estévez）：《关于在西班牙

㉒整体参见瓦尔特（Walter），载《民事诉讼法杂志》，第 109 卷，1996 年，第 3 页、第 21 页以下；波卡尔（Pocar），载《国际私法与程序法实务》，1997 年，第 145 页、第 160 页及下一页；萨莱诺（Salerno），载《国际民事诉讼法杂志》，第 5 卷，2000 年，第 169 页、第 195 页以下。

㉓对于前期准备工作，感谢 Prof. Dr. 安东尼奥·米拉斯·法托（Antonio Miras Farto），普福尔茨海姆（Pforzheim）。

执行外国仲裁裁决的若干问题》;皮亚/日内瓦达·马蒂(Aguilo Pi - a/Ginebrada Marti):《外币债务及其在判决中的可执行性》,载《法律总评》,1985年,第1727页以下;阿兰达·罗德里格斯(Aranda Rodriguez):《对1988年9月6日决议的评注》,载《民法年鉴》,1989年,第1335页以下;卡雷拉斯·兰萨纳(Carreras Llansana),载《货物禁运》,1957年,巴塞罗那;埃斯普莱戈斯·莫塔(Esplúgúes Mota):《2000年1月7日新西班牙民事诉讼法的西班牙法院的国际管辖及其审查》,载《国际民事诉讼法杂志》,第5卷,2000年,第131页;埃斯普莱戈斯·莫塔:《西班牙执行法以外的外国婚姻事务裁决的承认》,载《国际民事诉讼法杂志》,第7卷,2002年,第105页;费尔南德斯·洛佩斯(Fernandez Lopez):《西班牙强制执行概括》,载《民事诉讼法杂志》,第92卷,1979年,第285页;弗赫贝克(Frühbeck):《西班牙法中的支付不能》,载《经济法杂志》,1983年,第1002页;噶特曼(Gathmann):《西班牙强制执行法》,1997年;戈麦斯·德利亚尼奥(Gomez de Lia - o):《民事诉讼》,第5版,1996年;戈麦斯·耶内/萨贝茨·马丁(Gómez Jene/Sabates Martin):《西班牙:新民事诉讼法对国际审判籍的影响》,载《国际经济法》,2001年,第37页;瓜斯普(Guasp):《民事诉讼法》,第2卷,第3版,马德里,1968年;洛尔卡·纳瓦雷特(Lorca Navarrete):《民事、劳动和行政诉讼法》,埃兰迪奥-维兹卡亚(Erandio - Vizcaya),1989年;曼扎纳·拉瓜达(Manzana Laguarda):《程序的执行及其宪法的适当性》,载《普通法律杂志》,1990年,第1页以下;米格尔和阿隆索(Miguel y Alonso):《民事强制执行问题》,载《民事诉讼法杂志》,1965年,第33页以下;米格尔和阿隆索:《在个别强制执行中处理债务人破产的西班牙办法》,萨拉曼卡,1967年;米格尔和阿隆索:《关于强制执行的最新发展》,载《有效率的权利保护与合宪审查》,第511页以下,主编:沃尔瑟·哈布谢德(Walther J. Habscheid),比利菲尔德,1983年;米格尔·安赫尔·费尔南德斯(Miguel Angel Fernandez):《民事诉讼法》,第4版,1995年;蒙特罗·阿罗卡/戈麦斯·科洛莫/蒙顿·雷登多/巴罗娜·维拉尔(Montero Aroca/Gómez Colomer/Montón Redendo/Barona Vilar):《管辖权法》,第2卷,第10版,2001年,第499页以下;奥泰尔斯·拉莫斯(Ortells Ramos):《通向西班牙新民事诉讼法之路:新民事诉讼法预备草案》,载《国际民事诉讼法》,第3卷,1998年,第91页;奥泰尔斯·拉莫斯:《新西班牙民事诉讼法》,载《国际民事诉讼法》,第5卷,2000年,第95页;奥泰尔斯·拉莫斯:《强制金或罚金(Astreintes)? 西班牙新强制执行法摇摆的解决方案》,载《国际民事诉讼法》,第8卷,2003年,第201页以下;奥泰尔斯·拉莫斯:《民事诉讼法》,第6版,2005年,第667页以下;普里埃托-卡斯特罗和费拉迪兹(Prieto-Castro y Ferrandiz):《民事诉讼法》,第2卷,第3版,马德里,1983年;普里埃托-卡斯特罗和费拉迪兹:《民事诉讼法条约》,第1卷、第2卷,第2版,潘普洛纳,1985年。

(一)基本框架

个别执行法主要规定在西班牙民事诉讼法(Ley de enjuiciamiento civil,LEC)中。文献中对目前法律状况的批评,主要是缺乏体系化以及不完整。有鉴于此,新的民事诉讼法于2001年1月7日生效,其中也规定了执行法的新规则。最重要的规则规定在第三编(《民事诉讼法》第517条至第747条);1881年的个别规则继续适用,比如关于外国名义的承认与可执行宣告的独立规则(1881年《民事诉讼法》第951条以下,边码59.102)。在整体上,西班牙执行程序——与审判程序一样——是以教会程序法以及共同程序法的基本模式为导向的(边码3.14、边码3.16),所以具有中心化以及规制化的倾向。 59.70

1.整体执行与个别执行

如果在债务人处出现了支付不能,那么既可以针对商人,也可以针对非商人进行整体执行程序。虽然这些人因其身份而适用不同的程序,但是整体执行的命令对某个债务人的个别执行措施的效力,在两种情况下都是一样的:比如发生系属的个别程序以及执行措施可以被纳入整体执行程序(acumulación)。只是在基于已经产生的质权或者抵押权进行执行的方面,才会进行个别执行。 59.71

2.强制执行的机关

根据《民事诉讼法》第545条、第524条、第738条,只有民庭才是强制执行机关。无论执行方式如何,也无论执行名义的来源 59.72

如何,都是如此。对于法院判决的执行,均由进行一审审判程序的法院管辖。程序法院与执行法院是同一的。法庭以外的执行名义也同样由一审地域管辖的法院执行。

59.73 在强制执行中的实施行为,比如对物扣押、事件认证,由司法代理人(agente judicial)或司法秘书(secretario)进行。进行扣押的司法代理人,与德国的法院执达员不同,并非独立的执行机构,而是受委托的、执行法院的代理人。所以,司法代理人并不是基于执行债权人的申请而行为的,而是基于法院命令而行为的。具体由法院独自负责,司法代理人只是它的"实施之臂"。在执行时,司法秘书认证并记录事件过程。

(二)执行之前提以及执行名义

1. 在执行法院的申请

59.74 执行法院只能基于申请而行为。申请权人主要是债权人。但根据最高法院(Tribunal Supremo)的判决,在债务人具有特别法律利益的情况下,可以申请对自己执行。比如,在债权人受领迟延(mora accipiendi)的情况下,即具有该种利益。

2. 执行名义

59.75 作为执行基础的名义,首先必须列明强制执行的当事人,另外还必须确定要被执行的请求权。但在判决支付损害赔偿金、孳息或者利息的情况下,不给出具体数额,而只给出负债原因,也可以认为构成了确定性。这类判决必须在执行程序过程中被具体化(《民事诉讼法》第574条以下)。

59.76 西班牙法院的有既判力的判决都是可以被执行的,即使是出自简易程序(summarisches Verfahren),也是如此。与此相反,在1984年改革之前,针对被提起上诉的判决的执行,须在严格的前提下进行。但现在被提起二审上诉(recurso de apelación)或者三审上告(recurso de casación)的判决,原则上都是暂时可执行的,而且是以"与有既判力的判决一样"的方式。作出意思表示的判决以及家事、身份事件或者名誉权中的判决不得被暂时执行。暂时执行并非通过官方命令进行,而是基于原告的委托被准许的。

根据 2003 年 12 月 23 日的《仲裁庭法》(Ley de arbitraje)第 43 条,仲裁裁决具有与法院判决一样的效力,对其的执行——修 59.77
正地——遵循适用与法院判决的规则(《仲裁庭法》第 44 条、第 45 条)。在可执行文书的情况下,只有其价值超过 50000 比塞塔(Peseten)的情况下,才可以被执行(juicio ejecutivo)(《民事诉讼法》第 520 条,相当于 300 欧元)。可执行文书有:公证文书的第一副本、为法官认可为真实的私人文书、汇票、债务人在法庭上的自认、记名与不记名证券、商人合同的保险单(Policen kaufmännischer Verträge)。基于这些名义,无须事前内容上审查该证券化的请求权,即可命令进行扣押。对于债务人的实体抗辩,可以通过法律救济予以考虑(oposición)。对于汇票执行程序适用特别规则。[24]

3. 执行条款与送达

在西班牙,是没有执行条款(Vollstreckungsklausel)制度的。 59.78
这一与法国法、德国法的不同点,产生于执行机关与诉讼法院的同一性。在执行判决时,所有必要的信息都会出示给对强制执行之命令有管辖权的法院。所以,就没有必要作出执行条款,因为作出执行条款的目的在于诉讼法院将可执行性信息移转给执行机关。即使是法庭外的名义,也不需要执行条款,因为法院自己需要审查名义可执行性的构成前提,并对名义之执行进行裁决。

在西班牙,并没有规定执行名义的送达。如果执行名义是判决支付金钱的法院判决,那么,可能是立即扣押,并无债务人听审。 59.79

(三)对物执行与对人执行的区分

1. 财产执行

《民法典》(Código Civil)第 1911 条规定,债务人对其债务以 59.80

---

[24] 迈耶(Meyer):《国际经济法》,1993 年,第 286 页以下。

其全部财产承担责任。但在因为金钱之债而扣押的情况下,《民事诉讼法》第605条以下对该责任有所限制。尤其对债务人不可或缺的家庭和工作用品,是不得进行扣押的,同样,没有超过法定最低工资的劳动收入与养老金,也不得被扣押。对于超出该法定最低工资的工资或者退休金,适用法定规则,即根据法定最低工资,确定可扣押收入的百分比。只有在抚养费案件中,法官可以偏离法定规则进行自由裁量,并可以扣押高出法定数额的数额。

59.81 如果在债务人处没有足够扣押的标的物,但债务人对第三人享有请求权,那么,根据《民法典》第1111条,债权人可以主张该对第三人的请求权(acción subrogatoria, acción indirecta)。在此,债权人只可以要求向债务人给付。只要第三人向债务人给付了,那么债权人就可以扣押给付标的物。

2. 对人执行

59.82 在2001年改革之前的个别执行程序中,并没有对债务人本人的执行措施。以前既不可以通过强制金,也不可以通过强制拘留强制债务人履行其所负担的给付。2001年改革修正案创设了支付强制金制度,将西班牙执行法更新到欧洲发展水平。但与以前一样,债务人并不负有向债权人告知其财产状况信息的义务。尽管有呼声支持引入代宣誓之表示(juramentum manifestationis)制度,但最终并没有规定代宣誓表示制度。2001年民事诉讼法改革新规定了通过强制金保障的法庭之事实查明制度,如果由债权人指出的或者债务人自愿标识的标的物并不充足,那么,就可进行法庭之事实查明。改革后的西班牙劳动法院程序中规定有作为执行手段的强制金(apremio pecuniario)。进一步的发展有待于将来。

(四)因金钱之债的强制执行

1. 一般规则

59.83 虽然,原则上所有服从于强制执行的标的物都可以被扣押,但如果债权人对于其所主张的请求权已经享有物上担保(质权或者抵押权)，那么只有在该担保明显不足以清偿债权人的情况下，才可以对其他标的物进行扣押。

原则上，债务人无须披露其财产状况，也无须提供可扣押的标 59.84
的物。发现可扣押标的物，主要是执行法院以及债权人的事情；法庭只是辅助性地针对债务人作出说明之命令，并附有周期性的强制金。债权人有权在扣押时在场，并让司法代理人扣押发现的标的物。如果债权人不行使该权利，则由司法代理人自己处理。司法代理人依据习惯法有权进入债务人住宅，并搜查可扣押物。如果债务人对其财产不提供信息，并且也没有在债务人处发现什么，那么，执行法院可以在公共登记处进行查询。

《民事诉讼法》第592条第2款规定，在扣押财产标的物的情 59.85
况下，须遵循一定的顺位(gradus executionis)：现金、在证券交易所交易的有价证券、金银首饰或宝石首饰、到期债权、物或权利之孳息、动产、不动产、工资及养老金、未到期债权、经济与工业设施。该法条的目的在于，首先扣押那些通过执行价值损失较小的以及其价值损失对债务人而言并不严重的标的物。这是一种共同法传统上的保护债务人之规则(边码3.17)，在德国法中也反复考虑过是否引入该制度(边码4.7以下、边码4.10、边码6.14以下、边码7.21以下)。

2. 扣押的实行

对于动产的扣押，由司法代理人取得物之占有的方式进行，无 59.86
须标记扣押封条或类似的标志。在扣押之后，该物即被保管，在此，债权人得指定保管人；如果被扣押的是金钱，那么就会在清偿其债权的范围内立即移转给债权人。如果标的物为第三人所占有，而该第三人没有对扣押提出异议，那么就可以扣押该标的物，或者执行法院与该第三人约定占有改定(Besitzkonstitut)。如果第三人对扣押提出异议，那么债权人可以借助代位之诉(acción subrogatoria)，对第三人主张债务人享有的原物返还请求权。于是，第三人必须向债务人返还该物,在债务人处,债权人可以让人扣押该物。

59.87 在不动产情况下,通过执行法官进行宣告的方式进行扣押。该扣押会被登记入登记簿(anotación preventiva)。如果土地没有登记入登记簿,那么,债权人可以要求,由债务人承担费用,将其登记入登记簿[《不动产抵押法》(Ley Hipotecaria Inmobiliaria)第140条]。但登记不具有扣押的设权要素。

59.88 通过通知第三债务人不要再向执行债务人给付而是向执行法院给付,进行债权扣押(arrestatorium)。对执行债务人的给付并不会带来免责的效力,否则第三人就不会受到扣押的影响了。不会指示执行债务人不再处分该债权(inhibitorium),只是让其知道扣押之事。

3.扣押的效力

59.89 扣押后,债务人并不丧失其对被扣押标的物的处分权能,无论涉及的是动产、不动产。还是债权,都是如此。扣押也不会赋予债权人自行从拍卖所得获得清偿的权利。这只不过是一种程序特性的权利,并不会产生扣押性担保物权。

4.变价

59.90 在债务人处发现的金钱或者由第三债务人移交给执行法院的金钱,按照债权人请求权的数额支付给债权人。有价证券按照证券交易市场价出卖给交易商。其他没有确定价值的标的物原则上需要被拍卖,以便清偿债权人。

为了保障债务人能够就被扣押的标的物获得尽可能高的价
59.91 格,首先要有一个能够为拍卖确定标准估价的程序(vaher de tasación)。如果债权人与债务人不能就价值达成一致,则由法院指定一个专家,由专家评估扣押物。确定估价后,进行公开拍卖(subasta)。最低报价是估价的50%。如果成功拍卖完成,那么即以拍卖所得清偿债权人,剩余部分归债务人所有。

如果没有达到最低报价，则不会拍定。拍卖被中止。债务人有权在10天内提供一位支付最低报价或者至少支付执行数额的第三人；如果债务人不能提供，那么债权人即可以以评估价的一半将被扣押的标的物归为己有（adjudication），并折算到债务人支付义务中。如果债权人不愿意采用该方案，那么报价最多的人获得拍定，但其报价必须超过估价的30%或者至少覆盖了执行之金额。如果这种可能性也失败了，那么在拍定于紧急情况下属于正当的情况下，法院也可以例外地允许拍定；否则的话，就得像没有任何报价的拍卖那样处理。也就是说，债权人可以以估价的30%或者以债务人支付债务金额（有时债务人债务金额较低）受让该扣押标的物。如果债权人在20天内还是没有理由该机会，那么债务人的扣押就被废止。 59.92

不动产的拍卖适用特别规则，在债权人的要求下也可以强制管理该不动产。有时，债权人在此获得孳息所有权的权利。 59.93

（五）实物执行

1. 作为与不作为

在可替代作为的情况，如果债务人没有在法官确定的期间内履行，那么法官就会指定第三人，替代债务人作为，并由债务人支付费用。在只能由债务人本人作出的作为的情况下，由于在2001年前的改革修正案之前，没有对人的执行，所以，问题是明显的：执行法院没有强迫债务人作为的手段，在债务人拒绝的情况下，只能指引债权人要求损害赔偿。[25] 2001年新的《民事诉讼法》允许债权人进行强制金执行或者损害赔偿。至于强制金是否按照德国、英国的模式归国家所有，还是按照法国模式归债权人所有，立法者 59.94

㉕比较上一版。

并没有一般性地明确规定,在文献中观点也是分歧的。[26] 对于保护消费者的团体诉讼之特别情况,2002 年新规定的《民事诉讼法》第 711 条第 2 款明确规定归属给国库,是一种相反的规则。

59.95 不作为义务以及容忍义务总是高度人身性的,自 2001 年执行法改革之后,也可以通过强制金(秩序金)进行强制,除此之外还有排除妨碍请求权以及损害赔偿请求权。

2. 原物返还

59.96 如果债务人负有返还不动产的义务,那么在判决后,会直接使债权人获得在不动产上的占有。同样,在能找到的动产情况下,也是如此。如果不能找到标的物,那么该请求权即转化为损害赔偿请求权(novación)。

3. 意思表示的作出

59.97 判处作出意思表示的判决之执行,在以前的法律中是没有规定的。2001 年新的《民事诉讼法》完善了这一缺陷,并规定通过特别的法院命令替代意思表示(《民事诉讼法》第 708 条)。

(六)法律救济

1. 当事人的法律救济

59.98 2001 年改革过程中修正的法律救济体系,第一次赋予了债务人一种类似于执行对抗之诉的异议(oposición)之救济方式,[27]但通过异议,也可以主张所有涉及强制执行的程序上之瑕疵。针对执行法院的裁决可以提出撤销(reposición)主张。

2. 第三人的法律救济(tercerías)

59.99 如果属于第三人之物被扣押,那么第三人可以通过在执行法

---

[26] 详见拉莫斯(Ortells Ramos),载《国际民事诉讼法杂志》,第 8 卷,2003 年,第 201 页,第 208 页及下一页,有进一步证明;布伦斯(Bruns),载《民事诉讼法杂志》,第 118 卷,2005 年,第 3 页、第 12 页。

[27] 对于旧法,比较上一版。

院提起诉讼阻止该执行(tercería de dominio)。该诉讼类似于《德国民事诉讼法》第771条规定的第三人异议之诉,但附有限制,即只能主张物上所有权,而不能主张其他阻止出让的权利。对第三人还有一个限制,即只有在第三人能够通过文书证明其所有权的情况下,才允许起诉。在此方面,提起诉讼有延迟效力,只要对于第三人之诉没有裁决,就不得进行拍卖。

想优先参与分配扣押物拍卖所得的第三人,可以提起第三优 59.100
先权人之诉(tercería de mejor derecho)。该诉讼类似于《德国民事诉讼法》第805条的优先受偿之诉。第三人必须主张优先于债权人的权利。在这里,第三人也必须证明他的权利,并到执行法院提起诉讼。在变价该物方面,该诉并不具有延迟效力。只是债权人从拍卖所得中受偿被推迟了。如果在债权人获得清偿后才提起该诉,则该诉即不是合法的了(不被允许)。第三人只可能在执行程序外提起给付之诉。

(七)暂时法律保护措施

对于支付请求权,可以通过暂时扣押予以保全(embargo pre-
ventivo),其他请求权可以通过不确定紧急措施保全(medidas cau- 59.101
telares indeterminadas,比较《民事诉讼法》第727条),比如出让之禁止、提存、保管、为了担保次位请求权的暂时扣押(边码59.94)等等。㉘

(八)外国判决的执行

根据《欧洲审判籍与执行法》第38条以下,西班牙作为欧盟 59.102
国家执行欧洲名义。对可执行性之宣告的申请应向一审法院(juzgado de primera instancia)提出,对于其裁决,按照单方程序,向省法院(audiencia provincial)提出法律救济,最终的法律救济是上

㉘详见拉莫斯(Ortells Ramos),载《国际民事诉讼法杂志》,第5卷,2000年,第95页、第122页以下;对于旧法,参见迈耶:《国际经济法》,1993年,第815页以下。

诉(Kassationsbeschwerde)(《欧洲审判籍与执行法》第39条第1款、第43条、第44条)。德国与西班牙的执行条约(边码56.12),在《欧洲审判籍与执行法》之外具有补充意义(边码56.11、边码55.88)。在自治法下的可执行性宣告遵循的是继续有效的1881年的《民事诉讼法》第951条以下(相互性、对人的请求权之判决、不违反公序良俗、在判决作出国可执行等等)。最高法院(Tribunal Supremo)对此有管辖权。

五、美国[29]

文献(摘选):沃伦/韦斯特布鲁克(Warren/Westbrook):《债务人与债权人法》,第6版,2009年;兰格/布莱克(Lange/Black):《美国民事诉讼法》,1987年,第119~136页;爱泼斯坦(Epstein):《债务人—债权人法》,第4版,1991年,第1章至第4章;黑森菲尔德(Riesenfeld):《债权人的救济与债务人保护》,第4版,1987年;科林·贝克尔(Colin Becker):《先来先得:德国与美国强制执行法中的优先原则》,2000年。

(一)基本框架

1.州法

59.103 美国个别执行法主要是州法,并规定在50个州的民事诉讼法中。其共同的根基是英国的普通法与衡平法,但是受到了一些大陆法的影响,尤其是在具有法国与西班牙特征的州中。不仅是州的法院的裁决根据州法执行,而且联邦法院的裁决也根据州法执行:原则上适用所在州的执行法[《联邦民事诉讼规则》(Federal Rules of Civil Procedure)第69条之一]。

---

[29]对于相关指引,感谢安德烈亚斯·哈夫纳(Andreas Haffner),法律硕士,斯图加特。

2. 普通法的起源

普通法上主要有三种针对个别执行的法律救济:第一种是要求清偿债务之令状(writ of elegit),其目的在于将债务人的财产以特定的价值移转给债权人,在不动产情况下,由债权人进行用益。第二种是债务拘留令状(writ of capias ad satisfaciendum),其内容是对人执行形式的债务拘留,也适用于金钱债务。第三种是动产执行令(writ of fieri facias),债权人以该令状进行扣押与变价债务人个人财产,以不动产执行令(writ of levari facias)进行不动产的变价。这种形式的执行在各个州里已经所剩无几了。大部分情况下,对于所有财产标的统一适用执行令状(writ of execution),在几个州里不适用于不动产,而且有些州要求要先执行动产。因为金钱债务对人执行基本上被废除了,常常是基于宪法条款;但是在个别侵权类型、违反信义义务的责任等情况下(breach of fiduciary relationship),还是有对人执行的。 59.104

3. 执行机关

按规定进行执行的责任主要是法院来承担的,在此,原则上不区分诉讼法院以及执行法院。在法院,由书记员(clerk)出具进行强制执行的程序文件(登记、执行命令)。扣押以及接下来对标的物的变价,由治安官(Sheriff, Marshall)进行,债权扣押由法院进行。 59.105

4. 程序原则

美国的个别执行法也广泛地适用当事人处分原则。执行方式的选择,部分地通过州法所限制,按照个人财产、不动产之顺序。中心化的法院管辖也为联邦体系所削弱,因为联邦体系下,有寻找执行州的法院之必要性。原则上适用优先原则,但——常常根据标的物的不同——与不同的时点相关联:在不动产所有权情况下通常是作出判决或者登记之时,在动产情况下是扣押或者扣押申请,甚或扣押指令之时,等等。在某些州(爱达荷州、伊利诺伊州、 59.106

乔治亚州)因为分组之原则(Gruppenprinzip),优先原则被削弱了,分组之原则赋予在时间上紧密关联的情况以同一顺位。根据《美国统一商法典》第9条,执行法上的优先原则因为担保物权(security interests)进一步丧失了重要性,除了路易斯安那州以外,其他州都转化了该法典。在北部以及东部诸州,债务人之保护并不是很突出,但在南部与西部则很是突出。美国法的重点在于有效率地变价之原则。

5. 与支付不能法的关系

59.107 并不少见的是,美国债务人通过针对自己开始支付不能之清算程序来阻止个别之执行,支付不能会导致剩余债务免除(discharge)的效果,或者通过重整程序阻止个别执行,效果更好,重整程序也具有剩余债务免除效果。意义重大的还有与债权人在法庭外的强制和解(assignment)。在个别执行失败后,债权人还可以进行债权人索赔清单(creditor's bill)程序,在起源上是一种衡平法上的法律救济措施,是为了促进债务人的衡平法利益。现今,债权人账单制度部分地作为支付不能的替代程序:全部财产会被扣押,并在债权人之间平等分配(general creditor's bill),不过,债权人账单也可以用于清偿一个债权人,具有使债务人与第三人说明全部财产(iscovery)的效果,并会导致处分之禁止,在指定财产管理人(receiver)之后,即行终止(另参见边码59.119)。

6. 法庭外债权回收

在美国,通过讨债人(debt collector)在法庭外回收债权意义
59.108 重大。1977年《公平收债法》(Fair Debt Collection Practices Act)禁止所有的过分的计算方法以及不适当的施压形式(第三人裁定、公平告知债务人等)。

(二)执行名义

59.109 执行名义主要有金钱判决(judgment)、作为之命令(mandatory injunction)以及不作为之命令(prohibitory injunction)。判决可以

是加速程序(summary judgment)中的判决以及缺席判决(default judgment)。如果债权人想在判决法院的区(county)执行,那么会进行自动登记,法院的书记员(clerk)会基于开始执行申请颁发执行令(writ of execution)。随着判决之登记,债权人在法院所在区已经获得一个判决留置权(judgment lien),这是一种在不动产上的担保物权,在几个州里(亚拉巴马州、乔治亚州、密西西比州、加利福尼亚州对于商业个人财产),有可能是动产上的担保物权。在动产上,没有执行令(writ of execution),通常就会产生执行留置权(execution lien),大部分情况下在扣押之时即产生,部分情况下,在作出执行令或者在执行令达到执行机构(sheriff,marshall)之时即产生。判决留置权通常包括嗣后取得的所有权。如果在取得前作出两个判决,还会产生是按照优先原则还是同一顺位原则的问题。

只要债权人拟在同一州的另一个法院区域执行,就需要将判决登记入区的登记册(docket role),通常须在10天内登记。登记会赋予该判决与法院自己作出的判决一样的执行法上的效力。一个州法院判决在另一个州的执行,原则上要以提起新的诉讼为前提,而该诉讼要以第一个州的判决为基础;然后,执行州的判决可被登记,并具有与执行州本州作出的判决一样的效力。《统一执行外国判决法》是一个示范法,规定了简易的承认程序,但只为少数几个州的州法所接受。宪法的充分诚信条款[第4条第1句,《美国法典(U.S.C)》,第1738条、第1739条],规定了完全的相互承认规则。 59.110

联邦法院的判决根据该判决所在地的州法是可执行的,并据此执行(《美国法典》第28章第1962条)。前提通常是在所在州法院登记,与州法院判决具有同一执行法效果。如果要在另一个联邦法院的法院管辖区执行,那么该登记要求判决具有形式拘束力(《美国法典》第28章第1963条),或者提起新的承认之诉,规则并不简单。 59.111

59.112 判决留置权存续期间有限,大多数是1年;之后留置权就会消灭(dormant),然后,后顺位的债权人顺位晋升。但是债权人可以在无效果的执行情况下申请延长。执行令的效力期间在60~90天,在此期间必须进行扣押;在执行无效果的情况下,需要一个新的令状,以继续执行。

(三)金钱债权执行的执行方式

1.扣押物的变价

59.113 如前所述,扣押物或者自判决登记之时(针对不动产)产生,或者在扣押之时产生,或者是在执行令的颁发或到达(动产)之时产生。在州法中,执行变卖(execution sales)的规定各有不同。典型的是评估法,其要求评估债务人所有权,并只有在达到最低报价的情况下,才允许拍卖。大部分情况下,如果涉及不动产,州法允许债务人赎回(redemption),或者允许债务人提出超额报价,部分情况下,也允许后顺位债权人超额报价或者购回。有些州对个人财产也适用赎回法则。在有些州规定了执行顺位规则:先拍卖个人财产,再拍卖不动产,未建筑的土地先于建筑的土地拍卖。

59.114 执行变卖中取得财产者,在善意的情况下,也只是进入了执行债务人之地位。也就是说,在所有权有瑕疵的情况下,其也不受法律保护(买者当心原则,caveat emptor)。其唯一的法律救济就是继受执行债权人对执行债务人的请求权。在一个不动产取得时欠缺权利清晰以及权利安全的不动产登记簿制度的法律体系中,这种情况非常麻烦,并阻碍经济上有意义变价的前景。

2.第三人债务扣押(Garnishment)

59.115 债权人向法院提交一个担保,即其名义没有(完全)被履行,且第三债务人(garnishee)是执行债务人的债务人(the garnishee holds property of the judgment debtor)。为此,法院会作出扣押令(writ of garnishment),并将其送达给第三债务人,将副本送达给债务人。随着送达,即在债务人对第三债务人的所有债权上产生质权以及在第三人手中的债务人的所有权上产生质权;在有些州,质权仅涉及在送达那一时刻现存的债权,在有些州,还会包括嗣后增加的债务人的债权与财产,甚至在某些州,自债权人与第三债务人在扣押程序(garnishment proceeding)中的争议被裁决之日起算被涵盖的债权与财产范围。

如果第三债务人在要求提供信息时还是保持沉默,或者第三债务人确认了债权人的主张,那么就会对第三债务人作出缺席判决(default judgment)或者准许加入判决(judgment for admission);在有争议的情况下,法院通过判决裁定债权,该判决同样可以针对第三债务人(garnishee)执行。如果物被返还了,那么该物即可在执行变卖(execution sale)程序中被变卖。

3. 债务人保护

州法还规定有不可扣押物,可以根据类型(如家庭圣经)、价值(5000 美元的个人财产)或者价值与类型(价值不超过 1500 美元的汽车)分类标记。通常对于人寿保险或者工资,存在依据价值而限定的豁免。例外情况下,联邦法律也规定了免责规则。比如,消费者信贷保护法(Consumer Credit Protection Act),对于基于消费者信贷交易产生的名义规定了严格的扣押边界,并大大限制了劳动者因为扣押而被解雇的可能性。 59.116

最有意义的是家宅之豁免(homestead exemptions),用以保护家庭住宅完全免于扣押或者在特定价值内免于被扣押。但通常该住宅必须被实际使用,而且根据某些法律,该住宅还要在形式上被公示为家庭住宅。在根据特定价值免于扣押的情况下,取得者必须承受该免责,并向债务人支付该免责部分。住宅之豁免规则通常不适用于在登记判决后取得的土地价值部分。 59.117

不得豁免的是特别类型的名义,比如税收债务、抚养费债权、不动产担保物权等。比如,融资的银行就可以执行家庭住宅。各个州的家宅豁免规则各有不同。在东北部诸州,债权人的利益在 59.118

传统上更被重视,而在西南部诸州,则是债务人保护州。比如说德克萨斯州,豁免范围是两把手枪、特定数量的家养动物或者农庄动物、个人财产(每个家庭100000 美元)中总共50000 美元的基本免责数额,而且对于不动产财产还有执行限制。债务人保护州是想吸引更多的具有没有负担地开始生活之希望的新居民:一个有意思的关于法律制度竞争的话题。州法豁免制度对于支付不能中财产的免责也具有意义(参见第2 卷,边码39.88)。

4. 补充性诉讼(Supplementary proceedings)

59.119 按照《菲尔德著纽约州民诉法》(New Yorker Field Code)的典范,个别州创设了补充性诉讼,赋予了债权人如下的、额外之可能:财产标的物的发现(尤其是通过对债务人与第三人审讯)、通过禁令禁止处分、任命强制管理者、法院的变卖命令。很明显,这一制度与衡平法上的债权人索赔清单(creditor's bill),是类似于交叉重叠的(边码59.107)。在某些州,制定法明示排除了旧的衡平法制度,而在某些州,却保留了二者。此外,在很多联邦州,在传统的令状之外出现了所谓的移交令(turnover orders),基于该令状,通过法院的命令,可以强迫债务人为了变价而交出特定财产标的物,并附有禁止藐视法庭的警告,包括拘留的措施。

5. 债权人撤销权

59.120 州法中还规定有债权人撤销权(fraudulent conveyance),其规则规定在1919 年的《统一欺诈性让与财产法》(Uniform Fraudulent Conveyance Act)。之后又颁布了1984 年的《统一欺诈性交易法》(Uniform Fraudulent Conveyance Act),这是一部新的、更为严格的示范法。破产法也规定有受托人(trustee)的撤销权。

(四)实物执行

1. 原物返还之执行

59.121 在返还原物的情况下,要在执行令(writ of execution)中标记标的物,并由治安官或法警(sheriff,marshal)将物取走。

2. 作为与不作为的执行

作为之命令(mandatory injunction)以及不作为之命令(prohibitory injunction),须通过藐视法庭之惩戒执行,即通过罚金或拘留执行。 59.122

(五)暂时权利保护(prejudgment remedies)

在判决作出之前,债权人就可以保全将来的执行,具体他可以申请——大部分情况下是法院的——扣押(attachment)动产或不动产,还可以扣押对第三人的债权(prejudgment garnishment, trustee process)。前提通常是对于暂时保全原因的说明,还有债权人须提存对债务人可能的损害赔偿请求权的担保(bond)。其优点不仅是比较高的安全性,而且还可以保全顺位(priority)。基于留置权或者基于其他法律原因对个人财产享有占有权的债权人,可以通过动产恢复之诉(replevin)的法律救济,在主审程序期间就可以通过治安官而占有其财产。还存在其他以强制管理为形式的有效的担保措施(receivership pendente lite)。最高法院在数项裁决中对暂时的权利保护提出了更为严格的构成前提:首要的是提前法律听审,只有在例外情况下,才得以具备嗣后听审的单方程序予以替代。 59.123

(六)外国判决的承认与执行

文献指引:韦因申克(Weinschenk):《外国金钱判决承认法下的美国法中联邦德国判决的承认与执行》,1988 年,[评论(Ebke),载《民事诉讼法杂志》,第 102 卷,1989 年,第 491 页];埃布克、帕克(Ebke/Parker):《外国金钱判决与仲裁裁决以及美国我爱爱过关系法第三次重述:公约的路径》,载《国际律师(Int. Lawyer)》;舒茨(Schütze),载《法学评论》,第 1986 页以下(针对单个联邦州);沙克(Schack):《美国民事诉讼法导论》,第 3 卷,2003 年,第 76 页以下。

59.124 原则上,外国判决——与其他州的州法院判决(边码 59.110)或者部分的联邦法院的判决(边码 59.111)一样——是到美国州法院提起新的诉讼的合格基础,该诉讼被提起后,法院会有限制地审查,最终作出新的判决(action upon the judgment)。外国判决的承认遵循的是州法,但部分地通过示范法有所统一:1962 年的《统一外国金钱判决承认法》(Uniform Foreign MoneyJudgments Recognition Act)为重要的州——有些修正地——予以接受(如纽约州、加利福尼亚州、伊利诺伊州、得克萨斯州),还有《统一外国判决执行法》(Uniform Enforcement of Foreign Judgments Act);1996 年的《统一州际家庭支持法》(Uniform Interstate Family Support Act)替代了 1968 年的《统一相互执行支持法》,对抚养金事件确立了统一规则。1986 年、1987 年《美国外国关系法第三次重述》在其第 481 条以下确定了一般承认的原则。重要的承认前提是符合公共秩序,正当程序(due process)意义上的法律听审,国际管辖权以及——更为重要的——与该国的相互性。外国裁决必须根据判决之国家的法律是最终的、决定性的并可执行的(final, conclusive and enforceable),但不需要有形式既判力;在待定的外国上诉情况下,也存在暂停美国程序的可能。1989 年《统一外国金钱请求法》(Uniform Foreign - Money Claims Act)规定了外国货币之债的效力,并为 22 个州所接受(尤其为加利福尼亚州、新墨西哥州、弗吉尼亚州、华盛顿州等所接受)。[30]

59.125 美国与德国一样,也是 1958 年《联合国外国仲裁裁决承认与执行的执行公约》(UN - Vollstreckungsübereinkommen 1958 für die Anerkennung und Vollstreckung internationaler Schiedssprüche)的缔约国。在德国,与 1996 年的《统一州际家庭支持法》(Uniform Interstate Family Support Act)相当的法律是《外国抚养费法》(Aus-

---

[30] 详见迈耶(Meyer):《国际经济法》,1994 年,第 113 页。

landsunterhaltsgesetz)(边码 56.5)。

六、瑞士

文献(摘选):阿普(App):《瑞士强制执行法(债务追索法)特别之处概览》,载《德国法院执达员联盟(DGVZ)》,1999 年,第 49 页;弗里切/瓦尔德(Fritzsche/Walder):《债务追索与破产》,第 1 卷,1984 年;古斯(Guth):《没有开始程序的判决之直接执行》,2010 年;马库斯(Markus):《根据卢加诺公约、欧洲审判籍与执行法第 22 条第 5 项作为执行程序的暂时法律救济? 对 2010 年 10 月 7 日联邦法院判决的评论》,载《国际民事诉讼法》,第 15 卷,2010 年,第 251 页;(Oberhammer):《瑞士民事诉讼法及其法典化》,载《欧洲私法杂志》,2013 年,第 751 页;奥伯哈默/多梅伊/哈斯(Oberhammer/Domej/Haas):《瑞士民事诉讼法》,第 2 卷,2014 年;莱泽尔(Raiser):《联邦民事诉讼法——对债务追索法的影响》,载《债务追索与破产报》(Blätter für Schuldbetreibung und Konkurs),2010 年,第 229 页;斯派勒(Spühler):《具有欧洲意义的新发展:向瑞士联邦法院提出的民事统一之抗告》,载《国际民事诉讼法杂志》,第 6 卷(2001)年,第 225 页;施泰赫林(Staehelin):《修订的瑞士债务追索法与破产法》,《国际经济法》,1997 年,第 95 页;斯托费尔(Stoffel):《执行路径》,2000 年;沃格尔/斯派勒(Vogel/Spühler):《民事诉讼法概论》,第 7 版,2001 年;瓦尔德(H. U. Walder):《瑞士国际民事诉讼法导论》,1989 年;沃尔特(G. Walter):《瑞士国际民事诉讼法》,第 3 版,2002 年;沃尔特(G. Walter):《国内民事诉讼法与欧洲民事诉讼法的相互作用:卢加诺公约与瑞士法》,载《民事诉讼法杂志》,第 107 卷,1994 年,第 301 页。

(一)基本框架

1. 联邦法与州法(Kantonsrecht)

瑞士的金钱之债执行法是联邦法,规定在 1889 年《债务追偿 59.126
与破产法》(Schuldbetreibungsund Konkursgesetz)中。该法在 1997 年 1 月 1 日被广泛地修改。实物执行以及对人执行是州法,并规定在各州民事诉讼法中,现在适用联邦统一的 2008 年《瑞士民事诉讼法》规则,并为 2011 年 1 月 1 日的《不动产执行法》所补充。以前的州民事诉讼法与《债务追偿与破产法》之间的协调问题,目前为瑞士民事诉讼法与联邦法的债务追索法的并存问题所替代,由此对于金钱债权执行,在个别点上产生了变化。

2. 基于破产追索债务与基于扣押追索债务

59.127 通过《债务追偿与破产法》,为在统一经济共同体内的金钱执行,创设统一法律规则。在立法过程中,德语州与法语州的传统相互矛盾,个别执行与破产的关系是有争议的。《债务追偿与破产法》进行了折中:作为追索形式的破产,原则上限于商人(《债务追偿与破产法》第 39 条),在逃跑、欺诈或者自己表示没有支付能力的情况下,适用私人债务人(《债务追偿与破产法》第 190 条、第 191 条),自 1997 年以来,也适用私人债务清理程序(《债务追偿与破产法》第 333 条以下)。通过扣押的个别执行不适用优先性原则,而是适用有限制的补偿原则(Ausgleichsprinzip)。

3. 中心化的执行机构

59.128 债务追索由追索行政机关统一进行(《债务追偿与破产法》第 2 条),这是一种地方的、州的行政机构,其受州(法院机关,目前是州政府)的监督,以及联邦参议院(Bundesrat)的监督(《债务追偿与破产法》第 13 条至第 15 条)。程序当事人的抗议(Beschwerde)向州的监督机构提起,对监督机构裁决的上诉(Rekurs)要到联邦法院,而在联邦法院的抗议根据的是联邦法院法的规定(《债务追偿与破产法》第 19 条连同《联邦法院法》第 72 条以下)。与针对追索机构的行政行为的抗议以及针对追索措施的上诉不要混淆的是执行程序过程中的原初的法院管辖。

59.129 由追索机关统一进行执行,在很多重要点上,都汇合到瑞士执行法体系之中:机关的包括强制检查在内的查明权能以及债务人广泛的自始之说明义务以及程序之初就加入的第三人(《债务追偿与破产法》第 91 条),由追索机关确保执行顺位,在特别情况下有可能存在变通(《债务追偿与破产法》第95条:动产与债权,然后是不动产;根据是否可有可无确定扣押顺序),追索机构的加快执行之义务(《债务追偿与破产法》第89条)。中心化构建的内在平衡点是通过选择之机构对执行官的选择或者通过人民对执行官的选择。在一个清晰与高度机构化的、具有高度民主传统的国家,中心化的执行机构的意义肯定与在扁平化国家的群众民主中的意义是不同的。

(二)金钱执行的开始程序

金钱之债的追索(《债务追偿与破产法》第38条),自债权人 59.130
的追索请求(《债务追偿与破产法》第67条)开始,基于该请求,追索机构作出付款令(Zahlungsbefehl)(《债务追偿与破产法》第69条)。对于该付款令,债务人可以通过所谓的法律建议(Rechtsvorschlag)进行防御(《债务追偿与破产法》第74条以下)。没有名义的债权人必须提起诉讼,以获得一个执行名义(《债务追偿与破产法》第79条)。相反,具有法院名义的债权人可以要求明确的法律救济(definitive Rechtsöffnung),因此可以要求继续进行追索(《债务追偿与破产法》第80条)。这些名义是:可执行的判决、法院和解、法院的债务承认或者按照民事诉讼法标准的可执行公共文书(《民事诉讼法》第349条)。在其他经证书确认的债权的情况下,规定有临时法律救济制度(provisorische Rechtsöffnung)(《债务追偿与破产法》第82条),然后就由债务人决定是否起诉要求否认债权(《债务追偿与破产法》第83条);债权人可以以临时法律救济,进行扣押,从而获得没有变价可能的保全。瑞士的开始程序很类似德国的督促程序(Mahnverfahren),但有一点不同,被赋予名义的债权也被包括在内;对于证书式的债务之临时法律救济,取代了可执行证书,但现在可执行证书被规定在《民事诉讼法》中,否认之诉比较类似德国的执行防御之诉。瑞士法与德国法共同根基是中世纪的法律(边码3.11)以及中世纪法律的法庭外扣押程序。

(三)扣押程序

1. 准备

59.131 扣押程序的前提是债权人请求扣押或者继续扣押申请(《债务追偿与破产法》第88条)。另外向债务人告知扣押(《债务追偿与破产法》第90条)也是必要的,债务人附有出示与提供信息义务,否则会受处罚(《债务追偿与破产法》第91条)。

2. 扣押与扣押的保全

59.132 通过追索员对债务人的被记录的告知之方式,对动产、债权以及不动产进行扣押(《债务追偿与破产法》第88条以下、第112条以下)。扣押的效力是处分之禁止,若还是处分,会受处罚(《债务追偿与破产法》第96条)。如果根据特别情事而不能正当化偏离适用,那么追索机构就要遵守顺位规则:首先是动产与债权(《债务追偿与破产法》第95条),对于债务人是否不可或缺是选择的标准与根据,然后才会——次位地——扣押不动产。与扣押关联的是扣押标的物的评估(《债务追偿与破产法》第97条)。

59.133 为了防止无权取走、变价或者善意处分扣押标的物,在金钱的情况下,也可以取走。另外,于动产情况下,只有在高度怀疑时,才有必要取走。在债权的情况下,需要通知债务人只能向追索机构给付,才可以保全扣押标的物。在不动产的情况下,要在登记簿上预告登记(Vormerkung)。

3. 多次扣押

59.134 在30天内,其他债权人可以通过附带扣押进行扣押(《债务追偿与破产法》第110条),并构成一个小组,在小组中顺位相同。如果被评估的扣押物不足以覆盖所有进行扣押债权人的债权,那么必须进行补充扣押,以达到覆盖全部债权。要告知优先的债权人,优先债权人可以不需要进行事先的扣押,即可参与执行(《债务追偿与破产法》第111条)。在多个小组之间,如果对于后面的小组还有扣押物可以用于偿付,则适用优先原则。但与破产情况下一样,有优先权的债权人(雇员、抚养费债权人等)优先于通常的、同一顺位的债权人受偿(《债务追偿与破产法》第146条、第219条),所以可以说,个别执行在一定程度上是一种私人的“小破产程序”。

4.债务人保护

与其他国家一样,瑞士法也规定有不可扣押以及受限制扣押 59.135
标的物,以保护债务人及其家庭免受穷尽扣押(Kahlpfändung)。不可扣押的范围与欧洲共同传统是一致的(《债务追偿与破产法》第92条),比如限制扣押工资债权(《债务追偿与破产法》第93条)。

5.变价

动产的变价(《债务追偿与破产法》第122条以下)与不动产 59.136
的变价(《债务追偿与破产法》第133条以下)类似,通常都是通过拍卖进行。债权的变价(《债务追偿与破产法》第131条)主要有利于债权人,债权人可以替代支付地接受对第三债务人的债权或者准备对第三债务人进行执行。

(四)实物执行

对于不以金钱为内容而是以作为或者容忍或者不作为为内容 59.137
的法院判决以及其他裁决或者替代裁决,现在完全适用《民事诉讼法》(《民事诉讼法》第335条以下)。

在原物返还名义、作为或不作为情况下,执行手段是治安处罚
以及不服从罚金(Ungehorsamsstrafe)(《刑法典》第292条);在可 59.138
替代行为情况下,通过第三人或债权人替代行为;在返还原物或者腾房情况下直接强制(《民事诉讼法》第344条)。具体区分间接执行与直接执行,在前者,执行前,要向执行法院提交执行申请,以便法院审查可执行的前提是否构成(《民事诉讼法》第338条);在后者,法院在判决程序中事前作出执行措施的命令,并不以进行事

前执行程序为前提,而是由执行机关直接执行(《民事诉讼法》第337条)。

(五)外国判决的承认与执行

文献指引:汉德森/维尔纳(Handschin/Werner):《德国民事判决在瑞士的回溯可执行性》,载《新法学周刊》,2002年,第3001页;克伦·科斯特凯维奇(Kren Kostkiewicz):《瑞士联邦法院1993年至1998年关于国际民事诉讼法以及执行法的裁决实践》,载《国际民事诉讼法杂志》,第3卷,1998,第275页;瓦尔德(H. U. Walder):《瑞士国际民事诉讼法导论》,1989年;《国内民事诉讼法与欧洲民事诉讼法的相互作用:卢加诺公约与瑞士法》,载《民事诉讼法杂志》,第107卷,1994年,第301页以下。

1. 自治法与国际条约

59.139 享有外国执行名义的债权人须提出进行执行之请求。在外国判决的执行与承认方面,《民事诉讼法》规定了国际条约法以及《联邦国际私法(IPRG)》优先,所以,只有在不存在优先适用规则的情况下,才会根据《民事诉讼法》第335条以下规定的程序处理(《民事诉讼法》第335条第3款)。对于根据《债务追偿与破产法》连同《民事诉讼法》第335条第2款进行的金钱执行,具有外国名义的债权人可以提出进行执行之请求。如果针对付款令提出了法律建议(Rechtsvorschlag)之防御,那么债权人可以要求法律救济。如果有国际条约,则债务人可以对法律救济提出国际条约规定的抗议(《债务追偿与破产法》第81条第3款)。瑞士缔结了很多多边与双边条约。重要的双边条约是与德国(边码56.16)、意大利、奥地利、列支敦士登、法国、西班牙、捷克、斯洛伐克、瑞典以及比利时之间的条约。瑞士还参加了如下多边公约:《纽约仲裁裁决公约》(边码58.2)、1958年、1973年《海牙抚养费裁定执行公约》(边码56.2)、1954年《海牙民事诉讼公约》(边码56.9)、《欧洲照管法公约》(边码55.93)、《海牙拐卖儿童公约》(边码56.6)。

59.140 如果根据《国际私法》外国判决应被承认(《国际私法》第25条以下),那么也可以要求法律救济。对此外国法院必须具有独立、确定的承认之管辖权[《国际私法》第26条:外国住所、在外国服从与加入、关于外国管辖权的补充规定(《国际私法》第50条、第58条、第65条、第73条第2款、第84条、第96条、第108条、第111条、第149条、第165条、第166条、第194条)];[31]重要的还有,在原《联邦宪法》第59条第1款(规定的是对于瑞士居民由其住所地法院管辖)因新的《联邦宪法》而被删除后,自1999年以来,原则上以合同履行地确定外国判决的承认之管辖。另外,还要求裁决必须具有形式拘束力,并不得存在拒绝事由(违背公序良俗、有瑕疵的听审传讯、违反听审原则、在瑞士发生法律系属或者既判力,或者在第三国具有承认能力,但不需要相互性)。

2.《卢加诺公约》(Das Lugano – Übereinkommen)

59.141 瑞士现在是修订后的2007年《卢加诺公约》的公约国,与2011年《瑞士民事诉讼法》同时生效(边码55.84)。《卢加诺公约》第3132条规定了外国裁决的承认与执行规则,其转换造成了《债务追偿与破产法》体系中的一些问题(暂时保全执行,没有事前听审的法律救济等)。

七、奥地利

文献(摘选):巴洪斯(Bajons):《诉讼与执行的民事程序、基础》,1991年;博格斯塔勒(Burgstaller):《执行中的担保物权》,1988年;德克斯勒 – 赫布内尔/克利卡(Deixler – Hübner/Klicka):《民事程序》,第9版,2015年,第241页以下;海勒/贝尔格/斯蒂克斯(Heller/Berger/Stix):《执行法评注》,第

[31]参见施蒂尔纳,载《施瓦布祝寿文集》,1990年,第465页、第469页。

4 版,第 1967 页;霍尔扎尔(Holzhammer):《奥地利强制执行法》,第 3 版,1989 年;霍尔扎尔/罗斯(Holzhammer/Roth):《执行法与破产法》,第 2 版,2003 年;耶利内克(Jelinek):《为实现不作为效力而强制执行》,1984 年;基宁格(Kininger):《为担保法律关系而暂处分》,1991 年;科内奇尼(Konecny):《暂处分的适用范围》,1992 年;诺伊曼/利希特布劳(Neumann/Lichtblau):《执行法评注》,第 3 版,第 1928 页及下一页;佩切克/赫默勒/路德维希(Petschek/Hämmerle/Ludwig):《奥地利强制执行法》,1968 年;波拉克(Pollak):《奥地利民事诉讼法及其对执行法的影响》,1976 年;雷赫贝格尔/奥伯哈默(Rechberger/Oberhammer):《执行法》,第 5 版,2009 年;雷赫贝格尔/斯莫塔(Rechberger/Simotta):《执行程序法》,第 2 版,1992 年;沃克(Walker):《奥地利执行法》,第 4 版,1932 年;纽梅勒/纳纳 - 克劳特加瑟(Neumayr/Nunner - Krautgasser):《执行法》,第 3 版,2011 年。

(一)基本框架

1. 执行法与从属法

59.142 瑞士个别执行法规定在 1896 年的《执行法(EO)》中,与《民事诉讼法》一样在 1898 年生效。除了《执行法》之外,还有作为法源的管辖权规范(Jurisdiktionsnorm)以及法院组织法。通过司法辅助员减轻法官工作的规则,与德国法一样,规定在 1985 年的《司法辅助员法》中。

2. 执行组织与执行机关

59.143 尽管与德国强制执行法有很多相似之处,但奥地利执行法还是有一些特别之处。其程序分为两个阶段。基于执行名义,债权人在当地执行法院申请执行之准许(Exekutionsbewilligung)。执行准许之申请必须标记名义、执行手段以及执行客体。法院考察可执行性,并通过裁决执行。奥地利执行法没有规定可以使债权人直接到执行机关执行的执行条款制度;但在执行法院申请执行之准许时,奥地利执行法规定有颁发名义法院的可执行性之确认(Vollstreckbarkeitsbestätigung)制度。

对于执行之实施,由执行法院依职权进行,主要需要进行实际的强制行为(扣押、取走、腾房等),即由法院执行员(Vollstrecker)实施,但没有独立行为的法院执达员。 59.144

3. 程序的原则

程序中贯彻的是当事人处分原则(Dispositionsgrundsatz)。在程序中,债权人以其申请决定执行进程,尤其可以选择执行方式,并可以并用执行手段。但对于债权人处分,存在重大限制。在可期待充分清偿的情况下,执行法院可以将执行限定在特定手段之上。不同的还有,存在法定或者法官法上的执行顺序规则:原则上工资执行先于可变价的动产执行,在还需要调查、未知的雇主的情况下、在被准许的动产执行之后,没有立即的工资之执行。在不动产情况下,如果强制管理可以覆盖应支付年金(zahlbare Annuitäten),那么在强制拍卖之前要先进行强制管理,在动产与不动产执行并存的情况下,先拍卖动产,基于约定的担保物权优先于其他执行优先受偿。 59.145

对于执行重要事实的调查,也是依职权进行,适用调查之基本原则(Untersuchungsgrundsatz)(《执行法》第55条)。在受委托扣押工资之后,法院须通过提供信息之请求(社会保险人,Sozialversicherungsträger)调查雇主(《执行法》第294条之一)。在动产执行或者工资执行失败的情况下,基于债权人申请,债务人负有公开担保之义务(《执行法》第47条以下)。调查原则的适用不排除,在特别情况下,当事人必须提供事实(之前请求权的登记、中止之前提等等)。 59.146

与德国法一样,债权人清偿也遵循优先原则。在法院之担保物权产生的时点的顺序中考虑债权人的地位。事前设立的意定担保物权当然优先。

(二)执行名义

执行名义是法院的最终判决、有既判力的支付委托以及付款命令、法院和解、法院裁定、市调解办公室(Gemeindevermittlung- 59.147

samtes)的和解、仲裁裁决与仲裁和解、可执行的附有执行服从的公证文书。特别需要强调的是,可执行的公证文书,除了腾房以外,可以包含所有给付与不作为。

(三)金钱债权之执行

1. 债权之扣押

59.148 通过附有对债务人以及第三债务人双重禁止的扣押裁定,以及将债权转付给债权人,完成对债权以及工资的扣押。基于申请,双重禁止与转付债权人可以一并进行。第三债务人负有提供信息义务(Drittschuldneräußerung)。为扣押收入而进行事实调查的特别可能性已经在上文(边码 59.146)叙述过了,同样,工资扣押在执行制度中的特权地位也已经在前文(边码 59.145)提及。如果第三债务人没有自愿支付,那么执行债权人必须向第三债务人提起诉讼,并且是在普通法院地。对于工资债权以及社会债权的扣押保护(《执行法》第 290 条)与众所周知的规则类似。

2. 动产扣押

59.149 在债务人持有的动产上扣押,是通过在扣押记录册上记载进行的。通过扣押标记使人能够知道扣押,有时会将扣押物予以保全保管。变价方式具体有:拍卖、变卖、强制转付给债权人或者在拍卖前超过估价 25% 的价格予以承受。除了在现场以及在法院拍卖大厅拍卖外,在经营性拍卖场所以及互联网平台拍卖,也是可能的。不可扣押物的范围与德国领域的共同法传统是类似的。

3. 不动产执行

59.150 通过强制抵押权、强制管理或强制拍卖进行不动产执行。随着将强制管理或强制拍卖登记入登记簿,债权人的执行清偿权(exekutive Befriedigungsrecht)即产生。不动产执行的次位性,上文已述(边码 59.145)。存在强制抵押权,即无需再诉,即可直接取得对债务人以及嗣后取得的所有权人的执行权。在强制拍卖的情况下,与德国法一样,也适用覆盖原则(Deckungsprinzip);与此相反,2000 年改革修正案以来,承受原则(Übernahmeprinzip)被极大地削弱:原则上,所有的担保物权所担保的债权通过现金予以清偿,除非债权人表示同意由拍得者承受——一个明显的更新。在拍定后 14 天内,如果最高报价没有达到估价的 3/4,而更高的报价超过了 1/4,就可以给出更高报价。

(四)实物执行

返还原物的执行是通过执行员取走,通过使用直接强制(Delogierung)腾空不动产的方式进行的。基于判决的登记之权利的设立并不要求义务人的表示,只要通过判决以及执行之准许就可以了。对于意思表示,判决之既判力具有拟制作出之效力。对于可替代行为,则通过替代行为实现,并附有费用之执行。对于不可替代行为、容忍以及不作为,则通过罚金、拘留执行,有时也通过替代行为达到恢复原状。 59.151

(五)法律救济

针对执行法上的处分或者裁定,可以通过上诉(Rekurs),或者异议防御;另外,违反执行程序法的情况下,有抗告(Beschwerde)或者抗议(Erinnerung)等手段。对于名义中体现的请求权的抗辩,债务人必须通过异议之诉(Oppositionsklage)予以主张,特定的针对执行之准许的抗辩,可以通过起诉(Impugnationsklage)提起;对于简易准许,则可以提起异议(Einspruch)(1995 年修正案)。排除之诉(Exzindierungsklage)或担保物权之诉(Pfandvorrechtsklage)保护的是第三人权利。在整体上,可以采用的救济措施,丰富多彩。 59.152

(六)外国法的承认与执行

对于有执行能力的欧洲名义适用《欧洲审判籍与执行法》(《关于欧洲民商事案件法院管辖及法院裁判之执行的公约》)、《欧洲执行名义条例》以及《卢加诺公约》(边码 55.2、边码 55.72、边码 55.84)。对于其他外国名义,根据辖区法院的可执行宣告, 59.153

授予执行准许,前提是:国际条约或者法规保障的互惠性、第一个国家的国际管辖、程序开始文书的符合规则的送达、法律听审的保障、没有违背善良风俗以及相应行为在国内的可强制性(《执行法》第79条以下)。

奥地利是无数多边协定的缔约国:《纽约仲裁裁决公约》(边码58.2)、《欧洲商事仲裁籍公约》(边码58.4)、1958年《海牙抚养费公约》(边码56.2)、《联合国抚养费公约》(边码56.4)。与德国,除了适用《欧洲审判籍与执行法》外,还签订了承认与执行条约(边码56.15)。

八、希腊[32]

文献(摘选):阿尔瓦尼塔基斯(Arvanitakis):《根据希腊法偿付私人请求权而强制执行的宪法问题》,载《民事诉讼法杂志》,第111卷,1998年,第463页;乔瓦诺普洛斯克拉马里斯(Giovannopoulos):《希腊银行秘密领域的新发展》,《国际经济法》,2002年,第509页;/克拉马里斯/奥尔法尼迪斯/库苏里斯/齐克里卡/卡蒂福里斯(Klamaris/Orfanidis/Koussoulis/Tsikrikas/Katiforis):《希腊的国内与欧洲民事诉讼法的新发展》,载《国际民事诉讼法杂志》,第3卷(1998年),第161页;凯拉梅乌斯/科济里斯(Kerameus/Kozyris):《希腊法概况》,1993年,第294页以下;齐克里卡(Tsikrikas):《论希腊执行法功能与机构》,载《国际民事诉讼法杂志》,第1卷(1996年),第119页;伊西乌-法尔齐(Yessiou-Faltsi):《希腊民事诉讼法》,1995年,第375~450页。

(一)强制执行的程序基本权

59.154 根据1975年希腊《宪法》,每个人都享有受到司法保护的权

[32]希腊法的介绍之基础是以前版本,是由雅典的尼古拉·克拉马里斯(Nikolaos K. Klamaris)教授,以及格奥尔格·奥尔法尼迪斯(Georg Orfanidis)博士、迪米特里奥斯(Dimitrios Tsikrikas)博士共同完成的。

利。程序基本权包括在本案中的作出裁决、作出暂处分以及强制执行的权利。也就是说,在法律规定的执行机关的帮助下进行执行,因为自力救济是不被允许的。如果没有强制执行的担保,程序性司法保障的基本权利就会内容空洞并没有了意义。因此,要像保障作出判决权一样,保障强制执行权。

(二)强制执行的法律渊源

强制执行的法律渊源首先是希腊《民事诉讼法》;在因为破 59.155
产,强制执行作为整体执行而被实施的情况下,或者在国家作为债权人进行强制执行的情况下,情况有所不同。依据破产的强制执行规定在商法典中,在此要注意的是,根据希腊破产法,商人或者商事公司才具有破产能力。国家或公法个别强制执行是特别法。另外,在公司法领域中针对公司的强制执行,还有强制执行的特别法规则。但是对于这些特别法,《民事诉讼法》的个别强制执行法属于模板,尤其在漏洞填补上十分重要。

《民事诉讼法》中规定强制执行的法条在第 904 条。德文版 59.156
本希腊《民事诉讼法》是鲍姆格尔特尔/拉莫斯(Baumgärtel/Rammos)基于 1967 年的版本翻译的;该版本的《民事诉讼法》实施于 1968 年至 1971 年。基于 958/1971 号令的法律变更,许多《民事诉讼法》的条文被变更了。[33] 欧洲名义的执行遵循的是《欧洲审判籍与执行法》(《关于欧洲民商事案件法院管辖及法院裁判之执行的公约》)、《欧洲执行名义条例》以及《卢加诺公约》。希腊与如下国家签订了双边承认与执行条约:保加利亚、德国、南斯拉夫、立陶宛、黎巴嫩、匈牙利、波兰、罗马尼亚、俄罗斯、捷克、斯洛伐克、突尼斯。

---

[33]关于条文变化的概览在前一版中有,下面在括号中表达与旧条文号不同的现在条文号。

(三)强制执行机关

59.157 根据希腊民事诉讼法,通常法院不是强制执行机关。只要存在一个执行名义,那么就以法律上规定的非常详细的方法执行,而没有法院中间介入。根据希腊《民事诉讼法》,强制执行机关主要是公证员与法院执达员。二者既不是进行强制执行的债权人的代理人,也不是被强制执行的债务人的代理人;公证员与法院执达员都依据国家职权进行执行。

59.158 执行名义是法院裁决或命令,即所谓的法院名义,还是法院外的名义(比如公证文书),在任务分配上,并没有区别。作为执行机关的公证员的主要任务是实施强制拍卖。作为执行机关的法院执达员的任务范围更为广泛:其尤其对执行令送达给债务人有管辖权,负责在直接强制执行(比如从债务人处取走动产并交付给债权人,或者法院执达员将债务人从土地的占有中排除并交由债权人占有土地)的情况下进行原本的执行行为,以及在因为金钱债权间接强制执行的情况下负责进行许多执行行为,比如扣押债务人的动产与不动产。根据希腊民事诉讼法,只有在例外情况下,法院才是执行机关。主要是在命令扣押知识产权、在命令强制管理(土地或者企业)或者在命令对人拘留的情况下(并一定是在因金钱之债而强制执行的框架内);这些执行行为——尽管存在执行名义,执行名义是必要的构成前提——只能根据法院额外的裁决而被实施。

作为强制执行的辅助机构,有警察等。其负有义务协助法院执达员,比如在法院执达员因为反抗而不能实施执行行为的情况下。

(四)强制执行的前提

59.159 原则上,实施强制执行的前提是拟执行的当事人的申请;在强制执行法中,关于“是否”“何时”“如何”“对谁”以及“在哪里”的问题,也是当事人自治的,所以适用的是当事人处分原则。债权人通过法院执达员送达给债务人自愿履行之督促令。如果债务人在3天内——但期限自送达之日才起算——没有自愿履行,那么即可以进行强制执行。但在此方面还是需要特别的执行委托,即由债权人——适用当事人发动主义——授予给法院执达员的委托。

(五)执行名义

希腊《民事诉讼法》对法定执行名义的规定非常明确。其按照来源、颁发人以及法律存续效力来区分。 59.160

1.具有既判力的裁决(给付性名义)

当不能或不再能通过普通的法律手段(异议或者上诉)废止裁决的时候,裁决就具有既判力(希腊《民事诉讼法》第321条)。异议与上诉具有使裁决待定效力,除非涉及的是暂时可执行判决。以特别的法律手段(重新审理或者第三审上告)可废止或已被废止的判决——根据希腊民事诉讼法已经具有既判力的判决——通常是可以被执行的:程序的重启或者第三审上告,根据希腊民事诉讼法,通常并不具有待定效力。

2.暂时可执行的裁决

对于被宣告为暂时可执行的裁决,即使在该裁决被通过普通法律手段废止了的情况下,也是可以被执行的。也就是说,并没有自动的待定效力。但是在债权人与债务人的利益之间需要进行利益衡量(合比例原则,Verhältnismäßigkeitsgrundsatz)。在暂时可执行判决为异议或上诉所废止的情况下,法律手段使用者可以提起特别申请,以使判决的执行被禁止,或者推迟到法律上诉判决作出之时。同样适用于再审或第三审上告。异议——类似于德国的执行对抗之诉或者抗议——并没有直接的待定效力;但债务人在异议后,可以提起特别的要求执行保护之申请。 59.161

3.其他执行名义

具体包括:附带记录的诉讼和解的法院会议记录、督促令、暂处分、公证文书、仲裁裁决、外国法院作出的裁决、外国仲裁裁决。 59.162

(六)执行条款

59.163 基于债权人的申请,法院可以授予执行条款;典型的表述是以希腊人民的名义。债权人必须让法院执达员将经公证的可执行的执行名义之副本送达给债务人。然后,债务人必须在3天内履行。在自愿履行的情况下,执行程序提前终止。

(七)强制执行的标的

59.164 根据执行方式的不同,执行的标的也各有不同。如果涉及的是直接强制执行,那么执行客体是动产,通过法院执达员从债务人处取走并交付给债权人,或者执行客体是土地,则由执达员使债务人丧失占有并使债权人获得占有。如果涉及的是金钱之债的判决,那么强制执行的客体——强制扣押的客体——是债务人全部的动产与不动产。尤其在强制管理的情况下——强制管理是一种金钱名义执行的特殊执行类型——执行客体是被强制管理的土地或者企业。在对人假扣押或者对人拘留的情况下,可以将被命令采取措施的债务人视为执行客体。

(八)因金钱债权的强制执行

1. 强制扣押

59.165 对于强制扣押的实施具有管辖权的执行机关是法院执达员,根据希腊《民事诉讼法》第951条[1015]第2款,扣押不得超过清偿请求权以及偿付执行费用所必要的范围。该条文是法定超额扣押之禁止(Überpfändungsverbot)的基础。债权人全部的动产与不动产、债权以及其他财产权均在扣押之下。法律规定不可扣押的财产标的物,是用于个人需求或者对于债务人基础生活需要及其家庭是必要的标的物。

59.166 法院执达员会撰写一个关于扣押以及扣押标的物的报告。在该报告中,法院执达员必须确定初始报价(最低报价)的数额,并不得低于被扣押物价值的一半。扣押的主要效力在于,债务人对于扣押物的处分,相对于进行执行的债权人无效,这里涉及的并不是客观——绝对——的无效,而是为了债权人的利益而存在的主观——相对的——无效。所有权的归属并不受扣押的影响;债务人仍是被扣押物的所有权人。另一个债权人对已经扣押的标的物进行第二次强制执行,是被禁止的。债务人的其他债权人只能在公开拍卖被扣押物时申报,以达到清偿其请求权的目的。首先发动强制扣押的债权人在清偿其请求权方面并不享有优先特权,除非,其基于其他原因享有一般或特别的特权。适用的是平等受偿原则(Ausgleichsprinzip)。在法院执达员报告中,确定时间、地点以及拍卖员的姓名。在强制扣押后15天内,法院执达员确定强制拍卖条件。公证员是拍卖员。拍卖在首次报价基础上开始。如果没有高出报价,且债权人提出了申请,可以将被扣押物以首次报价的数额归债权人所有。否则,法院或者可以命令继续拍卖,或者以同样的首次报价,或者低于首次报价。法院也可以允许将被扣押物变卖给债权人或第三人。

在金钱之债的强制扣押方面,遵循的是法国的模式(边码 59.167
59.6),所以在这里,法院执达员是发挥功能的送达机关。但与法国旧法相同,适用的是顺位相同原则(Gleichrangprinzip)。

2. 强制管理

强制管理的执行手段仅对债务人的土地或者企业适用。强制管理必须为法院所特别命令;在这里,法院作为执行机关行为。土 59.168
地或企业的管理由法院指定的强制管理人承担。希腊《民事诉讼法》还规定了不得命令进行强制管理的特殊情况,以及强制废止所命令的强制管理的事由。

3. 对人拘留

对人拘留作为执行手段只适用于商人之间的商事债权,以及 59.169
基于不法行为(侵权行为)的债权。只有在法院命令拘留的情况下,才可以进行拘留。

(九)直接的执行方式

59.170 希腊《民事诉讼法》并没有规定直接执行或间接执行的概念。该术语是理论、判例以及实践的产物。直接执行是指债权人的权利被以直接或者说自然的方式实现的执行方式。

1. 特定动产的返还或者一定数量的特定动产的返还(希腊《民事诉讼法》第941条[1003]第1款)

执行机关是法院执达员。他从债务人处取走特定物或者一些特定物,并将之移交给债权人。如果没有找到物,那么债务人负有义务,进行公开之宣誓(代宣誓之保证),表示他没有占有相关物,或者不知道相关物在哪里。

2. 特定数额的可替代物的返还或者不记名债券的返还

59.171 对上述标的物的执行也是通过取走所欠的数量的标的物,并将之移交给债权人(希腊《民事诉讼法》第942条[1004])。如果法院执达员在债务人处没有发现该物,根据希腊《民事诉讼法》第917条[978],可以由法官或者州法院进行判决确定价值。

3. 土地的返还

59.172 法院执达员应排除债务人对土地的占有并将之交给债权人占有(希腊《民事诉讼法》第943条第1款[1005第1款])。腾房的执行也是通过这种方式。这种执行方式也适用于船舶以及飞机的返还(希腊《民事诉讼法》第944条[1006])。

4. 家庭法事务

59.173 在家事法方面,只在例外情况下才会使用直接执行方法,比如,孩子的返还或者在父母一方与孩子的人际关系发生障碍的情况下(希腊《民事诉讼法》第950条[1012])。在通过判决命令父母一方或第三人返还孩子的情况下,法院执达员将孩子取走,并交给判决中指明的那个人。执行只指向父母一方或第三人,而不是针对孩子。如果没有发现孩子,则适用希腊《民事诉讼法》第861条至第866条(第922条至第927条)。也就是说,可以命令进行公开之宣誓，即由负有返还义务的父母一方或者第三人作出该公开之宣誓。如果公开宣誓人没有出庭或者拒绝作出公开宣誓，那么根据希腊《民事诉讼法》第 864 条[925]，基于享有返还权的父母一方之委托，可以对人拘留。如果是父母一方与孩子个人交往的权利之行使受到阻碍，那么可以对阻碍该交往的一方威胁处以罚金或者对人拘留。在这种情况下，适用希腊《民事诉讼法》第 947 条[1009]，该条规定了强迫作为、不作为以及容忍的强制执行规则。

（十）在进行作为或者不作为（或者容忍）情况下或者在意思表示作出情况下的强制执行

可替代行为的强制执行通过替代行为实施：债权人有权，以债 59.174
务人的费用进行行为（希腊《民事诉讼法》第 945 条）。不可替代行为的执行的实施完全取决于债务人的意思，只能通过强制金或者强制拘留（希腊《民事诉讼法》第 946 条）。在执行容忍义务或者不作为时，法院会威胁对债务人施以强制金或者强制拘留（希腊《民事诉讼法》第 947 条）。在作出意思表示情况下的强制执行，只要法院的裁决取得既判力，意思表示即为作出；但是在这里要强调的是，根据希腊民事诉讼法，在裁决不再可以通过异议或者上诉被撤销时，即发生既判力；相反，通过第三审上告而撤销并不阻碍既判力的产生。

（十一）强制执行程序的法律救济

强制执行程序的一般法律救济是异议之诉（Widerspruchs-
klage）。根据希腊《民事诉讼法》，其既具有德国抗议（Erinnerung， 59.175
对执行措施的程序瑕疵的异议或者拒绝强制执行措施）的功能，也具有德国执行对抗之诉的功能（对被赋予执行名义请求权的抗辩）。在执行侵犯第三人财产的情况下，第三人享有第三人异议之诉的法律救济。对于两种法律救济的事务管辖都是一审法院；对一审法院的裁决可以二审上诉（Friedensgerichte oder Land-

gerichte)或三审上告三审上告(Kassation)。

(十二)外国名义的执行

文献指引:凯拉梅乌斯(Kerameus):《布鲁塞尔执行公约、希腊对外国裁决承认与执行法》,载《亨克尔祝寿文集》,1995年,第423页以下。

59.176 欧洲之强制执行根据的是《欧洲审判籍与执行法》(《关于欧洲民商事案件法院管辖及法院裁判之执行的公约》)、《欧洲执行名义条例》以及《卢加诺公约》。根据自治法,在外国名义事前被宣告为可执行的情况下,也可以基于外国名义进行强制执行。

希腊《民事诉讼法》第905条规定的是执行之宣告,适用于所有外国执行名义,但不适用于仲裁裁决。对于仲裁裁决的可执行宣告,规定在希腊《民事诉讼法》第903条以及第906条。根据希腊《民事诉讼法》第905条,只要法院裁决、诉讼和解以及可执行文书在其颁发国是可执行的,就可以被宣告为可执行。对此还包括还不具有既判力但暂时可执行的判决。外国名义可执行宣告的申请,根据非诉事件程序规则处理;适用单方当事人体系:对于符合规则则的申请之提出,不需要将经过公证的申请副本送达给可能的相关人;事后第三人异议是有可能的。

59.177 在自治的可执行性宣告程序中,既不会实质审查(révision au fond),也不会考察互惠之担保。但外国名义不得违反希腊公序良俗。另外,判决国的法院根据希腊法规则在国际上必须有管辖权。判决不得与处理同样法律事实的国内判决矛盾。最后,被告不能没有被法律听审,除非其是同时适用于国内与国外之一般规则的结果。如果涉及的是外国仲裁裁决的可执行宣告,那么,除了要符合国内公序良俗以及保障法律听审之外,还需要仲裁约定的有效性、根据希腊法争议标的具有仲裁能力以及仲裁裁决的不可撤销性。

根据文献中的通说,如果在具体情况下,自治法相对于双边条约的规则在可执行宣告方面要容易,那么,上述自治的希腊法的规则优先于双边条约。如果《欧洲审判籍与执行法》在欧盟替代了所有与其他成员国的双边条约,那么就会产生新的关于自治法优先适用的问题(对此,参见边码 55.87)。 59.178

“当代德国法学名著”计划书目

法哲学·法律理论·法律史

1. 恩吉施:法律思维导论
   K. Engisch:Einführung in das juristische Denken
2. 哈腾豪尔:德国法的思想史基础
   H. Hattenhauer:Die geistesgeschichtlichen Grundlagen des deutschen Rechts
3. 雅科布斯:规范·人格体·社会——法哲学前思
   G. Jakobs: Norm, Person, Gesellschaft-Vorüberlegungen zu einer Rechtsphilosophie
4. 耶林:为权利而斗争
   R. v. Jhering:Der Kampf ums Recht
5. 考夫曼:后现代法哲学——告别演讲
   A. Kaufmann:Rechtsphilosophie in der Nach - Neuzeit
6. 考夫曼/哈斯默尔:当代法哲学和法律理论导论
   A. Kaufmann/W. Hassemer: Einführung in Rechtsphilosophie und Rechtstheorie der Gegenwart
7. 耶林/贝伦茨:法学是一门科学吗?
   R. v. Jhering/ O. Behrends: Ist die Jurisprudenz eine Wissenschaft? - Jherings Wiener Antrittsvorlesung vom 16. Oktober 1868. Aus dem Nachlaß herausgegeben und mit einer Einführung, Erläuterungen sowie einer wissenschaftsgeschichtlichen Einordnung versehen von Okko Behrends

8. 拉德布鲁赫:社会主义文化论

G. Radbruch:Kulturlehre des Sozialismus

9. 萨维尼:历史法学派的基本思想

F. C. v. Savigny:Grundgedanken der historischen Rechtsschule

10. 齐佩利乌斯:法学方法论

R. Zippelius:Juristische Methodenlehre

11. 韦森贝格/韦森纳:晚近德国私法史

G. Wesenberg/ G. Wesener:Neuere deutsche Privatrechtsgeschichte

12. 菲韦格:论题学与法学——论法学的基础研究

T. Viehweg: Topik und Jurisprudenz - Ein Beitrag zur rechtswissenschaftlichen Grundlagenforschung

13. 拉德布鲁赫:法学导论

G. Radbruch:Einführung in die Rechtswissenschaft

14. 克卢格:法律逻辑

U. Klug:Juristische Logik

15. 诺伊曼:法律论证学

U. Neumann:Juristische Argumentationslehre

16. 卡纳里斯:法学中的体系思想与体系思维

C. W. Canaris: Systemdenken und Systembegriff in der Jurisprudenz, entwickelt am Beispiel des deutschen Privatrechts

17. 拉伦茨:法律行为解释之方法

K. Larenz:Die Methode der Auslegung des Rechtsgeschäfts

民商法·经济法

18. 鲍尔/施蒂尔纳:德国物权法(上、下册)

F. Baur/R. Stürner:Sachenrecht

19. 卡纳里斯:德国商法

C. W. Canaris:Handelsrecht

20. 弗卢梅:法律行为论

W. Flume: Allgemeiner Teil des Bürgerlichen Rechts, Band Ⅱ,

Das Rechtsgeschäft

21. 卡泽尔/克努特尔:罗马私法

M. Kaser/R. Knütel:Römisches Privatrecht

22. 克茨:欧洲合同法(上卷)

H. Kötz:Europäisches Vertragsrecht

23. 拉伦茨:德国民法通论

K. Larenz:Allgemeiner Teil des Deutschen Bürgerlichen Rechts

24. 梅迪库斯:德国民法总论

D. Medicus:Allgemeiner Teil des BGB

25. 梅迪库斯:德国债法总论

D. Medicus:Schuldrecht I (Allgemeiner Teil)

26. 梅迪库斯:德国债法分论

D. Medicus:Schuldrecht II (Besonderer Teil)

27. 施密德:德国公司法

K. Schmidt:Gesellschaftsrecht

28. 施瓦布:德国民法导论

D. Schwab:Einführung in das Zivilrecht

29. 齐默尔曼:债法——民法传统的罗马法基础

R. Zimmermann:The Law of Obligations - Roman Foundations of the Civilian Tradition

30. 梅迪库斯:请求权基础

D. Medicus: Grundwissen zum Bürgerlichen Recht - Ein Basisbuch zu den Anspruchsgrundlagen

31. 施瓦布:德国家庭法

D. Schwab:Familienrecht

32. 齐默曼:德国新债法——历史和比较的视角

R. Zimmermann:The New German Law of Obligations - Historical and Comparative Perspectives

33. 里特纳:欧洲与德国经济法

F. Rittner:Europäisches und deutsches Wirtschaftsrecht

34. 施瓦尔贝/齐默尔:卡特尔法与经济学

U. Schwalbe/ D. Zimmer:Kartellrecht und Ökonomie:Moderne ökonomische Ansätze in der europäischen und deutschen Zusammen-schlusskontrolle

35. 科英:欧洲私法

H. Coing:Europäisches Privatrecht

36. 弗莱斯纳:国际私法中的利益法学

A. Flessner:Interessenjurisprudenz im internationalen Privatrecht

37. 瓦尔特曼:德国劳动法

R. Waltermann:Arbeitsrecht

38. 莱波尔德:德国继承法

D. Leipold:Erbrecht

刑法·行政法·国家法·宪法

39. 齐佩利乌斯:德国国家学

R. Zippelius:Allgemeine Staatslehre

40. 毛雷尔:行政法学总论

H. Maurer:Allgemeines Verwaltungsrecht

41. 韦塞尔斯:德国刑法总则

J. Wessels:Strafrecht, Allgemeiner Teil

42. 施莱希/科里奥特:德国联邦宪法法院:地位、程序与裁判

K. Schlaich/S. Korioth:Das Bundesverfassungsgericht. Stellung, Verfahren, Entscheidung

43. 舍恩克/鲍尔/施蒂尔纳/布伦斯:德国强制执行法

A. Schönke/ F. Baur /R. Stürner /A. Bruns:Zwangsvollstreckungs-recht

背景系列

44. 雅科布斯：十九世纪德国民法科学与立法

H. H. Jakobs：Wissenschaft und Gesetzgebung im bürgerlichen Recht nach der Rechtsquellenlehre des 19. Jahrhunderts

45. 克斯勒：马克斯·韦伯的生平、著述及影响

D. Käsler：Einführung in das Studium Max Webers

46. 考夫曼：古斯塔夫·拉德布鲁赫传——法律思想家、哲学家和社会民主主义者

A. Kaufmann：Gustav Radbruch-Rechtsdenker，Philosoph，Sozial-demokrat

47. 克莱因海尔/施罗德：九百年来德意志与欧洲法学家

G. Kleinheyer/ J. Schröder：Deutsche und Europäische Juristen aus neun Jahrhunderten

48. 克尼佩尔：法律与历史——论《德国民法典》的形成与变迁

R. Knieper：Gesetz und Geschichte-Ein Beitrag zu Bestand und Veränderung des
Bürgerlichen Gesetzbuches

49. 格林德曼/里森胡贝尔：二十世纪的德国民法学家

S. Grundmann/ K. Riesenhuber：Deutschsprachige Zivilrechtslehrer des 20. Jahrhunderts in Berichten ihrer Schüler 1-Eine Ideengeschichte in Einzeldarstellungen

图书在版编目(CIP)数据

德国强制执行法. 下册 / (德) 弗里茨・鲍尔, (德) 霍尔夫・施蒂尔纳, (德) 亚历山大・布伦斯著; 王洪亮, 郝丽燕, 李云琦译. -- 北京: 法律出版社, 2020
(当代德国法学名著)
ISBN 978-7-5197-5080-0

Ⅰ. ①德… Ⅱ. ①弗… ②霍… ③亚… ④王… ⑤郝… ⑥李… Ⅲ. ①强制执行－研究－德国－Ⅳ. ①D951.65

中国版本图书馆 CIP 数据核字(2020)第 209508 号

德国强制执行法(下册)
DEGUO QIANGZHI ZHIXINGFA (XIACE)

[德]弗里茨・鲍尔
[德]霍尔夫・施蒂尔纳 著
[德]亚历山大・布伦斯
王洪亮 郝丽燕 李云琦 译

责任编辑 韩满春
装帧设计 李 瞻

出版 法律出版社
总发行 中国法律图书有限公司
经销 新华书店
印刷 三河市龙大印装有限公司
责任校对 杨锦华 王沁陶
责任印制 陶 松

编辑统筹 学术・对外出版分社
开本 880 毫米×1230 毫米 1/32
印张 21.25
字数 522 千
版本 2020 年 12 月第 1 版
印次 2020 年 12 月第 1 次印刷

法律出版社/北京市丰台区莲花池西里 7 号(100073)
网址/www.lawpress.com.cn
投稿邮箱/info@lawpress.com.cn
举报维权邮箱/jbwq@lawpress.com.cn
销售热线/400-660-8393
咨询电话/010-63939796

中国法律图书有限公司/北京市丰台区莲花池西里 7 号(100073)
全国各地中法图分、子公司销售电话:
统一销售客服/400-660-8393/6393
第一法律书店/010-83938432/8433 西安分公司/029-85330678 重庆分公司/023-67453036
上海分公司/021-62071639/1636 深圳分公司/0755-83072995

书号:ISBN 978-7-5197-5080-0 **定价**:98.00 元